「永遠的共軍總司令：朱德」

毛澤東曾說：「沒有朱，哪有毛，朱毛，朱毛，朱在先嘛！」

中國近現代史上唯一同時指揮過國、共軍隊的軍事統帥

與毛澤東、周恩來並列為中共不可動搖的「三巨頭」

認識大陸作家系列　　　　　　　　　　　　　顧則徐　著

目次

一　出身低賤的革命軍閥

「狗娃子」

　　朱德到底是怎樣一個人？從朱德給當事者的直覺來說，他是個「兩面人」，是很容易被誤解的。龔楚在他的回憶錄裏，講了自己對朱德印象的變化，他說在南昌暴動後出發南下不久第一次見到朱德時，「朱德軍長穿著全身一色藍灰色半新舊的軍服，腳踏草鞋，膚色黃中帶黑，約有五尺八寸身材，年紀已四十過頭，體格壯健，行進時步履穩重。從他的外表看來，我覺得他不像一個將軍，恰是一個伙夫，這是我第一次見到他的印象」。但幾天後第二次見到朱德是在戰場上，龔楚的印象就一下子轉變了，他說：朱德「在戰場上的表現，既沉著又十分堅定。對幹部又很和氣，當我被俘逃回來時，戰鬥仍在進行，他一見到我時喜歡極了，但立即指示我由右側高地進攻，他這種臨陣果敢、指揮若定的修養，確證他是一位卓越的戰場指揮官，頓使我改變了以前對他的『伙夫』印象。」龔楚當時本就是個有了團長資歷的有經驗的軍事指揮員，如果是個沒有經驗的人，恐怕第二次見面還不能看到朱德在「伙夫」之外的另一面。湘南暴動時，曾志從女性的眼光看朱德，則又是一種情況，她當時第一次見到朱德是在台下看他演講，「他那時才四十多歲，儘管他絡腮鬍剪了，但遠遠看上去臉還很黑。他圍著條綠圍巾，穿著一件很大的黃顏色的齊腳大衣，很威武、很精神。我當時想這人真威嚴啊！到了晚上，夏明震帶我去見朱德，我在那裏看到的和白天在戲台上看到的判若兩人。他見到我非常和藹可親，說話和聲細語，像慈母一般，我

害怕的心情一掃而光。」朱德這種「兩面人」特質，加以中共官方對他和藹、忠厚、伙夫、農民等現象的故意渲染，就更是造成了越來越嚴重的誤解。

要瞭解朱德的另一面，或者說是他更真實的一面，就一定要瞭解朱德的「過去」。如果不對他參加中共和與毛澤東一起成為「朱毛」以前的情況作一個基本的瞭解，是很難看到一個真實的朱德的。比如，現在一般人以為朱德只是個職業軍人，卻不知道他是毛澤東時代中共最高領導層中接受過最多新、舊學教育的人；一般人對朱德的印象是個「農民」，卻不知道他曾是中共領袖中擁有過最多私人財富和奢侈生活的人；一般人認為朱德是中共領袖中最「老實」的好人，卻不知道他曾是個為了錢財就可以暗殺無辜者的毒辣的鐵腕人物；一般人認為朱德是中共最不拉幫結派的人，卻不知道他曾是個善於聯絡人心、營造自己派系的江湖高手；等等。對朱德另一面的忽略，正是他容易被忽視的重要原因之一。而忽視了朱德的中共歷史，不可能會是完整的，而更可能只是一種被誤解了的歷史。

1886年12月1日，農曆丙戌年冬月初六辰時，朱德生於四川順慶府儀隴縣馬鞍場琳琅寨。在可以上溯的祖輩裏，朱德的血統中找不到任何值得炫耀的富貴成分。朱德的先祖原是廣東韶關縣曲江邊山區客家人，清朝初曲江水災，朱德祖先捲入湖廣填四川的人流一路乞討，遷居四川廣安縣、營山縣一帶開荒種地，乾隆末年又遷移到儀隴縣城東南四十公里的馬鞍場定居，世代務農，到朱德時是遷居四川的第八代。朱德家族的所謂務農，其實只是租佃耕種，屬於中國農民中的最底層——佃農，比自己有小塊土地的一般小農遠要貧困。到朱德出生時，朱德一家是依靠租佃丁家地主的土地勉強生活。

朱德一家的佃農身份甚至也岌岌可危，幾乎難以維持。朱德父親朱世林排行老二，娶的妻子即朱德母親鍾氏，是農村戲子家庭出身，這在中國傳統觀念裏是比佃農更低級的身

份。由於家庭太貧窮了，朱德的父親曾數次離家出走，想到他鄉謀生，但最後還是不得不回到自己家裏過苦日子。災難性的一件事情是朱德祖父朱邦俊惹出來的。這個耿直的老農民在丁家地主祠堂邊種了叢竹子，丁家認為種的竹子越了地界，就把竹子全拔掉了。朱邦俊認為根本沒有種進丁家地界裏，不服，就到官裏告了丁家一狀，這樣，就得罪了丁家。丁家地主於是就在夏天強行加租，偏偏又遇到一個大旱歉收年，朱家只能欠租。1995年年初，朱德快九歲時，除夕三十夜，丁家地主通知朱家，不再跟朱家續租，這樣，房屋自然也不能繼續居住了，必須第二天就搬走。於是，大年初一，朱德一家被掃地出門。可見，朱德一家已經處在了佃農向流民靠攏的境地。

朱德出身的貧賤程度，在中共領袖階層中是很突出的。由於這種貧賤出身，朱德雖然從小讀了很多書，卻沒有經濟能力轉變為知識份子，最後只能選擇從軍道路，他讀書時欠的債務一直到當了滇軍旅長後才能夠還清。由於這種貧賤出身，朱德很容易就能夠接受無產階級革命的觀念，能夠在未經詳細研究時就選擇共產主義道路，以一個軍閥的身份參加中共和共產主義運動。由於這種貧賤出身，朱德一生對窮人有著很特別的感情，並始終注重底層社會的民生，對發展生產有著踏實的理念，堅持認為革命的目的是為了老百姓能過上比較好的日子。

朱德家族按「發福萬海從仕克，友尚成文化朝邦，世代書香慶水錫，始蒙紀述耀金章」排譜，朱德屬於「代」字輩，原名朱代珍。朱德祖母給他起的小名叫「阿狗」，所以有時候也按當地習俗叫朱德為「狗娃子」。朱德父親一輩是四兄弟：朱世連，朱世林，朱世和，朱世祿。朱德父親朱世林排行老二。老大朱世連娶妻後未能生育，朱德二歲時，祖父朱邦俊做主把朱德過繼給朱世連做兒子，這樣，朱德就有了兩個父親、兩個母親。由於朱世連沒有兒女，家境相對比較寬裕，這就為朱德以後的十年寒窗提供了必要的經濟基礎，從而改變了朱德命運。

十二年寒窗

1892年，朱德六歲，開始在朱姓家族辦的藥鋪埡私塾啟蒙，塾師是朱德的遠房叔叔朱世秦。朱世秦曾在縣城中藥鋪學過兩年徒，就邊辦私塾邊開藥鋪行醫，每人每年只收四百個銅錢的學費，但廉價貨不好，教學質量很成問題。一年後，朱德家人經過認真討論後，決定只供讀書認真的朱德一個人上私塾，把朱德轉到了丁家地主辦的私塾，全力以赴培養朱德。丁家私塾一年要交七、八石稻穀學費，但教學質量強得多，朱世連、朱世林兩家勒緊褲帶供了兩年。在經過大年初一被掃地出門的變故後，朱德隨養父母朱世連夫婦遷居馬鞍場大灣。一年後，朱世連夫婦再把朱德送進數公里外的席家碥私塾就學。席家碥私塾的主人叫席聘三，科舉屢試不第，身住一間草房，再在旁邊搭了間草房收納學生。朱德入學時，席聘三為朱德取了個字，叫「玉階」。從此，朱德在這裏一直讀了九年書。

1901年後，清朝已經開始科舉改革，要求各省設大學堂，各府設中學堂，各縣設小學堂。但是這一改革直到1905年時還沒有推行到比較邊緣的四川。1905年，四川按照慣例仍然舉行省、府、縣三級科舉考試。這年朱德十九歲，已經前後讀了十三年書，實際寒窗十二年。這年秋天，朱德在許多家人的送行中，帶著借來的一吊錢盤纏，第一次離開偏僻的鄉村，到儀隴縣城趕考。朱德趕考前，席聘三又為朱德起了個新的名字：朱存銘。

從來沒有見過世面的朱德不知道自己十二年書到底讀到了什麼水平，他並不知道自己的才智遠在多數人之上，所以，當縣試發榜後，第一次參加考試的他名次在數百人中的二十名以內，他覺得很出乎意料。一起讀書並參加考試的席聘三兒子則沒有能夠高中。既然中了縣試，自然按程序再參加府試，結果，秋末府試發榜，朱德又高中了。府試高中就是朱德

中了秀才，這對於一個世代佃農的家族來說，不僅是光宗耀祖的大事，更是意味著家族的生活和命運將可能會得到實際改變的大事。很多的親友前來朱世連夫婦家祝賀，朱世連則興奮地說：「家裏再窮，不吃不喝不穿，也得供他去省城考試。」如果朱德再過了省裏的考試（也即鄉試），那就是中了舉人，說不定就可以弄個縣官當當了，這在儀隴這麼個窮鄉僻壤的地方，是不得了的地位。

但是，這一切都成了一場夢。正當一家人為朱德次年參加省試做準備時，傳來了朝廷下的詔令：自1906年起，停止縣、府、省三級科舉考試，廢除科舉制度，並嚴飭各府、州、縣普遍設立新式學堂。對朱德一家人來說，這近乎於十幾年的心血全部泡湯，不僅舉人夢白做，而且高中了的縣試、府試也失去了意義。一個新的時代到來了，它以政府的一紙命令，突然拋棄了之前所有的教育和依附於這種教育的政治、經濟利益及榮譽、希望。

「書生便應氣如虹」

雖然清政府結束科舉對朱德家人來說，幾乎有滅頂之災的意義，但對朱德本人來說問題還沒有這樣嚴重。由於走出農村，見了點世面，外面精彩的世界足以彌補取消科舉的失落。縣試期間，朱德結交了不少參加考試的朋友，考試完畢後，一起遊覽城西圓通閣，又結伴步行到鄰縣南部縣，去看鹽井，看到用機器打井製鹽，大開了眼界。府試期間，朱德認識了一個決定他新的人生道路的人，這個人叫劉壽川。劉壽川曾去過日本，當時是順慶府中學堂教師。敘起來，劉壽川也是儀隴縣人，是朱德養母劉氏娘家同村同族遠房堂弟，也算是親戚了，輩分比朱德大一輩。劉壽川馬上影響了朱德，鼓動朱德考新學堂。正沉浸在見到各種新事物的興奮中的朱德，回家後向家裏提出了考新學堂的想法。

朱德的這個要求遭到了養父朱世連的拒絕。朱德自己父母家非常貧困，根本沒有能力承擔朱德的費用，費用只能依靠朱世連夫婦，但朱世連也十分困難，必須舉債才能支持朱德。更重要的是，新學堂在朱世連這樣傳統的農民眼睛裏，還不能明白到底是什麼東西，但肯定不是科舉的功名，缺乏實際意義。朱德請了塾師席聘三來勸解、說服養父。朱世連很尊重席聘三，終於同意朱德考新學堂。

　　1906年春，朱德進入順慶縣立高等小學堂。半年後，在劉壽川的幫助下，考進了順慶府中學堂，成為中國近代著名教育家張瀾很欣賞的一個學生。在進順慶府中學堂時，朱德起了個新名字叫「朱健德」。朱德在順慶府中學堂讀了一年多即畢業，期間受劉壽川影響很大。劉壽川留學日本期間就已經加入同盟會，當時公開身份是順慶府中學堂地理課和軍事體操教師，十分喜歡軍事。朱德從劉壽川這裏第一次知道了同盟會，讀到了鄒容的《革命軍》。從朱德畢業時寫給同學戴與齡的詩裏，可以看出朱德這時已經有了大志：

　　　驪歌一曲恩無窮，今古興亡意計中；
　　　污吏豈知清似水，書生便應氣如虹；
　　　恨他虎狼貪心黑，歎我河山泣淚紅；
　　　祖國安危人有責，沖天鬥志付飛鵬。

1907年朱德中學畢業後，劉壽川積極鼓勵朱德到成都繼續讀書，並根據朱德窘困的經濟情況和個性，建議他報考武備學堂或體育學堂。在劉壽川的說服下，朱德養父朱世連在已經欠債數百元銀洋的情況下，再新借了四、五十元給朱德。朱德帶著這筆錢考進了四川高等學堂附設的體育學堂，一年後畢業。

　　畢業時劉壽川正好回儀隴縣任視學。劉壽川在儀隴籌辦一所縣立高等小學堂，便邀請朱德等幾個儀隴學生回去一起辦教育，傳播新知識。朱德立即應召回到儀隴縣，到縣立高等小

學堂任體育老師兼庶務和教務。老師並不好當。很快，新派與舊派就發生了衝突。雖然朝廷已經主張新式教育，但當地地方官仍然是舊腦筋，在新、舊兩派教師的衝突中偏袒舊派教師，查封學堂。特別是朱德的體育課，知縣認為學生穿短衫和褲衩上課是猥褻舉動，對朱德欲予治罪。由於各種事情層出不窮，朱德終於一怒之下辭職，回家種地了。

朱德的辭職顯然不是個人的原因，而是新舊兩派教師教育理念衝突、新派教師在衝突中失敗的結果，因此，劉壽川叫來的其他幾個青年教師也都離開了儀隴縣立高等小學堂。對劉壽川來說，這是他試圖從教育改造家鄉的失敗。作為這些青年教師的師輩和引路人，他必須考慮這些失去工作的青年的前途。有消息說，雲貴總督錫良為了加強西南軍備，正著手創辦雲南講武堂，劉壽川很興奮，積極鼓動朱德等去報考講武堂。劉壽川對朱德寄了很大希望，認為朱德是個很有軍事天才的人，因此，答應自己拿出幾十元錢給他做路費，並再三要求其他人做好準備後一定要約好了朱德一起出發。

投身滇軍

朱德回到家裏，不敢告訴家人已經失去工作，假稱身體不好需要修養，邊種田邊等待消息。一個叫敬鎔的人終於來了信，叫他到成都會面後一起出發去昆明。朱德沒有告訴家人真實情況，只是說去成都，帶著劉壽川給的銀洋，又挑了擔煙葉，到順慶府賣了幾塊錢添作盤纏。在成都會面後一起出發的有敬鎔、吳紹伯。敬鎔是朱德在體育學堂的同學，又一起回儀隴縣立高等小學堂任教。吳紹伯是朱德在席聘三私塾時的同窗。

1909年春天他們到達了昆明。快到昆明時，朱德患了傷寒。一到昆明，敬鎔、吳紹伯投靠了親戚，朱德則在龍井街找了家廉價的臨陽客棧。朱德在昆明無親無故，一切只能依賴敬

鎔、吳紹伯操辦。報考講武堂需要擔保，敬鎔、吳紹伯找了個滇軍第十九鎮低級軍官為他們三人擔保，但他們兩人覺得這軍官地位太低，又各自找了當地比較有點身份的人擔保。講武堂第一期錄取名單公佈後，敬鎔、吳紹伯都榜上有名，而朱德則落榜了。這很出乎朱德意外，他考試的自我感覺很好。三個人在客棧研究來研究去，明白了一是朱德的擔保人地位太低，二是朱德老老實實填了四川籍，敬鎔、吳紹伯填的都是雲南籍，而講武堂是只招雲南籍人的。

朱德只好經曾經擔保過自己的低級軍官介紹，進了滇軍十九鎮當兵，成為步兵標標統羅佩金手下的一名士兵。陸軍十九鎮系由雲貴總督錫良1909年2月把混成協擴充成的鎮，是雲南建設的唯一的一支新軍，而雲南講武堂開始的目的主要就是為陸軍十九鎮培養各級新式軍官，學生重要的來源之一是十九鎮官兵。在當兵填寫名字時，朱德要隱瞞原來報考講武堂的情況，將自己「朱健德」的名字中間去掉一個字，填了「朱德」這一假名字，從此這個名字使用了一生，成為中國近現代史中最著名的名字之一。同時，朱德也隱瞞了自己的四川籍貫，填了雲南省臨安府蒙自縣。

朱德這樣一個曾經高中過府試，又經過相當於今天大專級別新式學堂教育的人，即使在當時中國的年輕知識份子中也算才俊了，所以朱德很快就得到了賞識，當上了隊部司書生，即相當於今天的連部文書，這是個班長級待遇的職位。最重要的是，他的鶴立雞群得到了標統羅佩金的注意。1909年8月15日，雲南陸軍講武堂正式成立。不久，雲南陸軍講武堂選拔一百名具有新式教育中學水平以上的青年成立丙班。滇軍後來很多風雲人物，都出自這個班，比如朱培德、范石生、金漢鼎、楊希閔、王均、董鴻勳、楊蓁、楊池生等。1909年11月，經羅佩金保薦，朱德考進了丙班二隊，學習步兵科，學制計劃為三年。參軍和進入雲南講武堂是朱德一生的關鍵性轉折。如果沒有這個轉折，由於過於貧困的家境，朱德很難得到進一步

的教育深造，中國的鄉村就只是多了一個舊學扎實、新學粗淺的知識份子。他之前的社會關係也難以使他成為一個重要的政治人物，比他社會關係還要複雜得多的劉壽川後來不過只是成為了自己學生楊森的參議，朱德在這方面不會比劉壽川更有優勢。

1910年7月隨營學堂二百人並入講武堂丙班後，丙班壯大為了三百人。在這基礎上，再精選了一百個最優秀的學生組成特別班，縮短學制為一年，以應付日益緊張的形勢。次年8月，特別班畢業。朱德經過近兩年學習後，被分配到十九鎮三十七協七十四標第二營左隊任司務長（相當於排長）。三十七協協統（相當於旅長）是蔡鍔，七十四標標統（相當於團長）是羅佩金，這樣，朱德就成為了蔡鍔部下。

1911年10月10日，武昌首義，很快影響全國。雲貴總督李經羲感到事態嚴重，加強了總督衙門的防禦工事。10月28日，蔡鍔、唐繼堯、李鴻祥、謝汝翼、沈汪度、張子貞、劉存厚、黃子和等祕密開會，公推三十七協協統蔡鍔擔任總指揮，決定於10月30日舊曆重陽節晚舉行「重九起義」。朱德所在七十四標第二營左隊隊官不願意參加起義，準備帶領一些人攜槍離開，被朱德率領他的一幫「袍哥」士兵攔住，下掉了槍枝。一時群龍無首，朱德馬上去向蔡鍔報告，早已熟悉朱德的蔡鍔當即指定朱德擔任隊官，也就是相當於連長的職務。這樣，朱德在他參加第一仗時，就指揮了一支部隊。

重九起義後，朱德並沒有馬上得到提升，只是被正式任命為了排長，帶兵在昆明街頭巡邏。不過，很快他就被正式提升為了連長。11月10日，以蔡鍔為領袖的雲南軍都督府成立。雲南是全國第五個回應武昌起義的省份，但是西南第一個宣布獨立的省份，而西南的問題最重要的還是四川。四川掌握在清政府總督趙爾豐手裏，而端方率領的清軍已經進入四川，南面壓迫雲南，東面威脅武漢。蔡鍔決定解決四川問題，雲南軍都督府一成立就組織了以韓建鐸為總司令的援川軍北上。援川軍

分兩個梯團共六個營，李鴻祥為第一梯團長，謝汝翼為第二梯團長，於11月15日從昆明出發。朱德以排長身份參加第二梯團，出發後不久正式升任連長。

這是一次不需要作戰的軍事行動。援川軍一路受到了老百姓的歡迎，沒有什麼阻礙就在年底進入了四川南部。端方已經在四川革命黨人和湖北新軍的攻擊中死亡，趙爾豐則幾乎是不戰而潰。1912年3月，四川軍政府成立。4月，據楊如軒在「文革」後回憶說，雲南援川軍得了四川三十萬兩銀子班師回滇。回到昆明後，朱德在慶功大會上被宣布榮升少校，並被授予「援川」和「復興」兩枚勳章。大概當時滇軍是一片皆大歡喜的氣氛。

回滇後朱德訓練了兩個多月的新兵。1912年秋，蔡鍔下令恢復雲南講武堂，校長為謝汝翼。講武堂重新開學後，朱德調任學生隊區隊長兼教官，教授戰術學、野戰術和步槍實習等軍事課程，並指揮野外的實地演習。1913年夏，朱德奉調雲南陸軍第一師第三旅步兵第二團第一營營長。不久發生駐軍與當地百姓衝突的臨安兵變，考慮到朱德有政治頭腦，蔡鍔派朱德率所部前往平息，之後朱德便駐守在中越邊境的蒙自、個舊一帶。蔡鍔無論如何沒有想到，自己在中國最蠻荒地區的一次小小的軍事安排，竟然改變了後來的中國乃至世界，因為，一種新型的游擊戰術由此誕生了。由於朱德在邊境剿匪屢建功勞，1915年升為團副，同年底升為團長，儼然是滇軍中一名重要人物了。

西南名將

辛亥革命之後，蔡鍔治理雲南近兩年，整頓吏治，修養民生，使雲南的社會、經濟發展得到了明顯的改善。之後蔡鍔進京，唐繼堯接任，也基本延續了蔡鍔的政策。因此，雲南地區明顯感受到了實行共和的進步和好處，軍人們對捍衛共和的

決心尤其堅決。正因為如此，所以，在袁世凱剛一稱帝時，雖然蔡鍔還沒有回到雲南，1915年11月，羅佩金、鄧泰中、楊蓁等將校就已經逼使唐繼堯在滇軍高層中明確表態反對復辟帝制，開始著手向四川方向運動軍隊，並由羅佩金擬制反袁軍事計劃。12月19日，蔡鍔回到昆明，蔡鍔沒有明確的職位，但仍然是雲南的實際領袖。25日，蔡鍔、唐繼堯、李烈均等通電全國，宣布雲南獨立，並組成護國軍討伐袁世凱。

接到蔡鍔手令後，朱德於25日清除了自己部隊中的擁袁軍官，立即帶領部隊向昆明出發。數日後，朱德到昆明，但他的具有豐富作戰經驗的部隊交給了董鴻勳。蔡鍔另任命朱德為滇軍第四補充隊隊長，訓練剛擴充的新兵。幾天後，1916年1月6日，朱德的新兵隊編為滇軍第十團，朱德任團長，該團再編入護國軍，為第三梯團第六支隊，向四川前線邊訓練邊運動。

護國軍分三個軍。第一軍由蔡鍔親任總司令，參謀長為羅佩金，實現主要作戰任務，北上進攻四川。第二軍總司令李烈均，向廣西方向運動，以促成兩廣獨立。雲南都督唐繼堯兼任第三軍總司令，留守雲南後方。第一軍戰鬥力最強，任務最艱難，具有決定性意義，下轄三個梯團六個支隊。第一梯團長劉雲峰，第二梯團長趙又新，第三梯團長顧品珍。第一支隊長鄧泰中，第二支隊長楊蓁，第三支隊長董鴻勳，第四支隊長何海清，第五支隊長祿國藩，第六支隊長朱德。第一梯團長劉雲峰為左縱隊，所部鄧泰中、楊蓁支隊先期出發，直取敘府，也即現在的四川宜賓。第二梯團長趙又新、第三梯團長顧品珍為右縱隊，經貴州入川進攻瀘州。四川方面則有劉存厚以護國川軍總司令名義在納溪起義策應。進入四川的護國軍兵力不到三千人，逐步增兵至六千人。

袁世凱北洋軍方面，成立了征滇臨時軍務處，以四川為主要作戰方向，任命曹錕為川湘兩路征滇軍總司令，張敬堯為前敵總指揮。聚集各路人馬達二十多萬人，四川方面總兵力十多萬人，號稱「十萬大皇軍」。

護國軍進展迅速。2月8日，董鴻勳支隊進攻瀘州。由於瀘州是雲南、四川間的必要孔道，又是拱衛重慶的要地，曹錕、張敬堯調集了數師重兵進行防衛，大有形成瀘州會戰的態勢。2月9日，董鴻勳支隊向納溪敗退，北洋軍大舉跟進，戰局急轉直下，護國軍的進攻演變為了納溪保衛戰。2月17日，董鴻勳支隊已經難以支撐，朱德率領他訓練的新兵及時趕到納溪，將進攻的北洋軍擊退，與北洋軍在瀘州與納溪之間一個叫棉花坡（棉花埝）的地方相持住，整個戰局演變成在棉花坡的陣地爭奪戰。董鴻勳支隊是原朱德指揮的團，現在又重歸朱德指揮。北洋軍不斷向棉花坡增兵，羅佩金也給朱德再增加了一營川軍。

2月23日，蔡鍔親赴納溪前線，集中二、三梯團兵力，又從第一梯團抽調兩個營由金漢鼎組成新的支隊加強納溪，與北洋軍會戰棉花坡。2月28日，由朱德部擔任主攻，蔡鍔親自指揮了三天三夜的向棉花坡進攻。在這輪進攻中，朱德打下了棉花坡的要地陶家瓦房，以劣勢兵力差一點「端掉」（按：中國軍隊慣用語，指「占領」之意）了吳佩孚的司令部。3月4日，由於沒有後勤供應和兵員補充，蔡鍔下令撤退。3月7日，朱德部撤出納溪。3月15日，廣西將軍陸榮廷響應雲南宣布獨立，出兵湖南，並威脅廣東。3月18日，護國軍分三路第二次進攻瀘州，朱德擔任右路主攻。3月22日，袁世凱被迫宣布取消帝制。3月23日，蔡鍔命令停止進攻。

護國戰爭作為一個運動是全國性的，它在滿清覆滅後徹底終結了復辟帝制的可能，最終鞏固了中國的共和制度，使共和制度成為不可更改的基本制度。雖然中共建國後建立了實質性的高度的專制體制和制度，而且毛澤東時代還達到了近乎徹底的個人獨裁，但是，中共立國並不能冒天下之大不韙，仍然不得不採用共和的名義和形式。有意思的是，護國戰爭主要英雄之一的朱德，也是中共建國最主要的元勳之一，這一點決定了朱德在中共是個另類角色，在他身上始終存在著深刻的「舊民主主義革命」色彩。

作為戰爭本身，護國戰爭具有局部性，是主要局限在西南的局部戰爭。這一戰爭造就了作為一員戰將的朱德，但很快結束的局部性戰爭，只是使朱德當時成為一名西南名將，而不是全國性的名將。

長達六年的軍閥生涯

護國戰爭結束後，朱德部改編為第七師第十三旅第二十五團，駐紮瀘州，後來又駐紮到南溪，在和平狀態下度過了一年左右。這期間發生了一件重要的事，即蔡鍔死了。1911年蔡鍔到雲南任協統時，不參與講武堂事務，只是應邀偶爾給講武堂學生講課，但蔡鍔的辦公室與講武堂營地在一起，朱德見他那裏有很多書籍，就去閱讀，蔡鍔很讚賞這個講武堂最優秀的「模範兩朱」之一（另一個模範是後來鼎鼎大名的朱培德），特別允許朱德可以隨時去看他的書，因此互相比較熟悉。1916年蔡鍔離開四川去日本前，在瀘州朱德那裏先休息了幾天，這是他們最後一次相見，蔡鍔「看上去像一個幽靈，虛弱得連兩三步都走不動，聲音微弱，朱德必須躬身到床邊才能聽到他說的話」。蔡鍔告訴朱德，去日本已經沒有用，自知沒救了。11月8日，蔡鍔在日本病逝。蔡鍔死後，雖然朱德升任旅長，但也意味著朱德失去了真正的賞識者和最有力的政治依靠，「朱德深感淒涼」。

中國近現代史中一個很重要的內容是軍閥戰爭。中國近代軍閥的起源可以追溯到曾國藩起兵討伐太平天國，而袁世凱小站練兵則是北洋軍閥開始形成的契機。由於辛亥革命是以地方獨立為特徵的，而袁世凱取代孫中山做大總統並沒有真正解決南北衝突的局面，因此可以認為，中國軍閥社會格局的形成是奠定於辛亥革命。在護國運動中，由於各省特別是南方各省仍然紛紛採用了獨立的方式，雖然北京擁有法定的首都和中央地位，但實際上中國的軍閥社會已經完全形成。但是，軍閥社

會的形成並不等於達到了軍閥戰爭的高潮，軍閥戰爭的高潮出現在孫中山「護法」之後。由於擁有了「護法」的革命性和正義性，除了北洋系軍閥自身的戰爭外，南方各省的大小軍閥特別獲得了進行戰爭的道義支持，從此，在革命的名義下，軍閥們開始了不亦樂乎的戰爭運動，南方幾乎所有的軍閥都成為了「革命者」。在這種背景下，朱德也成了「革命」的軍閥之一。關於所進行的混戰是「革命」，朱德始終是堅持的，在他成為中共最高領導人之一後，朱德每當談到過去，都是強調「革命」。因為是革命，所以建國後朱德儘量保護和幫助了當初雲南的滇軍將領和他們的家屬，證明那些將領曾經是對革命有功的，中共政權能用的則用，能養的則養，必須要懲罰的也將功補過、把懲罰程度降到最低，使雲南成為了中共政權下對軍閥及其家屬最寬容的地區。

　　1917年6月，滿清遺留下來的怪胎張勳在黎元洪總統的支持下，率領辮子軍從徐州突然北上進入北京，解散國會，廢棄《臨時約法》，逼走黎元洪，推出溥儀復辟帝制。很快，這場鬧劇就結束了，張勳的辮子軍不堪一擊，段祺瑞作為國務總理控制了北京中央政權。但是，段祺瑞掌握權力後沒有恢復《臨時約法》，7月中旬，孫中山在廣州宣布「護法」，於是，南方各省軍閥紛紛參與進了護法運動當中，開始了「護法戰爭」。7月20日，雲南督軍唐繼堯通電全國，宣布成立靖國軍，自任總司令。原護國軍第六師改為第一軍，顧品珍任軍長。原護國軍第七師改編為靖國軍第二軍，趙又新任軍長。在南溪的第七師十三旅二十五團團長朱德被任命為靖國軍第二軍第十三旅旅長，率部進駐瀘州。滇軍主要作戰對象為川軍劉存厚部。此外，北洋政府長江上游總司令兼四川查辦使吳光新率領了兩旅人馬從湖北進入四川，佔領了重慶。

　　由於雲南經濟比較落後，而四川是個富饒的地區，所以，唐繼堯一直有意於四川的財富。護國戰爭時蔡鍔率領入川的兵力才不到三千人，戰爭期間也不過增兵至六千，但戰後唐

繼堯反而在四川增兵到了兩萬多人。蔡鍔死後，羅佩金擔任四川督軍，來自貴州的戴戡任省長，劉存厚任川軍軍長，但羅佩金與戴戡排擠劉存厚，導致劉存厚強烈不滿，1917年春夏之際與羅佩金、戴戡進行了混戰，滇、黔軍越來越失去了當地民心。護法戰爭發動後，唐繼堯以四川為主要作戰方向並不能得到四川人的積極呼應，甚至在滇軍中也很失人心。在這種情況下，劉存厚獲得了戰場主動，將靖國軍趕出了瀘州，壓迫到了納溪、永寧一線。

戰場上的不利激發了一些滇軍將領的不滿，他們產生了回滇倒唐的想法。朱德曾致電唐繼堯，希望他眼睛不要只看著四川和西南，而應該積極北伐，現在，朱德急忙趕到永寧縣軍部見軍長趙又新，希望他暫時不要回滇倒唐，而應該先收復瀘州。12月10日，朱德又致電唐繼堯，希望他下決心收復瀘州：「本旅二十五團現編制就緒，各級官長均願奮不顧身，復仇雪恥，請公密飭趙司令毓衡速行轉攻敘府，本旅及金旅楊團克期分道進攻瀘城。」唐繼堯接受了朱德的建議，電令靖國軍反攻。反攻前，已經染上鴉片煙的朱德把煙燈、煙槍全部砸爛，於13日率部進攻瀘州城外制高點五峰頂，與金漢鼎等部迅速攻佔瀘州，並乘勝佔領隆昌、富順、自流井、內江、資中等地。12月15日，在重慶的熊克武通電就任川軍靖國軍總司令。1918年1月，滇、川、黔軍合圍進攻成都。3月，劉存厚敗退陝南。朱德駐防瀘州，兼任瀘州城防司令。幾個月後，朱德部擴編為混成旅，朱德任混成旅旅長，繼續駐紮瀘州。

2004年在雲南鳳慶縣落黨鎮立款村發現一塊石碑。1922年春，時任雲南警察廳祕書長楊廷材回鳳慶縣老家為老母祝壽，作為頂頭上司的朱德為此寫了副對聯送他。上聯是：「片瓦傳千古」，下聯是：「懿型式一鄉」，橫批：「雲蒸霞蔚」。朱德的落款是「勳五位三等文虎章陸軍中將朱德恭撰」。楊廷材回鄉後，請人把對聯刻成了一塊大石碑。這個證據證明了朱德的中將軍銜，但這軍銜不會是在警察廳廳長任上

授的，最可能是當混成旅長時授的，或至少是1920年回昆明後當憲兵司令時授的。朱德當旅長的軍銜是少將，混成旅與一般步兵旅不同，軍銜升一級很自然。

　　1918年9月，唐繼堯移駐重慶，召開川、滇、黔、鄂、豫五省聯軍會議，就任五省聯軍總司令，稱為「聯帥」。在五省聯軍會議上，唐繼堯要熊克武把四川的兵工廠和鹽稅交給聯軍總部作為聯軍的軍械糧餉，實際上就是要四川交出兵工企業並承擔負擔聯軍糧餉的主要責任。唐繼堯試圖壓迫熊克武在會議上當場簽字同意，熊克武予以了拒絕。10月1日，五省聯軍會議不歡而散。會後，唐繼堯到瀘州召集滇軍將領，決定準備倒熊。

　　1920年5月，唐繼堯發動全面的倒熊戰爭。但是，熊克武在「驅逐客軍，川人治川」的口號下，獲得了四川人民和川軍各部的傾力支持，而滇軍則倒唐之心日增，早就沒有鬥志，節節敗退。9月，川軍和滇軍在成都激戰九晝夜，滇軍潰敗。川軍乘勝追擊，進攻瀘州。滇軍第二軍趙又新部參謀長楊森帶領一個團突然叛變，10月8日瀘州失陷，趙又新在突圍時被叛變的楊森部擊斃。滇軍第一軍軍長顧品珍立即召集第一、第二兩軍高級將領開會，朱德提出滇軍出路只有一條，就是返滇倒唐。與會將領一致贊同朱德的主張，顧品珍當即下達返滇倒唐動員令，滇軍餘部一萬多人兵分兩路撤離四川，集結到雲南、四川交界元謀一帶，伺機進擊昆明。

　　1921年2月6日，以顧品珍為首的包括朱德在內的回滇滇軍將領，以及留守雲南省的滇軍將領葉荃、楊蓁、鄧泰中等，聯名通電倒唐。顧品珍率部直逼昆明，朱德用炮轟開城門，唐繼堯的嫡系部隊遠水救不了近火，唐繼堯倉皇逃離昆明，朱德帶領一個團一直追趕他到邊境，唐繼堯迫不得已從安南（越南）避居香港。2月8日，顧品珍進入昆明，自任集雲南軍政大權於一身的滇軍總司令。朱德提出出國學習的想法，經大家再三挽留，於3月5日就任雲南陸軍憲兵司令。1922年1

月，朱德調任雲南省警務處長並兼昆明警察廳廳長，正式結束了自己長達六年的軍閥生涯。

在長達六年的軍閥生涯中，朱德是很孤獨的。作為一名戰將，朱德獲得了成功。滇軍對外作戰的主力是入川部隊，有顧品珍和趙又新兩軍，其中又以趙又新軍為主要戰鬥部隊。趙又新軍轄朱德與金漢鼎兩旅，這兩個旅是滇軍中最著名的常勝王牌。作為一名不容易獲得完全信任的四川人，朱德在滇軍中的這一地位是靠他自己在槍林彈雨中比拼出來的。而且，他的絕對忠誠也使他獲得了其他滇軍將領的信賴。1920年同樣是四川人的楊森叛變，川軍也策反過朱德，但朱德並沒有受誘惑。楊森叛變時不過只帶了一個團，但叛變後做了川軍師長，後來成為四川最重要的軍閥之一。如果朱德叛變，以他控制的混成旅和在川、滇兩軍中的名望，所可以獲得的地位應該遠在楊森之上。

但朱德是個誠心誠意的革命軍閥，也就是說，雖然他是個軍閥並參與混戰，但他始終沒有忘記革命。革命情節是終朱德一生的品質，這是研究朱德這個人所絕對不能疏忽掉的。也正因為革命情節，所以，朱德有著比其他軍閥和滇軍將領更遠大的政治視野、雄心和謀略。

滇軍在四川作戰，致命的問題是一當革命名義不被當地人民相信，就會失去道義支持，從而導致後勤和兵員補充的困境，因此，早在1918年2月9日朱德參與的駐川滇軍將領給唐繼堯的聯名電報中，就已經透露出了厭戰情緒。聯名電報中說：「自川中事變一年於茲，官兵則迭遭挫折，餉械則損失甚鉅，軍威掃地，為滇軍從來所未有，……先後經過各戰役，新編人員已減十分之五，兼之彈藥告罄，補充困難，……如不速調回滇，將來誤事不知伊於胡底。」但回滇並不是唐繼堯所願意的，自然不被接受。朱德深知，如果駐紮在四川與川軍混戰下去，最後必然失敗，在回滇不被允准的情況下，他又主張進行徹底的革命，從北伐中得到出路。3月13日，朱德打電報給

唐繼堯，希望跳出四川的局限進行北伐，「懇附允率所部出武漢，殲滅敵協」。朱德的這一進攻武漢的想法是個大韜略，遠不是唐繼堯所能夠理解，自然也不能被接受。

在既不回滇，又不進攻武漢的情況下，滇軍佔據四川地盤的最後命運只能是以失敗告終。對於這一點，朱德有著非常清醒的認識。楊如軒文革後回憶，1919年民國八年春時，在自流井，「記得當時我們大家弄得滿身蝨子，疲憊不堪，朱德就說，在自流井好好休息一下，計議一下吧！」休息幾天後，由金漢鼎、朱德兩人出面約新編旅旅長楊體震、第二軍參謀長范寶書、第二混成旅參謀長劉介梅及團長蘭馥、宋永康、唐淮源、楊如軒開會。「會上朱德談話最多，分析了當時的形勢，我現在記得主要的意思是，天天打仗不是個辦法，老百姓太苦了，作為軍人也不能這樣盲目地打下去。不要看我們打勝仗的時候多，時間長了，總會打敗仗的。與其到失敗的時候再退兵，不如趁現在把部隊撤回雲南。」朱德當即提出了「撤回部隊，還政於民，川滇和解」的主張。朱德的主張得到了大家的同意，當然，這個主張唐繼堯是不可能採納的。川軍其他很多將領雖然意識到了問題的嚴重性，但對四川財富的貪戀仍然使他們不願意離開四川這個膏腴之地。1920年唐繼堯發動倒熊戰爭，熊克武則提出「驅逐客軍，川人治川」口號。熊克武的這個口號實際已經把滇軍致於了死地。楊如軒回憶說：「滇軍勢孤力弱，打了敗仗，到趙又新戰死後，大家才覺悟到不能再駐下去了，遂於1920年撤回雲南。」

朱德的這段經歷說明了他早在參加中共革命以前，就已經有了清晰的政治頭腦和卓越的戰略意識，但正因為他的清晰和卓越，在滇軍中就只能處於孤獨的地位。他既不願叛變，在滇軍中又無能為力，一次次的提議帶給他的只有失望。這種感覺在他參加中共革命後，也總是伴隨著他，幾乎纏繞了他一生。

二　令人害怕的鐵血將軍

「能提出一定的政治見解的捨朱德莫屬」

　　要瞭解朱德這個中國近現代史上最重要的人物之一，就必須要瞭解他的軍事思想、戰術和戰例。不瞭解這一點，就不知道朱德是中國和世界近現代史上集軍事思想家、軍事戰略家和軍事戰術家於一身的最卓越的軍事家之一，從而就不能真正理解中共的歷史。而軍事藝術問題，恰恰是朱德最被忽略和誤解的地方，以至於今天有不少人都以為朱德是個平庸的將領，他在中共的總司令地位似乎僅僅是因為他在南昌暴動後保留了一支部隊的功勞所至。之所以朱德會被忽略和誤解到如此程度，正是跟毛澤東有著密切關係，因為，毛澤東在軍事上的成就被吹噓到天上。人們忘記了兩個最基本的道理：一，毛澤東是個軍事思想家和軍事戰略家，並不是一個軍事戰術家，而沒有戰術的軍事思想和戰略是沒有基礎的，這個基礎是誰建立和提供的？二，世界上沒有不經過艱苦學習就能在一個領域達到頂級的天才，毛澤東的軍事思想和軍事戰略是從哪裏來的？實際上，所謂的毛澤東軍事思想的系統化，也是朱德在中共「七大」時為了把毛澤東扶上神壇做的事情。這當中涉及到朱、毛之間複雜的關係，這正是本書要解決的問題之一。

　　當朱德離開四川回滇倒唐時，雖然他暫時告別了戰場，但一個軍事天才和他的戰術思想已經成熟。雖然他畢業於雲南講武堂，但中國早期的軍事院校，包括後來著名的黃埔軍校，其實只是由於歷史的原因而名氣很大，學習內容基本不過只是初級的或低級的水平，一般只是單兵、班、排、連戰

術，因此，朱德作為一位西南著名的鐵血將軍，主要靠的是他自己的天賦、自學、思考和實戰經驗。楊如軒回憶說：「川滇軍閥之間的混戰，從民國六年打到民國九年，朱德一直是被捲入的。先是和劉存厚打，後來和熊克武打，再後來又和劉湘等打，具體時間記不得了。滇軍先是編為梯團、支隊，後來又改為一、二兩軍，第一軍軍長顧品珍，下有兩旅，第一旅旅長耿金錫，第二旅旅長項銑；第二軍軍長趙又新，下有兩旅，第三旅旅長朱德，第四旅旅長金漢鼎。朱德率領的部隊，一直是威震四川的，還是在當支隊長的時候，就已聲威遠播。記得在瀘州，敘府一帶有個民謠叫做「黃櫃蓋，廖毛瑟，金朱兩支隊惹不得」。黃櫃蓋指的是黃永忠支隊主要用的是老式的櫃蓋槍，廖毛瑟指的是廖月江支隊用的是毛瑟槍，都不經打。惟有金漢鼎和朱德兩個支隊能征善戰，是惹不得的。因此，四川軍閥的部隊聽到是金、朱兩部往往不戰而退。朱德在與劉湘等對壘時，還創造過一團打勝對方三團的成績。」他又說：「朱德不僅打仗打得好，也很注意掌握政治動向，經常給我們分析形勢。」「金漢鼎是個單純的武夫，缺乏政治頭腦。故能提出一定的政治見解的捨朱德莫屬。」

楊如軒所說的朱德的「政治頭腦」，在作戰方面所體現出的實際就是朱德的大局觀和戰略觀，這方面的天才在朱德重九起義第一次參加戰鬥時就初露端倪了。當時朱德率領他的連隊攻進總督府後，總督李經羲已經逃跑。在大家慶祝勝利的時候，朱德並沒有像別人那樣狂歡，而是按照蔡鍔事先活捉李經羲的指示，立即帶了一些士兵去追擊李經羲。連續追擊上百里路後，在一個叫四集城的地方，朱德圍住了一個姓蕭的巡捕家，李經羲正是逃到這裏後在蕭巡捕家歇腳。當時雲南的武裝力量，昆明進行起義的新軍三十七協雖然武器配備最好，但數量不過二、三千人，另在迤東、迤南還有四十幾個巡防營，兵力達一萬多人，李經羲如果逃跑，有足夠的兵力反攻昆明進行復辟。朱德當即面見李經羲，對他進行了軟硬兼施的說服，李

經義不得不在朱德微笑的槍口下，答應寫信給迤東鎮台夏豹伯、迤南蒙自關道尹龔心湛，簽署要雲南境內全部武裝投降的命令。朱德則將此派兵向蔡鍔進行了彙報，並建議蔡鍔資送李經義出境，蔡鍔喜出望外，同意朱德與李經義的協定。這樣，雲南全境就兵不血刃，全部武裝都歸在了革命軍的旗下。

　　雖然活捉李經義並迫使他命令雲南全境投降應該是蔡鍔的戰略主張，但具體操辦者是朱德。這是朱德以一名低級軍官身份參加辛亥革命做出的一項特殊功勳。如果朱德僅僅只是一個缺乏政治頭腦和天賦的武夫，即使捉住了李經義也會失去與他獨立談判的歷史性機會，或者是將他強行押回昆明，這樣就可能增加多樣的變數；或者，就只會看押住他，等待高級的軍官來與他談判。雖然這都是履行了軍人的責職，而且最後的結果也可能是很令人滿意的，但至少從朱德本人來說則是平庸的行為。歷史上，在動盪的革命狀態下，曾有無數的低級軍官甚至中高級軍官獲得過活捉「李經義」這樣的機會，但絕大多數因為自身的平庸而錯過了建立功勳時機，更愚蠢的武夫則是當即槍斃了「李經義」，而且沒有自知，終身以自己曾經殺了「李經義」這樣的人物而英雄般自豪。活捉李經義並完成談判對朱德本人的發展有著很重要的意義，它使蔡鍔等人知道了朱德是個很有政治頭腦和戰略眼光的人，顯示出了朱德有著超人之處。

　　1921年2月朱德隨顧品珍倒唐攻進昆明後，又遇到了差不多的情況，唐繼堯已經逃掉了。朱德又是帶兵追擊，一直追到邊境，但沒有追上。如果唐繼堯被朱德追上，就不會發生後來唐繼堯反攻回昆明的事，一系列重要的歷史就都要改寫了。

游擊戰術

　　1912年秋雲南講武堂復校，朱德擔任教官。在任教官期間，朱德的軍事學知識得到了進一步提高。他自己回憶說：

「講武堂有五個區隊，每隊百十人。這時我教的學生中有去年未畢業的，原來本是一班的同學，現在又來教他們了。一面教軍事，一面打野外，一面還要管理。有些學生是到過南京、上海，革命過來的，不大容易管。到民國二年，我在這裏約十一個月。這一年學術上大有進步，因為學生調皮，教不好就不成功，所以軍事學等都重新溫習了一回。」

重要的飛躍是1913年夏至1915年底。這一段時間裏，朱德在中越邊境地區剿匪，從營長升為團長，同時，初步摸索出了富有個性的游擊戰方法。朱德自己說：「我由營長當了團副、團長，而帶著這兩個營，做了兩年長期的游擊戰。」他說：「那一帶瘴氣很大，土匪多，從這中間練了些本事。」朱德在延安時曾說：「我用以攻擊敵軍而獲得絕大勝利的戰術，是流動的游擊戰術，這種戰術是我從駐在中法邊界時跟蠻子和匪徒作戰的經驗中得來的。我從跟匪兵的流動集群作戰的艱苦經驗中獲得的戰術，是特別有價值的戰術。我把這種游擊經驗同從書本和學校得到的學識配合起來。」

朱德與唐淮源本為兩個並級的營，朱德升團副後唐淮源直屬朱德指揮，兵力仍然是兩個營。朱德的兩個營沒有兵員補充，負責的地區十分廣大，達十幾個縣，高山峻嶺叢林密布，土匪寨子地形險惡，工事堅固，又到處流竄，來無影去無蹤，下手兇狠，朱德必須既要保存自己，減少傷亡，又要殲滅土匪，他吸取了他去以前一個營被土匪折騰得剩下兩個連的教訓，採用了游擊戰的方法對付土匪，這樣，就初步創造出了他自己的游擊戰術，大獲成功。朱德游擊戰的成功使他成為了中共最早的「神」，當時，在滇南地區出現了很多關於朱德的神話般傳說，說他長著鐵翅鋼腿，能飛崖走壁，能越江過海，說朱德是神將，子彈飛到他身前都要拐彎，朱德一放槍，子彈卻能穿過幾個土匪的肚子。最有意思的是，當時滇南的土匪互相火拼，有的竟然會打出繡著「朱德」二字的大旗，而且這樣就可以把對方嚇跑了。

朱德當時進行游擊戰的主要特點：跟當地老百姓搞好關係，從而得到物質、人力和情報支持；選擇當地老百姓最痛恨的土匪重點打擊，實行殲滅戰，各個擊破，既獲得民心，又對土匪形成最大威懾；根據需要，隨時將部隊化整為零、化零為整；雖然部隊有明確的駐地，但不斷保持部隊的移動；化裝潛伏，突然戰鬥；有機會就猛打死追，沒機會就保存自己，撤離危險境地；作為軍事長官必須親自察看地形，根據實際情況進行周密計劃；官長必須與士兵打成一片，愛兵如子，親如兄弟。這些特點後來在紅軍時期都得到了充分發揮，成為了中共武裝的軍事傳統。

　　此外，由於朱德身體強健，有很優秀的戰術動作和良好的格鬥能力，是個可以輕易打下飛鳥的神槍手，性格中有非常剛猛勇狠的一面，所以，朱德一般都是親自指揮並參加戰鬥，而且經常直接面對匪首將其擊斃或俘虜。這正是朱德被當地人神化的原因之一。這一點恰恰也是朱德的一個戰術因素，他在1937年曾對美國記者尼姆‧威爾斯說：「我帶兵的特殊戰術是這樣的：我本人身體健壯，可以和弟兄們共同生活，跟他們打成一片，從而獲得他們的信任。」這一對記者的說法具有應付性，朱德一般不輕易談論自己的軍事藝術，以避免教會當前的和將來的敵人，但這一說法至少說明他非常在乎軍事長官個人身體和軍事技術水平對於游擊戰的意義。1918年朱德駐防瀘州時兼任清鄉司令，作為一個軍階很高的旅長，他進行剿匪時仍然是只帶一個連甚至幾個人親自執行，經常化裝成在農田裏耕作的農民伏擊土匪。紅軍時朱德親自上一線作戰經常是扭轉戰局的關鍵。

　　偽裝術是朱德在剿匪時最經常使用的方法，這在紅軍時期使用得很多。朱德進行湘南暴動佔領的第一個縣城宜章，採取的是智取策略，具體方法就是偽裝術。何長工文革後回憶說：在井岡山的一次攻佔永新縣城的戰鬥中，「我們把劉鬍子的隊伍俘虜以後，就偽裝他的兵，混進永新城，這也是朱德

同志教我們的，那時我們的腦子還沒有那麼靈活。朱德同志說：『你搶到白軍的衣服就穿，就當白軍，就混進去。』在長征時，我們九軍團善於化裝，經常穿白軍的衣服偽裝白軍，也是朱德教會我們的。」湘南暴動中林彪被朱德提拔代理營長，也正是因為林彪學會了偽裝進耒陽城。林彪被伏擊打了敗仗，丟了輜重，朱德問他怎麼辦，林彪學朱德偽裝戰術把輜重奪了回來，朱德不僅沒有處分他，反而看出林彪很會動腦筋，學得很快，提拔了他。

在瀘州、瀘縣、納溪一帶剿匪時，朱德實行了後來成為中共傳統策略的「殲首要，赦脅從，繳械投降者免死仍給槍價」政策，加以他特殊的游擊戰，取得了立竿見影的效果，所以，雖然朱德部是客軍，但仍然獲得了當地人民的擁護。1918年，當地忠信鄉和宜民鄉先後給朱德樹了「救民水火」和「除暴安良」兩塊德政碑，這也是中共領袖層人物中最早被樹的碑。忠信鄉「救民水火」碑寫道：「儀隴朱旅長玉階勇於治匪，自奉令清鄉，不閱月，而匪焰息。回憶吾瀘自去夏至今春，受匪患最深。而忠、崇、宜三鎮尤甚，忠信介崇、宜之間，為匪集中地，故被害愈烈。今者士民安靖，無異疇曩，果誰之賜歟？其於旅長又烏能已於言也，因鐫『救民水火』四字於石，以垂不朽，為旅長頌，且志吾痛焉。」忠信鄉「除暴安良」碑則在1935年12月，被國民黨保安隊在背面刻上「千古遺恨碑」五個字，並將碑反過來立在了原地。

即使在陣地戰中，朱德也充分發揮了游擊戰術的特點，打得勇猛而靈活。比如1917年12月靖國軍反攻瀘州，朱德在瀘州對江月亮岩建立了炮兵陣地，然後派士兵到陣地前沿東邊密林裏，在煤油桶裏放鞭炮吸引敵軍向密林射擊，朱德則隨即指揮炮兵轟擊對方的火力最密集方位。他又派士兵到陣地外沿西邊荒山上，點燃一堆堆濕柴騰起濃煙，對方以為是靖國軍宿營地，便向荒山掃射，朱德隨即指揮炮兵向對方密集火力點排炮轟擊。可見朱德對游擊戰術的運用，已經非常純熟和出神入化

了。這些細小的戰術技巧後來為中共武裝所廣泛運用，取得了很好的戰場效果。

朱德的游擊戰術給他帶來的最大好處之一，是他即使處於失敗的境地或處於被包圍的狀態時，也從來沒有遭到過部隊被殲滅的命運，他總是能夠游擊出去，保存部隊。比如在1917年3月棉花坡會戰後，北洋軍反攻，形成了對朱德的全面包圍，在到處都是北洋軍的情況下，朱德先派幾個士兵偽裝成農民在白天把稻田裏的水放掉，以避免涉水發出響聲，到了夜裏，他竟然率領部隊穿過稻田悄悄撤走了。這一點，後來成為了中共軍隊進行祕密穿插的絕技和傳統，在紅一方面軍第三次反圍剿中，朱德更是用他的這種特殊戰術創造了三萬大軍突然從合圍圈裏隱身而出的、世界戰史上的奇蹟。

「我的特殊戰術已經出名，令人害怕」

如果僅僅認為朱德的軍事藝術只是游擊戰，就是一種很大的誤解。游擊戰問題之所以被強調，是因為主要來源於朱德的游擊戰藝術是中共革命的一個鮮明特點。1944年延安組織編寫紅軍一軍團史，朱德跟編寫人員說：與毛澤東會師井岡山後，「我們這支隊伍才開始有組織的游擊戰爭。關於游擊戰爭，我還有點舊經驗。過去從1911年辛亥革命開始，在川、滇同北洋軍閥等打仗，打了十年，總是以少勝眾。在軍事上的主要經驗，就是採取了游擊戰爭的戰法。記得在莫斯科學習軍事時，教官測驗我，問我回國後怎樣打仗，我回答：戰法是『打得贏就打，打不贏就走』，『必要時拖隊伍上山』。當時還受到批評。其實，這就是游擊戰爭的思想。所以，在這一點上，我起了一點帶頭作用。」一向謙虛的朱德這樣說，實際就是明確了紅軍游擊戰藝術和思想主要就是來源於他自己。但僅僅游擊戰，並不是完全的軍事家朱德。朱德對運動戰、陣地戰、攻城戰都有著豐富的經驗和理解。

1917年的納溪戰役是朱德的成名戰役，在這個戰役中，雖然朱德運用了一定的游擊戰要素，但基本的形式則是陣地攻堅戰和保衛戰。這次以棉花坡為核心的納溪之戰兵力懸殊，按護國第一軍祕書長李曰垓的說法，是「與我不足十營之兵對壘者，已逾五十餘營，兵力多寡之懸絕若是」，也即是五比一的兵力。不僅如此，而且北洋軍後備兵力充沛，武器精良，後勤充足，護國軍則沒有後備兵力，武器差，基本沒有彈藥補充，給養嚴重缺乏。李曰垓認為，這是「入民國後第一惡戰」。其實，這也是中國軍隊近代化後的第一惡戰。在這場惡戰中，朱德部是護國軍方面的主力，他的北洋軍方面直接對壘的主要戰場對手，是幾年後驚動中國和產生世界性影響的出色戰將吳佩孚。朱德手下當時的營長、後來成為著名軍閥的楊如軒回憶說：「事隔約十年，吳佩孚在洛陽大宴賓客，我應邀前往，吳佩孚在席間才說出那一次瀘納之戰，足足打了四十八晝夜。」吳佩孚顯然是向賓客們誇大了戰役持續時間，但說明這場惡戰是他難以忘懷的，並是作為一個軍人很值得驕傲的經歷而向人們誇口。從軍人角度來說，棉花坡爭奪戰的雙方——特別是作為戰場主要戰將的朱德和吳佩孚——都盡了力，他們共同完成了一個經典戰例。

這個戰役對朱德的軍事藝術提升很重要，他後來自己說：「打大仗，我還是在那時學出來的。我這個團長指揮三四個團，一條戰線，還是可以的。」這方面朱德有著清醒的認識，畢竟，不管游擊戰發展到什麼規模，它並不能解決大兵團作戰和進行決戰的問題。在與川軍頻繁的戰爭中，所主要採取的是陣地戰、運動戰和攻城戰方式，朱德與其他人相區別的地方，只是在這些作戰中同時也運用進了他自己獨特的游擊戰術。

就陣地戰、運動戰和攻城戰本身來說，朱德也有著他自己的突出特點。拿破侖的拿手戲之一是善於運用集中炮火給予對方以摧毀性打擊，而在這方面，朱德也天才地具有這個

特點。他除了運用中國傳統的敢死隊進行集中的殊死衝擊以外，特別善於集中火力對敵人進行攻擊。在當時的條件下，最具有火力的武器是機槍和火炮，這兩樣武器朱德習慣於集中使用，而不是分散到步兵分隊進行使用。一般來說，機槍比較難以全面集中，步兵分隊必須要配備一定數量的機槍，但朱德喜歡在身邊保留一個機槍排或分隊，這個特點在紅軍時期得到了充分的發揮，戰場上每當出現危機時，朱德就會親自帶領自己的機槍火力出現，扭轉戰鬥局面。從朱德第一次參加戰鬥，用火炮打開李經羲的總督府大門始，朱德就特別喜歡使用火炮。1921年2月顧品珍率軍回昆明倒唐，朱德擔任主攻，又是不加糾纏地用火炮轟開了城門，從而倒唐部隊幾乎是兵不血刃地進入了昆明城。在戰場上，朱德通常會把火炮集中使用，給予對方摧毀性打擊和威懾。朱德部由步兵旅擴編為混成旅之後，有了專門的炮兵連和機槍連，他的集中火力的特點就更是得到了發揮。此外，混成旅與普通步兵旅的差別在於，這已經具有兵種合成和協同的意義。

不管是游擊戰還是陣地戰、運動戰和攻城戰，朱德從參加護國戰爭之後幾乎連續不斷的戰爭中，非常重要的一個特點是不得不進行以弱勝強、以少勝多的戰鬥。在駐紮南溪和瀘州期間，朱德又專門研究了《孫子兵法》，從裏面吸取了很多營養，化為了自己的軍事思想。作為駐川客軍後勤匱乏，兵員難以補充，少量補充的新兵必須馬上訓練為熟練的戰鬥員，槍械、彈藥必須最低限度地及時解決，這種困難所磨練出來的經驗對後來中共武裝具有決定性的意義，比如井岡山時期，在戰鬥之前和之後，朱德的命令中特別重要的內容之一就是打掃戰場，把搜集到多少彈殼作為紅軍重要的勝利成果。此外，這種困難也使朱德很重視吸納新兵和訓練新兵，特別是對軍官的訓練，始終是朱德非常重視的。但是，雖然朱德因此而注重保存自己部隊的兵員，最大可能地減少傷亡，但由於他更加注重在實戰中訓練官兵，把戰場作為課堂，因此，他形成了一種非常

恐怖的軍事思想，那就是不怕死亡，從死亡中把部隊磨練出來。這一軍事思想後來是中共武裝得以迅速壯大的法寶，是極其冷酷和恐怖的。1937年他對美國記者說：「你仗打得越多，就越能掌握局勢。」雖然他這是就把握政治形勢說的，但未嘗不是一種軍事養成，是他的一種軍事思想。薄一波文革後回憶，抗日戰爭前期，「當時我們幹部不敢打大仗，朱總說：不要緊，不要怕犧牲，不犧牲不能鍛煉幹部，打一仗犧牲百分之二十，就可以鍛煉出來。」百團大戰時，薄一波的決死一縱隊也出了五個多團，「朱總說對，就是要打。我配備得足足的，每團有兩千人，拉上去打，這一仗打得很艱苦，班、排、連幹部整個都換了兩次。二十五、三十八兩團下來，每團剩下不到五百人，四分之三都傷亡了，但從此這兩個團鍛煉出來了。」

當朱德結束軍閥生涯時，他自己評價道：「我的特殊戰術已經出名，令人害怕。」

三　吟詩、郊遊、讀書、鴉片和女人

吟詩

　　朱德在讀了三年私塾九歲時，就已經學會了對對聯。在席聘三的私塾裏，朱德又學會了做詩。從此，他就一發不可收拾，終生樂此不疲，就像無數舊學出身的人那樣，寫書法、對對聯、吟詩成為了他特別的愛好。十九歲去縣城參加考試後，朱德開始了社交，寫詩則成為了他進行社交的一種方式。當然，吟詩的人通常也會撰寫些文章。

　　朱德在參加中共前，是很不受約束、直抒胸臆的，因此，他那時的詩文充滿了「我」，比參加中共後寫的幾乎沒有了「我」的東西好得多，有不少很精彩的文字，很反映出他真實的心境，是研究朱德非常重要的材料。1919年春朱德與金漢鼎在自流井跟一些將領共九人開了會後，大家拍了張合影照，朱德題了四句詩：

> 百戰餘生者，群才可撐天；
> 從征憑兩兩，大將剩三三。

朱德寫好後，署了個「蜀北武夫」的名。這四句詩的意思是：經過無數戰鬥生存下來的諸位將領，是足以撐住大局的；只可歎來四川征戰的滇軍第一、二兩軍，今天坐在一起的只有我們九個大將了。朱德命老部下楊如軒去把這四句詩印在照片上，給合影的人每人一張，結果由於其中有很厭戰的情緒，楊如軒不敢印，聲稱忘記了，只印了照片，朱德便自己重

新印，把詩印在了照片上，給所有人每人一張。可見朱德當時是根本不在乎暴露真實想法的，作為軍閥當然更不會怕文字獄了。

駐紮瀘州時，當地文人溫筱泉、陶開永、陳鑄、朱青長、李射虎等組織了一個頤園詩社，朱德與趙又新、趙鍾奇、楊森等滇軍將領也參加了進去，在瀘州城內朱家山陶開永家的院子裏定期聚會，每人自帶一份食品，主人陶開永供應美酒，大家一邊飲酒，一邊吟詩。後來，由朱德出資，將大家寫的詩彙編成冊印刷，題名《江陽唱和集》，共印了四冊。朱德用的筆名是「玉垓」，係自己的字「玉階」的音轉。朱德的詩共有十九首，有不少可算佳作，多是憂國抒志，可以見出他的志向很大，遠不在西南一偶。其中一首寫道：

> 博得勳名萬古垂，轟轟烈烈不逶迤。
> 雄飛志在五洲外，烈戰功成四海陂。
> 信有霜寒堪寄傲，肯因苦雨便離枝。
> 歲寒勁節矜松柏，正直撐天永不移。

可見朱德是個要「博得勳名萬古垂」的人，而途徑則是「烈戰功成」，也就是戰功。這是很能夠說明參加中共後朱德專心於軍事的狀況的。

郊遊

朱德十九歲赴儀隴縣城考試時，真正是鄉下人到了城裏，覺得什麼都新鮮，什麼都想見識。他不僅看了城西的圓通閣，而且，聽說鄰縣南部縣有使用新式機器的鹽井，就約了幾個考試同伴一起跑到那裏去看機器。從此，他養成了郊遊的習慣，每到一個地方，就要到處跑，一方面是養性，另一方面後來也成為了他研究軍事的一個重要方法。抗戰時，朱德跟採訪

他的作家劉白羽說自己喜歡郊遊：「我那樣渴慕大自然，也許是殘存的一點農民意識吧？」實際上，這恰恰不是「農民」意識，按照現在的說法，而是很「小資」的意識。

回滇倒唐後在昆明，喜歡郊遊的朱德常去東郊金馬山麓的曇華寺優遊。曇華寺是創建於明末崇禎年間的古寺，因寺中有一棵被稱為「佛花」的優曇樹而得名。當時寺中方丈叫映空和尚，1922年春朱德專門寫了篇短文給他。映空和尚拿到朱德文章後，奉若至寶，馬上刻成石碑，放在韋陀殿內。有意思的是，映空和尚當年即圓寂了。由於這篇文章對研究和理解朱德有著很重要的意義，茲全文錄在下面：

> 敬贈　映空大和尚　雅鑒：
>
> 　　余素喜泉林，厭塵囂。清末葉，內訌未息，外患頻來。生當其時，若盡袖手旁觀，必蹈越南覆轍。不得已，奮身軍界，共濟時艱。初意掃除專制，恢復民權，即行告退。詎料國事日非，仔肩難卸，戎馬連綿，轉瞬十稔。庚申冬，頒師回滇，改膺憲兵司令，維持補救，百端待理，雖未獲解甲歸田，較之槍林彈雨、血戰沙場時，勞逸奚啻天淵！公餘，嘗偕友遊曇華寺，見夫花木亭亭，四時不謝，足以娛情養性。詢皆映空大和尚手植；且募修廟宇，清幽古雅，洵屬殼費苦心。與之接談，詞嚴義正，一塵不染，誠法門所罕覯。爰為俚言，以志欣慕。
>
> 　　映空和尚，天真爛漫，豁然其度，超然其象。世事浮雲，形骸放浪，栽花種竹，除邪滌蕩。與野鳥為朋，結孤雲為伴，砌石做床眠，抄經月下看。身之榮辱兮茫茫，人之生死兮淡淡。寒依日兮署依風，渴思飲兮饑思飯。不管國家存亡，焉知人間聚散。無人無我，有相無相。時局如斯，令人想向！
>
> 　　　　　　　　中華民國壬戌年孟春月西蜀朱德　敬贈

朱德這篇短文顯示了他深厚的舊學功底，句讀有律，對仗工整，樸素中駢儷華麗，顯然是用了心寫的。從其中可以看出朱德當時的彷徨心理。他這時很嚮往映空和尚的生活和境界，希望能夠放棄榮辱、生死追求，不管什麼國家存亡、人間聚散，做到「世事浮雲，形骸放浪，栽花種竹，除邪滌蕩。與野鳥為朋，結孤雲為伴，砌石做床眠，抄經月下看」。當然，這只是朱德內心的一個方面，事實上他根本做不到，而只是彷徨而已。朱德的這種彷徨所反映的另一面則是幻滅，是他對自己過去的一種幻滅感。一方面，是他要「博得勳名萬古垂」，另一方面他又嚮往一種非常超然的人生境界和生活方式，這種兩極性的矛盾衝突幾乎貫穿在了他的一生當中，但他主要的和基本的傾向仍然是「博得勳名萬古垂」，是個行動上的強烈功利主義者。

讀書

好讀書是朱德有別於當時多數軍閥的地方。孫炳文是同盟會會員，僅比朱德年長一歲，生於1885年，係四川南溪縣城郊魏家山人。孫炳文畢業於京師大學堂，與他妻子任銳同為清末從事暗殺滿清要員的「鐵血團」成員，辛亥革命後以同盟會京津分會文牘部長身份兼任北京《民國日報》總編輯。不久袁世凱緝拿「鐵血團」成員，孫炳文不得已離開北京，潛回家鄉四川南溪教書。孫炳文瞭解朱德是透過成都知名同盟會員李貞白介紹。孫炳文透過胞兄孫炳章赴成都與同盟會員李貞白相識，兩人議論古今人物，令孫炳文驚訝的是，李貞白推崇當時還只是護國軍團長的朱德幾乎到了崇拜、神化的程度，稱「儀隴朱玉階傑士」，評說「某役玉階主籌，某役玉階致敵……」，言談中「語私必及玉階，若交素深者」。1917年春，帶著疑問的孫炳文透過胞兄孫炳章面見朱德，結果證明了朱德果然不是一介武夫，而是一位「大雅絕俗，無陰粗之難

進」的儒將。幾個月後，孫炳文重新面見朱德，願意在朱德手下求職當差，追隨朱德做一番事業。朱德大喜過望，立即聘請孫炳文為旅部諮謀，實際就是高薪養一個動口不動手的高級幕僚，同時也有了一個可以一起讀書、討論問題的良友。朱德後來決定參加中共，正是跟孫炳文一起讀書、討論導致的結果。

《孫子兵法》是朱德反覆研究的一部兵書，此外，他還研讀了不少中國歷史、文學、哲學、政治、軍事、地理書籍。在他與陳玉珍結婚後，他自己家裏組織了一個讀書小組，主要有他自己、陳玉珍、孫炳文和旅部軍需參議戴與齡，一起閱讀了《新潮》、《新青年》、《嚮導》、《每周評論》等刊物，以及陳獨秀的《吾人最後之覺悟》、《法蘭西人與近代文明》，李大釗的《聯治主義與世界組織》，孟真的《社會革命──俄國式革命》、《萬惡之源》，高語罕的《論青年與國家前途》，達爾文的《進化論》，盧梭的《社會契約論》等書籍。當時朱德藏書不下於二、三千冊，幾乎已經達到了那個時代藏書家的水平，而且他在所藏書裏作了大量批語，並專門刻了藏書章。非常能夠說明朱德內心的，是他的一條讀史批語：「亂世有大志無力者，均遠避，養力以待，後多成功。」這幾乎是他後來在中共面對權鬥和困境時的精闢寫照，一般來說，當他認為自己是一個大志無力者時，所選擇的策略便是遠避、沉默或隨大流，養力以待，積蓄力量，等待時機，然後忽然給出決定性的一擊。這是理解中共歷史中朱德要素的關鍵性鑰匙之一。

關於朱德的知識結構，有一點必須要予以特別的注意。還在席聘三那裏讀私塾時，席聘三這位老先生很有意思，在一個學生從成都帶了些新的自然科學書本回來後，同樣一竅不通的他跟朱德等學生一起啃，竟然為朱德打下了很不錯的理科基礎。朱德上新式學堂後，一直對理科非常喜歡，盡力地學習，這在中共最高領導層中幾乎是唯一的情況。這為朱德掌握新的軍事技術打下了良好的知識基礎，最重要的是，朱德養

成了對「科學」極其重視的習慣，並具有了「科學」思維能力。這種思維能力後來在德國又經過了專業的哲學系熏陶。在蘇聯受訓時，朱德更進一步提高了這種思維能力，他說：「主要的是在學校裏，中國經濟地理這一門功課材料非常豐富，對我們益處很多，其中統計表、數目字，都是很多。接著又研究了世界上的經濟地理，哪一國哪一國都搞清楚了，打下了很堅固的根底，以後看什麼書都有把握。根據數目字來判斷政治是容易的，沒有數目字是空洞的。有很多同志就怕，記數目字就頭痛，我偏偏要記，愈是複雜的數目字，愈是要記得清楚，因為我的數學搞得還算好，所以對科學、經濟學、軍事學、馬列主義，都有很好的注意了。」這種思維在建國後是朱德與對數學幾乎一竅不通的毛澤東等人觀點分歧的重要根源，是朱德在中共最高領袖層中能始終保持清醒頭腦的思維基礎。在軍事上，朱德的這一思維特點在國共內戰時期，他策劃、組織和安排大戰役中，得到了充分的發揮。

鴉片和女人

　　成為旅長之後，朱德總算還清了家裏為他讀書欠下的長期債務。之所以要到做了旅長才還清債務，一是他作為一名軍閥已經控制了地方財政，按當時流行的官場風氣，這當中公私界限是難以分清的，而且，朱德所控制的瀘州是川南地區最富有的中心，財源充足；二是重九起義後蔡鍔進行了一系列在中國史無前例的改革，薪水方面滇軍營長以上軍官每月不得超過六十元，這樣的收入對交際比較多的中高級軍官來說是很難有多少節餘的，蔡鍔死後，他的政策也就隨之廢弛了。因此，不僅是朱德可以還清債務，而且他的經濟能力也已經發生了根本變化。

　　雖然朱德在滇軍中一直以「貧窮」著名，但這是相對而言的，他的「貧窮」是在滇軍將領中的貧窮，並不等於他仍然

是個窮人。從一般人的角度說，他已經是一個腰纏萬貫的富豪。1922年朱德在上海準備去歐洲前，他幾乎不願意在上海待，重要的原因之一是很多逃到上海的雲南人要找他借錢，人們都認準他很有錢，結果朱德實在應付不了，只好到杭州等地旅遊躲避。一方面，朱德是個樸素的軍閥，比如，他經常穿上普通的便服走到街頭、郊野瞭解民情，關心當地學校的教育和老百姓的生活；但另一方面，朱德作為舊軍人、舊知識份子達到出將入相後的侈靡劣根性也終於可以得到實現和發揮，開始抽鴉片、養姨太太等。

朱德曾二度抽鴉片，二度戒鴉片。兩次戒鴉片，一次是為了反攻瀘州的戰役，以示決心，一次是為了出國。朱德抽鴉片在中共官方黨史中並不是祕密，這是他在延安時接受美國女記者史沫特萊採訪時就承認的。朱德養姨太太的問題則一直是中共官方很忌諱的問題。但這個問題朱德本人一直到紅軍時期時，並不隱瞞。據紅軍時期重要的將領龔楚回憶，朱德在井岡山時曾親口告訴他，朱德出國去歐洲前，在上海還有四位姨太太陪著他，他是在遣散了她們後才出國的。《龔楚將軍回憶錄》原文是這樣寫的：「大約是1922年，他由四川來到上海，帶有六萬元銀洋，還有四個美麗的姨太太，他自知過去之非，準備參加革命工作，而且決心要去德國留學，為了處置這四個姨太太，就和她們開了一次圓桌會議，當時他對她們說：現在我不做軍閥了，我要做一個革命者，凡是革命者，只許有一位太太，現在我尚有存款五萬多元，除二萬元留我作出國留學之外，還有三萬多元，可作四份，每份有八千元，你們每人一份，但我只留一個太太，誰願跟我？請你們自己決定。當時四位姨太太都爭著要跟他，無法解決，他乃採取抽籤的辦法，結果最美麗的那位姓賀的四姨太抽得，其餘的三位立即給資遣散。」龔楚的這個回憶是可信的，細節未必確切，但基本事實應該確實，龔楚所提的「姓賀的四姨太」是支持他回憶可信的最重要證據。這位「姓賀的四姨太」名賀治華，是一

0
3
9

三、吟詩、郊遊、讀書、鴉片和女人

個朱德後來自己都不願意提起的女人，也是中共為了避諱朱德而儘量想抹掉的一個女人，她正是朱德唯一的女兒朱敏的生母，如果朱德沒有說過賀治華是姨太太出身，龔楚沒有任何理由會回憶出一個「姓賀的四姨太」來。

朱德的第一個妻子是1906年春朱德順慶府讀新式學堂前娶的，當時朱德二十歲。朱德這門婚事是早就定下的。朱德母親十九歲嫁到朱家，共生育了十三個兒女，除了溺死的外，留下六男兩女，朱德是第四個。在朱德上面，最大的是姐姐朱秋香，其次是兩個哥哥朱代曆、朱代夙，下面是妹妹朱九香，弟弟朱代炳、朱代焜、朱代莊。妹妹朱九香嫁本縣農民也是遠親劉興海，劉興海有個比朱德年長的妹妹劉氏，由長輩做主許配朱德，但一直沒有完婚。朱德科舉夢破滅之後，要去新式學堂接受新教育，最後他的養父朱世連看席聘三的面子答應了，但要朱德完了婚後才可以去順慶府讀書，朱德就答應了完婚。朱德自己後來一直沒有提起過這椿婚姻，看來他是很不滿意的。朱德養父朱世連要將完婚作為朱德考新學堂的前提條件，也可以一定程度證明朱德當時確實不滿意這婚姻。但是，不管怎麼說，朱德是舉行了完婚儀式，有了第一任妻子朱劉氏。當時中國還是清朝，遠不是後來「五四」時期的男女解放，朱德能完了婚而不承認這婚姻，絕對算是走在了時代很前面。

朱德第二個妻子是他一生當中唯一一個因為自由戀愛和愛情而娶的。1909年春天朱德到昆明後，因為擔保人地位太低和不是雲南籍的原因，沒有考上雲南講武堂，當時他住在臨陽客棧，不僅染上了傷寒，而且盤纏已經花完，身無分文。朱德這時真正是貧病交加，前途一片黑暗。正在這時，朱德意外交上了桃花運。臨陽客棧是以接待腳夫為主的廉價客棧，客棧歸一個比較富裕姓蕭的婦女所有，她有一個未出嫁的女兒叫蕭菊芳，平時也是幫手。窮困潦倒的朱德表面看上去跟那些住店的腳夫沒有什麼兩樣，但登記時寫的幾個功底扎實的毛筆字露了

餡，引起了正在準備考學堂的蕭菊芳注意，她觀察出年輕的朱德根本不是那些粗俗的腳夫輩，漸漸動了春心。姓蕭的婦女自然很快明白了女兒的想法，自己也很中意朱德，就不要朱德住費和飯錢，要他幫自己做登記、記帳，並幫蕭菊芳補習文化。這樣，朱德總算沒有流落街頭。

很快，姓蕭的婦女向朱德提出婚姻問題。很難說朱德在進退無路的情況下沒有動心，那年代多一房老婆並沒關係，但家裏已經有老婆，做上門女婿是無論如何不成的，而且會很讓人看不起。朱德只能如實說了自己已經有老婆和來昆明的目的，表示謝絕。姓蕭的婦女很豁達，不僅沒有因此將朱德推出門外，而且認了朱德乾兒子，願意為朱德實現志向盡力，至於婚姻的問題就暫時擱下不提了。姓蕭婦女和蕭菊芳又作姓肖。蕭菊芳又稱肖素貞、肖桂英，她後來考上了昆明師範學堂。朱德進雲南講武堂時填的籍貫，正是姓蕭婦女的籍貫，而且，她還到部隊探望朱德這個「兒子」，故意幫四川口音的朱德造成是雲南籍的影響。

三年後，1912年秋，二十六歲的朱德已經是少校，在雲南講武堂任教官，與還是昆明師範學堂學生的蕭菊芳結了婚。他們名義上的介紹人是跟朱德一起的一個姓蕭的軍官，其實，這不過是按照傳統履行的一個程序而已。在朱德涉及自己私生活的回憶裏，蕭菊芳被他認為是第一個妻子，但事實上，不管他與朱劉氏如何，蕭菊芳終究只是他的第二任妻子。朱德與蕭菊芳結婚後，家中的髮妻朱劉氏為朱德守身生，活到了七十多歲。朱德與蕭菊芳當屬自由戀愛則無疑，朱德自己曾說是「半自由結合」。講究語言準確性的朱德「半自由結合」說法包含了兩層意思：第一層意思是他與蕭菊芳屬於自由戀愛。還在做雲南講武堂學生時，昆明師範學堂就是他喜歡跑去的一個地方，那時，蕭菊芳已經考進了昆明師範學堂，而同盟會小組裏楊蓁女友李世貞也是這個學校的學生，她們彼此同學，朱德與楊蓁經常往師範學堂跑，這顯然是朱德跟

蕭菊芳在談戀愛了，而且這也應該是朱德平生第一次戀愛。第二層意思，朱德開始很窮，地位只是個學生，沒有能力娶蕭菊芳，等地位提高後娶她，似乎又有點報當初蕭菊芳與她母親收留朱德之恩的樣子，對朱德來說也有點彆扭，所以覺得也不算是完全的自由結合。

他們結婚後，蕭菊芳還沒有畢業，仍然住到學校宿舍裏。不久後的1913年夏，朱德奉調雲南陸軍第一師第三旅步兵第二團第一營營長，又不久赴中越邊境的蒙自、個舊一帶剿匪，朱德與蕭菊芳夫妻分居在了兩地。護國戰爭結束後，朱德率部駐紮在四川南溪，蕭菊芳也隨軍住到了南溪。1916年9月蕭菊芳為朱德生了一個兒子，朱德為兒子起名朱寶書，也叫朱保柱。後來，這個兒子改名為了朱琦，也是朱德一生中唯一的一個兒子。1919年6月，蕭菊芳得熱病死了。蕭菊芳死了後，朱德為她寫了個輓聯：「舉案齊眉，頗自詡人間佳偶；離塵一笑，料仍是天上仙妹。」可見他與蕭菊芳的婚後感情應該不錯，不然，就不會說「頗自詡人間佳偶」了。

蕭菊芳一死，留下的三歲兒子沒有人照顧了。很快，一位師範畢業的小學教師陳玉珍成為了朱德的第三任妻子。陳玉珍，又作陳玉貞。據朱德孫子朱和平說，介紹人是孫炳文。朱和平這個說法反映了實質性的情況，但據有的回憶介紹人是朱德手下一位叫陳平輝的軍官，陳玉珍是他堂妹。應該是公開出面做介紹人的是陳平輝，實質上為陳玉珍定奪的是孫炳文。從朱德的角度說，娶陳玉珍跟愛情毫無關係，完全就是急需要一個女人照顧蕭菊芳病故留下的年幼兒子朱琦。當時正是朱德軍務特別緊張的時候，他自己要再照顧兒子顯然非常困難。在這種情況下，作為諮謀和摯友的孫炳文考慮幫朱德馬上解決一個女人，也是屬於很應該的事情。但孫炳文是陳玉珍的舅舅，親自出面過於顯得是長輩決定，對孫炳文這樣新思想的人來說並不是很妥當，因此，就由陳玉珍的堂哥陳平輝出面作為介紹人。雖然這樣，對陳玉珍來說還是會心知肚明，知道是

舅舅孫炳文要自己嫁給朱德填房，陳玉珍作為一名受新式教育的大腳女性，既不是很願意服從，又不得不要服從，因此，她提出，一定要先與朱德見過面後再討論結婚問題。朱德答應了見面。見面後，彼此印象都很不錯，隨即就結了婚。

朱德與陳玉珍婚後的生活在朱德回憶起來還是幸福的，陳玉珍既具有新式女性的優點，又具有傳統女性的優點，不僅能夠理解朱德，能夠陪伴朱德讀書、討論時世，而且也能夠嫁夫隨夫，一切決定於朱德，盡心撫養好朱德的兒子。後來她伴隨朱德到德國去了一年，回國後又繼續撫養朱琦。陳玉珍一直活到文革結束時。

但朱德與陳玉珍婚後正是朱德心情最不好的時候。當時朱德「撤回部隊，還政於民，川滇和解」的明智主張不能被接受，在四川的滇軍處於越來越糟糕的境地，最後還是不得不退回雲南。1919年底，孫炳文又離開去北京，朱德失去了一個最可以交流思想的人。1920年，朱德手下一個姓賀的團長見朱德心情抑鬱，就把他在四川開縣作教師的妹妹介紹給了朱德做姨太太，這就是賀治華。賀治華的姨太太身份是可以確定的，因為，朱德與陳玉珍的婚姻關係一直維持到1927年南昌暴動之前，南昌暴動後朱德才再也沒有見過陳玉珍。但是，賀治華是不是龔楚回憶的「四姨太」，則目前還沒有確鑿的證據，龔楚還只是間接的孤證。如果賀治華就是「四姨太」，則朱德應該在蕭菊芳一死娶了填房陳玉珍之後，接連娶了三位姨太太，然後再娶了賀治華，但關於這三位姨太太的情況，沒有任何的資料可以反映。如果這三位姨太太不存在，則朱德就是只娶了賀治華一位姨太太。本書作者傾向於朱德是娶了四位姨太太，即賀治華是「四姨太」，因為，龔楚相關的回憶比較清晰，他沒有任何必要偽造朱德跟他說的話，而由於中共官方、朱德本人以及朱德子孫輩有著太多禁忌和顧慮，在關於朱德姨太太和賀治華的問題上的話並不可信，所以，龔楚的話更具有可信性。

　　雖然孫炳文離開時朱德與他相約了去歐洲，但在回了昆明後，安逸、奢靡的生活也並不是朱德能夠一下子斷然放棄的。中共官方黨史一般把朱德出國和參加中共描述得很堅決，這是違背常理的。事實上，從1919年底到1922年3月朱德逃離昆明，有兩年多時間，朱德如果要很堅決的去歐洲，並不會滯留這麼長時間。至於參加中共，更應該只是朱德與孫炳文再會面後才有的明確想法，當時中共不過成立不久，人數很少，在中國政治舞台上還沒有什麼影響，朱德雖然讀了點關於共產主義、馬克思主義、蘇俄等的文章，但對中共基本還沒有多少清晰的概念。正因為朱德是猶豫的，所以，他便娶了姨太太。最硬朗的證據是，朱德回昆明當憲兵司令後，居住著面積近四百平米的很不小的中式房子（紅花巷3號），但後來又在昆明購置了建築面積近六百平米的洋房（小梅園巷5號），並進行裝修，只是還不等裝修好，唐繼堯就反攻進了昆明，把朱德的洋房沒收掉了。如果朱德真的是一心一意出國並參加中共，何必購置洋房並進行裝修呢？他後來自己說過：「借著唐繼堯的毒手，將封建關係替我斬斷。」他這話說明了當時雖然準備出國，但並不很堅決，還處於一定程度的彷徨當中，是唐繼堯推了他一把。朱德自己說的話，才是合理的，也即他是想著要出國，但還沒有下定最終決心，是唐繼堯幫他把這決心最後定了下來。

四　江湖老手、殺人和英雄

「朱德式」權謀模式

進入雲南講武堂後的朱德首先是加入了同盟會，標誌著了他正式成為了革命者。朱德是1909年11月進的雲南講武堂，他參加同盟會應該是在1910年。

雲南雖然地處偏僻，經濟也比較落後，但由於南面就是法國殖民地越南，是中國的西南大門和要衝，因此，政治文化上則處於全國比較先鋒的地位，同盟會有著比較多的發展。這是個容易刺激出愛國主義熱情和革命精神的地方，朱德入學不久，被當時很多人認為代表法國殖民利益的滇越鐵路修通，講武堂監督李根源等人把這視為國恥，將學生隊伍拉去看通車典禮。李根源對全體師生說：「雲南已將淪為法國的殖民地，亡國亡省之禍迫在眉睫，希望大家勿忘今日。」把很多人激勵得當場號啕大哭，發誓要雪國恥。

清政府建設雲南新軍和辦雲南講武堂的目的，也正是為了抗衡法國殖民勢力的滲透，因此需要新式愛國主義軍人加入。清政府不知道的是，新式愛國主義軍人中有很多同盟會分子，他們既愛國，又是要推翻清政府的，只是單愛分子，而不是既愛國又愛滿清政府的雙愛分子。在雲南講武堂領導層和教官中，從日本士官學校畢業的李根源、羅佩金、李烈均、唐繼堯、顧品珍、方聲濤等，不僅都是同盟會員，而且多數早在日本就已經加入同盟會，孫中山甚至跟李根源、羅佩金等人當面明確指示過，雲南是個「易於發動」的地方。

雲南講武堂不僅管理層和教官中多有同盟會員，而且學生中也有很多同盟會員。拉朱德進同盟會的是范石生。范石生在對朱德認真觀察和詳細調查後，選了一個日子將他約到外面。范石生、楊蓁、鄧泰中、田鍾谷先要跟朱德結拜為生死兄弟，實際上，這幾個人是一個以范石生為組長的同盟會小組。等與朱德行過了結拜儀式，范石生便以生死兄弟的名義明確同盟會身份，並要朱德也參加。實際上，朱德早就知道了同盟會是什麼組織，只是苦於沒有門路，又不好隨便打聽，現在這樣，自然一拍就合。

透過結拜為生死兄弟的江湖方式建立社會關係，從那時侯起成為朱德的一個習慣使用手段。對於朱德這樣一個腰包裏沒有銀子，不能靠吃喝玩樂拉幫結派的窮學生來說，這無疑是很經濟的。在雲南講武堂做學生時，朱德到底跟多少人結拜過生死兄弟，現在很難弄清楚了。可以肯定的是，除了同盟會范石生小組，他另外組織了一個「五華社」。1910年7月，隨營學堂二百人並入講武堂丙班後，朱德拉了幾個丙班同學楊如軒、曾欽仲、楊池生、宋永康、唐淮源等結拜為把兄弟，並以昆明的五華山為名，稱「五華社」。中共黨史著作中一般把「五華社」說成是具有革命性質小組織，其實，這主要是朱德個人的一個幫派小圈子。范石生的同盟會小組後來演變為以范石生為頭目的勢力，比如楊蓁做了范石生的參謀長。朱德的「五華社」是朱德另外拉的一個幫派，後來演變為了以朱德為頭目的勢力，楊如軒、唐淮源都曾是朱德的鐵桿部下。指出這一點很重要，朱德對培植自己勢力從一開始就很自覺，從參加革命伊始就帶有了濃重的江湖色彩，這兩個小團體的生死兄弟關係，以後對中共歷史產生了很重要的作用和影響。

沒有任何記載和回憶說到朱德與朱培德建立過什麼兄弟之情或關係，相反，則有朱培德告密朱德的故事。朱德與朱培德是當時雲南講武堂的兩個最突出學生，被稱為「模範二朱」，日本、法國領事來講武堂參觀，總辦李根源為炫耀訓練

水平，拿出手的便是朱德和朱培德。在「模範二朱」當中，人們更看好朱德，認為朱德遠超朱培德。主要的原因，大概是因為朱培德體操和術科的動作不如朱德，口令叫得也沒有朱德好。1926年國民革命軍宣告正式北伐的儀式上進行指揮選的是朱培德，證明朱培德的口令水平非常高，為蔣介石等所折服，而朱德的口令比朱培德更好，可見朱德是「模範」中的模範。朱培德告密朱德的故事，是告朱德偽造雲南籍貫的事情，這對朱德來說幾乎是致命的，好在李根源把朱德保護了下來。但這事不能認為朱培德就是小人行為，他只不過是觀念比較正統而已，不然，後來1927年時他在南昌也不會對朱德委以重任，朱德也不會投靠他。另有一說是李根源發現了朱德偽造籍貫的情況，一個叫曾師仲的同學出面證明朱德是雲南人，但祖父在四川做官，所以有四川口音。很有可能的是，這兩件事情是互相銜接的。其實，朱德是四川人不過是公開的祕密，如果沒有人去「告」，也就不是什麼事，有了人去「告」就成了件很嚴重的事，李根源本就很喜歡朱德，表面嚴厲，但只讓朱德拉個人來旁證一下他的雲南籍貫，實際是幫朱德過關而已。

　　1911年8月朱德從特別班畢業後，剛去十九鎮三十七協七十四標第二營左隊任司務長，就接到同盟會指令，要求他立即在步兵標士兵和總督衙門衛隊中展開活動。這一次，朱德徹底發揮出了他的江湖作風，他馬上加入了哥老會。哥老會不比同盟會，同盟會成員社會層次相對較高，是個中國會黨傳統與西方政黨潮流雜交出的一個近代化組織，其演變傾向是向上走，哥老會則是個完全傳統的中國式會黨，並存在著向下走乃至黑社會化的演變傾向，因此，在士兵中有著非常廣泛的網絡和強大的勢力。朱德在哥老會中是否獲得了頭目的地位不得而知，但立即成為了一個被士兵擁護的「袍哥」則是無疑。很快，在雲南重九起義中，朱德的哥老會「袍哥」身份和網絡幫了他大忙，為他奪取連隊控制權和順利主攻總督府奠定了基礎。在隊官不願意參加重九起義時，朱德能夠取代他，依靠的

是隊中哥老會士兵的擁護。進攻總督府能夠非常順利，是因為總督衙門衛隊士兵在朱德這個「袍哥」的「政治攻勢」下，馬上嘩變了。

加入同盟會是為「主義」的革命，使朱德成為革命者。同樣是革命者，也可以有范石生同盟會小組和朱德「五華社」的幫派差別。加入哥老會讓朱德嚐到了攏絡底層的甜頭，當士兵成為了自己的「袍哥」兄弟，關鍵時候可以使隊官失去領導力，讓士兵們跟著自己走。由於有了哥老會身份，朱德在滇軍中一直與下級軍官和士兵有著良好的關係，既可以讓他們「愛戴」自己，又可以隨時讓他們為自己賣命。這是朱德權謀的雛形，它的特徵是從上、下兩條線發展自己的勢力，從政黨組織內部和政黨外部「群眾」兩個方面發展自己的政治基礎，這種模式可以稱為「朱德式」權謀模式，它後來在朱德與毛澤東的衝突中發揮到了極致，保證了朱德在中共能夠擁有幾乎摸不到邊際的強大勢力，使得任何人都對他沒有特別好的對付辦法。毛澤東在中共最高領導層裏可以隨心所欲地打擊任何人，但唯獨對朱德始終保持著謹慎的甚至可以說是無可奈何的分寸，正是跟朱德這種權謀模式產生的無邊際勢力有著密切關係，如果毛澤東試圖過分地打擊朱德，最後的結果恰是打擊到了自己身上，就像文革中毛澤東說的：「你們說他是黑司令，朱毛朱毛，司令黑了，我這個政委還紅得了嗎？」其實這不是一個司令與政委的關係問題，更實質的問題是在於，毛澤東的勢力基礎大部分是跟朱德的勢力重疊的，毛澤東打擊朱德一不恰當就是翻掉了自己的勢力基礎。

暗殺富滇銀行行長顧葊齋

朱德透過他上下、內外的權謀和勢力發展，經過逐步積累，在西南地區從滇軍、川軍、黔軍到江湖好漢，從官場到民間，擁有了非常廣泛的私交關係，編織出了一個非常大的人際

網絡。朱德是個很讓人能夠接受的人，誠懇、和善、坦率、忠誠，但他也是一個非常機謀、堅定、強硬和鐵腕的人物，甚至可以說是個非常毒辣、殘酷的人。這一點很典型地體現在他殺掉富滇銀行行長顧蘅齋這件事情上。

　　儘管朱德還處於猶豫狀態，但朱德還是在享受奢靡生活的同時，開始了出國準備。從出國來說，他必須安排好家庭事務，而且以他的將軍身份來說，不可能像一般青年學生那樣出了國後勤工儉學，這些是需要高額費用的。朱德1920年後開始動腦筋聚斂財富，準備出國資金。楊如軒回憶說：「從民國九年起，我就聽到他經常說，要想法子籌出洋費。當我們退到昭通的時候，唐繼堯任命我們為東防軍，他仍任旅長。不僅口頭這樣說，而且實際上已著手籌出洋費了。」朱德如何聚斂財富現在已經很難知道，但手段一定不會正當。從他1920年暗殺富滇銀行行長顧蘅齋這件事情上看，朱德聚斂財富是不惜採用黑暗手段的。

　　回到昆明趕走唐繼堯後，憲兵司令朱德從搞錢角度看上了省立富滇銀行行長的位置。富滇銀行行長顧蘅齋沒有跟隨唐繼堯逃跑，而是留了下來，顧品珍繼續留用了他。顧蘅齋作為一個金融管理人員，對軍閥們的政權更替只能附和，很難說他一定屬於哪方面的人。但是，既然殺人如麻的朱德看上了他的職位，他也就注定倒楣了。朱德找到了老部下楊如軒，要他把顧蘅齋暗殺掉，楊如軒擔心鬧出事情來，但還是執行了朱德的指令，殺掉了這位無辜的銀行行長。楊如軒回憶說：「有一天，他跟我商量一件事，說是他決定要出洋，為了籌措出洋費，最好是自己接任富滇銀行行長。當時的富滇銀行行長顧蘅齋，本是唐繼堯的人，顧品珍進昆明後，他拉攏顧品珍，認了家門，要顧品珍撤換他，一時不容易，最簡單的辦法是把他敲掉，叫我派兩個人去執行這個任務，我問朱：『你自己有兵，為什麼不派』？他說：『我那些憲兵不方便』。我說：『讓我想一想再說』。接著，我把這件事告訴了金漢鼎，取得

了金漢鼎的同意，派了兩個兵，用手槍在武成路吉星把顧葆齋給幹掉了。幹掉以後，風聲太大，朱也沒有要求當行長。」就這樣，一個省銀行的行長，僅僅因為朱德的一個閃念就飲彈暴斃了。

暗殺顧葆齋這件事對理解朱德這個人有著非常重要的意義。這不僅僅只是個聚斂財富的問題，而是非常典型地說明了朱德人格當中存在很毒辣的一面，而且，他也善於使用相應的手段。雖然後來在中共當中朱德是個公認的好人，從不亂整人，但並不等於他不敢和不會使用陰狠的手段對付人，不然，他在中共裏面就不會牢固地建立起自己威的一面品牌。如果時勢允許，並且朱德認為必要，他不會是個手軟的人。此外必須知道，對於朱德認為是敵人的人來說，他絕對不會是一個「好人」，他與毛澤東的區別只不過是他比較寬容和忍讓，不輕易確定和擴大敵人的範圍。這件事也充分說明，朱德是個很講究現實功利的人，在功利面前，個別的生命價值對他來說是可以忽視的。特別是當參加中共之後，為了革命，人的生命在朱德來說只是次要的價值，這一點朱德與其他中共革命者在本質上沒有什麼兩樣。

逃亡歷險

朱德較之其他中共最高領袖層人物來說，在熟悉江湖習氣和黑道手段方面更有經驗。他對江湖習氣和黑道手段的熟悉，在暗殺顧葆齋這件事上體現得很明顯，而在唐繼堯反攻回昆明他逃跑時，這一點又救了他的命。

1921年年底，更只是一介武夫的顧品珍聽從了孫中山的召喚，帶領幾乎是全部的軍隊一萬多人向廣西方向開拔，準備東進廣東進行北伐。顧品珍離開時，委任金漢鼎為雲南滇軍代總司令，不久金漢鼎又代理了雲南省省長。這樣，昆明防務

就空虛了。朱德顯然是預感到了不詳，悄悄組織了一個手槍連，以防不測。

唐繼堯見機會來了，組織龍雲、胡若愚、張汝驥等部從廣西柳州反攻雲南。顧品珍看不起唐繼堯的軍事能力，沒有充分組織和謀劃就與有備而來的唐繼堯接戰。顧品珍手下最能打的兩員戰將金漢鼎、朱德都不在軍中，而范石生、蔣光亮部又不服指揮，結果顧品珍與唐繼堯一接觸就連連失利。1922年3月，被唐繼堯收買的吳學顯部突然偷襲顧品珍指揮部，顧品珍受傷自殺，顧品珍的參謀長姜梅齡也戰死。顧品珍的一萬多大軍無心戀戰，而唐繼堯也沒有能力消滅這支部隊，只是長驅直入，奔向昆明。

武夫金漢鼎雖然手上沒有什麼軍隊，但準備在昆明與唐繼堯以死相搏。金漢鼎的父親不希望兒子在昆明城燃起戰火，勸阻了金漢鼎。朱德應該也是勸阻了金漢鼎，因為，這種手上幾乎沒有兵力的防禦戰並不符合朱德的個性。金漢鼎請來了更有頭腦的朱德，兩個人馬上召集了在昆明的一些將領和高級官僚，有羅佩金、造幣廠廠長劉雲峰、旅長唐淮源、張子貞、項澤光及省府祕書長朱麗東、軍需處長李廞虞、蒙自道尹何國鈞等，弄了四十多匹馬馱了財物，帶了兩個連突圍，向楚雄逃去。

到了楚雄一個小山村，這些人對下面該怎麼走發生了分歧。羅佩金主張進楚雄城，他自己準備利用楚雄駐軍司令大理鎮守使、第九旅旅長華封歌（又作華鳳閣）的兵力，經營滇西，與唐繼堯抗衡，不願意的人可以從楚雄南下去緬甸後再作打算。金漢鼎和朱德則主張北上沿金沙江穿過西康和川西，然後轉向上海。羅佩金的主張依據是華封歌父親欠過羅佩金祖上人情，那時華封歌父親犯了當宰的死罪，經辦案件的羅佩金先輩羅星垣開脫了華封歌父親，因此，羅佩金認為華封歌是可靠的，而金漢鼎和朱德所選的路線道路艱難，土匪橫行，明顯是危機四伏。金漢鼎和朱德則認為華封歌比土匪更危險，因為這

個人一向首鼠兩端，不僅不會願意得罪唐繼堯，而且反過來會用人頭向唐繼堯邀功。兩種主張互相不能說服，於是只能各自帶了一連人馬分道揚鑣。

羅佩金一路人馬一到華封歌手下普小紅部後，就全部被抓了起來。華封歌請示唐繼堯，唐繼堯叫他「看著辦」。第二天，曾經地位僅次於蔡鍔的風雲人物、西南一代英豪羅佩金被小兵痞普小紅殺死在了一個叫雙金坡的地方。被抓之後，陰溝翻船的羅佩金很後悔，立即寫了個字條命令一個叫湯玉清的副官逃跑，通知金漢鼎、朱德。不久，湯玉清趕上了金漢鼎、朱德的隊伍。

在大姚縣境內，由朱德親自指揮，用他習慣的機槍集中火力給了追擊的普小紅部懲罰，殺死殺傷了不少人。普小紅知道了厲害，不再敢貿然上前，但緊緊尾隨著。金漢鼎、朱德等軍政官僚帶了不少錢財，現在這只會是禍害了，於是金漢鼎決定將大洋、鈔票集中起來，所有人包括士兵按照官銜級別公平分配，以免發生變故。

一行人由牟定、姚安、鹽豐向川南跋涉。分過錢財後，一些人便不辭而別，人馬越走越少。到金沙江邊時，只剩下了十幾個人了。這時，普小紅大概眼紅他們身上的錢財，仍然在後面緊緊尾隨，金沙江對面又是土匪遍野的地方。金漢鼎和朱德商量後，決定強渡金沙江。他們勘察了水勢、地形後，紮了竹排，從三江口強渡過了金沙江。但是，一過金沙江，劉雲峰就被鹽邊土匪雷雲飛綁了去。

還在雲南講武堂做學生時，劉雲峰就是金漢鼎、朱德的老師。護國反袁戰爭蔡鍔率領護國軍第一軍入川，下轄劉雲峰、趙又新、顧品珍三個梯團，劉雲峰是第一梯團長，因此，劉雲峰也算金漢鼎、朱德的老上級。現在劉雲峰到了土匪手上，朱德表現出了他的江湖義氣和英雄氣概，決定深入虎穴，解救劉雲峰。他直接面見土匪雷雲飛，與他談判，劉雲峰竟然被朱德救了出來。

到了會理境內，金漢鼎、朱德一幫人又被一群土匪圍了起來。朱德要求大家順從土匪，把武器、馬匹交給他們。土匪們綁到了肥票，顯然非常高興，歡天喜地地押著他們去會理城邀功。一路上，朱德從土匪們的談話裏證實了他們的首領叫賴國藩，心裏有了底。賴國藩是個不識字的江湖好漢，在辛亥革命時也參與過同盟會，現在佔據了會理周圍幾個縣，自立為王，沒有什麼人可以管得了他。有了肥票，賴國藩自然要親自過堂審問。金漢鼎、朱德等人一進賴國藩的「衙門」，朱德就大笑著叫道：「我的國藩兄。」朱德這麼一叫，小土匪們都楞住了，賴國藩看著滿臉鬍子的朱德，撓了一會腦袋，終於想了出來，從座位上跳起來：「啊，是玉階老弟。」原來，朱德與賴國藩曾是一本正經拜過把子的「袍哥」兄弟。這樣，這一切就成了一場虛驚。

　　在賴國藩那裏住了兩天後，金漢鼎、朱德一行人在賴國藩派的一個衛隊保護下又上了路，不過，下面主要只是路途的辛苦了，人身安全則基本沒有了問題。

　　這一路可以分兩截看，即渡金沙江之前和之後。在渡金沙江以前，由於金漢鼎是顧品珍任命的滇軍代總司令，現職最高，而大家雖然在逃，但手下還有一點兵，必須要尊重金漢鼎的職務，因此，金漢鼎是這些逃亡者的最高領袖。但由於金漢鼎主要是個武夫，加之他與朱德的個人友情很深厚，自然就要依賴朱德出謀劃策。即使這樣，金漢鼎的威信仍然不夠，他的決定不能被所有人接受，這正是羅佩金遭難的根由之一。由於金漢鼎政治頭腦缺乏，難以樹立威信，後來即使受了孫中山使命回到滇軍，也沒有當上滇軍總司令，反而最後被楊希閔取代，自己只能避居香港。1932年，金漢鼎輕率地想用手下一個團長替代一個旅長，導致發生官兵示威的海州事件，被蔣介石從湘、閩、贛三省剿共副總指揮的高位上貶為了一名旅長，只是因為他確實能打仗，勞苦功高，蔣介石才又調他為中央軍事參議院高級參議員，給個上將虛銜安慰。正因為這樣，所

以，渡過金沙江踏入四川土地之後，對手下沒兵了的十幾個雲南軍政官僚來說，金漢鼎的職務已經失去意義，朱德就自然成為了他們的頭腦，所以，無論是解決土匪雷雲飛問題還是土皇帝賴國藩問題，朱德都是為主的。這後半截路安全問題的解決，靠的正是朱德的江湖經驗和網絡。很有意思的是，長征後不久的1937年朱德對美國記者說：這次逃亡「所走的路線正是1935年紅軍長征的路線」。朱德的這次逃亡無意間為以後紅軍長征做了軍事經驗準備。

按理說，滇軍將領跟川軍打了很多年，來到四川應該會有人身危險。但他們不僅沒有人身危險，反而還成為了座上賓。端午節前，朱德、金漢鼎、唐淮源來到了重慶楊森處。恰好四川督軍劉湘也在楊森那裏，三位戰將的到來令劉湘和楊森喜出望外，馬上熱情款待。當時四川軍閥正醞釀大內訌，楊森是川軍第二軍軍長兼重慶警備司令，他與劉湘聯手，準備倒熊，與川軍司令熊克武控制的川軍第一軍、第三軍開戰，正是需要將才之機。

朱德、金漢鼎、唐淮源三個人中，劉湘和楊森尤其希望朱德能夠加入他們的軍隊，助一臂之力，按照朱德自己的說法，是「劉湘所以對我為他效勞感興趣，是因為我的特殊戰術已經出名」。劉湘曾經與朱德作過戰，親身體會過朱德「特殊戰術」的厲害，就如楊如軒說的，朱德曾用一個團打敗了劉湘的三個團。至於楊森就更熟悉朱德了。楊森是四川順慶府廣安縣人，與朱德是順慶府中學堂校友，同為張讕、劉壽川的學生。1913年楊森加入滇軍，長期與朱德同在滇軍第二軍趙又新部就職，1920年叛變時為第二軍參謀長兼獨立團團長，地位低於朱德。楊森與朱德另有一層特殊關係，他們是滇軍將領中僅有的兩個四川人，也是詩友，個人感情很好，互相是拜了把子的把兄弟。

劉湘和楊森當即要朱德當師長、金漢鼎當旅長、唐淮源當團長。朱德後來說，劉湘是「急於」要給自己師長的職

務。朱德當即謝絕了，明確自己要出國。金漢鼎和唐淮源也不願意留下。劉湘和楊森一個人才都留不住，很失敗，大概楊森從滇軍叛變、擊斃趙又新對滇軍將領來說是個很難抹去的陰影。他們給的職務也不妥當，金漢鼎是與朱德齊名的滇軍將領，唐淮源長期是朱德部下，但已經是滇軍旅長，加上朱德、金漢鼎、唐淮源三個人本就是關係特別密切的把兄弟，這樣安排職務是很難讓其中任何一個人滿意的。這樣，楊森只能說給朱德留著師長位置，虛席以待他從國外回來。

　　與劉湘和楊森吃喝、聽曲幾天，看了端午龍舟賽後，朱德、金漢鼎、唐淮源在重慶朝天門碼頭上了輪船，順流而下，去了上海。這是朱德第一次跨出西南地區，也是他新的人生的開始。

五　不被信任的中共黨員

拜見孫中山、陳獨秀

　　1922年6月，朱德和金漢鼎、唐淮源到了上海。7月，朱德乘火車先去南京拜訪了相別數年的老師李鴻祥。李鴻祥畢業於日本士官學校，是朱德在雲南陸軍講武堂時的教官，雲南重九起義時是主要策劃者和領導者之一，曾任滇軍師長、雲南省民政長（即省長）。告別了李鴻祥後，朱德再乘火車去了北京，與孫炳文會了面。恰好朱德的老師、當初的雲南講武堂總辦李根源在北京黎元洪政府出任農商總長，朱德就拜託他幫忙辦理出國護照，然後由孫炳文等人陪著到處遊覽，去看了大同雲崗石窟，到孫炳文的連襟、雞鳴山煤礦礦長黃志烜那裏參觀了煤礦。朱德想拜見孫炳文認識的李大釗，孫炳文打聽到李大釗不在北京，也就只好作罷。

　　8月中旬拿好出國護照後，朱德與孫炳文一起南下上海。這時，他們已經知道孫中山被陳炯明趕出廣州，來到了上海，而孫炳文是孫中山所器重的一個同盟會員，與孫中山熟悉，於是決定面見孫中山。朱德在1937年時說過：「在中國，我一向欽佩雲南的蔡鍔，他是現代軍事科學早期最優秀的專家。而在政治方面，我一向敬服孫逸仙。」

　　8月下旬的一天，在孫炳文的陪同下，朱德和金漢鼎、唐淮源來到莫利哀路29號（今香山路7號）孫中山的上海寓所。剛脫離廣州之險不久的孫中山顯然對三名滇軍將領的到來進行了深思熟慮的準備。廣東方面他已經沒有牢靠的、足以對付陳

炯明的軍隊可以利用，而唐繼堯反攻昆明後顧品珍留下的一萬多滇軍武裝群龍無首，只能滯留在雲南、廣西邊界，處於進退維谷的狀態，而這支武裝只要稍事整頓就是一支非常強大的軍隊，完全可以擊敗陳炯明。最有利的是，這支強大的滇軍正是因為顧品珍試圖參加北伐而陷入現在這種窘境的，因此完全可能馬上投靠到孫中山的旗幟下。這對孫中山來說太有誘惑力了。因此，與三位滇軍將領一見面，孫中山就大談陳炯明的叛變，宣揚他的革命思想和北伐主張。然後，孫中山提出先支付十萬軍餉，讓三位將領帶著軍餉回到滇軍中，把軍隊組織起來，去廣東進攻陳炯明。武夫金漢鼎顯然是受了感動，再說他也是顧品珍任命、委託的滇軍代總司令，有繼承「遺志」的責任，當即答應了孫中山。朱德雖然很崇敬孫中山，但並沒有被他感動，表示自己準備到國外去。孫中山建議朱德去美國，朱德表示要去歐洲。1937年朱德說：孫中山「要我去廣東打陳炯明，我拒絕了。他又要我到美國去，可是我的興趣是去德國研究軍事科學，親眼看看世界大戰的後果。」朱德自己的這一說法是合理的。當時美國遠不是軍事大國，第一次世界大戰也主要是在歐洲打的，從軍事角度去歐洲自然是正確的。

見了孫中山後，朱德又拜見了汪精衛、胡漢民等人。朱德自己說：從北京「回到上海以後，我見到了孫中山、汪精衛、胡漢民以及其他國民黨領袖。」可見朱德當時完全是有著進入國民黨政治上層圈子地位和身價的。

見過孫中山後不久的一天，朱德打聽好陳獨秀半地下狀態的住址後，到閘北敲開了陳獨秀的房門。朱德向陳獨秀作了自我介紹，提出要加入共產黨。毫無思想準備的陳獨秀很茫然，冷冷地看著朱德。朱德是從同盟會員自然延續下來的老資格國民黨人，又是一個軍閥，跨黨問題和軍人問題都還是陳獨秀和中共沒有來得及研究和決策清楚的組織問題，陳獨秀自然很難回答，而朱德這時根本不暸解中共的性質和制度，以為中

共作為一個政黨，應該可以像國民黨一樣寬鬆、自由，只要提出加入就可以宣誓、按手印成為黨員。如果是一年前陳獨秀還在組黨階段時，他的原則是拉人，只要大致同意共產主義和願意，即使無政府主義者也可以參加中共，但即使這樣，朱德這樣的軍閥要參加中共仍然會是個大難題，更何況1922年時中共已經開始嚴格組織原則了。

一個在當時中國軍閥隊伍裏也算是中等規模和勢力的軍閥突然找上門要加入中共，絕不會是像年輕學生那樣的一時心血來潮，這不是開玩笑的事情。但是，政黨組織觀念的巨大差異又使陳獨秀與朱德很難溝通。最後，陳獨秀既嚴肅又圓滑地告訴朱德，參加共產黨必須要以工人的事業為自己的事業，要準備獻出生命，需要長時間的學習和申請。這等於拒絕了朱德，但又沒有把門徹底堵死。

對朱德來說，這是一次精神打擊。慣於拜「袍哥」、結把兄弟的朱德沒有想到自己會被中共拒絕。後來他跟美國記者史沫特萊說：「我感到絕望、混亂。」對他來說，既然參加中共，作為軍人自然就應該服從、聽命，為中共做事，哪來這麼複雜？這時候的朱德，其實對中共還是毫無瞭解。他之所以想參加中共，不過是贊同他所理解了的一些共產主義理論和主張而已。現在，陳獨秀實際上給他上了第一堂共產黨的黨課，讓他知道了共產黨是個跟他原來參加的同盟會、國民黨、哥老會完全不同的組織，是極其嚴格和冷酷的。如果是換一個個性的人，可能也就就此斷了參加中共的念頭，而對朱德來說，陳獨秀雖然讓他悲傷，但更是一種刺激，更會加固他要參加中共的念頭，雖然他還不完全清楚應該怎樣才可以被認為能夠做一名中共黨員。當朱德成為中共領袖之一後，儘管陳獨秀被中共批得很臭，但朱德一直很謹慎，不輕易談論這位中共創始人，即使提到也不亂用攻擊語言，也許正是因為這次見面陳獨秀的冷淡提醒了朱德很多東西，更給朱德帶來了「好處」。

加入中共

　　朱德定的船是1922年9月初的一艘法國郵輪「安吉爾斯號」。出發前，他除了拜訪孫中山等國民黨領袖和陳獨秀之外，還到杭州等地旅遊，同時，他也是在等妻子陳玉珍和姨太太們的到來。朱德到上海後先住雲南流亡者陸夫岩家，然後住旅社，可見陸夫岩家並不大，不足以容納朱德和一幫女人，如果朱德是帶著她們一起到上海，就應該是直接住到旅館裏去了。陳玉珍和姨太太們不會是從昆明到四川與朱德會面，而應該是一幫女人從昆明直接到上海，然後與朱德會面。如果他們是在四川會面，朱德遣散姨太太們就應該是在四川時就解決了，完全沒有必要一起到上海再做這件事情，讓遣散的姨太太從四川到上海，再從上海回四川，作為優秀軍人的朱德不會這樣折騰地安排事務。

　　雖然四個姨太太最後仍然留下了一個，但這個姨太太當時朱德並沒有帶上「安吉爾斯號」郵輪一起出發。朱德帶著一起出發的是正妻陳玉珍。現在可以看到的朱德在德國時的照片，在他身邊會有一個文靜的女人，在張申府的相關文章和著作裏，張申府明確指明是陳玉珍。從朱德為出國思考和準備了幾年看，作為他的第一次出國，肯定是件很慎重的事情，帶女人自然會選擇帶妻子，而不是姨太太。陳玉珍很賢惠，知書達禮，而且一起上路的還有陳玉珍的舅舅孫炳文，朱德帶陳玉珍出國是最妥當的。之所以要確定朱德帶了陳玉珍一起出發，是因為由此可以見出，朱德的出國是夫妻一起出國，與一般青年學生出國在生活上並不一樣，而後來陳玉珍回國，姨太太賀治華替換了她去德國朱德身邊，自然會引起一連串微妙的後果，會影響到朱德作為一名中共黨員的「合格」程度。

　　朱德當時到底帶了多少錢去歐洲，現在已經很難弄清楚。在《龔楚將軍回憶錄》裏，朱德井岡山時期告訴龔楚，他

當時帶了五萬多元銀洋到上海，自己留了二萬元，另外給了每個姨太太各八千元。他的這筆錢應該是「存款」，不包括資助款。朱德離開土皇帝賴國藩時，送了一把手槍和一匹戰馬給賴國藩，賴國藩則給了朱德一匹山地馬以方便朱德走山路，同時，這位土皇帝可憐兮兮地資助了朱德三百元大洋。離開楊森時，這位把兄弟送給了朱德一萬元，作為對他出國的資助。朱德到南京拜訪李鴻祥時，李鴻祥聽到朱德要出國，資助了朱德兩千元廣東毫洋。這些數字明確的資助款項在一萬二千元左右（廣東毫洋幣值稍低）。此外，金漢鼎拿到孫中山十萬元後，在與朱德分手前也給了朱德一筆錢。這筆錢具體數字不詳，可能並不多，但也可能是朱德拿到的最大一筆資助款項。金漢鼎接受孫中山使命後，回到在雲南、廣西邊境的滇軍中，在朱培德部，帶去的錢很快就花光了。如果他因為資助了朱德而沒有帶足十萬元，以當時軍閥社會的道德觀念，並沒有必要向朱培德和其他滇軍將領隱瞞，他們從與朱德的友誼角度，仍然會認可孫中山是支付了十萬元軍費。可見朱德帶的錢不會很多，但也絕不少，加之當時剛結束第一次世界大戰的歐洲經濟非常蕭條，物價十分便宜，一棟小樓不過價格數馬克，朱德所帶的款項是足夠維持他「中國將軍」形象的。

在「安吉爾斯號」上，有十幾個去歐洲留學的青年，興奮的他們在甲板上注意到了年齡較大的三十五、六歲的朱德、孫炳文，彼此很快就互相認識了，朱德則在旅途中自然成為了他們公認的出面處理事務的「代表」。這些青年中有章伯鈞、房師亮、史逸、史上寬、李景泌、夏秀峰、李毓九等人。1922年10月，朱德、陳玉珍、孫炳文到了法國，住在一個中國商人家裏。

還在昆明時，朱德曾透過李曰垓認識了南京金陵女子大學畢業、在昆明育賢女校當英語和鋼琴教師的許岫嵐，跟她學了一年多初級英語。李曰垓是雲南著名的老同盟會員，護國戰爭時任蔡鍔的護國第一軍祕書長，他的兒子艾思齊是後來中共

著名的哲學家。許岫嵐的丈夫李沛階是李曰垓學生，當時他們與李曰垓是鄰居。許岫嵐說朱德「每天從住處來育賢女校，由我在課餘時間教他」。但朱德這點英語一當到了法國，就他自己說，也就是「數數目是可以的」。孫炳文英語比朱德好一點，但也還是不會說。他們找了個翻譯，其實翻譯也不怎麼會說法語或英語。他們就乾脆不要翻譯，朱德買了張地圖，發揮他軍人的讀圖特長在巴黎遊逛。

幾天後，他們打聽到巴黎有一個中共旅法組織，頭目是一個叫周恩來的年輕人。朱德、孫炳文就去一個在巴黎南部戈德弗魯瓦街17號的小旅館找周恩來，結果沒有見到，有人告訴他們周恩來去了德國柏林。朱德從研究軍事角度本就準備去德國，於是朱德、陳玉珍、孫炳文就乘火車從法國轉到了德國，於10月22日到了柏林。

朱德、孫炳文很快就找到了周恩來。史沫特萊在朱德傳記《偉大的道路》裏繪聲繪色地描寫了朱德、孫炳文與周恩來的會面：「周恩來微笑著說，他可以幫他們找到住的地方，替他們辦理加入黨在柏林的支部的手續，在入黨申請書寄往中國而尚未批准之前，暫作候補黨員。」這個說法包含的意思，是周恩來當即答應了朱德和孫炳文的入黨要求，而且他是決定者，並幫他們辦理具體手續。這個說法完全經不起推敲。周恩來當時已經受到了共產國際的嚴格訓練，他本人的個性又是很有組織觀念和謹小慎微的，既然中共最高領袖陳獨秀都沒有當場答應朱德加入中共，周恩來怎麼會貿然決定接受朱德呢？以朱德的個性，不可能不告訴周恩來陳獨秀拒絕自己的事情。把孫炳文吸收進中共問題不大，問題最大的是朱德這個人是個軍閥。最重要的是，雖然很多人知道周恩來是在歐洲的中共分子頭目，但實際上周恩來並不是當時中共在歐洲的最高領導，他主要是辦具體事情和出頭露面的人，真正的最高領導是張申府。也就是說，決定權根本不在周恩來手上，而是在張申府手上。朱德、孫炳文見了周恩來後，周恩來至多只能做到把當時

也在柏林的張申府介紹給他們，一切由張申府去定奪。史沫特萊雖然名義上是名記者，但實際上她是共產國際的人，《偉大的道路》這本書有很多宣傳水分，並順應了共產國際和中共角度的對中共歷史中內爭問題的態度。朱德自己從來沒有說過周恩來是他入黨的決定者。

朱德、孫炳文與張申府的相識應該是透過周恩來的介紹，即使不是周恩來介紹，周恩來至少也告訴了他們張申府的身份。張申府晚年回憶說：「1922年10月底，朱德和孫炳文到了德國，朱德過去是軍人，但他拋棄了優裕生活，到歐洲尋求新的革命道路。他謙虛誠懇，熱情很高。朱德向我敘述了自己的曲折經歷並委婉地表示了入黨的要求。他的革命願望是強烈的，對黨十分忠誠，對同志也一樣，特別是他事事走在前頭。許多時候，大家坐在一起說話，他卻悄悄地忙著做事或是忙著做飯了。不久，我和周恩來一起介紹朱德同志加入了中國共產黨。」張申府這個回憶是把入黨前和入黨後的朱德混在了一起，是一個「在德國時的朱德」。但這個回憶在關於朱德入黨本身的問題上，有三點是很清晰的：一是張申府說了朱德是跟「我」進行了敘述，張申府沒有任何在「我」聽了朱德敘述後還需要跟其他人進行複述的意思在裏面，顯然是突出了「我」的作用；二，朱德對加入中共的態度是「委婉」的，這很符合朱德的社會地位和經驗，中共旅歐組織畢竟是個祕密組織，朱德作為一名久經沙場的將軍自然懂得應該如何表達自己意思的規矩和方式，而不會是史沫特萊在《偉大的道路》裏所描寫的像個沒有經歷的熱血青年那樣直白；三，朱德入黨是張申府和周恩來兩個介紹人。

雖然朱德入黨是張申府和周恩來兩個人介紹的，但對張申府來說，這仍然是件比較有顧慮的事情。當時在歐洲加入中共，只要有介紹人就可以，不需要國內批准，只需要張申府寫信給陳獨秀時告訴一聲就行了。這是張申府去歐洲時，陳獨秀要他在歐洲建立和發展組織給的特權。因此，那時在歐洲加入

中共，實際上的最後決定者就是在張申府一個人身上。但這種特權也相應地等於是一種責任。雖然張申府接受了朱德，但由於朱德的身份實在特殊，朱德入黨這件事一直也是張申府心上的一塊石頭。正因為這樣，一年後張申府回國見到陳獨秀時，又把朱德入黨的事情向陳獨秀特地進行了彙報，陳獨秀沒有表達任何反對意見，而事實上也已經開始國共合作，共產國際有了要中共參與軍事運動的意思，這樣，張申府便釋然了。張申府文革後回憶說：「後來我回國，一天晚上到當時黨總部，對陳獨秀詳細談了介紹朱德同志入黨的經過，他完全同意。本來我介紹黨員，他沒有不同意的。」張申府這前一句話是事實，後一句發揮的話也是事實，但也是他一生狂傲、自大的性格表現。

那麼，在陳獨秀已經拒絕朱德的情況下，張申府為什麼又敢於接受朱德呢？一方面這與張申府的個性有關，另一方面也與張申府在歐洲發展黨員仍然還採用中共組建時的「拉人」方式有關。張申府，字申甫，又名張崧年，1893年生，河北獻縣人。他是中國數理邏輯和羅素哲學研究家，在中共初期是個非常重要但後來被中共官方黨史文件和著作虛化到幾乎不存在了的人物。1917年張申府在北京大學講解數理邏輯，並擔任北京大學圖書館館長李大釗的助手，同時也是陳獨秀《新青年》的一個編委，他們三人經常在一起，張申府年輕，資格相對比較淺，跑腿的事情做比較多。1920年4月，共產國際東方部代表魏金斯基來中國，先後會見了李大釗、張申府和陳獨秀。1920年5月陳獨秀在上海開始組建中共時，主要是透過張申府與李大釗進行商量，陳獨秀在給張申府寫信時明確，建黨的事情「只有你與守常可以談」。守常也就是李大釗。中共採用「中國共產黨」一名，是李大釗、張申府商量後共同向陳獨秀提出和建議的。中共真正的創建者實際是共產國際和蘇俄，但從中共本身來說，最早的創始人是以陳獨秀、李大釗為主並包括張申府在內的三個人。

陳獨秀是中共組建時最主要的行動者和事實上的領袖，他採用的基本方式是拉人，只要原則同意共產主義和願意參加中共，就可以成為中共黨員，因此，當時屬於比較激進的很多無政府主義者也都成了陳獨秀拉攏的對象。1920年冬天時，張申府作為蔡元培的私人祕書隨同去法國，並到李石曾、吳稚暉籌辦的巴黎里昂大學中法學院當邏輯學教授，陳獨秀看中了中國在歐洲的青年學生群體，要張申府去了後建立中共旅歐組織。

張申府到法國後，很快與已經到法國留學的劉清揚發生了情感關係，逐步同居在了一起。劉清揚與周恩來同是天津南開學校重要的學生領袖，作為女性特別顯得激進、朝氣，李大釗曾試圖將京、津兩地的學生運動聯合、統一起來，便請一批天津學生領袖到北京見面商談，見面時李大釗注意到了劉清揚，李大釗的助手張申府則可能是對劉清揚一見鍾情起來，他們在1920年9月底跟劉清揚談話，想把她拉進中共，做在京、津除他們兩人之後的第三名中共黨員，但劉清揚以不怎麼瞭解共產主義為名拒絕了。現在自然是水到渠成，1921年年初，劉清揚成為了張申府在歐洲拉到的第一個中共黨員，當然，這只需要張申府自己一個人決定就可以了。兩個人不成組織，劉清揚想到了在南開學校時一起的周恩來。這時，也到歐洲留學的周恩來無法解決在英國生活的經濟問題，只能回到了法國。陪李大釗與天津學生領袖商談時，張申府也認識了周恩來，對周恩來的印象很不錯。於是，張申府和劉清揚就找周恩來，周恩來對搞共產主義大有興趣，彼此一拍就合，這樣，張申府就在歐洲拉到了第二個中共黨員。不久，國內已經參加中共的趙世炎、陳公培也來法國留學，五個人就成立了中共旅歐小組，中共正式成立後又稱旅歐支部。五人小組屬於祕密組織，與國內陳獨秀進行通信聯繫的，只有張申府，因此，張申府自然就是當然的領袖了。

但是，張申府並不是一個適合在中國搞政治的材料，而主要是一個喜歡研究哲學、邏輯的學者型人物，個性比較張

揚、驕傲，沒有多少城府，喜歡我行我素又難以擺下面子，一邊做教授一邊沉迷在跟劉清揚的風流愛情中，具體的事務基本都由周恩來去做了。這正是朱德到法國後打聽到的是周恩來的原因。也正因為張申府是這樣一個人，朱德也才有了可以加入中共的機會，如果僅僅是周恩來，朱德當時要加入中共恐怕是件很困難的事情。

中共旅歐小組建立後，1922年3月，張申府、劉清揚、周恩來去了德國，但小組設立在法國，周恩來在法國與德國間來回跑，後來基本也就呆在了法國。張申府晚年回憶說：「當時趙世炎在法國，我住德國，周恩來常常往來於德、法之間。雖然我們不能常常見面，但卻始終保持著密切的聯繫。」這樣，張申府實際就成了周恩來「挾天子而令諸侯」的「天子」，逐步對在法國發展、壯大起來的中共分子失去了控制力，周恩來則於1924年在法國成立了中國社會主義青年團旅法支部，即著名的旅歐「少共」。1923年冬張申府回國，徹底失去了對中共非常重要的一派勢力的控制和影響，而周恩來最後則成為了這股勢力的核心人物。在1925年1月的中共「四大」會議上，反對國共聯合戰線的張申府被蔡和森嘲笑為「幼稚的馬克思主義者」，氣得張申府當場離開會場，宣布脫黨，而蔡和森正是中共旅歐派系中的一名要員。

中共旅歐組織後來形成了中共以周恩來為最主要的一個派系，但是，蔡和森與張申府的矛盾並不只是旅歐派系中對創始元老的排擠，內在的原因是旅歐派系本身自然分成了法國與德國兩個小幫派，而法國幫集中了旅歐派系中的大多數人，德國幫則成了旅歐派系中的一個次要小幫派。法國幫的人以勤工儉學為主，德國幫的人則以求學為主。法國幫基本屬於「職業革命家」，德國幫則有著「研究革命家」的特點。由於這種微妙的關係，周恩來雖然是朱德參加中共的介紹人，但朱德並不屬於周恩來的幫派，他無意中在加入中共時就處於了邊緣化的範圍。此外，他入黨的過程本身，就已經說明他的不能被完全

信任，他只是因為張申府的個人特殊性才得以不需要經過嚴格考察才進入了中共組織，他的不被信任性並不會因為他加入了中共而消除。即使張申府本人，後來他在向黃埔軍校推薦一批中共人才時，按理應該把軍事人才朱德給推薦上去，但他並沒有推薦朱德，加之他回國一見陳獨秀就彙報朱德入黨問題，可見他也並不是完全信任朱德。但是，這一切對中共實際還是一無所知的朱德並不瞭解。

參加中共後，朱德的生活總體上是比較簡樸的，但是，他畢竟身份特殊，無論是在柏林還是格廷根，周圍的中國人和德國人都知道他是位將軍，既不能打工又不能過於寒酸，因此，他過的是一種被別人看來屬於「小資產」的生活。但他又不能過於鋪張，他需要用錢的地方比較多，身邊帶著妻子，孫炳文需要他接濟，別的留學生也會來向他尋求幫助。

「達第諾夫」

到了柏林安居下來後，朱德為自己起了個有點像是俄語的名字「達第諾夫」，又買了張地圖，開始四處遊逛和旅遊。喜歡四處遊逛當然是一種小資產休閒式的生活方式，但對作為軍人的朱德來說，已經更是一種良好的職業習慣。作為一名優秀的軍人，每到一地就熟悉和研究地理是必須要做的功課。朱德後來說：「那時旅行還多帶有軍事的眼光，一過那裏，一想就想到，『這裏要是打起仗來，應該怎麼辦呢？』然後在腦筋中就慢慢設法布置起來了。」同時，這也是朱德採用的學習德語的方法，在遊逛中逼著自己認招牌、問路、說話，他說：「幾個月後，我的德文程度就可以買東西、旅行、出街坐車了。這樣一來，就比較舒服了。」

張申府是1923年冬離開德國的，他說那時「朱德同志住在格廷根，經常到柏林來。我住柏林，也經常去格廷根。」可見朱德1923年就已經從柏林移居住到了格廷根，大概朱德在學

會了簡單的德語會話、熟悉環境後就去了格廷根。朱德去格廷根是正式開始他的學習生活。朱德後來自己說：在柏林「住了八九個月後，我就到格廷根去了。」

他在格廷根進的是著名的蓋奧兒格・奧古斯特大學，應該是先在哲學系旁聽，然後在1924年3月拿到了正式的入學註冊證，大概算是後來中共最高領袖層中所擁有的最高「學歷」證明了。朱德在這裏聽了一年多課。這個註冊證的原件現在仍然保存著。不管怎樣，朱德是得到了一定程度的西方大學正式教育熏陶，其中潛移默化的影響不可小視，可能是後來朱德在中共領袖層中能夠思維比較嚴格、思想比較開放的原因之一。但是，就聽課本身的效果來說很差，他也就是上課時去，一下課就走，也不跟周圍的德國人說什麼話，他自己後來說：「其實聽也不大聽得懂」。除了聽課確實有學習的目的，朱德進蓋奧兒格・奧古斯特大學的目的也是為了得到那張入學註冊證，從而可以有學生的身份。他後來很坦率地說：「只是想念個學校掛個名字，這樣旅行起來也方便，很自由的。」他說：「住了大學的學生連街上的警察都不管，幹錯了事，警察看看護照就算了。」但是，也不能因此而忽略朱德所得到的熏陶，大學並不只是一個傳授知識的地方，而更是一個進行思維方式和文化意識熏陶的地方。

朱德在格廷根最主要的目的是研究軍事。當時德國結束第一次世界大戰沒幾年，尤其作為戰敗國經濟很困難，朱德透過朋友找到了一位德國退休將軍，以請他講解戰役和戰術為條件，租住了他兩個房間。在一般都是數人合租的行情下，朱德夫婦租住兩個房間，在留學生當中絕對算是非常豪華的消費了，對房東來說是筆「大交易」。這位德國男爵遇到朱德這樣比一般學生更能夠支付房租的中國將軍，並且是一位願意誠懇求教的內行，自然應該是傾其所有，有問必答。一位退休了的德國將軍，一位不在位了的中國將軍，互為房東和房客，在討論軍事藝術方面不會有什麼障礙。從朱德還常常跟他談貴族方

面的事情來看，軍事方面他們之間應該議論了很多，可以聊些其他事情了。

在向這位退休將軍進行請教的同時，朱德也買了不少德國的軍事書籍，進行仔細研究。何長工晚年回憶說：朱德「曾說過，日本的戰鬥綱要，德國的戰鬥條令，前蘇聯的聯合戰術，他都進行過深刻的研究，作過反覆的比較。」關於德國和歐洲的軍事科學，朱德這時候應該是進行了全面研究。1937年時，朱德對美國記者說：「我很佩服兩個德國人——興登堡和麥金森，後者是運動戰專家。福熙將軍在保衛法蘭西方面也建立了赫赫戰功。……在老派將軍中拿破侖算是不錯的。」朱德這樣說，應該是建立在對歐洲軍事學和軍史研究基礎上的，這一研究也應該就是朱德在德國這段時間完成的。

朱德本就已經很注意到了華盛頓在美國獨立戰爭中對農民志願軍的發動和運用，1925年朱德更被一場規模龐大的檢閱式震驚住了。德國共產黨有一個叫紅色前線戰士同盟的組織，這年夏天德國共產黨的這個組織在柏林舉行了一次二十萬人的檢閱活動。這些以德國各地工人為基本的人自己帶著食品、用具，每個人拿著一根木棒，秩序井然地彙集到一起，很快就組織起了一個個整齊的方隊。這是朱德從來沒有見識過的，非常驚訝和興奮，認真觀摩了整個過程。朱德看到的當然不是裏面蘊涵著的災難性的集體暴力恐怖傾向，而是馬上從軍事角度意識到了其中蘊涵的強大戰鬥力，認為這些人只要一配上武器，把手裏的木棒換成槍枝，就是一支了不起的軍隊，由此認為只要把人民組織起來進行訓練，暴力革命就會得到成功。朱德這次觀摩產生的感想，是中共後來「人民戰爭」思想的重要源頭。朱德從紅軍時期開始，討論軍事問題時，「群眾」或「人民」就一直是他強調的基本要素之一。

五　不被信任的中共黨員

六　憤怒、激進和姨太太賀治華

1925年3月7日朱德寫的一封信

　　朱德與周恩來在德國沒有過多接觸，周恩來很快就回到了法國。國內有妻小的張申府在德國與劉清揚以夫妻名義同居，歐洲和德國的黨務具體管得不多。在德國的中共黨員人數很有限，張申府在的時候，不算周恩來，除了他與劉清揚外，據他自己回憶，也就還有張伯簡、孫炳文、朱德、高語罕、鄭太樸、章伯鈞、李季和一位後來對政治沒興趣退了黨的謝壽康。這些人大多有點資歷，有自己的生活和事情，有的也不住在柏林或格廷根，因此，當中共旅歐組織在周恩來、趙世炎的努力下，在法國發展得熱鬧時候，德國的情況則比較冷清。大概由於張申府在德國，周恩來等「職業」的黨務活動者不願意在他眼皮底下受他控制，對德國也就沒有了多少興趣。

　　張申府在的時候，可以看作是朱德在德國的第一個階段。在這個階段朱德在黨內基本保持沉默，很少說話。他的主要精力是花在了學德語、遊逛、關心軍事學術問題上。1923年冬張申府離開德國回中國後，可以看作是朱德在德國的第二個階段。

　　朱德在德國的第二個階段基本住在格廷根。張申府回國後，中共在德國的人員主要分成了兩部分，一部分人在柏林，有廖煥星、章伯鈞、熊銳、熊雄等；在格廷根的有朱德、孫炳文、鄭太樸、高語罕、潘惠田、房師亮、徐冰（邢萍舟）、武西（武兆鎬）、謝唯進（謝用常）、劉鼎等，朱德的姨太太賀治華來德國後也加入了中共。在格廷根，朱德仍然比

較沉默寡言，但在政治上的活動則比較活躍了起來。格廷根雖然是個小城，但中國人比較多，僅四川人就有十幾個，環境與柏林有很大不同。在公開的名義上，朱德是個老資格的國民黨人，作為將軍地位特殊，曾負責過國民黨在德國的組織工作，是人們心目中事實上的領袖。在中共內部，朱德與孫炳文自然地成為了格廷根一幫人的頭腦。

按理說，朱德作為中共早期吸納的成員中唯一的高級軍事人才，應該得到根本上主張暴力革命的共產國際和蘇聯的重視，但是，恰恰相反，正因為他的資歷，他的軍閥經歷，即使他在周圍受其他黨員尊敬，但在政治上則難以解除對他不能充分信任的心理。加入中共後，朱德漸漸明白自己作為一名軍閥很難被完全信任。他選擇了沉默，在別人聊天時去悄悄做飯，以適應中共這個組織，學習和思考在這個組織中進行發展的新辦法。朱德這種誠懇、踏實、老實人的作風，具有一定程度的偽裝性，正是從這個時候開始養成的。從他這種表現出來的品德裏，誰會想到他是個為了要做銀行行長搞錢，就會輕易把一個沒有得罪過他的無辜的銀行行長暗殺掉的人？

但是，朱德畢竟還沒有完全適應共產黨，還沒有找到適合自己發展的方法和手段，因此，漸漸地，他開始與共產國際發生了衝突，以至於憤怒了起來。現存的1925年3月7日朱德寫的一封信說明很多問題。由於這封信對理解朱德有著很重要的意義，將此信錄於下面：

季子、莘農同志：

　　我前一星期兩函，諒已收到。轉託中國代表（駐莫的）一封介紹信，往德共總部，使我加入他們的軍事組（此事可能否）研究數月，即來莫入東方大學，再入赤軍研究軍事。歸國後即終身為黨服務，做軍事運動。此種計劃，在莘農留德時已定，我始終竭力辦此事，均未有效。去冬欲偕莘農同志赴莫，莫方以額足為拒。德

組為申送事，逼得治華出黨。今歲法組送五人到莫，接任卓宣同志函，法組送四名，德組送一名，熊銳或朱德前往。那時我已準備來莫，後又未果。此種困難情形，看來或是我黨員資格太差；或是我行動太錯，不能來莫研究；或有同志不瞭解我的，說我是軍閥而官僚而小資產，終不能做一個忠實黨員的嗎？以上種種疑誤，是我的環境使然。不明我的真相的人，決不曉得我是一個忠實的黨員。我現在決心兩月以後即動身來莫。如東方大學准我入，我即加入聽課。如不許我入，我亦當加入莫組受點訓練。即在外住幾月，亦所不辭。治華倘然與我同來，惟住房子的問題是不容易的。如不允許我入校，那就要請你們幫我覓得住處，我一定要來。如以後不能住了，我即回中國去，專為黨服務。以上所問，請你倆不客氣地、爽爽快快地答應我。或可能入校，或可能租房自住，二者必求得一，我心即定了。莘農同志何時歸國，亦祈示知。此間數月來，為民黨工作及改組學生會運動，頗生趣味，亦收點成效，惟荒了我們的主義研究，亦屬可惜。我正月移居柏林，專為民黨活動，經理報務，也印出一小本《明星報》來。對外發展是很困難的。專此作為革命的敬禮。

旅莫諸同志統此問好。

季子是指李季，莘農是指陳啟修。在共產國際不批准朱德去蘇聯的一再要求後，憤怒使他蠻橫的軍閥習性表露了出來。由於朱德經濟上不需要共產國際必須解決經費，自己有能力承擔旅行、生活、學習費用，因此，他在這封信裏很強橫地說：「我現在決心兩月以後即動身來莫。如東方大學准我入，我即加入聽課。如不許我入，我亦當加入莫組受點訓練。即在外住幾月，亦所不辭。治華倘然與我同來，惟住房子的問題是不容易的。我一定要來。如以後不能住了，我即回中國去，專為黨

服務。」治華即姨太太賀治華。朱德顯然還不完全知道共產黨組織是不允許有個人存在的，一切人都必須絕對服從組織，他仍然從自己的意志出發，雖然明確會「專為黨服務」，卻是要求共產國際一定要批准他的要求並作出安排，而且最好讓他同時帶著賀治華，如果不批准他就自己採取行動。

從朱德個人來說，他的憤怒是自然的。應該說，他已經是最大可能地克制了自己。朱德出國最重要的目的之一是為了研究軍事，他作為一名接受了列寧主義的中共黨員和軍人，不需要有什麼理論思考，就自然地確定了中共進行革命必須要有軍事運動，而軍事運動必然就是要打仗。為中共打仗僅僅有自己過去的戰爭經驗和歐洲軍事藝術還不夠，既然已經有了蘇聯和蘇聯紅軍，就應該瞭解蘇聯的軍事。為了達到去莫斯科研究蘇聯軍事的目的，早在寫1925年3月7日這封信的半年前，熟悉共產國際的中共要員、北京大學教授陳啟修受邀到德國格廷根的蓋奧兒格‧奧古斯特大學講學，然後轉道去莫斯科，朱德就跟陳啟修提出了自己的要求，並請陳啟修轉達在莫斯科的共產國際，之後朱德又寫了幾次申請信去莫斯科，但都沒有被批准。1925年3月7日信中提到的年初名額之事是矛盾的觸發點，莫斯科給了中共旅歐總支部五個去莫斯科進行軍事訓練的名額，周恩來控制的中共旅歐總支部分配法國支部四個名額，德國支部一個名額，朱德認為自己作為有軍事經驗的人是德國支部這個名額的當然使用者，不讓自己去難道讓毫無軍事經驗的熊銳去？但情況完全在他的意外。當時的矛盾一定很尖銳，以至於賀治華因此「出黨」，也即脫離中共，可想而知，朱德應該是憤怒到了極點。

朱德雖然憤怒，但他也知道自己不能被批准去莫斯科的原因所在，這只能是共產國際、蘇聯和周恩來他們的中共旅歐總支部對他不能完全信任，認為他不是一個無產階級分子，而是一個「軍閥而官僚而小資產」。朱德本人的生活比較節儉，賀治華相對奢華，朱德總是旅遊、吟詩，妻子走了姨太太

來陪著，應該說總體上確實比較「小資產」，但當時中共基本以知識份子和青年學生為主體，從馬克思階級學說來說本就很「小資產」，「小資產」這個帽子特別戴在朱德頭上從而排擠他並不很妥當。真正的問題仍然是在「軍閥」上，軍閥作為當時中國社會的一個特殊階層正是共產黨革命的主要敵人，朱德作為一個曾經的軍閥是不得不讓那些主張階級理論的人給他打上問號的。

朱德的憤怒不會有任何作用，上級不因此處分他就已經是客氣的了。當然，雖然朱德是個普通黨員，但畢竟也是個很特殊的黨員，共產黨並不因此會給他處分，只是不理他就是。但就像陳獨秀拒絕朱德入黨是給朱德上了堂黨課一樣，這次實際上是給朱德上了堂更深刻的黨課。這堂課告訴了朱德，他作為「軍閥」的階級烙印是永遠消除不了的，因此，他也是永遠不會被徹底信任的。這一點決定了朱德今後不可能成為中共最高領袖，中共最高領袖的位置不會屬於他。這對中共後來的歷史，有著非常大的影響，是理解中共內鬥的關鍵性鑰匙之一。

「忠實黨員」

朱德1925年3月7日寫的信裏既表達了朱德的憤怒，也反映出了朱德的無奈，他根本無法改變對自己的軍閥評價，而只能申明和強調自己是個「忠實黨員」。但僅僅靠申明、強調是遠遠不夠的，他必須要用行動來證明自己的忠實。雖然朱德是放棄了很好的物質生活和前途參加的共產黨，但這只能證明他是個革命很堅決的人，而不等於證明他對共產黨來說是個忠實的人，因為，由於對革命可以有不同的理解，一個對革命很堅決的人也可以選擇其他類型的革命，而不一定要選擇共產黨的革命。正因為朱德出國、參加中共證明他革命是堅決的，所以，張申府才會決定吸收朱德加入中共。但朱德終究還必須要證明自己是個忠實的共產黨人。

六　憤怒、激進和姨太太賀治華

　　1924年朱德在格廷根時，已經很注意改變自己的軍閥成分，努力讓自己成為一個「老實」人。他屬於黨員中年齡比較大的一個，便儘量讓自己像個慈愛又老實巴交（按：「老實巴交」意指跟農民一樣老實）的兄長一樣，對待那些年輕、驕傲的知識黨員，雖然他自己被他們私下看作是一位「知識將軍」。有一件事很能說明問題：謝唯進回憶，朱德是旅德學生會委員，一次輪到他到學生會值班，朱德上午已經搞好衛生，下午一些人去了後談起朱德，互相打賭說很難惹朱德發火，就故意弄了很多垃圾在地上看朱德會不會發火，朱德一進去，機敏的他馬上明白是故意弄的垃圾，但絲毫不讓人覺得他認為是在欺負他，只是說：「好嘛，我再掃一邊。」就把地重新掃了一邊。朱德的這個風格，後來演變為了哄住無數人、讓無數人誤解的「農民」風格。當朱德在中共成為地位最高的人物之一後有了說話權力，他總是有意無意地強調自己的農民出身，但他自己又從來沒有承認過自己是農民；對軍閥歷史他從不避諱，但一直沒有承認過「軍閥」問題，而是反覆強調自己始終是革命分子。

　　1925年3月7日的信可以算作標誌朱德在德國的第三個階段。當時，他已經回到了柏林。在這個階段，朱德一反常態，採用了激進的方式證明自己是個「忠實黨員」。

　　朱德本是不公開黨員身份的祕密黨員，而且兼顧著在德國的國民黨方面的工作，但他顧不得這點了，雖然不明確自己是中共黨員，卻是以共產黨人的方式跟人說話，使得很多人都知道了他是共產黨分子。劉鼎回憶說：朱德「見人就說自己要努力學習馬克思主義，學辨證唯物主義。還勸人家學習馬克思主義。沒有一天沒有一次見了人不說這個的。」顯然，朱德這是很虛偽的，是在做戲給黨內看。朱德的這種方法，後來在毛澤東形成個人崇拜時，又使用了起來，只不過他時不時地裝糊塗，要說些不一樣的話，與毛澤東區別起來，讓別人去理解，使心知肚明的毛澤東很頭痛。

1925年初，離開黃埔軍校的鄧演達到德國。鄧演達是1895年生人，廣東惠陽人，1919年畢業於保定陸軍軍官學校，出國前是團長職務，比朱德年輕九歲，資歷、軍階都低於朱德。在異國他鄉兩個軍人相遇很難得，驕傲的鄧演達與朱德很快就成為了好朋友。但在與鄧演達的交往中，作為名義上是國民黨人的朱德竟然向鄧演達積極宣傳共產主義，要拉他參加共產黨。劉鼎回憶說：在朱德的拉攏下，「鄧堅決站在國民黨左派立場，只差一點沒要求加入共產黨。」劉鼎的這個回憶說明了朱德當時對拉鄧演達很積極，但劉鼎的判斷是錯誤的，鄧演達不可能參加中共，而不是「只差一點」的問題。鄧演達是個很有個人政治雄心的人，雖然級別不高，但在黃埔軍校中影響很大，以至成為了對蔣介石地位的威脅，他正是由於這個原因才會離開中國去了德國。如果他要參加中共，完全可以在國內時就直接與中共高層人士接觸，直接在中共獲取一定重要的地位，而不必透過當時只是普通黨員的朱德加入中共。最重要的是，鄧演達雖然是國民黨中比較左傾的人，但卻是個堅定的不贊成實行共產主義的人。後來蔣介石將他捕捉殺掉，導致中國第三勢力失去了一個難得的具有領袖素養的實力人物，蔣介石雖然消滅了一個強勁的對手，但也使中共少了一種強硬的牽制力量，犯了歷史性的錯誤。朱德參加中共後還沒有任何立功機會，當時拉鄧演達不過是遇到了一個可能立功的機會，拉到了就立了功，拉不到也算交個朋友，鄧演達這樣的軍人並不會出賣朱德，朱德反正可以借此向組織表示自己的忠誠，不吃虧就是。

僅僅到處跟人談馬克思主義、共產主義，畢竟還只是嘴巴功夫，不足以證明自己是「忠實黨員」，因此，朱德寫1925年3月7日信後不久，就積極參加到他完全可以不參加的當地政治運動中了去。1925年4月，朱德參加了一個關於聲援保加利亞革命者的政治集會，結果被警察抓了起來，關了二十八小時。這算是朱德第一次被關押，標誌著他已經成為一名具體的行動者了。

不久中國發生「五卅」事件，已經是行動者了的朱德建議支部內黨員「應該放下一切工作，全力以赴投入這一運動」。但明顯沒有得到足夠呼應，支部內也就只是停留在討論來討論去的程度。6月18日，德國共產黨反而進行了行動，在柏林一個中學廣場上組織了一次演講會，於是朱德就自己去參加，並進行了演講，結果，又被當地警察抓了起來。後來雖然釋放了朱德，但扣押了他的護照。正好莫斯科決定將中共旅歐人員大量送回中國，參加國共合作和北伐戰爭，朱德也就被列入了去莫斯科的名單，但他是否是個可以被重用的「忠實黨員」終究是個陰影，朱德最終還是要靠他從戰場上打出自己在中共的地位。

神祕的賀治華

在朱德的這個階段，賀治華是個參與者。這是個謎一樣的人物，但這位朱德向「忠誠黨員」轉化階段時身旁的女人，是理解朱德所不能繞開的。

賀治華，又名賀稚華、賀稚璠，有時因音轉也被一些人誤作賀之華、何芝華等。當一些文章不得不提到朱德與她的關係時，便說朱德是在上海認識她，並與孫炳文一起帶她到德國去的。這樣說沒有任何道理。現存兩張朱德在德國時的照片，一張是朱德、孫炳文到德國後，在德國的一些中國人迎接他們時拍的一張合影，朱德身邊的女人各種著作都明確注明是陳玉珍。另一張重要的照片是張申府保存並提供的，是張申府、朱德、孫炳文、章伯鈞等人的合影，張申府晚年明確說明朱德身邊坐著的女人是陳玉珍，如果不是陳玉珍，以張申府的個性不會編造成為陳玉珍，頂多不提她保持沉默就是。因此，與朱德、孫炳文一起出發去德國的是陳玉珍，而不是賀治華。

朱德與孫炳文不僅是朋友、同志關係，而且更有一層親戚關係。孫炳文是陳玉珍母親的弟弟，也即在中國傳統的家庭

倫理中地位非常重要的舅舅，朱德雖然只比孫炳文小一歲，卻是孫炳文的外甥女婿，在家庭中孫炳文有一定權利可以訓斥朱德，而朱德本身也非常尊重孫炳文，雖然孫炳文曾是他的下屬咨謀。這種情況下，朱德不避諱孫炳文，在上海尋花問柳，交際、認識一個女人並同居，帶到德國去，根據朱德的性格這是不可能的。同時，朱德與孫炳文從北京到上海是準備從這裏出發去歐洲，是要參加一種在他們來說肯定是更嚴肅的新式革命，他們兩個都不是花花公子類型的人，朱德不可能會在這個時候另外去找個女人。

《龔楚將軍回憶錄》是部很嚴肅、謹慎的作品，因此，即使龔楚在這部回憶錄裏對中共歷史作了很多令中共十分難堪的批評和揭示，特別是在紅軍史方面具有對中共官方敘述有著相當程度的顛覆性意義，鄧小平還是讓龔楚回大陸度過了晚年，不然，龔楚是回不了大陸的。龔楚在這部回憶錄裏提到的最漂亮的「姓賀的四姨太」解開了祕密。龔楚並不暸解賀治華，也沒有見過她，而所有見過賀治華的人在提到她時，都一致說到了她是個很漂亮的女人。朱德作為一名軍閥，娶四房姨太太在當時並不違背倫理、道德，屬於很正常的事情，以陳玉珍的賢惠完全可以接受，孫炳文也不會有什麼異議。因此，賀治華正是這位最漂亮的「姓賀的四姨太」。一些人所要掩蓋的，正是賀治華的姨太太身份，所以，也便說賀治華是朱德的「妻子」。但朱德自己從來沒有承認自己有過這樣一位「老婆」——朱德習慣用「老婆」這個字眼稱自己的妻子。

那麼，朱德在出國前遣散姨太太時，為什麼又會留下一個呢？以朱德堅定的個性，如果他不想留姨太太，四姨太賀治華即使再怎麼漂亮和要求，也不可能留下來，而是朱德本就要留一個姨太太下來，才會讓姨太太們抽籤，四姨太賀治華則中了籤。至於《龔楚將軍回憶錄》裏說朱德說只能留一個老婆，實際並不是留一個老婆，而是留一個姨太太，朱德這樣跟龔楚說往事，只是一個善意的謊言，因為他已經有了伍若

蘭，他必須要說明他已經沒有了老婆，以照顧到伍若蘭作為妻子的合法性問題。朱德留下一個姨太太，就像蕭菊芳一死就馬上娶陳玉珍填房一樣，是為了年幼的兒子朱琦。陳玉珍作為妻子跟朱德出國，年幼的兒子朱琦必須要有人撫養、照顧，解決這問題最簡單的辦法便是留下一個姨太太。唐繼堯打回昆明後，把朱德還沒有裝修好的洋房沒收掉了。雖然陳玉珍有些財產，但已經不能繼續在昆明生活，自然要與丈夫會合後再安排下面的家庭事務。陳玉珍帶著自己撫養多年的兒子朱琦和朱德的姨太太太們，從昆明到了上海，遣散姨太太但留下一個姨太太，自己跟丈夫和舅舅去歐洲，留下的四姨太賀治華則帶著朱琦回四川，承擔起撫養、照顧的責任。

但是從賀治華後來的故事看，她顯然是個與陳玉珍完全不同類型的人，時髦、潑辣、好動、多情、幻想。她不會願意做活寡婦守在四川長期帶孩子。從陳玉珍來說，朱琦雖然是朱德與前面的妻子蕭菊芳生的，但自己沒有生育，朱琦一直由她親手撫養，分別的時間長了，自然很思念這個唯一的兒子，對賀治華撫養、照顧朱琦她也不會很放心。而朱德自從與蕭菊芳結婚後，過上了比較正常的家庭生活，在陳玉珍無微不至的體貼下和姨太太們的陪伴下，也習慣了身邊要有女人的生活。因此，陳玉珍回國，賀治華替換她到德國陪伴、照顧朱德也就很自然了。

很重要的一個情節是，孫炳文在留學德國期間回了一次中國。1923年冬，張申府離開德國經蘇聯回國，孫炳文是跟張申府一起走的。陳玉珍應該就是在這次，由孫炳文陪同回了中國。孫炳文回國原因的說法是他妻子任銳生病，如果僅僅這個原因並不足以需要回國，護送陳玉珍回國並接賀治華到德國也應該是他的一件重要任務。此外，雖然孫炳文是朱德的長輩，但實際上兩個人之間的關係一直是以朱德為主的，孤傲的孫炳文其實只是更具有領袖素養的朱德的一個忠心幕僚，但在共產黨內，朱德由於軍閥問題而不被信任，作為文人和政治活

動者的孫炳文則更容易為共產黨信任，因此，孫炳文與張申府的同行，既是共產國際的一個安排，從孫炳文來說，也是趁這機會到莫斯科與共產國際有個直接的接觸。後來孫炳文比朱德更得到了國共兩黨的器重和使用，1927年文人孫炳文被授予了少將軍銜，被任命為武漢的軍事委員會總務兼軍事廳廳長。

　　1924年年初，孫炳文經蘇聯又回到了德國。回德國時，他帶了個還沒在杭州高等工業專科學校畢業的年輕四川同鄉劉鼎，賀治華應該也是這時由他一起帶到德國的。劉鼎很快加入了中共，抗日戰爭時擔任了八路軍軍工部部長，建國後曾任重工業部、第二機械工業部、第一機械工業部及第三機械工業部等部的副部長，一直是朱德最忠誠的追隨者之一。朱德1925年3月7日信中關於賀治華的話證明了，賀治華一到德國，也很快就加入了中共。應該注意到，孫炳文帶賀治華到德國，作為陳玉珍的舅舅並不存在不能接受的問題，畢竟，賀治華是個姨太太，作為朱德的女人是既成的事實，是很合理的家務。所有在德國的當事人回憶到朱德而提到與朱德一起的女人時，1923年以前的都明確說是陳玉珍，沒有說是賀治華的，而在1924年以後的，則沒有提陳玉珍名字的，都是說賀治華。

　　關於這個問題，朱德孫子朱和平在他2004年出版的書《永久的記憶：和爺爺朱德、奶奶康克清一起生活的日子》裏，在他關於陳玉珍的敘述裏，說陳玉珍是1922年5月告別了朱德，朱德於1926年回國後，又把陳玉珍及朱和平父親朱琦接到了萬縣，南昌起義前夕再把陳玉珍和朱琦送回了南溪。朱和平應該是調查過自己父親朱琦與親生母親蕭菊芳、養母陳玉珍情況的。但是，他的說法不能否定張申府等人的說法及相應的照片事實。朱和平不過是跟很多人一樣，要掩蓋賀治華的姨太太身份，以維護朱德乃至姑姑朱敏的形象。實際上，虛假的歷史並不能造就崇高，只有真實的歷史才能是真正崇高的。

　　從賀治華加入中共來看，陳玉珍在德國的時候，朱德也可能跟陳玉珍談過要她加入中共的問題，但朱德不會過於勉

強，如果朱德勉強陳玉珍，很服從丈夫的陳玉珍自然也會加入中共。最重要的是，那時還是張申府在的時候。張申府一開始是拉人，決定朱德加入中共後，從他回國後向陳獨秀進行專門彙報來看，他大概因此而擔心起來，有了新的想法，此後，張申府就再也沒有在德國發展過中共黨員，個性比較自大的張申府晚年回憶說：「別人我在德沒介紹過。我介紹人家入黨，一向是非常慎重的。」實際上，他是再也沒有決定過吸納在德國的新黨員，因此，中共德國支部在他離開前並沒有增加新黨員。張申府離開德國後，中共德國支部才開始有了新黨員加入。在這種情況下，陳玉珍不加入中共是正常的。

　　賀治華剛加入中共，就面臨了朱德不能被上級信任明朗化了的窘境。朱德1925年3月7日信中「德組為申送事，逼得治華出黨」這句話，透露了一個重要信息：朱德這位潑辣的姨太太，為了自己的男人立即退出了中共。她一定是為了赴莫斯科進行軍事訓練名額的事情，跟支部領導大吵大鬧起來，所以文字功力深厚的朱德用了一個「逼」字。她當然知道自己男人是個西南名將，打仗很厲害，所以不會想通為什麼不讓自己男人去莫斯科，這不明擺著是一幫文人欺負自己男人嗎？但是在格廷根，中共旅德支部格廷根小組實際的核心是朱德和孫炳文，而朱德畢竟又是個特殊黨員，所以，賀治華又很快重新加入進了中共，人們對她退黨並沒太在意。這時朱德已經開始採取激進言行，以證明自己是「忠實黨員」，應該是賀治華重新加入中共的指使人。但這件事已經蘊涵了一個危機，即賀治華本人並沒有把加入中共太當回事，她本人並沒有充分意識到其中的意義，以至後來造成了一場悲劇。

　　陳玉珍是大家知道的朱德的妻子，賀治華的到來也給朱德帶來了一個難題：她到底是什麼？毫無疑問，她是朱德的姨太太。問題在於，無論是在中共還是國民黨內部，以及周圍的中國留學生當中，雖然大家能夠理解在中國流行的姨太太習俗，而且當時知識份子中男女觀念正處於比較開放的狀態，但

畢竟無法承認姨太太的合法性。這幾乎是朱德很難解開的一個套。一些人在關於朱德的文章裏，把賀治華看作是朱德的妻子，也不能說是毫無根據，因為，賀治華確實是朱德的女人，從一夫一妻制度和觀念來說，陳玉珍的離開、賀治華的到來，已經使賀治華成為了朱德事實上的妻子。大概正是因為這點，陳玉珍的回國也就意味著了她實際已經與朱德的婚姻解體了，雖然當時他們雙方並沒有這樣明確。後來康克清知道了陳玉珍還活著時，朱德解釋是因為從報紙上看到的消息推測，以為陳玉珍已經死了，他的這個解釋並沒有什麼證據可以證明，應該是臨時對康克清編的一個謊。但是，朱德也不承認賀治華是自己妻子，她終究只是姨太太，他與陳玉珍並沒有明確過解除婚姻。

賀治華到底是朱德的什麼人呢？從一夫一妻觀念角度說，既然陳玉珍是妻子，那麼，賀治華就不是妻子，也不是姨太太。但是，賀治華又是事實上的姨太太，是按照多妻觀念遺留下來的問題女人。因此，賀治華現在只是朱德的一個「女人」，她既是屬於朱德的，又不屬於朱德，具有自由的性質。但這自由不是完全的自由，而只是半自由。一方面，賀治華作為朱德的不被一夫一妻觀念接受的女人，她只是個與朱德同居的女人，彼此屬於同居關係。另一方面，賀治華作為並沒有解除關係的事實上的姨太太，賀治華是個「屬於」朱德的女人，他們彼此間存在著按照多妻觀念所應該有的婚姻責任和義務。這種歷史性造就的過渡中的尷尬、複雜婚姻關係，並不能夠予以明確定性，作為當事人只能含混對待。

在沒有女人的中國男人圈子裏，漂亮的賀治華的到來一定讓所有人的眼睛一亮，刺激出了他們身體內壓抑著的雄性激素。陳玉珍也很漂亮，但她是朱德的妻子，人們即使對她心有異志也無可奈何，即使蠢蠢欲動也不會讓賢妻良母陳玉珍春心蕩漾。現在，賀治華的半自由身份充分勾引起了那些年輕男人們的慾望，紛紛追逐起了這個真正的美女。而賀治華也被西方

生活環境迷戀住了，那些文質彬彬的洋派知識青年更是吸引住了她。如果是在過去，作為軍閥的姨太太，賀治華即使春心亂撞，也沒有膽量越雷池一步，除非她不要肩膀上的腦袋。現在，她自由了。因此，賀治華興奮地在男人堆裏跑來奔去，甚至乾脆離開了朱德。朱德則若無其事。實際上，朱德是巴不得她離開自己，以了結自己這種難堪的婚姻關係，讓自己成為遵從一夫一妻制度的新人。但是，朱德終究還是自己的男人，要承擔責任和義務，賀治華在外面錢一用完，又會回到朱德的身邊，而朱德則不得不接受這位「姨太太」。顯然，他們彼此都很明白半自由的關係，賀治華甚至把追她的男人的照片給朱德看，請他做參謀選擇。朱德當然願意幫她選擇，希望她找到屬於她的男人，永遠離開自己。但是，那些男人沒有足夠的錢供養追求奢華的賀治華，她最終還是要回到可以供養自己的朱德身邊。

1925年6月，在朱德與賀治華離開柏林去莫斯科前後，賀治華懷了孕。次年4月，賀治華在蘇聯生了一個女兒。自從與蕭菊芳有過一個孩子後，朱德再也沒有過孩子，現在朱德四十歲了，所以朱德給這孩子起了個名字叫「四旬」。賀治華則給女兒起了個洋派的名字「菲菲」。1926年7月，朱德離開蘇聯回國。1927年夏，仍然在蘇聯學習的賀治華讓家人到中蘇邊境，把女兒接回了娘家，由自己的母親撫養。

當時的中共在男女關係上也比較「革命」，這方面鄭超麟有很精彩的回憶和敘述，比如蔡暢本是歐陽澤的妻子，但歐陽澤從法國被驅逐回國後，蔡暢的母親又讓她做了李富春的妻子；張太雷在上海與施存統的妻子王一知同居，鬧了一場戀愛風波；楊之華本是沈玄廬兒子沈劍龍的妻子，瞿秋白喪偶後做了瞿秋白的妻子；蔡和森和向警予被譽為模範夫妻，但被稱為「革命祖母」、「宋學家」（意思就是特別保守）的向警予忽然愛上了彭述之，結果鬧到了陳獨秀參加的中共中央主席團會議上，不得不由陳獨秀來處理；蔡和森和向警予因此被陳獨秀

送到莫斯科去，路上與李立三、李一純夫婦同路，在路上蔡和森竟然與李一純戀愛了起來，而向警予到莫斯科後則戀愛上了一個蒙古人；蔡和森、向警予夫婦走後，失去向警予的彭述之卻又與羅亦農的妻子陳碧蘭同居起來；而羅亦農自己後來則與賀昌的妻子諸有倫同居；諸有倫去莫斯科後，又愛上了邵力子的兒子邵至剛，羅亦農則與獨身主義者李哲時（即李文宜）做了夫妻。在這樣的風氣下，本就半自由的賀治華也就完全自由了，她在蘇聯很快就與一個叫霍家新（又為賀家興、霍家興）的中共黨員做了夫妻。

霍家新、賀治華夫婦也回國參加大革命。賀治華顯然是個比較有活動能力的女性，成為了中共的中央婦委八個委員之一，與楊之華、蔡暢、李哲時、鄧穎超、朱玉如、王根英、莊東曉按年齡號稱「八姐妹」，賀治華年齡小於李哲時、大於鄧穎超，是「四姐」。

1928年元旦，羅亦農與李哲時結婚。4月21日羅亦農與中共中央祕書長鄧小平見面，鄧小平先走了一步，晚走一步的羅亦農突然被逮捕，逮捕後關了三天引渡到淞滬警備司令部，再關了三天後由蔣介石下令，被淞滬警備司令錢大鈞槍斃掉了。羅亦農逮捕不久，周恩來控制的中共特科顧順章迅速查明了是住在羅亦農夫婦樓下的霍家新、賀治華夫婦出賣的羅亦農，而且是賀治華親自跑到公共租界巡捕房進行的談判。原來，霍家新、賀治華夫婦已經不願意繼續呆在中共裏面，想去歐洲生活，為了弄錢，被國民黨的獎金吸引住了，賀治華竟然跑到公共租界巡捕房進行商談，聲稱掌握幾百個中共分子的情況，先出賣當時任中共中央政治局委員的羅亦農，以證明自己手上掌握的中共人員有著巨大價值。對正準備召開「六大」的中共來說，這是一場大地震，因為，當時霍家新、賀治華夫婦在羅亦農領導的中共中央組織部做祕書，不僅在上海本地的中共人員，而且準備繞道上海去莫斯科參加「六大」的很多中共要員的情況，他們都大量掌握。在周恩來決定下，顧順章對霍

家新、賀治華夫婦立即採取了暗殺行動，在他們家裏，霍家新被特科人員當場擊斃。特科人員以為賀治華也當場被擊斃了，但賀治華只是中了槍，並沒有死，她馬上逃離了上海，隱居回了四川開縣老家。傳說她後來又嫁了人，生了兩個孩子。

大概正是因為這件事，當朱德知道了後，自然也就再不會提自己曾有過一個漂亮的「姓賀的四姨太」，從而，一般不隱瞞自己歷史的朱德也就不會再跟人說自己曾養過姨太太的問題了。這樣，由於朱德後來在中共的崇高地位，在中共一般黨史著作裏，不僅賀治華成為了一個謎，而且朱德養姨太太的事情也不存在了。只是賀治華作為中共曾經的一個具有一定地位的人，實在難以從歷史著作中徹底抹掉，不得不很偶然地要提到她的名字。

1938年，周恩來與毛澤東處於很微妙的矛盾關係當中，而朱德在中共的權力正處於頂峰期，實際地位高於周恩來，他的傾向性對中共內部爭鬥具有決定性意義，周恩來這時把賀治華十二歲的女兒菲菲領到重慶，並於1940年10月送到了延安，令朱德十分感動。朱德先是給「四旬」起了個正式名字朱敏書，後來又改為叫朱敏，把她送到了蘇聯接受教育。在第二次世界大戰中，中國小姑娘朱敏比她母親賀治華意志堅定得多，被關進德國人的集中營，始終牢記不能說出自己是朱德女兒的身份，故事很令人感動。但朱敏成人後一直不願意提自己生身母親賀治華，認為是賀治華背叛了爹爹朱德，則並不正確，可能她並沒有弄清楚賀治華與朱德由不自由而半自由而自由的關係，朱敏其實只能說賀治華是背叛了中共。

據朱敏回憶，她還在外婆身邊時，她外婆告訴了她，她是到處傳說的英雄好漢朱德的女兒，而她生身母親賀治華則已經死了。有一種像小說一樣的說法，說1938年國民黨武裝忽然闖到賀治華新的家裏，莫名其妙把她拖到院子裏殺了。這種說法並沒有什麼根據，很難經得起推敲。

七 重掌軍隊「打天下」

莫斯科祕密訓練營隊長

1925年6月朱德被柏林警方釋放後，過了不多久，就帶著賀治華與一個叫李大章的人離開德國，乘火車去了莫斯科。到莫斯科以後，朱德進了莫斯科共產國際東方大學，暫時參加學習，主要涉及的是辨證唯物論、政治經濟學、經濟地理和軍事學。幾個月後，中共旅歐總支部安排的一些人都分批到達了莫斯科，共產國際挑選了三十個中共黨員，由朱德當隊長，送到離莫斯科火車路程兩小時左右的一個叫莫洛霍夫卡的地方，進了祕密訓練營，由蘇聯教官訓練搞城市暴動需要的巷戰，以及游擊戰。

1917年7月孫中山宣布「護法」以前，國民黨主要還是以走憲政道路為主，「護法」以後，孫中山實際就開始追求「軍政」，「北伐」成為他積極推廣的一個口號。但是，孫中山並沒有自己完全控制的軍隊，國民黨內意見也不一致，因此，孫中山所謂的「北伐」實際就演變為了南方軍閥的「革命」混戰。特別是在1922年孫中山被陳炯明趕出廣州後，「北伐」就演變成為了打陳炯明。1923年，得到孫中山使命的一萬多強大的滇軍在調整好總司令職務和編制後東進，作為主力與響應孫中山號召的部分桂軍、粵軍合作，擊敗了陳炯明，把陳炯明趕出廣州，迎回了孫中山。雖然這些軍隊很難調動，而且紀律很差，控制廣州財政和魚肉鄉里，但孫中山終於算是獲得了一個可以組織北伐的基地。直至這時，孫中山的北伐其實可能還只是他屢戰屢敗鏈條上的一個新環節。

在孫中山屢戰屢敗、屢敗屢戰的時候，新誕生的蘇聯把眼睛注視向了遠東地區。從十月革命後列寧立即宣布可以放棄原俄羅斯在遠東獲得的不平等權利看，就像簽定分割領土給德國的布列斯特條約一樣，蘇聯只是要在西方和東方都機會主義地求得暫時的安全，以解決本身的政權鞏固和建設問題。僅僅如此還不夠，輸出共產主義更是一個長遠地牽制乃至控制周圍國家和世界的戰略手段。1920年5月，在共產國際的支持下，陳獨秀開始組建和成立中共，並於次年11月召開了第一次全國代表會議。但隨後中共並沒有得到快速發展，仍然只是個祕密的小組織。

1921年發生了一件徹底改變中國命運、至今被很多歷史學家忽略的事情。1921年7月，堅定的列寧主義者和蘇聯最出色的外交家越飛被任命為蘇俄駐華特命全權代表，他與孫中山的北伐對象、中國合法的北京政府探討合作，以具體解決蘇聯的遠東安全問題，結果越飛的外交努力失敗。外交失敗的越飛把眼光投向了孫中山，於是，一個巨大的計劃形成了，蘇聯決定要與孫中山合作，乾脆推翻合法的北京政府。

經過商談和努力，1922年越飛與孫中山簽定了著名的《孫越宣言》，孫中山接受蘇聯的援助和支持，以新的方式組織北伐。同時，共產國際則迫使很不願意的陳獨秀同意進行國共合作，中共黨員以個人名義加入國民黨。1923年10月，以鮑羅廷為首的蘇聯顧問團到達了廣州。1924年1月，由中共參加的國民黨在廣州召開了第一次全國代表大會，進行全面改組。1924年6月，以蔣介石為校長的陸軍軍官學校即黃埔軍校成立。1924年10月，蘇聯軍艦運來了8000枝步槍和子彈。一時之間，國民黨變得從來沒有過地強盛起來。而由於這一切都是由蘇聯支持和幫助的，中共也就在中國空前地獲得了影響力，進入了第一個黃金發展時期，演變為了一個強大的政黨。從此，中國的命運就被注定改變了。

經過平定商團危機、兩次東征和解決楊希閔、劉震寰的滇桂軍後，1925年9月，國民黨組建軍事委員會，1926年1月，國民革命軍正式建立，北伐戰爭全面展開。1925、1926年朱德等中共旅歐人員大量轉到蘇聯受訓和回國，正是這一背景下蘇聯和共產國際的統一部署。

以朱德為隊長的三十名中共黨員在莫斯科祕密訓練營訓練了半年。其實對朱德來說，在祕密訓練營並沒有學到什麼。他後來回憶說：「記得在莫斯科學習軍事時，教官測驗我，問我回國後怎樣打仗，我回答：戰法是『打得贏就打，打不贏就走』，『必要時拖隊伍上山』。當時還受到批評。」實際上，在這方面朱德遠要比一般的蘇聯教官經驗豐富得多，也高明得多。一起參加訓練的劉鼎回憶：「朱總成了我們的實際教官，他教我們如何攻警察局，繳警察的槍。還給我們講機關槍、迫擊炮、手榴彈、炸彈等武器的用法，以及戰術上如何利用地形地物，如何保存自己，消滅敵人，如何偵察，如何襲擊敵人，這些朱總都很熟悉。他談體會時說：『部隊不在於大小，小有小的辦法。』」

莫斯科祕密訓練營的科目只是比較低級的東西，朱德並沒有學到什麼，但他還是對蘇聯軍事有了切身的感受，並進行了研究，也看了些中國沒有的武器，親手使用了毒氣彈等。

朱德玩了楊森，楊森也玩了朱德

1926年7月12日，朱德與章伯鈞、房師亮、歐陽欽等人離開蘇聯遠東海岸回國。一別祖國就是近四年，心情自然很興奮。但四十歲的朱德躊躇滿志。這時候，自己軍事學方面比之離開中國時已非昔比，他閱讀、請教、討論和野外考察研究了第一次世界大戰，研究了德國和蘇聯的軍事理論，這些東西與自己本就身經百戰的經驗結合，與自己對中國國情的瞭解，已經站在了中國軍事藝術的最高水準上面了。就在朱德出發之前

幾天，7月1日，國民政府發表了《北伐宣言》，正式宣布了全面的北伐，7月9日，國民革命軍的八個軍約十萬人，從廣東兵分三路正式出師。對朱德來說，只要打仗，總會有機會做一番業績，在這樣的背景下，共產國際、蘇聯、中共中央是否充分信任自己已經不很重要，他們必須要使用自己，並且有一天會不能離開自己。從讓自己擔任祕密訓練營隊長這件事來看，他們不僅需要自己，而且多少也已經有了信任。

　　一到上海，朱德就去見了最高領袖陳獨秀。陳獨秀似乎忘記了四年前拒絕朱德的事情，熱情地接待了朱德。陳獨秀顯然早已經研究過朱德，對他作了思考，陳獨秀要朱德利用自己的關係立即到南京弄清楚孫傳芳的兵力部署，然後，或者去四川策動楊森，或者去廣東。朱德選擇了去楊森部的任務，然後到南京很快就弄到了情報，7月26日便出發去四川萬縣楊森那裏。8月11日，朱德到達萬縣，受到了楊森的熱情歡迎。

　　當時楊森擁有十幾萬兵力，所佔據的地理位置在武漢上游，對北伐軍來說意義重大，佔領武漢後如果與楊森發生對抗，則武漢就處於楊森的直接威懾之中，北伐軍必須分重兵應付上游地區，如果楊森加入北伐陣營，則不僅解除了這種不利狀況，而且楊森等於為武漢拱衛住了上游方向。朱德到來之前，北洋直系領袖、討賊聯合軍總司令吳佩孚已經任命楊森為四川省省長。但楊森也不願意參與到吳佩孚的陣營中，因此，北伐戰爭一開始，他就派了自己的祕書長喻正衡去北方找李大釗聯絡。8月25日，李大釗派了個年輕的代表陳毅跟著喻正衡來到了萬縣楊森部。楊森介紹朱德與陳毅認識，並向朱德和陳毅明確，自己贊成北伐，但吳佩孚提拔了自己，所以也不能背信棄義去打吳佩孚。朱德與陳毅相識後，缺乏經驗和資歷的陳毅自然地成為了朱德在楊森部開展工作的助手。

　　一時之間，朱德對楊森不明確立場也無可奈何。從朱德個人的動機來說，他決定到楊森這裏來的主要目的，是試圖要楊森兌現四年前的師長職務承諾，以控制一支軍隊見機而

行。但楊森並不是沒有頭腦的一介武夫，既然朱德是廣東革命政府的代表，便意味著朱德只會忠誠於廣東革命政府，給他一個師兵力，等於就是送了一個師給廣東革命政府，這種事情怎麼願意做？因此，當朱德盯著他談師長職務時，楊森就圓滑地答應可以任命朱德為師長，但兵馬要朱德自己解決。這等於什麼都沒有答應給朱德。十年前朱德就已經是中國為數不多的實力派旅長之一了，現在怎麼會在乎一個空頭師長名義？朱德要的是一支實打實的部隊，哪怕只是一個團都無所謂。在這個問題上，朱德只能是失望。

但策動楊森的機會到來了。8月29日，楊森去收稅的人乘的兩條木船，經不住英國輪船航行時的水浪，竟然沉沒了，楊森因此損失了八萬五千元銀洋和一名連長、一名排長、五十六名士兵及其佩帶的槍枝、彈藥。這麼大的損失使楊森很鬱悶。朱德一得到這個消息，馬上讓陳毅藉機鼓動民眾的民族情緒，寫文章、集會、散傳單，自己除了出面演講，更去刺激楊森。後來在抗日戰爭期間作出巨大貢獻的楊森本就是個愛國者，被朱德刺激得越來越憤怒，調動起了民族情緒，決定聽從朱德的建議，派兵扣留了兩條英國太古公司輪船要求賠償。沉船是因為楊森的木船落後，經不住水浪，而不是英國輪船撞沉的，現在楊森武力扣押輪船，英國人當然也憤怒起來，於是就派軍艦要搶回輪船，結果與楊森的部隊交上了火。交上火後，英國軍艦露出了日不落帝國的頑劣習性，向萬縣城裏開炮，摧毀了一千多間房子，連帶著老百姓死傷了一千多人，史稱「萬縣慘案」，因為是9月5日，所以又叫「九五慘案」，一時全國轟動。

「萬縣慘案」發生後，楊森也就聽從了朱德，決定接受國民革命軍稱號，委託朱德去國民革命軍剛佔領漢口、漢陽的武漢具體辦理。朱德到武漢後，國民革命軍總司令部委任楊森為第二十軍軍長兼川鄂邊防督辦，朱德為黨代表兼代政治部主任。這樣，朱德算是成功策動了楊森。但是，等朱德帶著委任

狀回到萬縣時，楊森已經派兵援助堅守武昌的吳佩孚，弄得武漢方面幾乎出現危機。後來朱德再到武漢，國共兩黨都指責朱德沒有把事情辦好，使朱德十分喪氣。這算是楊森反過來玩了朱德一把。

朱德慣於江湖，一來意識到了危險，二來繼續在楊森這裏呆下去也達不到自己掌握一支部隊的目的，於是，向楊森提出組織一個到武漢的考察團，去考察軍事、政治。楊森是聰明人，馬上支持，並撥給經費，送走於公於私都最好不要得罪的朱德這個瘟神。於是，朱德帶著一個由下級軍官組成的近百人的龐大考察團，轟轟烈烈地離開了萬縣，同時把重見的妻子陳玉珍送回南溪，再也不回來了。

投機朱培德部

朱德當然不是真的要帶一個近百人的龐大隊伍考察武漢軍事、政治，因此，到了武漢後，朱德便遣散了代表團，只留下十五個忠於自己的人的個人工作班子。他作為一名黨代表，在武漢主要打交道的對象是鄧演達負責的國民革命軍總政治部。在這時朱德也認識了政治部第三廳廳長郭沫若，並與他在同一個群眾集會上進行演講。包括這次再來武漢，朱德見到了不少國共兩黨的要人。他重新見到了周恩來，但在武漢他並沒有跟毛澤東發生交往，彼此也沒有相見。在武漢朱德與蔣介石見了面。這是朱德與蔣介石第一次見面，大概彼此只是簡單聊了幾句，所以朱德後來說這是一次「匆匆」的見面。

1927年1月，朱德帶著他的十五個人到了南昌。正是用將之時，朱德的到來令朱培德很高興。朱培德年齡比朱德小兩歲，生於1888年，雲南鹽興人。在雲南講武堂時，朱培德與朱德同為「模範二朱」，1912年雲南講武堂恢復後重新做學生，而朱德則做教官，因此，彼此也可以說是又成了師生關係，1914年朱培德以第一等第一名畢業，可見是個得到嚴格軍

事教育的非常優秀的人才。1915年末蔡鍔護國討袁，朱培德歸在李烈鈞護國第二軍參加東進，連續升為團長、旅長、師長。1921年，任孫中山的中央直轄滇軍總司令。1922年春，任中路前敵總指揮。1924年孫中山二次北伐，朱培德任中路總指揮。1925年，任國民政府委員、軍委會委員及第三軍軍長。1926年7月任北伐軍右翼總指揮，實際上，朱培德指揮的還是他的第三軍。

如果朱德回國後聽從陳獨秀南下廣東的建議，放棄楊森當初的師長承諾念頭，南下直接到朱培德第三軍，當時國民革命軍正處於向武漢、南昌、上海等長江一線進攻階段，則朱德就能馬上達到掌握一支軍隊的目的。避居香港數年的金漢鼎受北伐吸引，決定重新上戰場，幾乎與朱德回國同樣時間，於1926年7月到朱培德部，朱培德即出資讓金漢鼎招納了二千多人馬，編為獨立第十六師，很快建立了戰績，得到了蔣介石的器重。朱德如果來到朱培德這裏，朱培德得到朱德和金漢鼎這兩員當初滇軍最能打的戰將，自然會一樣待遇，也讓朱德建立一支部隊。朱德掌握了一個師後，在戰場上的表現至少不會亞於金漢鼎。如此，則後來南昌暴動時中共就將至少增加一個軍的兵力，暴動總指揮一職自然將由朱德而不是賀龍擔任，南昌暴動乃至中共的歷史很可能全面改寫。

現在朱德到來已經晚了，朱培德部佔領南昌後暫時已經沒有大的戰事，主要面臨的不是擴軍問題，而是軍官為患的問題。從朱培德來說，對朱德比半年前對金漢鼎更器重，立即讓朱德把富餘的軍官集中起來，組建三個營編制的軍官教育團，委任朱德為軍官教育團團長。不久第三軍改編為國民革命軍第五方面軍後，朱培德又加任朱德為第五方面軍總參議。第五方面軍成立後，金漢鼎升任為了轄楊如軒第二十七師、韋杵第二十八師、周志群第二十九師的第九軍軍長，並給了朱德一個第九軍副軍長的名義。由此可見，朱德在滇軍中影響依然不減，一到就掌握了一個團並獲得了高位。但是，軍官教育團不

是士兵與軍官相匹配的建制化部隊，雖然能用於作戰但作戰能力有限，畢竟不能把軍官當士兵使用，而且也難以達到完全控制的目的，至於官職對朱德來說意義並不大，所以，朱培德的器重和其他滇軍系將領的捧場並不能符合朱德的心思。

在軍官教育團方面，朱德在軍事訓練上並沒有花功夫，主要只是進行政治宣傳活動。他的政治宣傳活動也在滇軍系將領中進行。當時他與金漢鼎、王均、曾萬鍾、李文彬、楊如軒、楊池生等主要滇軍系將領來往密切。這些滇軍系老朋友見到的朱德已經不是原來那個抽鴉片、養姨太太的軍閥朱德，而是換了一個人了。楊如軒說，有一次他去看朱德，按照老習慣叫「擺飯來吃」，要朱德酒肉相待，只穿一身普通灰軍服的朱德卻只是便飯相待，跟他說：「現在不興這個了。」楊如軒等老朋友明顯感受到朱德已經跟原來不一樣。

1927年3月5日，軍官教育團舉行了開學典禮。蔣介石經南昌去武漢，正好趕上，就參加了典禮，並作了演講，以表示對第五方面軍的重視和尊重。這是朱德與蔣介石的第二次見面，下一次見面則要到抗日戰爭時候了。當時蔣介石無論如何不會想到，一年多後，朱德就會成為他最傷腦筋的中共敵手。總政治部第三廳廳長郭沫若也來到了南昌，參加了典禮並發表演講。蔣介石也沒想到，這個文人這時正住在朱德的花園角二號寓所，趕著寫他的《請看今日之蔣介石》，準備痛罵自己。

不久後的4月7日，朱培德任江西省省長，緊接著他便任命朱德兼任南昌市公安局長。4月12日，蔣介石在上海採取行動，消滅了周恩來的工人武裝。5月21日，只是第三十五軍團長的許克祥在長沙發動「馬日事變」，成為全國聞名的人物。形勢急轉直下，北伐力量分裂，寧漢分流。本是偏向左傾的朱培德猶豫了一段時間，在四處捕殺共產黨的情況下，只是把中共分子集中起來，在5月29日舉行熱鬧的儀式「禮送」他

們離開自己的轄區。6月6日，朱培德下令江西境內不允許進行工農運動。

雖然大家對朱德也是中共分子心知肚明，但朱培德並沒有採取行動「禮送」朱德出境。所有中共黨史著作都說朱德也被朱培德「禮送」了，這說法並沒有很具體的材料證明。如果朱德真的是被「禮送」了，南昌暴動時朱德怎麼可以隨便活動並調動軍官教育團呢？楊如軒回憶說：「當時朱培德也曾考慮把朱德列在其中，後來一因朱德未暴露身份，二是我們一些好朋友都替他說話，結果把他留下了。」朱德自己有個說法：「我因為平素與朱培德他們感情還好，而博得一個『歡送』。」「禮送」與「歡送」一字之差，實際有著非常大的區別。「禮送」具有一定強迫性，「歡送」則不具有強迫性。但是，朱培德真地「歡送」朱德了嗎？6月中旬，被朱培德派到贛東剿匪的朱德帶著教育團回南昌，將兩個營提前畢業，留下一個營以備不測之需。朱德吃不準形勢，需要去武漢弄清楚情況，向朱培德辭去南昌公安局長職務，隨即就有了朱培德「歡送」朱德的儀式，滇軍很多高級將領都參加了。但是，如果說朱培德「歡送」朱德，是希望朱德不要回南昌了，並不通。事實上，朱德並沒有辭去軍官教育團團長、第九軍副軍長以及第五方面軍總參議職務，軍官教育團留下的一個營朱德仍然可以指揮，而且，朱德也仍然可以在南昌、九江、武漢等地大搖大擺地跑來跑去，南昌暴動時朱德還可以把駐軍中的幾個團長叫來喝酒、打麻將。如果朱培德「歡送」掉了朱德，朱德怎麼可以做到這些呢？但是，既然朱德只是辭去公安局長職務，其他職務並沒有辭去，他又怎麼可以不管事情，像個閒人一樣跑來跑去呢？因此，朱德一定是隱瞞了什麼難以說出來的情況。據楊如軒回憶，朱培德確實有過請朱德離開的想法，但其他滇軍將領都勸住了朱培德，因此，朱培德並沒有請朱德離開。那怎麼又會有一個「歡送」朱德的儀式呢？原來，就像離開楊森時候以進行考察的名義弄了楊森一筆經費一樣，朱德這

個務實主義者時刻不會忘記糧草先行的軍事原則，他這時候同樣騙了朱培德一筆數額應該很不小的錢，因此後來不便於說出來，只能隱瞞。

1926年正式北伐前，本來駐紮在四川的貴州黔軍袁祖銘部被四川軍閥趕出了四川，一時沒有一個落腳地方，正好趕上正式北伐，就宣布參加北伐，他的十萬近乎土匪的亂糟糟部隊被改編為國民革命軍第九、十、二十五、四十三軍，袁祖銘本人被任命為北伐軍左翼軍總司令。1927年1月，蔣介石不滿袁祖銘的左翼軍駐足不前，懷疑他通敵，命令國民革命軍第八軍軍長兼前敵總指揮唐生智捕殺了袁祖銘，並將第九軍軍長彭漢章抓了起來。唐生智把彭漢章屬下賀龍第一師改編為了獨立第十五師，對另兩個不願意接受改編的師則予以擊潰。這件事情是賀龍後來投靠中共的關鍵原因。彭漢章是個身份比較複雜的人，他本是四川潼川人，但很早就在雲南當兵，雲南講武堂設立後考進了講武堂，因此跟朱德、朱培德都是同學，1912年初隨唐繼堯入黔後逐步成為了黔軍的主要將領之一，1925年曾出任貴州全省清鄉總司令、貴州省省長。大概彭漢章與朱德同為四川人，原來關係比較深，朱德向朱培德建議，由自己去收編彭漢章被唐生智打散的餘部，這是個很合情理的建議，朱培德正是因為北伐後收編了楊如軒、楊池生兩個師，並由金漢鼎收編一些部隊建立了一個師，隊伍一下子壯大，才被蔣介石升格、改編為第五方面軍的，而朱培德曾出資幫助過金漢鼎，現在不幫助朱德在交情上也過不去，所以就同意並給了朱德一筆去收編彭漢章餘部的錢。朱德去收編部隊，朱培德自然就要歡送一下，祝賀朱德能馬到成功。客觀上，就私人經濟問題來說，朱德當時也需要錢，他回國後，把妻子陳玉珍接到了萬縣身邊，之後又把她送回南溪，家中一大堆事務要處理，是需要不少錢的。同時，當時朱德帶著一些人活動，中共並沒有撥給他經費，而必須要朱德自己解決。

南昌暴動中的空頭軍長

朱德仍然保留了花園角二號的房子，帶著警衛員和兩個中共黨員劉君毅、周彙川，離開了南昌去九江，以第九軍副軍長的身份進行活動。7月15日，汪精衛宣布「分共」，朱德叫劉君毅、周彙川回南昌待命。

汪精衛「分共」前，朱德已經去過武漢，朱德得到了孫炳文的死訊。孫炳文從蘇聯回國後，任國民革命軍總政治部祕書，並兼廣東大學教授，後升任總政治部祕書長、後方留守處少將處長等職，1926年又兼任黃埔軍校主任政治教官。1927年4月，鄧演達要孫炳文去武漢，任軍事委員會總務兼軍事廳廳長，結果轉道上海時被蔣介石捕殺。孫炳文的死使朱德很悲痛，這等於是蔣介石與朱德之間有了件私人間的血仇。

據房師亮回憶，孫炳文死後他去探望在武漢的孫炳文妻子任銳，遇到朱德也正好在，房師亮問朱德現在怎麼辦？朱德回答：「上山去打游擊。」房師亮的這個回憶很重要，不僅說明了朱德當時已經準備與蔣介石打仗，而且已經準備上山打游擊戰。南昌暴動三河壩阻擊戰之後，朱德即為部隊確定了游擊戰方針，是朱德早就有思想準備才作出了這樣的決策。4月12日後，形勢很快變化，朱德已經估計到中共將會走武裝道路，但中共自己並沒有足以與蔣介石抗衡的軍隊，因此，就只能採取上山打游擊的方式。至少在6月中旬以前，朱德無論如何不會想到周恩來會進行南昌暴動，因為在軍事上這是非常鹵莽的，暴動後並沒有什麼勝算，如果朱德想到了會進行孤注一擲的南昌暴動，他絕不會把軍官教育團的兩個營提前畢業掉。他之所以留下一個營，只是跟1922年逃離昆明前組織一個手槍連預防萬一的動機差不多，同時也是為進行游擊戰作個準備。4～6月份朱德在贛東剿匪時，他實際已經在當地進行了安排，組織並安插了自己的人員。也就是說，朱德是中共最早準

備打游擊戰的人。他是個自覺地準備進行游擊戰的人，而不像毛澤東那樣是被逼著逃跑才上了井岡山。

在1927年7月15日汪精衛宣布「分共」之前，本就對中共加入國民黨有異議的陳獨秀提出中共退出國民黨，他的主張不能被共產國際同意，痛苦的陳獨秀決定「讓賢」，隱居了起來。這樣，中共本身實際上就由張國燾和周恩來兩人暫時負起了領導責任。汪精衛「分共」之後，中共高層以李立三為主的一批人更加激進起來，形成了一股不顧成敗蠻幹一場的強烈情緒。在九江的李立三向在武漢的周恩來提出，使用葉挺的部隊在南昌、九江地區進行暴動，同樣激進的周恩來支持李立三，認為在張發奎第四軍裏有大批中共黨員，萬一張發奎進行清共，將會損失慘重，不如先發制人進行暴動，然後到廣東東江建立根據地，進而佔領廣州，獲得蘇聯援助後反攻國民黨。在中國的蘇聯顧問鮑羅廷、加倫認為可以搞個暴動。張國燾同意周恩來的設想，決定由自己在武漢留守中共中央，成立由周恩來為書記，李立三、譚平山、惲代英、葉挺為委員的前敵委員會，周恩來去南昌相機行事。

周恩來，字翔宇，浙江紹興人，1898年3月5日生於江蘇淮安。周恩來1913年後到天津南開學校讀書，逐步成為天津學生領袖之一。1917年中學畢業後到日本去了一年，但並沒有讀什麼書，回國後名義上是學生，實際是寫文章、搞學生運動，並為此坐了一段時間牢。1920年11月，這位政治活動天才和實幹家去了歐洲，雖然有過讀書、做研究的想法，但很快被張申府、劉清揚拉進了中共，成為了「職業」的革命家，以搞政治為生，共產國際的經費是他主要的經濟來源。在歐洲特別是法國的經歷為周恩來後來的政治歷程奠定了特殊基礎，有了神祕的共產國際背景。1924年「中共黃埔第一人」、黃埔軍校政治部副主任張申府看不慣蔣介石的一些言行，決定離開黃埔軍校，在他離開時，他應黨代表廖仲愷和政治部主任戴季陶的要求，寫了個十五人名單推薦信給他們，把周恩來列在第一位

並予以重點介紹。周恩來得到通知，立即從法國回國，於1924年9月初抵達廣州，開始了他飛黃騰達的政治人生。

周恩來到廣州後，擔任了中共廣東區委書記並在黃埔軍校政治部工作，僅僅兩個月後就踏上了黃埔軍校政治部主任位置。1926年12月周恩來到上海。1927年2月23日陳獨秀成立了以周恩來為首的特別軍委，並由周恩來擔任上海第三次工人武裝暴動總指揮，3月21日暴動正式進行。4月12日，蔣介石消滅了周恩來的工人武裝。1927年5月下旬，周恩來到達武漢，在此前周恩來被選為了中共中央政治局委員，周恩來一到武漢後又擔任了中共中央軍事部部長，隨即又進入中共政治局常委，成為了中共的核心人物，並主管中共軍事工作。

中共本來所擁有的將領級高級軍事人才只有朱德一人。北伐前夕和期間，中共又收羅到了三名高級軍事人才，一名是葉挺，一名是葉劍英，一名是劉伯承。

葉挺，1896年9月10日生於廣東惠陽縣，畢業於保定軍官學校，1921年任孫中山陸海軍大元帥府警衛團第二營營長，次年6月陳炯明事件時曾救過宋慶齡的命，1924年莫斯科東方勞動者共產主義大學和紅軍學校中國班學習，12月成為中共黨員，1925年回國後升任國民革命軍獨立團團長、二十四師師長。南昌暴動前，葉挺是十一軍副軍長兼二十四師師長，帶領二十四師駐紮在九江地區。

葉劍英，1897年4月28日出生，廣東省梅縣人，1919年從雲南講武堂畢業後到粵軍軍中就職，擔任過參謀、營長職務，1924年黃埔軍校成立時被他的老師王柏齡等叫去任教授部副主任，1926年任國民革命軍新編第二師師長，1927年改任張發奎的第四軍參謀長，1927年7月上旬祕密加入了中共。

劉伯承，1892年12月4日生於四川開縣，1912年底畢業於重慶將校學堂（將弁學堂），在川軍熊克武部見習並升任司務長、排長、連長，護國戰爭結束後被任命為川軍熊克武部第九旅參謀長，1917年熊克武升任四川督軍後劉伯承升任副團

長，1920年任團長，1923年在川軍與吳佩孚的戰爭中任東路討賊軍第一路前敵指揮官，1926年5月在吳玉章、楊闇公介紹下加入中共。瀘順暴動徹底失敗後，擔任總指揮的劉伯承逃到了武漢，但在瀘順暴動中劉伯承得到了一個暫編第十五軍軍長的頭銜。周恩來便帶著劉伯承去九江準備進行南昌暴動。

7月下旬，共產國際突然派了個年輕的代表羅明那滋來到武漢，並帶來了史達林和布哈林的電報，規定在中國的蘇聯顧問不得參加南昌暴動，蘇聯沒有支持南昌暴動的經費，明確了反對進行暴動的態度。7月26日，羅明那滋、加侖將軍、張國燾、瞿秋白、張太雷、李維漢等人在漢口開了緊急祕密會議，決定由張國燾立即去九江阻止南昌暴動。應該說，史達林反對進行暴動的想法是清醒的，因為，南昌暴動注定了將是失敗的命運，但是，史達林這一決策太晚了，已經完全不符合實際。準備進行暴動的周恩來並沒有想過失敗問題，採取了孤注一擲的做法，不但將中共當時所可能調動的軍隊向南昌地區集結，而且也將大量中共人員集結到了南昌，這時候不舉行暴動，萬一朱培德和張發奎對中共採取行動，將更是毀滅性的後果。

暴動的車輪已經滾動起來，已經沒有誰可以阻止。十分為難的張國燾於7月27日早晨一到九江，馬上跟賀昌、高語漢、惲代英、廖乾五、關向應等中共要員說了漢口會議的意見，但得到的都是反對聲音。由惲代英陪同，張國燾於7月30日到達南昌，立即召開了有惲代英、周恩來、李立三、譚平山、葉挺、周逸群參加的會議，顯然已經預見到軍事前途的葉挺支持張國燾，但其他人都表示反對，特別是周恩來，用立即辭職進行了威脅。張國燾從李立三等人那裏馬上瞭解到，周恩來他們已經聯絡了賀龍部參加暴動，並進行了約定，如果失約不暴動，必然得罪賀龍，土匪出身的賀龍會立即把中共出賣掉，後果將更加嚴重。在這種情況下，本就認為暴動不可阻止的張國燾也就保持了沉默。

周恩來帶著劉伯承從武漢到九江時，在九江的李立三等人已經透過賀龍部政治部主任周逸群聯絡好了賀龍。賀龍，字雲卿，1896年3月22日生於湖南省桑植縣洪家關，家族中世代多出好漢，1914年加入中華革命黨，由於多次率眾造反、拉隊伍等，因而有「土匪」名聲。1918年賀龍被任命為湘西護法軍第五團第一營營長，1920年任湘西靖國軍第三梯團長、湘西巡防軍第二支隊支隊長，1922年任川東邊防軍警衛旅旅長，1923年任四川討賊軍第一混成旅（川軍第九混成旅）旅長，1925年賀龍被委任為建國川軍第一師中將師長，同年返回湖南後任澧州鎮守使。1926年賀龍任國民革命軍第九軍第一師師長，年底改編為獨立第十五師，1927年春賀龍兩萬多人的軍隊被縮減為一萬多人，引起賀龍強烈不滿。6月，武漢方面擴編賀龍部為國民革命軍暫編第二十軍，任命賀龍為軍長。7月中旬賀龍決定參加中共組織的南昌暴動，7月23日率部從武漢抵達九江。周恩來決定由兵力最多、軍職最高的賀龍擔任暴動代總指揮（名義上的總指揮是張發奎，但這是中共瞞著張發奎本人加上的職務，所以，賀龍是實際的總指揮），由葉挺任前敵代總指揮（名義上的前敵總指揮是黃琪翔），由劉伯承擔任暴動參謀長，制定暴動作戰計劃。

　　劉伯承與賀龍商量後制定好作戰計劃，去拿給葉挺看。葉挺看過後把計劃還給劉伯承，一言不發，使劉伯承很難堪。劉伯承去問周恩來，周恩來說葉挺不發表意見就是同意了。其實，暴動佔領南昌是件很容易的事，只要葉挺一部就可以完成。當時暴動部隊兵力達兩萬多人，又是進行突然行動，朱培德則兵力東調，南昌空虛，只有五個殘缺不全的團約三千餘人，而且沒有任何準備。問題並不在佔領南昌，而是暴動之後將是處於重兵合圍當中，面臨的將不是突圍就是守城。守城是絕路，突圍則將是個聽天由命的問題了。

　　中共官方習慣用後來的歷史改寫原來的歷史，由於朱德後來在中共的地位，因此，一般的中共黨史都把朱德在南昌暴

動中的地位寫得很重要，把他寫成了南昌暴動最主要的領導人之一，其實，朱德在南昌暴動中的地位根本不重要，更不是什麼最主要的領導人之一。在黨內，朱德的地位低下，根本發不了言。在作戰方面，他只有軍官教育團留下的一個營，連賀龍、葉挺的零頭都不到，幾乎可以忽略不計。在軍事上，周恩來器重的是劉伯承，朱德作為熟悉南昌的一個人，所承擔的使命不過是為周恩來和劉伯承提供一些情報，是個徹底的配角和跑腿。如果當時在軍事上朱德發了什麼重要的言並被採納，那麼，中共寫歷史的時候絕不會遺漏，從中共一般的官方黨史著作中沒有朱德所發表意見的內容看，朱德在當時並沒有說什麼話，即使說了什麼意見也一定是沒有被周恩來、劉伯承採納。周恩來後來也不過說朱德當時只「是一個很好的參謀和嚮導」。

對朱德來說，保持沉默是最好的選擇。他需要觀察，讓周恩來、劉伯承、葉挺、賀龍把手段都使出來，才可以知道自己該做什麼、該怎麼做。對周恩來來說，葉挺當然是最可以信賴的將領，葉挺著名的獨立團正是周恩來一手培植的，但葉挺對暴動卻是有異議的。葉劍英正在張發奎身邊，是插在他那裏的一個釘子。劉伯承雖然參與過軍閥混戰，但他並沒有成為過獨霸一地的軍閥，最重要的是劉伯承對舉行暴動的態度很積極，而且有過指揮瀘順暴動的經驗。賀龍還是黨外人士，是土匪、軍閥出身，江湖氣十足，讓他當暴動總指揮只是出於無奈。朱德雖然是個黨員，但對軍閥出身的他總還是需要打點折扣，而且離開戰場也很多年了，在楊森那裏工作做得也不怎麼樣，至少暫時是難以重用的。但周恩來犯了一個錯誤，也就是暴動之後肯定不能守城，不守城則在軍事上就必須以運動戰和游擊戰為主要方式，這方面習慣於打陣地攻堅戰的葉挺不適合，劉伯承有一定經驗但並不很豐富，至於賀龍則是從投靠——反水、反水——投靠中壯大起來的，這種方式現在已經派不上用場，只有朱德是這方面的老手，而且具有非常好的環

境條件，即南昌周邊主要是滇軍系人馬，朱德有非常充分的發揮餘地，不重用朱德至少是個策略上的錯誤。

1927年8月1日凌晨，賀龍宣布舉行南昌暴動。僅僅四個小時，在早晨六時，全部戰鬥就已經結束。暴動一結束，立即宣布成立了以宋慶齡為首的中國國民黨委員會。提出的口號是：1、繼承總理遺志；2、奉行總理遺訓；3、繼續國民黨正統；4、團結革命勢力；5、實行三大政策；6、實現三民主義；7、擁護民眾利益；8、完成國民革命；9、打倒帝國主義；10、打倒一切軍閥；11、打倒一切叛黨叛國的反動派；12、中國國民黨萬歲；13、國民革命成功萬歲；14、世界革命成功萬歲。中國國民黨委員會主席團成員包括：宋慶齡、鄧演達、譚平山、張發奎、賀龍、郭沫若、惲代英。實際上，據張國燾回憶，舉行南昌暴動根本沒有跟宋慶齡、鄧演達等人打過招呼。至於張發奎，他在暴動前發現了問題，親自想去勸阻、攔截運動的部隊，結果被葉挺的周士第團開火阻止，不得不逃回自己的軍隊。周恩來具體負責的南昌暴動中的中共不顧國民黨左派本身的意志，強加名義，實際上也就徹底斷送了國民黨左派，從此，國民黨左派在「名義」上已經屬於中共的附屬品，不具有政治獨立性，在中國政治舞台上再也沒有了重新發達的機會，隨著蔣介石完成北伐，中國政治舞台演變為了沒有強大第三勢力的中共與蔣介石之間的爭鬥，中國社會的演變就只能在國共兩極之間震盪了。

8月2日，中國國民黨委員會宣布成立以張國燾為主席，張國燾、彭湃、李立三、李小青、董方城、陳蔭林、郭亮為委員的農工委員會；成立郭沫若為主席，惲代英代理主席，方維夏、黃日葵、童漢章為委員的宣傳委員會；成立以張曙時為主席，張曙時、彭澤民、韓麟符、徐特立、王積衡、穆景周、林超白、朱蘊山、孟湘鑒、陳日新、林鈞、鄧鶴鳴，張餘生、王一德、張開運為委員的黨務委員會。任命郭沫若為總政治部主任，章伯鈞為總政治部副主任。任命李立三為政治保衛處處長。

在8月2日這個命令裏，任命韋杵為國民革命軍第九軍軍長，朱德為國民革命軍第九軍副軍長。韋杵是金漢鼎第九軍第二十八師師長，生於1883年，貴州省安龍縣人，是雲南講武堂時朱德的老同學，在護國軍顧品珍部由排長升任連長、營長，討伐陳炯明後曾在滇軍做到旅長，金漢鼎任獨立第十六師師長時，韋杵是金漢鼎手下團長。韋杵一直官運不濟，從他後來參加蔡廷鍇、李濟深、蔣光鼐、陳銘樞等人的「福建事變」，參加抗日戰爭後即退出軍界從事家鄉教育事業來說，他顯然是個長期對蔣介石不滿的人。朱德在南昌暴動前已經疏通了他，但暴動時他不在南昌，去九江養傷了。朱德推薦由韋杵擔任第九軍軍長，自己還是按照金漢鼎給的職務做副軍長。但是，由於韋杵不能到任，軍長的職務還是由朱德擔任了。

由於南昌暴動使用的是中國國民黨和國民革命的名義，因此，暴動後軍隊仍然沿襲了國民革命軍的番號，在這個基礎上進行了調整。賀龍任國民革命軍第二方面軍代總指揮，兼第二十軍軍長，轄第一、二、三師；葉挺部改編為第十一軍，葉挺任軍長，轄第十、二十四、二十五師；朱德是第九軍；劉伯承為參謀部參謀長。實際上，朱德不過是個空頭軍長，他的第九軍所擁有的兵力，主要是軍官教育團留下的一個營，而且是缺乏戰鬥力的沒有配套士兵的非建制部隊。不過，朱德在名義上是暴動後三個軍的軍長之一，從這個角度說，已經成為了「主要」領導人之一。朱德的軍長職位，在兵力上雖然是空頭的，但非常重要，是他之後能夠從人才濟濟的南昌暴動群體中「異軍突起」的法定基礎。

壬田遭遇戰與會昌戰役

南下的南昌暴動部隊由朱德擔任先遣司令，帶著他的所謂第九軍向南方出發，郭沫若則帶著一個宣傳隊跟著朱德一路做宣傳。出發後，向來不喜歡守規矩的郭沫若，讓宣傳人員一

路喊了一個很有意思的口號：「打倒朱培德，擁護朱德。」這大概是中共歷史上第一次以某個個人名義喊出的口號了。可見周恩來等中共要員當時已經承認和利用起了朱德在滇軍系中的影響力。這種影響力在8月6日朱德到達臨川城時體現了出來，駐防的朱培德第二十七師師長楊如軒礙於情面主動撤出，讓朱德不放一槍地佔領了臨川城。

朱德繼續南下，8月25日，朱德一個營在壬田與錢大鈞部兩個團發生遭遇戰，只能堅持到賀龍後續部隊到達後，才將其擊潰。這雖然是個小仗，但朱德在戰場上指揮若定的大將風度卻征服了人們，賀龍立即把所部第二十軍第三師撥歸朱德指揮，增強他的兵力，由朱德作為先遣繼續向南進發。

無論是暴動之前、期間還是之後，朱德都基本保持了沉默，只是按照指令盡力執行。沒有任何回憶可以充分證明，朱德在這期間對南昌暴動的戰略性行動有什麼發言，他一直處於被動隨大流的狀態。

根據共產國際的要求組建的中共五人臨時常委張國燾、周恩來、李維漢、張太雷、李立三，有三位在南昌暴動隊伍當中。由於張國燾是以阻止暴動的身份來到南昌的，因此，他在暴動領導層中的影響力有所減弱，比較孤立。李立三是暴動的真正倡導人，這時影響力驟增，但暴動真正的決策者終究還是中共分管軍事的周恩來，因此，周恩來是這支暴動隊伍實際上的最高領袖，而周恩來軍事上的參謀和助手則是劉伯承。

南昌暴動既然已經舉行，守城自然是死路一條，但是，周恩來率領二萬多人南下同樣也將是死路一條。廣東作為北伐的後方，蔣介石囤積了雄厚的兵力，而且，粵、桂兩系的兵力也非常雄厚，去廣東等於是把暴動部隊像塊肉一樣往老虎嘴裏塞。周恩來想學孫中山佔據廣州後獲得蘇聯外援進行北伐，卻不知道孫中山雖然屢戰屢敗，但在廣東苦心經營了十多年，最後形成了只有陳炯明一個立場明確的敵人局面，一當擊敗陳炯明，其他軍閥就會歸到旗下，得到一塊穩固的基地，現在中共

則完全不同，不僅在廣東的基礎非常薄弱，而且已經與所有國民黨旗幟下的勢力成為了敵人，他們根本不會讓中共在廣東建立起可以獲得蘇聯外援的穩固基地。更重要的是，即使暫時到廣東建立了一塊基地，蘇聯也不會因此而公開地大規模援助中共。史達林支持孫中山的目的，是為了推翻不願意與蘇聯合作的北京政府，以扶植一個親蘇聯的中國新政府，保證自己的遠東安全。蔣介石只要不與蘇聯徹底鬧反，在征服北方後與蘇聯有一定程度的親和，蘇聯沒有必要與蔣介石公開、全面為敵。

南昌暴動的全部意義就如中共官方黨史評價所說的，是打響了反對國民黨的第一槍。由於李立三與周恩來的孤注一擲，中共從南昌暴動之後也就徹底關上了中間道路的大門，從此，中共與蔣介石完全成了死敵，命運將是或者打敗蔣介石，或者被蔣介石消滅。即使到了後來的抗日戰爭進行國共合作，這個性質也不過只是暫時被掩蓋了起來。但是，由於蔣介石政府的合法性，在國共爭鬥中，蘇聯也就只能採取兩面手法，暗中控制中共以制約蔣介石政府，公開方面則與蔣介石努力建立和保持友好的國際關係。這樣，蘇聯也就不可能明目張膽地大規模援助中共，中共如果要贏得中國，除了以自己的奮鬥為基本外別無他路可走。因此，在南昌暴動之後，就形成了蘇聯、中共和蔣介石之間的複雜三角關係。這種三角關係當在中共完全受控於蘇聯時，則對中共將是致命的危險；當在中共是以獨立自主為基本時，蘇聯對蔣介石的牽制和壓力對蔣介石來說，如果沒有足夠的西方支持予以消弭，則將是一種致命的危險。因此，在南昌暴動之後，中共的全部命運實際上就是一個是否能夠達到獨立自主的問題了。而中共最終能否達到獨立自主，則決定於中共自身軍事的發展。

對南昌暴動的這種意義，周恩來並沒有意識到。因此，南昌暴動沒有成為周恩來鞏固中共實際上的最高領袖的契機。張國燾由於一貫與共產國際有矛盾，因此，南昌暴動成為

了張國燾的一個機會，但他過於地糾纏在了這種矛盾當中，以至於最後削弱了自己在中共內部的地位合法性，他沒有明白，中共畢竟只是共產國際的一個支部，在中共內部的合法性終究要來源於共產國際和史達林的賦予。

由於中共的發展將決定於自身軍事的發展，因此，就直接參加南昌暴動的人來說，最後造就了的人是朱德。而由於朱德無法擺脫的不被信任性，他無法從中共內部和共產國際、史達林那裏獲得中共最高領袖的合法性賦予。從中共最高領袖角度來說，南昌暴動最終所造就的人是毛澤東，他既堅定地為中共的獨立自主而努力，又在形式上保持對共產國際和史達林的服從，最終獲得了合法性賦予。而在毛澤東的全部努力中，朱德將成為一個最關鍵的人物。

就周恩來率領南昌暴動部隊南下本身來說，周恩來顯然對控制軍事力量沒有任何遠大的眼光，僅僅出於爭取蘇聯援助的單相思，就把一支難得的二萬多人的軍隊餵入了虎口。對周恩來來說，暴動後唯一的希望所在，是進入南昌周邊地區展開運動戰和游擊戰。但是，周恩來不會在這方面得到任何建議和提醒，參謀長劉伯承這時候還不具備這方面的足夠經驗和謀略，他在之前不久失敗的瀘順暴動中，所主要採用的是陣地戰和守城戰方式。

必須要介紹一下的是，當南昌暴動已經既成事實，中國今後的政治演變基本格局實際已經形成，共產國際也就相應改變了策略，來了個一百八十度的拐彎，開始支持中共開展暴動。8月7日羅明那滋在漢口組織了一個祕密緊急會議，即「八七會議」，會議以李維漢為主席，由瞿秋白主持，此外有張太雷、鄧中夏、任弼時、顧順章、蔡和森、毛澤東、陸定一、王一飛等參加。這個會議確定了中共從此開始軍事發展的戰略性主張，由瞿秋白明確：中共今後的任務是「要以我們的軍隊來發展土地革命」，進行暴動，而且要自下而上地進行，並組織共產黨人占多數的、工農民權獨裁的臨時革命政

府。這個會議組建了新的中央，並明顯地排擠了不聽話的南昌暴動群體，確立了忠實於蘇聯的人的領袖地位。新的臨時中央政治局委員有蘇兆徵、向忠發、瞿秋白、李維漢、羅亦農、顧順章、王荷波、彭湃、任弼時，候補委員有鄧中夏、周恩來、彭公達、毛澤東、張太雷、張國燾、李立三，瞿秋白、李維漢、蘇兆徵為中共中央政治局常委，由瞿秋白主持中央工作。這次會議以後，中共在各地舉行了大大小小的、數量幾乎難以統計的暴動，其中包括毛澤東組織的秋收暴動，當然，沒有例外全部是以失敗告終，而相應的責任就像對陳獨秀一樣，也按照慣例被共產國際推到了瞿秋白頭上。

在這樣的大背景下，朱德這位在中共黨內地位低下的空頭軍長，可以有所作為的機會微乎其微。但是，只要打仗，他就有機會。

按照劉伯承制定的南下路線，暴動部隊必須要經過江西會昌，但錢大鈞的四個團約九千人已經進達會昌佈防。暴動部隊無法繞過會昌。朱德率賀龍部第三師為左縱隊，葉挺率所部第十一軍第二十四、二十五師為右縱隊，賀龍率所部第二十軍第一、二師為總預備隊，準備奪取會昌。8月30日，先遣的朱德首先向還沒有完全準備好的錢大鈞部開火，打響了會昌戰役。由於葉挺右縱隊第二十五師走錯了路，沒有及時到達，錢大鈞部集中兵力攻擊朱德。據當時第三師第六團副團長李奇中回憶，當時傷亡很大，對方突破了陣地，但朱德只是跟大家說：「我們這邊吃力些，把敵人背到身上，十一軍那邊就好辦了。」他從死亡的人身邊撿起步槍，親自進行射擊，不慌不忙地說：「不要慌嘛！（敵人）來了就打一下子！」立即穩定了軍心。當朱德的左縱隊堅持到子彈已經沒有的時候，第二十五師趕到了，葉挺指揮第十一軍進攻，朱德立即命令左縱隊出擊。錢大鈞部損失六千人，剩下的三千人撤離了會昌。

三河壩阻擊戰

　　會昌戰役後第三師歸還給了賀龍。會昌戰役證明了劉伯承的方案行不通，李濟深已經準備了七個師等著暴動部隊入彀，葉挺主張改道從福建長汀經三河壩繞著南下，周恩來採納了這個意見。在長汀，形成了主力直取潮汕，留一部分兵力在三河壩進行阻擊的意見。進行阻擊的任務由朱德執行。這時，很少說話的葉挺作出了一個重要的決定，他把他的第二十五師交給了空頭軍長朱德。葉挺的這一決定，使中共的軍史得以從黃埔時期的鐵甲團連續了下去，而沒有發生中斷。至於葉挺自己，這位大將之才加入中共後，似乎是注定了不能叱吒風雲，後來抗日戰爭擔任新四軍軍長，又被項英壓制得痛苦不堪，沒有能夠與日本人好好打上一仗，就成為了毛澤東與項英內爭以及國共爭鬥的犧牲品。

　　錢大鈞是蔣介石嫡系中一個智勇雙全的高級將領，壬田阻擊暴動部隊只用兩個團，會昌阻擊只用四個團九千人對付二萬多人，他實際上是在誘敵深入，以增加周恩來南下的信心。周恩來堅持南下的命運，自然是毀滅。即使改變了路線，周恩來所率主力9月28日在揭陽與豐順之間的湯坑仍然遇上了陳濟棠以逸待勞的十二個團一萬五千人，結果戰敗，損失慘重。9月30日，黃紹竑部在潮州給了暴動部隊最後的打擊。10月3日，逃到普寧縣流沙鎮的周恩來只好召開會議，宣布散夥，各謀生路。

　　按照計劃，高明的錢大鈞把暴動部隊放過以後，便集中了他的十個團二萬多精銳從暴動部隊背後進擊，準備給予毀滅性打擊，結果在三河壩被只有三千人馬的朱德阻擊。三河壩處於廣東大埔縣，汀江、梅江、海潭河三條河流在這裏匯合成了韓江，是個戰略要點。

　　壬田接觸戰是朱德自1920年以來第一次作戰，但他手下只有一個營，只是作為先鋒參戰而已。會昌戰役朱德作為左縱隊首長已經是作為名副其實的將領指揮戰鬥，但整個戰役他並不是最高指揮官，總體上仍然處於被動地位。在三河壩則不同，朱德是作為最高首長指揮戰役的，這樣，他就有了發揮自己軍事藝術特點的空間。朱德的精妙之處是放棄三河壩鎮，把阻擊戰陣地放到韓江對岸，既充分利用了江面天險，又為戰役後的撤離留下了餘地。朱德對部隊進行了動員，仔細講解了怎樣構建工事和打擊渡江敵人等戰術，使一向以葉挺部隊自豪和驕傲的第二十五師一些軍官很驚訝，因為朱德所講解的一些戰術方式是他們原來所不知道的。

　　朱德與錢大鈞激戰了三晝夜，強悍的錢大鈞始終無可奈何。10月1日韓江江面起了濃霧，錢大鈞終於找到機會，借助濃霧和密集炮火突破了朱德防線。渡過江的錢大鈞對朱德進行合圍，但就像朱德過去總是能擺脫包圍一樣，他竟然帶領餘部約二千人順利跳出了包圍圈，離開了戰場。憤怒的錢大鈞不再向潮汕方面進軍，而是率部搜尋朱德，緊緊尾追。

　　開始的時候，朱德仍然由於不得不去跟暴動主力會合，處於難以擺脫錢大鈞的狀態當中，但很快他就遇到了從潮汕失敗逃跑的一些零散部隊和人員，知道了暴動部隊主力已經完全失敗的消息，既然這樣，朱德反而輕鬆了。對他來說，只要沒有人牽制自己，只要由自己完全做主，錢大鈞是根本消滅不了他的。朱德向知道失敗後軍心混亂的部隊許諾：自己「有信心把這支革命隊伍帶出敵人的包圍圈，和同志們一起，一直把革命幹到底。」他甚至說，哪怕只有幾個人、幾桿槍跟著自己，將來中國的天下就是共產黨的。實際上，朱德這是第一次提出了他的「打天下」主義。「打天下」是朱德以後經常掛在嘴上的話，後來毛澤東也跟著朱德使用起了「打天下」話語。「打天下」主義的目的很明確，就是大家一起建立一個新的國家政權，繫於中國傳統的打江山、坐江山觀念，「打

天下」主義可以把社會底層的野心和瘋狂最大化激發出來。
「打天下」主義的手段鮮明地就是暴力。因此，朱德的「打天
下」主義通俗、簡單、實用，任何一個文盲都可以明白其中的
含義，但副作用也是非常明顯的，它將人性的缺陷轉化為了行
動的力量，充分發揮出愚昧、頑固、野蠻和殘暴，並將在打好
天下後演變成阻礙社會進步的強大心理、文化和勢力。

　　朱德隨後把部隊帶到楊如軒的防區進行整訓，寫信要楊
如軒眼開眼閉，說自己只要訓練出一個團，將來就可以活捉蔣
介石，當時楊如軒出於交情沒有干涉朱德，但對朱德只要訓練
一個團就可以打下中國的說法覺得不可思議，中共建國後楊
如軒回憶起來非常感慨，專門為此寫了首詩，其中有這樣兩
句：「一團勁旅平中國，豪語銘心服總戎。」

　　周恩來的南昌暴動把中共所控制的主要武裝力量輕易斷
送了，因此，無論對中共來說還是對周恩來個人來說，都是百
分之百的失敗。但對朱德來說，則是最大的成功，從此，他就
掌握了軍隊，雖然所掌握的僅僅是一支殘軍。他終於有了可以
按照自己意志為中共「打天下」的條件了。在這方面，他充滿
了自信，至少在軍事上，透過回國後對北伐戰爭的觀察，透
過在南昌暴動過程中的體會，他已經更加躊躇滿志，傲視群
雄。對中國來說，如果不持政治異見和受中共官方黨史和軍史
影響的話，隨著本書的敘述將越來越證明：中國近現代史上一
個最卓越的軍事家，由此橫空出世了。

八　軍神降臨中國

不露聲色的鐵腕清洗

從三河壩戰場撤離後，朱德決定帶著二千多人的殘軍向東北方向穿插過去。當時圍追他的軍隊來自南、北、西三面，主要是粵軍系軍隊和錢大鈞、黃紹竑部，特別是來自北面的錢大鈞，更是對朱德嚴密搜尋和追蹤。但朱德很快就擺脫了錢大鈞，消失在群山當中。

在到達饒平縣一個叫茂芝的地方時，朱德為部隊確定了「隱蔽北上，穿山西進，直奔湘南」的方針，開始實踐他幾個月前在看望孫炳文妻子任銳時說的「上山去打游擊」主張。對朱德來說，既然蔣介石開始殺共產黨人，共產黨與蔣介石就沒有了合作餘地，必然將選擇軍事道路，但以共產黨的武力，根本不能夠與蔣介石進行大規模攻城略地的戰爭，唯一的選擇就是進行游擊戰。周恩來舉行南昌暴動並南下，在軍事上是沒有任何合理性的錯誤決策，朱德無能為力。現在朱德自己掌握了軍隊，他便要按照自己的想法來發展了。朱德決定「直奔湘南」，不會是一時的靈機一動，而是考慮已久的問題，早在南昌暴動前就已經對國民革命軍兵力的部署作了詳細研究，把眼睛盯住了十分空虛而地域廣大的湘南地區。

在茂芝或茂芝之後，出現了中共歷史上一個重要的謎：二十五師師長周士第和黨代表李碩勳突然都離開了部隊。周士第在他1979年出版的回憶錄裏，談到南昌暴動的歷史時，寫到二十五師到了茂芝後就戛然而止，避開了自己為什麼離開部隊的問題。周士第，1900年生，廣東樂會人，1924年黃埔一期畢

業並參加中共，曾任大元帥府鐵甲車隊副隊長、隊長，歷任葉挺團營長、參謀長、團長、第二十五師師長等職，1955年被授予上將軍銜。李碩勳，又名李陶，1903年生於四川慶符縣，1924年5月由青年團轉為中共黨員，曾任中華民國學生聯合會會長兼交際部主任、國民黨上海市黨部祕書長，1926年10月中共武昌地委組織部部長，12月改任葉挺部第二十五師政治部主任，南昌暴動後任二十五師黨代表兼政治部主任，1931年在海口被瓊山縣憲兵隊槍斃，死後留下一個兒子，就是後來擔任總理的李鵬。

關於周士第離開部隊的原因有各種說法。有一種說法是逃跑，但這僅僅只是猜疑，並沒有充分的理由。雖然當時逃跑的人很多，甚至一個排、一個連地離開，有的人跑了不再回來，有的人跑了又回來，林彪就是離開部隊沒幾天後又回來的人之一，二千多人的部隊很快就剩下了千把人，但是作為師長的周士第逃跑的可能性幾乎沒有。周士第要麼不願意服從朱德自己拉了部隊走人，要麼就是不離開部隊。對周士第這樣一個有一定資歷和經驗的將領來說，留在部隊反而是比較安全的，自己單槍匹馬或帶幾個人離開，成為散兵遊勇，反而非常危險，危險不僅來自追擊的敵人，而且一些地方民團、土匪更是危險的對手，那時甚至普通的老百姓都可能為了剝衣服、奪槍枝而起殺心，這種道理周士第不可能不懂。

朱德當時對很多人逃跑並沒有採取嚴厲的措施，僅僅只是採取了勸說的方法，基本的態度還是來去自由，離開別帶武器，再回來也歡迎。經驗豐富的朱德非常清楚，不願意跟著自己的人更容易面臨死亡，但既然不願意跟隨自己，便是不信任自己，要走也就讓他們走。為什麼要這樣做呢？所有的原因僅僅在於，這支部隊不是自己一手帶出來的，而是葉挺的部隊。這支部隊是標準的黃埔系軍隊，加上張發奎「鐵軍」和「葉挺獨立團」的榮譽，軍官年齡都非常年輕，即使師長周士第也不過只是個才二十七歲的小夥子，很多人很驕橫，他們這

時候還不習慣稱朱德為「朱軍長」，而是當面稱四十一歲的朱德為「老夫子」，在他們眼睛裏，朱德的年紀已經是「老」了。朱德需要足夠的時間慢慢訓導、征服他們，他必須要有超人的耐心。

但是，朱德要徹底征服這幫年輕人有一個障礙必須解決，那就是解決掉隊伍中最容易自以為是的高級幹部。雖然這個時候朱德正是需要幫手的時候，但高級幹部即使願意聽從朱德也難以保證他們不會發生異議，一旦哪個人發生異議，將會很難應付，畢竟，朱德幾乎是作為一個光桿司令接受這支部隊的，而且與他們年齡差距又很大，彼此一時很難溝通。當時潮汕失敗後逃跑加入這支部隊的粟裕後來回憶，部隊經過一個叫石經嶺的地方時，有一些民團佔據了隘口，按理，解決這些民團只要派個年輕的低級軍官執行就可以了，但是，「老夫子」朱德卻親自帶了幾個人從後面爬上陡壁，清除了民團，粟裕說：「經過這次石經嶺隘口的戰鬥，我才發覺，朱德同志不僅是一位寬宏大度、慈祥和藹的長者，而且是一位英勇善戰、身先士卒的勇將。」可見朱德當時對征服這批年輕人是極其耐心和用心的。

朱德採用了一個冠冕堂皇的名義把高級幹部支離了部隊，那就是去找黨彙報。朱德更「黑」的是事後被支離的人都被其他官兵認為是逃跑，朱德卻並不予以說明，甚至連陳毅也被蒙在鼓裏，這樣，就更突出了朱德自己堅決革命的形象，以利於人們增加對朱德的信任。年輕的周士第、李碩勳並沒有朱德的老謀深算，在找黨彙報的名義下，他們只能服從，乖乖離開部隊。周士第被朱德派往了廣州、香港方向，李碩勳被朱德派往了上海方向。潮汕失敗後，一個叫陳子堅的人帶著一些人逃到了朱德這支部隊。陳子堅，原名陳興霖，1905年生，江蘇徐州銅山縣人，1925年加入中共，曾任國民黨南京市黨部常務委員兼組織部長、第四軍第十師三十團政治指導員，1927年1月任葉挺第二十四師政治部主任，南昌暴動南下時調朱德第九

軍，朱德任命他為經理部長（即後勤部長），暴動部隊分兵後他隨軍進到潮汕，任潮州行政委員長，實際就是為暴動部隊解決後勤問題。陳子堅雖然年僅二十二歲，卻有著高級幹部的職銜，他在朱德第九軍做經理部長其實並不完全受朱德節制，因為朱德作為先遣司令的任務之一就是為後續部隊徵集糧食等，陳子堅調朱德部只是代表總部負責這一工作。陳子堅作為原來的第二十四師政治部主任，現在實際上等於成了第二十五師的老領導，因為，第二十五師正是從第二十四師分解擴編的部隊，由周士第的第七十三團擴編而成。因此，朱德也毫不猶豫地把陳子堅支離了部隊，給了他五十塊銀元、一千元江西紙幣、五百元漢口紙幣，要他去南昌、武漢或上海找黨彙報。被朱德支離的人後來命運都很不順利，周士第一生背上了沉重的革命不堅定包袱，難以得到重用，他晚年寫的回憶錄裏儘量避開了朱德的名字，大概他是解放軍高級將領中對朱德內心最不滿的人了，只是這種不滿他並不敢說出來。

　　其實朱德當時完全沒有必要把部隊中的高級幹部派出去找黨彙報情況，因為，還在三河壩進行阻擊時，大埔縣的地方黨就有人在朱德身邊，朱德撤離前後還給了他們一些槍枝，讓他們自己就地組織武裝，朱德完全可以把向黨彙報的任務交給他們去逐級上遞。即使在部隊運動中暫時聯繫不上地方黨的人，問題也不大，一當跳出了包圍圈，完全可以有解決這問題的機會。畢竟，把人派出去，當人一離開部隊整體，是太危險了。顯然，朱德的目的是要支離他們，以便於自己對這支部隊進行整頓，完全控制部隊。

　　朱德當時到底支離了多少高級幹部，已經難以確知。有一點是確定的，也就是第二十五師師部的主要幹部已經沒有一個人留下來，按照當時離開部隊的第七十五團團長張啟圖隨後在12月22日給中共中央的《關於75團在南昌暴動中鬥爭經過報告》說法，是「師長、團長均皆逃走，各營、連長亦多離開」，其實，張啟圖並不知道，不是所有人都是逃走的，周士

第、李碩勳等人實際上是被朱德支走的。這樣，朱德就可以宣布，由擔任團政治指導員的陳毅做自己的助手，分管政治工作，協助自己領導部隊。這等於是朱德確立了當時在這支軍隊中毫無威信的陳毅的二把手地位。陳毅，1901年生，四川樂至縣人，1919年畢業於成都留法預備學校，同年赴法國勤工儉學，回國後於1922年加入共產主義青年團，1923年11月轉為中共黨員，1926年8月受李大釗、李石曾派遣到楊森部搞策動工作，不久由朱德介紹給中共重慶地委派往川軍田頌堯部胡翼旅任黨代表，年底作為劉伯承的助手參與瀘順暴動，失敗後由周恩來派到武漢中央軍事政治學校任政治部準尉文書，暗地擔任該校中共黨委書記，1927年8月參加南昌暴動晚到一步，趕上部隊後由周恩來派往周士第第二十五師任七十三團政治指導員。與朱德一樣，對第二十五師來說，陳毅也是一個外來人員。

朱德不露聲色地支離了部隊中的高級幹部，既是掃除了可能牽制自己的障礙，也是為陳毅清除了道路。因為朱德對陳毅的這次提拔，也就奠定了陳毅自後在中共和中共軍隊中的地位。朱德之所以提拔陳毅，而不是把陳毅也派去找黨，是因為在楊森部時，陳毅就是自己的助手和部下，朱德自然把他看做是自己在這支部隊中最可以信賴的人，要他做自己最忠實的幫手。

朱德式整頓

那麼，朱德採用鐵腕手段支離高級幹部，提拔陳毅，具體是為了達到什麼目的呢？如果朱德僅僅只需要達到控制這支部隊的目的，他並不需要把所有高級幹部都清掃掉，頂多只要弄走一個周士第就可以，這樣，有第二十五師老的高級幹部在，他可以更順利地控制這支部隊。朱德進一步的真正目的，是要對這支好不容易掌握到的部隊進行戰略、戰術和編制、人事的全面改造，把這支部隊從黃埔式、葉挺式改造成朱

德式。現在，沒有「黨」在身邊限制自己，可以徹底按照自己的意志做了，如果僅僅只要控制部隊，原有的高級幹部朱德在短期內完全有把握使他們達到忠誠自己，但如果對部隊進行全面改造，這些年紀輕、職銜高，以黃埔式、葉挺式風格為驕傲的人，必將與朱德發生異議，甚至發生衝突，而在跳出包圍圈逃亡的狀態下，朱德並沒有足夠的時間和精力去耐心說服他們。支離了這些高級幹部，又有忠實的陳毅協助，下面的中、低級軍官和士兵，對朱德進行改造來說，就不會發生大的障礙。所謂把部隊保存下來，在當時說穿了，就是朱德設法讓不離開部隊的千把條性命活下來，並讓他們從饑寒交迫、彈盡糧絕的狀態中解脫，只要做到這點，這些人自然就會徹底被自己征服。無論是陳毅還是其他軍官，都不會想像出誰有能力創造這個奇蹟，就像林彪走了又回來一樣，他們中大部分人僅僅是出於無奈才繼續留在隊伍當中，只能愁眉苦臉地跟著朱德這個深不可測的「老夫子」，一切聽天由命。實際上，對朱德來說，保證安全是件很容易的事情，他所率領部隊進行運動的方向，屬於滇軍系控制的防區，一進入他們的防區，雖然朱培德有消滅南昌暴動部隊的命令，但只要知道是朱德，至少底下的滇軍系將領不會過分為難朱德，對這點朱德有充分的信心，所以，他也就有膽量寫信派人送給楊如軒，向他直白要借他的寶地訓練部隊，雖然楊如軒沒有回信，但也只當不知道，更沒有圍剿朱德。

在完成部隊高級領導層的清理之後，朱德開始了他的朱德式整頓，這就是後來在中共官方黨史中稱為的「贛南三整」。

1927年10月底到達江西安遠縣天心圩時，部隊的士氣已經降低到了最低谷。但這時，部隊的安全問題也基本解決了。朱德開始實行了他的第一次整頓。朱德召集部隊，宣布：「要革命的跟我走。不革命的可以回家，不勉強。」強調了自願原則。結果，絕大多數人留了下來，最終剩下了八百

人左右。既然都是自願留下的,那就必須接受朱德的絕對約束,部隊的軍紀就完全恢復了起來。朱德馬上在部隊中建立起新的中共組織,並吸收一批新黨員,透過黨的組織把部隊牢固捏在了手裏。陳毅後來說:「這時候,朱德同志才成為這支部隊的領袖。朱德在南昌暴動的時候,地位並不重要,也沒有人聽他的話,大家只不過尊重他是個老同志罷了。」

在江西大余,朱德改編了部隊,名義為國民革命軍第五縱隊,朱德根據自己的字「玉階」,把「玉」字去掉一個點,按「階」音轉為「楷」,化名王楷,自任司令。任命團參謀長王爾琢為縱隊參謀長,陳毅為政治指導員。下轄七個步兵連、一個迫擊炮連、一個重機槍連,總兵力八百人。此外,準備對部隊進行全面整訓的朱德還設立了一個教導隊建制。

11月在江西上猶(上堡),朱德寫信要楊如軒「遲起眼皮」後,進行了軍事整訓。還在茂芝時,朱德就為部隊確定了游擊戰戰略,現在,他對部隊全面貫輸了他的「游擊戰爭」思想和戰術。他從戰略、戰術和實習三個方面對部隊進行了整訓。

一般來說,游擊戰只是一種戰術層面的軍事作戰類型,而且,只是一種配套於運動戰、陣地戰、城市攻防戰、戰線式攻防戰等的戰術,在世界軍事史上,是朱德第一次把游擊戰提高到了戰爭主體的戰略層面。在朱德一生中,他很少使用「游擊戰」這個辭彙,而是最多地使用「游擊戰爭」這個戰略性範疇。這是朱德對世界軍事思想的一個卓越貢獻。朱德這一軍事思想不僅改變了中國,而且,在二次大戰以後,透過「毛澤東軍事思想」也改變了世界,但由於朱德這個思想中包含有為了達到戰略目的,而不講究方式規範性和不吝嗇生命的因素,以及利用和製造社會衝突的因素,因此,只要多跨出一步,就會變得非常恐怖,在一定的歷史條件下,朱德的這一軍事思想很容易演變為導致人類災難的恐怖衝動。朱德曾評價自己的戰術「令人害怕」,現在,他把這種「令人害怕」的戰術正式提升為了「令人害怕」的軍事戰略。他深知這種軍事戰

略將會使中共得到什麼，因此，他便敢於在給楊如軒的信裏宣布：自己現在只要訓練一個團，就可以活捉蔣介石。也就是說，只要「打天下」，中共只要採用他的「游擊戰爭」戰略，將來中國的天下，就會是中共的。

朱德的這一軍事戰略思想後來很快就被毛澤東所接受，並由毛澤東進一步演化為了一種進行革命的政治、社會戰略，成為一種全方位的進行軍事革命的戰略思想。但是，如果僅僅只是一種軍事戰略思想，那麼，朱德就只是個軍事戰略思想家和軍事戰略家，而不是一個完整的軍事家。朱德與毛澤東不同的是，他不僅有豐富的實戰經驗，而且也是個優秀的戰術家和戰役家，他研究並形成有一整套與「游擊戰爭」戰略相配套的戰術、戰役思想和技術。正是在這一點上，他是一個比毛澤東更完整的軍事家，是一個真正卓越的軍事家，只是後來由於政治的原因，他的光芒被「毛澤東軍事思想」所強行掩蓋了。

經過整訓後，朱德讓部隊進行了實習。他把部隊分成小股，派到周邊鄉村中，讓他們邊打土匪邊發動老百姓，為農民幹活，分豪紳的糧食、錢財，同時也彌補自己部隊的補給。這是朱德第一次嘗試把戰鬥隊與工作隊結合起來，為後來紅軍透過鼓動社會鬥爭、營造社會基礎和發展部隊、解決補給奠定了基本的模式。

1927年12月暫時寄居范石生部駐紮韶關犁鋪頭時，朱德對手上這支黃埔風格和葉挺風格的部隊進行了徹底的朱德式戰術改造，完全征服了手下的年輕黃埔軍官。一天，朱德把教導隊隊長李奇中等人叫到自己房間，明確今後是打游擊戰，人少槍少，要以少勝多，必須執行新的戰術。李奇中，生於1906年，湖南資興人，黃埔一期畢業，1925年加入中共，曾任黃埔軍校第三、四期區副隊長，黨軍第一旅連政治指導員、第三團黨代表、國民革命軍第九軍第三師少校副營長，南昌暴動後任賀龍部第二十軍第三師第五團副團長，中共建國前是國民黨第十六綏靖區副司令。潮汕失敗後，李奇中逃到了朱德的部

隊。李奇中後來回憶，朱德當時要求教導隊按照他制定的全新的戰術對整個部隊進行訓練：「將舊的疏開隊形改為電光隊即梯次配備的疏開隊形，以減少密集隊伍在接敵運動中受到敵人火力殺傷的可能性；散兵隊形由一字散兵線改為弧形的和縱深配備的散兵群，以構成陣前縱深的和交叉的火網而在戰鬥上造成以少勝多的條件等等。在戰術上，他特別強調知己知彼的重要，要求指揮員重視對敵情的搜索和偵察工作，不摸清敵人的情況不動手。在戰鬥動作上，他反覆強調士兵除了要熟悉手中武器以外，一定還要做到不靠近敵人不開槍，打不中不開槍。記得在講述每一個問題時，他總是諄諄告誡我們：『一定要讓每個同志牢牢記住，我們人少槍少，不能和敵人硬拼，我們要瞅敵人的弱點。我們要注重避實就虛的游擊戰術』」。朱德首先給黃埔出身的李奇中等教導隊的軍官們講解，一堂堂課進行口授並親自編寫教材。朱德這些他們聞所未聞的全新戰術很快征服了他們，「我們聚精會神地聽著，被這些新鮮的內容深深地吸引住了。這些東西，我們在舊的操典中，甚至在黃埔軍校學習時都沒有學到過。就以電光形（梯次）配備的疏開隊形來說，它的優越性是非常明顯的，這在以後的多次戰鬥中得到了驗證」。他們沒有想到「老夫子」肚子裏竟然有這麼多的東西，朱德告訴他們：「我在江西軍官教育團那麼久，關於軍事教育我卻沒有參加半句話」，原因是「要知道，教會了他們，他們是要用來打我們的！」顯然，朱德非常自信自己的戰術是當時中國最先進的。

把兄弟、第十六軍軍長范石生

在贛南完成整訓後，朱德這支八百人部隊已經一掃頹敗之氣，徹底振作起來，成為了完全新型的朱德式軍隊。中共建國後，1955年定軍銜，除了朱德以外，在這八百人中就有元帥二人（林彪、陳毅）、大將一人（粟裕）、上將一人（楊至

誠），作為一支戰鬥部隊，而不是一所軍事院校，這幾乎是世界軍史上的一個奇蹟。其中特別是林彪和粟裕，後來毫無疑問是中共軍隊中最有軍事素養和靈氣的統帥級人物。雖然與這些人後來自己的努力分不開，但毫無疑問地與朱德的訓導有著深刻的關係。

現在，這支部隊所缺的只是彈藥、裝備和軍餉了。朱德在上猶（上堡）整訓時把部隊分散到四鄉實習，重要的目的之一也是為了解決一部分補給。但這顯然不能從根本上擺脫彈藥、裝備和軍餉的困境，必須要尋求一個根本的解決辦法。可以透過打一場有點規模的勝仗來補充，但這時候朱德不會願意這麼做，剛完成整訓的部隊現在是個寶貝，任何可能導致損失的事情都不能做。從楊如軒在南昌暴動後主動放棄臨川和現在對朱德佔據他的防區保持沉默來看，透過楊如軒解決一些補給是完全可能的，但是，有一個比楊如軒更可靠也更具有實力提供足夠補給的對象，他就是國民革命軍第十六軍軍長范石生。

范石生，1887年出生於書香之家，雲南河西縣人，他是個天分很高但又高傲的人，1903年十六歲時考中秀才，後來就讀於雲南省立優級師範學堂，並參加同盟會，畢業後任寧洱縣高等小學校長。在青年時代，范石生就已經精通中醫。1909年，范石生來到昆明，找到正在籌辦雲南講武堂的世交李鴻祥，表示投筆從戎的志向，李鴻祥將范石生介紹給三十七協協統蔡鍔，蔡鍔一眼相中，讓他擔任了自己的貼身文書。與朱德同時從講武堂畢業後，范石生到第十九鎮炮兵標三營謝汝翼手下任排長，1911年重九起義時，范石生與楊蓁被蔡鍔選為自己的貼身侍衛和副官。辛亥後由於范石生的引路人李鴻祥與唐繼堯的矛盾越來越加深，范石生的官階升得比較慢，但范石生治軍嚴厲已經在滇軍中廣有影響。1916年護國戰爭期間，因功提升為炮兵團團長，後任滇軍顧品珍部師參謀長，但很快因為顧品珍不採納他意見而貶視頂頭上司顧品珍「孺子不可教也」，辭職回昆明種田，惹得顧品珍大怒。

1921年1月，范石生為策應顧品珍倒唐，突然隻身回到昭通自己老部隊，趕走團長周懷植，自命為滇軍後備軍司令。唐繼堯派胡若愚討伐，結果胡若愚懾於范石生軍威，不戰而退，乾脆跑到貴州去了。趕走唐繼堯後，心胸狹隘的滇軍總司令顧品珍不滿范石生自稱司令，只委任他為第十六團團長，造成後來唐繼堯反攻昆明時傲氣的范石生不聽顧品珍調遣的後果。1922年底顧品珍餘部接受孫中山命令，在滇軍北伐軍總司令楊希閔率領下東進廣東，與部分桂軍和粵軍擊敗陳炯明，佔領廣州，迎回孫中山，范石生由旅長升任滇軍直轄第三師師長。1923年范石生作為主力擊敗進攻廣州的桂軍司令沈鴻英，升任滇軍第二軍軍長。同年底，陳炯明反攻廣州，一直攻佔到石龍車站，廣州危在旦夕，范石生高呼「廣州存亡，在此一舉」，身先士卒擊敗陳炯明，戰後孫中山少有隆重地親授范石生上將銜，贈一柄大軍刀、一副繡金梅花邊上將禮服和「功在國家」條幅，並稱「軍中有一范，頑敵心膽戰矣。」1925年孫中山逝世後，陳炯明與唐繼堯聯手，陳炯明進攻廣州，唐繼堯自命為副大元帥進攻廣西，范石生組織「定滇軍」援助廣西，準備打回雲南，結果兵敗廣西。

　　在孫中山逝世前，范石生與蔣介石結下了幾乎眾所周知的樑子，從而影響到了後來的中共歷史。1923年擊敗桂軍司令沈鴻英後，孫中山組織對陳炯明的東征，由滇軍第二軍軍長范石生主持軍事會議。當時任粵軍許崇智部參謀長的蔣介石要求發言，傲慢的范石生問：「你叫什麼名字！」蔣介石回答後，范石生又問他：「你要說什麼？」撈到說話機會的蔣介石開始闡述自己對作戰的看法。范石生才聽幾句就噓了一聲打斷他：「算了吧！你說得輕巧，拾根燈草。」意思是蔣介石不懂實戰，只會紙上談兵，使得被孫中山看作為軍事奇才的蔣介石十分尷尬，非常沒有面子。

　　1923年底擊敗陳炯明對廣州的進攻後，孫中山對范石生少有隆重地進行嘉獎，其實有一層賠罪的意思在裏面，而這又

跟蔣介石有著直接的關係。當范石生在石龍車站擊敗陳炯明後，指揮部隊一鼓作氣，乘勝追擊，突然孫中山大本營命令退兵，使范石生失去了追殲陳炯明的戰機，憤怒的范石生立即從前線回到大本營，質問孫中山：「我軍將擒陳逆，而大元帥突下令召回，是誰下的令？是誰擬的電稿？」孫中山很尷尬，身邊的蔣介石只好挺身而出承認是他擬的命令，范石生當著孫中山的面把蔣介石重重訓斥了一頓。據說范石生當時還抽了蔣介石耳光，最後被孫中山勸住了。實際上，還只是許崇智部參謀長的蔣介石不會有權力下退兵命令，這個命令自然是孫中山下的，蔣介石不過也就是擬定命令文字而已，等范石生回來一發火，孫中山也就知道自己下錯了命令，因此，孫中山也就不得不用特別隆重的嘉獎方式表示賠罪。但孫中山的這一特別嘉獎，也使范石生的名聲更加大振，一方面使非常講義氣的范石生更加忠誠孫中山，另一方面也更加刺激了他的驕狂。

在黃埔軍校黨軍還沒有形成氣候之前，駐守廣州市區的范石生部是廣州地區紀律最好也最能作戰的部隊，作為黃埔軍校校長的蔣介石必須在這位孫中山親授上將面前低頭三分。蔣介石因事不得不去拜見范石生時，看不起蔣介石的范石生總是要讓蔣介石在門口等上半天才接見。范石生甚至嘲笑蔣介石，勸他不要辦什麼學校了，自己只要派一個營就可以把黃埔軍校給端掉。對所有這些，心氣也很高傲的蔣介石卻並沒有表示什麼不滿。

開始北伐時，蔣介石已經手握大權，但蔣介石畢竟是個具有領袖氣的人物，至少在表面上對范石生並沒有任何不敬重的言行，然而范石生卻感覺自己前途渺茫起來，他認為善於搞小動作的蔣介石早晚不會給自己好果子吃，從而萌生了退出軍界的想法。1926年范石生所部滇軍第二軍被蔣介石改編為國民革命軍第十六軍，作為北伐軍總預備隊駐防韶關一帶，范石生認為自己沒有被重用，是蔣介石在排擠自己。其實，這並沒有足夠理由怪蔣介石，雖然范石生是位很能打的聲望卓著的將

領，他的滇軍第二軍也是滇軍系中最有戰鬥力的，但范石生「定滇軍」畢竟是新敗，需要休整，作為預備隊還是合適的。

自從「定滇軍」失敗，范石生就一直處於非常頹喪的狀態。對范石生這樣一位大將之才來說，一場敗仗並不至於這樣，真正的原因在於楊蓁之死。范石生最好的把兄弟並不是朱德，而是楊蓁。楊蓁與范石生在雲南重九起義時，同是被蔡鍔看中特別選了當自己貼身侍衛和副官，辛亥革命後，他們同在一個團，逐步提升為團長和副團長，那時范石生是楊蓁的副手。他們的團駐守昆明，兵員達兩千多人，裝備是滇軍中最精良的。「定滇軍」時，楊蓁為參謀長，是范石生的副手。楊蓁與范石生一樣，治軍都很嚴格，而且脾氣非常暴躁，使下屬對他有很大仇恨，一次因為楊蓁不滿意挖的戰壕，當場嚴厲懲罰了一個團長和幾名軍官，結果，這些人組織十幾個人，突然衝進范石生的房間，當著范石生的面把楊蓁拉到門口殺了。當時范石生為了怕引起軍隊混亂，沒有具體追究，但糟糕的是「定滇軍」失敗回廣東後，即使楊蓁妻子跪在他面前請求，范石生還是沒有採取追究兇手的行動。其中的謎恐怕永遠難以解開，但楊蓁之死至少在表面上看，對范石生的打擊是很大的，他不僅歎息說楊蓁不死，「定滇軍」不會失敗，更是在軍中設了楊蓁的靈堂，燒香不斷，時常對著楊蓁遺像哭泣。自從楊蓁死後，范石生也不再像那個驅車到大本營責備孫中山、訓斥蔣介石的范石生了，而成了一個看破紅塵、沒有多少進取心的范石生。後來，楊蓁之死也終於導致范石生的死亡，抗日戰爭時，范石生已經是一個早已退出軍界行醫的平民，楊蓁兩個已經成年的兒子認為當年是范石生害死了自己父親，在路上復仇槍殺了出診的范石生，震驚了中國。

正是「蔣范矛盾」眾所周知時，中共乘機大量插進了范石生部。周恩來指令黃埔軍校政治部教官、1922年就加入中共的王懋庭（又名王正麟、王德三），把一批以雲南籍為主的中共黨員安插進了范石生第十六軍，其中有趙貫一（趙薪

傳）、王振甲（王西平）、韋濟光、夏崇先、馬季唐、饒繼昌、李靜安、向鎮弼、余少傑等，組建了第十六軍政治部，建立了中共組織。1927年國民黨開始全面清共後，中共曾試圖利用范石生與蔣介石的矛盾，鼓動范石生向中共轉化或暴動，范石生表示自己追隨孫中山多年，是三民主義的忠實信徒，但他也不會像蔣介石那樣反共。按照這一立場，范石生第十六軍成了當時國民革命軍中唯一的一個既沒有進行清共、「禮送」共產黨，也沒有反對蔣介石、投向中共的一個軍。

南昌暴動前，朱德曾寫信給范石生，希望范石生能響應暴動，但這又是忠誠於孫中山三民主義的范石生所不願意的，因此范石生也沒有表態。但是，老謀深算的朱德把范石生埋藏為了自己的一步絕妙棋子。現在，已經整訓好八百人部隊的朱德可以使用這棋子了。朱德給范石生寫信求助，范石生馬上回信一口應承，回信告訴朱德：朱德「今雖暫處逆境之中，然中原逐鹿，各方崛起，鹿死誰手，仍未可知。來信所論諸點，愚意可行，弟當勉力為助。兄若再起東山，則來日前途不可量矣！」朱德的「來信所論諸點」，實際就是：朱德所部暫時寄居范石生軍，寄居期間保持獨立，隨時可以離開，范石生則按團編制馬上提供軍餉、裝備和彈藥。這純粹是單方面的求助，對范石生沒有任何利益可圖，因此是范石生對朱德的徹底幫助。

朱德把部隊一拉到范石生那裏，馬上得到了充足的補給，看上去像叫花子一樣的部隊立時換了個樣，不僅得到了一萬元左右的軍餉，前後配給了十五、六萬發子彈，而且被服也煥然一新了。這支部隊中的人直到抗日戰爭時，還「以很大激情回憶當時的情景，發東西、領東西，喜笑奔走，熱鬧得很。每人得到一套草綠色的新棉衣，外帶一件絨線衣，還有水壺、綁腿、乾糧袋，連子彈袋都換了新的，最令人振奮的是得到了十幾萬發彈藥的補充，子彈拼命背，每人身上背了足足二百發，這沉甸甸的彈藥壓住肩頭，人們心中真的樂開了花」。大家已經是徹底服了自己的「王司令」。

蔣介石確實非常晦氣，本不是由自己主要引起的跟范石生的矛盾，竟然為中共造就了一支將來致自己於死命的軍隊。雖然這支軍隊僅僅只有八百人，但由於是中共僅有的一支正規部隊，並且有了朱德這樣一個軍事藝術實際已經處於中國最高水準的統帥，加上毛澤東後來的全方位的戰略、權謀和蘇聯的國際制約，隨著時勢的變遷，這支軍隊已經成為了蔣介石最終失敗命運的起點。對朱德來說，這時依靠把兄弟范石生的幫助，已經把這八百人部隊武裝成為了一支真正的鐵軍，並依靠這支部隊對自己的忠誠，實際奠定了在中共的絕對軍事領袖地位。

范石生給了朱德這支部隊第十六軍第七十四師第一四〇團的番號，任命「王楷」為團長，並為第十六軍總參議，經常與朱德進行會面。第一四〇團參謀長為王爾琢，政治指導員為陳毅，下轄周子昆第一營，袁崇全第二營，何某第三營。朱德則在對部隊進行整訓時，進一步讓部隊進行了「實習」，把部隊分散到四處打土豪，鼓動革命。范石生對這一切不聞不問。但是第一四〇團的怪異行動很快就引起了一些人注意，不少人知道了「王楷」就是范石生的把兄弟朱德。被朱德革命了的鄉紳獲得確切情報後立即報告到了蔣介石那裏。1918年初，蔣介石電令范石生立即解除第一四〇團武裝並逮捕朱德，同時派方鼎英暫編第十三軍南下粵北協助。范石生既然幫助了朱德，自然不會聽從蔣介石這個命令，他馬上寫了封信並送一萬元大洋軍費給朱德，通知他立即帶部隊離開。他在信中說：「最後的勝利是你們的，現在我是愛莫能助。」其實，他已經是最大可能地援助了朱德和中共。

智取宜章和戰史奇蹟坪石之戰

在范石生部時，朱德已經與第十六軍中的中共組織接上了頭，並跟中共地方黨組織建立了聯繫，但是，朱德與他們處

於互不領導的關係狀態。當朱德接到范石生通知離開時，范石生部的中共組織由吳登雲、魏一吾（魏嘉谷）等人帶了三百多名官兵跟著朱德部隊一道走了，從而使朱德的部隊增加到了一千二百多人。朱德把屬於范石生的人馬帶走顯然很不義氣，惹惱了范石生手下的一些人，一些人主張追擊，但范石生沒有理睬，甚至連放空槍表示一下的意見也沒有接受。

正好中共廣州暴動失敗，朱德試圖去接應潰散的中共分子，接近滇水時，發現方鼎英暫編第十三軍正沿滇水運動，朱德並不實行穿插，而是折道而走，去他去年10月在茂芝時就確定的湘南，他要到那裏實現自己久已醞釀的計劃，大幹一場。

在離開范石生前，朱德網羅到了一個年輕而成熟的得力助手龔楚。龔楚，字福昌，又名龔鶴村，1901年生，廣東樂昌縣人，1917年到粵軍第二旅當兵，升任班長、旅部副官等職務，曾受訓於李根源主持的滇軍講武堂韶關分校，1920年冬病癒重返原部隊，擔任過排長、連長等職，後又脫離部隊回家。1923年春，龔楚任國民革命軍程潛攻鄂軍少校參謀，失敗後退回廣東北江，到廣州通訊處工作，1924年參加中共青年團組織，次年轉為中共黨員，並於當年以國民黨中央農民部特派員身份回家鄉樂昌從事農民運動，1925年接任共青團樂昌特支書記，並指揮樂昌農民自衛軍，1927年任中共樂昌支部書記。1927年5月任「北江工農討逆軍」總指揮，率領一千多人前往武漢參加討蔣，抵達湘南耒陽改編為國民革命軍陳嘉佑第十三軍的補充團，龔楚任團長。7月中旬，龔楚把他的團拉到江西，參加了南昌暴動，暴動後所部編入賀龍第二十軍第三師第六團第三營，龔楚任營政治指導員，暴動失敗後潛回家鄉樂昌。由於朱德已經預謀進行湘南暴動，因此就與中共北江特委建立了聯繫，知道了龔楚在樂昌，就通知龔楚趕到朱德一四〇團，朱德讓范石生給龔楚發了一四〇團副團長的委任狀。還在南昌暴動後的壬田遭遇戰時，龔楚所在營臨時受朱德指揮，龔

楚就已經看出朱德是個非常優秀的軍事指揮官，因此，能擔任朱德的副手龔楚非常高興。

透過龔楚，朱德又網羅到了兩個人才胡少海和陳東日。胡少海，又名胡振弼、胡占鰲、胡鰲，因字紹海而化名胡少海，1998年生於宜章栗源團胡家村富紳家庭，排行第五，因此被當地稱為「五少爺」。1921年，胡少海從樂昌中學綴學，到反對陳炯明的李國柱討賊軍第八路軍當兵，之後在李國柱手下因功升為連長、營長，1924年到程潛攻鄂軍韶關講武學校學習，1925年10月參加國民革命軍第二次東征後加入黃埔中國青年軍人聯合會，年底畢業，任攻鄂軍團長，1926年攻鄂軍改編為國民革命軍第六軍參加北伐。1927年寧漢分流進行清共時，還不是中共分子的胡少海遭到懷疑，便拉了隊伍脫離第六軍，做起了活動在湘粵邊界的「好漢」，龔楚回鄉後躲在龔楚家裏，參加湘南暴動後加入了中共。經龔楚介紹認識朱德後，胡少海立即服從了朱德的指揮。

陳東日，原名陳原祥，1903年生，湖南宜章縣人，1925年畢業於長沙大同師範學校，讀書期間加入社會主義青年團，畢業後考入國民革命軍譚延闓第二軍的軍官學校，就讀時轉為中共黨員。1926年結業後任第二軍教導師團政治指導員，後任陳嘉佑第十三軍副團長，與龔楚熟識。1927年馬日事變後，陳東日離開軍隊去武漢，在周恩來的中共中央軍事部工作，7月被周恩來作為特派員派遣到廣東汝城任中共前委員，接著又任中共軍事委員會委員，將廣東農軍與汝城地方武裝組成為湖南工農軍第二師，自任師長，但很快就被消滅，跑到南下的南昌暴動部隊裏，潮汕失敗後於冬天潛回宜章縣，任堡城小學校長。

由於龔楚熟悉道路，朱德讓龔楚把部隊一路領到了廣東乳源縣一個有三百多戶人家的叫楊家寨子的村鎮。從這裏再翻過一座山，就屬於湖南，進入了湘南門戶宜章縣。

在朱德率部來到之前，中共湘南特委也有了進行湘南暴動的計劃，這樣，彼此就有了共同主張，但軍事行動由朱德負責，不受湘南特委節制，湘南特委負配合的責任。朱德決定佔領宜章縣城，從這裏開始啟動大規模的湘南暴動。這是經過整訓後的第一次真正意義的軍事行動，朱德像個教師爺一樣，召集主要軍官，讓他們談怎麼佔領宜章縣城。宜章縣城只有五百人的民團，但宜章城由石頭壘成，易守難攻。軍官們有的主張強攻，有的主張把民團引出來消滅，有的主張派一部分人化裝進城裏應外合。朱德一一點評和分析後，決定智取宜章，以避免發生戰鬥而遭受損失。朱德這種教師爺風格的軍事決策方式，以後貫穿在了他在中共的整個戰爭時期，不僅有利於他吸取大家的長處，而且更是他在戰爭中有意啟發式地培訓一批中共高級軍事人才的一個基本方式，但他的這種方式很容易被史學家忽視，忘記朱德在軍事決策過程的定鼎作用。

朱德之所以決定智取宜章，是因為他有了胡少海，可以充分利用胡少海的特殊作用。根據陳東日提供的情報，宜章縣還不知道胡少海早就脫離國民革命軍，更不知道朱德一四〇團是一支被圍剿的中共部隊。朱德先派人送了份一四〇團的公函到宜章縣，通知縣長楊孝斌，一四〇團奉十六軍軍長范石生的命令駐防宜章縣，保護鄉里，並派副團長「五少爺」胡少海先遣接防宜章城。1928年1月21日，縣長楊孝斌帶領許多人到城外迎接榮歸故里的「五少爺」，胡少海一進城就取代民團接防了宜章城。

第二天是農曆除夕，中午，朱德率領一四〇團人馬進入宜章城。縣長楊孝斌和縣議長、警察局長、民團首腦、商會會長等在晚上擺好宴席，為一四〇團長官接風洗塵。龔楚、胡少海和營長袁崇全帶了十四個士兵赴宴，聽到外面槍聲後立即把縣長楊孝斌等人都扣住。朱德則親自帶兵解決了民團。智取宜章俘虜警察和民團三百多人，繳獲三百五十枝步槍、七枝駁殼手槍，而朱德沒有傷亡一個人。這次暴動由於是在過

年時節，因此又稱為「年關暴動」。1月23日大年初一上午八時，在宜章縣立中學廣州上，朱德宣布成立「工農革命軍第一師」，實際的真正有戰鬥力部隊仍然只是一個團。但既然是「師」，就相應進行了形式上的擴軍，調整了編制。工農革命軍第一師師長為朱德，黨代表陳毅，參謀長王爾琢，政治部主任蔡協民，其他不變，實際上只是建立了一個師部空架子。朱德另外組建了一個由胡少海任團長的宜章農軍獨立團，龔楚任黨代表。

雖然宜章是個對外信息不暢通的地方，但這是就人們平時正常的生活秩序來說的，一旦革命了，人們正常的生活秩序被破壞，信息也就跟著飛快逃跑的人的腿而傳遞了。國民政府軍事委員會參謀總長、廣東第八路軍總指揮李濟深很快就得到了消息，命令在湖南的國民革命軍獨立第三師許克祥進剿朱德。許克祥帶了六個團立即向宜章直逼過來。朱德實際兵力是一個團，再加以胡少海數量不多的農軍，許克祥並不是草包，而是個一路拼打出來的將領，還是團長時就已經領有將軍軍銜，應該有絕對把握，因此，李濟深沒有派出第二支軍隊與許克祥協同。許克祥，1890年生，湖南湘鄉人，湖南講武堂畢業，辛亥革命時是同盟會員，歷任湘軍營長、團長、袁祖銘部獨立旅旅長，1927年任國民革命軍何健第三十五軍第三十三團團長，因1927年5月21日在長沙發動反對中共和工農運動的事變而聞名中國，由於這天中文電報韻目是以「馬」字代表，所以稱「馬日事變」。

許克祥率六個團直趨宜章，朱德主動撤出宜章城，變城鎮保衛戰為野戰。但是，朱德更高明之處在於，即使是野戰，他也沒有構建陣地，而是將軍隊隱蔽起來，靜觀對手，耐心尋找對手破綻予以一擊——這是直至國共內戰時期中共軍隊最重要的戰役特色之一。許克祥將兩個團駐守坪石，另兩個團一線擺開，然後親率兩個主力團突出岩泉圩，形成一字長蛇陣，尋找朱德決戰，但卻什麼都沒有找到。

1928年1月30日，朱德認為已經消耗了許克祥銳氣，發布準備進攻的命令。第二天早晨，自信的朱德親率二十八團向岩泉圩許克祥二個主力團進發。一個當地人跑到許克祥那裏報告，說朱德正在開過來，只有五華里路程，許克祥不相信，反而把他訓了一頓。朱德一接近許克祥部，即衝鋒直擊許克祥。許克祥沒有想到劣勢兵力的朱德會如此大膽，兩個團頓時亂作一團。朱德教練出的新戰術在戰鬥中頓顯優勢，加以士氣高昂，一下就擊垮了許克祥兩個主力團，許克祥落荒而逃。朱德一鼓作氣，率軍向坪石快速追擊。許克祥一字長蛇陣馬上暴露出致命缺陷，後軍在潰退的前軍衝擊下亂成一團，本是天險的坪石峽谷反而成了災難之地，擁擠在狹窄的通道內人馬相互踐踏。最後，許克祥只帶七、八個人渡過樂昌河保住性命。

這一仗，朱德用一個團一鼓作氣殲滅了聲名赫赫的許克祥六個團，俘虜一千多人，繳獲步槍二千多枝，還有重機槍、迫擊炮、山炮和幾十擔銀元，而自己則幾乎沒有什麼損失。1962年朱德回顧紅軍史時說：是「許克祥幫助我們起了家」。

坪石之戰是戰史奇蹟，堪稱經典。如果說三河壩阻擊戰是朱德初步顯露自己軍事藝術特點的話，那麼，坪石戰役則使朱德可以淋漓盡致地發揮了。一來這是朱德獨立指揮，可以全面貫徹自己的戰役、戰術思想；二來是朱德訓練的新戰術的第一次運用，使對此毫無瞭解的對手一下子就處於了劣勢當中。這一仗對中國軍史來說，是宣布了一種全新的戰役藝術和戰術技術登上了歷史舞台，這種軍事藝術的名稱毫無疑義地只能稱為「朱德式」。

除了戰術技術以外，坪石之戰包涵了朱德作戰藝術的一些基本特徵：一，軍事緊緊圍繞政治，利用許克祥是大家眼睛裏的「馬日事變」元兇，鼓動官兵的士氣。二，正規軍主力與農軍和地方黨組織緊密結合。許克祥勢頭正旺時，卻找不到朱德主力決戰，這跟他不能從地方上得到確切情報有密切

關係。不僅如此，許克祥還要受到農軍的騷擾，士氣漸衰。三，戰役目標緊緊圍繞戰略目標。朱德的目標並不是取得宜章，而是湘南暴動，因此，對許克祥既是擊潰戰，更是殲滅戰，既要為大規模的暴動根除眼前軍事威脅，又借此繳獲大量武器彈藥。四，運動戰與游擊戰緊密結合。五，勇敢加技術。這是朱德始終強調的軍事思想，坪石大捷第一次實施新的戰術，一開戰就勇追猛打，不給對方任何喘息機會，充分體現了勇敢加技術的軍事思想。六，迅速、祕密、堅決。這是朱德始終堅持的軍事原則，抗戰時期他甚至明確這是決定抗日游擊戰勝負的基本原則，坪石之戰朱德把主力隱蔽起來，實施攻擊時則非常迅速、堅決，經典體現了朱德的這種軍事原則。七，追術。朱德從自己豐富的實戰經驗當中得出了一種「追術」，就是當對方處於崩潰狀態時，不要管任何情況，只要拼命追就可以造成對方遠比接戰過程所遭受損失還大的損失。在紅軍時期，親自催促已經跑不動的官兵「追」是朱德在戰場上最經常叫喊的聲音，坪石之戰許克祥的主要損失實際就是被朱德追出來的。八，以戰練戰。大膽使用沒有經驗的農軍，不怕犧牲，在戰鬥中積累他們的戰鬥經驗。九，以戰養戰，變敵人為自己的補充。這種補充不僅在裝備、經費方面，而且也在兵源方面。坪石大捷後，朱德隨即動員俘虜參加工農革命軍。所有這些特點，後來都成為了中共軍隊的基本特點。

九　捲進湘南大燒殺

席捲湘南

　　坪石之戰就戰果來說，是個戰役史上少有的奇蹟。這個奇蹟不僅使朱德在軍內的威望達到了空前，而且也使他的名字廣泛流傳開來。工農革命軍第一師成為了一支讓周邊武裝望風而逃的軍隊。策動整個湘南地區的暴動時機完全成熟了。

　　朱德把胡少海任團長的宜章農軍獨立團立即改編為工農革命軍第三師，由胡少海任師長，陳東日任副師長，龔楚任黨代表。胡少海第三師名義上雖然與朱德第一師平級，但實際仍然受朱德節制。朱德命胡少海駐守宜章，自己親自帶第一師向處於湘南核心的郴州進發。

　　1928年2月4日，朱德在大埔橋拒絕了一些人進行攻擊的建議，只是用喊話、包圍、脅迫的方式消滅了兩個以學生兵為基本的營，最大可能地保存下這些學生兵的生命，並動員了一部分人參加工農革命軍，最重要是得到了一批優良的武器和很多彈藥。當晚，郴州城裏的五個連馬上逃走，朱德順利開進了郴州。

　　第二天，朱德將郴州的農民自衛隊和工人糾察隊組建為工農革命軍第七師，師長由在雲南講武堂時就認識的鄧允庭擔任，蔡協民任黨代表。鄧允庭，1879年生，湖南郴州人，是1897年的老同盟會員，曾入雲南講武堂學習，辛亥革命後從粵軍團參謀長的位置上退出軍職返鄉，在九峰山區遇到土匪搏鬥，因武藝高強被邀請入夥，給土匪冠了個「民國獨立師」的名號，寨主死後繼任寨主，嘯聚五千土匪，自命為民國獨立師

司令，1921年隊伍被北洋政府誘下山強行解散回鄉，1927年底加入中共。蔡協民從三河壩阻擊戰就開始跟隨朱德，1901年生，湖南華容人，1924年就讀長沙湘江中學農村師範部，並加入社會主義青年團，次年轉為中共黨員，1925年10月入第五屆廣東農民運動講習所三個月，結業後任國民黨湖南省黨部南（縣）、華（容）、安（鄉），沅（江）四縣農民運動特派員，擔任中共華容縣支部書記並兼國民黨華容縣黨部農民部部長，1927年2月調中共常德地方委員會，不久到國民革命軍第二方面軍司令部工作，南昌暴動時任第十一軍二十五師連政治指導員，朱德暫居范石生部時被提拔為一四〇團政治處主任，宜章暴動後任工農革命軍第一師政治部主任。

留下陳毅留守郴州後，2月15日，朱德親率部隊到達耒陽城外。2月16日，朱德使用混進城裏的農軍裏應外合，輕易佔領了耒陽城。2月19日，在耒陽建立了縣蘇維埃政府。隨即，朱德在耒陽組建了工農革命軍第四師，由鄺鄘任師長，鄧宗海任黨代表。鄺鄘，1897年生，耒陽人，1922年考入北京大學，1923年加入中共，1924年考入黃埔軍校二期，1926年任國民革命軍政治部宣傳科科長，後調葉挺二十四師任營長，隨部參加了南昌暴動。鄧宗海，1902年生，耒陽人，1922年考入省立第三中學，1925年加入中共，1927年9月組織建立中共耒陽縣委員會並任書記。

朱德一路北上佔領湘南要地郴州、耒陽，對整個湘南地區形成了巨大的衝擊波，周圍各縣原有農民武裝、中共組織和因為清共逃回來潛伏的中共分子紛紛行動了起來，互相聯絡、糾集，聚合力量，蠢蠢欲動，或者派人與朱德聯繫，請求派兵支持，進行暴動。在永興，朱德派了一個連支持當地農軍，攻佔了幾乎是空城的永興縣城，隨即在永興成立了永興紅色警衛團，尹子韶任團長，黃克誠任黨代表兼參謀長。尹子韶，1896年生，永興人，原係中學輟學回家教書的鄉村教師，1926年任永興縣農民自衛軍大隊長，同年冬加入中共，

湘南暴動時正潛伏在永興縣。黃克誠，1902年生，也是永興人，1922年考入湖南衡陽省立第三師範學校，1925年10月參加中共，隨即赴廣州國民黨中央政治講習班學習，1926年6月到北伐軍總政治部接受軍隊政治工作訓練，隨後到北伐軍做宣傳工作，1927年10月潛伏回永興縣。永興紅色警衛團成立後，尹子韶率部幫助資興縣進行了暴動，佔領了縣城。

　　除了宜章、郴州、耒陽、永興、資興外，湘南地區還有桂東、汝城、茶陵、安仁、酃縣參加了暴動，其中，朱德親自率軍進攻和佔領的有宜章、郴州、耒陽、安仁四縣。另外，常寧縣水口山鉛鋅礦的工人也舉行了暴動，成立了一支游擊隊，隨後由朱德改編為工農革命軍第一師獨立第三團，由宋喬生任團長，謝漢文任黨代表。宋喬生，1891年生，湖南湘潭人，1909年赴常寧水口山鉛鋅礦當吊車工，1923年加入中共，1926年被選為中共水口山特別支部委員，1927年8月任中共水口山特別區委書記。謝漢文是朱德第一師的一名幹部，由朱德專門派到水口山向當地中共組織指示舉行暴動。

　　雖然中共地方黨組織為了響應瞿秋白到處暴動的指示而制訂了以汝城為中心的湘南暴動計劃，但這個計劃並沒有得到實施，湘南暴動的進行完全是由朱德早就預謀並按照自己的計劃實施的。那麼，朱德為什麼會預謀並選擇湘南進行大規模暴動呢？因為，朱德認為，湘南非常容易招兵，不需要有太多的許諾，湘南這個地方就會有大量的人願意當兵。這樣，只要到了湘南，朱德就可以迅速把一個團擴大為一支龐大的軍隊。對朱德這樣曾經控制過瀘州要地的軍閥來說，並不需要什麼研究馬列主義，去發明什麼與中國實際相結合的所謂「毛澤東思想」，才能知道建立根據地的問題。要革命，自然就是要從占地盤開始，也就是要透過建立根據地實現「解放」整個中國的目標，而不是像周恩來那樣愚蠢地去佔領海岸、港口，乞求蘇聯援助。所可以建立根據地的地方，第一就是要能具備容易生存的條件，而這方面湘南是個非常好的地方。湘南地區北是富

饒的平原，但南部層巒疊嶂，東、西兩側也都是群山，既可以解決補給，又非常適合游擊。同時，這裏又是廣東進入華中地區的要道。雖然戰略地位很重要，但是，按照朱德在茂芝時說的，這裏也是個三不管的地方，處於粵系、湘系、桂系以及江西滇系的中間，便於利用「軍閥」之間的矛盾。

不能認為朱德在湘南暴動中打出「工農革命軍」的旗幟，就認為他從一開始就這樣想的。朱德明確打出這旗幟不過是貫徹了瞿秋白意志後的中共的要求，「工農革命軍第一師」的番號不是朱德自說自話想出來的，而是廣東地方黨在湘南暴動發動前給朱德的。朱德最初的想法，應該跟南昌暴動一樣，是仍然使用國民革命軍的名義。如果使用這個名義，就使朱德在進行湘南暴動後更利於鞏固根據地，因為，湘南連接和重合於范石生的防區，這樣，朱德就沒有了南面的直接威脅，東面江西則是滇軍系的勢力，壓力也很小。朱德只要是「國民革命軍」，名義上就只是反蔣介石，朱德在湘南將是大有可為，南可以進廣東，北可以占長沙、進逼武漢，只要贏取一兩個大的戰役，很可能一呼而百應，促動那些不滿於蔣介石的勢力群起而回應。即使朱德打出明確的中共的「工農革命軍」旗幟，問題也不大，在這樣的環境中，也仍然有足夠的餘地進行周旋。

朱德不可能不想到進行湘南暴動後，將會有大軍壓進。對朱德來說，不是大軍不會壓進，而是如何對付壓進的大軍問題。他不會像周恩來搞南昌暴動那樣不顧一切地孤注一擲，也不會像劉伯承在瀘順暴動中那樣死守孤城等待死亡。朱德對此是作了充分的思想準備。朱德在湘南暴動中的一個最大特點，就是行動非常迅速，親自指揮智取宜章，然後馬上北上攻佔郴州、佔領耒陽。到耒陽時，本來裝備整齊的部隊已經衣履破敗，連朱德自己腳上也只能穿著開了口子的鞋子，還是靠伍若蘭組織婦女趕做了一千雙草鞋，部隊才算有了「像樣」的鞋子。朱德為什麼要這麼快速北上？由宜章、郴州而耒陽，正是

從湘南地區中間豎直切了一刀，影響所及是整個湘南，可以最快地促動整個地區暴動。一路進軍的路上，朱德不斷向這條中間線的兩側派出人員聯繫暴動，必要的就派出連、排建制的部隊去支持。同時，他馬上親自組建建制部隊，包括胡少海第三師、鄧允庭第七師、鄺鄘第四師、宋喬生獨立第三團，幫助建立了尹子韶永興紅色警衛團，此外還組織和幫助建立了大量農軍。必須要注意到的是，這些新建軍隊有的一開始雖然只是空架子，但是，它們很快都補充到了充足的兵員。

「燒燒燒，殺殺殺，幹幹幹」

　　湘南暴動是中共規模最大也是唯一一次成功的暴動，僅僅一個月不到，就涉及了十個縣一個礦業，覆蓋了一百多萬人口。特別可怕的是，從耒陽一縣農軍就形成了十萬之巨來看，應該是大部分青壯年農民都成為了農軍成員，都成了武裝革命分子。在最高峰時期，包括朱德自己的第一師在內，建制部隊的兵力就達到了兩萬多人。就武器數量來說，僅僅朱德從宜章到耒陽一路，就已經繳獲了許克祥一千多枝步槍、大埔橋兩個學生營裝備、耒陽約一個營的裝備、安仁一個連的裝備等，加以繳獲的其他武裝的武器，以及各地暴動所得到的武器，第一師以外的工農革命軍可以裝備的槍枝總數應該不下於三千支，按照三比一比例，可以構成有戰鬥力的部隊近一萬人，加上朱德自己的第一師，在龐大的農軍配合下，將是十分強大的軍事力量。兩萬多人的軍隊如果馬上予以嚴格訓練，同時對農軍再加以適當訓練，對朱德來說，至少可以應對蔣介石一、兩輪的大軍壓進，爭取到運動整個湖南省進行暴動的時間。由於當時所有人都沒有真切體會和瞭解中共革命的恐怖程度，在那個連真正的土匪都要打出一面革命旗幟的「革命」時代，如果中共不實行激進的恐怖政策，可以得到的呼應和支持不會少，那麼，朱德就真正創造了一個前所未有的歷史局面。

但是，朱德不僅沒有達到他的願望，而且給他帶來了深深的創痛，最後不得不帶著一萬多軍隊跑到沒有幾個人的毛澤東那裏去。一切的被破壞，都是由於中共歷史上發生的第一次大燒殺。

湘南暴動之後，遲鈍的瞿秋白中央沒有一個人意識到其中的前景，一幫人沒有作出及時反應，正全身心為赴莫斯科開「六大」做準備，頭腦裏裝的都是勾心鬥角的東西。這樣，暴動中的湘南幾乎成了一盤散沙，沒有一個明確的統一黨、政、軍領導核心。朱德與地方黨之間的關係，只是互相協助、配合，而不存在領導與被領導的關係。湖南省的地方黨顯然不願意讓朱德成為最高領袖，不願意增加朱德的權力，在一系列的建制部隊建立起來的情況下，甚至沒有及時確立朱德對各部的領導地位，沒有把部隊整編為軍建制，這樣，雖然朱德可以節制其他部隊，但並沒有法定的權力，所依賴的僅僅是他的第一師最正規、最有戰鬥力和個人威望，以及他在這些部隊領導層所安插的親信。朱德既不能絕對調動其他部隊，更無法對他們進行及時訓練和整編，也無法進行戰略安排，應對即將到來的大戰。無論是在軍隊還是中共黨內，朱德都沒有得到他所希望得到的地位和權力，這樣的後果，是他的戰略目標將得不到實現。

僅僅如此還不怕，當蔣介石的大軍到來後，朱德可以透過游擊戰和運動戰對付，在作戰中對其他部隊進行整頓和訓練，並在作戰中迫使湖南地方黨承認和確認他的領袖地位，但最糟糕的事情是，這也無法做到了，因為，由於大燒殺，社會基礎被徹底破壞和摧毀，失去了就地進行游擊戰和運動戰的基礎。也就是說，在湘南已經根本沒有辦法與蔣介石派來的軍隊進行作戰了。

由於中共進行的是階級革命，因此也就注定了是人類歷史上最恐怖的運動之一。階級革命的基本目標是消滅所謂的剝削階級，這種消滅不僅僅是剝奪生產資料和財富，不僅僅是改

造思想，特別是當在暴力革命的時代，不可避免地要涉及到人身問題。所謂的剝削階級只要人身依然存在，也就會形成反抗、對抗和鎮壓中共革命的力量，這樣，消滅他們的人身也就是階級革命的自然選擇。中共還遠沒有學會和掌握階級鬥爭的策略，加之與愚昧、殘暴的流民、流氓、土匪運動相結合，其恐怖程度也就達到了無以復加的程度。當中共的暴動還沒有獲得成功以前，中共也就沒有機會實現這種恐怖。現在，湘南暴動的順利實現終於可以使中共實現這種恐怖了，一時之間，在他們眼睛裏的地主階級和其他應該消滅的剝削階級分子和一切反動分子，都遭到了殘酷的人身消滅，凡是沒有逃跑掉的，除了死亡就是死亡。

　　如果僅僅消滅所謂的剝削階級，由於人口比例畢竟不大，還算是一種有「限度」的恐怖。湘南暴動後的特點是，中共湘南特委書記、湘南二十四縣農民暴動總指揮、湘南蘇維埃政府主席陳佑魁竟然想出了大燒特燒的瘋狂主意，由此而導致了涉及各階級包括農民在內的全社會大屠殺。歷史應該永遠記住這個中共自己都幾乎不願意提起的「烈士」、反人類的劊子手，陳佑魁，1900年生，湖南麻陽人，中學畢業後曾當教師、郵務員、圖書館管理員等，1922年加入中共，1924年擔任中共湖南區委委員兼宣傳部部長、青年團湖南區委執行委員兼任祕書，1926年7月任中共湖南區委組織部部長，之後任中共湘南特委書記兼衡陽縣委書記，1927年任中共湖南省委委員。他不僅下令徹底鎮壓（也即殺掉）所謂的反革命，而且要大批地燒房子。龔楚回憶說是「任意殺人，到處放火」。

　　中共將領中晚年比較願意說實話的黃克誠回憶道：「當永興縣委商量燒城的時候，我曾表示反對，被縣委書記批為右傾，並指定要我帶頭燒。我還是不同意，後來採取調和、折衷辦法，燒了城裏的衙門、機關、祠堂、廟宇和個別商店，沒有整條街的燒。據我所知，郴縣、耒陽都按特委指示燒了縣城，耒陽燒得最厲害，宜章沒有大燒，資興也沒有全燒。」實

際情況應該遠比這個嚴重。耒陽實際上是整座城徹底燒光了，以至於朱德只能無奈地帶著他的部隊住到了城外荒野中。

這樣做的原因，當然跟瞿秋白中央的激進主張有關，但根本的原因還是根源於中共階級革命的本質。陳佑魁說：「中國文化落後的是農民，要他們出來革命，只有一個赤色恐怖去刺激他們，使他與豪紳資產階級無妥協餘地」。中共湘南特委特派員何舍鵝提出了比明末張獻忠「七殺碑」更恐怖的口號：「燒燒燒，殺殺殺，幹幹幹。」張獻忠畢竟還找了個「天生萬物與人，人無一物與天」的道理，這位中共地方要員的口號則是連道理也不講了。

直接的原因是什麼呢？竟然是陳佑魁這個毫無軍事經驗的人的一個軍事主張，他異想天開地要讓蔣介石大軍壓境後沒有房子住。黃克誠回憶說：「以陳佑魁同志為首的湘南特委堅決執行盲動主義路線，『左』得很。特委下令各縣縣委鎮壓反革命，燒房子。不但要燒衙門、機關、土豪劣紳房子，而且要求把縣城的整條街道和所有商店都燒掉，並且要求把從耒陽到坪石的公路兩旁十五華里以內的房屋全部燒掉。認為這樣可以使敵軍到來的時候沒有房子住，可以阻止敵軍進攻。」龔楚回憶說：「當時我曾分別與郴、宜、永各縣黨員同志談過，勸諫他們不要亂殺亂燒。但他們都說：『這是黨中央的指示，要殺絕地主，要燒絕其房屋，以赤色恐怖對付白色恐怖。』」他說：「眼見到這種違反人道的行為，我內心覺得很難過，並使我陷於極端苦悶之中。」

龔楚苦悶，朱德更苦悶。雖然陳佑魁這個反人類分子不能指揮朱德，但朱德也不能指揮他，對他的所有行為根本沒有能力阻止。對朱德來說，他的所有戰術的一個最重要基礎，就是必須要跟當地老百姓搞好關係，要建立一定的社會基礎，在通訊和偵察手段非常不發達的時代，這不僅是一個解決後勤和傷員的問題，而且也是情報優勢和運動優勢。朱德的戰術在精神上來源於《孫子兵法》的知己知彼，戰術原則最重要的兩條

是「祕密」、「突然」，一當失去群眾基礎，就無法做到知己知彼，祕密、突然也就根本無法實施。陳佑魁的大殺大燒，已經意味著朱德為湘南暴動所作的努力泡湯了。朱德後來隱晦地說：「如果路線政策對頭，是可能繼續擴大勝利，有條件在某些地方穩得住腳的。但是由於當時『左』傾盲動路線的錯誤，脫離了群眾，孤立了自己，使革命力量在暴動之後不久，不得不退出湘南。」現在朱德所能夠做的，僅僅只是讓自己的官兵做救火隊，儘量勸說少殺一點，少燒一點。在所有當事人的回憶中，沒有任何朱德本人和他的部隊參與燒殺的言論和材料，而是肯定了朱德和他的部隊進行了阻止和反對。

但是，朱德還是被捲進了大燒殺。由於大燒大殺，特別是大燒，已經不再是局限在所謂的「地主階級」範圍，而且也涉及到了大量普通市民和農民，因此，就引起了大量暴力反抗。這些暴力反抗一當發生並具有規模，就不是陳佑魁所能夠對付的，這樣，朱德就不得不使用他的部隊對反抗者進行鎮壓。陳佑魁對人民大燒大殺，引起人民反抗，朱德則不得不從同是中共陣營的立場，再鎮壓反抗者。這是朱德無論如何沒有想到的意外結果。

朱德雖然反對陳佑魁，但終究是屬於同一個中共，處於同一條戰線當中，如果不鎮壓反抗行為，不只是陳佑魁的失敗，而且也成了中共的失敗。事實上，當人們進行反抗的時候，也不會把朱德與陳佑魁區別開來，反抗者實施暴力的時候，不僅是殺地方黨，而且也是將朱德手下在場的官兵一起殺掉的。黃克誠回憶說：「這種燒房子的辦法使農民大為不滿，有些起義農民在反動地主的策動下，開始『反水』。特別是燒公路兩側十五華里以內的房子，更是直接損害農民利益，大大遭到農民的反對。郴縣縣委動員農民燒房子，農民不幹，反動地主乘機煽動，一些起義農民就撕下紅袖章，換上白袖章『反水』了。郴縣『反水』農民跟著地主武裝殺害了縣委書記夏明震同志，還殺了縣裏其他一些負責人。陳毅同志就回

到郴縣去鎮壓反革命，並留在郴縣主持縣委工作。永興縣油麻圩、馬田圩都有農民打起白旗『反水』，縣委只好派尹子韶同志帶領縣警衛團主力出去鎮壓。不久，鄰近永興的桂陽縣蘇維埃區裏的農民也『反水』了，他們求助於永興，尹子韶就又帶隊伍去支持桂陽。朱德同志曾留了一個主力排在永興，這時也和尹子韶一起行動。」黃克誠回憶中所說的所謂地主煽動、地主武裝，並沒有什麼依據，任何關於湘南暴動的回憶和研究都沒有任何具體的證據可以證明，這些「反水」完全就是農民正義的反抗。夏明震的被殺，是他召集農民開會，宣布要燒掉郴州縣城，憤怒的農民就暴動起來，當場殺掉了夏明震，最後，這些為了保護縣城的農民被具體執行鎮壓的陳毅殺掉了，雖然陳毅在群眾大會上也痛苦地向農民表示賠罪。在湘南經過廣泛的暴動之後，經過「殺絕地主」的運動，哪裏還有什麼地主和地主武裝？中共永遠是允許自己可以犯「錯誤」，而不允許別人反抗的政黨。

中共歷史上這第一次大燒殺到底導致多少人死亡，現在還沒有專題的歷史研究。但從一個數字上可以估計出應該是非常恐怖的數量：當朱德撤出湘南時，他所帶領的各支工農革命軍總數是一萬人左右，而這些軍隊高峰時是兩萬多人。這一數量的減少，應該跟大屠殺有著密切關係。後來在井岡山，朱德跟毛澤東考慮向井岡山外面發展時，就近的湘南地區一直是他們最不願意考慮的地區，可想而知，他們自己知道，中共在湘南所犯下的罪惡之深重，已經徹底失去了人心。

對湘南地區人民特別是農民來說，由於大量人口都參與過中共組織的農民暴動，當國民革命軍不久後到來，又是一場報復性的大屠殺。僅僅由朱德帶去井岡山，又因為糧食問題而不得不遣返回來和自己要回來的人數，就有六、七千人之鉅，這些人基本都被殺掉了。

十　兼併毛澤東

朱、毛會師

　　雖然遲鈍的中共中央對湘南暴動沒有作出及時反應，但是，蔣介石卻立即意識到了其中的危險前景。1928年3月底，蔣介石馬上命何健組織了湘、粵、桂系七個師的大軍，從湖南衡陽和廣東樂昌兩條戰線向湘南壓進。升任討逆軍第二路軍司令、第三十七軍副軍長兼二十四師師長的許克祥顯然要報復兩個月前在宜章坪石所遭到的慘敗，率領他的第二十四師一馬當先，從南線直趨宜章。

　　從單純軍事觀點說，由於其他部隊在軍事上都願意接受朱德的指揮，朱德這時手上已經不是掌握一個一千多人的團，而已經是一支萬人大軍，完全可以有所作為。許克祥率一個師突進，朱德完全可以與他一戰。但是，由於中共大屠殺所造成的惡果，朱德已經失去社會基礎，軍隊沒有進行整編和整訓，更沒有明確他的絕對地位，一萬多軍隊有如一盤散沙，並不能實現需要絕對紀律的游擊戰和運動戰。朱德理智地選擇了撤出湘南的戰略。

　　朱德的這一決策，遭到了地方黨的指責，被認為是逃跑。陳佑魁這個反人類劊子手進行大燒的目的之一是他莫名其妙的軍事考慮，是為了要不讓圍剿的國軍住房子，以利於進行反圍剿。朱德不戰而「逃跑」，對陳佑魁為首的地方黨來說，等於是滅頂之災，白白進行了一場燒殺。但陳佑魁他們不知道的是，雖然朱德嘴巴上在說「不要怕，要將革命進行到底」，安慰這幫瘋子，實際上朱德最怕的就是這幫瘋子，他要

擺脫他們，才不會管這幫瘋子的死活呢。朱德如果就地進行游擊，雖然部隊最後的命運將是被摧毀，但至少可以保留一部分進山，頂多就是像南昌暴動之後一樣重新來過，但即使進了山，也仍然是跟這幫瘋子在一起，根本不會有任何前途。撤出湘南既可以擺脫這幫瘋子，而且，跟著自己走的一萬多軍隊也就徹底成為了自己的實力，到了任何地方都可以做老大，從而可以實現自己的主張。這完全是一箭三雕的事情。

　　既然採取撤出湘南的戰略，帶著一萬左右人進湘粵邊界或湘粵贛地區游擊並不是不可以，但不如到一個現成的已經由中共佔據了的地方去，這樣的地方就近只有毛澤東的井岡山。從到了井岡山就陷入糧食困境來看，朱德當時並不瞭解井岡山的詳細情況，對毛澤東這個人也不是很瞭解，但他已經從湖南省委責罵毛澤東右傾中，知道了毛澤東跟陳佑魁等這幫瘋子不同，是反對大燒大殺的，這就有了合作的基礎。此外，朱德很明確地知道，毛澤東身邊並沒有多少部隊，到了井岡山朱德完全可以兼併掉毛澤東，同時，毛澤東是屬於中央的人，湖南地方黨無法節制毛澤東，可以利用毛澤東對付瘋狂的湖南地方黨，這又是一箭雙雕的事情。因此，撤離湘南去井岡山，是朱德在不能實現原來的湘南大發展計劃後，當時的上上選擇。

　　不等何健的大軍完成合圍，在3月29日，朱德就完成了撤離湘南的全部準備，對當地人說著「不要怕，要將革命進行到底」，宣布了撤離行動，跟已經聯絡好下井岡山接應的毛澤東靠攏去了。曾經瘋狂的湘南地方黨和支持者只能擁擠在道路的兩側，眼巴巴地看著朱德的大軍——他們的保護者——不放一槍就離開。

　　這時，下井岡山接應朱德的毛澤東，這個中國近現代史上的一代梟雄，心情更處於複雜的狀態。

　　有必要回顧一下之前毛澤東的簡要人生。毛澤東，1893年12月26日生，湖南湘潭韶山沖人，孩童時接受私塾教育，1910年秋十七歲時考入湖南湘鄉縣立東山高等小學堂，沒讀

多少時間就於次年春考入湘鄉駐省中學，又沒讀多少時間就於1911年10月去湖南新軍當了半年列兵，1914年春進湖南省立第四師範學校預科讀書，直到1918年6月從該校畢業。1918年畢業前，毛澤東參與組建了一個新民學會，標誌著毛澤東正式開始從事政治活動。新民學會聚集了一大批後來中國的湘籍風雲人物，第一任總幹事（會長）蕭子升，第二任總幹事（會長）何叔衡，第三任總幹事（會長）彭璜，毛澤東在新民學會成立後一直擔任做實際事務的幹事（祕書），到彭璜任總幹事時，實際已經是由毛澤東在具體主持。新民學會其他人還有張昆弟、李維漢、羅章龍、蔡和森、謝覺哉、向警予、蔡暢、夏曦、蕭三、郭亮、羅學瓚、周世釗、陳昌、鄒彝鼎、勞君展、彭則厚、易禮容、鄒蘊真、陶斯詠等，高峰時會員有七十多人。新民學會構成了毛澤東踏上中國政治舞台的原始資源。新民學會成立不久，1918年8月，毛澤東去了北京，經自己老師、到北京大學任教的楊濟昌介紹，到李大釗任館長的北京大學圖書館打工，任月薪八元的圖書管理員。藉著這個機會，毛澤東認識了陳獨秀、胡適等人，特別是與陳獨秀、李大釗的認識，為他帶來了能夠成為了中共鼻祖之一的運氣。

毛澤東去北京的主要原因，是因為在北京大學哲學系任教的楊濟昌，見教育界積極響應李石曾在巴黎成立的留法勤工儉學會，形成了組織青年學生去法國留學的熱潮，便寫信給學生蔡和森等，試圖幫助湖南籍的青年學生也能趕上這個機會，於是，蔡和森、毛澤東等人就去了北京打探、組織留學事宜。蔡和森、毛澤東聯繫了十幾個湖南學生，毛澤東一路送到上海，但他自己卻沒有上船。毛澤東之所以自己沒有去留洋，跟受了胡適影響有密切關係。後來在1920年3月14日毛澤東給周世釗的信裏說：「我覺得求學實在沒有『必要在什麼地方』的理，『出洋』兩字，在好些人只是一種『謎』。中國出過洋的總不下幾萬乃至幾十萬，好的實在很少。多數呢？仍舊是『糊塗』，仍舊是『莫名其妙』，這便是一個反體的

證據。我曾以此問過胡適之和黎邵西兩位，他們都以我的竞（意）見為然，胡適之並且作過一篇《非留學篇》。因此我想暫不出國去，暫時在國內研究各種學問的綱要。」這段話很能夠說明毛澤東三個基本特點：一，他不是一個隨意趕時髦的人，在再怎麼熱的浪潮當中最終還會有自己的獨立判斷；二，他是個很務實的人，不喜歡空談；三，他不是一個能夠深入研究理論、學問的人，喜歡讀「綱要」，求個大概的瞭解。這些對理解毛澤東這個人有著很重要的意義。

毛澤東不出洋的另一個原因，是跟一筆款子有關係。透過楊濟昌介紹，湖南籍的名士章士釗資助了出國人員二萬元款項，建國後毛澤東按照私人借款還給了章士釗。在湖南籍出國留學者的信件和回憶裏，都沒有談到過關於受到章士釗資助的情況，這筆款子落到了毛澤東個人腰包裏。這是毛澤東平生經手到的第一筆鉅款，並予以了私吞，建國後作為私人借款歸還十萬元，不過是毛澤東了結這筆心病而已。當時既然私吞了這筆錢，要不被人發覺，也就不能出國。楊濟昌死於1920年，他死後，只要章士釗不提這筆款項，也就不會有人知道這件事情。但章士釗一直活到1973年，難保他在幾十年裏不跟湖南籍出國的人不提起這事，因此，這又是毛澤東後來難以放下的一塊心病。二萬元對當時出國的湖南籍窮學生來說，是雪中送炭，而且他們都是毛澤東的至好，毛澤東敢於私吞，說明毛澤東是個有機會就敢於為自己個人利益下狠手的人。私吞款項後堅決不出國，但又成為心病，可見毛澤東是個心思極細密的人。

腰包一滿，毛澤東回到長沙就不一樣了。於是身邊有了陶斯詠，跟她一起開了家書店。1920年，失去父親的楊開慧回到長沙後，毛澤東放棄了陶斯詠，於冬天跟楊開慧結了婚。在這期間，毛澤東於1919年7月主編了湖南學生聯合會會刊《湘江評論》，成為湖南地區發表新思想的突出陣地，並於年底積極策動驅逐張敬堯的運動，毛澤東一時間名聲大振，引起了陳獨秀的充分注意，把他作為在湖南建黨的主要聯絡人。1919

年11月，毛澤東與何叔衡等組織了長沙共產主義小組。1921年7月參加中共「一大」回到長沙後，毛澤東作為湖南地區中共的負責人，開始獲得和支配了中共中央分配給湖南地區的經費，從此，毛澤東就徹底成為了職業的革命家。

在中共「一大」上面，毛澤東並沒有發表什麼意見，更沒有進入中共核心權力圈，但這已經意味著他成為了中共元老派和國內派中的一員，並將受到不久後很快就興起的少壯派和國外派的挑戰和排擠。1921年8月，毛澤東回長沙任中共的中國勞動組合書記部湖南分部主任，10月組建並任中共湖南支部書記，1922年5月任中共湘區執行委員會書記，下半年組織、參與湖南的工人運動，但體會到了內地工人運動所可以達到的規模太小，成不了什麼氣候，很快就抽了身。1924年1月，在廣州出席中國國民黨「一大」，引起孫中山注意，被孫中山列入了候補中央執行委員名單，2月到上海任國民黨上海執行部委員、組織部祕書等職務。1925年10月任國民黨中央宣傳部代理部長，1926年1月出席中國國民黨第二次全國代表大會，繼續擔任候補中央執行委員。直到這時，毛澤東只是有些言論受到了關注，名義上有了個「國家」要員的地位，在政治上基本沒有什麼作為，在中共內部也沒有得到什麼高層職位，總體上還屬於他的政治潛伏期、學習期和觀察期。

1926年5月至9月，當北伐戰爭突進時，毛澤東卻擔任了遠離戰場和政治漩渦的國民黨第六屆農民運動講習所所長。這段時間是毛澤東人生的一大轉折，雖然他並沒有什麼政治上的突出表現，但卻是仔細研究、思考了中國的農民問題，為他之後在中國政治舞台異峰突起悄悄做了精神準備。當時研究、思考中國農民問題的人從學問界到政治界，簡直可以說是多如牛毛，因為，鐵的事實就擺在那裏，中國是個農業國，是個以農民為人口絕對多數的國家，任何人不能擺脫這一實際。那麼，毛澤東對農民問題到底發明了什麼呢？1927年1月4日至2月5日，毛澤東去了湖南湘潭、湘鄉、衡山、醴陵、長

沙五縣考察農民運動，然後在3月發表了《湖南農民運動考察報告》，宣布了他的思考結果，說穿了就是拋棄農民樸實、勤勞、善良等的優點一面，利用農民愚昧、貪婪、野蠻的缺陷一面，把中國革命與農民革命二位一體化，把戰爭與農民運動二位一體化，不惜採用和接受極端的暴力，破壞中國既有的社會穩定結構，把革命的全部矛頭都集中到封建文化、土地制度和地主階級身上，打殲滅戰，附帶再捎上帝國主義和資產階級。毛澤東徹底看到了利用農民的巨大政治前景，而他的「國家」要員地位則成了鼓動農民運動的能夠產生影響力的便利條件，在極短的時間裏，毛澤東就取代了那些踏踏實實在做農民運動的分子，成為了被所有人注目的湖南「農民領袖」。毛澤東終於正式登上了中國政治舞台。

毛澤東在中國政治舞台上突然登台馬上讓他提升了在中共黨內的地位，在1927年4月27日召開的中共「五大」上，成為了候補中央執行委員，進入了中共領導層。8月7日，在瞿秋白主持的漢口「八七」祕密緊急會議上，明知陳獨秀是背了共產國際黑鍋的毛澤東對陳獨秀進行了徹底的反戈一擊，提出「槍桿子裏面出政權」，迎合瞿秋白到處暴動的主張，並以從來沒有過的積極態度主動要求到湖南組織農民的秋收暴動，從而黨內地位升為臨時中央政治局候補委員，進入了中共核心領導層。但是，發現了農民－革命－槍桿子－實力的毛澤東在軍事方面終究尚是個外行，充滿激情但毫無經驗的他幾乎在秋收暴動中徹底斷送了自己的一切。

「八七」會議一結束，毛澤東就從漢口去了湖南，作為中共中央特派員並兼中共湖南省委常委的毛澤東馬上與中共湖南省委書記彭公達研究和決策了在湖南的秋收暴動。隨後毛澤東任中共湖南省委前敵委員會書記，在安源具體布置暴動，做出了一個暴動後進攻長沙的天真軍事計劃，將駐安源、修水、銅鼓三個警衛團，以及安源礦警隊和各縣工農武裝合編為工家革命軍第一軍第一師，由盧德銘任暴動總指揮，余灑度任

第一師師長，下轄由原武漢國民政府警衛團為主力改編的鍾文璋第一團、由安源工人武裝和萍鄉等地農軍改編的王新亞第二團、由原武漢國民政府警衛團一個營和瀏陽部分工農武裝改編的蘇先駿第三團，全部兵力約五千人。9月11日凌晨，第一軍第一師第二團首先開戰進行暴動，從安源出發攻打萍鄉縣城，結果失敗，但把當地土匪武裝邱國軒部改編為了第四團，一起再去轉攻醴陵縣城。12日凌晨暴動隊伍佔領株州火車站和空城株州，繳獲了十幾枝步槍，開了個幾百人的群眾「大會」，宣布取得了暴動的「偉大」勝利。16日上午佔領瀏陽城，17日下午即全面潰敗。21日，毛澤東隨部隊向萍鄉逃跑，22日逃到上栗市，23日逃到小楓宿營，24日傍晚逃到蘆溪宿營，25日清晨想往蓮花縣方向逃時又遭到重創，損失了二百多枝步槍，總指揮盧德銘戰死。經過一路沒有任何戰略方向的逃跑後，於29日逃到永新一個只有五十戶左右人家的三灣村，所剩人數已經不到一千人，但終於算是得到了一個喘息機會，毛澤東把部隊縮編為了一個團，番號為工農革命軍第一軍第一師第一團，並決定把中共支部建到連一級，實現毛澤東對部隊的完全控制。

毛澤東之所以還有心思在三灣改編部隊，強化自己的領導權，是因為他在到達三灣前終於得到了生存下來的曙光。這是因為當時的中共江西省委書記汪澤楷關心到了已經逃到江西境內的毛澤東，馬上派正好到來的瀏陽縣農軍中隊黨代表宋任窮做交通，送了封信給毛澤東，叫他往寧岡縣跑，到寧岡後可以上井岡山，與當地土匪武裝袁文才、王佐合作，獲得生存。處於絕境的毛澤東大喜過望，立即在三灣改編整頓了部隊，向寧岡跑去。10月初，毛澤東到達寧岡縣，隨即與袁文才、王佐建立了合作關係，上了井岡山。袁文才、王佐彼此是把兄弟，本是井岡山土匪，但中共當時組織的所謂農民暴動實際大量利用的是土匪武裝，他們也成立了中共的「農軍」。1926年袁文才擔任寧岡縣農軍總指揮，並加入了中共，王佐也

將所部改掛上了遂川縣農軍的旗號。1927年7月，由王興亞任總指揮，賀敏學、袁文才、王佐任副總指揮，曾一度攻克永新縣城，失敗後中共永新縣委書記、永新縣農民自衛軍總指揮賀敏學跟著袁文才、王佐一起躲到了井岡山上。有了這個基礎，毛澤東很快就被袁文才、王佐所接納，但毛澤東除了送給他們一批槍枝外，也結拜了這兩個一生唯一的把兄弟。不久，毛澤東不顧楊開慧的存在，與賀敏學的妹妹賀子珍同居做了夫妻，跟賀敏學建立聯姻，鞏固了與井岡山當地勢力的關係。由此可見，毛澤東也是個運用江湖手段的天才。但是黃埔二期畢業的余灑度看不慣這些「土匪」行徑，離開了井岡山，隨後到上海向中共中央遞交了《警衛團及平瀏自衛軍合併原委參加此次兩湖戰役報告略書》，在這份報告裏把跟土匪合作的毛澤東告了一狀。

在軍事上，毛澤東毫無作為，不但毫無作為，而且可以說是慘不忍睹。1928年10月毛澤東與袁文才聯絡好以後，帶了一個營、一個連試圖到遂川游擊一下，結果只是碰到了一股烏合之眾的民團，所帶去的第三營就跑得沒有了方向，毛澤東帶著一個連往王佐的領地拼命逃跑，到井岡山山腳時才收攏了四十多個人。後來，跑散的第三營在團長張子清、營長伍中豪帶領下跑到了朱德那裏，朱德為他們重新裝備並加以新式訓練後，又讓張子清、伍中豪把部隊帶回了井岡山。張子清失散後，毛澤東讓陳浩當了團長。11月毛澤東想有點作為，讓陳浩帶一個營、一個連佔領了近乎空城的茶陵，結果被反撲，抵抗了一夜的陳浩覺得跟著毛澤東沒有希望，帶著部隊準備離開，毛澤東及時把他抓了回來，槍斃了他。好在張子清很快從朱德那裏跑了回來，毛澤東身邊才算又有了一個團長。不過，毛澤東終於完成了對袁文才、王佐的改編，於1928年2月把他們改編為了第二團，這樣，毛澤東手上就有了以張子清為團長、何挺穎為黨代表、朱雲卿為參謀長的第一團和以袁文才為團長、王佐為副團長、何長工為黨代表的第二團，毛澤東自

任第一師師長，總兵力不到二千人。1928年初，毛澤東把王佐也拉入了中共。毛澤東雖然在軍事上損兵折將，但不僅在井岡山完全站住了腳跟，也建立了他的個人獨裁體系，獲得了山大王政治的徹底勝利。這也是毛澤東第一次全面的權謀發揮和勝利，表現出了他天才的政治能力。

朱德的將要到來對毛澤東來說，是件又喜又難堪的事情。2008年3月的一天，無所作為的毛澤東正跟袁文才、王佐喝酒解悶，門口來了個賣毛線的郴州小販，小販詫異地對士兵說：「毛司令尚在這裏飲酒？」小販告訴士兵，現在山下都是朱德的部隊。毛澤東聽了，當場跳了起來，連連自語：「好極了！好極了！」袁文才、王佐莫名其妙：「是怎麼回事？」毛澤東馬上向他們誇口道：「是好消息！朱德是黨的高級軍事領袖，又是我的好朋友。」其實，毛澤東這時候根本連朱德的影子都還沒有見過，哪來什麼「好朋友」？但之前他們也已經有過消息往來。南昌暴動後，毛澤東的弟弟毛澤覃逃到了朱德部隊，朱德又把他派到了井岡山做信使。毛澤東則派過特使何長工，使命是去找南昌暴動朱德這支殘軍，本有兼併意思，但朱德只是說「兩個部隊要經常來往，互相聯繫，將來力量要集中」，然後就在湘南做出了大局面，他的「集中」意思恰恰是要反過來兼併毛澤東的問題。伍中豪第三營流落到了朱德手上，朱德並沒有納入自己麾下，而是把他們遣返回了井岡山，表面看是大度，實際也可以理解為朱德的一種居高臨下，或者是根本不在乎毛澤東的那麼點兵力。就朱、毛個人能力來說，毛澤東最心虛的無疑是自己不會打仗，而這在武裝革命當中是能否獲取最高權力的必要素養。去接應朱德時，毛澤東對大家說：「軍旅之事，未知學也。大家當師長，大家當參謀長，我這個師長就好當了。」毛澤東這話被一些人解釋成謙虛，其實正相反，是他對朱德的到來很心虛，無論是朱德來以前，還是後來毛澤東認為自己會打仗了之後，他都沒有說過類似這樣的話。

1928年4月中旬，在井岡山下的寧岡礱市，朱德與毛澤東直接見了面。這一在中共官方黨史中被稱為的偉大的朱、毛會師確實是一次歷史性的會面，是創造歷史的一次會面。那些正在為「六大」而勾心鬥角的瞿秋白、周恩來、李立山等人，以及準備徹底控制中共的史達林、布哈林等，並不知道，中共的基本命運已經在一個偏僻的小山鎮被奠定了。朱、毛會師的核心意義在於，中國最天才的政治謀略家與中國最天才的軍事家走到了一起，一個偉大的梟雄與一個偉大的英雄走到了一起，於是，歷史就被創造了。但同時，朱、毛之間的矛盾，也伴隨著他們的生命歷程而深刻地貫穿在了歷史當中，對種種的歷史事件產生了影響甚至進行了左右。

成立工農革命軍第四軍

　　兩軍在礱市朱德居住的龍江書院聚集了連以上幹部開了個會，宣布成立工農革命軍第四軍，朱德任軍長，毛澤東任黨代表。同時成立了一個由毛澤東任書記的第四軍軍委。之所以使用「第四軍」番號，是因為朱、毛兩部的主力都來源於有「鐵軍」名聲張發奎國民革命第四軍，當時「第四軍」在兩湖老百姓心目中是很被崇敬的。毛澤東既是黨代表又是軍委書記，似乎占了地位優勢，其實不然，黨代表不過是軍長的副手，軍委書記等於第四軍的黨委書記，並沒有指揮權，因此，軍長才是一把手。對於朱、毛這樣的職務關係，是很正當的，毛澤東沒有任何異議可以提出。毛澤東很自然地處於了副手地位。

　　對毛澤東來說更糟的是在軍隊嫡系實力上，更是不得不處於下風。根據黃克誠的回憶，朱德帶到井岡山的由原來湘南五縣農軍組成的部隊數量就有八千人之多，這樣，加上朱德自己率領的主力二千多人，朱德帶到井岡山的總兵力應在一萬人左右。而毛澤東本來所有的兩個團，兵力不過是連二千人都不

到。黃克誠回憶說：「毛澤東、朱德同志把各個方面的隊伍集合起來，改編組成紅四軍，建立了三個師、八個團的隊伍。朱德任軍長，毛澤東任黨代表。三個師的番號是十師、十一師、十二師。朱德兼第十師師長，下設兩個團。第二十八團有二千多人，是朱德同志從廣東帶來的主力，團長王爾琢，黨代表何長工。第二十九團是宜章暴動起義的部隊，團長胡少海，黨代表胡士儉。十一師師長由毛澤東兼任。下面有三個團。第三十一團團長張子清（本書作者注：應為伍中豪。張子清受傷，暫時不能任職），黨代表何挺穎，隊伍有一千多人，是毛澤東同志秋收起義組織的。第三十二團團長袁文才，黨代表我記不清了。聽說是陳東日，隊伍有幾百人，是原來在井岡山一帶活動的地方武裝，被毛澤東同志爭取參加紅軍的。第三十三團是郴縣暴動的農民軍，團長鄧允庭，黨代表鄺朱權（鄺後來叛變）。十二師師長是陳毅同志，下面也是三個團。第三十四團是耒陽的農民軍，團長記不清是劉泰還是鄺庸，如是劉泰，則鄺庸是副團長。黨代表是鄧宗海。三十五團是永興的農民軍，團長黃克誠，黨代表李一鼎。三十六團是資興的農民軍，團長李奇中，黨代表黃義藻。」三個師朱德、陳毅兩個師，毛澤東一個師。朱德第十師雖然只有兩個團，但是整個這支軍隊的戰鬥核心，是最具有戰鬥力的。表面看朱德「送」了一個團給毛澤東，讓毛澤東指揮三個團，但鄧允庭是個江湖好漢，1879年生，年齡比朱德還大七歲，經歷豐富，又是朱德的老朋友，毛澤東指揮他並不是件輕鬆的事情，實際上，鄧允庭等於是朱德「送」到毛澤東身邊約束毛澤東的。而且，毛澤東的第十一師三個團中，竟然有兩個團是「土匪」。這種格局是毛澤東無可奈何的。朱、毛會師之後，所形成的是朱德的獨裁局面。

但是，朱德馬上面對了一個意外的糧食困境。或許是毛澤東事先故意埋下的一個伏筆，但更應該是由於毛澤東沒有過領導大部隊的經驗，他沒有為朱德大部隊的到來準備糧食。毛

澤東在後勤方面的缺乏經驗，即使到了後來延安時期還是這樣。這種「經濟頭腦」的缺乏，延續到建國後，便是他把國民經濟弄得一團糟。當時井岡山雖然是窮山，本身沒有多少糧食產出，但井岡山下周邊有數個縣，預先搜集可以維持一、兩個月的糧食並不是不可能。後來著名的「朱德的扁擔」的故事，其內在涵義正是在於山下可以有足夠的糧食，只要搜集了挑上山就行，士兵來不及挑，上山路又極其花力氣，朱德自己後來說，山下糧食多，要挑上山，他實際也挑不動，很累，但只好帶頭挑，於是就有了「朱德的扁擔」故事。朱德從湘南撤軍時，已經讓每個人隨身帶了幾天的糧食，但他沒有想到毛澤東竟然對糧食問題毫無準備。

朱德根本沒有時間對軍隊作進一步的整訓，馬上採取了向周邊出擊的策略，以圖解決糧食困境。黃克誠說：「改編後，十二師即從大隴上山，經過茅坪、黃洋界、大井、茨坪、小恒州等地下山，到遂川縣的黃凹和二十八團一起與朱培德的隊伍打了一仗，把他的一個營打跑了。當晚朱德同志作報告，給大家講國內外形勢。敵軍退到五斗江，我軍又追到五斗江，再打一仗把敵軍大部消滅。佔領五斗江那天正是五月五號，我參加了黨召開的紀念馬克思誕辰的會議。五月六號，十二師就開到永新的拿山，在那裏做發動群眾的工作。紅軍十師、十一師則發起對永新進攻的戰鬥，勝利佔領了縣城。」所謂「發動群眾」，在軍事上的直接目的實際就是搜集糧食而已。但是，這種臨時抱佛腳的做法根本解決不了一萬兩千人左右軍隊的糧食。自然，朱德的出擊一定也是解決了一部分糧食，否則他也不能夠在井岡山繼續呆下去，而是只能把井岡山還給毛澤東，自己另外找地方發展了。最重要的是，這個時候朱德對如何向井岡山以外地區發展還沒有來得及做充分準備，軍隊沒有進行整訓，周邊新的形勢還沒有掌握和研究，毛澤東又不積極合作，不做具體事情，陳毅現在只是軍委委

員，以至於「作報告，給大家講國內外形勢」這種應該由黨代表做的事情也要自己來做。

　　無奈之下，朱德只能作出一個痛苦的決定：遣返湘南部隊，對軍隊進行重新整編。遣返的部隊主要是原來由耒陽、永興、郴縣、資興四個縣農軍組成的部隊，實際就等於了從湘南來的大部分人，只是留下了宜章胡少海部。遣返的部隊被編為四個游擊隊，總數量約在六千多人。自然，這些人回湘南是羊入虎口，只有很少的人重新逃回了井岡山。國民黨在湘南的報復性大屠殺因為井岡山的糧食問題而平添了幾千條生命。

　　由此，毛澤東贏了大大的一把，他在朱德面前終於擺脫了絕對的劣勢地位。但是，毛澤東還是處於明顯的劣勢地位，他仍然只是朱德的配角。在朱德似乎很老實、誠懇、和藹、民主的微笑下，毛澤東馬上體會到了他的柔軟的鐵腕分量，幾乎沒有還手之力，自己的實力還是被朱德兼併、控制掉了。5月底重新改編後的部隊撤消了師級編制，由軍直屬四個團。軍長朱德，毛澤東黨代表，王爾琢任參謀長，陳毅任政治部主任。第二十八團團長由王爾琢兼任，黨代表何長工；第二十九團團長胡少海，黨代表龔楚；第三十一團團長朱雲卿，黨代表何挺穎；第三十二團團長袁文才，副團長王佐，黨代表陳東日，全部兵力約六千人左右。在這一編制中，雖然毛澤東的嫡系何長工與朱德的嫡系陳東日進行了互派，似乎很公平，但朱德明確宣布要改造袁文才、王佐部，對這支土匪部隊進行了重點整訓，何長工回憶說：「王佐在茨坪還沒有改造好，如果主席到井岡山活動，派一個加強連保衛主席，萬一王佐要用武力造反的話，這個加強連可以對付他，加強連僅有三個排，輕重機槍火力要強一些。但隊伍不能太多，因為王佐眼睛一眨眨，神經敏感。」可見在毛澤東手上時，袁文才、王佐部中至少是王佐部並沒有徹底擺平，但現在朱德則毫不客氣地對他進行了修理，這等於是朱德直截了當地插進了毛澤東最獨

佔的領地，而對朱德的部隊，毛澤東則一時找不到可以插入的縫隙。

　　毛澤東更沒有想到的是，朱德以工人階級先進性的名義，把他手下的宋喬生部改編成了第四軍特務營。宋喬生部是水口山鉛鋅礦工人舉行暴動後形成的武裝，他們到了朱德身邊後，朱德將他們改編成直接受自己指揮的工農革命軍第一師獨立第三團。現在朱德將宋喬生部改編成特務營，等於就是控制住了毛澤東的人身，也等於朱德建立了對付各種不測的專門武力。

十一　中共紅軍之父

瞿秋白創建紅軍

　　就中共所控制的軍隊來說，可以上溯到1924年11月陳延年、周恩來籌建的總共編制一百三十六人的「鐵甲車隊」，隊長徐成章，副隊長周士第，黨代表廖乾五，軍事教官趙自選，政治教官曹汝謙，他們都是中共黨員，但是，「鐵甲車隊」的番號全稱是「建國陸海軍大元帥府鐵甲車隊」，具有孫中山衛士部隊的性質，在軍事上不受中共指揮，中共只是控制了這支部隊。在1927年12月中共的廣州暴動中，曾使用了「人民海陸軍」和「工農紅軍」名稱，但並未正式組建部隊，只是徒有其名。

　　實際上中共官方黨史著作和至今一般的中共黨史著作，都忽略或遺忘了重要的紅軍創建人瞿秋白。周恩來等人南昌暴動失敗後逃到上海不久，共產國際進一步改變了對中共的方針。由於中共以南昌暴動、廣州暴動、秋收暴動為主的一系列暴動的全面失敗，中共黨員已經從高峰時的六萬多人銳減為一萬多人，共產國際就必須要推卸掉自己為1927年8月7日中共漢口緊急會議（八七會議）所確定方針的責任，這種推卸法不是否定全面暴動，而是否定中共進行暴動的政策，也即認為到處進行暴動是正確的，但是中共具體執行暴動沒有做正確。於是，當各路逃跑者集聚上海後，1927年11月9日和10日，由共產國際代表羅明那滋組織，在上海祕密開了個中央臨時政治局擴大會議。在這次會議上，由瞿秋白為中共核心，確認革命形

勢處於繼續高漲當中,必須要「不斷革命」,繼續進行廣泛的暴動。

本來支持周恩來進行南昌暴動的張國燾,是7月下旬羅明那滋到武漢後根據共產國際當時的指令,被強行派到南昌阻止暴動的,現在,這成了張國燾個人的錯誤,反而因此被開除中央臨時政治局候補委員和中央執行委員會委員資格,被排除出了中共中央最高領導層。由於認為進行暴動的人都沒有執行好暴動,因此,組織、領導暴動的主要分子被宣布處分,譚平山被開除中共黨籍,毛澤東被開除中央臨時政治局候補委員和湖南省委委員資格,領導廣東、湖北暴動的人被作出集體處分和個別處分,南昌暴動的領導層也被集體處分。會議繼續確定了瞿秋白在中共的核心地位,周恩來、羅亦農雖然屬於被集體處分的分子,但卻升為了臨時中央政治局候補常委,進入了中共核心領導層。在陳獨秀時期,中共存在兩個比較簡單的衝突,一是與共產國際、蘇聯的衝突,一是少壯派與陳獨秀組黨時形成的「老一輩」之間的衝突。這次中共臨時政治局擴大會議處分大棒的亂舞和人事變動,標誌著開始了國內幫與國外幫衝突的正式開始。會議決定中共隨即準備和落實到蘇聯召開「六大」,在次年「六大」人事安排上,國外幫徹底壓倒了國內幫,而在國外幫中則是蘇聯幫比之旅歐幫(共產國際幫)佔據了優勢。

這次會議真正決定中共長遠歷史和命運的內容,是由瞿秋白宣布的在「以爭取廣大群眾以準備武裝暴動」的路線下,進行土地革命、農民運動和開展游擊戰爭,建立蘇維埃區域和建立紅軍。也就是說,1927年11月9、10日中共中央臨時政治局會議完全確定了中共的軍事革命路線,並且把這種軍事革命與建立根據地、農民運動和土地革命結合為了一體,決定了要建立紅軍並開展游擊戰爭,完成了中共在張國燾、周恩來、李立三主張和實施南昌暴動以來的極端暴力革命模式的轉變。

就紅軍的創建問題來說，瞿秋白並不是終極的主張者和決定者，終極的主張者和決定者是共產國際和蘇聯，落實到個人則就是史達林，也即史達林是中共紅軍創建的決定者。就中共本身來說，瞿秋白是決定者，同時也是最高實行者，因此，中共本身的紅軍創始人是瞿秋白。而毛澤東、朱德則實際掌握了軍隊，先後獲得和正式宣布了紅軍番號，樹起了鐮刀斧頭紅旗，因而也就成為了紅軍的實際創建人。同時，也必須要注意到，雖然毛澤東和朱德是最早的紅軍實際創建人，但由於紅軍是在瞿秋白四處暴動的政策下建立的，因此，各處也獨立地建立起了規模大小不一的紅軍部隊，只是在絕對時間上晚於毛澤東、朱德而已。紅軍的實際創建人是有著一大批。

從「共匪朱德所部」到「朱毛」神話

早在紅軍時期，朱德就已經是公認的「紅軍之父」。就建立工農革命軍來說，朱德晚於毛澤東，那麼，他憑什麼被承認為「紅軍之父」呢？這根源於三個因素：一，中共最早的武裝力量在南昌暴動中幾近毀滅，是朱德維繫了血脈的連續性，並由他將維繫下來的力量發展為了中共最主要的「朱毛」紅軍；二，作為中共紅軍最重要的主力的「朱毛」紅軍，在創始階段是以朱德為主壯大起來的；三，雖然有很多人在軍事藝術上為中共紅軍作出了貢獻，但紅軍基本的軍事思想和技術是由朱德奠基的，朱德的軍事思想、技術和戰例是紅軍軍事藝術和戰績最集中、最典型的體現。如果試圖深入地確認朱德的「紅軍之父」地位，就必須考察朱毛紅軍的軍史，在朱、毛會師以後，在以少勝多、以弱勝強的總前提下，朱德創造了一個又一個的經典戰例，無論是戰役還是戰鬥，都是非常輝煌的，這在世界戰史上幾乎難以找出第二個例子。

朱德一上井岡山，馬上扭轉了毛澤東無所作為的局面，並很快就把井岡山根據地推到了鼎盛期。

中共官方黨史中有一個井岡山「四次進剿」說法，實際上這是從吹捧毛澤東角度的說法，因為，根本不存在什麼「第一次進剿」，因而也就不存在什麼「四次進剿」。所謂的「第一次進剿」，是指1928年年初的時候，楊如軒部有一個營佔據了寧岡縣城，控制住了井岡山的進出要道，毛澤東迫不得已打了一仗。當時楊如軒根本沒有接到上級要進剿井岡山的指令，蔣介石也沒有安排過對井岡山進行進剿的計劃，楊如軒只不過是在自己的防區採取一個屬行公務式的防衛措施。1927年底的時候，張子清、伍中豪已經配足了裝備從朱德那裏回到井岡山，毛澤東有了足夠力量對付這個營，就打了一仗，把這個營趕出了寧岡縣城。這幾乎是朱德上井岡山前毛澤東部打的唯一一次有點樣子的勝仗，後來竟然被吹噓成了井岡山的「第一次反進剿」。

對井岡山真正的進剿實際上只是三次。第一次進剿根源於朱、毛會師。朱、毛會師於1928年4月中旬，朱德所帶領的軍隊數量大，自然是蔣介石所必須要予以追殲的。早在3月時，朱培德由於跨省障礙而請示蔣介石，希望解決「協同」問題。直到5月3日，當湘南地區基本穩定了後，蔣介石電令湘、粵、贛三省對以「共匪朱德所部」為主的中共武裝予以「克日會剿」。在形式上，江西朱培德方面任命了王均為總指揮，組織了楊池生第九師、楊如軒第二十七師、劉士毅獨立第七師。湖南程潛方面任命了吳尚為總指揮，組織了熊震第一師、程澤潤第二師、閻仲儒第三師、俞業裕獨立團、許克祥獨立第三師。但對井岡山來說，這只是形式，他們不是全部對著井岡山來的。由於井岡山在江西境內，對井岡山的進剿就主要由江西方面負責。只有到了這時，井岡山才發生了「進剿」問題。

由於朱德遣返湘南的六千多人部隊，被國軍非常順利地予以了殲滅，以及朱德從湘南不戰而退，可能使江西省主席朱培德和其他國民黨將領發生了錯覺，對井岡山武裝力量產生了

輕視態度，因而沒有採取大兵壓進的策略。朱培德把進剿井岡山的任務主要交給了就近的第九軍第二十七師師長楊如軒，這不僅是因為楊如軒部比較就近，而且也是因為楊如軒曾長期是朱德的部下，對朱德的戰法應該是最瞭解的。從一般的軍事經驗來說，楊如軒的軍事力量對朱德已經占了絕對優勢，無論是兵力還是裝備都是壓倒性的，所以，朱培德派楊如軒對付朱德是足夠了。

楊如軒這個人本書已經提到過多次，雲南賓川縣平川鄉人，是朱德在雲南講武堂特別班時的同班同學，「五華社」社員之一，把兄弟，護國戰爭時是第一軍第三梯團朱德第六支隊第二營營副兼第七連連長，在戰場上被朱德火線提升為營長，護國戰爭後升為團長，1920年隨顧品珍回昆明後升為旅長，為朱德暗殺了雲南富滇銀行行長顧蘅齋，1922年顧品珍戰死後隨滇軍總指揮楊希閔東進廣東北伐，同年6月，孫中山任命楊希閔為討逆軍總司令兼第一軍軍長，楊如軒升任第一軍第二師師長，1923年因參與滇軍內訌被孫中山免去師長職務，轉而北投吳佩孚，任吳佩孚的第六師師長，駐軍贛南，1926年北伐戰爭時向老朋友朱培德倒戈，任國民革命軍第九軍二十七師師長。南昌暴動前，朱德曾想策動楊如軒參加暴動，向他灌輸共產主義，楊如軒既不接受也不出賣，而且出於情誼在南昌暴動後採取了回避和不聞不問的態度，但是作為軍人，既然現在不得不與朱德在戰場上見面，自然也就要盡自己職責。

1928年4月下旬，楊如軒帶了第七十九、八十、八十一團進行進剿，自己率第八十團駐守永新城，命第七十九、八十一團向井岡山方向進發。楊如軒在戰役安排上犯了一個重大的錯誤，他不是採取把朱德趕出地形險要的井岡山再設法殲滅的辦法，而是把兩個團分開，第七十九團進攻井岡山北麓，第八十一團則進攻井岡山南麓，試圖進行合擊圍殲。從兵力上說，朱德四個團人數與楊如軒相當，但由於缺少槍枝，戰鬥力

要大打折扣，因此，綜合戰力朱德要弱得多。但朱德利用了楊如軒的分兵合擊漏洞，命袁文才、王佐第三十二團留守預備，讓毛澤東隨戰鬥力比較弱的朱雲卿第三十一團北面阻擊楊如軒的第七十九團，自己親自帶領王爾琢第二十八團、胡少海第二十九團往遂川方向出擊，迎戰楊如軒的第八十一團。

胡少海團首先與敵一個營遭遇，這位朱德不願意放手遣返湘南、正規軍團長出身的人才，果然不負厚望，首戰告捷，將所遭遇敵第八十一團一個營消滅。朱德、王爾琢率第二十八團到後，繼續進擊，在五鬥江與敵兩個營接戰。粟裕回憶說：「剛一接觸，敵人就逃跑了。這時朱德同志跟我們在一起，他一面領著我們跑，一面不停地督促：『快追！快追！』我們一口氣追了三十五公里」。粟裕晚年說：「這種追擊已不是一般意義上的追擊，而是為了達到殲滅敵人的一種戰術。」其實，朱德這種追擊戰術在坪石之戰時，就已經讓許克祥受到了毀滅性的打擊。第二天，敵第八十一團團長周體仁親自組織反擊，與王爾琢第二十八團接戰一小時即敗北，但王爾琢沒有乘勝追擊，事後被朱德批評。次日，朱德親自率軍直奔楊如軒司令部所在地永新城，不到永新就追上了前一日的逃兵，楊如軒命第八十團出城救援，結果接戰後全面潰敗，楊如軒只能棄城而走。楊如軒進攻井岡山北麓的第七十九團隨之不戰而退。這樣，僅僅三天，對井岡山真正的第一次進剿就以朱德乾淨俐落的勝利而告終了。

沒有多久的5月中旬，楊如軒率他的第二十七師和劉士毅獨立第七師、楊池生第九師各一個團，以傾家蕩產的決心向他的老上級再次攻來。朱德迅速向井岡山收縮，留下胡少海團在永新縣游擊騷擾。楊如軒重新佔領永新城，然後派四個團向寧岡進攻。這時，毛澤東作為梟雄的本性第一次爆發出來，他不願意這個世界只知道「共匪朱德所部」，而要把自己的名字也要添上，擴大政治影響，忽發異想，私自派了第三十一團第一營去打南京國民政府主席譚延闓的老家茶陵縣高隴，想在全國

弄點政治影響出來，讓所有人都知道在井岡山的還有他「毛澤東」，結果，營長員一民戰死了也沒有能打下來，害得朱德只能親自帶領王爾琢第二十八團去增援。雖然也可以把打高隴看成是圍魏救趙之計，但至少楊如軒並沒有上當，他的四個團只是按計劃分兩路合擊寧岡。毛澤東十分恐懼，寫信給朱德要求救援寧岡。朱德決定不理睬毛澤東，出奇兵直搗永新城，消滅楊如軒師部。朱德召開營以上幹部會議，跟他們說：「打他的心臟。打他的指揮機關。打他的腦袋瓜子。一個鐵掌把他的腦殼打碎，他們就完了。我們今天走幾十里路，明晚奔襲永新城。如果你們同意，就準備爬城頭，準備樓梯。」

　　朱德下令向永新出發，當天在雨中走了一百三十里路，到離永新城僅三十里的澧田潛伏了下來。第二天凌晨，朱德率領經過休息的部隊向永新城隱蔽前進，正好遇到楊如軒的第七十九團向永新城開來，朱德當即決定伏擊殲滅這個團。僅僅一個小時，楊如軒的第七十九團就被朱德全殲。朱德不加停頓，立即進攻永新城。楊如軒後來說：「剛剛得報永新西鄉有警，接著，我的指揮部後方就響起了密集的槍聲，在倉皇撤退中，我只好跳城牆逃命，弄得狼狽不堪。」朱德以一個團加一個殘缺的營，在短短的一、兩小時裏，就全殲了一個整團，消滅了楊如軒師部，再次順利地佔領了永新城。這樣，楊如軒進攻寧岡的四個團也就不得不結束進攻回軍。井岡山又一次真正的進剿結束了。

　　朱、毛沒有多少裝備完整的兵力，楊如軒是個久經沙場的老將，雖然從規模上說只是小規模的局部戰役，但楊如軒的慘敗幾乎是不可思議的事。蔣介石和朱培德對此都大為震驚。6月上旬，由第九師師長楊池生第九師為主力，配備楊如軒二十七師兩個團，湖南方面出動吳尚第八軍的第二師三個團向寧岡逼近進行策應。楊池生與楊如軒一樣，也是朱德在雲南講武堂的同班同學，「五華社」社員，把兄弟。楊池生出戰之前去問楊如軒：「怎麼樣？」楊如軒說：「呵！真屬害，你去

嘗嘗味道吧！」楊池生說：「我們的武器比他們強幾十倍，人也比他們多，只要指揮有方，勝利可左。」楊池生說：「老朱的打法我知道，沒有什麼了不起。」

朱德將部隊收縮到寧岡後，決定先向西解除吳尚的威脅。朱德利用二打永新繳獲到的楊如軒的私章給吳尚寫了封信，讓吳尚派兩個團孤軍深入酃縣。朱德讓毛澤東帶領朱雲卿第三十一團到酃縣游擊策應，自己親率王爾琢第二十八團、胡少海第二十九團從西南方向進入酃縣，在十都與毛澤東會合後，將吳尚的兩個團予以了擊潰，佔領酃縣縣城。輕易損失兩個團的吳尚不敢反攻朱德，等待東面楊池生向寧岡進攻。當楊池生佔領永新向寧岡運動時，朱德立即撤出酃縣，回到寧岡，決定將戰場設在楊池生必要經過的兩個高地新七溪嶺和老七溪嶺，進行陣地決戰。朱德決定：「因為新七溪嶺是楊池生的主力，由我率二十九團截擊敵人。而由陳毅、王爾琢率二十八團主攻，出擊老七溪嶺敵人的後背。」6月22日端午節，朱德在新七溪嶺與楊池生正式開戰。對方進行指揮的是李文彬，戰鬥打得十分艱苦，李文彬非常頑強，甚至佔領了朱德的前沿陣地，在關鍵的時候，朱德帶領他貼身的機槍排衝到了最前沿，他自己也拎著機槍進行射擊，用集中火力打退敵人。王爾琢第二十八團由於晚到老七溪嶺，高地被對方佔領了，王爾琢在反覆攻擊沒有效果的情況下，組織了敢死隊，終於艱苦地佔領了老七溪嶺。王爾琢在老七溪嶺一得手，朱德這裏也就輕鬆了，正面敵軍開始後撤。朱德乘機發動進攻，追擊到龍源口，會同王爾琢圍殲敵人，楊池生全線潰敗。朱德率軍第三次佔領了永新城。井岡山真正的第三次反進剿取得了勝利。

嚴格說來，井岡山的反進剿應該是兩次。一打永新和二打永新的對方主將都是楊如軒，楊如軒的第二次進攻是針對第一次進攻失敗而緊接進行的反撲，實際上是一個戰役的兩個階段，就「進剿」來說應該屬於一次。因此，井岡山反進剿更應

該看作是擊敗楊如軒和楊池生的兩個戰役。這兩個戰役直接的軍事後果是消滅了楊如軒和楊池生兩部的基本力量，楊如軒和楊池生這兩位久經沙場的戰將因此而一蹶不振，基本退出了中國的戰爭舞台，朱培德則在相當一段時間裏無法組織起對井岡山的進剿，因此，就造就了井岡山的全盛時期，朱、毛控制了寧岡、蓮花、永新三縣及周邊一部分地區，形成了一個比較有規模的根據地。相應地，對外來說，朱、毛作為一體也被全國所知，「朱毛」從此成為了一個神話，而朱德作為「紅軍之父」的基礎也奠定了。

　　毛澤東私自派第三十一團第一營攻打譚延闓在茶陵縣高隴的老家是個不為歷史學家注意的事件，但這一事件卻有著劃時代的標誌性意義。這是個敗仗，但毛澤東的動機是為了要借助譚延闓這個國民政府主席也即當時名義上法定的國家元首名氣，達到宣傳個人的目的，雖然因為戰鬥本身的失敗而效果大打折扣，但朱德贏取了整個戰役的勝利，還是產生了震撼性影響，從而，毛澤東就把「共匪朱德所部」在社會影響方面改造成了「朱毛」，而朱德一連串奇蹟般的戰績則使「朱毛」成為了一個巨大的神話，從此，毛澤東作為中共武裝力量最主要的領導人之一，與朱德二位一體，成為了具有神性的象徵，它構成了毛澤東以後人生最關鍵的基礎和實力、道統資源。營長員一民的屍體滋養出了一株籠罩大地的巨大喬木。

十二 「十六字訣」之謎

「十六字訣」說法的來源

　　雖然中共按照瞿秋白的主張到處舉行的暴動都以失敗告終，但就像毛澤東秋收暴動後還保留了一支小股武裝一樣，那些難以數清楚的暴動在各地殘留下了大小不一的中共武裝，比較正規的則有工農革命軍番號，不正規的則雜七雜八，甚至只有幾個人但名義卻是像成千上萬的，有的甚至跟土匪毫無兩樣。朱德策動的湘南暴動是個特例，就整個暴動來說，中共同樣遭到了徹底的失敗，但在軍事上，朱德並沒有在暴動後與圍剿軍隊進行大規模作戰，而是採取了撤離的策略，因此，是中共所組織的比較有規模的暴動中，唯一的一次沒有遭到軍事失敗的暴動。正因為沒有遭到軍事失敗，朱德也就奠定了井岡山武力的基礎。為什麼這樣說呢？第一，朱德帶到井岡山的武裝事實上就是井岡山進行作戰的主力；第二，即使毛澤東不上井岡山，如果朱德看中並上井岡山，以他的江湖經驗和力量，足以制服甚至消滅井岡山當地袁文才、王佐微小的力量；第三，更必須考慮到朱德超人的軍事謀略、經驗和技術。

　　1928年5月25日，中共中央發出《中央通告第五十一號——軍事工作大綱（採用廣東省委擴大會議軍事問題決議案內容）》，明確中共武裝開始使用「紅軍」名義。大綱規定：「建立紅軍已成為目前的要務，不一定要等到一省或一國暴動成功，只要能建立一割據區域，便應當開始建立紅軍的工作。在割據區域所建立的紅軍，可正式定名為紅軍，取消以前工農革命軍的名義。」「紅軍」這個名號來源於蘇聯，因

此，早在中共1927年11月的湖北黃安、麻城暴動中，就已經偶然地使用了「紅軍」字眼。正式的使用則是在1927年12月的廣州暴動當中，使用了「工農紅軍」的名稱，名義上任命葉挺和葉劍英為正副總指揮，但實際並沒有組建專門的建制軍隊。當1928年5月25日中共中央確定「紅軍」名稱時，中共所實際擁有的最大的一支武裝也就是「朱毛紅軍」。但中共中央這一決定意思傳達到朱德、毛澤東那裏，還要經過一段時間。

在毛澤東上井岡山到朱德把井岡山根據地開拓到進入最盛時期這一階段，朱、毛在根本上處於「以我為主」的狀態，即他們不受地方黨的絕對領導。在朱德上井岡山以前，井岡山的最高領袖是毛澤東，朱德上井岡山之後，井岡山的最高領袖是朱德。但是，毛澤東與朱德作為最高領袖有著很重要的區別。朱德沒上井岡山以前，毛澤東作為最高領袖既是政治的領袖，又是軍事的領袖。毛澤東是中央臨時政治局候補委員、候補中央執行委員、中共中央特派員、湖南省委常委、湖南省委前敵委員會書記，這些職務都決定他的政治領袖地位。1928年3月初，中共湘南特委代表周魯到井岡山，傳達1927年11月9、10日中共中央臨時政治局擴大會議決議精神，宣布了對毛澤東的處分，在傳達的時候，由於周魯自己或之前某個環節的記錄差錯，把開除毛澤東中央臨時政治局候補委員和湖南省委委員資格的決定弄成了開除黨籍，但這樣毛澤東仍然是第一軍第一師師長，因此，毛澤東作為井岡山的最高領袖地位並沒有被改變。在朱德上山差不多時間，弄清楚了毛澤東並沒有被開除黨籍，但由於朱德的上山並擔任軍長，毛澤東作為黨代表只是朱德的副手，因此，井岡山的最高領袖也就由朱德取代。特別要注意的是，由於朱德來源於南昌暴動，在「道統」上屬於中共中央的武裝，而不是地方武裝，這時候地方黨並沒有絕對權利指揮朱、毛武裝，因此，朱德作為井岡山的最高領袖具有絕對性。

但是，朱德這一最高領袖與原來毛澤東的最高領袖地位存在著一個非常重要的性質不同，即朱德不兼具政治領袖的地位。毛澤東作為最高領袖的致命點是他不會打仗，只是能力問題，但朱德作為最高領袖的致命點是不兼具政治領袖的身份，而這卻是性質問題。1928年5月20日以前，毛澤東是工農革命軍第四軍軍委書記，這一職務在當時權力雖然不大，但卻作為第四軍黨的負責人擁有直接向上級甚至中央進行彙報的責任和特權，1928年5月20日毛澤東把周邊一些縣的中共黨組織負責人跟第四軍黨組織一起開了個會，宣布成立中共湘贛邊界特委，由毛澤東任書記。基於這一特權，在毛澤東進行彙報時，就必須要有第四軍是如何進行作戰的內容，正是這方面的內容，後來演變成了「毛澤東軍事思想」的雛形，而其中後來被吹嘘得幾乎至高無上、最重要的軍事原則，就是「十六字訣」。

毛澤東的「十六字訣」第一次出現於他起草的1929年4月5日《紅軍第四軍前委給中央的信》裏：「敵進我退，敵駐我擾，敵疲我打，敵退我追。」在1929年9月28日周恩來起草的《中共中央給紅軍第四軍前委的指示信》中，周恩來把它稱為了「十六字訣」，並向其他紅軍武裝進行了轉達。由此，「十六字訣」就被很多人當作了毛澤東的專利。但是，這並沒有充分的理由。

朱德提出並確定「十六字訣」軍事原則

1928年6月中共江西萬安縣委書記張世熙在莫斯科參加「六大」，會後於7月12日到列寧格勒參加共產國際會議，他在會議上作了題為《萬安工農鬥爭及1927年至1928年3月大暴動經過情形》的報告，在報告中說到：「與敵人搏戰的策略是『堅壁清野，敵來我退，敵走我追，敵駐我擾，敵少我攻』。」張世熙這一說法雖然是二十個字，但基本精神與

「十六字訣」一致。因此，從這個角度說，張世熙是比毛澤東更早提到「十六字訣」的人。雖然有些人在回憶中把毛澤東提出「十六字訣」作了提早，但並不能真正推翻張世熙更早這一基本事實。問題不在文獻的依據上面，無論是毛澤東還是張世熙，並不能因為他們是報告人就可以被認為是「十六字訣」的發明人，關鍵還是要分析其經驗依據，即軍事實踐的來源。張世熙，1894年生，江西萬安人，畢業於江西上饒甲種工業學校，一直在萬安做教師，1926年加入中共，1927年6月任中共萬安縣委書記，參與1927年11月由曾天宇指揮的萬安暴動。也就是說，無論是毛澤東還是張世熙，他們本人在進行報告的時候，都沒有形成「十六字訣」的扎實軍事經驗基礎。因此，至多只能說，他們主要是報告人或作為報告人在進行報告時，對他人的相應軍事經驗進行了文字體現和整理。

就毛澤東來說，形成「十六字訣」的直接經驗來源主要就是朱德。這必須根據戰例進行分析。一，「敵進我退」。在朱德擊敗楊如軒和楊池生的戰役開始階段，朱德都是先退兵收縮，拉開對方的戰線，然後伺機進攻。在坪石之戰擊敗許克祥時，朱德也是如此。二，「敵駐我擾」。每次戰役，朱德都儘量使用了一部分兵力對敵軍進行干擾，比如在二打永新時，朱德退兵讓出永新縣城，但留下胡少海團在附近干擾楊如軒，過段時間就到縣城附近打幾槍，不讓楊如軒安寧。侯鏡如建國後曾告訴趙鎔，還在南昌暴動南下會昌戰役時，朱德指揮侯鏡如教導團先行開戰，要侯鏡如「敵人退，我們跟著進；敵人駐下了，我們就四面八方打冷槍，擾亂敵人，不讓他休息」，侯鏡如認為這就是「敵退我進，敵駐我擾」，印象很深。三，「敵疲我打」。這是朱德尋找和製造戰機的一個基本原則。在坪石之戰當中，朱德先是隱蔽起來，等消耗到許克祥疲憊後才跟他進行決戰。在一打永新時，王爾琢擊敗楊如軒兩個營後沒有進行追擊，戰後被朱德批評，朱德的理由是敵人一路跑來很疲勞，又沒有吃飯，打敗後應該立即追擊。四，「敵退我

追」。關於朱德「追」的戰術和戰例，本書前面已經談過不少，就不贅述了。這些戰例基本都是在毛澤東眼皮底下進行的，而在朱德上井岡山前毛澤東參與的戰例中，則根本不能找到能夠完整證明運用「十六字訣」的事實。沒有戰例經驗，難道「十六字訣」會從天上掉下來？

趙鎔在1983年時曾明確對中央文獻研究室的人說：「你們寫朱德同志的傳記，有一件事要提醒你們，就是關於『十六字訣』的問題。一般都認為『十六字訣』是毛澤東同志提出來的，其實是朱德同志最早提出來的。他是在許多地方作過試驗的。最早起源於1913年。」他說：「1928年5月，在井岡山開會研究戰術時，毛主席曾提出打圈子、推磨的打法。有人認為『十六字訣』是毛主席創造的，其實是朱德創造的。朱總也不是憑空想出來的，他是經過了無數戰鬥的實踐，和學習外國的軍事理論和中國的古代兵法之後，才提出來的。你們要有這個分析。朱總是從來不講他的貢獻和他的優點、長處的，無論如何也不講。我就問過他：『『十六字訣』不是您提出來的嗎？怎麼成了毛主席提出來的了？』他說：『只要對革命有利，誰提的都一樣。』」

趙鎔這一說法仍然是一種間接的證明。就指出「十六字訣」是毛澤東發明的來說，有一個基本的特點，它們都是抗日戰爭中期毛澤東在中共初步形成絕對權威之後出現的，最早的說法出現在陳毅1939年9月15日《論游擊戰爭》報告裏，陳毅使用了「毛澤東的十六字訣」這樣一個說法。但這時候毛澤東的絕對權威還不能完全影響到朱德的權威。劉白羽在採訪了大量中共高級將領後於1941年寫的《朱德將軍傳》裏則明確說，朱德是「十六字訣」的發明者與執行者。更早進行採訪並在後來寫了《偉大的道路》的史沫特萊寫道：「朱德把軍事戰術歸納為這樣幾個要點：（一）敵進我退。（二）敵駐我擾。（三）敵疲我打。（四）敵退我追。」

真正的當事人之一龔楚在他的回憶錄裏則講得非常明確、詳細：朱、毛一會師就召開了一個整編部隊、安排職務和確定戰略、戰術的會議，在會議上，毛澤東談了目前的形勢是進行軍事鬥爭，提出建立以井岡山為中心的根據地，接著朱德進行了發言，指出軍事鬥爭是持久戰，應該採用游擊戰的方式進行，游擊戰的基本原則是：「一，敵進我退。當敵軍向我進攻時，其兵力多必倍於我，且其銳氣正盛，我軍應主動撤退，保存實力，待機轉移攻勢。二，敵退我追。敵軍撤退時，其銳氣已減，我軍應主動追擊，相機消滅其一部分兵力，打擊其士氣，積小勝為大勝。三，敵駐我擾。敵軍宿營時，我軍即以小部隊於夜間輪迴襲擊敵人，使敵軍無休息之時間，以疲憊敵人，造成對我有利之形勢。四，敵疲我打。當敵軍陷入於疲憊狀態，我軍有可乘之機，應即集中兵力，主動進攻，以殲滅敵人。以上四項游擊戰術十六字訣，若能靈活運用，可以制敵致勝。」龔楚是參加會議的主要人物之一，並在會上發了言，他的這個回憶明確、詳細，具體內容完全符合朱德軍人的身份，朱德發言的口氣也有一種軍事老大的教導意味。應當注意的是，龔楚在他的回憶錄裏，始終指出毛澤東在軍事上有他的天才地方，並且作為親歷者都具體介紹了毛澤東在那些戰例中表現出了他的軍事天才，在中共普遍的毛澤東為「十六字訣」發明人輿論背景下，龔楚沒有任何必要偽造這樣一個會議內容，去特別指出「十六字訣」是朱德的發明。

按照龔楚的回憶，朱德是在朱、毛一會師就提出和講解了「十六字訣」要領，這樣，張世熙7月在莫斯科的報告中有相應說法也就比較容易解釋了。萬安暴動徹底失敗是在1928年3月，失敗時毛澤東曾寫信要萬安失敗的人逃到井岡山來，但國軍封鎖了逃往井岡山的道路，無處藏身的萬安暴動總指揮曾天宇於3月5日被殺死。4月下旬朱德一打永新時，曾進入遂川，打破了楊如軒等對萬安的封鎖。毛澤東與萬安縣委借此機會開了個碰頭會，在開會時毛澤東談起了「十六字訣」，同

時，朱德也很可能參加了這個會議，那麼，張世熙因此而知道了「十六字訣」就很正常了。那麼，為什麼還要給暴動已經失敗的萬安縣委談「十六字訣」呢？這正是因為張世熙要去莫斯科參加「六大」，這對朱、毛來說是向中央進行彙報的一個非常難得的機會。

應該特別注意，張世熙報告中的話語除了多出一個「堅壁清野」外，其他與毛澤東1929年4月5日報告中的文字基本相同。為什麼會多出一個「堅壁清野」呢？所謂「堅壁清野」，實際上就是大燒大殺，這正是當時執行暴動的地方黨的主張。其他十六個字，雖然有微小差異，但仔細分析可以發現，張世熙的十六個字在軍事上並不嚴格，比如對「敵少我攻」與「敵疲我打」進行軍事學比較和分析，「敵少我攻」顯然存在著書生想像的缺陷，敵少未必就是可以攻他的，而敵疲則是進行打擊的普遍良機，在軍史上更是以少勝多、以弱勝強的常例，因此，一直做鄉村教師、不懂軍事的張世熙報告中的十六個字，具有轉述特點。張世熙不知道的是，「十六字訣」的目的是為了解決以少勝多、以弱勝強的問題，而不是提醒以多攻少。

此外，還不能忽視一個情況，那就是萬安暴動總指揮曾天宇曾是朱德部下，朱德在南昌擔任朱培德軍官教育團團長時，曾天宇是軍官教育團的教官，曾天宇在那時就從朱德那裏得到了「十六字訣」傳授也不是不可能。1927年6月曾天宇離開南昌回家鄉萬安，作為江西省委特派員組織、指揮暴動，雖然朱德在軍官教育團時對軍事訓練方面沒有發什麼言，但曾天宇是屬於朱德非常喜歡的知識型人才，留學過日本，受過專業的政治經濟學教育，並到蘇聯受過祕密軍事訓練，雖然他是軍事教官，但以他受過的軍事教育畢竟軍事知識和經驗十分有限，他要回萬安進行暴動，專門向朱德請教軍事，朱德向他個別傳授竅門，跟他講「十六字訣」是完全可能的。因此，張世

熙報告中的十六個字，直接來源也可能是曾天宇，而跟毛澤東無關。

中共「七大」以前，朱德有不少專門的軍事學文章，但朱德自己在那些文章裏並沒有談「十六字訣」，這又是為什麼呢？龔楚的回憶實際上解決了這個問題。在龔楚的回憶中，朱德總結性的話是：「以上四項游擊戰術十六字訣，若能靈活運用，可以制敵致勝。」如果不能「靈活運用」呢？那麼，「十六字訣」將是犯大錯誤或不作為的字訣了。所謂「十六字訣」，僅僅只是一種通俗表述的游擊原則，而不是概念清晰、準確的表述，按照龔楚回憶中朱德的具體解釋進行運用還問題不大，如果理解、掌握發生偏差，則將沒有任何意義。朱德在軍事學文章中反覆強調的游擊戰原則是祕密、迅速、堅決，各部之間必須達到協同，指揮原則是服從命令與機斷專行，這樣的表述在軍事學上比「十六字訣」簡潔、清晰得多，或者說，更是實施「十六字訣」的原則。朱德關於游擊戰的口語式或通俗式的表述不僅僅是「十六字訣」，比如還有「打得贏就打，打不贏就走」，但他在自己的軍事學文章裏並不提，原因也是這種表述在軍事學上來說缺乏清晰度和準確性，很容易成為游擊主義和無所作為的主張。

討論「十六字訣」的發明問題，並不是為了證明是毛澤東「偷」了朱德的「十六字訣」，恰恰相反，這正是證明了毛澤東的聰明和優秀。在朱德上井岡山以前，毛澤東基本是一個軍事外行，主要有了個「打圈子」戰術原則。他聽說井岡山一個土匪朱聾子有個說法，叫「不要會打仗，只要會打圈」，於是就總結出了「用盤旋式的打圈子政策」。但是，「打圈子」是消滅不了敵人的，只能保持不被敵人消滅。朱德上井岡山以後，三打永新每一仗都可說是戰史上的經典之作。一打永新是一路破擊，窮追猛打，與坪石之戰有類似處。二打永新是出奇兵，直搗敵方心臟。三打永新是一改游擊、運動風格，進行陣地決戰，然後實行追殲。在每個戰役當中，朱德事先都進

行集體討論，戰後進行評點、分析，他甚至評點到了戰後打掃戰場是否把彈殼揀乾淨了這樣的細節上，這等於是在用實戰戰例對身邊的每個人進行教學，其中當然也包括了毛澤東。

還必須要注意的是，朱德在紅軍時期時就強調，政治工作人員也要學軍事。何長工說：「朱德同志總是循循善誘，耐心細緻地教育我們，我們也以當小學生的態度向他學習。」井岡山朱德身邊這批人當中，各人悟性不同，學得也就不同，而其中在軍事原則和戰略原則上悟性最高的則是毛澤東，比如朱德一打永新佔領永新縣城後，即分兵到四鄉鼓動農民，毛澤東馬上就悟出了一個很重要的原則：「分兵以發動群眾，集中以應付敵人。」進一步，毛澤東又總結出：「很短的時間，很好的方法，發動群眾。」也就是說，正是在井岡山時期，非常有悟性的毛澤東從他自己試圖指揮軍隊的角度，從朱德身上學到了很多東西，達到了他的軍事戰略思想的初步成熟。現在，毛澤東再也不是朱德沒有上井岡山之前那個只能自嘲「軍旅之事，未知學也」的毛澤東了。

作為一個真正的軍事將領的「軍旅之事」，比如練兵、帶兵、作戰指揮、戰場布置、戰役和戰鬥判斷、戰役計劃、部隊組織、軍事制度、武器配備和使用、後勤配套、戰術技術等專業技術、知識和經驗，則不是作為書生的毛澤東所能夠學得會的。正是這個原因，毛澤東一直難以離開朱德，畢竟，離開了這些東西的一切戰略設想，都是空洞的。在中共裏面，直到抗日戰爭結束後的國共內戰時期，還沒有任何一個人在軍事的全面性上可以與朱德匹敵。正因為學不會，因此，對毛澤東來說，也就只要粗懂就可以，更多的精力則投放到政治、軍事、社會的全方位戰略和韜略的研究上去了。

可見，「十六字訣」之謎並不在於它是朱德的發明，真正的謎底是朱德熏陶出了作為軍事戰略家的毛澤東。在這同時，朱德也訓導出了一批優秀的軍事將領。

十三　朱、毛開始衝突

毛澤東「羅霄山脈中段」理論

　　朱、毛會師的一個重要基礎，是彼此都希望能夠進行合作。朱德需要毛澤東的是他在中共黨內的資歷和地位，毛澤東需要朱德的是他的軍事資歷、能力和軍隊。兩相比較，毛澤東更需要朱德。

　　秋收暴動毛澤東的兵力比較南昌暴動失敗後朱德的兵力，就數量來說毛澤東比朱德要多，而且毛澤東的部隊也是來源於張發奎「鐵軍」，先天條件並不比朱德的部隊差，但由於毛澤東沒有作為軍事將領的朱德的能力，結果敗得慘不忍睹，到了井岡山也不能有多大作為。如果毛澤東在秋收暴動時身邊有一個朱德，情況將會完全不同，這方面毛澤東是有切身之痛的。朱德以一千二百人進入湘南，做出了一個大局面，而對於進入湘南來說，毛澤東更有著便利條件，毛澤東沒有想到，在戰略上毛澤東也短了一大截。身邊沒有朱德這樣一個高手，毛澤東將是一事無成。

　　從朱德一面來說，他並沒有把毛澤東當作軍事領袖看待，而只是把他當作了一個政治工作者和黨務人員。湘南暴動發生大燒大殺，朱德聽說了毛澤東是反對大燒大殺的，這一點使朱德對毛澤東大有好感，毛澤東吸引了朱德。毛澤東的井岡山對朱德來說也是與毛澤東進行會師、合作的重要因素，但並不是主要因素。事實上，朱德並沒有把井岡山看作是一個可以進行發展的久留之地，而只是把它當做一種過渡。朱德早在南昌當警察局長時，就已經在贛東布置安排了人，埋了伏筆。在

贛南朱德也有不錯基礎。只是因為準備了上井岡山過渡，才沒有往那些地方發展。由湘南上井岡山，畢竟比較方便些，但朱德並不是非要上井岡山不可的。

還在上井岡山之前和上山的過程中，朱德方面的人已經對毛澤東有了防備心理。朱德手下大將陳東日是很熟悉毛澤東的，他對毛澤東一向很不滿意，認為：「我們湖南的同志，除了幾個老毛的死黨外，都對他不滿。」陳東日而且認為，1927年的國共分裂，「與毛澤東領導湖南農運過火有很大關係」。龔楚回憶，毛澤東知道朱德在湘南暴動後，派了親信何挺穎帶著自己親筆信去晉見朱德，之後陳毅給龔楚寫信提醒說：「何挺穎告訴他有關毛澤東近況，並鄭重地說毛是工於心計的人，今後與他合作，要特別小心，切勿似對朱德那樣坦白。」陳毅既然能提醒龔楚，就應該也會提醒朱德。上山後，耒陽縣地方黨一個「雷同志」拜訪龔楚時，跟他說：毛澤東是個陰險殘忍的人物，湖南黨的中上層同志對他素無好感。這種對毛澤東的傾向性評價，朱德不可能不耳聞。朱、毛會師見面後，吃晚飯時毛澤東滔滔不絕，龔楚回憶：「朱德一聲不響，陳毅亦微笑不語，我的內心則暗自偷笑。其餘的人都面面相覷，不敢出聲。」這情景說明朱德的人既不把毛澤東當回事，又很謹慎地尊重他。至於經歷無數風雨的朱德本人，以他首腦的地位，自然不便於對毛澤東作什麼評價，只能慢慢觀察，儘量合作，保持團結。

在朱、毛會師後開始一段時間裏，一切都很正常，大家在朱德的領導下整訓部隊，與地方黨合作良好，向周邊發動群眾，軍事上又獲得進展，心情都很愉快。但這種局面對毛澤東來說是極其痛苦的，這等於承認了自己部隊被朱德兼併掉並作為一名政治工作者輔助朱德，毛澤東不習慣於被領導而習慣於領導別人，他需要的是自己能夠實行獨裁，能夠成為井岡山的最高領袖。毛澤東要擺脫這種局面在紅四軍內部根本沒有辦法做到，唯一的出路是突破紅四軍的局限。那麼，該如何進行突

破呢？這個問題難不倒毛澤東。他是個富有想象力的人，很快就想出了辦法。毛澤東採用了兩個手段：一是鼓吹出一個「羅霄山脈中段」理論，一是成立一個湘贛邊特委。

所謂「羅霄山脈中段」理論，在表面看是一種戰略觀點，毛澤東把井岡山擴展為範圍比較大點的羅霄山脈中段，意思是在羅霄山脈中段建立根據地可以解決防禦問題，然後據此波浪式地向外推延，進而獲取一省或數省的勝利，再進而可以獲取全國勝利。這是個非常能夠迷惑人的戰略觀點，以至今天還被很多人不假思考地奉為是偉大的理論。但是，這個戰略根本經不起推敲。它是以一個非常貧瘠的山區為中心，逐步向外擴展，但外界是非常強大的，而由於這個中心本身的貧瘠，永遠只能處於弱小的地位，當強大的外界因為某種原因——比如軍閥混戰——形成不了對這個中心有力的合圍時，得到生存沒有問題，甚至也可以達到非常有限度向外擴展，但當強大的外界在一定條件下——比如不進行軍閥混戰，可以聚集一定足夠兵力——能夠形成有力的合圍時，由於貧瘠所導致的弱小，則不僅不能形成向外的擴展，而且生存都將難以為繼。「羅霄山脈中段」致命的問題是試圖以一個貧瘠的點擴展為一個面，如果僅僅是進行非常有限的擴展的話，就跟土匪沒有什麼兩樣；如果進行規模比較大的擴展的話，本身又形成不了相應的力量。這個理論的本質就是井岡山理論，但井岡山更加顯得荒唐，所以，毛澤東就把井岡山概念擴大為「羅霄山脈中段」，以掩蓋其哄人的目的。這是毛澤東畢生提出的第一個戰略觀點，本質上不過是把土匪占山為王的現象加以了「理論」化，與毛澤東後來農村包圍城市完全是兩回事，農村包圍城市是以面圍點，在廣闊的背景下可以形成最終獲取城市的強大力量，因而是合理的戰略。

在紅四軍吃飯都很難解決的情況下，所謂「羅霄山脈中段」理論是極其可笑的。因此，無論毛澤東怎麼鼓吹，朱德毫不回應。那麼，毛澤東鼓吹「羅霄山脈中段」理論到底是什麼

用意呢？「羅霄山脈中段」理論表面看是一種軍事戰略，也是一種武裝割據方式，實際則是一種「政權」理論，它的根本是以黨為核心，將黨、政、軍一體化的理念，目標是達到黨對軍隊的專制，實質也就是為了形成毛澤東對黨、軍、政的個人獨裁，在朱、毛之間就是改變毛澤東作為朱德副手的地位，將朱德調整為毛澤東的下屬。

朱、毛衝突的起點──毛澤東成立湘贛邊特委

按照「羅霄山脈中段」理論，毛澤東就相應地調整了體制。轉捩點便是1928年5月20日成立湘贛邊特委。這也正是朱、毛衝突的起點。

毛澤東處於朱德的副手地位雖然是中共官方黨史著作所普遍模糊掉甚至顛倒的事情，但歷史終究就是如此。黃克誠說：「毛主席以前沒有打過仗，而朱老總是有軍事經驗的。當然，關於建軍思想、根據地思想是毛主席提出來的。」毛澤東的嫡系、始終非常崇拜毛澤東的何長工文革後說：朱德「具有豐富的軍事知識和高尚的政治品質，當時他的領導水平、指揮藝術還沒有人能超過。」如果指其他人的能力沒有超過朱德的，何長工這句話毫無意義，因此，這句話顯然包含了毛澤東在井岡山時的全面能力還不如朱德的意思。何長工委婉地說：「軍長是朱德同志，黨代表是毛主席。前委還沒恢復，毛主席也就超然一點了。」什麼叫「超然」？「超然」實際就是毛澤東只是朱德的副手，權力小，管不了大事，做不了大決定。

何長工的說法實際上已經點到了要害：毛澤東的副手地位決定於他的職務。已經被開除中央臨時政治局委員和湖南省委委員資格的毛澤東根本沒有權力領導朱德，更不用說指揮朱德了。相反，黨代表的職務卻把毛澤東明確為了朱德的副手。他所能充老大的根據，只是他在中共的資歷和曾經的地位，而這只是他自己的一廂情願。毛澤東必須要改變這種職務

關係。1928年5月20日，毛澤東在沒有上級指示的情況下，拉了永新、寧岡、遂川、茶陵、酃縣、蓮花的地方黨與紅四軍黨組織一起開了個會，組建了一個與湖南、江西省委關係比較模糊的湘贛邊界特委，毛澤東自然就當了書記，紅四軍軍委書記由陳毅接任。這樣，在形式上，毛澤東的地位就高於了朱德，成為了朱德的上級。

這個會議令朱德很不滿，認為毛澤東越了不能指揮地方黨的權，是槍指揮了黨。更嚴重的問題是，毛澤東不僅指揮了井岡山地區的地方黨，更是超越了湘、贛兩省省委，建立起了自己的獨立王國。按照當時中共的規矩，由於中央遠在上海，因此，為了保持黨對軍隊的領導，軍隊便是到了什麼地方，就受什麼地方的黨組織領導。但這也是比較模糊的，具體跟軍隊的規模和軍隊領導人的地位有關係，如果軍隊規模比較小，比如那些暴動後殘存的小股武裝，中共當地縣委就可以進行領導，但如果軍隊規模大，則情況就不同了，既可以接受當地黨的領導，也可以不接受領導。朱德的隊伍更是特例，無論是在廣東，還是在湘南，由於跟他直接打交道的黨組織級別比較低，他很自由，需要接受領導的時候就接受，不需要接受的時候就不接受，比如湘南暴動後，他可以不理睬地方黨的「逃跑」指責，帶著部隊離開。但是，即使是朱德，當是當地省委直接進行領導時，還是必須要服從的。毛澤東的奧妙在於，井岡山處於湘贛邊界，湘、贛兩省省委就都可以領導紅四軍，毛澤東藉口不方便，弄了一個「湘贛邊」特委出來，等於在湘、贛兩省省委之外另外成立了一個組織，內在的含義就是不願意受湘、贛兩省省委領導，只願意直接受中央領導，而由於通信不便，所謂中央領導就不能做到及時，毛澤東就建立了自己的獨立王國。

對毛澤東的這一動作，作為軍長的朱德沒有權力予以阻止，因為，特委在形式上是一個黨的組織。在這樣的情況下，朱德採取了既不接受毛澤東領導，也予以了默認的態

度，抑制了自己的不滿。另一方面，如果要成立特委的話，並沒有比毛澤東更合適的書記人選。如果讓其他地方黨的人來當特委書記，對紅四軍並沒有什麼利益，由紅四軍自己的人擔任特委書記，則對紅四軍比較有利，實際上就等於由紅四軍控制、領導了周邊地區的地方黨，但紅四軍所能夠出任的書記人選，無論從與地方黨的熟悉程度還是在中共黨內的資歷、影響來說，都是非毛澤東莫屬。所以，朱德沒有任何理由可以反對毛澤東擔任書記。朱德所反對的只是毛澤東私自成立與湖南和江西省委關係模糊的湘贛邊界特委，等於是在兩省省委之外另立山頭。朱德予以容忍的另一個原因是，暫時毛澤東還不能以特委的名義領導自己，因為，特委的成立無論是湖南還是江西的省委都沒有權力批准，而必須要由中共中央批准，在當時的情況下，要得到批准文件或口頭指示，是要花很長時間的。因此，毛澤東只是個沒有合法性的假領導而已。如果中央批准成立特委，採取容忍態度的朱德可以順水推舟，承認毛澤東的領導權，如果中央不批准，朱德就更沒有必要與毛澤東直接發生過分的不愉快了。

毛澤東暫時取得了一個假領導的名義，但同時付出了一個大代價，那就是紅四軍軍委書記不得不相應讓給陳毅。由於當時黨對軍隊的領導形式是軍委，雖然軍委作為紅四軍軍內的軍委，在根本大方針上還是由軍長朱德控制，但終究是個非常實在和重要的權力組織，軍委書記一職的讓出，毛澤東就等於實質性地失去了在紅四軍的權力，僅僅只有了一個空乏的黨代表職務。這樣，毛澤東的實際權利就跌到了低谷，對朱德根本沒有了任何干涉權力。朱德在紅四軍的獨裁上升到了一個新的高峰。也許毛澤東沒有想到會形成這樣的後果，但即使他想到了也無可奈何，為了最終獲取領導權，他必須接受這樣的暫時現實。這一暫時現實所導致的後果，是朱德藉機進一步鞏固了人們對自己的忠誠，加深了官兵對他個人的崇拜，他成了真正的紅四軍之「父」，再也沒有任何人可以取代他和動搖他的地

位。但因為有中央批准指示到來的希望，毛澤東只是儘量跟一些人講大道理，鼓吹「羅霄山脈中段」理論，拉關係，耐著性子等待。毛澤東作為一名曾經的中共「一大」代表、中共中央候補政治局委員、國民黨代理宣傳部長和著名的湖南農運領袖，還是備受多數人尊敬的，不管他有沒有實際權力，大家還是認可著他僅次於朱德的角色，而且，所有人都絕對承認他是個非常有能力的人。

朱德的忍讓暫時掩蓋了矛盾，他們彼此的衝突到了1928年8月下旬開始明朗化。當時湖南省委撤銷了毛澤東的特委，成立了一個以毛澤東為書記的行動委員會，既打擊了毛澤東，又給予了毛澤東「合法」的領導權。到了11月初，中央終於來了指示，批准毛澤東成立的特委，這樣，毛澤東就開始正式「領導」了起來，於是，朱、毛之間的衝突也就進入了全面爆發的階段。

十四 紅四軍湘南兵變

無奈的朱德向湘南進發

朱德取得對「江西兩隻羊」（楊如軒、楊池生）的戰役勝利後，湖南省委的神經又一次被刺激得興奮起來，他們馬上制定了以紅四軍為主力的湖南大暴動計劃，派了個年僅二十一歲的巡視員杜修經上井岡山宣布並督促執行。

湖南省委指定毛澤東臨時擔任紅四軍前敵委員會書記，命令紅四軍開往湘南策動暴動。這個指令立時使毛澤東興奮起來，這等於湖南省委承認他在紅四軍的最高領導權，他立即以前委書記的名義自說自話地越權召集地方黨開會，再次引起了朱德對毛澤東「槍指揮黨」的不滿。但在不去湘南這個問題上，朱、毛還是有共識的。這等於是放棄井岡山，再到社會基礎很差的湘南去冒險。朱、毛之間的區別，是毛澤東不願意放棄井岡山，而朱德則不很在乎貧瘠的井岡山，但要去湘南則又是朱德不願意的。由於中共的大燒大殺，中共已經在湘南失去了人心，農民基本不願意支持中共，中共在湘南已經沒有什麼社會基礎。

朱、毛都不願意去湘南，但指令又不得不執行。在這個問題上，朱、毛達成了一致，帶部隊到井岡山根據地邊緣地帶進行運動，朱德還攻佔了酃縣縣城，用這方式進行敷衍。

但是朱德僅僅是不願意去湘南，並不等於不想下山。毛澤東很超脫，不顧紅四軍兵員、彈藥、後勤等的實際，比如當時紅四軍只能以南瓜作菜，以番薯和米煮食，這種情況並不很影響毛澤東自己的生活質量，輕鬆地認為就在根據地內解決給

養，這等於是把兩手一攤，什麼都沒有拿出辦法。如果在根據地內就可以解決問題，紅四軍還會只能以南瓜作菜，以番薯和米煮食嗎？朱德憂心如焚，他作為軍長不能不管，長期這樣，軍心會渙散的。朱德清晰地認識到，要解決這些實際問題，就必須打出去。他主張打出去攻佔地方，分兵策動，既可以補充兵員、彈藥，又可以補充給養。

朱、毛的這一不同，實際上是兩種戰略的衝突。毛澤東主張以井岡山為中心向周圍進行波浪式保守發展，而朱德的主張實際就是一種進取發展，用打出去的方法較快地發展根據地，擴大紅軍。在建立和擴大根據地這一點上他們並沒有分歧，而是分歧在怎麼建立和擴大根據地上。在軍事上來說，毛澤東的主張並不能行通，這種保守的戰略似乎很穩妥，但是，一當蔣介石大舉壓進，由於紅軍沒有得到擴大，將根本沒有辦法應對，無論怎麼游擊都是無能為力的。朱德的戰略雖然比較冒險，但這是尋求生存和發展的唯一道路。中共官方黨史把毛澤東所謂的羅霄山脈中段理論吹得正確、英明無比，但他們忘記了，井岡山根據地最終還是不得不放棄，紅四軍真正的大發展正是在放棄井岡山，向外出擊後才實現的。紅四軍後來的歷史恰恰證明了毛澤東戰略的失敗，證明了朱德戰略的正確。事實上，毛澤東龜縮在井岡山的戰略已經極大地影響到了軍隊的士氣，特別是朱德所帶來的部隊，他們既不是當地人又不是土匪出身，軍官很多都是黃埔出身的，有的人比如胡四海、龔楚，在北伐中本就已經是正正規規的團長了，他們怎麼會願意像袁文才、王佐那樣窩在貧瘠的井岡山？年輕的林彪甚至已經公開質問：「紅旗到底能打多久？」

湖南省委的指令已經刺激出了胡少海第二十九團多數官兵強烈的返鄉情緒，正當朱、毛在根據地邊緣游擊敷衍時，第二十九團官兵召開了士兵會議，提出「打回老家去」。客觀上說，由於湘南暴動中共與國民黨的輪替大屠殺，這些來源於湘南的官兵為家中情況而憂心是很自然的。另一個因素則直接跟

毛澤東有關，很多人雖然尊重甚至尊敬毛澤東，但由於毛澤東喜歡擺譜、訓人、搞小動作，作風專制，個人品格為很多人所不能接受，按龔楚的結論是「難以相處」，一些人採取敬而遠之的態度，但一些人則希望脫離毛澤東，不跟毛澤東在一起。龔楚評價、對比朱、毛的個人品格說：「一，毛澤東處事獨裁，一切軍政措施均由他個人決定，不想他人干預，而且個性固執，不接納他人的意見；朱德則有民主作風，凡事都和大家商量決定，然後施行。二，毛澤東處處以領袖自居，好似惟我獨尊，個人英雄主義思想十分濃厚；而朱德則處處謙讓，只求將事做好，而不顧個人利害得失。三，毛澤東為人虛偽，凡事都轉彎抹角，以達到目的；而朱德則凡事坦白，為人誠實，是則是，非則非，絕不假以辭色。」

　　7月12日夜第二十九團士兵會議決定「不通知上級官長及黨代表」，於13日開發湘南。朱德在阻止無效後，又不能讓他們孤軍戰鬥，在杜修經的隨行、督促下，只能於7月14日親自帶領一路爭吵、一路無精打采的第二十九團與不願意去湘南的第二十八團和特務營，向湘南開進。毛澤東兩次寫信，要求部隊回井岡山。

　　出發後發生了一個權力變動，按照湖南省委新的指示，陳毅為書記的軍委改為仍然由他任書記的前敵委員會。這就等於解除了毛澤東的權力。更深奧的名堂在於，當朱德在井岡山的時候，湖南省委可以承認毛澤東作為書記的地位，當朱德離開井岡山，湖南省委就不承認了毛澤東的書記地位。這實際上是彼此矛盾很深的湖南省委與毛澤東在互相爭奪朱德，湖南省委要想方設法把朱德從毛澤東身邊拉走，而毛澤東則要想方設法把朱德拉在自己身邊。在這兩者之間，朱德處於極度痛苦當中，他可以選擇任何一方，但對他來說，毛澤東可惡，湖南省委則可恨。毛澤東的「羅霄山脈中段」理論雖然荒唐，但不是胡來，是一種保守主義，發展不了紅四軍也暫時傷害不了紅四軍，而湖南省委則是在讓紅四軍走向危險的境地。

現實的情況是，在湖南省委的鼓動、對毛澤東的厭惡和思鄉情緒三個因素的作用下，第二十九團官兵已經失控。團長胡少海保持沉默，黨代表龔楚積極主張，一般的官兵情緒激奮。士兵們叫著希望「軍長帶我們回湘南」。朱德勸阻他們，要求他們「聽命令」。士兵們說：「你帶我們回湘南，我們就聽你的命令。」無奈的朱德只能帶部隊向湘南進發。

兵敗郴州與王爾琢之死

再舉行湘南暴動意味著必須要打掉重鎮郴州。朱德率部在向郴州靠攏後，根據地方黨提供的情報，7月24日凌晨，朱德決定攻佔空虛的郴州。這時，糟糕的情況發生了，已經發出攻城命令的朱德發現城內不是許克祥的部隊，而是范石生的部隊。朱德十分猶豫，現在手上的這支紅軍主力正是依靠范石生才發展起來的，進攻范石生不僅是件很不道義的事情，而且對將來也是斷了再次合作的道路，在戰略上將是重大損失，此外，因為很不道義，也會嚴重影響到部隊士氣。朱德對杜修經說：「不打了吧！」杜修經回答：「已經打響了，就打吧！」無奈的朱德這時一定是一肚子火。

龔楚回憶說：攻進城後，「我回想到朱德與范石生結義情深，范待朱德甚至厚，以前朱德在範部一四〇團充任團長時，范曾奉命將朱德繳械，而范石生竟密函通知他離黎市自謀出路一事，可說是仁至義盡。今天被朱德襲擊潰敗，可謂以怨報德。我想至此，頓生憮然。我打趣地對朱德說：『范軍今次被我們打得大敗，你還記得在貢江黎市時的事嗎？』他很堅定地說道：『革命沒有恩怨和私情可言，階級立場不同，就是生身父母，也要革命，何況是結義兄弟？』」當時龔楚「猶如潑了一盆冷水似的，不禁暗自打了一個寒噤。使我想起『捉曹操』一劇曹操說的『寧使我負天下人，不使天下人負我』的那句話」。龔楚把朱德理解成了冷血，其實，朱德這種話不過是

一種憤怒而已。在已經打了的情況下，朱德對自己的下屬，還能怎麼說？而且，當時是一片混亂，準備回家的第二十九團士兵自然要帶點「禮物」回去，像土匪一樣到處擄掠，「一個個肩背手提，囉囉嗦嗦一大堆」，「直到朱軍長進了城，才制止住這種違反紀律的行為」。見到自己的士兵已經變成了土匪，朱德不惱火也得惱火。

當時范石生並不在部隊，而是在廣州。事後知道朱德進攻他後，很不滿，責備朱德「不夠朋友」。攻打范石生無論在政治上還是策略上都是非常愚蠢的行動，政治上很失人心，策略上則失去了一支難得的可以彼此默契的盟軍。這雖然是湖南省委的決策，也是地方黨提供的情報不詳細所致，但如果朱德能夠堅決一些，雖然已經接戰，收兵並不是不可能。客觀上，朱德處於一個兩難的境地，既然來了湘南，也就要按照湖南省委的決定執行，要執行則一定要打郴州，范石生頂多不採取真正的攻擊行動，但並不會因為朱德要佔領郴州就自動放棄郴州。如果不打郴州，則就是不執行湖南省委的暴動計劃，那麼到湘南來就等於是護送第二十九團回家鄉，像開玩笑一樣，本就不願意來的第二十八團會意見更大，一系列後果都會引起。所以朱德根本沒有辦法解開這矛盾，所唯一可以選擇的只能是窩囊地打郴州。

范石生不在部隊，但他的部屬並不會忍受朱德不道義的攻打，憤怒的部隊在第四十六師師長張浩的指揮下，於傍晚進行了強大反攻。第二十九團的士兵已經像烏合之眾一樣散去，朱德只能親自把守出城的橋，保護部隊迅速撤出城去。張浩奪回郴州城後，大概還是念及朱德與自己軍長范石生的交情，沒有對朱德進行追擊。但朱德的第二十九團最後只有團長胡少海、黨代表龔楚所帶團部少量人員和蕭克一個連回來會合，基本屬於全團覆滅，只能被編入第二十八團。

這是朱德軍旅生涯以來最窩囊的一次敗仗。追根溯源，根源最主要還是中共的湘南大燒殺。第二十九團鬧著要回湘

南，被中共歸結為是農民的落後性，這並沒有什麼根據。湘南是一個出當兵人口的地方，到外面當兵的很多，並沒有因為長期離開家鄉而有什麼鬧集體回鄉的事件發生。不管是農民還是工人，當自己家鄉遭受大屠殺，而回家的路程並不遙遠，一當上級有要回家鄉執行任務的指示，渴望著回去是很正當的人情。問題是中共從來只認為自己屠殺人民是進行革命，是很正當的，因此，並不能深切認識到自己已經是人民的敵人。對湘南人民來說，實際上，無論是中共還是國民黨，都是反人類的壓迫集團，中共來了是大屠殺，國民黨來了也是大屠殺，而就大屠殺來說，中共作為先執行者，更是罪魁禍首。但中共湘南省委不認為自己是人民的敵人，社會剛有一點安寧，就又要搞暴動，他們不能認識到自己已經不能得到人民支持，人民並不願意放棄眼前剛得到的安寧。這不僅已經注定朱德去湘南的厄運，更是直接導致了郴州之敗。

由於缺少人民的支持，朱德所能得到的情報就非常錯誤，不僅不知道郴州的駐軍是范石生部，而且也不知道范石生部雖然在郴州城中僅有一個團兵力，但在郴州城附近地區駐紮著五、六個團的強大兵力。當朱德攻進郴州城後，他連忙收集地圖和情報，才知道實際情況，準備主動撤退但已經晚了。最糟的是由於湘南大燒殺，導致了第二十九團徹底失控了的後遺症，朱德整支部隊經過一連串反應，整個軍隊的軍心發生了極大的混亂。朱德並不是不想打出井岡山，但他心裏的方向並不是湘南，如果回湘南，那在3月份時，又何必撤離呢？

另一個重要的根源則是因為毛澤東的龜縮井岡山戰略，所謂的羅霄山脈中段理論。這種保守戰略極大地影響到了部隊對前景的失望，有一種躲在山裏做土匪的感覺。無論是第二十九團要回湘南還是之後袁崇全的判逃，都與這有著密切的關係。這一點，在經過這次失敗後，朱德不會再猶豫，跟毛澤東糊稀泥糊下去，他將很快就做出決斷。

嚴格說來，這次郴州之敗並不是真正的戰鬥之敗，而是一次兵變之敗，是由第二十九團兵變導致的戰敗。由於第二十九團大部分官兵要回家鄉，這支部隊實際已經失控，當打進郴州城後，他們已經處於兵變狀態，只不過這種兵變不是反戈一擊，而是潰散而已。范石生部第四十六師師長張浩進行反攻後，朱德的第二十八團和他的特務營並沒有遭到多少損失，而是順利地撤離了。覆滅的第二十九團也並不是被張浩打掉的，而是在朱德一佔領郴州城後就發生了潰散，張浩反攻時，更是作了鳥獸散。因此，朱德之敗嚴格說來並不是被打敗，而是他的部隊自己打敗了自己。

　　正因為是這樣的實質，因此，也就引起了進一步的後果，導致了王爾琢的死亡。王爾琢第二十八團雖然不願意來湘南，但也並不願意呆在井岡山，這一矛盾在郴州失敗後，就爆發了出來。由於朱德、陳毅明確了將回井岡山，第二十八團第二營營長袁崇全就帶了部隊走掉了，「並要換旗子」，自行組織由他本人擔任書記的特委。結果，想去把部隊喊回來的王爾琢被袁崇全槍殺。袁崇全本是朱德很喜歡的一個人，龔楚回憶：「袁崇全出身於黃埔軍官學校，他與該團團長王爾琢是同期同學，賀葉軍在潮汕失敗後即跟隨朱德，歷任連營長，他平時沉默寡言，但作戰尚勇敢，深得朱德和王爾琢喜愛，每在談論幹部時，常稱他是一位頗有修養的軍事幹部。」這樣一位「頗有修養的軍事幹部」走掉，而且竟然殺死了朱德最為倚重的王爾琢，經歷過無數死亡的朱德從未有過地「登時放聲痛哭」，讓人「攙扶」回了部隊。應該說，王爾琢的死亡更堅定了朱德向井岡山以外發展的決心，從而促使了中共歷史的一次巨變。

　　在中共黨史上，朱德這次整個的失敗，被稱為「八月失敗」。知道了朱德在湘南失敗的毛澤東藉這機會，開始公開指責朱德是單純軍事觀點的冒險主義者，指責朱德不顧根據地，有流寇思想。雖然他們會面後，毛澤東當面時的態度十分

和婉，似乎什麼事情都沒有發生過，但毛澤東怎麼會輕易放棄朱德這一「錯誤」？朱、毛的矛盾就此公開化了。但朱德的領袖地位並沒有動搖，朱德不跟毛澤東糾纏，不露聲色地沉默著，實際則在心裏盤算徹底解決問題的戰略轉變方案了。

十五　大轉折：彭德懷上山，朱德下山

朱、毛之爭的本質

　　當朱德離開井岡山去湘南後，湖南吳尚的少部軍隊向井岡山進行了壓迫。敵軍雖然不多，但毛澤東很恐懼，毫無辦法，大罵朱德不管根據地，不幫他守衛井岡山。好在吳尚由於湖南內爭，撤離了軍隊，使毛澤東躲過了一劫。朱、毛重新會合後，朱德雖然兵敗湘南，但並沒有因此向毛澤東示弱，反而態度很強硬，問毛澤東：「現在是否立即合力？」也即要毛澤東決定是否還是保持「朱毛」，毛澤東自然要保持「朱毛」的。朱德返回井岡山後，重新整頓部隊，又連續打了幾仗，對井岡山作了鞏固，使井岡山在軍事上恢復了元氣。

　　1928年11月初，毛澤東終於等來了他期盼已久的中央指示，指示明確井岡山地區黨的最高機關是前委，「特委及軍委統轄於前委」，指定毛澤東任書記，朱德為委員，另加一名地方黨書記、一名工人出身的人和一名農民出身的人為委員，這一五人前委為最高領導集體。這個指示的實質是中共中央第一次明確了以毛澤東為主的「朱毛」領導核心，但並沒有對朱、毛具體的權力分配作出指示。有了這樣一個指示，毛澤東興奮不已，因為，他終於法定地被明確為了朱德的上級。

　　但是，關鍵的問題還是在紅四軍的問題上。中央的指示雖然明確了毛澤東的領導地位，但這種領導很明顯只是局限在黨的領導上，並沒有明確具體應該怎麼領導軍隊。書記、委員之類，實質性的權力大小，在武裝革命的背景下，還是決定於實力，也即對紅四軍的指揮。在這一問題上，朱德毫不讓

步，不讓毛澤東具體插手軍隊。這樣，朱、毛的衝突就集中到了一點上，即：前委可不可以具體指揮軍隊？這個問題後來被毛澤東誇大成了黨指揮槍還是槍指揮黨的問題，這完全是毛澤東故意的歪曲。朱、毛在這一問題上衝突的意義，至今沒有被史學界所深刻認識，通常只是被局限在了朱、毛權鬥的範疇當中。朱、毛衝突的本質是，在當時只是一個紅四軍軍權問題，但由此奠定了以後中共武裝的根本權力體制，並進而奠定了中共建國後的國家根本制度，以至於二十一世紀，成為了中國大陸實現民主化的制度性根本障礙。

孫中山早期進行革命時，是政黨與武力一體化，進行暴動和暗殺行動的都是同盟會會員，採用這種模式可能是受了十九世紀上半葉著名的義大利燒炭黨人瑪志尼的影響，也是繼承了中國的會黨傳統。辛亥革命後，孫中山試圖徹底政黨化，走議會道路，進行憲政政治運動，政黨與武裝、政權分開。護法以後，孫中山有了一大改變，組建軍政府，黨、政、軍在最高權力層次上進行一體化，但在一般的政權和建制軍隊上，孫中山並沒有實現黨－政、黨－軍的一體化，更不存在黨、政、軍的一體化。孫中山這樣就把自己陷進了一種體制性矛盾中，一方面是他高度的專制，另一方面則是作為基礎的政權、武裝體制具有民主性，這種矛盾導致了他一敗再敗。但是，由於孫中山的最高政府是軍政府，因此，在其基礎的權力體制結構中，就不是政－軍模式，而是以軍人為主的軍－政模式，從而在中國南方導致形成了泛濫的軍閥政權。最重要的是，孫中山就此奠定了中國革命的專制價值取向，而追求憲政的他本人也形成了專制價值觀，提出了為自己實行專制辯護的軍政、訓政、憲政三階段說。正因為如此，孫中山就有了與蘇聯進行聯合的思想基礎和制度基礎。

與蘇聯聯合後，孫中山進一步實現了專制化，形成了國民黨的一黨專政，在政權方面，是一種黨－政體制，甚至可以不要政府而直接以國民黨黨部作為政權形式；在軍隊方面，則

形成了黨－軍體制。孫中山不會想到自己死後，他所建立的專制體制會進一步惡化，乃至災難化，會演變成更極端的專制。蔣介石依靠北伐起家，把黨－軍體制顛倒過來改變為了軍－黨體制，從而借助於黨－政體制達到了軍事領袖的最高專制權力，正是因為這一點，才導致了國民黨左、右兩派的徹底衝突，也是他與汪精衛矛盾的真正焦點。所謂國民黨左派，並不真是要實行徹底的民主，而只是要堅持和恢復孫中山的一黨專政和黨－政、黨－軍體制而已，是要在體制上多一點民主。但是，雖然蔣介石實行了徹底的軍人專制，但他畢竟是孫中山忠實的信徒，是個主張民主的極端專制者，因此，他的專制仍然一定程度地受民主思潮和社會民主的約束和限制，存在著一個民主多點與少點的問題，在他的統治下並不是一點民主都沒有。

朱、毛之爭並不是一個黨指揮槍還是槍指揮黨的問題，並不是國民黨左派與蔣介石的黨－軍、軍－黨體制之爭。事實上，朱德並沒有窺視黨內最高領袖的想法，在他參加中共的時候，就明確和強調自己將「終身為黨服務，做軍事運動」，為中共打天下。從做「軍事運動」的角度說，也就是有一個做中共武裝部隊最高首長的野心而已。如果朱德對做中共黨的領袖有興趣，那麼，無論在德國時還是回國後，他都可以有很多獲取中共一級組織「書記」位置的機會。特別是在湘南暴動時，由於地方黨級別比較低，並不能約束和領導他，他如果願意，弄一些特委、前委之類的名堂出來，自任書記，並沒有什麼難度，要知道，朱德並不真的是個什麼「老實人」，而是個慣於江湖、老謀深算、熟悉韜略、下手狠毒的鐵腕人物，如果想做黨的領袖，並不會毫無作為。只是他深知自己由於軍閥出身而難以得到完全信任，在非常講究出身的共產黨裏要進入黨的核心領導圈幾乎沒有什麼可能，而自己最超人之處又是軍事，所以，他才專心從軍事方面發展自己地位和做事。他始終沒有過任何不要黨領導的言行出來，而對黨的組織他沒有過直

接干涉的言行，即使在湘南暴動中他不滿意地方黨，也不過是對大燒大殺進行一些勸阻而已，並沒有採取強硬的干涉措施。因此，他既不走軍－黨路線，也不反對黨－軍體制，而且，他是積極主張黨－軍體制的，他是「終身為黨服務，做軍事運動」而已。

可以從朱德身上隱約看到他所崇敬的兩個中國人之一蔡鍔的深刻影響。蔡鍔主張軍人「不黨主義」，朱德現在當然不是「不黨主義」，而是「黨主義」，但蔡鍔的「不黨主義」非常核心的思想，那就是軍人不能干政。什麼是軍人不能干政？軍人不能干政反過來的一個前提，則是政黨不能干涉軍隊。如果政黨可以干涉軍隊，則軍隊就一定會反過來干涉政黨。軍人總是會有一定的政治傾向性，但蔡鍔不同意軍人參與到政治鬥爭漩渦中，他發動護國戰爭，雖然是反對袁世凱，但反對袁世凱並不是蔡鍔的目的，他的目的僅僅只是為了「護國」，是因為袁世凱改變了中國最基本的國家體制，取消共和當皇帝，因此，在根本上蔡鍔並不是反對袁世凱，而是反對帝制復辟，當袁世凱取消帝制後，蔡鍔也就不再「護國」了。作為「黨主義」的朱德在一定意義上與蔡鍔具有接近性，他主張的是軍隊不干涉黨組織，但黨組織也不要干涉軍隊。

作為「黨主義」者的朱德，是堅決主張黨對軍隊的領導的。這種領導在軍隊的外部是軍隊屬於黨，受黨統一的一般戰略領導，軍隊必須按照黨的決定打仗。正因為這樣，即使朱德不願意去湘南，但他還是無奈地服從了湖南省委；雖然朱德不願意攻擊范石生的部隊，但他還是痛苦而窩囊地進行了攻擊。正因為如此，所以，作為只是紅四軍黨代表的毛澤東自說自話召集地方黨開會，組建特委之類，朱德便會很反感，這是顯然的進行了越權，用槍指揮了黨。所以，毛澤東所謂的黨指揮槍還是槍指揮黨的問題，正是發生在他自己身上，而不是發生在朱德身上。但是，朱德不贊成把黨對軍隊的領導變成一種從戰略到戰術的具體軍事領導，也即全面干涉軍隊，他是要黨

的領導而不要黨的「指揮」，即黨可以就戰略任務的下達和在戰略指揮上領導軍隊，而不能是對軍隊本身的管理和指揮進行直接干涉，不是深入到軍隊內部指揮軍隊。即使在軍隊內部，朱德也強調各級軍事首長在服從統一指揮和命令前提下必須要「機斷專行」的軍事原則，不主張上級軍事首長對下級軍事首長包辦一切。至於在軍隊內部實行黨的領導，朱德主張的是軍委領導，也即透過軍委等軍隊內部黨組織以及黨員在軍隊中的任職，保證軍隊屬於黨，保證其接受和服從黨的領導，因此，三河壩阻擊戰之後，朱德即組建並完善部隊的黨組織，上井岡山後也接受毛澤東支部建到連一級的主張。總之，朱德是在黨的領導下保持軍隊本身的相對獨立性。

毛澤東則不同，他是要消解軍隊的相對獨立性，以形成他個人對軍隊的獨裁。被中共吹噓得偉大無比的毛澤東建軍思想，不過是人類最糟糕的和最荒唐的主張之一，而其發明的直接原因僅僅只是出於毛澤東為了奪取朱德的軍事指揮權，以實現自己徹底的個人獨裁。雖然朱德上井岡山後建立了自己個人獨裁的權威，但是，這種獨裁只是強化了他對紅四軍的領導和指揮，而由於他在具體進行領導時作風民主，並受軍委和士兵委員會的民主制度限制和黨代表毛澤東的權力牽制，因此，他的個人獨裁並不會讓除了毛澤東以外的人所明顯感受到和產生不滿。更重要的是朱德並不反對黨對軍隊的領導，因此，只要是合法的中共上級組織指揮他，他便會服從。當毛澤東在1928年11月獲取了合法的中共前委書記職務以後，朱德自然也就服從了毛澤東的領導，在這一點上朱德並沒有表示任何不滿意和不願意的意思，但僅僅如此對毛澤東來說遠遠不夠，他不僅是要領導紅四軍，而且要獲取直接指揮紅四軍及其下屬部隊的權利，徹底地控制這支軍隊，而這就與朱德發生了衝突。

對毛澤東來，要越過朱德這道關並沒有什麼辦法可以採取。就威信而言，朱德的威信遠要高於毛澤東。就人際關係來說，毛澤東可悲在，即使他原來工農革命軍第一軍第一師的人

馬，特別是那些職業軍人出身的人，大多已經更加佩服、忠誠於朱德，既對他的軍事藝術五體投地，又喜歡他的為人風格。最典型的一個例子，1929年1月底紅四軍離開井岡山後在一個叫聖公堂的地方，由於遭到突然襲擊，朱德當即英勇地帶了他的機槍排把敵人引開了，大家都以為朱德一定是死了，整個部隊一片混亂，哭聲四起，毛澤東的嫡系大將伍中豪團長當著毛澤東的面，把槍往地上一扔說：「軍長死了，不幹了。」在這樣的背景下，毛澤東既不能用什麼陽謀動搖朱德的地位，更不能對朱德採取任何傷害人身的行動，而且，朱德身邊一直由特務營和機槍排護衛著，如果毛澤東或任何其他人對朱德有什麼人身傷害行為，哪怕只是語言威脅，在當時僅僅只要出於懷疑就可以輕易槍斃人的環境裏，傷害者自己遭到的只會是一場滅頂之災。

同時，在毛澤東來說，他也離不開朱德。自從毛澤東從事政治以來，朱德是他遇到的第一個真正強大和高明的對手，朱德的偽裝雖然可以矇住其他人，但並不能夠矇住毛澤東，毛澤東把這個高手看得很清楚，如果能夠征服朱德，使朱德成為自己的臂膀，那麼，毛澤東無疑將是如虎添翼，所向無敵。關鍵還是在軍事上，毛澤東已經充分地看到，老天是如此地幫自己忙，把一個中國最天才的軍事家和真正的帥才送上了井岡山，在他面前，其他人──那些黃埔畢業的小夥子們──，就如何長工在回憶中所說的，至少眼前還只能算是小學生。毛澤東清醒地知道，在他與朱德的關係中，是自己離不開朱德，而朱德可以不需要毛澤東，朱德只需要一個政治家搭檔，陳毅不過是還太嫩，也缺乏做大政治家的素養，雖然毛澤東深知自己是中共裏面最出色的政治家，並在這方面信心十足，但中共裏面至少並不缺乏聰明的政治家和政治好手。

雖然毛澤東已經知道了什麼是真正的打仗，對應該怎麼進行戰略設計、組織和調動也領悟出了幾分，但終究不是軍人，具體的軍事指揮和軍隊管理並不會做。因此，毛澤東即使

獲得了對軍隊的指揮權，也並不等於他會使用這一權利，而是不得不依賴於朱德，但是，毛澤東從建立個人絕對獨裁的角度出發，並不能滿足自己作為前委書記這一職務所賦予的對紅四軍的一般領導權，而必須要奪取對紅四軍的具體領導權。要達到這個目的，除了構造一個所謂的建軍理論外，別無他途。這個所謂的建軍理論的核心，就是擴大黨的權利，建立黨的領袖對軍隊的沒有邊際的獨裁權力體制，也即使黨、軍一體化。孫中山透過黃埔軍校建立的黨軍實際上是黨－軍體制，這不是毛澤東所需要的，毛澤東要的是真正的黨軍，是由黨的領袖進行絕對領導的黨軍，在當時，就是由他這個前委書記進行絕對領導的紅四軍。

毛澤東的這一主張後來演變成了黨政、黨國，不僅是一個一黨專政的問題，而是由中共最高領袖或最高領袖層獲取政府、軍隊和整個國家最高領導權，即使所謂的民主黨派、社會團體和宗教組織，也要由中共相應組織的最高領袖以或直接或間接、或明確或隱祕的方式予以具體領導，並因應於國家的體制層級和社會結構而滲透到中國的每個角落。朱德的主張所蘊涵的意義是黨－軍從而是黨－政、黨－國分開，雖然追求的也是一黨專政，但這種一黨專政更具有法理性和規範性，更能夠具有包容一定水平民主的空間，而毛澤東的主張則將人類的獨裁和專制推向了最極端的水平，沒有任何空間可以包容民主，因此，就是個有沒有民主的問題，而不是民主多一點、少一點的問題。八十年前在山溝溝裏發生的、至今沒有被人們深刻認識到的朱、毛衝突的歷史本質，正是在這裏。

由於朱、毛衝突的核心問題沒有得到解決，因此，獲得了一般領導權的前委書記毛澤東仍然不能具體領導朱德和他的紅四軍。在這兩個同樣意志堅定、城府幽深和手段強硬的人之間，矛盾進入到了最尖銳的時期，只不過彼此表現出來的方式方法截然相反而已，毛澤東是喋喋不休、暴怒、罵人，朱德則沉默少語、微笑、誠懇，相比較而言，毛澤東顯得心胸狹

隘，朱德則顯得心胸寬廣，因此，毛澤東在衝突中處於明顯的
劣勢當中，基本沒有什麼人支持他。

毛澤東不得不跟朱德離開井岡山

　　突然逃來了一個彭德懷，使毛澤東十分興奮。彭德懷，
原名彭德華，1898年10月24日生，湖南湘潭人，幼時讀過兩年
私塾啟蒙，少年時當過煤窯窯工，因吃大戶曾被通緝，1916年
當兵，當了連長後又因殺人被通緝，1922年秋到湖南講武堂受
訓了一年，1926年北伐後任唐生智革命軍第八軍獨立第一師第
一團第一營營長，1928年1月獨立第一師改編為獨立第五師，
升任第五師第一團團長，次月加入中共。1928年7月21日與他
在湖南講武堂時的同學、第三團第三營營長黃公略在湖南平
江縣進行暴動，成立紅五軍，彭德懷任軍長，藤代遠任黨代
表。平江暴動後彭德懷總兵力約三千人，但原來他的第一團和
黃公略的第三營士兵很快潰散，剩下一千五百名左右以農軍為
主的人馬，只好由第二縱隊大隊長黃公略帶二百人左右就地游
擊，彭德懷自己帶紅五軍第一、三縱隊向井岡山逃亡。
　　1928年12月11日，彭德懷領著他一千名左右以農軍為主
的紅五軍部隊逃到井岡山，當日與朱德會面，第二天見到了毛
澤東。任何人都可以馬上發現，彭德懷是個粗魯、暴躁而缺乏
涵養的人，文化水平低，但又很狂妄，這樣一種性格的人與
朱德形成了鮮明對比。毛澤東以為彭德懷這樣的人很容易操
控，並可以用來制約朱德。龔楚說：「毛澤東那時正苦於和朱
德不甚融洽，忽然得到彭德懷率部到來，而彭又是他的同鄉
（彭與毛都是湘潭人），且多了一千人來助，自然是喜不自勝
了。由此而更提高了毛澤東的氣焰。朱、毛之間的感情則更形
惡化。」作為見證人的龔楚特意提到毛澤東與彭德懷是老鄉的
問題，不會無緣無故，應該是毛澤東充分利用了跟彭德懷同是

湘潭人的關係，與彭德懷拉成一個山頭。而彭德懷的粗魯和狂妄正可以被利用來針對朱德的炮筒子，向朱德開火。

但是，從龔楚回憶錄裏涉及彭德懷的內容時，總是採用了一種很藐視的口吻進行敘述來看，彭德懷並不能讓紅四軍中的人產生什麼敬佩之心。事實上，對特別講究資歷和出身的軍人來說，彭德懷並不足以服人。從資歷來說，彭德懷在平江暴動前是個團長，紅四軍中在暴動前當過正規團長的有胡四海、龔楚，農軍師長有陳東日，正規軍事學校畢業並有過軍職經歷的團一級政治指導員也有幾個，從軍事教育出身來說，紅四軍中一些原來級別比較低、但從黃埔軍校畢業和從鐵軍出來的人也並不會服氣雜牌部隊出身的彭德懷。客觀上，彭德懷當上紅五軍軍長不過是獨立進行暴動並得到了一個虛張聲勢的番號，帶到井岡山的人數也就一千人左右，實際相當於一個團的力量。

1929年1月4日，在寧岡柏露村，毛澤東召集了朱、彭兩部及地方黨主要人物六十多人開會。這個會議在中共官方黨史著作中基本被淡化了，但是實際上，這是中共黨史和軍史上非常關鍵的歷史性轉折會議，有著非常重大的意義。從這個會議在當時條件下連續開了四天來說，可見在這個會議上一定發生了什麼重要而難以一時形成結果的大事。與中共後來養成會議癖不同的是，中共早期雖然會議不少，但會議基本都很簡短，連續四天的漫長會議是不多見的。

在這個會議上發生了兩件大事：毛澤東兼併彭德懷和朱德宣布離開井岡山。

彭德懷1928年12月11日到井岡山，柏露會議1929年1月4日召開，期間經過了二十多天的時間，顯然，毛澤東是在對彭德懷做好了充分的工作後才召開的會議。因此，在兼併彭德懷的問題上毛澤東並沒有受到太大障礙。毛澤東將彭德懷紅五軍按照實際兵力情況改編為了紅四軍第三十三團，但作為回報讓彭德懷做了紅四軍副軍長兼第三十三團團長，讓滕代遠做了紅

四軍副黨代表兼第三十三團黨代表。這樣的安排對彭德懷來說，實際上是足夠滿意的，雖然他原來是紅五軍軍長，但這不過是個名義，實際兵力也就一個團，暴動前本就是個團長，現在能成為紅四軍副軍長毫不吃虧。特別要注意到的是，從軍人的角度說，朱德實際上等於是紅四軍中的一個等級標竿，他在滇軍中時就已經是中將軍銜，從蘇聯回國在楊森那裏策反被任命為黨代表時，軍銜也是中將，即使在湘南暴動時，朱德也沒有輕易在自己部隊裏設置師部軍職，僅僅只是安排了一個參謀長職位，到井岡山後仍然如此，其他農軍師長改編進來時不過就安排一個團長職務，這是朱德堅持在自己的部隊嚴格遵守正規軍規矩，在王爾琢死後，在紅四軍裏從團長到他這個軍長之間的軍事職務全部空白，即使任命林彪為第二十八團團長職務，朱德都由於林彪資歷比較淺猶豫了不少時間，因此，彭德懷能擔任紅四軍副軍長，就等於已經被確認成為了一名真正的將軍。彭德懷原來那個紅五軍軍長由於不存在朱德這樣的標竿，從軍人角度說，不過是個虛的職位，跟很多原來前一夜什麼都不是，過了一夜進行暴動做了農軍師長或什麼司令的人來說，並沒有什麼區別，真正實在的還是他原來那個團長職務。

從表面看，毛澤東當時似乎大有收穫，實現了立即兼併彭德懷的目的，並可以用這個猛張飛老鄉分解和約束朱德的權力了，但是，毛澤東恰恰是走了一步大敗著。從紅四軍出身的人後來基本沒有人提彭德懷曾是紅四軍副軍長的情況看，紅四軍的人顯然對此很不買帳，不願意承認彭德懷曾經是自己的副軍長。朱德一直不輕易提拔人、封官許爵是造成林彪對他不滿的重要原因之一，但現在則得到了好處，使得紅四軍的人把副軍長這個職位看得非常重，不願意接受這個暴動前的團長領導和指揮。對彭德懷的不服，另一面就等於是對毛澤東不滿，從而構成了朱、毛衝突中毛澤東在柏露會議上全面敗北的重要因素。

龔楚認為毛澤東是利用彭德懷對付朱德，這應該不只是他一個人的認識。如果毛澤東只是兼併彭德懷，紅四軍的人只會支持。兼併可以有多種方法，比如讓彭德懷接受前委的領導，承認紅五軍是以毛澤東為書記的前委領導下的部隊；比如可以把彭德懷改編為一個獨立團乃至給予一個獨立師的名號；比如可以把彭德懷部並入紅四軍，但只給他一個比較低而彭德懷也能接受的參謀長之類的職務。把彭德懷拉進紅四軍而給副軍長職務，自然會被紅四軍的人看成是為了用他對付自己所敬愛的軍長，紅四軍的人產生反感情緒是很自然的。

　　不過，毛澤東也不是毫無收穫。由於這樣「器重」彭德懷，彭德懷是個粗中有細的人，自然也感覺得到紅四軍的人對自己不買帳，這樣，彭德懷與毛澤東也就成了「同盟」，這就為彭德懷對毛澤東的忠誠奠定了基礎，並在後來的中共歷史上產生重要作用。相應的一個後果是，由此奠基了一個朱德、毛澤東、彭德懷的三角關係，並在後來成為了中共武裝力量方面的一個最重要的三角關係，深刻地影響了中共政治。毛用彭削弱朱，毛又用朱壓制彭，但朱則聯合彭抗拒毛，毛最後又用打擊彭來威脅朱，而朱、毛也聯手排擠彭。

　　就兼併和拉攏彭德懷來說，毛澤東在柏露會議上是有得有失，而失大於得。彭德懷則無所謂失，完全是個贏家，得到了紅四軍副軍長的職位。但這個職位的意義不過是承認了他作為一名軍人，在朱德這根標竿比照下，已經是一名真正的將軍，至於以後真的成為了朱德的副手，則主要靠的是他自己發展了的軍團實力，因此，彭德懷在柏露會議上的贏只是小贏，對他來說意義並不大，他既可以接受，也可以不在乎而放棄。

　　大贏家是朱德。他及時抓住了毛澤東的敗著，突然提出，讓彭德懷守井岡山，而口口聲聲「羅霄山脈中段」的毛澤東跟彭德懷一起留在井岡山，他自己則離開井岡山，去贛南開闢新的根據地。實際上，朱德這就是宣布了他與毛澤東正式分手。朱德這一殺手一出，當即讓毛澤東說不話來了。龔楚回憶

說：「會議時，先由毛澤東報告敵情，繼由朱德提出一個方案，他說：井岡山是我們建設了一年的革命根據地，防禦工事又做得很好，且有不能移動的重傷兵五百餘人，我們是不能放棄的。但是若全部紅軍守住這個山頭，則糧食不能維持長久，有被困斃的危險，因此，我主張將紅軍分為兩部，以紅四軍之三十一團及紅五軍全部，由毛澤東、彭德懷兩位同志指揮，固守井岡山，我率紅四軍廿八、廿九兩團突圍東征，轉移到閩、粵、贛三省邊區游擊，創造新根據地，如此便可分散圍攻的敵人，並可東西呼應作戰……。當時與會人都同意朱德這一建議。毛澤東登時目瞪口呆。」朱德這一想法是蓄謀已久的，只不過他要找一個使毛澤東沒有還手之力的機會，現在，這個機會來了。

對毛澤東來說，朱德這一殺手很顯然地是宣布了要跟他分手。朱德所要帶下山去的部隊，實際上也就是他當初帶上山的部隊，他重新帶下山去，是把井岡山還給毛澤東，不在乎毛澤東所念叨的「羅霄山脈中段」。朱德一當離開井岡山，按照當時中共的規矩，是紅軍到哪裏就歸哪裏的地方黨領導，這樣，自然也就是跟毛澤東絕了交。換句話說，所謂的紅四軍，實際上的主力也就是朱德要帶下山去的部隊，這樣，朱德離開井岡山也就等於帶走了紅四軍，毛澤東這個黨代表就只能成為彭德懷紅五軍的黨代表了。因此，毛澤東首先就要考慮的是跟彭德懷合作，還是跟朱德合作。就全面的素養來說，彭德懷顯然與朱德差了一大截，在當時遠不是在一個水平等級上的人才。朱德這樣的人才在整個中國都難尋，而彭德懷這樣的人才在中國可以抓一大把，甚至可以說，就是在井岡山的團、營幹部裏都不乏更優秀的人才。更重要的是，以彭德懷的狂妄和暴躁，同樣狂妄和暴躁的毛澤東如果跟他作為軍長、黨代表直接進行合作，還沒有在中共確立權威地位的毛澤東很可能是凶多吉少，而朱德則不同，毛澤東深知，朱德實際上並不真正排斥自己，只不過是不滿意自己的權力欲而已，他只是要黨、軍

分明。但是，如果跟朱德一起下井岡山，則等於是承認了在與朱德的衝突中已經全面失敗，所謂的「羅霄山脈中段理論」也隨之宣告了破產。彭，還是朱，這是毛澤東決定自己命運的艱難選擇。

但是，毛澤東終究是個梟雄，不會在乎一時得失。跟著彭德懷是前途莫測，跟著朱德則至少會有前景，這才是根本的，其他都可以拋棄掉，包括所謂的「羅霄山脈中段理論」。毛澤東「稍事休息，略加思索後」，提出他也跟朱德下山。既然選擇了跟朱德走，毛澤東也就不顧彭德懷了，他還要把三十一團也拉走，但卻留下袁文才、王佐團，名義上是協助彭德懷，實際上卻是監視彭德懷。已經接受紅四軍副軍長職務了的彭德懷剛得到的一點點好處一下子蕩然無存，既成了朱、毛衝突的犧牲品，又等於被朱、毛聯手狠狠擠兌了一下。

龔楚對彭德懷的評價是很有野心的人，這應該是大致不錯的。對彭德懷來說，他上井岡山不過是暫時棲身，並不想長久呆在這裏，更不是為了來幫朱、毛看守這窮山。從軍事上說，如果有足夠的糧食儲備，一支小部隊在井岡山得到生存並沒有太大問題，但要像毛澤東吹噓的「羅霄山脈中段理論」那樣有比較大的發展，則根本是不可能的。如果幫朱、毛守住這山，則彭德懷等於是條胸無大志的看門狗；如果放棄井岡山，則等於是把朱、毛「送」給自己的井岡山丟了，於情於理都難以交代；反正，是個冤大頭。當朱、毛下山，還只到山腳時，答應守山的彭德懷終於忍不住了，通知朱、毛，自己改變了想法，想帶著自己部隊從什麼地方來，再回什麼地方去。朱、毛只能再回到山上，要彭德懷談條件，兩個人這時配合特別默契，軟硬兼施，終於，無論是在黨內還是作為軍人資歷都還太淺的彭德懷，只能重新答應兩位老前輩，幫他們守井岡山。當然，彭德懷不可能一直在井岡山守下去，只守了半年多，就於1929年8月下山了，至於紅四軍的番號，彭德懷也基本上沒有使用。

下了井岡山的毛澤東自然是極其鬱悶的。他沒有想到，好不容易熬到有了中央正式指定的前委書記職務，取得了最高領袖的資格，卻反而在與朱德的衝突中慘遭滑鐵盧，不僅權力在實質上已經失去，而且，藉以全面提高自己身價的「羅霄山脈中段」理論也告徹底破產，似乎什麼都不是了。在相當一段時間裏，毛澤東只能生氣、發火。傅伯翠文革後回憶：「1929年5月下旬，在連城的廟前我第一次見到毛委員，因為副官楊至誠分給毛委員的房子不太亮堂，毛把楊罵得好厲害。我還聽陳毅當面對毛委員說過：『你這樣愛訓人，我都害怕。』」

朱德這次下山，在中共軍史上是個歷史性的戰略大轉折，它正式拋棄了毛澤東毫無前途的「羅霄山脈中段」理論，採取了朱德到更廣闊的地區進行積極割據的戰略。由於毛澤東職責本身的需要和善於進行總結、發揮的天才，朱德這一戰略成為了毛澤東思想最核心的要點，即農村包圍城市的主張。就中共進行割據本身的歷史來說，是中共根據地發展進到了一個規模化的階段，相應地，紅軍——特別是朱毛紅軍——也進入到了一個新的發展階段。從此，中共武裝道路不再是畏縮在山溝裏的保守主義，而是在廣大地區裏的進取主義。這一歷史性的大轉折，是中共官方黨史以及一般的中共黨史研究家們至今所沒有注意到的，是朱德在南昌暴動保存隊伍之後，對中共的又一次歷史性巨大貢獻。

十六　伍若蘭之死與康克清

艱難的戰略轉移

　　毛澤東是個非常機智和有悟性的天才，在創造機會方面他並不是一個出眾的人，但在利用機會方面，毛澤東則有著超人的才智，他總是可以迅速察覺眼前所發生的事件對他會有什麼好處，敏銳地抓住它們並予以最大化利用。柏露會議毛澤東全盤皆輸，按理，兼併彭德懷和決定突圍井岡山並不需要開四天會，但毛澤東竟然帶領大家積極學習剛剛傳來的中共「六大」文件，把會議拖長，實際上，他是在思考如何反擊朱德。對朱德進行反擊的主意並沒有想出來，但被他想出了跟朱德討價還價的主意。他個別找朱德，希望將兵員不整的第二十九團整編為一個營，並入第二十八團，並把第三十一團黨代表何挺穎調第二十八團任黨代表。對毛澤東這深有用意但看上去只是小小的要求，朱德予以了答應。

　　毛澤東要跟朱德一起離開井岡山，朱德並不能拒絕。畢竟，毛澤東是前委書記，又是紅四軍黨代表，他要跟紅四軍主力一起走，沒有什麼可以拒絕的理由。毛澤東要求整編第二十九團實際是壓縮朱德的嫡系力量，調何挺穎任第二十八團黨代表也是毛澤東「摻沙子」做法，而在這時，毛澤東也已經與新提拔的第二十八團團長林彪達成了默契，這樣，毛澤東實際就是對朱德進行了釜底抽薪。朱德之所以能夠接受，不過是朱德對此並不以為然而已。林彪是朱德既喜歡又惱火的一個人，作為軍人的林彪總體上是很服從命令的，而且第二十八團的人都是朱德親信，在控制部隊方面朱德並不在乎林彪會有什

麼「反骨」。至於何挺穎，毛澤東並不知道，這個自己嫡系陣營中的大將其實並不忠實於毛澤東，還在朱、毛剛會師時，何挺穎就已經悄悄告誡陳毅：毛澤東是個工於心計的人，難以相處，上山後要格外小心。陳毅隨後就把何挺穎的態度告訴了龔楚，那麼，陳毅更不會不告訴當時自己的領袖朱德。至於部隊縮編，這本就符合朱德一貫的精兵原則，朱德一直堅持保持第二十八團有足夠的兵力和最好的武器配備，因此還跟毛澤東發生了糾紛，毛澤東指責他是「本位主義」，對於其他部隊，朱德並不是很在乎，如果需要和條件允許，隨時可以像他在湘南時那樣，迅速擴編出一個個「師」出來。

1929年1月14日，朱德終於實施了他久已醞釀的打出井岡山戰略設想，率領第二十八、三十一團及軍部、前委人員共二千六百多人，從一條荒廢多年的小路，突破圍困井岡山的國軍防線，向贛南進軍。1月23日，朱德佔領大餘縣城，在大餘休整了兩三天。

這時，朱德遇到了真正強大的對手、老朋友、把兄弟金漢鼎和唐淮源。

金漢鼎這個人本書前面已經談到過很多次，他是雲南江川縣人，1891年生，字鑄九，與朱德是雲南講武堂同班同學，關係最密切的把兄弟之一，蔡鍔帶領護國軍第一軍進入四川討袁時，朱德已經是支隊長，金漢鼎還只是個低級軍官連長，但在納溪戰役中突穎而出，被蔡鍔特別破格從連長火線提拔為營長、支隊長，與朱德成為蔡鍔手下最能打的兩名將領，並與朱德一起晉升為混成旅旅長，可見金漢鼎打仗的英勇和出色。但金漢鼎比之朱德更只是個武夫，比較缺乏政治頭腦，1921年驅趕走唐繼堯的顧品珍決定率領滇軍東進，去跟廣州的孫中山會師，回應孫中山北伐，而朱德已經準備出國，便任命金漢鼎為滇軍代總司令，繼而代雲南省長。金漢鼎留守昆明，結果一向狂妄的楊蓁不服金漢鼎，顧品珍與金漢鼎這兩個武夫竟貿然把在滇軍地位很高而且威信和網絡極深廣的楊蓁抓

了起來，結果引起楊蓁旅嘩變，也失去很多人心，成為唐繼堯反攻昆明時導致顧品珍失敗的重要原因。唐繼堯反攻昆明後，金漢鼎率朱德、劉雲峰、唐淮源等人逃離，與朱德、唐淮源經重慶到上海，金漢鼎接受孫中山指令和十萬元軍餉，資助了朱德後分手回到雲南、廣西邊境的滇軍中，住在朱培德部，結果已經替代張開儒的滇軍總司令楊希閔不願意讓位，武夫金漢鼎也得不到滇軍將領們的足夠支持，只好到香港做寓公去了。1926年北伐戰爭後，忠誠於孫中山和國民黨的金漢鼎回大陸參加北伐，得到朱培德資助後招兵買馬，戰功卓著，做了第九軍軍長。1927年11月，金漢鼎率朱培德第五路軍主力九個團一萬二千人北上進行北伐，任蔣介石北伐軍總預備軍總指揮，1928年10月，基本完成了北伐的蔣介石實行精兵政策，金漢鼎任第三軍第十二師師長，唐淮源為副師長，轄韋杵第三十四旅、張友曾第三十五旅、周志群第三十六旅。朱德率紅四軍離開井岡山前，蔣介石已經下徹底決心，決定堅決殲滅朱毛，進行了跨地區權力調整，把指揮權集中到熟悉朱德的滇系將領手上，任命朱培德為湘、閩、贛三省剿共總指揮，金漢鼎為副總指揮，實際上，對朱毛具體進行圍剿的指揮是金漢鼎。

　　唐淮源這個人本書前面也有提及。這是個必須要永載中國史冊但至今宣傳很不夠的人物。唐淮源，雲南江川縣人，與朱德同為1886年生，字佛川，也是朱德雲南講武堂時同班同學、把兄弟，很崇尚傳統的忠孝道德，曾是朱德最忠實的部下。1913年夏朱德去雲南邊境剿匪時，唐淮源是與朱德平級的營長，1915年朱德升團副時實際是獨立指揮，手下兩個營，一個是自己原來的營，另一個就是唐淮源營，而這時朱德已經基本研究出了一套自己的游擊戰戰術，因此，唐淮源是非常熟悉朱德的游擊戰術的。蔡鍔護國戰爭中，唐淮源隨朱德入川，後升為團長，唐繼堯組建靖國軍後晉升為第十五混成旅旅長。1922年與朱德在上海分手後，唐淮源跟隨金漢鼎回到了滇軍。北伐戰爭時在朱培德部任旅長等職，1927年底任黃埔軍校

南昌分校教育長。現在金漢鼎具體主持圍剿朱毛，唐淮源自然也就成了金漢鼎圍剿朱德的副手。唐淮源最重要的歷史地位決定於抗日戰爭，1937年時唐淮源是陸軍曾萬鍾第三軍副軍長兼師長，他率所部與日軍進行了多次血戰，被日軍視為中國在北方最精銳的軍隊之一，1939年因抗日戰功卓著升任陸軍第三軍軍長。在1941年5月的中條山戰役中，由於友軍失守，堅守要地的唐淮源被日軍圍困聚殲，唐淮源宣布「當為國家民族保全人格」，為避免被日軍俘虜使國家、民族受辱，讓手下官兵突圍，自己則舉槍自盡，成為在抗日戰爭中陣亡的正規軍將領中年齡最大的一人，時年五十五歲，被稱為「滇軍完人」，死後被蔣介石追贈上將。中共建國後，朱德曾派人專門尋找他的遺骨，但沒有能夠找到。

金漢鼎和唐淮源已經不是楊如軒、楊池生那兩隻「羊」。金漢鼎雖然政治方面不很聰明，但卻是個非常善戰的名將和武夫。金漢鼎吃準井岡山缺乏補給的致命缺陷，對井岡山採取的是圍困、封鎖、逐步收縮包圍圈的戰略，這正是朱德下山主張能夠得到所有人支持的原因之一，朱德吃準了只要自己不願意打破金漢鼎的包圍，其他人就想不出對付金漢鼎的辦法，從而不得不支持自己。但是，朱德突破金漢鼎防線後，金漢鼎並不會讓他過好日子。金漢鼎以非常快的速度進行追擊，並組織包圍。1月25日，朱德沒有想到金漢鼎會動作這麼快，受到了金漢鼎所部和受金漢鼎指揮的王均部李文彬旅攻擊，使朱德傷亡了二、三百人。前面說過，朱德1927年7、8月在湘南的失利一來是無奈之舉，二來實際是「兵變」，並不是作戰本身的問題，而這一次，則是朱德真正的作戰失利，是他從國外回來再次投身軍旅後第一個真正的敗仗。

朱德迅速突出包圍圈，親自指揮自己最嫡系的、以畢占雲為營長的特務營斷後，率領部隊翻過大餘嶺，進入廣東南雄縣境。剛在南雄烏逕想休整一下，以為金漢鼎、李文彬的部隊應該處於很疲憊狀態，不會來進攻，卻又得到情報說，金漢

鼎、李文彬已經圍了過來，朱德只好馬上再率部向江西信豐方向轉移。到這時候，朱德已經陷入到了真正的困境當中。毛澤東一言不發，只是機械地跟著軍部跑，這種一支完全處於弱勢的孤軍在強大的敵軍頑強圍追下的狀況，是他所完全沒有見識過的，他應該不會忘記自己秋收暴動後在遠要好得多的情況下的慘狀。不過，這次經歷應該為毛澤東後來指揮長征積累了重要的經驗，毛澤東是個非常善於總結經驗的有超人悟性的天才。紅四軍其他人顯然也沒有任何辦法，整個部隊士氣極其低下，處在了徹底的絕望當中。朱德後來評價說：「這一次紅軍的命運那是極端危險的了。」

　　朱德的對手一方面是格外頑強，一方面也是特別熟悉朱德的作戰藝術，並且也有著非常豐富的游擊戰經驗。實際上，這是滇軍系最出色的戰將之間的一次比拼，雖然並不是大規模的戰役，但從雙方作戰藝術的角度說，實際上也是中國最高水準的競賽，而由於是在幾個老朋友之間進行，彼此就格外地努力，特別是李文彬，由於跟朱德有著一種特殊關係，更是拿出了全部的本領。李文彬，字質卿，1894年生，雲南鹽興縣黑井鎮人，1916年當兵，1918年畢業於雲南講武堂瀘州分校，就學時駐守瀘州的旅長朱德曾兼任過瀘州分校的戰術教官，教過李文彬，因此，朱德與李文彬有師生之誼。李文彬畢業後分配在靖國聯軍第二軍朱德第三混成旅任排長，後來升為連長，因此，他也是朱德部下，並且一直非常崇拜朱德。1927年朱德從武漢到南昌任朱培德軍官教育團團長時，李文彬是朱培德第三軍第九師第二十五團團長，正好率所部在南昌整訓，便經常請朱德給第二十五團做「精神講話」。1928年6月朱德三打永新，在新七溪嶺所直接面對的強悍敵軍，正是李文彬。1928年10月蔣介石對國民革命軍進行縮編，一般人都是降級使用，李文彬反而升為了第二十一旅旅長，可見李文彬是個非常不簡單的人。1950年，李文彬被蔣介石任命為了台灣陸軍大學校長。與李文彬幾次交手，雖然彼此是敵人，但朱德非常

欣賞自己這個學生和老部下，朱德立即寫了封信給李文彬，李文彬在1929年2月除夕前收到了信，據當時的王均第七師第四十一團團長、原李文彬團營長胡彥回憶，朱德在信中說：「質卿吾弟，南昌一別，匆匆年餘，幾年來，各為一階級而奮鬥。吾弟對軍事進步很大，對政治沒有注意。遂川一役，能出奇制勝，不負吾之所教，大庾一役，追隨吾後多日，不辭辛勞。現蔣馮閻桂同床異夢，將來必然發生問題。識時務者為俊傑，若能率隊歸來，自當竭誠歡迎，如為環境所限，個人來歸也很贊同。目前暫處困難，將來工農革命一定成功，何去何從，吾弟及早圖之。」信中所提的「遂川一役」，是指1928年10月底、11月初爭奪遂川縣城的戰役，當時周渾元部進攻寧岡，李文彬部進攻佔領遂川縣城的朱德，使朱德兩頭不能相顧，只能不戰而棄遂川，回寧岡懲罰了周渾元。大庾，即大餘。作為職業軍人，朱德在信中毫無責怪李文彬的意思，反而是對他大為讚賞，表揚他「對軍事進步很大」，非常希望他能再到自己手下來，而且只需要他「個人來歸」。

朱德在信豐休息一夜後，不敢怠慢，立即折向東南，進入尋烏縣，在一個叫圳下村的地方宿營時遭到獨立第七師師長劉士毅的襲擊，朱德率軍越過山嶺到屬於尋烏的羅福嶂，忽然又折向瑞金。這時，跟著朱德逃了一路的紅四軍官兵已經沉不住氣，一片怨言，覺得寧願戰死也不願意這樣沒有目的地逃跑，一些官兵趁朱德路過時叫道：「當軍長，不打仗！怕死讓我們來指揮好了！」朱德見士氣低落的部隊已經成為了哀兵，當即告訴大家，他決定打一仗：「你們要打嗎？要打就打！」朱德很快看中了大柏地麻子坳的地形，2月9日大年初一，朱德在大柏地麻子坳伏擊了追擊的劉士毅，擊敗兩個團，俘虜八百多人，徹底扭轉了被動挨打的局面。這樣，朱德身後再也沒有強大的追兵了。2月13日，朱德佔領寧都，休整了部隊。2月22日，朱德率軍到了東固，與李文林紅軍獨立第

二團、段越泉紅軍獨立第四團會合，終於完成了下井岡山的重大戰略轉移。

那麼，頑強的李文彬為什麼沒有連續追擊呢？朱德的高明處在給李文彬的信裏體現了出來，他指出「現蔣馮閻桂同床異夢」，正是點到了金漢鼎、唐淮源、李文彬的痛處。李文彬沒有繼續追擊的根本原因，正是因為蔣桂戰爭開始了，金漢鼎不得不停止追擊，並將已經追到東固的李文彬第二十一旅調了回去。

還是在下井岡山前，朱德就失去了一員老練的大將龔楚。當時湖南省委要抽調一批湖南籍的人幫助工作，看中了龔楚。毛澤東出於很微妙的原因，積極希望龔楚離開井岡山，還特地贈送路費，朱德則進行挽留，希望他繼續留在紅四軍，龔楚經過考慮後還是選擇了離開。在朱德這次戰略大轉移過程中，又失去了一員大將何挺穎。何挺穎是在大餘跟李文彬的戰鬥中受的重傷，之後要林彪負責把何挺穎帶著，結果林彪把何挺穎給弄丟了。一時之間，朱德手頭人才奇缺，大概這正是他寫信給李文彬，希望「對軍事進步很大」的李文彬能隻身來紅軍的原因之一。雖然這支部隊裏很多人後來都成為了中共要員，除了朱德自己，僅僅元帥就出了三個（林彪、羅榮桓、陳毅），1955年的大將、上將、中將出了一大串，但是，當時這些人總體上並不很成熟，能力也不全面，特別是能夠獨當一面指揮一條戰線或一個較大戰役的人基本還沒有，他們還需要進一步進行磨練。

朱德還失去了自己的妻子伍若蘭。

伍若蘭

伍若蘭，1903年生，耒陽城郊九眼塘人。1924年就讀於湖南省立第三女子師範學校（即衡陽第三女子師範），次年即加入中共。加入中共後被派回耒陽，任共產主義青年團耒陽地

方執行委員會委員、縣農會婦女部部長，從事青年和婦女運動。1927年「馬日事變」後，伍若蘭也是耒陽恢復中共組織的核心人員之一。

朱德在耒陽進行暴動後，伍若蘭任耒陽女界聯合會會長。以伍若蘭這個身份，與朱德直接相識是很自然的。一種說法是朱德聽她演講注意了她，一種說法是朱德看到她寫的字比較漂亮而注意了她，其實這都有點小說化。在當時耒陽縣，伍若蘭是少見的女性中共黨員，而且又是比較核心的人物之一，以朱德職業軍人的眼光，只要伍若蘭一出現在視線範圍，就會被注意。因此，他們進行認識的細節並不重要。

當年朱德四十二歲，在軍隊中和周圍中共分子中，很顯眼地是個年齡比較大的人，又是單身，作為人們崇拜和敬仰的領袖，一些人自然會關心他的個人生活。從朱德自己來說，希望身邊有個女人也是十分正常。雖然朱德與伍若蘭互相認識，但作為婚姻則還是要按傳統有介紹人才行。他們的介紹人是第四師黨代表鄧宗海和耒陽縣蘇維埃政府主席劉泰。朱德似乎仍然沒有擺脫他的「師範」情結。他之前的妻子蕭菊芳、陳玉珍，姨太太賀治華，都是師範畢業的女性，現在伍若蘭又是一個讀過師範的女性。朱德的「師範」情結似乎透露了一種意思。如果從見面到轉變為婚姻的過程看，朱德真正愛過的人其實只有一個，那就是蕭菊芳。朱德與蕭菊芳從1919年春相識，到1912年秋結婚成為夫妻，其中經歷了整整三年半的時間，這樣跨度的時間在那個時代是絕對屬於漫長而痛苦的戀愛了。但這只是朱德唯一的一次。朱德與陳玉珍的婚姻純粹就是出於需要，是蕭菊芳留下的幼小的兒子要有個女人幫助撫養。至於姨太太賀治華，那只是姨太太而已。現在朱德跟伍若蘭的婚姻也談不上有多少感情，不過是需要而已，是作為四十多歲的單身革命者要有個革命的妻子照顧生活。能夠印證朱德只愛過蕭菊芳而並不真正是因為愛情才娶伍若蘭的一件事情是，無論是在龔楚的回憶錄裏還是伍若蘭被捕後當時的新

聞中，都不是使用「伍若蘭」這個名字，而是說朱德的妻子「蕭貴蓮」，也就是說，伍若蘭有一個叫「蕭貴蓮」的名字並被公開使用。龔楚在回憶錄裏特別解釋，「蕭貴蓮」這個名字是伍若蘭讀書時的「正名」，也就是說，伍若蘭當時正式的名字是叫「蕭貴蓮」，「伍若蘭」這個名字應該是她參加紅軍後重新起的名字，而伍若蘭參加紅軍的日子正是她嫁給朱德的日子。在各種資料中，蕭菊芳又有蕭素貞、蕭桂英等叫法，「蕭貴蓮」這個名字有著很明顯的接近性，朱德自然會因為伍若蘭的這個名字而產生聯想，居於對蕭菊芳的回憶和努力忘卻之間，甚至「伍若蘭」這個名字都可能是朱德幫助或要求改換成的。在一定意義上，伍若蘭不過是蕭菊芳的一個替身而已。

朱德與伍若蘭的婚姻反過來又證明了，朱德已經割棄了之前的婚姻關係。朱德後來對康克清解釋，是以為陳玉珍死了，這不過是撒了個善意的謊，並經不起推敲。朱德回國後就把陳玉珍接到了身邊，離開楊森部時才把陳玉珍送回南溪，雖然是兵荒馬亂的時代，自己搞的又是共產革命，但陳玉珍自己有一定財產，她在四川比在中國的任何地方都安全，四川的楊森、劉湘等人即使無論如何痛恨朱德所從事的共產革命，但並不會去傷害「軍閥」朱德的老婆。朱德不會不知道他自己特殊的經歷在對家屬人身安全的妨害方面，跟中共其他人完全不同，雖然可能會遭人恨，但畢竟不會有人去直接地嚴重傷害他們。事實上，中共重要人物當中，建國前只有朱德在四川的親屬是安全的，基本沒有因為朱德而遭到殺身之禍。

但是，朱德一當有了新的婚姻，也就對陳玉珍發生了一筆難以還清的債。這筆債就是陳玉珍作為非親身母親而盡心盡力地撫養著兒子朱琦，並將守身終生。正是因為這個原因，所以，當後來抗日戰爭時，朱德與陳玉珍進行通信後，朱德便不得不表示自己對陳玉珍生活狀況的關心。建國後的1950年，朱德在給陳玉珍的一封信裏，跟陳玉珍說：「我們分別是為了革命所需，不是其他。」在這個大帽子之下又說：「我今年六十

又四，食少事繁，身體日弱，個人私情、家事等等，不能不使我置之度外，望你好自為之，自作主張。來信云，你事繁任重，希望你努力加餐，為國珍重，將我和家鄉忘掉好了，這是你真正的名言，是真知我愛我的。」其中的分量是很重的，幾乎具有了「威脅」的意思在裏面了，既是要陳玉珍不要干擾自己，又是要她保持沉默，不要老是想自己是或曾經是朱德的妻子，必須「好自為之」，必須「忘掉」。

雖然朱德與伍若蘭開始的時候並不是因為愛她而做的夫妻，但一日夫妻百日恩，而伍若蘭則非常愛自己的丈夫。伍若蘭上井岡山後的職務是紅四軍政治宣傳隊隊長，因此基本可以保持待在朱德身邊。朱德以前的女人年齡都比較小，伍若蘭嫁給朱德已經是二十五歲，在那個時代可說是很「老姑娘」了，年齡比較大，也比較成熟、懂事。實際上，伍若蘭還等於是朱德最貼身的女保鏢，她跟了朱德後刻苦練習使用了雙槍，是個神槍手。而且，伍若蘭也成為了一個能夠直接指揮作戰的軍人，朱德三打永新在新七溪嶺阻擊李文彬，頑強的李文彬突破朱德前沿陣地，朱德親自使用機槍作戰，帽子被打了兩個窟窿，伍若蘭在戰場上也非常英勇，使用雙搶帶著人向對方反衝鋒，給紅軍官兵留下了很深的印象。伍若蘭的這個特點，是朱德以前的妻子和姨太太們所不具備的。

伍若蘭——蕭貴蓮——的死是朱德永遠的痛。感情是一方面，最主要的是伍若蘭實際是為了朱德而死的。對朱德這樣一個身經百戰、毫不畏懼死亡的人來說，一個女人，而且是自己妻子，在戰場上為自己去死，在內心所造成的創傷是很深刻的。2月初朱德帶部隊到達尋烏縣圳下村後進行宿營，突然遭到獨立第七師師長劉士毅的襲擊。劉士毅屬於桂系，當時地位雖然不很高，但卻是連桂系有「小諸葛」之稱的白崇禧都不得不另眼相待的文武兼備的年輕戰將，抗日戰爭時任國防部次長，隨蔣介石去台灣後曾任總統府參軍長等職。朱德一下井岡山，所直接面對的竟然是當時國軍最能作戰的老將和最有才華

的少壯將領。遭到襲擊本屬於正常，但缺乏經驗的林彪竟然不等朱德命令，沒有設立對軍部的防衛，就率領他的第二十八團一下子往前衝了過去，忽然消失得沒有了蹤影，使紅四軍軍部處在了包圍圈當中，面臨覆滅的境地。這時候，朱德像古代最勇敢的將領一樣，親自帶領他貼身的機槍排向週邊突擊，把劉士毅部從包括毛澤東在內的紅四軍軍部引開，伍若蘭則緊跟著朱德往前跑。劉士毅部的人立即發現了特殊的情況，因為朱德身邊的人使用的都是手提機槍，顯然是非常重要的人物，於是，就向朱德追擊、圍困。朱德身邊的人越來越少。始終緊跟朱德突圍的伍若蘭忽然改變了方向，把劉士毅部引向了自己。隨後，懷有身孕的伍若蘭被俘虜，2月12日在贛州被蔣介石下令殺掉，殺掉後頭顱被吊到了城頭上面，當時被告知社會的身份是朱德的妻子「蕭貴蓮」。在孫炳文之後，蔣介石與朱德私人之間又添了筆血債。

　　不管伍若蘭當時與朱德分開的動機和實際情況如何，對朱德這樣一個久經沙場的人來說，以他豐富的戰場經驗，確定伍若蘭是為自己死的或是因為自己而死的結論，應該是很自然的。即使伍若蘭的死對朱德的安全並沒有多少實際的作用，但伍若蘭有著為朱德而死的動機是非常可能的。不管怎樣，朱德親自率機槍排突擊以解除毛澤東等人的危機時，伍若蘭跟著朱德跑，最後因此而被捕、死亡，對朱德來說，有著與自己不能解脫的干係。從朱德以後終生收集、培植、養植蘭花的事實看，朱德對此是不能忘懷的。朱德後來對蘭花的研究所達到的程度，可以認為屬於了很高的專業水平，一般研究者都認為他的這一熱情和喜好跟伍若蘭名字中的「蘭」字有密切關係，是朱德對她的深切記念和追思。所以，朱德與伍若蘭應該是無愛而始，深愛而終。這一愛情關係和故事在中國近現代國家最高領袖層人物中，是一個英雄式孤例。

　　朱德突擊引開劉士毅部後，紅四軍軍部隨即撤離圳下村，並很快就與林彪會合。部隊無精打采、毫無目的地往前

跑，終於，響起了一片叫聲和哭聲：「軍長死了。」部隊渙散
了下來，徹底失去了士氣和鬥志。第三十一團伍中豪團長把槍
往地上一扔：「軍長死了，不幹了。」沒有任何回憶說到毛澤
東這時候有什麼態度和言行，他這時候應該是心情極其複雜
的，根本不知道該如何表達，唯一只能沉默。就感情來說，雖
然毛澤東與朱德是對頭，但這對頭畢竟是大方向一致情況下的
對頭，是共同陣營裏的對頭，某一個人一當死了，感情還是主
要的，至少會有兔死狐悲的情感。就得失來說，跟朱德合作一
場，毛澤東雖然至今處於劣勢，但對毛澤東這樣的人來說，遇
到一位頂級高手也是大幸，客觀上學到了很多權謀，也鑒定了
自己的長處，特別是軍事方面，即使談不上是拜師學藝，至
少也是真正被熏陶入門了。最重要的是眼前的現實，毛澤東
看著隨時可能一哄而散的部隊，應該是真正體會到了朱德的
價值，知道了朱德有著自己所不能比擬的威望、凝聚力和能
力，更深切地體會到了朱德是如此地不可缺少，而沒有了朱德
的這支部隊，眼前還能維持嗎？即使能夠維持，還能成為自己
在中共內部進行發展的王牌嗎？此時毛澤東的心情，應該酸甜
苦辣俱全了。但是，不管紅四軍官兵和毛澤東一時間是如何的
心情，朱德永遠是那麼地神奇，毫髮無損地回到了部隊，只不
過他是孤身，跟著他突擊的人沒有一個人能回來；在一片激動
的歡呼聲裏，一切又歸於了原來，該繼續搞陽謀的還是繼續搞
陽謀。至於伍若蘭，朱德之後一直把她為自己做的一雙鞋掛在
腰裏，再不捨得穿。

朱德娶了十八歲的康克清

　　1929年2月22日朱毛與李文林、段越泉兩部會合後，雙方
集中開了個會。毛澤東談了些客套話，朱德發言時則以婉轉的
口氣顯示了他的鐵腕：「國民黨反動派天天說打朱毛，可是朱
毛越打越多，你們都成了朱毛。」實際上，朱德等於是宣布了

對李文林、段越泉的兼併。當時李文林紅軍獨立第二團比較強大，有六個步兵連、一個機槍連共八百多人、五百多枝槍，段越泉紅軍獨立第四團比較弱小，是四百多人、三百多枝槍，兩部實力雖然不如朱毛紅四軍，但他們是當地「地主」。朱德下井岡山的目的是建立一個比井岡山遠要優越和便於發展的根據地，理想的狀態是一個已經有紅軍存在的地方，但這樣就必然會遇到「主－客」關係問題。在主－客關係上，朱德當然不會想做客，而是要反客為主，因此，一會合，朱德就鐵腕地宣布了兼併主張。朱德之所以能對李文林用兼併口氣說話，一個微妙的原因是李文林原來曾是朱德老部下。這種兼併並沒有解決編制問題，也即在編制上李文林、段越泉仍然是獨立的，不隸屬於紅四軍，但卻必須接受朱、毛節制。這是一種不徹底的兼併，毛澤東藉機把毛澤覃、謝唯俊分別派到李文林、段越泉部「幫助」工作。朱德絕沒有想到的是，由於他既進行了兼併又沒有實行徹底的兼併，隨著他本人權力的調整，竟然為中共內部的第一次大屠殺埋下了伏筆。

這時福建省委派人送來了一個建議，希望朱毛到閩西地區發展，朱、毛研究後決定採納這個建議。2月25日，朱德率軍向閩西運動，3月11日進入福建長汀縣境。3月14日，紅四軍輕鬆攻下長嶺寨，擊斃了福建省防軍第二混成旅旅長郭鳳鳴，並佔領富裕的長汀縣城。隨後，朱德調整了編制，將部隊改編為三個縱隊，朱、毛職務不變，原第二十八團改編為第一縱隊，司令林彪，黨代表陳毅；原特務營等改編為第二縱隊，司令胡少海，黨代表譚震林；原三十一團改編為第三縱隊，司令伍中豪，黨代表蔡協民。每個縱隊一千二百餘人，下轄三個大隊，大隊設黨代表。這一改編擴大了紅四軍各部首腦的權力，便於了他們進行獨立指揮。

3月20日，毛澤東主持召開前委擴大會議。這個會議充分顯示了毛澤東超人的機智，使會議成為了中共歷史上最重要的轉捩點之一。事實已經證明，朱德下井岡山的決策是完全正確

的，在中國這塊土地上，有著比狹小、貧瘠的井岡山遠要好得多、更利於紅軍生存和發展的地方，因此，毛澤東不得不要拋棄他那個可笑的「羅霄山脈中段」理論，但如果承認自己這個理論的錯誤，則將使自己徹底失去權力。毛澤東機智地把「羅霄山脈中段」理論移植到了閩西贛南，使大家確認「唯閩西贛南一區內之由發動群眾到公開割據，這一計劃是絕須確立，無論如何，不能放棄，因為這是前進的基礎」，這樣，他既不要承認堅守井岡山的戰略錯誤，又繼續保證了自己仍然正確的面目。朱德並沒有利用毛澤東的「羅霄山脈中段」對他進行攻擊，而是採取了包容態度，畢竟，現在戰略上毛澤東已經跟朱德達到了一致。朱、毛之間在戰略上並不是在於是否要根據地的問題，而是在於是否應該弄一個所謂的「羅霄山脈中段」的問題，既然毛澤東接受了「閩西贛南」，那麼，他們也就不存在戰略分歧了。但長汀前委擴大會議標誌了毛澤東最終承認「羅霄山脈中段」理論的錯誤，因此，這次會議也就成為了毛澤東的一個忌諱，在中共官方黨史著作中一直沒有被提升出它的歷史地位。在毛澤東掌握中共最高權力以後，他總是強調他的「羅霄山脈中段」理論，以掩蓋自己的錯誤戰略，證明自己的一貫正確，而朱德則不提什麼「羅霄山脈中段」，只把井岡山看作是紅軍發展的一個初期階段。

伍若蘭2月12日被殺一個多月後，朱德在長汀又有了他的第五次也是最後一次婚姻，娶了康克清。康克清晚年回憶說：「我們究竟是哪一天結婚，我此刻已經忘記了。我們並沒有舉行婚禮。」但她又明確說：「1929年3月，朱德和我在福建省長汀縣結婚。」朱德是3月11日率部進入長汀縣境，3月14日佔領縣城，3月14日以前忙於戰事的朱德不可能偷閒與康克清結婚，因此，他們結婚應該是在3月14日之後。

康克清，原名康桂秀，1911年9月7日生於貧困漁民家庭，江西萬安縣羅塘灣人，沒有受過教育，剛出生就被一個叫羅奇圭的農民收養為了童養媳。1924年中共分子、羅塘灣富戶

出身的曾天宇回鄉鼓動革命，曾天宇留學過日本，在北京攻讀政治經濟學數年，回鄉後自然在鄉間青少年中頗有號召力，特別是鼓吹婦女解放很吸引了一批女性，年僅十三歲的康克清成為了曾天宇的積極追隨者，次年，這個十四歲的小女孩竟然被曾天宇任命為了羅塘灣婦女運動負責人。1926年康克清加入中共社會主義青年團。1927年6月，離開南昌朱德軍官教育團的曾天宇作為江西省委特派員再次回到萬安縣，並於11月策劃、指揮了萬安暴動，追隨者康克清自然也參加進了暴動隊伍。1928年3月，萬安暴動失敗，曾天宇被殺，殘餘力量轉入地下。1928年9月，朱德佔領遂川後，特意派陳毅帶領一支部隊深入臨近的萬安縣，收羅萬安暴動殘留人員。陳毅經過羅塘灣時，十七歲的康克清帶了六個女性要求參加紅軍，被陳毅收納，為紅四軍添加了第一批女紅軍戰士。陳毅帶著收羅的人員回到遂川後，康克清第一次看到了一臉鬍子的著名的朱軍長。康克清雖然參加了紅軍，並且很快就成了朱軍長的女人，轉為中共黨員則很晚，要一直到1931年。

本書前面已經分析過，就朱、毛兩人的關係來說，當時朱德可以沒有毛澤東，而毛澤東則不能沒有朱德。特別是朱德打出井岡山戰略已經被證明為正確，圳下村遭襲擊失去朱德後軍隊處於崩潰狀態，這兩個情況都應該是更加鞏固了毛澤東要與朱德合作下去的決心。就眼前來說，朱德是事實上的最高領袖，是真正的最終決策者，在毛澤東還沒有真正奪取這一地位和權力之前，紅四軍的命運實際決定於朱德一身，這樣，朱德的精神狀態、身體狀況和精力能否集中都已經具有了絕對的政治、軍事意義。毛澤東注意到了伍若蘭死後朱德的這個問題，他叫來了蔡協民的妻子、前委婦女組長曾志，要她幫朱德馬上解決女人的問題。曾志先去徵求了朱德意見，朱德同意找個女人。然後曾志找康克清談話，結果被實際還不足十八歲的康克清拒絕。

選上康克清到底是誰的主意？毛澤東只是安排曾志幫朱德找個女人，如果毛澤東已經考慮到了具體對象，那麼，以毛澤東喜歡突出自己的個性，就應該會自己直接做紅娘。曾志與康克清年齡相同，也是出生於1911年，雖然已經是個「老革命」並為他人妻了，但在私人事務方面畢竟還只是個不成熟的女孩子，她會自我主張幫朱德選上康克清的可能性很小。年齡差距並不是什麼關鍵問題，但康克清當時什麼都不是，僅僅只是一個極其普通、地位最低的紅軍戰士，而且是個不識字的人，也不是中共黨員，長得也不漂亮，與剛死掉的女紅軍老大伍若蘭差距實在太大。要知道，當佔領長汀後，為朱德選擇女人的空間並不是沒有。因此，選上康克清最大的可能只會是朱德自己。正是這種誰都可以看到的太明顯的與朱德、與伍若蘭的巨大差距，以及作為女性本能地會考慮到的年齡差距，康克清便會一口回絕。

那麼，朱德為什麼會選上什麼都不是的康克清呢？康克清有一個超人之處、一個優點。她的超人之處是身體十分強健，很有力量，非常少見。長征結束後的1937年，美國記者尼姆‧威爾斯採訪康克清時，與所有參加長征的人都訴說痛苦不同的是，康克清十分輕鬆地告訴他：長征「就像每天出去散散步一樣。」由此可見康克清身體之超人。如果要在中共歷史上選擇一個真正進行作戰而職務較高的女將的話，康克清毫無疑問是首選人物之一，這正是因為她有一個特殊的身體條件，再加以了朱德的「密傳」。康克清的優點是聰敏而頭腦簡單，聰敏是她有一定天資，頭腦簡單是因為她沒有受過任何教育，當時還屬於不識字分子。這樣一個人對實用主義者朱德來說，是非常「有用」的女人。直接關心到每一個紅軍戰士的朱德，不可能不注意到有著如此超人之處和優點的康克清。而康克清的這種長處和優點，通常是其他人所不會從「女人」角度看到的。

從朱德與康克清以後的夫妻關係來說，朱德選擇康克清是非常正確和高明的。第一，繼伍若蘭之後，朱德得到了一個

更強悍的貼身保鏢。伍若蘭本是個師範畢業的知識份子，但做了朱德妻子後，朱德把她訓練成了一個使用雙槍的英勇武士，可見朱德在這方面非常用心。朱德自己是個可以輕易打下飛鳥的神槍手，還在蘇聯祕密訓練營時，蘇聯教官不相信，朱德打給他看了才不得不相信。在井岡山時，朱德為了征服手下驕傲的年輕人，也曾露過身手。至於朱德強勁的手力和超人的腿功，年輕的紅軍官兵都是非常驚訝和佩服的。康克清嫁給朱德後，由於她身體條件出眾，朱德更是把她訓練成了一個勇士，長征時，康克清基本是身佩兩把短槍，肩扛一把長槍，幾乎在朱德身邊形影不離，是唯一不跟婦女隊跑的女性。那麼，朱德為什麼要這樣用心呢？毫無疑問，是為了安全。上了井岡山後，各種矛盾錯綜複雜，殺機四伏，紅軍的來源五花八門，除了軍人、農民、工人、知識份子，還有大量江湖好漢、土匪、流氓、兵痞，矛盾的焦點很容易集中到作為軍長的朱德身上，身邊有個貼身女保鏢無疑是加了一道安全門。

第二，與毛澤東相處後，朱德算是真正體會到了中共內鬥的複雜和險惡，在這種內鬥中，女人必然是個非常重要的因素。朱德自己是個比較沉默寡言的人，把自己的想法隱藏得很深，表面上表現得對一切人都很誠懇、坦白，甚至庸碌，實際卻是頭腦非常清晰，意志極其堅定，主張十分明確。從柏露會議上他忽然提出誰都沒有預計到的下山主張來看，他是個非常善於在關鍵時候給對手以致命一擊的人，因此，他所需要的妻子最好就是不會隨便看出並暴露出他真實意思的女人，以避免因為妻子而處於不利地位。至今沒有任何資料說明伍若蘭與毛澤東妻子賀子珍之間有什麼友誼，伍若蘭是個性格強大的女性，在朱、毛矛盾很公開的情況下，她應該不會示弱，這既是好處，但也可能帶來很大副作用，與朱德應對內部爭鬥的策略相衝突。在有了康克清以後，朱德對她是一種對待士兵和下屬的態度，不允許她打聽相關情況，只要她服從，說的話基本是也可以跟任何其他人說的冠冕堂皇的話。這樣，康克清由於不

瞭解很多情況，本人頭腦比較簡單，為人也很質樸，因此，既不捲進夫人政治的漩渦，又跟所有人包括自己丈夫的敵人都相處得非常和睦，與賀子珍有友誼，毛澤東後來有了江青，則跟江青又相處得很不錯，別人對她也要不出什麼手腕，這樣就與朱德的策略和風格完全配合了起來。

此外很重要的一點是，在朱德與毛澤東的衝突中，毛澤東總是很卑劣地指責軍人們的「舊軍隊」身份，實際不過是暗示了朱德的軍閥出身，而朱德則不得不反覆向周圍人解說自己參加中共的過程和堅決態度，並說明自己的農民出身。在這個問題上，既然伍若蘭死了，朱德選擇個真正貧苦人家的出身的康克清，以彌補自己的成分缺陷是朱德的策略之一。這一點從朱德後來勸龔楚斷絕與白區妻子的關係，從根據地重新找一個「思想前進」的老婆來提高政治安全性這件事情上，可以得到印證。

康克清拒絕曾志的當天，朱德自己親自登門找了康克清，表示「我很喜歡你」。這應該是康克清第一次與自己的軍長說話，而且他還是親自找上的門，一定是把她嚇住了，於是去問小姐妹，但顯然是曾志都命令好了，每問一個人就說軍長是個「好人」，是「好事」。第二天，曾志把康克清拉到朱德住處，自己則走開了。朱德誠懇地跟康克清介紹自己的經歷，他那複雜、傳奇的經歷自然吸引了幼稚的康克清，然後，老謀深算的朱德出了個難題給一聲不響的康克清：「能不能這樣，只要你不表示反對，就是同意，可以嗎？」地位低下又年輕、害羞的康克清能「表示反對」嗎？就這樣，朱德跟康克清成為了夫妻。

康克清晚年說：「我們相互間的真正瞭解、相互體貼和愛情是在結婚以後逐漸發展起來的。」

十七　林彪反水朱德

中共「六大」與「毛委員」

　　在朱毛下井岡山前，朱、毛就已經瞭解到了中共「六大」會議的精神。中共「六大」是一個「漫長」的會議，準備了半年左右，是中共自成立以來從規模和冗長角度來說的第一次真正的「大會」，出席會議的中共代表一百四十二人，大多數是從中國祕密進入蘇聯的，在莫斯科近郊茲維尼果羅德鎮「銀色別墅」，從1928年6月18日一直祕密開到7月11日。這個會議已經不是由莫斯科派代表到中國間接遙控，而是由莫斯科直接予以了控制、指揮和安排，從來沒有去過中國的布哈林甚至在會上作了一個正式的報告《中國革命與中國共產黨的任務》，作為中共的靈魂和精神原則。在這次會議上莫斯科再次自打耳光，否定了中共到處組織暴動的策略，確定中國的革命處於低潮當中，按照史達林接見中共要員時的詭辯說法，是處於兩個高潮之間的低谷階段，明確中國革命依然是資產階級性質的民主主義革命。當然，莫斯科永遠是正確的，犯錯誤的是瞿秋白，因此，替罪羊瞿秋白被從中共最高領導人的位置上撤了下來。

　　在中共「六大」期間，由於粗魯的蘇聯人和自以為是的共產國際要人並不詳細瞭解中共成員的情況，因此，在莫斯科參加會議的中共要員展開了一場勾心鬥角競賽。人生最後幾年因為專心做了文化人，而被今天很多人看成是單純文人的瞿秋白，仍然是這場充滿陰謀和奴性的競賽核心分子，他老老實實地做了莫斯科的替罪羊，但仍然是莫斯科最親信的分子，並

被定為中共駐莫斯科代表而保持了在中共太上皇的地位和權力。老資格的張國燾被莫斯科視作中共基礎雄厚的實力派領袖，也作為中共駐莫斯科代表暫時留下，以馴服這個總是會有異議的分子，觀察他是否在將來可以派上大用場。莫斯科不滿意由知識份子建立的中共的階級成分，儘量在中共中央增加工人出身的分子，結果在瞿秋白、周恩來、李立三等人的運作下，把一個他們認為容易控制成傀儡的不識字的「工人」，實際是碼頭流氓頭目的向忠發定為了中共中央政治局主席兼中央常委主席，也即中共最高領袖，成為中共歷史上最可恥也最可笑的一個鬧劇。

會議最終形成的中共中央政治局包括七名正式委員蘇兆徵、項英、周恩來、向忠發、瞿秋白、蔡和森、張國燾，七名候補委員關向應、李立三、羅登賢、彭湃、楊殷、盧福坦、徐錫根。中共中央政治局常務委員包括五名正式委員蘇兆徵、向忠發、項英、周恩來、蔡和森，三名候補委員李立三、徐錫根、楊殷。周恩來但任中央常委祕書長兼組織部長，實際地位得到了提升，蔡和森任宣傳部長，楊殷任軍事部長，蘇兆徵任工委書記，李立三任農委書記，張金保任婦委書記。這一人事安排除了工人成分問題外，中共核心層基本被控制在了國外幫特別是共產國際幫的手中。而在會議之後，當中共參加會議的要員基本回國後，中共核心層的內爭圍繞著了控制傀儡向忠發展開，最後，中共中央本身的實權掌握到了李立三、周恩來兩個人的手上。

莫斯科和在莫斯科勾心鬥角的人們，顯然忘記了已經走上武裝道路的中共，決定將來命運的最終還是在控制武裝的人手上。作為中共最著名也最強大的一支武裝「朱毛」，朱德仍然被不信任和歧視，什麼都沒有得到安排，而毛澤東則被安排了一個中央委員的名額。毛澤東得到一個委員的名義並不在於他是紅四軍的黨代表，而主要在於他是老資格的黨務人員，不給個委員的資格實在是很說不過去的。但這個資格對本來已經

撤掉中央職務的毛澤東來說太重要了，這意味著他是個名副其實的「毛委員」，是中央的人，這在紅四軍中和在與地方黨打交道時太有用了，因此，在柏露會議上毛澤東要大家認真學習「六大」精神是深有用意的。一到東固，他又傳達「六大」精神，實際也是向人們強調了自己是「毛委員」，而不是「毛黨代表」或「毛書記」。有了這個身份，毛澤東組織地方黨開會就有了一定合法性，朱德對此也就沒有認為他是越權的意見了。但就紅四軍本身的指揮來說，朱德並不買帳，不讓「毛委員」指揮，因此，紅四軍仍然由朱德獨裁著。

朱德奠定了中央根據地的雛形

　　如果朱德從三河壩阻擊戰場撤出到湘南暴動還談不上是真正的長征預演的話，那麼，從井岡山突破到攻佔長汀則完全可以看作是一次小「長征」。現在，朱德開始了他大範圍的運動和游擊，開拓起了一個廣大的區域，在這個廣大區域裏建立起紅軍賴以大發展的社會基礎。在長汀休整了十七天後，在一筆一劃教康克清識字、寫字的樂趣中心情開始愉快了的朱德，於1929年4月1日率軍離開了長汀縣城，與次日在江西瑞金與從井岡山逃離的彭德懷殘軍會師。朱毛離開井岡山後，彭德懷無法守住井岡山，只能也向贛南突圍，到瑞金時只剩下了三百人不到。彭德懷心情很複雜，一個月後，他提出重回井岡山，帶著部隊離開了。

　　朱德把三個縱隊分散出去，很快就以瑞金為中心，把根據地擴展到了包括寧都、興國、東固在內的大範圍。5月中旬，根據閩西特委書記鄧子恢的報告，朱毛向閩西開拔，於5月20日渡過汀江，再次進入福建地區，5月23日朱德消滅了福建省防軍第一混成旅旅長陳國輝在龍岩的近五百人。5月25日，朱德佔領永定城，與鄧子恢會合。這時陳國輝重新佔領了朱德放棄的龍岩縣城，為了吸引陳國輝主力予以消滅，以解除

將來在閩西發展根據地的威脅，朱德於6月3日再攻佔龍岩縣城。龍岩是陳國輝的老窩，被朱德再次佔領，陳國輝不得不率他的第一混成旅主力回龍岩，朱德用小股紅軍應戰，邊打邊退，讓陳國輝佔領龍岩，愚蠢的陳國輝以為朱德不經打，自己獲得了「大捷」，竟然讓官兵放假三天慶祝。為了解除殲滅陳國輝時他的援兵威脅，朱德乘機消滅了駐在白砂的盧新銘旅一部。盧新銘原是福建省防軍郭鳳鳴第二混成旅的團長，朱德於3月14日擊斃郭鳳鳴後，盧新銘聚集了第二混成旅殘部，自任為了旅長。

6月18日，朱德率部六千餘人隱蔽接近龍岩縣城，19日發動突然進攻，史稱「三打龍岩」。在這次戰役中，朱德創造了中共軍史上的巷戰經典。陳國輝兵力是朱德一半左右，約三千多人，但裝備精良、整齊，手下多是單兵作戰能力很強的、在當地落戶的北方兵痞子。由於陳國輝沒有防備，朱德迅速佔領了城外制高點並攻進了城，但陳國輝手下的兵痞子們非常頑強，使用手榴彈和刺刀與紅軍進行巷戰、肉搏，而紅軍沒有手榴彈，槍上也沒有刺刀，在巷戰中處於劣勢。經驗豐富的朱德發現這一情況後，立即命令紅軍避開街巷爭奪，改從街巷兩側房屋裏，用連續打開牆洞的方法前進，對巷戰敵軍實施分割圍殲。紅軍按朱德命令改變戰術後，迅速把陳國輝殘餘的兵痞子們壓縮到了幾個院子裏，迫使他們全部投降，殲滅了陳國輝旅的主力。朱德這一穿牆打洞前進、分割圍殲的巷戰經典戰術，在中共「解放」戰爭時期，得到了充分運用，發揮了非常大的作用。

隨著陳國輝被基本消滅，朱德自開拓出了贛南根據地以後，又開拓出了包括龍岩、永定、上杭、連城等縣的閩西根據地，從而奠定了後來中央根據地的雛形。而幾乎在這同時，1929年6月25至30日，中共中央在上海祕密召開了六屆二中會議，決定要擴大蘇維埃區域和擴大紅軍，這實際上意味著中共發生了戰略方針的重大改變。朱德在贛南、閩西所打出的局

面，為這一戰略方針的改變提供了現實的基礎，反過來，中共戰略方針的改變也使得中共的根據地和紅軍的發展真正進入到了一個群雄並起的階段，兩方面的結合最終決定了朱、毛成為了中共最大的實力派，而毛澤東則因此而有了問鼎中共最高權力的真正基礎。

朱德與特使劉安恭聯手取消毛澤東權力

由於莫斯科試圖透過中共「六大」更直接地控制和指揮中共，而中共最高層在會後又圍繞著控制傀儡向忠發，在上海的「石窟門」裏展開了權爭，因此，「六大」以後一年左右時間裏，中共中央對於遠離他們的武裝運動的方針處在了顛三倒四的狀態。莫斯科忽然覺得了中共武裝對他們毫無意義，由中共中央於1929年2月7日給朱毛發了封信，朱毛於4月3日收到了這封〈給潤之、玉階兩同志並轉湘贛邊特委信〉。信裏要求朱、毛把紅四軍徹底分散到農村中，以避免被消滅，而由於朱、毛名氣太大，會成為吸引國民黨圍剿的目標，他們兩人應該離開紅軍。實際上，這就等於是解散紅四軍，讓國民黨政府不再感覺到有紅四軍存在。這一比嬰兒還幼稚的決定當然遭到了朱、毛的反對，在這個問題上，他們第一次極其一致地站在了對付中共其他幫派和莫斯科的同一條戰壕裏。

經過討論後，由毛澤東起草，給中央回了封信。毛澤東在似乎很謙卑的口吻中不時夾進很強硬的語言，說「我們感覺黨在從前犯了盲動主義極大的錯誤，現時卻在一些地方頗有取消主義的傾向了」，這個大前提等於指責了中央是一貫錯誤。在中央一貫錯誤這一大前提下，嘲笑「中央要求我們將隊伍分得很小，散向農村中，朱、毛離開大的隊伍，隱匿大的目標，目的在保存紅軍和發動群眾，這是一種理想」。然後，毛澤東以極其自豪的口氣告訴中央：「現在的隊伍，與葉賀時候的隊伍大不相同，葉賀的隊伍是單純打仗的，若在今日，決不

能存在的。」也就是毛澤東向中央宣布了，朱毛紅軍是一支遠比南昌暴動時的軍隊新型、高明的軍隊，葉賀的被消滅，朱毛的存在和壯大，已經證明了一切。毛澤東在信裏自然不會再談他那個已經被證明為錯誤的「羅霄山脈中段」理論，而是誇大地介紹了下井岡山後的戰績。朱毛的突出長處在哪裏呢？毛澤東告訴了中央一種完全新穎的戰術體系：「我們三年來從鬥爭中所得的戰術，真是與古今中外的戰術都不同。用我們的戰術，群眾鬥爭的發展是一天天擴大的，任何強大的敵力是奈何我們不得的。我們用的戰術就是游擊的戰術，大要說來是：『分兵以發動群眾，集中以應付敵人。』『敵進我退，敵駐我擾，敵疲我打，敵退我追。』『固定區域的割據，用波浪式的推進政策。』『強敵跟追，用盤旋式的打圈子政策。』『很短的時間，很好的方法，發動群眾。』這種戰術正如打網，要隨時打開，又要隨時收攏，打開以爭取群眾，收攏以應付敵人。」

毛澤東在這封信裏雖然夾雜了一些私貨，但他非常高明處是直到現在還沒有向中央透露他與朱德的衝突，這樣，在中央眼睛裏就始終能保持朱－毛一體化，可以把自己與朱德捆綁在一起，即使自己現在還沒有得到獨裁權力，也能夠讓中央認為自己是控制著紅四軍武裝的實力人物。毛澤東的這一手段是後來中共其他人所不懂得使用的，從而使毛澤東最終戰勝了周恩來等人。毛澤東後來之所以在中共內鬥中陷入被動，正是因為中央瞭解並利用了他與朱德的矛盾，但毛澤東一當修復了「朱毛」，他便又重新東山再起了。

雖然毛澤東努力維持面對中央時的「朱毛」一體，但危機還是出現了。中共中央像是中了邪一樣，一邊要紅四軍解散，一邊卻派了個前來指導工作的人來，似乎又要發展、擴大紅四軍。〈給潤之、玉階兩同志並轉湘贛邊特委信〉於4月3日送到朱、毛手上時，送信的特使劉安恭也留在了紅四軍指導工作。劉安恭，1899年生，四川永川縣人，1918年前後到德國柏

林大學電機工程系留學，留學期間直接加入了第三國際，成為共產黨員。1924年回國後，被楊森聘任為軍部參謀，並任成都電話局局長，1927年8月參加南昌暴動，做政治工作，1928年初與劉伯承等赴蘇聯，在蘇聯紅軍高級射擊學校受訓一年，1929年初結業回國後作為高級軍事人才和指導工作特使，帶著中央給朱、毛的信來到了紅四軍。劉安恭的到來使延續整整一年的朱、毛衝突打破了平衡，發生了重大斷裂，導致朱、毛之間轉入到了不得不進行「決戰」的狀態當中。

劉安恭是個激進而優秀的人才，他的到來使正愁身邊缺乏高級人才的朱德很高興。另一方面，他們也算是老朋友了。還在德國時，他們就已經認識。1926年朱德到楊森部搞策動時，劉安恭也曾協助過朱德。關鍵的一條，劉安恭是中央派來的大員，這是朱德久已期盼的。從朱德來說，他作為軍長只是紅四軍的最高領導，既沒有足夠的資歷也沒有更多的精力兼顧黨務，而陳毅又比較稚嫩，作為黨的最高領導的毛澤東時刻擴大他的權力，家長作風不能改變，隨時插手紅四軍事務，使得權力機制處於混亂而傾向於專制的狀態。劉安恭的到來就有了一種可能，即從黨務角度平衡毛澤東的權力，限制毛澤東對紅四軍的隨意插手。在當時，紅四軍軍委已經撤消，從黨領導紅四軍的角度，權力已經全部集中到了毛澤東手上。按理說，權力僅僅集中到前委也問題不是很大，但作為前委書記的毛澤東作決定經常不跟作為主要委員的朱德商量，使朱德非常被動，連進行配合的考慮、準備時間都沒有。在這樣的情況下，朱德對紅四軍的獨裁等於是戴著枷鎖跳舞，是在一個更高的獨裁下的獨裁，時時要防備毛澤東對紅四軍的干擾。

劉安恭很快就發現了問題。作為前委書記的毛澤東既管軍隊又管地方，既是紅四軍的上級前委書記，又是黨代表，還兼掉了政治部主任職務，除了軍事以外什麼都可以管，在軍事上也經常隨便發言、插手，混亂的體制下具有強烈的專制傾向。他與朱德達成了一致，決定重新建立紅四軍軍委，用軍委

來保證紅四軍本身的黨的領導。顯然，這是對毛澤東進行了限制，毛澤東還沒有掂清楚劉安恭的分量，沒有進行反對，以退為進，讓出了紅四軍政治部主任位置。5月，紅四軍重新恢復軍委，劉安恭任軍委書記兼政治部主任，成為了紅四軍三號人物。

軍委成立後朱德犯了個重大錯誤，5月23日第一次攻下龍岩後，他與劉安恭共同署名，以紅四軍軍委的名義直接寫了封信給中央。這個錯誤為朱德在朱、毛衝突中最終敗北埋下了伏筆。朱德一直想擺脫毛澤東，所以柏露會議上他提出下井岡山時，要毛澤東留下跟彭德懷一起守井岡山。現在在贛南、閩西好不容易打開了局面，朱德更是希望擺脫毛澤東這個令自己非常不愉快的搭檔，劉安恭的到來刺激了朱德這種願望。但是，朱德跟毛澤東不同，他從來沒有參與過中央工作和活動，根本不瞭解中共中央的複雜性，以至於誤判了劉安恭，以為劉安恭代表了中央並表達了中央的意思，因此，就判斷擺脫毛澤東的機會終於來了，可以獨立地直接面對中央了。就表面來說，朱德的錯誤在於，軍委是紅四軍本身的黨組織，而整個紅四軍包括軍委都屬於前委領導的，是在前委領導下的相對獨立，紅四軍需要向中央報告情況，必須要透過前委或至少要經過前委同意，如果軍委可以避開前委直接向中共報告一般情況，那麼，也就意味著紅四軍有了兩個平行的黨的領導組織。這是絕對不會得到中央支持的。另一個包括毛澤東也根本不知道的情況是，劉安恭在蘇聯已經列入託派嫌疑，他實際是因此而返回中國，當時根本還沒有向各根據地和紅軍派遣要員計劃的中共中央，也正因為劉安恭的這一問題，才作為特例把他派到了紅四軍，實際是放逐了他。

朱德的這個錯誤立即被毛澤東抓住了。如果作為特使的劉安恭一個人寫信給中央，毛澤東雖然很痛苦，但也無話可說，朱德跟劉安恭一起寫信，毛澤東就要說話了。在朱、毛之前的衝突中，基本處於劣勢的毛澤東之所以仍然可以時刻表現

自己的權力欲望，別人在根本上對他也無可奈何，很重要的一個原因是作為前委書記的他壟斷了向中央的報告權。其他人要報告中央，必須要透過毛澤東，而毛澤東由於擁有這個特權，如果需要，他隨時可以獨立向中央提交報告。在根據地紅軍與中央通訊非常不暢的條件下，毛澤東的這個特權是非常恐怖的，也是他試圖實現專制的根據所在。現在，朱德的行為已經顛覆了毛澤東最根本的專制前提，毛澤東便不可能忍讓，他不會再顧忌劉安恭的特使身份，開始不顧一切地反擊了，就在朱德、劉安恭的信寫出後沒幾天，毛澤東便以前委的名義，單獨署名也給中央寫了封信，並含蓄而陰險地說：「前委兼顧不過來，遂決定組織軍的最高黨部，劉安恭同志為書記兼政治部主任，黨內現發生些毛病，正在改進中。」

朱、毛這先後兩封信的基本內容是什麼根本不重要，重要的是寫信這種形式。這種形式已經向中央宣布，現在紅四軍黨的領導已經分裂，因此，毛澤東乾脆就告訴中央：「黨內現發生些毛病。」但毛澤東很陰險，他不使用規範的「軍委」字眼而使用他自己編出來的「軍的最高黨部」字眼，暗示了一個中央會非常忌諱的分裂黨的罪名，但他又不把攻擊指向朱德，而是對著劉安恭。熟悉中央那些人欺軟怕硬習性，並瞭解他們做事風格的毛澤東很清楚，如果向中央告朱德的狀，最後危害的反而是自己，那樣做中央就會要朱、毛離開紅四軍，萬一只要一個人離開，由於軍事上根本缺少不了朱德，結果只會是讓自己離開。把矛頭指向劉安恭，冒的只是小險，把紅四軍黨的領導分裂罪責加在劉安恭身上，中央那批人人根本不會在乎劉安恭這樣一個人，這樣的人中央可以培訓出一幫，他們只會拋棄他。只要整掉了劉安恭，朱德在中央方面也就沒有戲可以唱了。果然，當後來陳毅到上海彙報時，李立三、周恩來幾乎不假思索地就說：把劉安恭調回上海。毛澤東的信等於就是向中央打了招呼，在這方面毛澤東佔據了比較主動的地位。

從白砂會議到紅四軍第七次代表大會

軍委以前多數時期也都存在的，但當有了前委後，軍委也就基本處於了擺設的地位，最終就被毛澤東武斷地撤消了。如果劉安恭的軍委仍然是擺設，問題還不大，延續了一年的朱、毛衝突並不至於一下子「決戰」起來。但劉安恭的軍委是個非常強勢的軍委，這樣，就發生了問題。劉安恭是個熱情、急躁而缺乏經驗的人，他馬上把軍委置到了前委之上。當時的前委祕書、紅四軍政治部祕書長江華回憶：「在他主持的一次軍委會議上作出決定：前委只討論行動問題，不要管其他事。」劉安恭剛到紅四軍時，由於是中央來的人，而且很有知識，所以很受歡迎，但他不等立穩腳跟，就捲進大家幾乎已經習慣和麻木了的朱、毛衝突當中，並站在前台譴責毛澤東，反而引起了很多人反感，畢竟，毛澤東也有一幫他的人，即使不屬於毛澤東的人，但一個剛來的外來人這樣，人們總是很不舒服的。不過那些終究是口水仗，劉安恭這一決定則不同了，他是顛覆了基本的體制，於是引起了很多人憤怒。前委本來是中央指定的，兼有領導紅四軍和協調地方黨的職能，可以使紅四軍比較好地處理與地方黨的關係，而軍委是紅四軍自身的黨組織，應該受前委領導，現在反過來要領導前委，這就傷害了很多人的利益。結果，6月8日，朱德消滅了在白砂的盧新銘旅一部後，在毛澤東威脅辭去前委書記的情況下，大家在白砂開了個前委擴大會，反而以絕對多數票撤消了軍委，並免去了劉安恭政治部主任職務，改由陳毅擔任政治部主任。

按理說這樣的結果毛澤東應該是達到了「改進」的目的，獲得了勝利。但毛澤東顯然對劉安恭來後短時期裏就奪了自己權很憤怒，更知道真正的對手其實還是朱德，而不是劉安恭。既然擊敗了劉安恭，毛澤東就要追窮寇，把自己鬱積在心裏的不能達到專制目的、反而處於劣勢的長時期憤懣釋放出

來。他在白砂會議上突然拿出了一封林彪在會議前幾個小時送給他的信向大家展示，會後他甚至還把這封信在他控制的〈前委通訊〉上發表出來。林彪這封信寫的是什麼呢？林彪在這封信裏主要是三個內容，一是肯定毛澤東正確，二是希望毛澤東不要辭職，三是直指自己的頂頭上司朱德，對朱德進行人身攻擊，認為「現在四軍裏實有少數同志的領袖欲望非常高漲，虛榮心極端發展，這些同志又比較在群眾中是有地位的。因此他們利用各種封建形式成一無形結合，專門吹牛屁的攻擊別的同志」，朱德用「政客的手段」「拉攏部下」，「希圖成立軍委以擺脫前委羈絆」，是「卑污的行為」。林彪的這封信一拿出來，立時引起了軒然大波，人們幾乎一邊倒地站到了朱德一邊，毛澤東不僅沒有達到任何目的，反而導致了自己很慘地失敗。從這封信的語詞分析，林彪本人當時並沒有這樣的思維能力寫出這些東西，很顯然是在毛澤東授意和啟發下寫的。朱德非常憤怒，但他還是忍耐了，沒有採取鐵腕行動，後來他跟龔楚重見時說：「最令我痛心的，是林彪這個傢伙，他竟公開反對我？我當時以最大的忍耐，才沒有使局面破裂。」

朱德「三打龍岩」後，6月22日，紅四軍第七次代表大會在龍岩召開。這次會議開了一個晚上，但是毛澤東一生中最大的滑鐵盧，他的另一次滑鐵盧是幾年後由項英等人製造的，但沒有這次慘。會議由政治部主任陳毅主持。

在這個會議上，基本程序先是朱德闡述他的一系列觀點，然後是毛澤東闡述他的觀點，然後是由朱、毛接受大家詢問，期間夾雜一些爭吵。朱、毛談話的核心實際就是權力分配和體制，具體圍繞著三個問題展開：

一，黨的領導問題。既然軍委已經撤消，這一問題實際上也就是前委的領導權問題。毛澤東主張「黨管理一切」，主要理由是因為紅軍是「從舊式軍隊脫胎出來的而且是從失敗環境中脫出來的」，他的這一理由其實暗指了軍閥出身的朱德對

中共來說具有不可信賴性。朱德主張堅持黨的領導，但認為「黨管理一切為最高原則，共產主義中實在找不出來」，這是「違背黨的無產階級專政的主張」，朱德直截了當地指出「黨管理一切」的本質恰恰不是「黨管理一切」，而是「書記管理一切」。朱、毛這一問題的爭論，本質上是中共集體領導與個人獨裁的爭論，是黨政、黨軍是否實行分開體制的爭論。

二，支部領導權問題。毛澤東主張「一切工作歸支部」，朱德同意「一切工作歸支部」，但反對「由上而下的家長制」，主張「自下而上的民主集中制」，認為在「由上而下的家長制」基礎上實行「一切工作歸支部」，最後就是一切權力歸前委，前委「對外代替群眾機關，對內代替各級黨部」，「這樣何嘗有工作歸支部呢？」反而是沒有了支部的領導。朱、毛這一問題的爭論，本質上是中共黨內的民主與獨裁問題，在當時就是紅四軍中共組織的民主與毛澤東個人獨裁的問題。

三，中共黨員的個人自由問題。毛澤東主張限制黨員的個人自由，朱德從軍隊管理角度同意這一主張，並且強調必須要有「鐵的紀律」，但指出恰恰在這一點上毛澤東是做得最不好的，總是自由發表意見，自由謾罵同志。朱、毛這一問題的爭論，本質上是中共黨員的平等問題，從而也就涉及到黨內的民主與獨裁問題。

總之，在同樣堅持中共領導前提下，毛澤東主張的是獨裁，朱德主張的是民主。就雙方進行爭論的方式來說，在德國受過哲學系專業教育薰陶的朱德更顯示出了理論素養和嚴密的邏輯性，毛澤東在這方面則明顯地是修養不足。但雙方頭腦都非常清晰，意志也非常堅定。朱德更強調的是制度合理性，毛澤東採取的則是徹底的功利主義原則。這樣的爭論毛澤東肯定處於了被動的地位，因此，在會上他講得比較少，而胸有成竹的朱德則是少見地滔滔不絕，對大家說：「講得不對你們可以打我五百屁股。」毛澤東則很無奈但很自信地告訴大家：

「將來事實自會證明。」果然，不久後李立三、周恩來「證明」了毛澤東是正確的，而朱德則是錯誤的。久在中共高層的毛澤東深諳李立三、周恩來那幫人的品格，也知道莫斯科那幫人的傾向，他們都不過是些專制主義者，絕不會願意讓朱德這樣的民主分子和軍頭來分割和限制所謂「黨」的權力。

會上毛澤東很少得到支持，寫了信的林彪支持毛澤東，但說了沒有多少話就被憤怒的人們封住了嘴。一向沉默寡言、很少說話的胡少海一反常態，當即站起來指責對朱德進行人身攻擊的林彪，說林彪不尊重上司。現在這朱、毛爭論已經不是那麼點意見問題了，就「忠心」來說，軍人們大多數選擇朱德而不是毛澤東，最重要的是林彪的信和發言對朱德進行人身攻擊，只會讓那些跟著朱德在血與火裏闖蕩並非常崇敬他的軍人們格外反感，此外一個問題是，林彪本身是個人緣很不好的人，地位比較接近的人一般都不願意跟林彪合作。胡少海的尊重上司意見，等於表達了軍人們的一個共識：不管怎樣，朱德是他們真正的上司，是他們必須忠誠的領袖。

會議最後的結果，是撤消毛澤東前委書記職務，改由陳毅則代理。陳毅則代表前委宣布給予毛澤東嚴重警告處分，給予朱德警告處分。對朱、毛來說，所謂的處分其實毫無意義，因此，朱德實際上是全面獲勝，毛澤東則由於失去了前委書記這一他好不容易弄到的職位，等於是在朱毛衝突中全面敗北，徹底輸掉了這場「路線」鬥爭。

朱德提拔林彪與毛澤東暗渡陳倉

從朱德作為軍長的角度說，自己最嫡系的部隊「第二十八團」指揮官、自己一手提拔的林彪跳出來反對自己，站到毛澤東那邊去，等於是林彪對朱德進行了「反水」。這是朱德最大的損失，其導致的後果是非常深遠的。就林彪「反水」所直接形成的結果來說，是奠定了中共的一個重要三角關

係，即朱、毛、林三角關係，這是個在朱毛最嫡系的武裝力量中的三角關係，或者可以說是在中共武裝實力核心派系當中的一個三角關係，這個三角關係對以後中共歷史的發展有著非常重大的作用和影響，特別是在建國後的權鬥中達到了幾乎白熱化的程度。

在當時，林彪事後是很後悔的。龔楚根據他所瞭解到的情況說：林彪「對陳毅表示：因一時衝動，自知失言，恕他年輕，以後希多加指導。」實際上，林彪是個很聰明的人，他應該很快就知道自己是上了毛澤東的當，被毛澤東大大利用了一次。

林彪，字陽春，號毓蓉，原名祚大，曾用名育蓉、育榮，1907年12月5日生，湖北黃岡林家大灣人，富戶子弟，有兩個在中共前期歷史中赫赫有名的哥哥林育英、林育南，受他們影響在武昌讀中學時就於1923年6月加入中國社會主義青年團，1925年冬考入黃埔軍校第四期，並轉為中共黨員，1926年10月畢業後被中共安排到張發奎第四軍葉挺獨立團任排長，1927年4月任連長，南昌暴動時在周士第部任連長，在三河壩阻擊戰後一直跟著朱德，是朱德在江西大餘改編後的七個步兵連連長之一。在大餘改編時，雖然周士第第二十五師走了不少人，但這時候朱德所率領的這支南昌暴動餘部還是有不少團、營級軍官，大部分都是黃埔軍校畢業的，林彪能擔任朱德直接指揮的七個步兵連連長之一，應該說這時候他已經是朱德比較器重的軍官之一了。朱德率部到范石生部改編為第一四〇團時，林彪是周子昆第一營第二連連長，之後在林彪升任營長之前，一直是周子昆手下的連長。

湘南暴動後，朱德組建了不少師、團，從自己部隊派出一些軍官去任高職，但自己部隊除了自己建立一個只有名號的師部外，嫡系的王爾琢團基本沒有變化，這時候林彪已經開始有些怨言，認為自己連長當得太久了。客觀上說，林彪雖然年輕，但確實已經是個「老」連長了。但林彪並不懂得，這時

候他資歷還不夠，也沒有太突出的表現。林彪是個孤僻、冷漠、自大而非常聰明的人，平時不善於跟人建立友情，為人刁鑽、自私，喜歡學習、動腦筋，悟性很高，作戰機智而不失勇敢。朱德很喜歡、器重林彪，只是林彪資歷實在還不夠，不足以服人。龔楚回憶朱德提拔林彪當營長時，既很想提拔他，但又很猶豫，猶豫的原因就在於擔心林彪不能服人。就軍事而言，黃埔軍校實際是教了些低級軍事課程，那點東西在朱德的眼睛裏不過是屬於軍事學的啟蒙，他並不很在乎部下有這經歷，事實上他也已經改變了他們的戰術思想和技術，朱德是盡量在實戰中教練部下，在實戰中鍛煉和觀察他們，正是在這方面，林彪是朱德手下學得最好的一個人，從林彪後來高升後指揮作戰的一些戰例來看，大部分戰例都可以從朱德指揮的戰例中找到基本原則和技術的蹤影，「解放戰爭」時林彪在第四野戰軍搞的「三三制」，其實正是來源於朱德的「電光」戰術。現在一些狂熱的「捧林派」把林彪吹到了天上去，似乎林彪是個沒有軍事知識和經驗來源根據的天才，這恰恰跟閉著眼睛一口否定林彪的「貶林派」一樣，對林彪是不公正的，是虛無化了林彪。嚴格地說來，朱德是林彪軍事進步的真正導師，所以，即使林彪後來在建國後幾次在會議上放肆謾罵朱德，但基本沒有涉及到具體軍事技術方面，而且私下仍然很尊重朱德。

　　1928年2月底的一天，在耒陽地區，林彪被一夥民團襲擊，很窩囊地丟掉了一批物資，被朱德訓斥了一頓。林彪表示重新去奪回來，朱德訊問他怎麼奪？林彪想模仿朱德智取宜章的辦法，朱德很滿意，幾天後林彪果然很順利地把輜重奪了回來，消滅了那股民團。林彪因禍得福，因為朱德進行作戰首選的方案總是需要動腦筋的智取或游擊，迫不得已才會硬攻硬守，林彪能動腦筋智取，正合朱德的心意。而且朱德剛在宜章使用過的方法，林彪就知道模仿並學會了，朱德自然很高興，看出林彪是個很能動腦筋的人。正在這時，周子昆負傷

了，朱德就讓林彪代理了第一營營長。而林彪也不負朱德期望。只幾天，林彪被一營敵軍從耒陽縣城趕出，朱德又問逃到自己身邊的林彪怎麼辦？林彪提出立即反攻，剛佔領縣城的敵人一定不會防備，朱德很滿意，同意了他。林彪反攻，很順利地奪回了耒陽縣城。3月16日，敵兩個團進攻耒陽縣城，在小水鋪的朱德命令駐守耒陽縣城的林彪第一營到敖山廟設伏阻擊，林彪按命令指揮第一營和近萬農軍一起設伏敖山廟，殲滅一個團並擊潰一個團。雖然敖山廟伏擊戰是朱德的安排，但作為戰場指揮的林彪是主將，他因此而確立了在朱德部的地位。4月初上了井岡山進行整編後，朱德將周子昆調第二十八團第二營任營長，正式任命林彪當了第一營營長。

但是，林彪畢竟還年輕，經驗還很欠缺，作戰發揮不穩定，人際關係不好，威信不夠，因此，1928年8月25日王爾琢死後，悲痛的朱德只是跟陳毅說了決定提拔林彪接替王爾琢任團長，但暫時由自己親自兼任團長。朱德的意思顯然是有個過渡讓林彪再磨練得成熟一些，位置自己先兼著等於是為林彪留著這職位。當時陳毅等人主張讓周子昆當團長，從各方面說周子昆當然比林彪更恰當，但朱德以周子昆身體不好、缺乏朝氣否定了周子昆，朱德這樣做的原因實際正是因為林彪已經深得朱德戰術的三昧，被朱德視為了比周子昆更可造的人才。朱德的這一決定林彪並不知道，當時毛澤東對紅四軍沒有人事權，所以朱德準備讓林彪當團長的想法也沒有告訴毛澤東，但從湘南回井岡山路上見到毛澤東時，陳毅無意間告訴了毛澤東。

毛澤東聽者有心，他耿耿於懷的一件事是想對朱德釜底抽薪，在紅四軍裏製造矛盾，拉攏投靠自己的人，只是一直苦於沒有機會。林彪是個記仇不記恩的人，而且當時政治上還很不成熟，這也正是朱德要再磨練他一下的原因之一。現在朱德要磨練林彪的原因成為了毛澤東搞陽謀的根據，他裝著不知道的樣子去跟朱德說，應該任命一個團長，反感毛澤東來插手的朱德一口就予以了拒絕，說：「現在兵力不大，盡可兼顧，現

正在行動時期，不應更動人事，以免影響軍心。而且現在三個營長中，論資歷以周子昆為最好，可惜他的健康不佳；林彪則勇敢有餘而經驗仍嫌不足，且資歷太淺，恐難服眾；現時不主張更動。」朱德理由充足，權力也不在毛澤東手上。毛澤東夜裏私下找林彪，裝出很關心的樣子跟林彪說：「我今天跟朱軍長提出，升林任二十八團團長，但遭朱反對」。毛澤東勸林彪「以後好好的努力，今後一定與他力爭，務達目的而後已，請他特別留意」。毛澤東這一陽謀搞得很成功，林彪當即對毛澤東表示「決心為中國革命奮鬥犧牲」，也即忠於毛澤東，為毛澤東賣命。朱毛下井岡山前，由於是大行動，朱德不再等了，就任命了林彪為團長，但林彪還以為是毛澤東「務達目的而後已」的結果，自然要在朱、毛衝突中報答毛澤東了。

　　自私的林彪忘記了朱德對自己的提拔之恩，只根據毛澤東的話記住了朱德對自己的壓制之仇，但他又不敢因此對朱德公開抱怨，因為，提拔他的權力畢竟不是在毛澤東手上，而是在朱德手上，萬一讓朱德知道自己為此抱怨他了，一切也就完了。林彪所能發牢騷的，是下井岡山以後，由於他率部行動暴露了目標而被朱德處分，他惱火地在1929年6月的一次會上抱怨：「這點我不在乎，就是這個月扣了我兩塊錢餉，弄得我沒錢抽煙，逼得我好苦。」而這樣，毛澤東的陽謀也就不會被發現了。林彪雖然不成熟，但卻聰明，如果林彪既不成熟又不聰明，把毛澤東的談話叫出來，向朱德抱怨，被朱德、陳毅發現了陽謀，對毛澤東來說很可能將是滅頂之災。所以，毛澤東也算是冒了一個險。但這個險值得。明知道朱德要提拔林彪，現在變成了林彪是毛澤東「與他力爭，務達目的而後已」，用充滿自我犧牲的精神爭取到的團長職務。這樣，朱德就成了林彪的仇人，而毛澤東則成了林彪的恩人，毛澤東達到了對朱德的釜底抽薪目的。但是，毛澤東只是暫時得到林彪而已，林彪既然能夠因此而仇恨朱德，自然也會因為別的什麼原因而仇恨毛澤東。更主要的是，林彪是個很聰敏、有悟性的人，成熟會很

快，他終究會發現真正提拔他的是朱德，而不是毛澤東，他也不是不清楚，自己軍事上的進步和成熟是大大得益於朱德。紅軍時期林彪後來的提升，實際上也主要是朱德為主的，朱德對林彪的提拔，採取的都是先自己兼一段時間職務、磨練一下林彪後再進行的，時間最長的過渡是提拔林彪為紅一軍團總指揮。

有一點是無論毛澤東還是林彪，都永遠對朱德無可奈何的，那就是在白砂會議前林彪的信裏所攻擊的：朱德「利用各種封建形式成一無形結合」，用「政客的手段」「拉攏部下」的「卑污的行為」。朱德這種「卑污的行為」使得橫向和縱向都有著他的「各種封建形式成一無形結合」。在橫向來說，當時本來屬於毛澤東嫡系的秋收暴動部隊也更聽命於朱德，本應該屬於毛澤東勢力的地方黨基本也都傾向和支持朱德。在縱向來說，哪怕林彪要跟朱德對立，但林彪的左右和手下則基本都忠誠於朱德。朱德的這種「卑污的行為」運用了一生，保證了他在中共最高領袖層中成為比周恩來更穩固的不倒翁，而他不需要像周恩來那樣過多地出賣自己的靈魂，能夠大體堅持自己的立場和個性，他依靠「卑污的行為」形成的幾乎是漫無邊際的勢力，是任何人都不敢輕易挑戰的。

在朱、毛、林三角關係中，林彪注定的悲哀在於，他從一開始就只是一個由於自己的幼稚而被陽謀利用的棋子，他只能投靠一方幫助投靠對象抗拒、削弱另一方，而不能自己作為獨立的一方去抗拒毛澤東和朱德中的任何一方，更不能抗拒「朱毛」這個共同體，這正是「文革」時林彪最後慘敗的根源之一。但林彪既然是從幼稚開始的，也就將以幼稚結束。這是他的命運。

十八　稚嫩的陳毅

毛澤東要打倒「陳毅主義」

在6月8日後的白砂會議上，憤怒的毛澤東把火力首先對著劉安恭，劉安恭被撤掉一切職務後想再把他趕走，朱德堅決不同意，毛澤東也就無奈了。朱德不僅留下劉安恭，而且準備重用他，幫助他熟悉和掌握自己的作戰藝術，讓他在紅四軍中站穩腳跟，成為實力派人物。7月，朱德將閩西一部分農軍收編組建為紅四軍的第四縱隊，把管理農軍經驗豐富的胡少海調任第四縱隊司令，讓劉安恭接替胡少海的第二縱隊司令職務。這樣，劉安恭就從黨務人員改變為了軍職人員，成為直接受朱德指揮的大將。

在黨務方面，6月22日龍岩紅四軍第七次中共代表大會之後，毛澤東被剝奪了權力，前委書記當然地由朱德親信陳毅接手。這樣，朱德徹底達到了他的目的，完成了權力改造。毛澤東非常清楚，紅四軍現在已經完全成為了朱德一手獨裁的軍隊，自己秋收暴動時候的實力也已經成為朱德的勢力，自己連朱、毛井岡山會師時都遠遠不如，那時候毛澤東至少還有自己的一部分實力，作為朱德副手還可以說話，現在這個「黨代表」是連「副手」的實際都沒有了，繼續待在紅四軍已經毫無意義。

至今為止，在朱、毛衝突中，毛澤東已經一而再、再而三地犯了錯誤，與朱德膠著、拉鋸了一年多，動足了腦筋和手腕，每次似乎占了先機後就是大敗，最後的結果則是慘敗。周圍這些人中沒有一個人真正具有領袖素質和天賦，因此也看

不出朱、毛這兩個後來被中共公認的最「偉大」的人物之間真正的波濤洶湧。文革後薄一波在評價中共領袖時說：「從舊民主主義到新民主主義，朱總是一個最偉大的人物。毛、劉、周、朱應是並列的偉大人物，永垂千古。如何排列，未考慮。在我的心目中，朱總是我黨的偉大領袖，是僅次於毛主席的。」也就是說，文革後即使周恩來、劉少奇的地位被渲染得空前偉大，即使是在劉少奇嫡系薄一波眼睛裏，朱德仍然是高於周恩來、劉少奇的偉大人物，而且，如果把舊民主主義革命的歷史考慮在裏面的話，則朱德更是一個「最偉大的人物」了。但是，在政治歷史領域，一切「偉大的人物」也一定是「偉大」的權謀家。毛澤東「幸運」的是，當他在1926年終於悟出農民道路和暴力道路，在中國政治舞台上開始真正有所作為時，遇到了朱德這樣一個「偉大」的權謀家。一年多來，朱德不僅讓毛澤東真正懂得了什麼是「與古今中外的戰術都不同」的軍事藝術，知道了什麼是真正的打仗，而且更知道了什麼是真正的權謀。綜觀毛澤東的一生，作為權謀家的毛澤東的真正成熟正是在朱德上井岡山後的一年多裏。朱德表面不露痕跡甚至裝傻的態度，關鍵時候給予對手沉重一擊的「戰術」，以及他口頭上理論化、底下江湖化的「卑污的行為」，使「知識份子」毛澤東顯得狂躁而簡單。朱德已經教會了毛澤東太多的東西，毛澤東的慘敗也是奠定他以後戰勝所有其他人的權謀的基礎，是一個最大的「幸運」。當毛澤東慘敗的時候，也就是他頓悟的時候，是他走向完全成熟的時候，只不過他的路數與朱德不同，軍人朱德用的是穩文爾雅的太極，文人毛澤東反而用的是粗暴剛烈的少林。

　　梟雄毛澤東已經徹底懂得了，強大的朱德是難以撼動的，與朱德進行直接較量只會是極其愚蠢的策略。這一教訓毛澤東以後堅持了一生，是他在中共內爭中唯一的特例。對朱德他從此基本採用了迂迴的「戰術」。天才的毛澤東在慘敗中馬上領悟了一切，並有了進行反擊的計劃。毛澤東避開了朱

德，選擇了陳毅作為攻擊對象，並利用他的稚嫩來達到自己的目的。

陳毅本是個文學青年，熱情、激進、豁達而單純，是個沒有領袖欲的好好人。1929年時年齡已經不算小，有二十八歲了，在紅四軍中算是一個年齡比較大的人。如果從一般角度說，陳毅已經很成熟，他運氣實在太好，歷史跟他開了大玩笑，把他推到了領袖地位上，在這樣的地位上，他就成為了一個平庸而愚蠢的人了。作為一個領袖層的人，「文學青年」陳毅實在是非常地稚嫩，根本弄不清楚朱、毛衝突的內在奧妙和歷史意義，以及相對於他個人來說的歷史性機會和價值。

當朱德在三河壩阻擊戰後以鐵腕手段整編部隊，提拔陳毅當了黨代表後，陳毅意外地成為了朱德的副手，又因為這個地位而在上井岡山後成為了朱毛的三把手或四把手，陳毅應該非常清楚自己的地位是與朱德的地位密切相關的，是一榮俱榮，一損俱損，但陳毅並沒有非常清晰地認識到這點，雖然是朱德的親信，卻儘量與毛澤東靠攏，在兩個人之間和稀泥，角色越來越模糊，反而使朱、毛衝突變得更複雜。毛澤東並不會因此而感激陳毅，因為對毛澤東來說陳毅終究還是朱德的親信，因此，毛澤東想方設法降低和削弱了陳毅的權力。軍委的撤消剝奪了陳毅的軍委主席職務，由於還不成熟的林彪擔任了團長，朱德不得不讓陳毅去擔任林彪的黨代表，以幫助和監督林彪，這樣，陳毅連政治部主任的位置也失去了。王爾琢之死是朱德最痛苦的一件事情，朱德當時就跑到現場痛哭，以至於強壯的朱德不得不需要讓人把他扶回去，這個鐵桿的朱德分子的死去大大影響了朱德的實力，是朱德勢力演變的一個大拐點。陳東日是個軍政兩方面能力都比較全面的鐵桿朱德分子，但正因為能力全面，為了以後紅四軍的發展，朱德不得不老是把他派到地方幫助地方黨工作，訓練、整編農軍以作為後備。胸無大志但能力比較強的龔楚的離開，使朱德又失去一員鐵桿。在這樣的情況下，陳毅對於朱德的意義也就越來越重

要，但陳毅自己對此並沒有深刻認識，無論是在龍岩紅四軍「七大」上還是會議之後已經取代了毛澤東位置的陳毅，都一直在和稀泥，根本不知道自己已經完全成為了毛澤東必欲去之的敵人。

　　在龍岩紅四軍「七大」上，陳毅抱怨說：「你們朱毛兩個人天天在吵架，一個晉國，一個楚國，你們兩個大國天天在打架，我這個鄭國在中間簡直是不好辦。我在兩大國之間跟哪個走？站在哪一邊？」陳毅竟然不知道，自己根本不是小國，既然取代了毛澤東，就也已經是大國。毛澤東在會後迅速調整了策略，看透了陳毅的稚嫩，把陳毅的和稀泥稱為「陳毅主義」，並提出要打倒這個「陳毅主義」。毛澤東之所以要這樣做，是要迂迴反擊朱德，利用陳毅的稚嫩先砍掉這個朱德唯一可以用來負責紅四軍黨務的臂膀，並把陳毅趕到上海去向中央彙報，同時造成朱德光桿司令的局面。陳毅根本不是毛澤東的對手，成了被毛澤東玩弄的木偶。

　　龍岩紅四軍「七大」後，陳毅立即寫了個給中央的報告讓人送了出去。令朱德痛苦的是，陳毅根本不具備領袖氣質和能力，在毛澤東打倒「陳毅主義」的干擾和搗亂下，陳毅深受壓力，「黨的領導」變得混亂起來。毛澤東進一步向陳毅要求，自己不願意待下去了，請求去蘇聯學習。陳毅以為毛澤東是真的，就要毛澤東擔負去中央彙報的責任，結果毛澤東不願意去上海，反而建議陳毅自己去上海彙報。毛澤東的這種矛盾更攪亂了陳毅的思維，使陳毅不知所從。偏在這時，毛澤東突然「病」了。這是毛澤東在權鬥中第一次使用「病」招，以後這招數成為了毛澤東的一大殺手鐧，也變成了中共官員至今喜歡使用的一個流行的傳統權鬥招數，標誌著毛澤東權謀的正式成熟。毛澤東雖然不再是前委書記，但仍然是中央委員、前委委員和紅四軍黨代表，因此，他一邊「病」了，一邊又提出去上杭等地視察，實際上，也就是不工作了。攪好混局的毛澤東躺在擔架上，帶著自己妻子賀子珍和親信蔡協民、曾志夫婦離開了龍岩。

陳毅去上海與周恩來的「九月來信」

當毛澤東攪亂混局離開時，也正是大敵當前的時候。朱德「三打龍岩」後，蔣介石意識到了嚴重性，任命金漢鼎為總指揮，組織了閩、贛、粵三省十四個團二萬多兵力，對朱毛進行「三省會剿」。朱德趁金漢鼎還沒有完成戰略布置的時機，於7月8日決定把四個縱隊分散出去，先對閩西根據地進行鞏固，並觀察動向，為之後集中兵力打破會剿作準備。7月中旬，金漢鼎完成了戰略布置，開始穩步推進，佔領了長汀，向龍岩、華安、永定、上杭逼近。按照朱德一貫的以弱對強策略，他把分散出去的紅四軍收縮靠攏，準備進入反擊階段。

7月29日，缺乏領袖意識和能力的陳毅到住在上杭蛟洋的、要打倒「陳毅主義」的毛澤東處開前委會議，討論反「三省會剿」戰略，結果可想而之，會議開得一片混亂。既然朱德主張民主，毛澤東便鼓動大家「民主」了，弄得吵吵嚷嚷，為一些人、槍分配等瑣碎事情互相不能說服。這時候，李立三、周恩來已經知道朱、毛發生了嚴重的爭執，來信要求前委派人去上海具體彙報，陳毅再次提出去上海中央彙報的問題，一些顯然已經看出毛澤東在攪局的人提出毛澤東跟陳毅一起去，毛澤東當即拒絕，不願意去上海住班房一樣的亭子間，再說，他「病」了。毛澤東對陳毅說：你去上海，可以，我贊成你去，把四軍詳細情況向中央反映一下有好處。這樣，就決定了陳毅去上海。陳毅希望毛澤東回前委工作，被毛澤東一口回絕。會議後，由朱德代理前委書記，陳毅離開紅四軍去了上海。隨著陳毅踏上離開閩西的道路，他人生中黃金般的一次可以擠入中共最高領袖層，甚至可能成為中共最高領袖的機會也就失去了。

這樣，毛澤東達到了目的，一方面，他相信稚嫩、單純的陳毅在向中央彙報時，還是會和稀泥，不會一邊倒，搞陰

謀，只要這樣，中央就一定會支持自己，而且，陳毅去彙報工作本身就已經充分說明了他沒有能力控制局面；另一方面，他達到了使朱德失去幫手，在沒有幫手的情況下，朱德既要作為軍長策劃並指揮作戰，又要作為前委負責人具體安排地方黨的反圍剿事務，又要管理紅四軍的政治工作，這幾乎是不可能做好的事情，萬一朱德發生「錯誤」或發生不能顧及的混亂，則可以讓所有人知道：沒有毛澤東是不行的。至於要他自己去上海彙報工作，他一當去了，就意味著告訴了中央朱德可以不需要他，這樣便肯定回不來，真的就要在上海亭子間坐班房了，這是打死都不能去的。

10月22日，陳毅從上海回來了。他帶來了由他按照李立三、周恩來的意思起草的〈中共中央給紅軍第四軍前委的指示信〉以及李立三、周恩來的口頭指示。這封信在中共黨史上被稱為「九月來信」。11月23日回到閩西重新佔領長汀的朱德與陳毅寫信給毛澤東，介紹了「九月來信」等情況。毛澤東大喜，身體一下子「恢復」了，於28日到長汀，立即召開前委會議。12月28日在上杭古田鎮，毛澤東主持召開了紅四軍「九大」，史稱「古田會議」。從此，毛澤東真正成為了紅四軍的一號領袖，建立了他對紅四軍的個人獨裁，並為他後來成為中共的獨裁者奠定了基礎。朱、毛衝突就此告一段落，在這一階段，毛澤東取得了最終勝利。

陳毅是8月26日在上海與中共中央接上的頭，先向當時控制中共中央的首要人物李立三進行了彙報。8月28日，李立三、周恩來召集中央政治局會議，總書記向忠發以及政治局委員項英也參加了，陳毅在會議上圍繞紅四軍情況和朱、毛衝突問題作了彙報。之後一些天陳毅繼續向李立三、周恩來彙報並提起建議。陳毅坦率承認了自己沒有能力擔當大任，認為如果中央有得力的人，將朱、毛兩個人都換掉是可能的，但估計能夠替換朱德的人很難找，因此，可以派一個人去替換毛澤東。陳毅這一實事求是的彙報對毛澤東非常不利，等於告訴了

中央朱德是不可取代的，而毛澤東則是可以取代的，自己不過是能力不行，不能取代毛澤東而已。但是，陳毅還只是局限在朱、毛衝突的表面看問題，李立三、周恩來則不同，這兩個具有領袖氣質的人看到了內在的原則。

陳毅10月1日離開上海，在長達一個多月的時間裏，李立三、周恩來與陳毅三個人進行了多次討論，李立三、周恩來對陳毅詢問得非常詳細，問了一邊又一邊，可見李立三、周恩來意識到了如何解決朱、毛衝突是一個非常嚴重的問題，其中蘊涵著非常深刻的奧妙。

朱、毛衝突的本質，是在中共一黨專制前提下選擇民主道路還是選擇專制道路的問題。這兩種道路又各自存在著不同的演變傾向，朱德的民主主張很容易演變為社會民主，毛澤東的專制主張則很容易演變為個人獨裁。在暴力問題上，朱德的民主主張具有軍隊國家化的傾向，而毛澤東的專制主張則具有國家軍隊化的傾向。朱、毛衝突所蘊涵的問題與蘇俄十月革命有很大不同，蘇俄是議會道路失敗後，利用所控制的軍隊和工人在中心城市暴動，奪取政權再實行專制，現在朱、毛衝突的問題則不同，是共產黨在偏僻的地區進行武裝運動，朱、毛衝突馬上把黨－軍、黨－政關係問題提到了日程上，蘇俄經驗並不能照搬。蘇俄經驗的核心是李立三、周恩來所沒有疑義的，也即一黨專政下的專制，就這一點來說，朱德主張民主具有異端性，似乎驗證了這個軍閥出身的人一直不被重用和信任是正確的，但是，就朱德三河壩以來的戰績說，已經充分證明了中共當中還沒有任何人超過他，葉挺、劉伯承、賀龍、彭德懷等軍事人才都難以與朱德媲比，唯一沒有遭到軍事失敗的湘南暴動充分說明了朱德具有那些軍事人才所沒有的雄才大略，至今為止的以朱德為主的朱毛紅軍作為最重要的一支紅軍及其創建的根據地都已經充分說明了他的超人，而且陳毅的彙報已經直接強調了朱德的不可替換，這樣，也就等於對民主主張並不能簡單予以解除。就中共根本的價值取向來說，李立

三、周恩來絕不會支持朱德，但一個不能被支持的人卻不能要他離開紅軍來上海，就涉及到必須既要支持毛澤東的專制主張，又要非常恰當地把握對於朱德的分寸。就李立三、周恩來個人的利益來說，他們與毛澤東同為從事政治的人，是黨務人員，而朱德是被利用的軍人，是執行暴力的工具，彼此屬於不同的陣營，因此，李立三、周恩來不會支持朱德，讓這個軍人站到黨務階層的上面去。

在李立三、周恩來跟陳毅的討論中，最後全部的問題還是集中在了人事問題上。李立三、周恩來毫不猶豫地決定把託派嫌疑分子劉安恭叫回上海，然後，在朱德不能離開紅四軍的前提下，就是一個毛澤東的去留問題了。這對李立三、周恩來來說是個很困難的題目，所謂討論一個多月，實際就是他們猶豫了一個多月。他們支持毛澤東的專制主張，但現在是他與朱德已經幾乎水火不容。如果換一個政治大員去，並不是沒有人選，甚至可以說中共在這方面是人才濟濟，但這樣毛澤東就要來上海中央，那麼該怎麼安排他呢？毛澤東是個令人討厭的人，陰險而好鬥，資格又老，現在李立三、周恩來剛剛控制住了傀儡向忠發，掌握了中共的最高權力，如果毛澤東來了，很可能會把水攪渾，打破現在的權力格局。就中共元老幫來說，最難纏的是張國燾，一個張國燾曾經讓中共少壯派和國外派頭痛不已，好不容易才利用在莫斯科開「六大」的機會把他「軟禁」在了蘇聯，解決了他這個頭痛問題。當時的毛澤東雖然不如張國燾那樣難纏，但絕不是省油的燈，從他的不遵守紀律和不服從命令來說，可能比張國燾還不好弄，送他去蘇聯他可以賴著不走，而且送他去蘇聯也不見得有多少理由。把毛澤東叫到上海很可能是招來一場禍水。所以，李立三、周恩來並不會很願意讓毛澤東來上海。

最後，陳毅提醒了李立三、周恩來。看李立三、周恩來遲遲作不了主張，稚嫩的陳毅發起了牢騷。他說：這次的問題都是你們中央給惹出來了，中央來了封分散紅軍，要把朱、毛

都調走以縮小目標的信，大家覺得朱德不能走，要走就走毛澤東，事情就鬧起來了，後來又來了個劉安恭添了把火，矛盾就激化了。李立三、周恩來立即興奮了起來：這就是說，朱、毛是可以相處好的？陳毅同意。這樣，一切問題就都解決了。李立三、周恩來決定只調回劉安恭，毛澤東任前委書記，朱德繼續任軍長，毛澤東不兼政治部主任，政治部主任由陳毅擔任，在領導權威方面支持毛澤東。他們一決定，陳毅表明回去自己先主動作檢討，以後全面倒向毛澤東。

「九月來信」是陳毅按照李立三、周恩來的意思起草，最後由周恩來審定的。這封有點混亂的長信囉嗦而微妙，既確立了毛澤東的最高領導地位及其職權，也照顧到了朱德的一面。在這封信中，李立三、周恩來明確否定了毛澤東的所謂「羅霄山脈中段」理論，「紅軍應該是採取經常游擊的政策，若停留在一個地區，或企圖固守一個地帶，求其繼續存在，這不但不可能而且必然陷於失敗。過去羅霄山脈政權的經驗告訴了我們」，「保守必然要失敗」，這就等於肯定了朱德進行進取的戰略的正確，但又沒有支持朱、毛共同的開闢固定根據地的主張。「九月來信」肯定了朱毛的基本成就和經驗。在實質性的權力問題和組織問題上，既集中和擴大了毛澤東的權力，又分解了他的一部分權力，「紅軍由前委指揮，對外用軍部、政治部號召」，也就是說，內部由毛澤東指揮，但對外的命令發布權原則上則在朱德、陳毅手上。在紅四軍內部，「黨代表名稱應立即廢除，改為政治委員，其職務為監督軍隊行政事務，鞏固軍隊政治領導，副署命令等。軍政治委員可由前委書記兼，軍政治委員可不兼任政治部主任」，這樣，就從此剝奪了朱德單獨發布命令的權力，但朱德仍然是主要的命令發布人，毛澤東則為命令副署人。這是最重要的一條權力分配原則，由於毛澤東既作為最高領導，又有了命令副署權，朱德單獨指揮軍隊的權利就被徹底限制，原則上成為了由朱德、毛澤東共同指揮，毛澤東終於擺脫了純粹黨務人員的身

份，擁有了部分軍隊指揮權，第一次真正可以指揮軍隊了。這是朱、毛關係的一次顛倒。「九月來信」在總的原則上確定了前委的獨裁地位，「黨的一切權力集中於前委指導機關，這是正確的，絕不能動搖。不能機械地引用『家長制』這個名詞來削弱指導機關的動力，來作極端民主化的掩護，」「目前前委指揮軍部、政治部」，但是，又試圖限制毛澤東的權力，要求「黨對軍隊的指揮盡可能實現黨團路線，不要直接指揮軍隊，經過軍部指揮軍事工作，經過政治部指揮政治工作。以後成立上層政權，則組織黨團，經過黨團指揮之。黨的系統，軍事系統，政治系統，要弄清楚」。

古田會議

古田會議按照「九月來信」重新調整了前委，吸收了很多地方黨領導，排擠了朱德的親信，由毛澤東擔任書記，委員除毛澤東外有朱德、陳毅、李任子、黃益善、羅榮桓、林彪、伍中豪、潭震林、宋裕和、田桂祥，候補委員為楊岳彬、熊壽祺、李長壽。紅四軍方面，毛澤東為政委，朱德、陳毅職務不變。就紅四軍的指揮來說，毛澤東的權威還難以確立，形成了以朱德為主，朱、毛共同指揮的格局。

「九月來信」實際上是把朱、毛強行捆綁在了一起，強化了他們的團結一面，形成了一個以毛澤東為主的「朱毛」共同體，但並不等於朱、毛的衝突和矛盾就此結束，只是從此他們的矛盾衝突的側重點發生了變化，不再是一個關於獨裁和民主的問題，而是一個由誰來獨裁的問題。從此，中共就終結了獨裁與民主之爭，徹底確立了進行獨裁的基本原則，關於民主的思想被深刻地壓抑在了朱德內心，使朱德成為了中共最高領袖階層中的一個孤獨分子和另類，而他賴以為中共爭取一點點民主成分的方式，就是作為中共最主要的一個武裝實力分子，選擇由誰來獨裁中共或幫助誰來分解獨裁權力的問題

了。正因為如此，「九月來信」的兩個真正的策劃者之一的周恩來，也就無形間進入到了「朱毛」當中，形成了中共最重要也最穩定的一個三角關係：朱、毛、周三角關係。由於朱、周幾乎是中共最高領袖層中僅有的兩個「不倒翁」，而朱、毛、周三人的生命一直延續到1976年同一年消失，因此，可以說，朱、毛、周這個三角關係是決定中共命運最核心的一個三角關係。

朱、毛、周，這三個中共歷史上真正的實力派巨人，在1929年秋、冬，由於陳毅的稚嫩和缺乏領袖氣質，第一次把命運糾結在了一起。

十九　朱、毛互下殺手和出擊江西

擊破金漢鼎第一次「三省會剿」

　　陳毅7月29日到上杭蛟洋跟要打倒「陳毅主義」的毛澤東開前委會議，討論反「三省會剿」戰略，在毛澤東鼓動「民主」和要陳毅去上海彙報的情況下，會議開得一片混亂。朱德不能參與毛澤東、陳毅關於去中央彙報的討論，只好耐心地讓大家「民主」。在大敵當前的情況下，毛澤東撒手不管，又把陳毅弄走，似乎黨、軍所有的權力都已經屬於了朱德，其實是一種要置朱德於死地的陰險做法。按理來說，即使陳毅離開，也應該是在反會剿之後。陳毅離開，等於是讓朱德顧不過來，分散他的作戰精力，讓他走向失敗或至少是犯下錯誤。

　　陳毅上毛澤東的當，朱德有苦難言。朱德決定了反圍剿策略和計劃，由胡少海第四縱隊留在閩西內線游擊，他自己親率林彪第一縱隊、劉安恭第二縱隊、伍中豪第三縱隊跳到外線，在閩中尋找戰機，將圍剿敵軍調出閩西根據地。

　　朱德決定於8月2日第一、二、三縱隊集中白砂，然後向金漢鼎薄弱環節寧洋縣出擊。這時候，一個顯然的極其兇狠的「陽謀」發生了，最重要的主力、林彪第一縱隊竟然會因為行動遲緩，所謂的汀江漲潮而不能及時到白砂集結，只能留在閩西內線游擊。這意味著什麼呢？這意味著林彪第一縱隊、胡少海第四縱隊留在了閩西，朱德只是帶了綜合戰力較弱的第二、三縱隊而不是真正的主力，到外線吸引圍剿敵軍，執行主要作戰任務，不僅難以打殲滅戰，而且更是面臨著徹底失敗甚至全軍覆滅的危險。

考察毛澤東後來的歷史，可以認為這是毛澤東第一次使用了「絕殺」陽謀手段，借敵人的刀殺自己陣營內的對手。毛澤東這時這樣做是完全有理由的，既然自己的權力已經被基本剝奪，在紅四軍內的聲望也已經掃地，被朱德趕到了絕境，設法消滅朱德也就沒有必要顧慮了。按照一般的情況來說，即使達不到消滅朱德的目的，朱德以弱小兵力到外線作戰的命運也將是凶大於吉，到時候慘敗歸來，朱德還能有什麼話好說呢？

在這種局面下，朱德再現英雄本色，沒有猶豫，帶領第二、三縱隊按計劃進入了閩中地區。朱德決定避開富有經驗的粵軍蔡廷鍇、贛軍金漢鼎部，攻擊比較弱的閩軍張貞部。8月4日，朱德佔領寧洋縣城。8月8日，朱德擊潰張貞部，進入漳平縣。金漢鼎不得不放鬆對閩西根據地的合圍並打開口子，從德化、安溪、華安等地調重兵追擊朱德。8月20日朱德攻大田不克後，轉入永春、福鼎地區，繼續調開金漢鼎的「三省會剿」部隊。這一大範圍的運動、游擊極其艱苦，一來是紅軍陌生地區，缺乏地方支持，二來天氣炎熱，疾病蔓延，但朱德這一似乎漫無目標的「流竄」也終於達到了解除閩西根據地之危的戰略目標。這樣，朱德便於8月28日突然回到漳平縣境，殲滅張貞一個團，8月30日第二次佔領漳平縣城。9月6日再占龍岩縣城。閩軍張貞部全面潰退，金漢鼎指揮的「三省會剿」宣告失敗。

朱德這次從外線擊破「三省會剿」堅苦卓絕，可謂經典。一些「崇毛」的中共黨史研究者竟然會不顧基本事實，以之證明朱德不如毛澤東，因為，當朱德與第一、四縱隊會合時，朱德所率第二、三縱隊疲憊不堪，比出發時減少了三百多人，而第一、四縱隊增加了不少兵員，雖然第一、四縱隊並不受毛澤東指揮，但是由毛澤東透過閩西特委「遙控」的，因此說明毛澤東比朱德有水平得多，進而證明毛澤東是正確路線，朱德是離開了毛澤東就不會打仗的錯誤路線。他們竟然看不到，「三省會剿」並不是由第一、四縱隊打破的，他們一

直處於鼓動農民、分田分地的休養、游擊狀態，而他們之所以可以這樣安逸，正是因為朱德在週邊作戰，並打破了「三省會剿」。不過，毛澤東本人則不會跟這些「崇毛」者一樣頭腦簡單，缺少了最有戰鬥力的林彪第一縱隊的朱德勝利回師，靠自己英勇的作戰化解毛澤東的殺手，不能不更加重他的「病」，他的「病」是更難好了。

朱德突然出擊江西

9月18日，朱德親自指揮紅四軍四個縱隊攻佔了閩西重鎮「鐵上杭」，殲滅了上杭城內的福建省防軍第二混成旅盧新銘，徹底解除了在閩西地區內的威脅。這時候，紅四軍達到了七千人，四個縱隊每個縱隊編制從兩個支隊增加為三個支隊。趁暫時不會有什麼戰事，朱德決定召開紅四軍「八大」，讓大家討論一下各種問題。會議主要討論的是政治領導問題，朱德一個人既要指揮作戰又什麼都要管顯然不行，朱德自己也表示實在忙不過來，於是，大家聯名寫了封信給毛澤東，要他立即來參加會議。毛澤東回信不打倒「陳毅主義」不回紅四軍。大會當場決定給予毛澤東警告處分，命令他必須前來參加會議。無奈的毛澤東只好讓擔架把自己抬到會場。這時候，毛澤東悲涼的心情可想而知，這是一生最低谷的時刻了。

朱德很快就因為李立三、周恩來的頭腦發熱陷入了窘境。早在1929年4月份時，廣東方面就寫信要求朱德去東江幫助暴動，5月3日朱德回信中共東江特委予以了拒絕，並以教導的口氣要他們不要「忙著幹起來」，不要「輕易去攻打城市」。9月，兩廣張發奎、俞作柏等通電反蔣，李立三、周恩來以為機會來了，南昌暴動時到廣東建立獲得蘇聯援助的根據地的想法又冒了出來，9月28日寫信給朱德要求紅四軍見機南下。10月6日，福建省委又以中央的名義要求朱德去廣東東江，並派謝漢秋專門來「巡視」。很不情願的朱德拖到10月15

日再也不能拖下去了，只能率第一、二、三縱隊向閩粵邊界進發。10月20日在廣東大埔，沒有得到朱德命令就輕易進軍的第二縱隊戰敗，「是役犧牲了司令官劉安恭及其他重要官長二三人、士兵二十餘人，傷數十人，為四軍入閩以來未有之損失。」10月25日，朱德佔領梅縣縣城，次日因敵人反攻退出，31日由於情報錯誤，朱德再打梅縣縣城，沒能攻下，朱德明智地將部隊撤回閩西。朱德這次無奈的出擊，戰死的人不多，但近期擴充進來的人員逃了不少，總共損失了一千多人。現在，朱德陷入在毛澤東和中央雙重纏繞的困境當中。

　　1929年底召開紅四軍「九大」，也就是古田會議。古田會議後，由於確立了毛澤東的獨裁地位，朱德客觀上也就發生了轉型。之前，與毛澤東進行激烈權力爭奪的朱德不僅僅是個軍事領袖，而且也兼具著政治領袖的角色，「九月來信」將朱德政治領袖的角色基本抹掉了，這樣他也就成為了一個比較單純的軍事領袖，不再能夠與毛澤東進行公開的民主與獨裁爭論。如果以毛澤東後來形成的絕對個人獨裁和瘋狂來說，當時以朱德實力的雄厚對毛澤東遠沒有完備的實力，朱、毛之間難免不發生「火拼」，恰是因為這樣，極其聰明的毛澤東並沒有借助古田會議的東風立即明顯地擠兌朱德的軍事指揮權。如果毛澤東採取擠兌朱德軍事指揮權的大動作，使朱、毛衝突再度激化，那無疑就是證明了中央對權力的調整是錯誤的，從而導致中央再次採取調整權力的行動，或者不得不派人來換掉毛澤東，在紅四軍更不能離開朱德的現實下，吃虧的只會是毛澤東自己。而從毛澤東自己來說，就像陳毅告訴李立三、周恩來那樣的，中共難有可以取代朱德的軍事人選，毛澤東自然更難以用什麼人取代朱德，他不得不仍然依靠朱德天才的軍事藝術和能力。用好朱德，讓朱德發揮，為毛澤東賣命，對毛澤東只會是百利而無一害。客觀上，雖然毛澤東已經懂得了什麼是真正的打仗，但是，真地要指揮軍隊，終究還遠沒有成熟，還需要有一個成熟過程，至於如何直接指揮作戰，更不是毛澤東所能

夠學會和掌握的。在軍事上，毛澤東除了依賴或者至少是暫時依賴朱德外別無出路。

這樣就使朱、毛形成了一種非常良好的權力格局和關係。作為毛澤東，他已經不僅是名義上的最高領袖，而且也已經是實際上的最高領袖，由於他的獨裁地位是由中央賦予並規定的，因此，除了中央外就沒有人可以動搖他這種地位，這對一直處於虛而不實、弱勢地位的他來說，已經足夠滿意了。毛澤東暫時不是如何擴大自己獨裁權力的問題，而是如何鞏固自己獨裁權力的問題。作為朱德，他現在就只需要一心一意地打好仗、管理好軍隊就可以了，應對中央和地方黨的複雜任務和責任，就由毛澤東去承擔了。而軍隊本身的政治工作，雖然作為軍長必須要進行管理，但主要的責任已經在毛澤東和陳毅身上，朱德的精力可以更多地化在軍事上了。從軍事上來說，雖然毛澤東擁有命令副署權，但畢竟還是以朱德為主，當兩個人在一起時需要毛澤東副署，但當毛澤東不在身邊時，則並不需要毛澤東副署，朱德還是可以獨自發布命令，只要事後告知毛澤東就可以。由於權力的集中，關於軍事戰略問題和大的決策，由於只需要跟毛澤東商量了就可以決定，而毛澤東對軍事的領悟能力又非常天才，經常也會有很不錯的主意，朱德反而比過去更能夠貫徹自己的軍事主張，變得格外輕鬆了。這樣，這兩個天才人物各自都可以發揮出自己絕大的才能了。雖然朱、毛彼此都心懷鬼胎，但彼此也努力把對對方的不滿儘量隱藏在了心裏，使彼此成為了黃金搭檔，造就了他們進行合作的黃金時期。

特別要注意「九月來信」對於毛澤東給中央信中「與古今中外的戰術都不同」的戰術的評價：「關於一般戰術問題，如前委來信所提出之波浪式推進，兜圈子以及十六字訣等辦法，應就實際情況去運用，不能定為一個原則。」這一評價並沒有否定毛澤東「與古今中外的戰術都不同」的自我鼓吹，但卻是潑了一盆冷水。本書前面說過，雖然「十六字

訣」是朱德發明的，但他自己在比較正式的軍事學文章中並沒有提，即使朱、毛會師時他規定了這個軍事原則，也強調了必須是在「靈活」運用的前提下才能有效，也即必須要是軍事好手才可以運用「十六字訣」。朱、毛會師時朱德規定「十六字訣」，不過是因為紅軍是由他本人指揮的。如果把「十六字訣」作為可以普遍運用的一般軍事原則，則並不妥當。「九月來信」的潑冷水無疑也是提醒了毛澤東，讓他知道自己在軍事方便還有待於提高。直到毛澤東後來想弄一個「毛澤東主義」出來以前，他自己在正式的文章或報告裏，也基本不提「十六字訣」了。具體在什麼情況下才可以進、退、擾、追，這不是毛澤東所能夠徹底弄清楚的。

古田會議前是毛澤東在朱、毛衝突中處於徹底失敗的境地，古田會議則是朱德的失敗。但朱德並沒有慘敗，無人可以取代的軍事指揮權仍然掌握在他手上。很多研究者認為古田會議後朱德就成為了毛澤東的傀儡或馴順的工具，比如在張戎影響很大的《毛澤東：鮮為人知的故事》裏，稱為「制服朱德」，這並沒有充分的理由。實際上，古田會議只是調整了朱、毛的權力分配，限制了朱德的政治發言權，賦予了毛澤東有限的軍事指揮權，軍事上的權力仍然主要掌握在朱德手上。在當時，朱德不僅沒有服毛澤東，而且很快就反擊了毛澤東，甚至可以說是對毛澤東也下了一次非常兇狠的殺手，嚇住了毛澤東。

古田會議時，金漢鼎組織了閩、粵、贛十四個團第二次對閩西朱毛進行「三省會剿」。古田會議一結束，基本仍按朱德應對第一次「三省會剿」的戰略，由毛澤東率曾士峨第二縱隊留守閩西內線，朱德率紅四軍主力林彪第一縱隊、伍中豪第三縱隊、胡少海第四縱隊到連城籌款，尋找戰機跳到外線作戰。第二縱隊司令劉安恭死後，胡少海回第二縱隊任司令，第四縱隊改由傅柏翠任司令，這次出擊時，作為當地人的傅柏翠

不願意離開閩西，胡少海便再改回第四縱隊任司令，第二縱隊司令提拔毛澤東親信、第三縱隊參謀長曾士峨擔任。

金漢鼎吸取上次教訓，首先切斷了連城與古田朱、毛之間的聯繫，率自己所部贛軍圍殲朱德，由比較弱的閩軍圍殲毛澤東，粵軍進逼策應。這時候，朱德突然作出了意外的戰略決策：出擊江西。從直接效果看，這是跳到了圍剿紅四軍的主力金漢鼎的背後，直接進入了江西與金漢鼎對壘，威脅金漢鼎的老窩，可以比較容易把金漢鼎調回江西，解除他的會剿。從前景看，江西這時候國軍正空虛，可以便利拓展根據地。這應該是個很好的戰略決策。但這些是一面，在另一面來說，朱德沒有像上次應對會剿那樣，以進攻閩西根據地的閩軍為作戰對象，因此，實際上就是把毛澤東置於了絕地。朱德這是在向毛澤東報上次他把林彪留下來的「仇」，反回來對毛澤東下了殺手。當然，在形式上，朱德不會赤裸裸，不會讓身邊人覺察，因此，在向江西出擊時寫了封信派人通知毛澤東，至於能否通知上就聽天由命了。

就戰略本身來說，這是個大決策，標誌著創建江西中央根據地的正式開始。朱德作出這一決策完全是獨立的，這樣一個大戰略調整不可能是他一時心血來潮。就他產生這想法來說，應該是在兩個月前朱德被迫進入粵境時形成的，因為，粵軍一直與蔣介石有深刻矛盾，對紅軍一直處於保守的狀態，只要紅軍不威脅廣東，粵軍不會積極進攻紅軍，紅軍與粵軍進行衝突無疑是非常愚蠢和不切實際的。閩軍雖然比較弱，容易對付，但在福建發展容易威脅到廣東，這樣，試圖在福建發展出一個廣大的根據地出來將十分困難。能夠拓展出一個廣大根據地的地方，只有江西是最有利的。但是，朱德的想法一直沒有跟人說，並沒有跟毛澤東有過任何商量。金漢鼎第二次「三省會剿」給朱德提供了機會，他可以藉機帶走紅四軍主力，既得到戰略發展，又可以報復毛澤東，讓他知道厲害。朱德這一出擊江西的大決策，也證明了他依然控制著主要的軍事決策權和

指揮權，並沒有因為一個古田會議就被「馴服」了。像朱德這樣一個有著鋼鐵般意志的人，以他的資歷和經歷，怎麼可能會讓任何人輕易透過一個會議就「馴服」？

　　毛澤東很運氣，朱德的信使順利地穿過了金漢鼎控制的地區，送到了毛澤東的手上。毛澤東更是絕對聰明，馬上意識到了其中的意義，立即帶著曾士峨第二縱隊離開了閩西根據地。1930年1月10日，朱德到達寧化，1月16日，佔領廣昌縣城，繼而進入寧都東韶地區。1月24日，毛澤東到東韶與朱德會合在了一起。撲空的金漢鼎只好無奈回師防守江西，就這樣，所謂第二次「三省會剿」，金漢鼎沒有與朱德像樣打一仗就結束了。但這次對毛澤東來說，朱德的殺手真正嚇住了毛澤東，提醒了他一當離開控制軍隊的朱德，將可能會是什麼境地？從此，在中央根據地開拓到相當大規模之前，毛澤東基本上再也沒有離開過朱德。對他來說，人身再也沒有比跟朱德在一起更安全的了。

　　如果說朱德下井岡山的決策是歷史性的大轉折的話，從紅軍和根據地的發展來說，朱德這次出擊江西的決策則是決定性的。馬上，局面就完全不同了。會合後，朱、毛親率第一、三縱隊攻佔樂安、永豐，第四縱隊則順利佔領寧都縣城。這時，在東固的紅二、三、四、五團合編為了由黃公略任軍長、劉士奇任政委的紅六軍，彭德懷也率領他的擁有三千多人的紅五軍從湘鄂贛地區向朱毛靠攏。1930年2月，毛澤東顯示出了他的領袖氣度和手腕，組織紅四、五、六軍與贛西特委在吉安召開聯席會議，擴大了紅四軍前委的權力，成立一個由毛澤東任書記，朱德、曾山、劉士奇、潘星源為委員的前委常委，兼有領導紅五、六軍和贛西、贛南、湘鄂贛閩西、廣東東江地方黨的職能，為朱毛以後實行大兼併開了頭。朱德本人沒有參加這個會議。在這個會議上，毛澤東不再有足以跟他發生對抗的對手，第一次大展宏圖，提出了一個要奪取整個江西省的狂熱計劃。這個會議史稱「二七會議」，實際開會的第一天

是2月6日，而不是2月7日。可見朱德出擊江西戰略的重要意義，它直接體現為了毛澤東從政以來的第一個「大手筆」，為毛澤東施展「宏圖」奠定了戰略基礎。

「二七會議」結束後，為了實現毛澤東的「宏圖」，朱毛逼近吉安，蔣介石命令湘軍第四十八旅旅長成光耀堅守吉安，急調湘軍戴岳第五十三旅、朱耀華第五十四旅、鄂軍唐雲山獨立第十五旅進行合圍，金漢鼎則率本部立即佔領了寧都。朱毛只能改變計劃，退至富田。沒有與朱德交過戰的唐雲山立功心切，單兵突進。2月24日，朱德親自指揮，以小部分兵力從側後牽制唐雲山右路和中路，以主力攻擊唐雲山左路，敗其左路而全殲敵軍，一下子俘虜了一千六百人。這一仗最重要的意義是一下子解決了紅四軍的裝備補充問題。

殲滅唐雲山後，朱、毛率紅四軍和紅六軍羅炳輝第二縱隊佔領了興國。3月16日，想趁金漢鼎率主力去廣東打盧興邦的機會，朱毛攻打贛州城，老練的金漢鼎吃準朱德缺乏攻城重武器，命令守軍只要死守即可，朱德只能無功而退。3月23日，朱毛攻克南康。3月25日攻克大餘。4月1日，攻克南雄。4月中旬佔領信豐、會昌。不久朱毛又佔領了尋烏，打通了閩西與贛南兩個根據地的通道。

朱德在這期間打的一場敗仗是進攻贛州城戰役。由於毛澤東企圖奪取整個江西的「宏圖」，這就不得不要進攻大城市，毛澤東雄心勃勃要進攻贛州。朱、毛合作剛有點協調，朱德也就打了這一仗，但在具體的戰役當中，朱德也近乎應付，基本是圍而不猛攻，以不受大損失為前提，金漢鼎也很老練，命令守城部隊固守即可。關於攻城問題，這是朱德始終在軍事學上強調和指出的困境，他認為紅軍缺乏攻城戰術訓練，從軍官到士兵都不具有相應的戰術素養，而且也沒有攻城所必須的裝備和技術。正因為在這個問題上朱德有著清醒的軍事頭腦，所以，攻贛州雖然失敗，但朱德並沒有什麼損失，最

重要的好處是提醒了毛澤東，使毛澤東知道了紅軍根本不具備攻大城市的能力，因此，聰明的毛澤東就此也就實際否定了自己佔領江西全省的「宏圖」。

二十 紅軍大兼併與二打長沙爭鬥

毛澤東再回江西

　　1930年2月毛澤東召集的紅四、五、六軍聯席會議所組建的前委常委，實際上是他的私貨。前委的法定名義是紅四軍前委，他把紅五、六軍的人拉進紅四軍前委，是一種兼併試探，但並不是中共中央的指示，在法定的意義上毛澤東並沒有權力領導紅五、六軍，他只能透過聯席協商達到「領導」的目的。也正因為這樣，就彭德懷、黃公略來說，他們並沒有必要為此與毛澤東頂真。在這次朱德沒有參加的會議上，毛澤東對獲取個人權力的欲望暴露無遺。朱、毛衝突所具體爭論的一個問題，是要不要設置軍委，朱德主張要有軍委，毛澤東則反對設立軍委。但是紅五、六軍恰恰相反，他們都有軍委，這證明了作為軍隊來說，軍委作為軍隊內部黨委不可以不要。毛澤東根本不在乎原來是怎麼跟朱德爭論的，既然把紅五、六軍的人拉進了紅四軍前委，也就不得不成立紅四軍軍委了。實際上，對毛澤東來說，前委也罷，軍委也罷，只要有利於他建立獨裁都是正確的。

　　1930年4月24日，中共中央指示紅四、五、六軍成立總指揮部，由朱德任總指揮。這是中共中央第一次正式提高朱德的地位。這一地位的提高等於確認了朱德已經不僅是中共最著名和最強大的一支紅軍的首腦，而且也等於是確認了朱德已經具有中共紅軍將領中的最高地位，是中共直接指揮軍隊和作戰的最大的軍頭。但是，中共中央並沒有相應地明確建立統一領導紅四、五、六軍的黨的機構，也就是說，沒有相應提高毛澤東

的地位，這樣，在形式上就出現了一個嚴重的矛盾，即，就法定地位來說朱德已經超過了毛澤東，但朱德作為紅四軍軍長又仍然受前委書記毛澤東領導。出現這種局面是毛澤東追隨朱德出擊江西時所沒有想到的。對十分敏感的毛澤東來說，這是深有意義的，刺激了他需要架空和控制朱德的欲望。

使朱德成為徒有虛名的總指揮最簡單的辦法是離開江西，遠離紅五、六軍。毛澤東深知朱德「卑污的行為」是他所難以抗拒的，只要跟朱德接近，只要朱德與人相處有了足夠的時間，一般的人就會成為更親近、傾向於他的人了，最典型的莫過於伍中豪，他從毛澤東的嫡系成為了朱德最忠實的一員大將，朱德的這種人格魅力是毛澤東所難以媲比的。林彪「反水」朱德並不是由於毛澤東的人格魅力，而不過是一種利益同盟而已。1930年6月，朱毛離開了局面大好的江西，再一次回到閩西，佔領武平、長汀，這樣，朱德也就成了個空頭的「總指揮」。這個時候，對於權力來說，佔領江西一省的「宏圖」對毛澤東來說已經毫無意義。在與朱德合作和衝突的過程中，毛澤東比中共任何人都知道，只要控制朱德這個韜略深厚的軍事天才和實力人物，就等於有了明天，在任何情況下都不能輕易失去朱德。

但是，朱毛離開江西引起了李立三、周恩來的強烈不滿。當時正處於蔣介石與馮玉祥、閻錫山的中原大戰時期，金漢鼎、王均的軍隊大量北調，江西十分空虛。同樣的原因，湖南、湖北也都比較空虛，正是中共和紅軍可以藉機大發展的時候，朱毛棄江西南下顯然十分錯誤，李立三、周恩來當然難以理解，要予以斥責了。6月15日，中央在給朱毛的信中指責：「你們現在完全反映著農民意識，在政治上表現出來機會主義的錯誤。」應該說，這大致是正確的，但其實李立三、周恩來並不清楚毛澤東的「農民意識」，說穿了只是權力意識、獨裁意識，是一切必須要有利於他的權鬥利益。李立三、周恩來強硬地告訴毛澤東：「中央新的路線到達四軍後，前委須堅決按

照這個新的路線轉變。」並以最後通牒的口氣警告毛澤東：「如果前委有誰不同意的，應即來中央解決。」也就是說，如果毛澤東違抗，那麼，他就去「中央」吧，別待在紅四軍了。這等於是要徹底廢掉毛澤東，毛澤東當然不敢違抗，只好重新按照朱德原來出擊江西的戰略，回到江西去。

這次回江西，毛澤東與前一次回江西不同了，他地位得到了提升。雖然李立三、周恩來6月15日信要過幾個月朱毛才收到，但李立三、周恩來在較早的時候已經寫過意見差不多但口氣不很硬的信，並派了個特派員涂振農來監督執行發展湘、贛、鄂的戰略。6月21日，塗振農主持召開了紅四軍前委和閩西特委以及紅三、四、十二軍聯席會議。紅三軍也就是原來黃公略的紅六軍。紅十二軍是由紅四軍幫助閩西特委鄧子恢在4月時組建的，軍長鄧毅剛，不久由伍中豪擔任，組建時政委鄧子恢自任，5月即由譚震林擔任。按照李立三、周恩來的指示，紅三、四、十二軍組成紅軍第一路軍，總兵力二萬多人，朱德任總指揮並兼紅四軍軍長，毛澤東任政委。一直被毛澤東運用的「紅四軍前委」退出了歷史舞台，成立了紅第一路軍前委，毛澤東任書記，他地位得到提高。這樣，「朱毛」的概念擴大了，從此不再只是指紅四軍了。1930年6月23日朱德率軍從長汀出發，出發時精簡兵力為一萬人左右。

蔣介石的困境與「立三路線」

這裏必須要簡單討論一下蔣介石所難以解決的困境。

就地理而言，中國與歐洲比較類似，但歐洲文明的發達是從地中海沿岸開始，具有海洋性，中國文明的發達則是從長江、黃河開始，具有大陸性。海洋性文明比較傾向於商業化，在與內陸遊牧文化和漁獵文化結合過程中，難以達成部落、民族的融合，由此也就具有了小國寡民的傾向，即歐洲難以形成為一個統一的大國。中國的大陸性文化則比較傾向於

農業性，在與周邊或內陸遊牧文化和漁獵文化結合過程中，更具有部落、民族的融合傾向，這種傾向在夏朝以後形成為了一種王朝制度。這種王朝制度是由一個國家比如夏國作為「朝」，其他國家則是受朝制約的「方國」，因此，這種王朝既不是邦聯也不是聯邦，它有一個統一的最高的朝，但朝下面則有很多個相對獨立的國家。到了西周時，基本格局沒有變化，但國的獨立性大大降低了，它們的合法性必須要得到周朝的「封」，而由於是「封國」，而不是夏、商時的「方國」，國與國之間就不僅僅只是個大小差別的問題了，而發生了等級差別，這種等級體現在國王的身上，就是「爵」的高低。這種等級制度強化了統一意識，但當朝被弱化並且各個國家的實力與其等級不符合時，這種統一意識就會表現為爭「霸」運動，即更具有實力的國家要打破國家間的等級，獲取霸主的地位。當爭霸運動最後拋棄了朝時，就變成了一切取決於實力和國家對抗勝利的戰國，從表面看似乎與分成很多國家的歐洲差不多了，但本質上其實根本不同，因為歐洲的主要傾向是國家間的互相不取代，中國的戰國則受統一的驅使，仍然要追求統一。

到秦始皇的時候，分成很多國家的戰國局面消失了，實現了從未有過的統一。這種統一與王朝不同，而是消滅了朝下面相對獨立的國，建立了郡縣制度，變成了皇朝。但秦始皇走過了頭，中國王朝制度不僅只是一個統一問題，而且也是一個容許統一前提下「分裂」的問題。王朝與皇朝之間的制度對抗，是在項羽和劉邦的對抗中被解決的。項羽被歷史學家看作是婦人之心，鴻門宴沒有殺劉邦，這是兩千多年來的大誤解。可以一下子把幾十萬人坑殺的空前殘暴的項羽，怎麼會在乎一個劉邦的生命呢？關鍵的問題並不在於這裏，而是在於項羽所要恢復的是王朝制度，他自己只稱王，不稱皇，他不願意學秦始皇，因此，就必須允許漢王劉邦的存在，但他沒有想到劉邦要學秦始皇，不是只做王，而是要做皇。劉邦建國後，建

立了皇朝制度，但他對秦始皇的絕對一統作了調整，允許朝下面既有郡縣又有封國，但他的封國的相對獨立性已經跟西周完全不同，是很有限的自治。自從劉邦以後，中國始終就存在著了一個皇朝的集權與地方的自治之間的矛盾問題，直到孫中山辛亥革命，還沒有解決。

其實孫中山辛亥革命時實行地方自治為基礎的中央國家制度有著很不錯的歷史條件，但無論是孫中山還是袁世凱都沒有抓住這個歷史性的機會。辛亥革命的一大特點，是地方宣布獨立，這種獨立實際也就是自治。但這主要集中在南方，北方則在袁世凱的集權下氣候不大。關鍵的問題是袁世凱是個專制主義者，從他後來開了個當洪憲皇帝的歷史大玩笑來說，他頭腦裏也存在根深蒂固的皇權主義思想。孫中山本來擁有極好的地方自治資源，但他卻是徹底的中央集權分子，也就是說，他雖然主張民主，但卻是中央集權的民主主義。這樣，孫中山就失去了他最大的政治資源，議會道路失敗後搞護法，但主張地方自治的陳炯明等並不能盡心盡力支持孫中山，最後陳炯明乾脆把孫中山趕出了廣州。孫中山一方面是民主主義者，一方面是集權的專制主義者，他的專制的一面是他可以跟蘇俄、中共合作的基礎，這樣，在蘇俄的幫助和中共的參與下，終於組織起了像模像樣的北伐，並在蔣介石的具體領導下取得了成績。但是，既然是專制，或者說集權，蔣介石終究與同樣主張專制和集權的中共是要分手的，一山終難容二虎，只有吃草的牛、羊在一座山上才可以是一群共處。

1928年1月8日，蔣介石復任國民革命軍總司令，不久開始進行第二次北伐。蔣介石開始第二次北伐以後，由於兵力北上，南方「真空」地帶就比較多了，中共暴動後殘存武裝獲得保留並初步發展正是得益於此。1928年6月15日，國民政府發表《對外宣言》宣布「統一告成」。7月6日，蔣介石及北伐主要將領在北平香山碧雲寺孫中山靈前，舉行完成了北伐的祭告典禮。蔣介石雖然將全國統一到了南京政府的政權下，但並沒

有解決中央集權與地方自治的關係問題，由於他堅持中央的專制和他個人的獨裁，因此，中央與地方之間的武裝衝突也就接二連三地發生，就像中國兩千多年裏的「皇」一樣，蔣介石最主要的精力投放在了「削藩」上面，這樣，中央既一時騰不出精力解決中共武裝，地方也不能專心消滅本地的中共武裝，中共紅軍得以存在和發展的空間並沒有因為蔣介石完成北伐而消失，反而由於蔣介石進行「削藩」比北伐受的阻礙更大，所進行的「削藩」戰爭有時也更具有規模，因此，中共紅軍也就可以獲得突然大發展的機會。

朱德1929年1月不與毛澤東事先商量突然出擊江西，正是非常英明地抓住了蔣介石這種困境所提供的機會。但是，朱德並不是中共唯一的高明者，他只不過是中共最早洞察並利用蔣介石空虛的華中南地區的人，在中共中央的李立三同樣也很快就敏銳地察覺到這個問題。在1930年2月30日的中共中央政治局第七十九次會議上，中共實際的最高掌權者李立三明確提出：「朱毛應向江西發展，與江西的紅軍匯合，奪取江西的政權，以便配合武漢的暴動。」在1930年的整個春季期間，李立三再三強調要「猛烈地擴大」紅軍。隨後紅軍和根據地獲得大發展的歷史事實，充分證明了李立三基本主張的正確，李立三錯誤的所在是犯了狂妄的毛病，這個對軍事一竅不通但充滿野心的政治家積極要求紅軍攻打武漢、長沙、南昌這樣的大城市，在他身邊的軍事「專家」則是擅長於搞政治和特工的周恩來，不僅不能夠糾正李立三的偏差，而且更只會幫助他做攻打大城市的白日夢。不過，就紅軍本身的發展來說，李立三攻打大城市的指示並不致命，因為，如果攻不下自然也就不攻了，對於明智的軍事首腦來說，必然會把損失降到比較低的程度，所謂在中共歷史上被罵得極臭的「立三路線」，其實對中共紅軍的大發展作出了關鍵性的貢獻，按照中共習慣使用的毛氏風格語言來說，是功遠大於過，是功九個指頭、過一個指頭而已。

「立三路線」對朱毛來說的好處，不僅是自身大發展問題，而且也是對其他紅軍進行大兼併的問題。1930年4月朱德任紅四、五、六軍總指揮，實際就等於是中央讓朱德兼併了彭德懷、黃公略，但由於中央沒有相應給予毛澤東地位，毛澤東藉口福建內亂以前委書記的權力把朱德拉走了。6月21日紅軍第一路軍的組建，不僅是朱毛自身的發展，也是正式完成了一次兼併，將黃公略和鄧子恢所組建的伍中豪紅十二軍納入了囊中。但是，這樣就暫時失去了彭德懷紅五軍，以後朱、毛將不得不為此再花上一番心血。不過，這對於彭德懷則是一個大運氣，他獲得了一個黃金般的獨立發展和兼併他人的機會，從而為他成為僅次於朱德的軍事領袖奠定了扎實的基礎。不然，他僅僅作為紅五軍軍長和並不特別出眾的軍事能力，是沒有絕對資格保證獲取朱德副手地位的。

成立紅一方面軍

　　1930年7月11日朱毛從興國出發時，紅軍第一路軍的番號改變為了紅軍第一軍團。從興國出發後，7月24日朱毛佔領樟樹。7月26日，朱毛渡過贛江。7月30日，朱毛逼近南昌。8月1日，朱毛部羅炳輝像徵性地打了一下南昌牛行車站，隨即朱毛即撤離南昌地區。這一「進攻」南昌，就行動本身來說，僅僅是一個虛張聲勢的軍事行動。為什麼千辛萬苦跑到南昌只是放幾槍示一下威而沒有實行攻擊，從後來朱德不主張攻長沙而毛澤東積極主張來說，朱德的意志是決定性的。事實上，當後來毛澤東一再罵李立三進攻城市時，他似乎忘記了，他曾經狂妄的程度並不亞於李立三，早在2月初就喊了要建立江西一省政權口號。實際上，當時中共唯一清醒的人是朱德，只有他是既要發展紅軍又不要攻大城市的。

　　撤離南昌後，朱毛在贛西北休整，一萬人軍隊擴編為一萬八千人。7月27日，彭德懷紅三軍團佔領長沙。彭德懷是個

領袖欲望強烈的武夫，1928年12月逃到井岡山後，所部紅五軍被改編為紅四軍一個團，自己得到了副軍長職務，但朱毛下山後，他並不使用紅四軍番號，而是繼續使用紅五軍番號，可見他並不願意輕易就被朱毛兼併。失去井岡山後下山，結果被范石生幾近殲滅，只剩下三百人不到。1929年4月1日在瑞金再次投靠朱毛，朱德用殲滅郭鳳鳴的繳獲，幫助彭德懷將所部擴大為了八百多人，又有了一個團的模樣，彭德懷重回井岡山，但在回了井岡山不久的7月初，在進攻安福的時候又幾乎全軍覆滅，損失了三百多人。這時，彭德懷逃到井岡山前留在湘鄂贛邊的黃公略有了比較好的發展，彭德懷不能再去投靠朱毛，就帶領殘部跟黃公略會合，開始明確採用朱毛的戰術，結果很快得到發展，到1930年初時已經擁有了三千多人。1930年春、夏，彭德懷瘋狂擴軍、兼併，6月紅五軍改編為紅軍第三軍團，總兵力七、八千人，放言攻打武昌，等蔣介石將岳州錢大鈞部兩個師調離後，突然攻佔空虛的重鎮岳州。隨即，驕狂的彭德懷發揮出了他的硬打死拼的戰術特點，當時湖南省主席何健剛把佔領長沙的桂系趕走，主力向湘桂邊界追擊，長沙十分空虛，彭德懷率紅三軍團和周邊十萬農軍趁機向長沙強硬突擊，佔領長沙達十一天。憤怒的何健捨桂系而反攻長沙，調集十萬大軍向長沙逼近，並先組織了十幾個團攻擊彭德懷，彭德懷不能抵擋，不得不撤出長沙。彭德懷攻佔長沙一役，是中共紅軍第一次攻佔中心城市，就軍事上講意義並不大，但政治意義空前，標誌了中共武裝已經躋身中國最主要的武裝行列，宣布了中共已經初步具備與國民黨進行大戰役較量的實力了，在全國引起了很大的震動，默默無聞的彭德懷立時名聲大振，幾乎超過了朱毛。以這時候暴得大名的彭德懷，與朱毛再次會師時，實力已經完全不同了，朱毛再想領導他不再是件容易的事情。

對完全軍事外行李立三和半個軍事內行周恩來來說，實力較小的彭德懷能夠佔領長沙展示了偉大的軍事前景，充分證

明了紅軍是有能力攻佔大城市的。紅一、三軍團的會合正是中央的意見，目的是再打長沙。這時候，圍繞著再打長沙這個表面問題，朱、毛、彭三角關係終於正式形成並展開了第一場真正意義的合縱爭鬥。

紅一、三軍團8月23日在湖南瀏陽會合後，按照中央指示合併為了紅軍第一方面軍，朱德任總司令，彭德懷任副總司令，毛澤東任總政委，滕代遠任副總政委，總參謀長朱雲卿，總政治部主任楊岳彬，下轄紅軍第一、三軍團，總兵力三萬多人。第一軍團總指揮、政委、參謀長、政治部主任由朱德、毛澤東、朱雲卿、楊岳彬兼任，下轄紅軍第三軍（軍長黃公略，政委蔡會文）、第四軍（軍長林彪、羅榮桓）、第十二軍（軍長伍中豪、政委譚震林），此外閩西胡少海第二十軍、贛南陳毅第二十二軍也隸屬於第一軍團。第二軍團總指揮、政委由彭德懷、滕代遠兼任，參謀長鄧萍，政治部主任袁國平，下轄紅軍第五軍（軍長鄧萍、政委張純清）、第八軍（軍長何長工、政委鄧乾元）、第十六軍（軍長胡一鳴、政委李楚屏）。

此外，又成立了紅一方面軍總前敵委員會，由毛澤東任書記。同時還成立了一個可以指揮和領導地方的中國工農革命委員會，毛澤東從此就有了一個「主席」名號。這兩個職務所具有的意義對毛澤東來說是深遠的，前委書記從黨的角度確立了他在紅一方面軍的最高領袖地位，而當時似乎只是一個空名號的中國工農革命委員會主席職務，等於使毛澤東成為了中共第一個「全國」性政府的首腦，或者說是「國家主席」，使他無意間已經躋身於中共最高領導層當中。這種地位變化既不是毛澤東的故意，也不是李立三、周恩來的故意，而是無意間發生的一個動作。由於深刻的黨專制觀念和缺乏「法制」意識，早期中共領導層對所有黨外職務和名號都很不重視，並沒有意識到那些職務和名號的重要社會意義，因此，內部的權爭基本都集中在黨內職務和地位方面，黨外職務和名號似乎任意

一個人都是可以充任的。唯一的職務領域軍職幾乎是中共唯一的一個「專業」領域，不得不講究一定的資歷和官階，但即使在這個領域，除了朱德在「紅四軍」時期對本部有非常嚴格的控制外，在之後的「朱毛」部隊和紅軍的其他部隊，職務也是任命得比較任意的，一個幾乎沒有軍事資歷的人可以隨意地就坐上師長、軍長的位置，但是，一當有了「級別」，要降下去則是比較困難的，中共只上不下的「終身制」風氣就朱毛來說，正是養成於「古田會議」之後。當時毛澤東掛一個中國工農革命委員會主席名號，對中共中央來說，並沒有什麼地位性意義，但是隨著歷史的發展，它的意義就逐步呈現了出來。正是因為毛澤東後來深切體會到了這種「名號」的意義，所以，建國後「國家主席」之爭才會特別尖銳，出乎劉少奇等人的意外。

幾乎在這同時，1930年9月中共中央六屆三中全會上，朱德被增補為了候補中央委員。這是中共第一次確認朱德在黨內的地位。在稍前的8月底，中共中央又寫信給長江局，「決定以朱德同志為總司令，以統一指揮」紅一、二、三軍團，實際上這就是任命了朱德為紅軍總司令，從此，朱德作為中共武裝的總司令地位再也沒有被取代過。朱德獲得這一地位完全是由於他在全國的名望和在中共武裝中的實力，而不是由於被莫斯科和中共中央那幫人所信賴的結果；是已經不得不給予他這地位，而不是真的願意給他這地位。這種情況將繼續嚴重影響到今後中共的權力爭鬥。毛澤東在六屆三中全會上也提升為了中央政治局候補委員。

「二打長沙」

關於「立三路線」打大城市的問題，朱德後來有句話，他對史沫特萊說：「除了毛澤東和我之外，很少有人反對李立三路線。我們別無選擇，只有接受。」朱德這話既肯定了他跟

毛澤東是反對者，又肯定了他們也是服從者。這裏面存在著矛盾，既然反對又怎麼服從？既然服從又怎麼是反對？這種微妙的語言實際是掩蓋了一段歷史，或者說一場曾經的爭鬥。這場爭鬥交織了兩層關係，一是毛澤東與中央進行討價還價的關係，一是朱、毛、彭之間的三角爭鬥關係。

　　前面已經說過，毛澤東曾經是比李立三、周恩來更早有「宏圖」的人，他的佔領江西全省自然也包括了要打南昌、贛州這樣的城市，不然就談不上是建立一省政權了。1930年2月毛澤東私自召開聯席會議想兼併彭德懷、黃公略，試圖集中兵力實現他的建立一省政權「宏圖」。3月即要朱德打贛州，但朱德虛於委蛇，並不付出代價就撤出了攻城戰鬥，讓毛澤東碰了釘子。4月中共中央指示紅四、五、六軍成立總指揮部，由朱德任總指揮，卻沒有安排毛澤東的地位，按理這時可以名正言順地集中彭德懷、黃公略的力量了，但沒有相應地位的毛澤東不再有興趣，乾脆離開江西去閩西重新搞割據，這自然也是符合反對進攻大城市的朱德的意願的，只不過朱德是更想在江西搞割據，而不是去閩西搞割據。毛澤東離開江西實際上是在跟中央討價還價，對中央讓朱德當總指揮而沒有提高他地位表示不滿，雖然中央很惱火，但政治好手李立三、周恩來自然心領神會，在6月組建紅一路軍，並給了毛澤東地位，同時也對毛澤東施加了強大壓力。但毛澤東既然達到了目的，自然也就十分積極了，馬上跟朱德回江西，但只是在南昌虛晃一槍，不管他當時怎麼想，即使他仍然想實現建立一省政權的雄心，朱德對攻大城市的不合作也會使他無可奈何。客觀地說來，這時候的毛澤東更應該是並無明確主張的時期，他在軍事戰略上還沒有進入完全的成熟期，既想搞割據又想搞一省政權，而對朱德軍事上的信賴則更讓他傾向於搞割據。但彭德懷佔領長沙變成了一劑極強的興奮劑，不僅重新刺激出了毛澤東建立一省政權的雄心，更是成為了李立三、周恩來的積極支持者，而李立三、周恩來給予毛澤東紅一方面軍前委書記、中國工農革命

二十　紅軍大兼併與一打長沙爭鬥

委員會主席的特別地位，毛澤東自然也應該予以回報。這時候，如果按照中共習慣的路線鬥爭思維來說，毛澤東已經成為一個徹底的「立三路線」分子。

在彭德懷兩次投靠朱毛期間，在毛澤東眼皮底下並沒有過什麼軍事作為，而與朱毛不在一起的時候，彭德懷在軍事上可以說是慘不忍睹，與紅四軍中一般的軍事幹部都很難比較，但是近半年多來的突飛猛進讓毛澤東興奮起來，特別是他攻佔了長沙更是必須對他要刮目相看了。朱毛在南昌虛晃一槍時，南昌守軍不過才兩個團，而且南昌的城防設施也不如長沙，朱德完全可以把它攻下來，但朱德竟然堅持不攻，現在毛澤東在心裏是有了鄙夷朱德的想法了。而且，就是在紅一方面軍裏面，也有了一些人羨慕起了彭德懷攻佔長沙的成就，反對起了朱德。此時的毛澤東格外興奮，以為終於有了可以牽制乃至取代朱德的人，並實現比自己原來建立一省政權更大的「宏圖」了。在與彭德懷會合前後，毛澤東填了首詞〈蝶戀花·從汀州向長沙〉：

> 六月天兵征腐惡，萬丈長纓要把鯤鵬縛。
> 贛水那邊紅一角，偏師借重黃公略。
> 百萬工農齊踴躍，席捲江西直搗湘和鄂。
> 國際悲歌歌一曲，狂飆為我從天落。

這首〈蝶戀花〉把毛澤東進攻長沙前的心情充分表現了出來。這時候，他不僅要席捲江西，而且要「直搗」湘，要「直搗」鄂了。也就是說，他不僅要想佔領長沙，而且還要佔領武漢。那麼，憑什麼達到這個目標呢？憑「偏師借重黃公略」。在這裏，所謂「黃公略」不過是個托詞，黃公略本已經是紅一軍團主力之一部，根本談不上是「偏師」，就相對於紅一軍團的實力來說，真正的「偏師」是彭德懷，而不是黃公略。這首〈蝶戀花〉第一次公開發表於《人民文學》1962

年5月號，這時毛澤東對彭德懷處於複雜的心態當中，但不管什麼心態都不能直白用「彭德懷」，黃公略本是彭德懷的合作者和部下，早在1931年9月就已經死了，用「黃公略」來替代「彭德懷」是最妥當的。而且，即使當時填詞的時候，用「黃公略」也是比較妥當的，如果讓朱德讀到了，也不會引起不滿。

如果毛澤東在嘴巴上說出要「偏師借重彭德懷」，顯然就暴露了要用彭德懷代替朱德的動機，毛澤東並沒有這個膽量，這不過是只可做不可說的事情。在行動上，會合後在討論二打長沙的前委會上，毛澤東對彭德懷予以了全面支持。會議出現了很有意思的情況：朱德堅決地反對，就像他一貫的教師爺風格一樣，耐心地從軍事上分析給大家聽，給大家上軍事課。彭德懷本人很有心計，採取了不與朱德衝突的沉默態度，但他的手下則衝動而驕狂。紅三軍團政治部主任袁國平對朱德狂妄地說：「三軍團一個軍團也能打下長沙，現在兩個軍團會合了，還怕什麼？你們一軍團不敢打，就站在一邊看，我們三軍團單獨打。」紅一軍團的人本來大多沉默著，但一些人被袁國平他們激怒了起來，也喊起來了打。毛澤東則若無其事，像跟他毫無關係一樣。朱德很憤怒，但也很無奈，他對史沫特萊說的「除了毛澤東和我之外，很少有人反對李立三路線。我們別無選擇，只有接受」，實際是只有他一個人在明確反對，並且他自己最後也「別無選擇，只有接受」，是一種無奈。

這樣，毛、彭聯盟終於戰勝了朱德。那麼，朱德反對進攻長沙等大城市的理由是什麼呢？第一，他認為紅軍不適合打陣地攻堅戰，即使攻下來也會遭受重大損失；第二，攻下來後也沒有用，敵人反攻時打的又是紅軍不適應的陣地防禦戰，守不住；第三，眼前的長沙防禦已經跟彭德懷一打長沙時完全不同，客觀上也根本打不下來。總之，堅持這種戰略的結果將是毀滅性的。他跟史沫特萊說：「紅軍的裝備和訓練都不宜於打

陣地戰，如果執行這政策的話，今後就完全要打陣地戰了。光是敵人開到長沙的增援部隊就布置了三道防禦工事，還有通電的電網。武漢的防禦工事更為堅強，還有許多外國軍艦停在江裏，準備紅軍一旦來時就開炮轟擊。攻打這樣強大的敵軍，這樣堅強的工事，其結果將是紅軍全部消滅，革命力量在幾十年內也無法抬頭。」朱德對史沫特萊特意提到武漢，自然是跟毛澤東當時還要「直搗」鄂有關。

8月24日，作為總指揮的朱德不得不由毛澤東副署發出向長沙推進的命令。就在這同一天，狂熱而興奮的毛澤東以總前委書記的名義，給贛西南特委和陳毅、伍中豪寫了封信，並讓他們將信轉抄中央。毛澤東信心十足地說：「三軍團士氣很壯，有七千條槍，和一軍團來前方者相當，明日即向長沙前進，大約經過一度劇戰之後即可佔領長沙。」並且，毛澤東已經狂熱地準備擴軍防守長沙了，他要求：「贛西南預備軍須在信到半月內選一萬人到長沙來，信到二月內再送二萬人，總之愈快愈好。」

對彭德懷的軍事能力，毛澤東幾乎寄予了全盤信賴。8月29日，紅軍進抵長沙城外，分三路包圍進攻。朱德親自指揮整個戰役，一直攻到9月12日。就整個攻城戰役來說，紅軍不可謂不頑強，當時長沙何健守軍有六個師又一個旅，共三十一個團，紅一方面軍的實際兵力相當於何健一半左右，而且武器、裝備也差得多。朱德明智地要求紅一方面軍執行「誘殲敵軍於其工事之外，然後乘勝攻入長沙」的策略，9月3日守軍分三路出擊，正中朱德下懷，殲滅了何健兩個旅，但何健之後再不出擊，只是固守，等待援軍到後中心開花。彭德懷親率他的紅三軍團對長沙進行強攻，但毫無效果，無計可施的彭德懷竟然想出了蒙昧時期的「火牛陣」，弄了一千多條牛，點了火想用牛群衝擊敵陣，結果牛群回過來跑，反而把自己的攻擊陣線沖亂了。隨著時間的推移，毛澤東徹底失望了。

毛澤東不得不冷靜下來跟朱德商量、請教，如果繼續拖延下去，蔣介石已經調張發奎部進逼到了湘潭，將是全軍覆滅的下場了。這時候，毛澤東終於從一名狂熱的「立三路線」分子轉變為一名冷靜的反「立三路線」分子，再也不敢「席捲江西直搗湘和鄂」了。毛澤東的天才在於，他能夠迅速地領悟並調整自己的策略。朱德這次給他上了一堂深刻的戰略和戰役課，毛澤東軍事方面的基本成熟，正是在這一次的轉變上，從此，二打長沙這樣的非技術性重大錯誤，他再也沒有犯過，以後他所犯的軍事錯誤，基本都屬於了由於他不懂純軍事技術問題而導致的錯誤。當然，毛澤東作為梟雄，後來儘量把這個錯誤從歷史上抹掉了，幾乎全盤栽到了彭德懷頭上，成為彭德懷終身無法解脫的一條罪狀。至於朱德，則是再次證明了自己的不可取代性。朱、毛、彭三角關係的第一次爭鬥，朱德取得了最終勝利，毛澤東不得不更加依賴朱德，而彭德懷則覺得很窩囊，但毛澤東也更需要用他來平衡朱德了。

　　由於毛澤東是個支持打長沙的人，忽然要轉變立場涉及到大家能否接受的問題，而且，也不能宣布進攻長沙戰役已經失敗，因此，毛澤東只是與朱德兩個人祕密作了決定，對所有人隱瞞了戰略動機，宣稱去打長沙援兵張發奎，朱、毛於9月12日命令紅一方面軍撤出攻城戰。一當撤了出來，朱、毛便宣布轉入江西，攻取吉安。彭德懷部隱約感覺出了問題，一邊服從朱、毛命令，一邊發牢騷，朱、毛並不多理睬他們。這時候的朱、毛，是空前心齊的，一當這兩個謀略家齊了心，任何人就都不能夠成為阻止他們實現意志的障礙了。

　　但這一次的轉移，卻是開了彭德懷私下看不起朱德的頭。1932年1月，龔楚面見彭德懷前，到路口迎接龔楚的彭德懷紅三軍團參謀處長張翼見到龔楚後，告訴龔楚：彭德懷「是一個勤儉刻苦耐勞的人，但有權力欲，對毛澤東很佩服，對朱德則有不大尊重的言論」。龔楚本人在這第一次見過彭德懷後對他的印象，是「一個豪邁自負，野心勃勃的軍

人，並對我有拉攏的自私企圖」，但又覺得彭德懷「頭腦太簡單，不難相處」，後來龔楚吃過幾次苦頭後才體會到，彭德懷實際也是個非常有心計的人。其實，仔細考察彭德懷的早年成長經歷就可以發現，彭德懷是個缺乏教育和修養的暴躁軍漢，對窮人有很深的感情，做慣小圈子裏的老大，野心有餘，但就領袖和帥才層面來說則能力不足，懂一些江湖韜略，打仗擅長猛打猛衝，不計得失。從中共後來的歷史說，彭德懷在軍內的人緣並不很好，林彪雖然在「古田會議」期間「反水」朱德，但他這是出於政治鬥爭的動機，之後一直到建國後廬山會議，無論是在公開的還是私下的場合，林彪都沒敢有過對朱德不敬的言行，中共軍界中，一些老將軍批評彭德懷「連朱老總都看不起」，也即只有彭德懷在私下會看不起朱德，他的這種態度是中共軍界所不能接受的，而1932年時他自己重要的部屬在一見到龔楚時就說他「對朱德則有不大尊重的言論」，說明了紅軍時期彭德懷私下看不起朱德，就已經為軍人普遍所不齒。

那麼，彭德懷怎麼會看不起朱德呢？就軍事藝術而言，彭德懷實際是向朱德學了不少，他的隊伍的突然壯大，在軍事上的原因正是因為採用了朱毛的戰術，但這種戰術並不是彭德懷所習慣的，就他進行平江暴動以前的經歷來說，彭德懷所經歷的戰役和受到的軍事教育，跟朱德完全不是在一個平面上，他得以一下子成為驚動中國的名將是佔領了長沙，獲得這一成就的軍事方式正是不顧一切的猛打猛撞，與非常講究動腦筋、不願意作無謂犧牲的朱德是兩種風格，朱德這種風格後來由林彪、粟裕作了完美繼承和發揮，但從彭德懷來看，當時朱德不強攻僅有兩個團防守的南昌和決定撤離長沙，是一種孬種行為，彭德懷並不自知自己與朱德在戰略和戰役藝術方面存在很大差距，他根本不具有毛澤東幡然醒悟的那種天才，再加以他的野心，產生看不起朱德的心理也就很自然了。但是，正是因為彭德懷看不起朱德，也就成為了可以被毛澤東利用

的條件，從而得以鞏固了他在紅軍中的地位，不然，從各方面看，他都並不具有成為中共「副總司令」的絕對優勢，賀龍、徐向前、劉伯承乃至葉劍英實際上都不是沒有機會的。

特別應該知道，半年多前彭德懷實際剛與毛澤東結下了血仇關係，1930年2月，毛澤東一生唯獨的兩個把兄弟袁文才、王佐，被彭德懷派所部紅五軍張純清第四支隊到井岡山殺掉了，並且遣散、消滅和兼併掉了袁、王的部隊，這件事毛澤東一直忍著不多聲響，只是很偶而地說一句「殺錯了」。彭德懷既等於欠著毛澤東一筆血債，又等於欠著毛澤東一筆人情，既佩服毛澤東大度，又不得不提心開吊膽。但是，1950年6月作為中國志願軍司令的彭德懷躊躇滿志地去朝鮮跟美國人作戰時，毛澤東突然把袁文才、王佐宣布為烈士，為他們樹起了紀念碑，毛澤東實際就是在提醒彭德懷；不要一出國就忘乎所以。

1930年9月28日，朱毛佔領袁州。第二天，毛澤東主持召開總前委會議，朱、毛明確了他們不打長沙、南昌的戰略意圖。在這個會議上，已經成為堅決的反「立三路線」分子的毛澤東成為了應對彭德懷等反對者的主角，朱德則仍然做他的軍事學教師爺，幫助從軍事角度進行解釋。正是這個會議上彭德懷的不同意見讓毛澤東抓到了把柄，記「恨」了一輩子，藉此把打長沙、執行「立三路線」的責任全部栽到了彭德懷頭上，而把自己扮演成了一貫的反「立三路線」者。就當時來說，彭德懷不能服從毛澤東自然令毛澤東很惱火，說明彭德懷還遠不是一個被馴服的莽夫。紅三軍團的人讓了步，同意不打長沙，但提出打防衛不如長沙的南昌。毛澤東既然已經徹底轉變了自己的立場，自然跟朱德一樣，不願意去打南昌。最後，大家形成一個妥協：先打吉安，打不打長沙、南昌到時候再看具體情況決定。這樣，關於二打長沙的爭鬥算是暫時告了一個段落。

1945年，朱德有過一個非常中肯的評價：由於紅軍對攻打大城市政策「頑強抵抗，或在執行不通時，即迅速掉頭。因此，立三路線對蘇區和紅軍工作的影響並不大」。這應該算是中共歷史上對李立三最公正也最有良心的說法了。

二十一 捲進毛澤東的大屠殺

大敵當前

朱、毛決定從進攻長沙的戰役中撤出進入江西時，之所以選擇攻佔吉安這麼一個普通縣城，原因是由於周邊發展了蘇區，大量豪紳跑到了吉安，可以綁架這些人質以獲取軍費。1930年10月4日，朱毛佔領吉安，透過綁架在吉安的人質很快就解決了紅一方面軍軍費問題。但朱德自己並沒有什麼心思在人質上，他立即搜集各方面情報進行研究，得出了蔣介石將很快就組織軍隊對紅軍進行大規模圍剿的結論。10月13日，總前委開會，大家在進攻南昌、九江的問題上爭論不休，朱德提出立即放棄不適宜防禦的吉安，東渡贛江，準備對付必然會來到的大規模圍剿，但他的預見並沒有得到什麼人回應。10月17日得到了蔣介石將進行大圍剿的確切情報，毛澤東馬上與朱德商量，提出把戰場放到贛江以東的老根據地去，但這樣的話，彭德懷就更加遠離了自己湘鄂贛邊的老窩，等於就徹底被朱毛兼併掉了，野心挺大並已經擁有實力的彭德懷這時還不願意死心塌地走這條路，仍然以服從中央攻打南昌、九江大城市等為理由不服從，朱、毛只能暫時遷就彭德懷，採取折衷方案，將紅一方面軍布置在贛江以西地區。

在進軍吉安時，朱、毛失去了一員大將，春天時患肺炎治療的紅十二軍軍長伍中豪初步康復，帶了十名已經痊癒卻沒有武器的紅軍官兵到朱毛總部，路上經過江西安福縣城時遭到民團襲擊，靠他一枝手槍抵擋，當即被殺死。而在不久之前，朱德的嫡系胡少海也已經戰死。胡少海本為紅二十軍軍

長，所部改編為紅二十一軍後繼續擔任軍長，1930年7月胡少海在永福剿匪時戰亡。就朱德來說，這兩位都是他最忠實的部將，他們的死對朱德最親信的系統來說損失是非常大的，從此，就紅軍最高級的軍職人員來說，朱德已經很少特別親信的大將。但這也更促使了朱德的五湖四海性，在他的「卑污的行為」下，除了極個別的人以外，無論職務高低，幾乎所有人都成為了他的「親信」，更突出了他的「紅軍之父」形象和威望。

就在朱毛紅一方面軍還在為打大城市爭鬥時，擁有大量軍事專家的莫斯科已經認識到了李立三、周恩來攻打大城市的荒唐。特別重要的是，這時中共最高層已經發生了一個重大的勢力變動，莫斯科中山大學校長、共產國際遠東局副局長米夫的年輕學生們借助史達林反托洛斯基、布哈林等的東風，突然崛起了。在莫斯科，作為老的蘇聯幫的瞿秋白受到了王明們的強烈挑戰，並終於失勢，而瞿秋白自己認為「立三路線，亦可叫他做秋白路線」，這樣就自然連帶到李立三也必然失勢。本來這一切都與周恩來密切相關，但周恩來作為旅歐的共產國際幫頭腦終於沒有受到打擊，畢竟，這次中共勢力的爭鬥是蘇聯幫內的新老幫派爭鬥，莫斯科不願意因此而摧毀陣容強大的旅歐共產國際幫。1930年秋由瞿秋白回國親自終結「立三路線」，次年告長病假，徹底退出了中共最高領導層的權力角逐，做了一個文化人。至此，中共的勢力形成了新的格局，中共最高階層權力由青年蘇聯幫和旅歐共產國際幫共同掌控，元老幫在中共最高層只剩下了張國燾，毛澤東則游離在最高層以外，但由於紅軍的成長，實際上中共新的國內幫已經崛起，這才是中共自身決定將來命運的真正的實力派，毛澤東游離在中共最高層之外反而使他成為了這股力量的實際領袖，朱德則因為長期的不被信任和在旅歐共產國際幫中的另類，實際上已經成為這一新崛起的國內幫的最大軍頭，隨著張國燾後來掌控了鄂豫皖根據地，中共真正的實力結果都掌控在國內幫的

手上，這一點是短視的莫斯科所沒有估計到的。就朱、毛來說，「立三路線」已經被終結，他們暫時還並不知道，彭德懷更不知道。

1930年10月25日，朱毛紅一方面軍總部移駐新余縣羅坊鎮，再次召開了總前委會議。毛澤東重新提出不打南昌、九江，朱德則進一步提出移師贛江以東，用誘敵深入的辦法應對即將來到的大規模圍剿。由於蔣介石已經在南昌、九江聚集了重兵，彭德懷不再主張攻打，但不很願意遠離自己的老窩，按朱德意見移師贛江以東。但是，如果在贛江以西作戰，可以運動的範圍狹窄，在軍事上顯然是非常不利的。朱、毛的意志已經難以動搖，如果彭德懷不願意服從朱、毛，朱、毛一定會帶領紅一方面軍自行去贛江以東，在大敵當前的形勢下，絕不會遷就彭德懷，彭德懷繼續堅持己見，紅一、三方面軍只能分裂，而分裂後的前景對彭德懷來說將是災難性的，蔣介石的圍剿大軍很可能先把比較弱勢的紅三軍團解決掉。彭德懷經過再三猶豫後，同意了朱、毛移師贛江以東的決策。彭德懷自己回憶說：「我這一票在當時是起相當作用的一票，站在哪一方面，哪一方面就佔優勢。」他這一票當然很重要，不僅決定了紅三方面軍的命運，也實際決定了他自己在中共和紅軍中的命運，但他回憶時顯然還是仍然高估了自己，如果他不倒向朱、毛，朱、毛並不會理他，而是自己去贛江以東了。實際上，羅坊會議是已經聯合起來的朱、毛，對彭德懷和他的紅三軍團下最後通牒的一次會議。

11月1日，朱、毛下令紅一方面軍東渡贛江。11月7日，蔣介石聚集的七個師一個旅分三個縱隊推進過來，但朱毛已經離開，撲了個空，隨即留下一個縱隊，兩個縱隊向贛江以東追擊朱毛。朱毛見對方兵力仍然太強大，便繼續向南後退，只派小股部隊騷擾敵軍。11月28日，朱毛退到黃陂，確定這裏為將來的戰場。

毛澤東的AB團大屠殺陽謀

正當朱德集中心思研究、布置對敵作戰時，毛澤東的心思則放在了一個他蓄謀已久、並已經實行了的巨大陽謀上。9月12日從進攻長沙的戰場上撤退後，一下子頓悟了的毛澤東完全改變了自己想法，與朱德站在一起實行新的戰略，但之後一直遭遇彭德懷和他的第三軍團頑強的對抗和阻擾，而彭德懷和他的第三軍團之所以能夠這樣，一個原因是他們本身具有實力，另一個原因則是受到江西省委等地方黨的支持，這兩股力量加起來不僅威脅到了紅一軍團的發展，而且更是嚴重威脅和削弱了毛澤東本人的權威和地位。這次的衝突與朱、毛衝突不同，那是在紅四軍這一朱、毛共同嫡系力量內部，毛澤東只能在內部與朱德爭鬥，最後不得不由中央進行裁決，這次面對的是非嫡系力量與地方黨的聯合。雖然10月25日羅坊會議解決了基本戰略問題，沒有導致紅一方面軍分裂，但即使一個月後到了黃陂時，紅三軍團和江西地方黨也仍然歧見很多，難以忍受這種大踏步的退卻運動，同時地方黨很多人反對毛澤東執行極端的打擊富農政策，嚴重威脅到了毛澤東的政治正確問題，在這種情況下希望最後由中央來定奪不但很難有多少把握，而且更可能是政治上全面敗北。在這種情況下，毛澤東要維持和鞏固自己的獨裁地位，就必須儘快解決這一困境。但這又是一個機會，現在紅一方面軍已經有了四萬之眾，週邊地方紅軍也有不少，已經是一股強大的力量，只要能徹底地控制這一實力，就是中共最強大的諸侯，等於擁有了未來，而要達到目的，最簡單、最徹底的辦法就是進行血祭，舉起屠刀，進行暴力征服。

史學家們至今難以理解，正是大敵當前的時候，毛澤東怎麼會進行內部大屠殺？這樣不是削弱了反圍剿的能力嗎？其實，這正是毛澤東的陰險之處。進行內部大屠殺要獲得成

功，唯一的條件就是毛澤東必須得到朱德、彭德懷等紅軍主要將領的支持，或者至少是容忍，這一條件只有在大敵當前下才可以實現。正因為大敵當前，朱德、彭德懷等紅軍主要將領為了迎戰強大的國軍，才會不得不容忍毛澤東，甚至不得不支持毛澤東，以維持紅一方面軍的穩定。而只要朱德、彭德懷等紅軍主要將領能夠容忍和支持毛澤東，應付國軍的基本力量和主力就不會被削弱，即使不滿也只能採取打好仗再說的態度，但仗打好了，大屠殺也早已經結束了，毛澤東的目的達到了，到時候在勝利的喜悅中一切都成了「故事」。如果不是在大敵當前的情況下，毛澤東進行大屠殺，朱德、彭德懷等紅軍主要將領的態度將是難以約束和控制的，毛澤東就會被他們拋棄。在毛澤東的性格裏，存在著一種利用他人良好願望進行「決鬥」的深刻情結。毛澤東津津樂道的他童年的一件「鬥爭」勝利故事很說明問題，1906年冬至，因為十三歲的毛澤東不願意做家務，他父親毛順生罵他懶，他對嘴，生氣的毛順生要打他，毛澤東便跑到家門口池塘邊，做出要跳下去的樣子，利用毛順生的父愛進行威逼，驚恐的毛順生只好讓了步，這個「鬥爭」的勝利深深地刻入了毛澤東的靈魂，並影響了毛澤東的一生。在毛澤東一生的權謀當中，幾乎所有進行「決鬥」的大動作中，都可以找到這件童年故事的基本情結：利用他人的善，使自己強大並成為勝利者。

　　早在年初1月毛澤東追隨朱德出擊江西之後，一貫喜歡在地方黨面前充老大指揮他們的毛澤東，與贛西南地方黨和以李文林為首的東固紅軍發生了衝突，實際上，最重要的也就是與贛西南領袖李文林發生了衝突。李文林，1900年生，江西吉水縣人，畢業於江西省立法政專門學校和黃埔軍校第四期，1926年加入中共。李文林與朱德有著一層很深的關係，1926年9月黃埔軍校第四期畢業後，被鄧演達列入跟隨朱德到楊森部去的幾十個幹部當中，一直跟著朱德，朱德在南昌軍官教育團時，擔任朱德手下教官，並跟隨朱德參加南昌暴動。暴動失敗

後李文林回吉安地區組建江西工農革命軍第九縱隊，1928年9月任江西工農革命軍獨立第二團團長兼黨代表，1929年6月成立紅軍獨立第二、四團行動委員會，任行委書記兼第二、四團政治委員。李文林軍隊雖然不多，但在當地勢力很大，是當地絕對的領袖人物，他對朱德非常敬重，但並不買毛澤東的帳。毛澤東一到吉安，就遇到了李文林這個地方實力派的抵抗，非常惱火。也就是說，朱、毛衝突現在延伸為了朱德並不出面的毛、李衝突。

朱、毛與李文林會合時，李文林的部隊被改編入了黃公略紅六軍，李文林任旅政委。1930年2月，毛澤東私自成立紅軍第四、五、六軍總前委，把李文林拉進來當了委員。同時，毛澤東成立了由親信劉士奇、曾山為領導的贛西南特委，把李文林也拉了進來當常委。在毛澤東組建總前委和贛西南特委的「二七會議」上，毛澤東跟李文林為首的地方實力派發生了激烈衝突，毛澤東竟然宣布開除江西省委特派員江洪波的黨籍，給地方黨扣上了「地主富農」帽子。對這些李文林毫不買帳，認為都沒有得到中央指示，沒有合法性，毛澤東根本沒有這個權力。毛澤東的陰狠在於，他在投靠瞿秋白對陳獨秀反戈一擊時，就已經完全學會了把權爭和滿足個人欲望的行為「路線」化、「主義」化，為了獲得對地方黨的獨裁權力，一向主張富農路線的他改變了自己的一貫主張，指責地方黨是一個由富農、地主把持的黨，反對李文林等人溫和的只分地主土地的政策，主張把一切土地平分，消滅一切地主、富農甚至比較「富裕」的農民。這樣，他就把與李文林提高到了近乎敵我矛盾的地步。2月16日，毛澤東發出《前委通告第一號》，正式宣布開展「肅清地主富農」的鬥爭，宣布贛西南地方黨是地主富農充塞各級地方指導機關的黨，必須要徹底肅清，使黨迅速地布林塞維克化。這樣，毛澤東就走上了對政治對手及其勢力實行人身消滅的道路。

僅僅「地主富農」帽子還不足以全面達到人身消滅的目的，因為在李文林等人頭上是絕對按不上這個帽子的，在這種情況下，毛澤東又進行了另一個陽謀。他透過劉士奇、曾山在蘇區製造了一個AB團輿論。朱德對AB團的情況是非常清楚的，他實際上是中共最早與AB團鬥爭的人。所謂AB團，又稱「AB反赤團」，是一位歷史學教授段錫朋1927年1月在南昌成立的一個有點類似於義大利黑手黨的小組織，他所針對的目標是中共和國民黨左派，AB是「反布爾什維克」（Anti-Bolshevik）的英文縮寫，朱德在任南昌公安局長時曾抓捕過這個組織的成員並端掉了段錫朋的團部，蔣介石當年4月12日在上海反共後，同時也由於遭汪精衛譴責，這個組織便自動解散了。也就是說，所謂AB團早在1927年4月後，就已經根本不存在了。但是，由於這個組織是段錫朋在江西成立的，毛澤東藉以暗示它與江西地方黨存在某種複雜關係，以便把反對他的江西地方黨人影射為最兇惡的敵人，時機一當成熟就予以徹底的人身消滅。

　　毛澤東以「地主富農」、「AB團」的名義將江西地方黨置於敵人的的地位，顯然是缺乏理性的，這種缺乏理性是憤怒的爆發。當毛澤東從武漢回湖南進行秋收暴動時，他需要的是黨指揮槍。秋收暴動之後，逃到井岡山，他既不願意被地方黨指揮也沒能力指揮地方黨。朱、毛會師後，他對朱德是主張黨指揮槍，對地方黨則要槍指揮黨，在這兩個方面，他都受到了阻擊，就與地方黨的關係來說，他至少不得不受省委一級指揮，處於極其憤懣的抑鬱狀態中。當紅一軍團組建之後，兵力壯大，地位提高，但指揮不了省一級地方黨，省一級地方黨還是以領導者的面目出現，只是指揮不了毛澤東。紅一方面軍組建之後，槍桿子實力空前壯大，這時，毛澤東是要徹底解決與地方黨的關係問題了。現在他堅決要的是槍指揮黨，而要實現槍指揮黨，必然的道路就是對地方黨的人身進行暴力威脅，將他們設定為可以隨時消滅的敵人，毛澤東長期積累的鬱悶終於

到了可以發洩出來的時候了。同時還必須要注意到，1930年2月他的兩個把兄弟袁文才、王佐的死，正是湘贛邊地方黨與彭德懷的槍桿子結合的結果，是地方黨決定殺袁文才、王佐，彭德懷執行，是黨指揮槍的結果。對毛澤東來說，無論是黨指揮槍或槍指揮黨，他在黨這邊就必須黨指揮槍，他在槍這邊就必須槍指揮黨，一切都必須服從於他個人的獨裁利益。

製造了輿論，便是查AB團、殺AB團。在反地主、富農路線的情況下，查AB團自然會出「戰果」，要讓所謂的地主、富農成為AB團分子，並不是困難的事情。直到1930年6月，總體上屬於第一階段，殺AB團與殺地主、富農混淆在一起，具體執行殺AB團的是劉士奇、曾山。在這一階段，隨著「證據」的積累，使AB團成為了連李文林自己都相信有這組織了的「既成事實」。6月，朱毛去閩西。當月25日，劉士奇印發了《反改組派AB團宣傳大綱》，號召實行「赤色清鄉」和「赤色恐怖」，以「肅清紅旗下的奸細」，要求各級蘇維埃應加緊肅清反革命的工作，捕殺豪紳地主反動富農分子以示警戒。這樣就進入了殺AB團的第二階段，在地方鋪得比較開了。8月，李文林趕走了劉士奇，任新成立的江西省行動委員會書記，已經相信存在嚴重AB團組織的他把殺AB團推行到了更廣泛的地區，但趕走劉士奇徹底激化了地方實力派與毛澤東的矛盾。到了這個時候，如何使用AB團這枚棋子進行大屠殺，清除異己，對毛澤東來說，就只是時機問題了

在朱德得出蔣介石將進行大規模圍剿結論之後，毛澤東馬上進入了徹底解決李文林的步驟。10月14日，他立即寫信給中共中央，指出「近來贛西南黨全般的呈非常嚴重的危機，全黨完全是富農路線領導」，誣陷贛西南「黨團兩特委機關、贛西南蘇維埃政府、紅軍學校發現大批AB團分子，各級指導機關，無論內外，多數為AB團富農所充塞領導機關」，宣布他為了「挽救這一危機」，決定對贛西南地方黨「來一番根本改造」。毛澤東寫這封信是為了向中央打招呼，以獲得合法

性。這封信一發，即使中央反對毛澤東這樣做，由於信的來回一般總要兩、三個月時間以上，中央也已經不可能阻止毛澤東的全面大屠殺了。這樣，到時候在大量的AB團「證據」之下，中央對毛澤東個人又能如何？但是，彭德懷在打南昌、九江和移師贛江以東問題上的爭執，特別是在已經移師贛江以東後在打大城市問題彭德懷與李文林地方黨的同盟，改變了毛澤東的想法，使他決定了先從紅一方面軍開刀進行大屠殺。他的目的當然是針對紅三軍團的，但如果僅僅在紅三軍團進行屠殺，必然會導致兵變，因此，為了獨裁權力，毛澤東不惜血本，也讓紅一軍團一起陪殺，同時，也可以藉機排斥一部分朱德的忠誠者。一些史學家在涉及毛澤東從紅一方面軍開刀問題時，覺得不可理解，稱為「驚人之舉」，這是因為沒有看到朱、毛、彭三角關係這個關鍵因素而導致的迷茫。

從11月下旬開始，至12月中旬，毛澤東在紅一方面軍師、團、營、連、排成立肅反組織，進行「快速整軍」，捕殺軍中地富出身的黨員和牢騷不滿分子，殺掉了四千四百餘名所謂的AB團分子，占紅一方面軍總兵力十分之一強。屠殺首先是從彭德懷紅三軍團開始，毛澤東宣布一個叫甘隸臣的人「煽動官兵脫離前委領導」，是AB團頭目，這樣就開始了在紅三軍團的屠殺，從而也開始了整個紅一方面軍的屠殺。紅一軍團殺了一千三、四百人，占小頭，紅三軍團殺了三千多人，占了三分之二大頭。有一點可以肯定的是，在這一輪的大屠殺中，紅一方面軍嫡系的軍、師以上高級幹部並沒有涉及，但對非嫡系的屬於由李文林控制的地方紅軍部隊，毛澤東則是毫不客氣的。

毛澤東殺AB團分地方、軍隊兩條線進行，地方由親信劉士奇、曾山具體負責，軍隊由李韶九具體負責。

劉士奇，1902年生，湖南岳陽縣人，湖南省立商業專門學校畢業，1924年加入中共，1926年9月後以國民黨岳陽市黨部常委身份活動，1927年8月後在中共內部地位迅速上升，任

中共江西省委委員兼職工運動委員會主任，10月任贛北特委書記，不久又任省委祕書長和省委候補執行委員。1929年5月以後，改任贛西特委書記，策動吉安靖衛大隊長羅炳輝倒戈加入紅軍，並與省委軍委書記蔡申熙介紹羅炳輝加入中共。1930年1月，主持組建黃公略紅六軍，任政治委員兼軍委書記，隨著被朱毛兼併，與毛澤東結成同盟，毛澤東利用他長期的地方經歷，讓他當了贛西南特委書記，成為毛澤東對地方加強「黨的領導」的代言人，並成為毛澤東在地方殺AB團的最積極的劊子手。1933年，劉士奇得到了報應，被張國燾以莫須有的「改組派」名義殺掉了。劉士奇另外有一個特殊的身份，他的妻子是賀子珍的妹妹賀怡，也就是說，他與毛澤東是連襟關係。

曾山，1899年生，江西吉安縣人，1926年10月加入中共，參加當地農運，曾參加南昌暴動，之後在葉劍英手下當過士兵、事務長。參加廣州暴動後回吉安任西區區委書記，同年冬任中共吉水縣委書記，之後任中共贛西特委組織部部長。按理說他與李文林本同屬於一個幫派，但1929年朱德下井岡山後，朱毛與李文林在東固會合，由於朱毛需要熟悉當地的人才，曾山就從此跟隨了朱毛，並很快就成為毛澤東的親信，是紅四軍中在朱、毛衝突中明確站在毛澤東一邊的少數幾個人之一，1930年2月毛澤東把他拉進了私自成立的紅四、五、六軍總前委常委，之後又成為毛澤東的贛西南特委常委和贛西南蘇維埃政府主席，曾一度代替劉士奇兼任贛西南特委書記。1930年10月，曾山擔任江西省蘇維埃政府主席，成為中國工農革命委員會主席毛澤東手下的唯一一個省級地方「政府」首腦。

劉士奇、曾山在地方殺AB團，就具體行動上來說，直接依靠的是李韶九的支持，借助的是李韶九的紅軍武力支撐。李韶九，1904年生，湖南嘉禾縣人，讀過中學，他的同鄉蕭克將軍說他是縣城流氓頭子家庭出身。南昌暴動時他成為暴動部隊俘虜，被認識他的、當時是連長的蕭克釋放並參加了暴動部隊，暴動失敗後與曾山一起，並於1928年加入中共，在李文

林獨立第二團任職，但一直不被李文林重用，與李文林有矛盾。1930年初李文林部被並入黃公略紅六軍時，大概正是因為他與李文林的矛盾，被利用來了排擠李文林，忽然飛黃騰達起來，擔任了紅六軍第一縱隊政委，很快受到毛澤東賞識，紅一軍團成立時，擔任毛澤東的前委祕書長，成為毛澤東身邊紅人。紅一方面軍成立後，李韶九擔任總政治部政務處處長，等於就是毛澤東在軍內的特務組織的頭腦。1930年11月，當毛澤東開始在紅一方面軍展開大屠殺時，給了李韶九紅一方面軍總前委肅反委員會主任職務，對一般紅軍官兵掌握了生殺大權。一些史學家認為，毛澤東的大屠殺比史達林三十年代的大清洗早了好多年，似乎這是毛澤東的發明，這並不正確，李韶九這樣一個肅反委員會主任角色並不是毛澤東的發明，而是從列寧的全俄肅反委員會學來的。毛澤東的大屠殺學的是列寧的大屠殺，並加以了史達林反託派的「藝術」，而經驗基礎則是中國農民戰爭時期的大屠殺傳統，和對瞿秋白中共大暴動時大燒大殺經驗的汲取，是「文明」與「蒙昧」的結合。史達林的大清洗主要是列寧大屠殺與希特勒大清洗的結合體，並加以了他自己的反託派、反布哈林「藝術」，更具有「文明」性。

富田事變

　　毛澤東先是根據攻打吉安時得到的一張非常值得懷疑其真實性的李文林父親的「借據」，於11月底先把跟自己爭論的李文林抓了起來，用曾山取代了他的江西省行動委員會書記職務。另一方面，李韶九在軍內一開始進行大屠殺，就馬上掌握了以李文林為書記的江西省行動委員會「安了江西AB團省總團部」的「證據」。毛澤東隨即親筆下達越權命令，要求江西省行動委員會「務必會同李同志立即執行撲滅反革命的任務，不可有絲毫的猶豫」，對「各縣各區須大捉富農流氓動搖分子，並大批把他們殺戮。凡那些不捉不殺的區域，那個

區域的黨與政府必是AB團，就可以把那地方的負責人捉了訊辦」。李韶九攜毛澤東「命令」帶了一個連於12月3日前往富田，5日毛又派人送出第二封指示信，命令要「找得更重要的人」。

12月7日李韶九到達富田，「將省行委機關重重包圍」，捕捉了行委常委段良弼、行委代理祕書長李白芳、紅二十軍政治部主任謝漢昌、行委常委兼軍事部長金萬邦、省蘇維埃政府祕書長馬銘、省蘇維埃政府財政部長周冕等。當晚，李韶九即親自使用他的「打地雷公燒香火」等七項刑法逼迫他們承認是AB團。李白芳、馬銘、周冕的妻子來看望丈夫，當即也被李韶九抓了起來，對她們施行了「用地雷公打手，香火燒身，燒陰戶，用小刀割乳」等刑罰。在這個過程中，毛澤東又連續派了親信曾山和總前委祕書長古柏前來督促李韶九，催他抓緊出戰果。按曾山當時宣布的戰果，李韶九截止12日晚以前，查獲了「省行委省蘇兩機關及政治保安隊共破壞AB團一百二十多名，要犯幾十名」。最重要的「成果」，是謝漢昌供出了紅二十軍第一七四團政委劉敵等人也可能是AB團。李韶九先殺了二十五個人，然後帶著一個排押著謝漢昌去了東固紅二十軍駐地。紅二十軍之所以會被如此「重視」，是因為它的前身正是李文林創建的東固紅軍，是屬於地方實力派控制的最重要的一支地方紅軍。

12月9日晚，李韶九到了東固後，先迫使紅二十軍軍長劉鐵超進行合作。11日，劉敵按照劉鐵超命令到了軍部，意識到「如站在黨的立場，以誠相待，必是死路一條」，他馬上利用同鄉關係拍李韶九馬屁：「我是你老人家的部下，我的政治水平非常低落，你老人家是完全知道的。現在搭幫你老人家來了，我只有儘量接受政治教育，承認錯誤。我相信毛澤東同志總不是AB團，你老人家總不是AB團，軍長（本書作者注：應是指朱德）總不是AB團，我總以你三位是追是隨，我個人還有什麼呢？」本是小人的李韶九心花怒放，從來沒有的開

恩，當即放了他。劉敵根據李韶九濫捕濫殺的情況，看出來所謂「AB團」實際就是毛澤東個人的「大陰謀」。這位忠誠的中共分子和英雄立即回第一七四團，第二天就帶兵包圍了紅二十軍軍部，抓住了劉鐵超，但李韶九逃走了，曾炳春逃回了家鄉。劉敵和謝漢昌為防李韶九回到富田殺害那些「AB團犯人」，帶部隊連夜趕到富田，解救了段良弼等人。曾山、古柏都逃跑了。1930年12月12日發生的這件事，史稱「富田事變」。

　　由於李韶九小人心態導致的失誤，發生「富田事變」是完全出乎毛澤東意外的。若干年後毛澤東對斯諾說：「這個事件震動一時，肯定有許多人以為革命的前途取決於這場鬥爭的結果。」他所謂的「革命的前途」，實際上是他個人的前途。

「打倒毛澤東，擁護朱、彭、黃」

　　12月13日，為了避免被毛澤東消滅，謝漢昌、劉敵召開群眾大會，控訴毛澤東等人濫殺無辜的罪行，帶著被扣留的軍長劉鐵超，把紅二十軍拉到了贛江以西。碰巧的是，謝漢昌、劉敵12日無意間扣押了一個正好在富田軍部的人，他是中共中央提款委員易爾士。易爾士原名劉家鎮，又叫劉作撫，後來改名為陳剛，他當時是中央派到蘇區來拿錢的，在他說明了身份後，委屈的謝漢昌、劉敵馬上釋放了他並向他介紹了情況，拿了二百斤黃金給他，並讓段良弼跟隨他去上海中央直接彙報。正是由於有了這麼一個「偶然」，雖然當時於事無補，但終於留下了最真實的歷史材料。段良弼跟易爾士到上海後，向中共中央遞交了一份詳細敘述「富田事變」經過的報告，由於易爾士也是親身經歷者，而他本就是毛澤東的老相識，因此，段良弼這份報告就不可能添加水分。但段良弼很快發現中央有問題，將威脅到他生命，就消失在了上海街道的人流中，一去不復返。

謝漢昌、劉敵在率紅二十軍向贛江以西轉移時，公開打出了反毛澤東的旗幟。他們散發〈告同志和民眾書〉，在中共歷史上第一次明確指出毛澤東有「黨皇帝思想」，是「許克祥第二」。他們成立了自己的「江西省行動委員會」和「江西省蘇維埃政府」，在湘贛邊界的蓮花、永新、安福一帶繼續革命，宣布通緝李韶九、曾山、陳正人、古柏，提出「打倒毛澤東，擁護朱、彭、黃」口號，深得人心，按曾山的說法是「河西蘇區黨員和群眾的思想極端混亂，甚至還影響到河東蘇區部分人民和部分黨員的認識也逐漸模糊起來」。

較之反抗者，毛澤東所表達出來的話語則野蠻而無理。1930年12月20日毛澤東寫了《總前委答辯的一封信》，他在信中說：「如果段、李、金、謝等是忠實革命的同志，縱令其一時受屈，總有洗冤的一天，為什麼要亂供陷害其他同志呢？別人還可以亂供，段、李、金、謝這樣負省行委及軍政治部主任責任的為什麼可以呢？」他這話實際已經承認了眾所周知的酷刑，但很荒唐地設定了一個不是冤枉就不會亂供，既然招供就不是冤枉的邏輯；認為如果是被冤枉的，總是會洗冤的，即使冤枉被殺也應該無條件接受。他進一步下結論：「AB團已在紅軍中設置了AB團的總指揮、總司令、軍師團長，五次定期暴動，制好了暴動旗，設不嚴厲撲滅，恐紅軍早已不存在了。」認為現在「叛逆的原形完全現出來了」，必須進行堅決的鎮壓。說穿了，毛澤東的所謂「答辯」毫無邏輯可言，實際就是給了所有人一個選擇題：是支持他進行屠殺，還是不支持他進行屠殺？

1930年12月毛澤東還以中國工農革命委員會名義起草了一份邏輯同樣荒唐的布告：

> 段謝劉李等逆，叛變起於富田。
> 帶了紅軍反水，不顧大敵當前。
> 分裂革命勢力，真正罪惡滔天。

破壞階級決戰，還要亂造謠言。
進攻省蘇政府，推翻工農政權。
趕走曾山主席，捉起中央委員。
實行擁蔣反共，反對徹底分田。
妄想陰謀暴動，破壞紅軍萬千。
要把紅色區域，變成黑暗牢監。
ＡＢ取消兩派，烏龜王八相聯。
口裏喊的革命，骨子是個內奸。
扯起紅旗造反，教人不易看穿。
這是蔣逆毒計，大家要做宣傳。
這是鬥爭緊迫，階級反叛必然。
不要恐慌奇怪，只有團結更堅。
打倒反革命派，勝利就在明天。

毛澤東的〈總前委答辯的一封信〉屬於「說理」的形式，因為本身就無理可說，所以，核心也就是鎮壓，布告則不同，它純是一種宣傳形式，必須直白出跟人們有關的利益問題，因此，更可以暴露出毛澤東的想法。這個布告一開頭就指出：「帶了紅軍反水，不顧大敵當前。分裂革命勢力，真正罪惡滔天。」這就提醒了所有可能不支持他的人，現在所處的情況是「大敵當前」，如果不支持他就會導致「分裂」，後果你們自己看著辦吧。最後，毛澤東要求大家「不要恐慌奇怪，只有團結更堅」，也就是必須要支持他，團結在他身邊，才可以「打倒反革命派，勝利就在明天」。這正是毛澤東的韜略所在。在「大敵當前」的情況下進行大屠殺，如果人們不希望「分裂」，就必須「團結」應付圍剿的敵人。這種困境尤其對朱德、彭德懷等紅軍高級將領來說，是無法解脫的。毛澤東看穿了他們的「善」，他們除了忍受並支持毛澤東，不可能選擇「分裂」。如果選擇分裂的話，對誰都沒有好處，隨即而來的將是大家一起覆滅。

朱德與彭德懷態度微妙差別

　　謝漢昌、劉敵「打倒毛澤東，擁護朱、彭、黃」口號實際說出了一個公開的祕密，即紅軍當中與毛澤東是「敵人」的實力派領袖就是朱、彭、黃，但謝漢昌、劉敵並不清楚毛澤東與這三個人之間的微妙關係和他們的真實性格、想法。他們提這個口號本就比較幼稚，這樣反而使朱、彭、黃失去了就大屠殺問題反對毛澤東的可能，更使朱、彭、黃根本無法結成反毛同盟，如果他們這樣做，就等於站到了「兵變」的立場。「富田事變」之初，朱、彭、黃都沒有明顯態度，可以認為他們是因為這口號而在避嫌，但沒有態度就已經表示他們對毛澤東的不滿，只是由於謝漢昌、劉敵的口號而斷了他們可以指責毛澤東的路。就這一點來說，謝漢昌、劉敵的口號是幫了毛澤東的忙。

　　不管怎樣，現在朱德客觀上已經捲入了毛澤東的大屠殺。就朱德來說，作為紅一方面軍的最高軍事首長，大屠殺對戰鬥力削弱最大的壓力是在他身上，不僅是兵力的減少，而且更是軍心的動搖，地方黨陷入在恐怖氣氛中也嚴重削弱了進行作戰的社會基礎，無論是戰略上還是戰役上的安排都會帶來很大困難，在這種情況下，他更需要團結。如果僅僅就朱德跟毛澤東個人之間的衝突來說，大屠殺則是有利於朱德的，毛澤東越是執行恐怖政策，朱德就越得到人心，地位就越鞏固。這些所積累的，是毛澤東的失敗，朱德的勝利。因此，從大方向上，朱德不參與，但在立場上表示對毛澤東支持是一種必然要採取的基本態度。謝漢昌、劉敵的口號無意間拉近了朱德、彭德懷的距離，把「朱、彭、黃、滕」列為一個陣營，而這個陣營的最高領袖毫無疑問就是朱德，彭德懷作為「朱系」人馬的概念從此再也無法解脫了。事實上，在這以後，雖然彭德懷私下仍然會「有不大尊重的言論」，但也不再有了公開反對朱德

的言行。在當時，朱德沉默了幾天後，作為「朱、彭、黃、
滕」的當然首腦，找了黃公略，然後找了彭德懷，於12月17日
聯名發表了〈為富田事變宣言〉，18日朱、彭、黃又聯名發表
〈給曾炳春等的一封公開的信〉，表示支持毛澤東，主張
團結。

　　謝漢昌雖然職務是紅二十軍政治部主任，地位挺高，但
其實還只是個年僅二十三歲的幼稚青年，遠不懂得政治鬥爭的
規則。他很幼稚地弄出了一封明顯是偽造的信。12月20日，
謝漢昌等人寫了〈致朱德、彭德懷、黃公略、滕代遠信〉，
並附上了一封〈毛澤東給古柏的信〉，派人送給了朱德、彭
德懷、黃公略。關鍵是附件〈毛澤東給古柏的信〉出了大問
題，這封信的內容是：「古柏同志：據目前各方形勢的轉
變，及某方來信，我們的計劃更要趕快的實現，我們決定捕殺
軍隊CP與地方CP，同時並進，並於捕殺後，即以我們的布置
出去，僅限三日內將贛西及省行委任務完成，於拷問段（本
書作者注：指段良弼）、李（本書作者注：指李白芳）、王
（本書作者注：指王懷）等中堅幹部時，須特別注意勒令招出
朱、彭、黃、滕系紅軍中AB團主犯，並與某方白軍接洽等罪
狀，送來我處，以便早日捕殺，迅速完成我們的計劃，此信
要十分祕密，除曾（本書作者注：指曾山）、李（本書作者
注：指李韶九）、陳（本書作者注：指陳正人）三人，任何
人不准告之。10/12毛澤東。」最愚蠢是用「某方來信」、捕
殺CP之類語詞暗指毛澤東是蔣介石特務，這是很笑話的。如
果毛澤東是特務，就應該是捕殺所有派系的紅軍，而不會把
朱、彭、黃、滕並列。這個幼稚的陰謀幫了毛澤東大忙，其
直接的好處非常之多。它逼使了朱德、彭德懷、黃公略要表
態，而這時候進行表態除了全盤支持毛澤東外別無選擇。本是
「路線」鬥爭，現在成為了針對毛澤東個人的「陰謀」，反而
使毛澤東從大屠殺的困境中擺脫了出來，在一定程度上提升了
對毛澤東「路線」的道義支持。這種「陰謀」顯然具有分裂意

圖，不僅加強了人們與毛澤東的團結，而且也把事變群體置到了非正義的地位，從而為鎮壓事變提供了充足的理由。

謝漢昌的幼稚首先是幫了彭德懷。毛澤東本來進行軍隊大屠殺的原因跟與彭德懷的衝突有密切關係，現在彭德懷不得不與毛澤東站到一起，並可以表達自己對毛澤東的忠心了，彼此的矛盾得到了化解。接到偽造信後，彭德懷當即認定這是「分裂黨、分裂紅軍的險惡陰謀」，草擬了一份二百字的簡短宣言，宣布「富田事變是反革命性質的」，表示「擁護毛澤東同志，擁護總前委領導」。這樣，在「富田事變」事變中，彭德懷就特別發表了三次宣言，而最後一次則是他單獨發表的。

針對謝漢昌的偽造信，朱德和黃公略都沒有專門發表宣言。彭德懷回憶：他在開會說信是偽造的時，「黃公略來了，大概聽了十來分鐘就走了。會後我問鄧萍同志，公略來幹嗎？鄧說，他沒說別的，只說『老彭還是站在毛這邊的。』他就走了。」黃公略與彭德懷的關係本就比較微妙。黃公略，1898年生，湖南湘鄉縣人，高小畢業，與彭德懷是湖南講武堂同學，北伐後即任團副，1927年1月考入黃埔軍校第三期高級班受訓，年底參加廣州暴動並加入中共，1928年3月到湘軍獨立第三師主持隨營學校，獨立第三師改編為獨立第五師後任第三團第三營營長，7月與彭德懷一起進行平江暴動後任紅五軍第二縱隊長，但彼此隨即分手，彭德懷帶紅五軍主力逃到井岡山，黃公略僅帶了第二縱隊二百人左右獨立進行游擊。1929年秋天慘不忍睹的彭德懷從井岡山回到湘鄂贛邊時，黃公略已經發展為了二千多人，彭德懷給了黃公略一個副軍長的職務以示提拔，但黃公略並不願意跟彭德懷在一起，只好窩囊地將自己已經完全打好基礎了的根據地讓給彭德懷發展，自己去了贛西南開闢新天地。從這段歷史來說，黃公略不僅受過一定教育，而且從軍政素養來說都遠高於彭德懷，基本上一直是進行獨立作戰，並不願意屈就於彭德懷之下，但又被壓抑著了。從系統上說，黃公略在1930年夏後正式屬於朱毛紅一軍團，具有

跨紅一、三軍團的模糊性。黃公略在紅一方面軍中的模糊地位和微妙關係使他不很容易表態，既然朱德不來找他，他也不必要像彭德懷那樣積極了。

彭德懷的特別「表現」給毛澤東留下了深刻印象，他後來跟斯諾說：「這次叛亂很快就被鎮壓下去，這是由於第三軍團的忠誠、黨和紅軍部隊的總的團結以及農民的支持。」毛澤東這話從另一個側面也說明，紅第一路軍總指揮兼紅一軍團總指揮的朱德並不積極，只是在形式上維持了團結。鎮壓當時並沒有實行，毛澤東已經很失人心，如果當即鎮壓會很危險，在大敵當前的情況下，朱德不會允許自己的紅一軍團去做紅軍打紅軍的事情，彭德懷也許會有可能，但真正要下決心也不會很容易，除了口水仗，毛澤東一時並沒有什麼辦法。

1931年1月，項英來了。1月15日，中共蘇維埃區域中央局成立，項英任書記。項英立即阻止了毛澤東的大屠殺。就此，中共第一次內部大屠殺結束了。這次大屠殺到底殺死了多少人，除了紅一方面軍有一個截止到1930年12月中旬的四千四百多人概數外，詳細的數字現在已經不容易統計，但紅一方面軍在不到一個月的短時間裏數字就這樣巨大，屠殺時間更長的地方所殺掉的人不會比這少。研究中共歷史中的大屠殺特別要注意一點的是，由於所謂的地主、富農之類根本不具有「人」的地位，所屠殺的人數資料更是缺乏，通常並不在大屠殺總數當中。在毛澤東這次大屠殺中，由於毛澤東與李文林等人在政策上的最大爭執焦點是土地政策問題，毛澤東主張的是把所有土地進行平分，李文林等人主張的是對富農寬容，反對毛澤東對生產的大破壞，因此，毛澤東在屠殺農民方面特別極端，不僅要把地主殺光，而且要把富農殺光，並且還殺比較「富裕」的農民。就殺地主來說，李文林本身也是個非常積極的劊子手，這一方面的人口數量應該是十分恐怖的。實際上，這一次的大屠殺是全方位的，之所以稱為「內部」大屠殺，不過是就其特點來說的。它標誌了由社會性屠殺發展到中

共內部的毛澤東式大屠殺模式登上了歷史舞台，這種模式的實現方式是設定一個必須要消滅人身的敵對階級，然後將這個階級的存在引入到屠殺者自身體系之內，同時再製造一個或幾個應該要予以清除並消滅的神祕敵對組織，將專門進行屠殺的機構與民眾中的愚昧、殘暴群體結合，採取懷疑一切的思維方式，製造出全面的恐怖氣氛，使所有人既成為屠殺者，也成為被屠殺者，導致大屠殺以幾乎沒有人可以阻擋的力量迅速展開起來，所要達到的目的是建立和鞏固獨裁，而大屠殺的終結也只能依賴於一定的獨裁者。

二十二　英勇的軍事統帥

第一次反圍剿

　　1930年是國、共武裝形勢發生巨變的一年。就國民黨來說，這是蔣介石為完成獨裁進行決戰的一年，從5月開始至11月，蔣介石中央政府陣營與地方實力派聯合陣營之間展開了一場空前的大戰，地方實力派北方強大的閻錫山、馮玉祥兩系和南方比較弱一點的李宗仁聯合起來，並得到了汪精衛、陳公博國民黨改組派和鄒魯、謝持西山會議派的政治支持，甚至在北京成立了自己的國民政府，而東北的張學良也由中立而參與了進來，蔣介石兩線作戰，最終取得了勝利，真正鞏固了在中國的獨裁地位，強化了國民政府的統一。由於這次戰爭的主戰場是在中原，因此史稱「中原大戰」。借助這場中國近代化以來發生的規模最大的戰爭，中共李立三以狂熱的精神擴大、發展了紅軍，最終形成了以朱毛江西、賀龍湘鄂西、許繼慎鄂豫皖為主，兼以一大批大小不一、明暗不一的比較穩定的根據地和游擊區，至1930年秋冬時，朱毛紅軍兵力四萬多人，賀龍紅二軍團一萬多人，許繼慎紅一軍二千多人。實際情況還不是紅軍數量所能說明，由於紅軍採用的是割據方式，並在根據地嚴重破壞正常的社會形態，使根據地具有了軍事化社會特點，因此，兵員隨時可以大量擴充，這樣，就使中共武力形成了層級，紅軍本身的數量主要受限制於槍枝數量，一般來說，主力紅軍槍枝占人數比例可以低到百分之五十左右，地方紅軍的比例可以低到百分之三十，比例更低的武裝則為地方游擊隊、赤衛隊、農軍之類，這部分武裝的人數非常龐大，比如彭德懷攻

佔長沙時有十萬農軍參加戰役，既是紅軍作戰的助力軍，又等於是紅軍的預備軍。在這種情況下，雖然紅軍數量看上去還不多，但實際已經初步具備了進行大戰役的能力。

就武裝本身的對抗來說，國民黨毫無疑問地對中共佔有絕對優勢，無論是數量、裝備還是訓練水平都是壓倒性的，但是，中共也並不是毫無優勢。由於國民黨沒有建立現代兵役制度，並且不能執行戰時經濟政策和社會政策，因此，國民黨政府就是用高成本與中共進行武力對抗，並且這種成本也隨著蔣介石對國家的統一程度深化而日益提高。反過來在中共這一面，當其放棄城市政策——事實上也不得不予以放棄——，在比較落後但有一定人口基數的農村地區與國民黨抗衡，所付出的是非常低的社會、經濟成本，由於此，甚至可以不很在乎失敗，隨時失敗隨時可以組建武裝，雖然這種武裝的質量有時跟土匪並沒有多少差別，但卻取得了消耗優勢，在消耗中動搖國民黨政府的政治、經濟和社會基礎。這種消耗優勢正是中國傳統的農民戰爭特徵，它在歷史上曾經導致一個又一個強大的朝代因為承受不住高消耗而發生衰落甚至崩潰。在這種情況下，國共雙方進行武裝對抗的焦點集中到了軍事策略和戰役藝術這個焦點上了。

國民黨方面要降低自己的戰爭成本，就需要設法進行徹底解決，採取圍剿的方法將紅軍予以殲滅。但到底應該使用多少軍隊和採取怎樣的戰術，對蔣介石來說還基本處於空白狀態。金漢鼎負責對朱毛進行圍剿時，其實總體上是比較成功的，他直接控制的總兵力是一萬多人，實際並不能全部投入作戰，一方面要控制地方，一方面還經常要抽調兵力應付其他內戰，更重要的是他不能真正指揮湘、閩、粵軍，但在他的進剿之下，朱毛還是經常陷入困境之中，發展比較慢。雖然金漢鼎沒有消滅朱毛，但做到了限制朱毛，能夠取得這一成績，是他有著自護國戰爭以來長期的作戰經驗，並且相對比較熟悉朱德的戰術和作戰地區的地理形勢。在金漢鼎投入中原大戰後，朱

毛得到空前壯大，蔣介石必須要使用更大的兵力進行圍剿，卻又不願意重用已經積累了與朱毛作戰豐富經驗的金漢鼎，這就等於要重新摸索，先在軍事經驗方面吃了虧。中共方面則正相反，在朱德帶領南昌暴動餘部開始轉戰之後，採用了新的戰術技術，經過他極其耐心的戰術、戰役和戰略的熏陶，以及紅軍幾乎不間斷的作戰實踐，特別是善於進行總結和發揮的毛澤東的成熟，已經基本形成了一套行之有效的「朱毛」軍事思想，這套思想傳播並深刻影響了各地的紅軍並加以了他們自己的探索，除了朱、毛以外，紅軍也已經有一大批將領達到了成熟。就朱毛來說，由於有朱德這樣一個研究了第一次世界大戰和新式武器的特殊人物，國民黨採用的新的戰術和裝備也一時難以對紅軍造成摧毀性的效果。可見，在軍事藝術方面，雖然紅軍一般的軍事幹部和士兵訓練素養較差，但在高級軍事領袖和將領的層次，在圍剿與對付圍剿方面來說，中共已經占了充分的優勢。正是這一點，成了國共軍事對抗勝負的決定性技術因素。

　　還在1930年10月中原大戰沒結束時，勝券在手的蔣介石就開始調集兵力向江西移動了。蔣介石先後調集的軍隊有十一個師又三個旅，包括公秉藩新編第五師、毛炳文第八師、路孝忱新編第十三師、張輝瓚第十八師、許克祥第二十四師、張貞第四十九師、譚道源第五十師、劉和鼎第五十六師、蔡廷鍇第六十師、戴戟第六十一師、羅霖第七十七師、周志群新編第十四旅、劉夷獨立第三十二旅、馬昆第三十四旅及三個航空隊，共十萬人，任命江西省主席、第九路軍總指揮魯滌平為總司令，張輝瓚為前線總指揮。蔣介石和魯滌平不知道他們正在打一場從來沒有打過的奇怪的戰爭，12月16日分八個縱隊從正面開始進行全面進攻。由於毛澤東的大屠殺和「富田事變」，本來有四萬人的紅一方面軍可以作戰的部隊已經只有三萬多人，但大敵當前，在朱德、彭德懷、黃公略連續發表聯名聲明後，紅軍仍然保持了團結。面對國軍的進攻，朱毛採取既

定的「誘敵深入」戰略，不斷後退，利用國軍將兵分得太開的弱點，尋找戰機，以殲敵一路。

面對不接戰、只往後退的朱毛，國軍一路推進，越來越不謹慎，特別是前線總指揮張輝瓚，更是高歌猛進，被朱、毛命令「只許敗」的羅炳輝，引到了朱、毛設定的伏擊戰場龍崗。12月29日夜，朱德認為時機已到，發出了對張輝瓚先頭部隊戴嶽旅進行攻擊的命令。30日下午，張輝瓚主力已被圍困，朱德下令總攻擊，很快就全殲了敵軍，並活捉了張輝瓚。一天下來，朱毛殲滅張輝瓚部將近一萬人。活捉張輝瓚後，朱德審訊了他，問他紅軍下面應該打哪一路？張輝瓚建議紅軍去打蔡廷鍇，想哄騙朱德，朱德沒有理睬他，實際上，朱德已經瞄住了譚道源。在上海的周恩來知道消息後，準備用張輝瓚的性命跟魯滌平談個價錢，並特地給朱德寫了封信，但信還沒送到，張輝瓚就在公審大會上被暴民「剝皮」、「抽筋」了。東固一仗，是中共有武裝以來規模最大也最乾淨俐落的一仗，一時震動中國。

張輝瓚被殲後，魯滌平驚慌失措，為保存實力，竟然馬上命令自己的湘軍嫡系譚道源、許克祥退兵。朱毛盯住實力較弱的譚道源追趕，由於許克祥退兵動作比較迅速，譚道源已經無法與他靠攏，只能在東韶倉促應戰。1931年1月3日，朱毛在東韶又殲滅了譚道源三千多人。至此，蔣介石對朱毛的第一次圍剿被擊敗了。

第一次反圍剿已經標誌著了紅軍進入到了大規模運動戰階段。在這之前，雖然朱毛進行過不少運動戰，但由於規模有限，仍然是一種以游擊為主要特徵的運動，現在，則應該是以運動為主要特徵的游擊了。這樣，軍隊的戰術素養就必須立即跟上去，不然，很難適應完全可以預見的緊接而來的新的圍剿。朱德立即組織紅一方面軍開展了一個練兵運動，這也是中共武裝的第一次大規模練兵運動。對紅軍一般幹部和士兵的軍事素養，朱德向來認為比較低，所以，他除了始終耐心熏陶毛

澤東和紅軍將領外，也一直是盡最大力對一般幹部和士兵進行調教和訓練。在審訊張輝瓚時，他首先問張輝瓚要死好活，張輝瓚願意用錢買自己人頭，與周恩來想要錢不同，朱德拒絕了張輝瓚的錢，說：「我們不是土匪，你想錯了，我們不是要你的錢，我們想辦一間紅軍軍事學院，你是否願意擔任教授，為我們造就人才？」張輝瓚當即答應「願意」。張輝瓚比朱德年長一歲，雖然是朱德敗將，但早年先後畢業於湖南講武堂和日本士官學校，是湖南軍閥中最富有軍事修養和作戰經驗的人，抓到這樣一個好手，朱德便想用他人頭換軍事學，為紅軍培養人才。抗日戰爭時，朱德也吸收了不少國軍中、高級軍事人才，以提高八路軍軍事學水平。由此可見，朱德對紅軍的軍事素養有著非常清醒的認識。

最重要的一件事情，是朱德利用繳獲的一台收報機和一台無線電台，用俘虜的專業人員立即組建了紅軍第一個無線電通訊大隊。還在閩西的時候，朱德已經說服了地方醫生參加紅軍，在紅軍中建立起了衛生機構。對紅軍的這種建設，是與朱德重技術的一貫思維有關的，在中共武裝後來的發展中，幾乎所有的技術部門、技術兵種和軍隊的正規化建設，都是朱德一手創建的。這種情況顯示了朱德比中共其他領袖更具有建設性和正規化意識，這是他建國後與毛澤東等人發生衝突的重要原因之一。

第二次反圍剿

1月15日，項英成立了領導所有中共根據地和紅軍的中共蘇區中央局，委員為周恩來、項英、毛澤東、朱德、任弼時、余飛、曾山及湘贛邊特委一人、共青團一人，書記周恩來，由於周恩來未到，由項英代理書記。同時又成立了中央軍委，由項英任主席，毛澤東、朱德任副主席，朱德任紅一方面軍總司令，項英任總政委，毛澤東任副總政委。這樣，就中共蘇區和

紅軍來說，項英成為了最高領袖，毛澤東、朱德雖然是副手，但名義上的地位都得到了提高，成為了「全國」性的領袖。就紅一方面軍來說，由於毛澤東失去了總政委地位，他再次成為了朱德明確的副手。由於項英對軍事只是原則領導，而項英又壓縮了毛澤東的權力，朱德就實際獲得了全面的軍事領導權。

第一次圍剿期間，蔣介石對張輝瓚被殲後魯滌平的驚慌失措很不滿，責備他「每聞共黨，便張皇失措，何膽小乃爾！使為共黨聞之，豈不為之竊笑乎！」1931年2月，蔣介石改派軍政部長何應欽代行總司令職權並任陸海空軍總司令南昌行營主任，再增十萬大軍，總兵力近二十萬人，進行新的圍剿。3月，由蔡廷鍇任代總指揮，轄所部第六十師、戴戟第六十一師、馬昆第三十四旅為一路；由王金鈺任總指揮，轄公秉藩第二十八師、郭華宗第四十三師、郝夢齡第五十四師、羅霖第七十七師、上官雲相第七十四師為一路；由孫連仲任總指揮，轄所部第二十五師、高樹勳第二十七師、關樹人騎一師為一路；由朱紹良任總指揮，轄胡祖玉第五師、毛炳文第八師、路孝忱新編第十三師、許克祥第二十四師為一路，分四路向紅一方面軍正式進軍。另由張貞第四十九師、劉和鼎第五十六師、香翰屏第六十二師、周志群新編第十四旅、劉夷獨立第三十二旅分頭進行阻擊。三個航空隊繼續參加作戰。

大戰前夕，4月初時，任弼時、王稼祥、顧作霖來到了蘇區，宣布原來項英帶來的中央精神已經改變，肯定了朱毛不打大城市的反「立三路線」是正確的。一時權力爭鬥的形勢又變得複雜起來，但為了應變大戰，人事和權力結構暫時沒有變動，以保持穩定性。

朱德仍然採用誘敵深入以尋找戰機擊破一路的戰略方針，但這次由於國軍已經有了經驗，四路軍隊穩紮穩打，步步為營地進行推進，難度增加了很多。在兩次蘇區中央局擴大會議上，朱德堅持了自己的作戰方針，並在第二次會議上決定選擇王金鈺一路為攻擊對象。朱德之所以選擇王金鈺，是因為他

有一個顯著弱點，即相當的部隊來自於北方，不熟悉和不適應南方山地作戰，攻擊他勝率比較大。4月19日，朱、毛下達以王金鈺為目標的作戰命令。4月23日，朱德將紅軍集中到東固隱蔽等待戰機。這次等待是極其考驗意志的，由於王金鈺一直在富田不動，紅軍隱蔽了二十多天，幾乎失去了耐心，朱德不得不時常到官兵當中鼓勵大家。終於，王金鈺在5月13日開始向東固進發。5月16日，朱毛在完成迂迴包抄後，打響了戰鬥，殲滅了公秉藩師，公秉藩混在俘虜裏領取了三元大洋後被釋放。同時，上官雲相的一個旅也被殲。5月19日，朱毛進攻白沙，殲滅了上官雲相師余部和郭華宗師一個旅。5月22日，朱毛又殲滅高樹勳的先頭旅。

5月24日，蘇區中央局指示成立以毛澤東為書記的紅一方面軍臨時總前委，這樣，毛澤東的軍事領導權得到了恢復。但是，軍事指揮權仍然是在朱德手上。5月27日，朱毛奪取廣昌城，國軍胡祖玉師長在守城中受傷，不久死去。5月31日，朱毛再奪取建寧城。至此，朱毛共殲滅國軍三萬多人，贏得了第二次反圍剿勝利。

這次反圍剿勝利決定性的因素是朱德的軍事藝術，但也得益於蔣介石與兩廣地方勢力的衝突。正當國軍向朱毛大規模推進時，國民黨中央監察委員鄧澤如、林森、蕭佛成、古應芬四人為胡漢民被軟禁事件彈劾蔣介石，兩廣人士積極活動，並於5月28日由汪精衛、孫科、許崇智、唐紹儀、李宗仁、陳濟棠、古應芬等在廣東成立了一個「國民政府」，導致國民黨內一片混亂，軍心自然也十分動搖。

第三次反圍剿

6月21日，蔣介石在臨時處理了一下廣東「國民政府」事件後，將這事件暫時擱了起來，到南昌召開軍事會議，德國、日本、美國的軍事顧問也參加了會議。蔣介石自任總司

二十二 英勇的軍事統帥

令，何應欽任前線總司令，一起坐鎮南昌指揮圍剿。蔣介石增調了一批嫡系部隊，總兵力增至近三十萬人，將進攻兵力再予集中，分左、右兩路軍進行進攻。左路集團軍總司令由何應欽親自擔任，下轄周渾元第五師、趙觀濤第六師、毛炳文第八師、蔣鼎文第九師、羅卓英第十一師、陳誠第十四師、許克祥第二十四師，目標是尋求朱毛主力決戰；右路集團軍總司令陳銘樞，轄孫連仲第二十五師、高樹勳第二十七師、韓德勤第五十二師、郝夢齡第五十四師、蔡廷鍇第六十師、戴戟第六十一師、上官雲相第七十四師，任務是深入根據地逼迫朱毛。此外，以衛立煌第十師、李延年攻城旅為總預備隊策應左、右兩路，以李雲傑第二十三師、路孝忱第七十九師、關樹人騎一師負責守備、清剿；以公秉藩第二十八師、張貞第四十九師、劉和鼎第五十六師、羅霖第七十七師、周志群新編第十四旅、馬昆第三十四旅負責圍堵；命李韞珩第五十三師進駐吉安待命；航空隊增加為五個。

　　應該說，蔣介石這一次兵力部署說明已經對朱德的作戰方式有很大認識了，但是，由於蔣介石過於相信自己嫡系部隊的戰鬥力，反而犯了一個錯誤，他改變了前一次圍剿步步為營的策略，採取了長驅直入進行決戰的愚蠢方法。之所以說蔣介石愚蠢，是他忘記了最基本的一點，以朱毛當時僅僅三萬兵力，是根本不可能與蔣介石進行他所想像的決戰的。7月1日，蔣介石開始正式進攻。朱德仍然採用「誘敵深入」的方法進行戰略退卻，尋找戰機。但這次由於蔣介石兵力集中，難以找到戰機，於是，朱德乾脆改變策略，開始大範圍運動，跳到國軍主力週邊，疲憊國軍後再看情況。朱德說：「我們的方法，就是先躲開他，疲勞他，等他疲勞不堪了，再開始打。」由於多是山地，天氣又炎熱，加以裝備沉重，大軍後勤供應困難，蔣介石精銳的部隊跟在朱毛後面，越來越難以承受。直到月底，蔣介石發現朱毛在興國集中，便終於找到了機會，重兵圍困住了朱毛，試圖進行決戰。

朱德決定趁對方還沒完成收攏，選擇最弱的上官雲相師進行打擊。8月7日，朱德下達攻擊命令，由於這是生死之戰，朱德親自上前線督戰、指揮，僅兩個小時就全殲上官雲相的先頭旅。隨後，朱德率紅軍向上官雲相師部所在地良村不停頓地突擊，自己只帶了一個警衛排衝在最前面向敵方進行攻擊，在良村擊敗了上官雲相第七十四師，擊斃副師長魏我畏、參謀長劉家琪。這次戰鬥逆轉了紅、白雙方的士氣。朱德改用大運動，急行軍三天，於8月11日在黃陂擊敗毛炳文部。黃陂發生戰鬥後，蔣介石命各路軍隊向黃陂聚集，圍殲朱毛。但是，朱毛在夜裏由朱德走在前頭，使用指南針從進擊敵軍不到十公里的縫隙中穿了出去。這樣像捉迷藏一樣地弄到9月初，蔣介石精疲力盡的大軍再也難以支撐下去，加以兩廣「國民政府」想趁機進取湖南，便只好決定撤退。朱毛借蔣介石撤退的機會，趁勝又進行了幾次攻擊。到9月中旬，朱毛以累計殲滅蔣介石三萬餘人的戰績，獲得了第三次反圍剿的勝利。但在這個過程中，朱毛損失了一員素養最為全面、老練的大將黃公略。

「紅軍在戰術方面必須超過敵人」

　　三次反圍剿，以及之後朱德指揮的頂峰之作第四次反圍剿，無論是在中國戰史上還是世界戰史上，都是前無古人、後無來者的戰例。就之前的中國和世界戰史來說，以少勝多、以弱勝強的戰例不勝枚舉，但從來沒有過如此集中而連續的情況發生。三次反圍剿是三次大戰役，但由於其連續性，也可以看成是一次戰役，這是從來沒有過的。就中國和世界戰史來說，就大的戰役角度講，三次反圍剿標誌著了一種新型的軍事藝術和戰爭模式已經正式誕生，這種軍事藝術和戰爭模式在以後的歷史進程中，不僅改變了中國，而且也改變了世界，它在第二次世界大戰之後前所未有的民族獨立運動中被廣泛運用，最經典的戰爭便是著名的越戰。

三次反圍剿朱毛紅軍的顯著特點是兵力基本沒有變化。
紅軍本來約為四萬人，毛澤東的大屠殺自己損失四千多人，
「富田事變」分流和損失約二、三千人，因此，朱毛開始應戰
實際兵力約為三萬三、四千人，到進行第三次反圍剿時兵力略
減為三萬人左右。蔣介石圍剿一方則是從十萬增至二十萬再增
至三十萬。問題不只是一個兵力問題，而且雙方軍隊的其他一
些要素也完全不在一個檔次上。就兵種而言，紅軍只是步兵
兼以幾乎可以忽略不計的炮兵，蔣介石方面則擁有比較強的
炮火，而且還有一個師的騎兵，更重要的是擁有一支空軍部
隊，即使不考慮空軍的攻擊功能，只考慮它的偵察功能，就已
經擁有了絕對的配備優勢。就通訊而言，蔣介石方面各師都具
備無線電設備，很方便於協同，而朱毛則沒有進行協同的無線
電裝備。最致命的是武器配備，蔣介石方面軍隊擁有充足的裝
備和彈藥，朱毛則裝備和彈藥不足，只能透過繳獲補充，而且
由於是透過繳獲補充，按照朱德的說法是「中國的新式武器來
自各國，類型也日益複雜化」，因此朱毛實際是標準的雜牌
軍，很多武器連一般軍官都不會正確使用，軍隊相應的訓練程
度難以跟上。

　　蔣介石的失敗單純就軍事角度說，歸根結底是輸在他當
時以二十萬元天價懸賞人頭的朱德身上。在第三次反圍剿前夕
朱德專門寫了篇文章〈怎樣創造鐵的紅軍〉，他強調：「紅軍
在戰術方面必須超過敵人。」他完全做到了這點。由於這時
候毛澤東已經成熟，而且他主要的權力爭鬥對象已經不再是
朱德，因此，在軍事上朱德不僅沒有了大的干擾，而且更是
朱、毛合璧，借助毛澤東的專制風格順利地貫徹了自己的戰
略、戰術思想和主張。在朱德的耐心薰陶下，和在自身的探索
下，紅軍的中、高級將領已經成熟或初步成熟，他們各有特色
地掌握了不同於「古今中外」的戰術，而且互相彌補，彭德懷
在硬打硬衝的特色下掌握了游擊，林彪除了還不很適應大範圍
運動外，幾乎全盤繼承了朱德的衣缽，不僅敢打，而且非常機

智。在朱德的熏陶下，本來很一般的人才，也成為了非常出色的戰將，最典型的莫過於羅炳輝。羅炳輝，1897年生，彝族農奴出身，18歲入滇軍當兵，曾是朱德學生李文彬手下一名營長，1928年6月朱德在新七溪嶺親自擊敗李文彬時，羅炳輝差點死在朱德的追擊下，到了朱德手下後對此仍然心有餘悸，跟何長工說：「我的娘呀！你們跑的好快啊，幾乎把我捉到，我的騾子掛了花，我一個跑，我是大胖子跑不動，幾乎把我抓到。」像羅炳輝這樣的平常之才在國軍當中可以說是多如牛毛，但到了朱德手下，經過熏陶，接受了新戰術，就很快成為了非常出色的戰將，第三次反圍剿中，他把蔣介石的主力拖著運動半個月之久，消耗掉了國軍最後的精力，促使蔣介石最終下了撤兵決心。

三次反圍剿以及第四次反圍剿中朱德的戰術，都可以從朱德之前指揮的戰役和戰鬥中找到要素，比如大範圍的運動是朱德從三河壩撤下來後最鮮明、一貫的特色，不斷干擾、疲憊敵軍是他最基本的戰術要素，進行欺詐是朱德慣用的手段，隱蔽後突然出擊是他常用的決戰手段，等等，本書前面已經敘述、分析了很多，可以說，四次反圍剿是朱德游擊、運動戰術的集大成發揮。朱德非常突出的一個優勢是他的人格魅力，這是蔣介石及其手下將領所根本不具備的，對於紅軍最普通的士兵們來說，朱德是真正的軍神，只要有他在，總是會有辦法的，是會取得最終勝利的，這種凝聚力和勝利信心甚至可以說是最關鍵的「戰術」。三次反圍剿中，朱毛數次處於生死關頭時，作為統帥的朱德都親臨前線指揮作戰和督戰，甚至自己帶著一個警衛排跑在紅軍大隊前面追擊敵人，第三次圍剿中蔣介石在黃陂已經基本完成合圍了，朱德卻拿著指南針走在最前頭，把三萬大軍從僅僅十公里的縫隙中悄悄帶出了合圍圈，這是國軍高級將領中沒有一個人能做到的，即使世界軍史上也很難找到第二個這樣英勇、卓越的統帥人物。

二十三 退出權爭，中庸強人

項英阻止了毛澤東的大屠殺

　　就權爭來說，朱、毛原來公開化的衝突實際上是圍繞著一個軍事的政治權和政治的軍事權進行的。在井岡山時，毛澤東借助紅四軍的實力指揮地方黨，令朱德很不滿，這是軍事的政治權問題。毛澤東以黨的領導身份試圖獲得具體的軍事指揮權，這是政治的軍事權問題。古田會議朱德敗北，毛澤東在李立三、周恩來的支持下獲得了勝利，但他所獲得的軍事指揮權仍然是非常有限的，是處於朱德副手地位，但毛澤東獲得了一項以前沒有過的極其重要的權力，也即軍隊內的人事權，在當時是與朱德平分了人事權。因此，古田會議後毛澤東逐步在紅四軍中安插、提拔了一批自己的親信，陳毅則從「朱毛」的核心權力圈中被永遠排擠了出去，「陳毅主義」被永遠打倒。朱德在這種問題上並不與毛澤東公開爭執，因為，哪怕是毛澤東的親信，朱德通常可以做到他們逐步也成為自己的親信，最終大部分人仍然還是更加忠誠於朱德，而不是毛澤東。在政治方面朱德不再與毛澤東進行公開衝突，雖然矛盾始終存在著。朱德捲進富田事變，可以看作是朱德與毛澤東在政治權層面上的再次衝突，但這衝突朱德是被動的，他並沒有與毛澤東發生最高權力方面的爭鬥。

　　由於項英的到來，朱德就更是不需要參與政治領導權的爭鬥了。也由於中央來人，毛澤東的權爭對象已經不是朱德，朱德也沒有必要越俎代庖，而且朱德本來就是反對槍指揮黨的，因此，他表面上採取了中庸、高蹈的態度，徹底退出了

權爭。但朱德作為最大的軍頭，客觀上是個強人，不可能脫離權爭。他不找權爭者，權爭者會找他。實際上，他處於一個很尷尬的地位，但韜略深厚的朱德當時把握、處理得非常巧妙，所有的權爭不僅傷害不到他，而且也越來越鞏固了他的地位，提高了他的威望，擴大了他幾乎沒有邊際了的勢力。

項英來了後，排擠了毛澤東，毛澤東是明升暗降，朱德卻反而地位空前提高。朱德對中央來人是非常高興的，朱德後來曾對龔楚說：「現在好了，中央遷到蘇區來了，一切由黨來解決，不能由一個人來決定。」從朱德這私話可以看出，他根本不會因為「古田會議」而放棄反對毛澤東獨裁的思想，始終堅持著他的黨領導下的民主主張，因此，項英的來到他毫無疑問是非常高興和歡迎的。這對毛澤東來說卻件非常痛苦的事情，自己好不容易獲得的獨裁地位，只要中央來個大員就輕易失去了。但毛澤東終究是個梟雄，他非常知道自己相對於項英和中央來說，是個實力派，他深知朱德不可取代的地位所具有的價值，因此，項英來了後，毛澤東並沒有與項英進行政治衝突，把自己捲入黨務工作的事務中去，基本是全面接受和服從了項英的政治領導，盡可能與朱德待在一起，維持「朱毛」這個形象。只要擁有「朱毛」這個資產，那麼，毛澤東就也是不可取代的。

1931年1月中旬項英為代書記的蘇區中央局成立後，項英立即阻止了毛澤東的大屠殺。項英的動作很迅速，1月15日成立蘇區中央局，1月16日就形成了〈蘇區中央局通告第二號──對富田事變的決議〉，「完全同意總前委對富田事變所採取的鬥爭路線」，以維護毛澤東的政治正確，認為「江西省行委中之段良弼、李白芳及二十軍政治部主任謝漢昌等均係AB團要犯」，他們是「分裂革命勢力」、「分裂紅軍」，是「反黨行為」，並決定「將富田事變的首領段良弼、李白芳、謝漢昌、劉敵、金萬邦等開除黨籍」，但項英把這些人與「富田事變」分了開來，認為「富田事變」不是AB團領導的

反革命暴動，而是「無原則的派別鬥爭」，責令贛西南特委和紅二十軍黨委停止黨內互相攻擊，聽候中央局調查處理。應該說，項英這個處理是冷靜、理智的，既維持了基本的團結，又阻止了對「富田事變」的殘酷鎮壓，僅僅只是把罪責歸在了少數幾個人身上。

項英對「富田事變」的暫時處理，由於把性質定為「無原則的派別鬥爭」，則對毛澤東來說終究是一個嚴重打擊，等於揭露了毛澤東進行大屠殺是為了個人獨裁而進行的。相應地，項英也就實際否定了所謂AB團問題。就像中共後來熟練運用的大方向肯定、具體進行否定一樣，項英肯定了AB團的存在，以維護黨和毛澤東的基本政治正確，然後冠以一個「肅AB團擴大化」予以實質性否定，指出「過去反AB團取消派鬥爭中的缺點和錯誤」：「第一，非群眾路線，許多地方由紅軍或上級機關代打」；「第二是盲動，沒有標準，一咬便打」。項英要求今後「必須根據一定事實和情形，絕對不能隨便亂打亂殺」，「也不能隨便聽人亂供亂咬加以逮捕」。這樣，項英實際就等於徹底終結了毛澤東的大屠殺。一時之間，項英深得人心，但從此他也成為了毛澤東的政治勁敵，並在後來被毛澤東看作是自己最大的政治威脅之一。

當時毛澤東對項英沒有什麼還手之力，也不能還手。他明白自己要保住中共黨內最大的諸侯地位只有顯示自己與朱德是一體的，仗打得越成功就越是體現自己實力，只要有了實力，一切可以慢慢來，因此，雖然自己的政策被項英實質性終結，但沒有表示任何異議。這樣，項英就採取了更進一步的動作，2月19日發出蘇區中央局第十一號通告，明確：「中央局根據過去贛西南黨的鬥爭的歷史和黨組織基礎以及富田事變客觀行動事實，不能得出一個唯心的結論，肯定說富田事變即是AB團取消派的暴動，更不能有事實證明領導富田事變的全部人純粹是AB團取消派，或者說他們是自覺的與AB團取消派即公開聯合戰線來反黨反革命，這種分析和決議正是馬克思列寧

主義唯物辯證論的運用，是鐵一般的正確。」這樣等於就是給「富田事變」進行了徹底的平反，反過來也是徹底否定了毛澤東。

不僅如此，項英更是把李韶九與段良弼等人放在一起開除了黨籍，責成躲回家鄉的紅二十軍政委曾炳春回到紅二十軍中去做說服工作，要紅二十軍回到紅一方面軍裏來，同時也解散了謝漢昌等自己成立的江西省行動委員會。項英這些決定和措施得到了紅二十軍的擁護，謝漢昌等「估計項英同志是支持他們的」，4月，富田事變的主要領導者謝漢昌、劉敵、李白芳等及西路行委書記王懷，遵照項英和蘇區中央局的指示回到寧都黃陂蘇區中央局駐地參加會議，「向黨承認錯誤，請黨教育」，紅二十軍官兵則按照蘇區中央局的指示，到泰和、固江北路進行游擊。這樣，似乎一切都平靜下來了。

新一輪大屠殺由周恩來、王明同盟啟動

項英沒想到的是，正當他阻止大屠殺、鞏固了蘇區的穩定時，一場新的大屠殺已經在上海由周恩來開始策劃。瞿秋白從蘇聯回國後，於1930年9月下旬主持召開六屆三中全會，結束了「立三路線」，決定成立蘇區中央局，項英到蘇區正是在這次會議上決定的。但是過了不久，1931年1月7日，來中國養病的莫斯科中山大學校長、共產國際遠東局副局長米夫一到上海，就又親自組織了中共六屆四中全會。這是中共更規模化、更持久的大屠殺之源。帶著黃金滿腔熱忱到上海向中央申冤的段良弼與中央一接觸，就感受到了不亞於毛澤東的恐怖氣氛，立即永遠地從歷史中隱匿了。

這次會議在中共歷史上具有轉折性意義，主要就是兩個內容，一是接受了王明的激進思想，一是激烈權鬥後中央領導層進行改組。王明思想的核心，是他認為：「現在階段的中國資產階級民主革命，只有在堅決進行反對資產階級的鬥爭

中，才能得到徹底勝利」，因此主張強調宣傳社會主義、無產階級專政和土地國有，要在工業、農業方面「採取趨向社會主義的過渡性質的辦法」，要在經濟政策上「打擊和抑制一切剝削者」，在全黨「堅決實行兩條戰線的鬥爭」，「尤其要特別反對主要的危險右傾機會主義」，中共應該「建立起真正工農民主專政的蘇維埃政府」，「建立起一個能夠真正成為最有保障的革命中心的根據地」。按照王明的「堅決實行兩條戰線的鬥爭」原則，會議重新改組了中共中央及其領導層，李立三、瞿秋白、李維漢被驅逐出了政治局，倔強的何孟雄等人被驅逐出了中央委員會，選定新的中央政治局委員向忠發、項英、徐錫根、張國燾、陳郁、周恩來、盧福坦、任弼時、陳紹禹，候補委員羅登賢、關向應、王克全、劉少奇、溫裕成、毛澤東、顧順章。中央政治局常委為向忠發、周恩來、張國燾，向忠發仍為總書記。張國燾是1月20日左右從蘇聯回國到達上海的，3月中旬他就去了鄂豫皖根據地，他回憶說：「李立三任宣傳部長時，中共中央的事大多由他決定。現在李立三倒下去了，中共中央形成周恩來與陳紹禹合作的局面；重要的事大多取決於周恩來。」因此，中共實質上的最高領袖已經是周恩來，至於陳紹禹（即王明）主要來說是個借助共產國際太上皇地位的精神領袖，與共產國際派了個人到中國指導中共沒有什麼兩樣。

中共六屆四中全會的人事調整是旅歐共產國際派與青年蘇聯幫的全面勝利和合作。旅歐共產國際派是老資格的國外派，沒有形成新的青年一代，但蘇聯派則不同，有老、青之分。隨著瞿秋白的被驅逐，也就標誌著蘇聯派中的元老幫徹底衰敗，由青年蘇聯幫取代了。這種權力結合在政治局名單上，體現出來的是周恩來與王明的合作。王明，又名陳紹禹，1904年生，安徽六安人，原為國民黨員，1925年被選派去莫斯科中山大學學習，並轉為中共黨員，年底回國，追隨共產國際代表米夫，1927年隨米夫回莫斯科後協助他驅逐了中山大

學老校長拉狄克，同時在中山大學任教，透過爭鬥成為中山大學激進分子領袖，從而也成為了中共青年蘇聯幫的領袖。王明以及青年蘇聯幫崛起的大背景實際上是史達林對老布爾什維克的清除，直接的原因和背景是米夫的地位提升，米夫生於1901年，只比王明大三歲，二十四歲就被任命為中山大學副校長，本就是個激進青年。王明在中共的權力根基在他與米夫以及米夫所代表的莫斯科的緊密關係上，因此，王明在中共主要來說是個代表了莫斯科意志的精神領袖，他並不怎麼參與中共中央的具體工作，而是用了一批比他更年輕的、米夫與他的學生做具體工作，也就是中共歷史上著名的「二十八個半」群體，這樣，中共的實際最高權力就掌握在了一個老資格的旅歐共產國際派首腦周恩來和一批青年蘇聯幫人手上，形成了一個以王明為精神領袖、以周恩來為工作核心、團結以一幫幼稚而激進的青年的最高權力群體。

3月28日，〈中央政治局關於富田事變的決議〉發表，認為富田事變「實質上毫無疑問的是階級敵人以及他的鬥爭機關AB團所準備所執行的反革命行動」，確認「在澤東同志領導下的總前委堅決反對階級敵人的鬥爭路線，實質上是正確的。這種堅決與革命敵人鬥爭的路線在任何時候都應執行。」也就是說，以周恩來為實際領袖的中共中央認為毛澤東的大屠殺是正確的。不僅如此，細心的周恩來也一定已經意識到了在蘇區的項英會阻止屠殺，便安排任弼時、王稼祥、顧作霖組成「三人團」再去蘇區，以「糾正」項英。4月中旬，「三人團」到了蘇區，4月由任弼時主持中央局擴大會議全面推翻了項英原來的主張，透過了由「三人團」起草的《關於富田事變的決議》，肯定「富田事變是AB團領導的，以立三路線為旗幟的反革命暴動，更清楚的說，富田事變是AB團領導的與立三路線的一部份擁護者所參加的反革命暴動」，批評項英的蘇區中央局是「調和路線」，對「富田事變」處理「完全是錯誤的」，是「大錯特錯」。

「三人團」是周恩來系與王明系人物的組合。任弼時屬於老的蘇聯幫人物，但又是周恩來的嫡系幹將，原名任培國，1904年生，湖南湘陰縣人，1920年8月加入社會主義青年團。1921年5月赴莫斯科東方勞動者共產主義大學學習，1922年底轉為中共黨員，1924年秋回國任教於上海大學，1925年7月任團中央總書記，10月任中共中央軍事運動委員會委員，成為周恩來的幹將，1927年5月當選為中央委員，1927年8月7日當選為中共臨時中央政治局委員，進入中共最高領導層，1930年任湖北省委書記、中共長江局委員、武漢市委書記。王稼祥，原名王嘉祥，又名王稼薔，1906年生，安徽涇縣人，1925年9月加入社會主義青年團，隨即去莫斯科中山大學學習，1928年進莫斯科紅色教授學院讀書，同年2月轉為中共黨員，是王明的嫡系青年。顧作霖比王稼祥更年輕，是周恩來的嫡系青年，1908年生，上海嘉定縣人，1926年初加入中共，擔任過楊樹浦部委書記，參加過周恩來領導的上海第三次武裝起義，之後擔任中共江浙區職工運動委員會委員、中共山東省委常委、共青團中央委員、中共江蘇省委委員、共青團江蘇省委書記、團中央組織部長等職。

毛澤東成為蘇區正確路線代表人物

　　在「三人團」的主持和支持下，毛澤東成為了蘇區正確路線的代表人物。既然如此，組織路線也就要相應改變，5月，重新設立了紅一方面軍總前委，由毛澤東擔任書記。8月，毛澤東在「三人團」的支持下正式把項英趕下了台，擔任蘇區中央局代理書記，成為了蘇區最高領袖，完全實現了他的獨裁。10月11日，毛澤東以蘇區中央局名義致電中央，對項英進行了明顯的報復，竟然指責中共最堅定的領袖分子之一項英「喪失信仰」，要求中央批准自己代理蘇區中央局書記。

在這樣的背景下，中共又進行了第二次內部大屠殺。
1931年4月，任弼時主持的中央局擴大會議之後，李韶九不僅
恢復了黨籍，而且高升為了全面負責大屠殺的中共政治保衛局
江西分局局長。由於「富田事變」相關領導人物應項英原來
的指示「向黨承認錯誤，請黨教育」，離開了紅二十軍，因
此，李韶九屠殺他們很方便，首先殺掉了劉敵，然後對謝漢
昌、李白芳、叢允中等人進行所謂的「公審」，要他們承認
反黨，但他們只承認是反毛，結果自然還是死亡。在之後的7
月，紅二十軍政委曾炳春和繼劉鐵超之後任軍長的蕭大鵬按照
蘇區中央局指令，將部隊帶到蘇區中心區域河東於都縣，結果
被陳毅、彭德懷、林彪繳械，除了曾炳春以及莫名其妙的蕭大
鵬等少數高級將領被關押外，其他人到排長一級，享受了比被
俘國軍更「優待」的待遇，總共七、八百人全部被殺，「文
革」時發現當時僅兩人倖免於難，紅一方面軍管後勤的楊至誠
救了一位認識的後勤副官謝象晃，一位排長劉守英正逢值日聞
迅逃脫。

如果僅僅如此還只是局限在紅二十軍範圍，是簡單的復
「富田事變」之仇，問題在於，這一輪屠殺必須要被證明為是
正確的，從而也就必須要證明毛澤東的第一次大屠殺是正確
的，而毛澤東第一次大屠殺恰恰是從殺地主、富農開始延伸到
了紅軍內部和地方黨，因此，中共第二輪內部大屠殺就仍然必
須執行這樣的模式，於是在復「富田事變」之仇的同時，大屠
殺也在紅軍和地方黨全面展開了，自然，「地主、富農」仍然
是必要的襯托。在這一輪的屠殺中，由於已經由中共中央確定
了合法性，並且由「三人團」在4月17日弄出來的《關於富田
事變的決議》中，規定了「軟硬兼施，窮追細問」原則，因
此，人類的全部基本準則就都不存在了。按1932年5月《江西
蘇區中共省委工作總結報告》的描述：「所有AB團的破獲完
全是根據犯人的口供去破獲的，……審犯人的技術，全靠刑
審」。對犯人採用「軟硬兼施」的方法，軟「就是用言語騙

出犯人口供，……所謂硬的方法，通常著雙手吊起，人向懸空，用牛尾竹掃子去打，如仍堅持不供的，則用香火或洋油燒身，甚至有用洋釘將手釘在桌上，用篾片插入手指甲內，在各縣的刑法種類無奇不有，有所謂炸刑（萬泰），打地雷公，坐轎子，坐飛機（各縣皆然），坐快活椅子，蝦蟆喝水，猴子牽繮，用槍通條燒紅通肛門（勝利縣）……等。就勝利（縣）說，刑法計有一百廿種之多……」。「凡打AB團不毒辣的，都認為與AB團有關係，有被扣留的可能」。李韶九負責的保衛局「甚至於公開的說，寧肯殺錯一百，不肯放過一個之謬論」，使得「人人自危，噤若寒蟬，因之提拔幹部，調動工作，大部份人都是啼啼哭哭，不願意去……，在打AB團最激烈的時候，兩人談話都可被疑為AB團」。這樣，大屠殺像野火一樣蔓延了開來。

由於大屠殺的前台決策機構是領導所有根據地的蘇區中央局，背後則是以周恩來為核心的中共中央，因此，雖然策動者是毛澤東，但在證明毛澤東是正確路線的時候，也就必須要證明蘇區中央局和中共中央是正確的，這樣，大屠殺就不再是局限在江西蘇區，而是波及到了所有的根據地，其規模大有直追滿清入關後的民族大屠殺以及張獻忠的四川大屠殺之勢。進行屠殺的名義很多，除了莫須有的AB團外，還有取消派、第三黨、托派、社會民主黨、地主富農、反革命、特務等等，甚至在戀愛的人會被冠以「戀愛研究社」的名義殺掉，口袋裏插枝鋼筆的「知識份子」更是會被栽上什麼罪名殺掉，紅軍中連提拔需要識幾個簡單字的排長、班長都沒有人願意幹了。在江西蘇區，就像「富田事變」時劉敵哄李韶九時說的：「毛澤東同志總不是AB團，你老人家總不是AB團，軍長（本書作者注：應是指朱德）總不是AB團。」現在，不過加上「三人團」也不會是AB團，其他人都有可能成為AB團。毛澤東深惡痛絕的項英自然被人咬成了AB團，但當時蘇區與中央已經有即時的無線電聯繫，周恩來不可能會相信項英是AB團的鬼

話，毛澤東當然也就下不了手。除了朱德以外，林彪作為毛澤東最重要的親信自然也是絕對安全的，彭德懷則不然，連共產國際都已經聽到了懷疑他是AB團的傳聞，當時任紅二十二軍軍長、贛西南特委書記等高級職務的陳毅更是直接被狂妄的李韶九威脅為AB團，陳毅為此用「我手下的這幾條槍也不是吃素的」表示憤怒，結果妻子蕭菊英還是因為驚恐而落水死亡，可見整個蘇區幾乎已經沒有什麼人是真正安全的了。在這種情況下，為了證明自己是可靠分子，絕大多數人唯一的方法只能是積極參與屠殺。彭德懷、陳毅都殺了不少人，比較誠實的黃克誠晚年回憶殺AB團時說：「如果細算歷史舊帳，僅此一筆，黃克誠項上的這一顆人頭就是不足以抵償的。」

中共1931年這一輪大屠殺在各蘇區到底殺了多少人，至今還沒有專門的研究，一般都只是把毛澤東第一次大屠殺到紅軍長征前的大屠殺之間幾年的中共大屠殺合在一起進行估算，比如賀龍的紅二軍團從高峰時的三萬人減為了三千人，1931～1935年江西蘇區中共完全控制的十五個縣人口減少了百分之二十，達五十萬之鉅，等等，這些數位都過於模糊，實際還包含著其他很多因素，雖然有一定意義，但也不容易對中共歷史的演變起到進一步的分辨作用。本書第一次將中共歷史上的大屠殺分為主要針對社會的大屠殺與主要針對內部的大屠殺，把1930～1935年的大屠殺分為了數次「內部」大屠殺。事實上，本書前面敘述的第一次大屠殺的元兇只是毛澤東，1931年的大屠殺元兇則不僅是毛澤東了，而且也包括了周恩來、「三人團」，至於1932年後的大屠殺元兇已經是周恩來、博古等人，與毛澤東沒有直接關係了，他不僅已經不是元兇，而且在一定程度上還是緩解者，把所有的罪行都推在毛澤東頭上是不妥當的。正因為毛澤東後來不再是大屠殺的元兇，而成了一定程度上的緩解者，所以才成為毛澤東重新獲得人心的重要原因之一。

在1931年這中共第二次內部大屠殺中，朱德處於什麼地位？在1930年毛澤東的第一次內部大屠殺中，由於謝漢昌、劉敵等打出了「打倒毛澤東，擁護朱、彭、黃」口號，朱德也就不得不發表專門的聲明，表態支持毛澤東，肯定毛澤東是正確的。1931年的大屠殺已經不存在這問題，因此，朱德就採取了沉默的態度，既不予以特別支持，也不表示反對。對朱德來說，予以特別支持自然是非常違心的，明確反對進行阻止也是他無法做到的，他唯一能夠採取的態度就是抑制胸中的憤怒，保持沉默。就他個人而言，由於大屠殺造成的複雜人際關係可能帶來的危險，他儘量讓康克清不離自己左右，走動時隨時帶著自己機槍排。他的紅一方面軍司令部是個大機構，不可避免地受大屠殺波及，但朱德盡了最大能力保護，只被殺了幾個一般的後勤副官，最重要的「知識份子」比較多的作戰部門、通訊部門則沒有被殺掉一個。康克清回憶：「有一天，一群人跑到朱老總駐地，不分青紅皂白，把朱老總的警衛員小拐子（李少清愛稱）抓起來了。朱老總聞訊走了出來，嚴厲地指出，小拐子是窮苦人家的孩子，跟共產黨幹革命，『AB團』是什麼他都不知道，你們有什麼證據抓人？那夥人被問得啞口無言，只好灰溜溜地走了。」

毛澤東第一次內部大屠殺後，朱德還私下對龔楚表達自己對毛澤東這個「黑手」的不滿，但他現在連這不滿也不表達了，因為，「黑手」已經不再只是毛澤東，而且更已經是中共中央，任何不滿情緒的表達都已經失去了意義。本來，朱德對中央來人很高興，但結果卻是非常的失望，多年的朱、毛衝突已經沒有意義，如果要表示異議，所衝突的已經不只是毛澤東一個人，而幾乎是所有的「政治家」們了。正是從這時候開始，朱德就如他早年讀史得到的體會「亂世有大志無力者，均遠避，養力以待」那樣，已經遠離「政治舞台」，只要是「黨」決定了的事情，不管是誰，他都舉手，覺得正確的就積極參與，覺得不滿的就保持距離和沉默。朱德的這種沉默對當

時人來說造成了一種誤判，那些進行權爭的當事人都忽視掉了朱德的政治作用，以至一再犯下關鍵性的錯誤，而至今為止的一般中共黨史研究者也因此而忽略了朱德對中共政治的重大影響力，甚至是關鍵性的意義，以至於根本不能真正完全地理解和解釋後來中共的一系列權爭，這正是本書所要盡力解決的問題之一。無論是當事人還是研究者，都忽略了朱德的沉默不過是為了「養力以待，後多成功」，他是暫時把自己置在了一個「有大志無力者」地位而已。他終究是個強人。

二十四 冷酷的周恩來

周恩來到達蘇區

　　1931年10月11日蘇區中央局寫信要求中央正式批准毛澤東擔任書記職務，但是，毛澤東過於自信和狂妄了，這一控制武裝力量和蘇區的職位現在已經是中共最關鍵的一個實權職務，本就是周恩來擔任的，周恩來以及他所代表的勢力不可能把它讓給毛澤東，因此，中共中央並沒有予以批准。

　　實際上，這時候莫斯科正在作重大的戰略調整，重新設計對中共的領導、指揮體系和方式。1931年1月中共六屆四中全會剛結束，在會議上與王明激烈對抗的以何孟雄為首的一批國內派忽然被人神祕地出賣，遭到逮捕，隨即很快被蔣介石殺掉，開了借蔣介石之刀清理中共內部派系的先例。特工部門是中共中央直接由周恩來掌握的最重要的暴力機構，首腦本是天才的特工顧順章，這個人比較桀驁不訓，周恩來、王明用趙容（康生）排擠他，令他很不滿，4月25日由於疏忽在武漢被逮捕，隨即叛變，成為多米諾骨牌的第一塊，中共中央幾乎遭到滅頂之災，在獄中的惲代英隨即被殺，6月蔡和森也被捕，之後被殺了。6月22日，中共用妓女安慰著的傀儡總書記向忠發，忽然神祕地被人告發抓了起來，兩天後蔣介石就槍斃了這個碼頭流氓。顧順章這件事情大大影響到了周恩來在中共中央的威信和地位，憤怒的周恩來失去了理智，將顧順章家無辜的九口人殺掉。顧順章則進一步對中共進行報復，這個天才的特工幫國民黨捕殺了大量中共分子、訓練特工人才，導致中共城市地下機構幾乎難以生存，中共中央也已經難以在上海開展工

作。顧順章成為了把中共中央趕到蘇區去的一隻最強有力的手，從而導致中共歷史發生巨大的變化。9月，王明回莫斯科任中共駐共產國際代表團團長，他離開前按照莫斯科的指令與周恩來、盧福坦、博古三人開了個會，確定周恩來去上任蘇區中央局書記職務，成立博古（秦邦憲）、洛甫（張聞天）、趙容（康生）、陳雲、盧福坦、李竹聲為委員的臨時中央政治局，博古、張聞天、盧福坦為常委，博古為書記。這樣，周恩來就被逐出了中共中央最高領導層，青年蘇聯幫全面掌控了中共最高權力。

顧順章成了周恩來從政以來的第一次也是第一個關鍵性的滑鐵盧，心情極其不好。12月，周恩來到了江西蘇區，正式上任蘇區中央局書記一職。周恩來到蘇區時，本來就很嚴肅的他顯得更加嚴肅了，在龔楚的回憶錄裏，數次使用了「冷酷」的字眼描述不苟言笑的周恩來。

事實上，當時朱德待人和善的風格還沒有完全為中共很多人認識到其中的分量，還處於對一些人潛移默化的過程中，比如毛澤東在「古田會議」後已經多少吸取了教訓，也開始學著朱德在待人接物時儘量把態度變得溫和些。但剛到的周恩來還沒有體會到朱德這種作風在攏絡人心和權爭中的巨大好處，給人以很不舒服的感覺。龔楚很反感地說：周恩來「比他稍為低級的同志，他即擺出其領導人物的架子，頤指氣使！」「朱德，是有鬥爭歷史的紅軍領袖，為人忠厚，紅軍中除了一兩個有野心的高級將領對他陽奉陰違之外，無不對他擁戴；中共中央新的領導同志，對他亦很尊重，而且還積極去攏絡他，爭取他合作；周恩來是朱德入黨的介紹人，又是南昌暴動時少數領導者之一，他往日及初到蘇區時對朱德常以黨的領導者自居，每與朱德商討問題時，常作肯定的口吻，但在中央蘇維埃政府成立後，他就一改常態，對朱德即客氣起來。」

周恩來還沒有到達蘇區時，毛澤東於1931年11月1日按照中央指示在瑞金組織召開了中共蘇區第一次代表大會，史稱

「贛南會議」。這個會議在中共官方黨史著作中被說成了對毛澤東的否定，其實恰恰相反，這是毛澤東自己一手控制的會議，正是他在蘇區達到的權力最高峰時期。為了迎合中央，在軍事上毛澤東否定了之前他支持的朱德的誘敵深入戰略，在政治上強調「明確的階級路線與充分動員群眾」，在黨內要「發展廣大的思想鬥爭」，「集中火力反對右傾」，在紅軍中要「加強兩條路線的鬥爭，尤其反右傾機會主義的鬥爭」，要進行「無情的堅決鬥爭」，在土地問題上反對富農路線。可以說，這些都是毛澤東後來的階級鬥爭思想的第一次最集中的表述，也是他開始消滅「地主富農」、AB團以來政策的自然延續。中共官方黨史之所以要把由毛澤東一手控制的「贛南會議」，說成是所謂「王明路線」對毛澤東的否定，是因為這些東西與後來周恩來、博古來了後的基本主張區別不大，因此必須要撇清毛澤東與他們的干係。

緊接贛南會議之後，11月7日又召開了蘇維埃第一次全國代表大會，朱、毛進行中共歷史上的第一次「大閱兵」儀式，會議進行了第一次授勳儀式，透過了第一部憲法大綱和一批法案，成立了中共執行委員會。11月25日，成立了以朱德為主席，王稼祥、彭德懷為副主席的中央革命軍事委員會，取消紅一方面軍番號，統一指揮中共紅軍。11月27日，毛澤東當選中央執行委員會主席，項英、張國燾為副主席，中執會下設以毛澤東為主席、張國燾為副主席的人民委員會。這樣，等於就建立起了一個有別於中共中央的以朱、毛為首的權力體系，在這個權力體系的最高領導層中基本排斥了中共國外幫，權力呈現出了掌控在中共國內幫手上的明顯傾向。這是毛澤東第一次組織中共黨、政、軍權力機構，有著明顯的獨立王國特徵，顯示了其強烈的中共最高領袖欲。王稼祥之所以被拉進最高領導層，是因為「三人團」中任弼時並不買毛澤東帳，顧作霖還太年輕幼稚，王稼祥對毛澤東則比較順從。項英作為原由中央確認的蘇區中央局代理書記，在阻止毛澤東的第一次大屠殺中已

經深得人心。張國燾既是六屆四中全會的中共中央三個政治局常委之一，這時也已經是中共第二大蘇區鄂豫皖根據地的最高領袖，最重要他跟毛澤東一樣是中共元老派和國內派的領袖，屬於一條戰壕裏的人。這時候的毛澤東忽然把黨內地位遠高於自己的張國燾一下子弄成了自己的屬下，權力欲空前膨脹，第一次成為了真正的全國性的法定「主席」，驕狂到了在最高領導層中竟然沒有「選」出周恩來和王明幫的地位。

這時候怎麼可能會是「否定」毛澤東呢？正因為毛澤東根本沒有把周恩來和王明幫放在眼睛裏，所以，才有了10月11日寫信要求中央正式批准毛澤東擔任蘇區中央局書記職務的信。周恩來在這種情況下來到蘇區，立即就面臨著了毛澤東胡亂擴張權力、封官許願的嚴重問題，要不冷酷也不行。

只是毛澤東太狂妄了。12月周恩來一到，馬上取消了毛澤東的代理書記職務，就任領導一切的蘇區中央局書記，這樣等於就是把毛澤東降格為了蘇區的二號人物，自己做了一號人物。在當時蘇區中，周恩來被大家認作為了黨的最高領導。對此，毛澤東是無可奈何的，但他已經為自己獲取了原來所沒有的「主席」地位，名義上已經算是中共的全國性領袖之一。周恩來畢竟是個中共頂級的權謀高手，對自己到蘇區來以前毛澤東安排的所有權力人選都沒有動，採取了認可的態度，但是，既然毛澤東已經是「主席」，周恩來也就順勢剝奪了毛澤東的軍權，讓他專心做「主席」，把朱德的命令副署權轉讓給了中央革命軍事委員會總政治部主任王稼祥，而王稼祥歸根結底是屬於國外幫的人，毛澤東還沒有來得及把他徹底拉成自己的親信。毛澤東在得到很多的時候，也失去了最重要、最實在的權力，無形之中一下子就被周恩來合情合理的微調架空了。

那麼，周恩來是如何處理朱德的權力的呢？早在處理朱、毛衝突的時候，周恩來就已經深切知道朱德對於紅軍的領袖地位是難以取代的。毛澤東之所以能夠以君臨諸侯的態勢一下子提高自己地位和封官許願，最大的資本就是「朱毛」武

裝，也就是說，朱德是他最大的資本，因此，當自己當「主席」時，朱德自然也當了主席，成為了所有紅軍的總軍頭，這是毛澤東對於朱德來說的極大好處。但朱、毛之間的矛盾也是公開的，從周恩來來說，既然架空了毛澤東，就沒有必要限制朱德的地位和權力，現在只要自己取代毛澤東，直接領導朱德即可。但這時周恩來還沒有過多的精力參與具體的軍事行動，實際上他自己也知道自己只是半個軍事內行，因此，主要只是就大的戰略方針和軍事原則作一個研究和決策。龔楚回憶了在朱德總司令部的一次開了兩天的軍事會議情況，在這次會議上周恩來作了一個長達三小時的軍事報告，「在修辭上相當精彩，我們一班軍人當時都覺得周恩來不是軍人，而能夠作出這個報告，出乎意料之外」，「晚餐後，我仍隨項英到他家裏，賀昌、毛澤東都跑來了，我們圍著小圓台，坐在小矮凳，談論會議的情形。我對項英說：周恩來確有兩手，不愧做了幾年中央軍事委員會主席。項英眯著眼，仰著頭，哈哈笑著說：你太天真了，你以為是他自己的創作嗎？這是李特（本書作者注：即李德）、朱德、我和老周四個人，研究了兩天，才列出了這個報告的原則，他不過是加鹽加醋，把它整理成文罷了。」雖然龔楚這個回憶把時間記錯或多記了一個李德，但反映了周恩來當時在軍人們的眼睛裏，不過只是個外行。在這種情況下，由於副署命令的王稼祥只是個政治部主任，對軍事更是一竅不通，因此，朱德的軍事權力得到了擴展，作為最高軍事指揮官的地位得到了鞏固。

雖然這樣，周恩來也還是對朱德的軍事權力作了微調，還在他來蘇區以前，周恩來就已經有意識地派遣了一些人來，現在他把一批自己親信的高級軍事人才安插到了朱德身邊。但這種微調對朱德並無妨礙，不僅沒有妨礙，朱德而且是非常地高興，因為這解決了朱德一直頭疼的身邊缺乏高級軍事人才的問題。這批高級軍事人才中最重要的是葉劍英、劉伯承、聶榮臻。

葉劍英是個非常微妙的人物，就淵源來說，1919年畢業於雲南講武堂的他屬於朱德的晚輩，但畢業後他沒有在滇軍幹，而是回廣東老家參加了粵軍，因此與朱德之間沒有多少複雜的社會關係。1927年底葉劍英參與中共廣州暴動失敗後，逃到香港躲了大半年，於1928年秋去莫斯科中山大學學習政治理論，結果捲進了王明在中山大學的權爭，被王明處分，因此這段經歷使他成為了不被中共中央重用的問題分子。1930年回國後在周恩來手下工作了一段時間，加之黃埔時期他就與周恩來是同事等經歷，因此，葉劍英屬於了周恩來的嫡系。1931年周恩來派葉劍英到江西蘇區，安排他到朱德手下當參謀人員，當年4月葉劍英到了朱毛根據地，但由於他身份不明朗便沒有得到已經被「三人團」推上獨裁地位的毛澤東重用，只是弄了個編輯軍事資料的總編名義。葉劍英雖然是個職業軍人，但他長相俊秀，氣質儒雅，完全像個知識份子，即使他非常注意保持沉默，在當時大屠殺氣氛下隨時可能被栽上罪名殺掉，在經過一段時間觀察後，他突然跑到毛澤東那裏表達自己的崇拜之心，表示自己在軍事上茅塞頓開，要拜毛澤東為師。這樣一個曾經的黃埔軍校教授部副主任主動來拜師，這個高級馬屁自然令毛澤東有了意外之喜，似乎自己已經成為了不起的軍事家了。這樣，葉劍英實際上已經成為毛澤東的一個神祕親信，神祕性在於他表面上與毛澤東沒有過任何共同經歷，沒有人會把他列入到毛澤東的親信隊伍裏去。1931年11月蘇維埃第一次全國代表大會朱、毛閱兵時，毛澤東忽然讓葉劍英擔任閱兵總指揮，一下子突出了特殊的地位。中央革命軍事委員會成立時，朱德也正急需，葉劍英就當上了總參謀長，朱德讓他立即組建和擴大總參謀部，將參謀機構正規化起來。這樣，葉劍英就成了中共軍隊最早的一位總參謀長，忽然確立了在中共軍隊中的顯赫地位。

劉伯承在南昌暴動失敗後，於1927年底去了莫斯科，進了蘇聯高級步兵學校。在中共「六大」期間，劉伯承作了軍事

報告。1928年下半年他又轉入伏龍芝軍事學院。1930年8月初回國到了上海後，立即被委任為中央軍委參謀長，為中共中央設計紅軍進攻大城市等軍事計劃。隨後劉伯承被周恩來派到在武漢項英負責的長江局，年底再回上海後，周恩來安排他翻譯《蘇軍步兵戰鬥條令》，以備今後按照蘇聯紅軍的模式改造中共紅軍。1932年1月，根據周恩來的安排，劉伯承晚於周恩來到了中央蘇區。雖然劉伯承是周恩來最親信也最器重的軍事人才，但劉伯承是一個極其失敗和晦氣的人，無論是他獨立指揮的瀘順暴動，還是作為參謀長的南昌暴動，軍事結果都慘不忍睹，而且又跟攻打長沙、武漢、南昌的「立三路線」掛上了關係，因此失去了威信，一時不能被紅軍中的高級將領們接受，周恩來只好把他安排到紅軍學校當校長。其實朱德並不很想用葉劍英，而是想使用軍事理論和軍事經驗更豐富的劉伯承，但暫時也無奈，只能等機會。之前朱德手下已經有一個畢業於蘇聯伏龍芝軍事學院的軍事高級人才左權，但缺陷是還太年輕，實戰經驗也比較缺乏，對參謀部的建設和領導能力還不夠，因此朱德對左權只是器重而不重用。

聶榮臻，1899年12月生，四川江津人，1919年底中學沒畢業即赴法國勤工儉學，1922年夏加入周恩來的少共，並考入比利時沙洛瓦大學化學工程系，次年春轉為中共，1924年10月轉到蘇聯接受軍事訓練，1925年8月回國後歷任黃埔軍校政治部祕書兼政治教官、中共廣東區委軍委成員、軍委特派員、中共湖北省委軍委書記等，1927年7月任中共前敵軍委書記參加南昌暴動，並任葉挺第十一軍黨代表，之後12月又參加廣州暴動，1928年任中共廣東省委軍委書記，1930年初任中共順直省委組織部部長，1930年5月後在周恩來的特科和中央軍委工作。可見聶榮臻是周恩來最親信的人之一。1931年12月按照周恩來指示到了中央蘇區後，不久就擔任了總政治部副主任的要職。

對這些人的到來朱德很高興。雖然周恩來對朱德採取一種老大態度，但周恩來的冷酷至少比毛澤東的喜歡胡亂干涉

要好得多。龔楚說：「朱德處在備受各領導同志尊重的環境下，是喜歡極了！他也知道自己責任之重，事事小心，更與各領導同志衷誠合作。」對一些具體的人，朱德採取親和手段，能幫的就幫，不能幫的就不幫，比如不久聶榮臻去做林彪的政委時，朱德就私下告誡他要當心些，說林彪這個人不容易相處，如果別人跟聶榮臻這樣說就只是一般私情，但作為最高軍事統帥的朱德這樣跟聶榮臻說就不只是一個私情問題了，而是等於表示了對聶榮臻的撐腰，這是會讓聶榮臻終生難忘的「恩情」了。比如，有一次彭德懷讓不聽話的龔楚穿了小鞋，把自己的責任栽在紅七軍軍長龔楚身上，要處分龔楚，龔楚回憶開會的時候，彭德懷發過言後，「出席會議的人聽了他的話，都集中視線到我的身上，等我答辯。朱德望了我一眼：『情形到底什麼樣？龔同志，你自己詳細說說吧！』他這句話和這個眼色，似在為我聲援，意思是『不要怕得罪人，我並不相信彭德懷的話呢！』」有了朱德撐腰，龔楚也就膽子大了，說了詳細過程，甚至用自己紅七軍的戰績責問彭德懷自己的紅五軍「戰績又如何」？既然彭德懷在戰鬥中已經發現問題，「為什麼不直接指揮」？龔楚回憶時得意地描述：「這兩個反問，問得彭德懷漲紅了臉，瞠目不言！」事後，朱德在安排龔楚新的職務時又跟他說：「不應該與彭德懷鬧意見，因為彭德懷和毛澤東是同一鼻孔出氣的。」朱德這種小動作既不得罪任何一方勢力，又可以讓得到過他支持的人感恩不盡，日積月累，不管什麼派系中，他都有了很多忠心於自己的人。也就是說，朱德作為一個軍事統帥，而不是政治最高領袖，他不再需要形成自己界限鮮明的陣營，而可以化別人的陣營為自己的陣營，用誠懇的風格將「好人」做到底，這樣，實際他就成為了最大的一個勢力陣營，並為所有人擁護和愛戴，所逐步形成的勢力超過了任何一股具體的勢力。在內部進行無情的兩條路線鬥爭的中共黨內，在自己不能成為黨的最高領袖的前提下，再也沒有比這更智慧的韜略了。

就具體的事務來說，周恩來剛到時，主要遇到的是一件喜事、一件愁事。喜事是國軍孫仲連第二十六路軍反水。在趙博生等中共分子的策動下，1931年12月14日，趙博生、董振堂、季振同、黃中岳等率第二十六路軍一萬七千名官兵在寧都宣布加入紅軍，這是中共從來沒有過的巨大策反成就。愁事則是毛澤東、任弼時「三人團」在蘇區的大屠殺。周恩來本是大屠殺的元兇之一，但他原來身在上海，從他的角度來說很難對反人類的大屠殺悲慘狀況有切身的感受，比較超然，只要支持進行大屠殺的人就可以。從蘇區一般的人們來說，眼睛裏並沒有看見中共中央，只看到毛澤東和任弼時「三人團」，雖然「三人團」是中央派來的，但他們地位比較低，不是中央核心層的人物，不足以完全等於黨中央，現在周恩來來了，中共中央到底是怎麼回事，大家渴盼的眼睛自然就集中到了他的身上。周恩來如果繼續進行大屠殺，等於就把大屠殺的全部罪責都拉到了自己身上，如果不進行屠殺，又等於自己打了自己耳光，否定了之前對大屠殺進行支持的立場，將嚴重影響到在黨內鬥爭中的地位和威信。因此，大屠殺對周恩來來說，是一件愁事。

周恩來將屠殺轉化為持續的紅色恐怖

周恩來的長處是一個事務天才，短處也在於他是個事務主義者。作為一名事務主義者，他不會像政治天才毛澤東那樣選擇極端態度，不會或者進一步進行大屠殺，或者反對進行大屠殺，也不會像政治強手項英那樣，名義上肯定大屠殺，具體的措施則是阻止大屠殺，周恩來選擇的只是緩和大屠殺策略。

在還沒有到達中央蘇區時，周恩來已經在1931年12月18日給博古寫了封「關於閩西肅反所犯錯誤」的信，通報了自己要緩和大屠殺的想法。到了中央蘇區經過初步調查之後，周恩來於1932年1月7日在蘇區中央局作出了〈蘇區中央局關於

蘇區肅反工作決議案〉，肯定「富田事變是AB團所領導的反革命暴動，過去反AB團鬥爭是正確的，是絕對必要的」，指出「過去蘇區肅反工作中的中心錯誤，現在應肯定的回答：是在對反革命派的認識和估量的錯誤，是在對反革命派鬥爭的方法的錯誤，並且更在非階級路線與非群眾路線的錯誤。這種非階級路線不僅表現在不分工農與異己階級分子，都一律同樣處置，且表現在不從階級立場上來觀察AB團，社會民主黨以及一切反革命派，而落入小資產階級的恐慌和瘋狂心理中，去亂『打AB團』，結果使無產階級與廣大農民對肅反工作表現不積極。非群眾路線則表現在：肅反工作完全沒有發動群眾，教育群眾與爭取群眾。相反的反在群眾中造成恐怖現象，送群眾給反革命派來利用」，批評「在總前委領導時期，對於鎮壓富田反革命暴動的處置，完全是正確的。但對AB團的認識與處置AB團的方法，便犯了許多上述的嚴重錯誤，種下了肅反工作的錯誤根基。中央局初成立時，又因為對立三主義的調和路線的錯誤，致使許多AB團的分子得以乘機潛入黨內，這更助長了反革命派的活動；後來中央局擴大會後，雖一般的是向著國際路線轉變，且打擊了對AB團的調和錯誤，以後又曾指出肅反須依照階級路線，但對於肅反工作的根本錯誤，並未瞭解和執行及時糾正，以致上述錯誤反繼續發展和擴大起來」。

　　但是，周恩來又反對結束大屠殺，堅決支持繼續進行屠殺，認為「如果認為目前AB團，社黨以及一切反革命派的活動，已不成問題可以置諸不問，這不僅不認識目前蘇區階級鬥爭的尖銳形勢，不僅是從肅反工作中的錯誤又走入另一偏向，並且根本不瞭解黨的路線和工作錯誤，如沒有徹底轉變，是最足以助長反革命活動的機會的」，提出「要加緊反AB團，反社黨，反改組派，反取消派，反右傾的思想鬥爭與教育工作，要加緊黨內兩條戰線的鬥爭，尤其是反右傾，黨內與群眾中的自我批評，必須盡力發展」。也就是說，周恩來要採用新的方式繼續進行屠殺。

就具體來說，周恩來對原來的大屠殺所反對的主要是四個問題：

一是肅反中心論，不希望把肅反弄成一切工作的中心，因此，周恩來實際也就是不主張進行運動式的屠殺，而是主張進行經常化的屠殺；

二是肅反機構無序化，他指責「肅反的組織——肅反委員會與地方政治保衛處（局），在一個時期內，竟形成了超黨超政權的獨裁機關。如各地肅反委員會，一般的都沒有集體的領導，同時也很少受政權和黨的監督和指導。有些地方政治保衛局（如江西）與上級斷了關係後，竟不受當地的黨和政權的指導，且他的本身又根本無委員會的集體組織；另一方面在有一個時期內，黨，團，政權中其他機關以及一切革命群眾團體，都可以自由肅反，自由捕人」，主張由專門的組織進行肅反也即屠殺，「國家政治保衛局的工作必須系統的建立起來，他的組織原則應是集權的，但須在黨中央局的直接領導與蘇維埃中央政府直接指揮之下由委員會管理工作，下級分局亦均設委員會管理各級委員會，必須有黨委負責者之一參加。紅軍中亦須建立政治保衛局的系統工作」；

三是不分階級，主張對工農分子採取比較溫和的政策；

四是方法簡單化，他批評「反AB團反社會民主黨的鬥爭方法不僅是簡單化，而且是惡化了。如專憑口供，大捕嫌疑犯，尤其是亂捕工農分子」，乃至「苦打成招」，「以殺人為兒戲」，要求採取多種多樣的方式，除了刑罰和殺人外，還應該採用鼓勵自首、進行教育、處分等手段。

周恩來的這一套主張，實際上構成了中共後來開展運動和緩解運動的基本模式，影響十分深遠，在當時既是將大屠殺緩解為了一般的屠殺，也是將屠殺轉化為了一種持續的紅色恐怖和經常性的工作，從此，屠殺就成為了中共的一個基本活動。從人類一般價值的角度說，屠殺從此就演變為了中共的一種慣例和常態，在這一前提下再使用「屠殺」一詞的時候，就

只是指了中共進行比較集中的屠殺活動了。也就是說，作為常態的屠殺因其正常化，已經不被人們所注意，或者說是已經為人們所習慣，只有當進行比較集中的屠殺時，「屠殺」才會成為一件被注意的活動。

在周恩來這個「決議」裏，他在大前提進行肯定的情況下，否定了毛澤東、項英和「三人團」，作為仲裁者對每個孩子都進行了表揚，又打了他們屁股。至於毛澤東的親信、進行大屠殺直接的劊子手李韶九，周恩來則予以了否定，以安慰人們的不滿，在緊接著的1932年1月25日作出〈蘇區中央局關於處罰李韶九同志過去錯誤的決議〉，對李韶九進行了通報處罰，認為他「在肅反工作中」犯了「嚴重錯誤」，決定給予他「留黨察看六個月的處分，派到下層去做群眾工作」。後來，據說長征之後，留在蘇區的陳毅為了給自己被嚇死的妻子報仇，把同樣留下來的李韶九槍斃掉了。

二十五　贛州城之敗

「立刻向敵人進攻」

　　中共並不是一個完全獨立的政黨，而只是共產國際的一個支部，也即一個下屬組織。之所以會形成這樣的地位，一是跟建黨時的思想方式有關，一是跟建黨時對共產國際的經費依賴有關。

　　陳獨秀、李大釗等人有著一種非常開放的思維方式，他們把中國看作是世界的一個部分，是比較徹底的世界主義，列寧十月革命時，李大釗即認為：「法蘭西之革命，非獨法蘭西人心變動之表徵，實十九世紀全世界人類普遍心理變動之表徵。俄羅斯之革命，非獨俄羅斯人心變動之顯兆，實二十世紀全世界人類普遍心理變動之顯兆。」他們的另一個思維方式是一種比較極端的科學觀，認可馬克思主義是一種科學，唯物史觀和階級鬥爭是應該要遵循的「科學」。1921年李大釗說：「要問中國今日是否已具備實行社會主義的傾向的經濟條件，須先問世界今日是否已具實現社會主義的傾向的經濟條件，因為中國的經濟情形，實不能超出於世界經濟勢力之外。……人家已經由自由競爭，發達到必須社會主義共營地位，我們今天才起首由人家的出發點，按人家的步數走。正如人家已達壯年，我們尚在初步。在這種勢力之下，要想存立，適應這共同生活，恐非取兼程並力社會共營的組織，不能有成。」所謂「兼程並力」，實際也就是要中國比歐洲採取更激進的方式進行革命，以趕上世界潮流，達到最「先進」的社會主義社會發展階段。既然這樣，中共是否應該是一個完全獨

立的政黨就不再重要，只要能夠將中國領進世界最「先進」的社會主義社會即可。

陳獨秀、李大釗本人有著濃厚的民主主義傾向，特別是陳獨秀，民主主義和民族主義傾向都更濃厚。就建黨的過程本身來說，中共是在共產國際指導下建立的，但陳獨秀本人存在著比較強的獨立精神，他在一開始並不具有明顯的共產國際下屬意識，但是，既然中共已經建立起來了，作為總書記就不再是跟當教授那樣可以比較超脫。由於經費缺乏，中共只不過是一個業餘的組織，陳獨秀本人主要靠稿費生存，李大釗還不得不從自己的教授工資裏拿出一部分用於中共組織開支，這樣，組織的發展很緩慢，也難有多少作為，在這種情況下，陳獨秀不得不放棄自己的獨立性，接受了共產國際的經費。但一當接受了經費，也就養了一批靠共產國際生存的「職業革命家」，使中共分子徹底地成為了共產國際分子，最終使陳獨秀失去了對中共的掌控。在依靠共產國際經費之後，中共淪為了一個全面依附性的政黨。

作為完全依附性的共產國際支部，中共的命運在總體上也就掌握在了共產國際和蘇聯手裏，當史達林對共產國際確立專制地位之後，中共的命運實際也就掌握在了以共產國際名義出面的史達林手上，成為了史達林專制體系的一個完全附屬體。這樣，中共也就成為了史達林手上的一張牌。1927年的國共分裂對莫斯科來說，實際也就是國民政府與蘇聯之間「國際關係」的崩潰，國民政府與蘇聯從火熱的「國際」聯盟轉為了具有敵視性的狀態。這一轉變使當初越飛的遠東戰略陷入破產境地，特別是1929年7、8月間發生的「中東路」事件，中、蘇正式斷交，蘇聯已經不僅是繼承沙皇殖民遺產的國家，而是一個對中國採取新的軍事侵略行動的國家。既然如此，史達林便希望推翻蔣介石的南京政府，建立一個友好的國民黨左派政府，或一個附庸的共產黨政府。紅軍的存在和發展對史達林來說，實在是個向國民政府施加壓力的好棋子，因此，當史達林

覺得不需要向國民政府施加壓力時，就允許紅軍實行「游擊主義」，當史達林覺得需要向國民政府施加壓力時，就命令紅軍實行積極的進攻，至於紅軍能不能實行積極的進攻，這既不是史達林也不是他的軍事將領能有智慧判斷的，至少客觀上，到了1931年時，中共紅軍已經有了十萬以上的兵力，這個數字實在是可以看作是一支非常強大的武裝力量的。特別是當朱毛獲得三次反圍剿勝利後，從一般的軍事原則進行估計，甚至可以懷疑中共中央隱瞞了朱毛的兵力，因為，當一支軍隊可以連續打敗十萬、二十萬、三十萬遞增的大軍時，是很難相信勝利方是僅僅只有三萬裝備嚴重不足的兵力，這在世界戰史上難以找到可以印證的例子。事實上，當時在上海的中共中央也根本不相信朱毛的彙報，以為他們擁有龐大數量的兵力，認為朱毛的兵力應該在十萬左右甚至更多，以至於朱毛必須要一再就兵力不多進行解釋。

　　既然能夠打贏三次反圍剿，按照以往的軍事規則，朱毛不進攻大城市顯然是一種保守。史達林和蘇聯的軍事專家們根本不知道朱毛依靠的是一種他們所無法理解的新型的戰爭方式和軍事藝術，這種戰爭方式和軍事藝術一直要到越南戰爭美國的失敗才會徹底震驚世界並被世界所認識，而蘇聯自己則要到阿富汗戰爭時才吃足苦頭。在這種一無所知的情況下，史達林自然會對不積極進行進攻的中共紅軍很不滿，他不會鼓勵中共建設根據地以積蓄進攻力量，而只會進一步制訂破壞根據地建設的政策並催促中共紅軍執行進攻戰略。

　　正當蔣介石還在苦於內部派系衝突、中共進行割據時，1931年9月18日，日本主戰軍人策動事變，由於張學良分不清楚戰敗與不戰而敗的政治意義區別和本質上不過是紈絝子弟的無能本性，頒佈「不抵抗」命令，日軍以五百人兵力輕易擊敗「不抵抗」的東北軍一萬多人，佔領瀋陽北大營，繼而日軍幾乎兵不血刃地佔領了中國的整個東北地區，史稱「九·一八事變」或「滿州事變」，標誌了日本開始對中國事實上的正式侵

二十五　贛州城之敗

略戰爭。在這種情況下，遠沒有作好反侵略戰爭準備的蔣介石一方面向國聯申訴，一方面緊接調整了國內政策，呼籲國內加強團結。在軍事上，蔣介石採取了緩和政策，9月21日在南京幹部會議上提出「對廣東以誠摯求其合作」的意見，對中共則暫時停止圍剿，要求「抽調部隊北上助防，並將討粵及剿共計劃，悉予停緩」的意見。12月15日，為了求得廣東方面和解，蔣介石宣布下野，辭去國民政府主席、行政院長、陸海空軍總司令等職務。

這時史達林還遠遠沒有想到需要第二次國共合作，「九‧一八事變」在他看來正是國民黨極其虛弱的時候，既可以是推翻國民政府用中共取而代之、以牽制日本的大好時機，也可以是對蔣介石施加壓力迫使其屈服進行聯合以對抗日本的大好時機，因此，一方面與國民政府開始啟動恢復外交關係的接觸，一方面則更是要求中共採取積極進攻策略，以作為與國民政府進行談判的籌碼。9月20日中共發表〈中國共產黨為日本帝國主義強暴佔領東三省事件宣言〉，號召「一致動員起來，打倒國民黨，打破一切和平改良的欺騙。只有群眾鬥爭的力量，只有工農蘇維埃運動的勝利，才能解放中國」，「武裝擁護蘇聯」。9月22日，又作出了〈中央關於日本帝國主義強佔滿州事變的決議〉，認為「滿州事變是瓜分中國為各個帝國主義殖民地的開始，是反蘇戰爭的序幕，是世界新的帝國主義強盜戰爭的初步」，無端誣陷「國民黨政府事前參與了日本武裝佔領滿州的計劃」，規定目前的任務是「武裝保衛蘇聯」、「消滅國民黨統治」。對蘇區和紅軍，中共中央則連續發出指示和命令，要求採取積極進攻策略，「要擴大蘇區至中心城市」，「盡可能的把零碎的分散的蘇區打成一片」，中央蘇區尤其「必須立刻向敵人進攻」。周恩來來到中央蘇區，正是帶著這樣一種「立刻向敵人進攻」的使命來的，他既是這一使命的主要決策者之一，也是最高的具體執行者。

打贛州

　　12月6日，博古發布中央致蘇區中央局第十二號電，明確要求周恩來攻佔贛州。1932年1月9日，博古作出了〈中央關於爭取革命在一省與數省首先勝利的決議〉，肯定過去不進攻大城市是正確的，但現在則必須要進攻大城市，並明確要周恩來先行攻佔南昌、撫州、吉安等。1932年1月28日，日本海軍陸戰隊突然進攻上海，史稱「一‧二八事變」，蔣光鼐、蔡廷鍇指揮的第十九路軍奮起抗戰，蔣介石緊急復出應對事變。1932年3月1日，滿州國宣布成立。中國國難對莫斯科來說似乎更是覺得機會來了，因此也就更加堅定了要求紅軍進行積極進攻的信心。

　　本來，周恩來到了蘇區後，就取代了毛澤東的一號諸侯地位，雖然他本身的冷酷風格不為人們喜歡，但這時候毛澤東更已經人心大失，甚至為很多人所仇恨，而周恩來對大屠殺的緩和多少比較得人心，周恩來完全可以借此把「朱毛」改變為「朱周」，讓自己成為中共最大的諸侯，但他的使命注定了他是個失敗者，將失去這個黃金般的徹底掌控武裝勢力的機會。中共誣陷國民黨參與日本佔領東北的陰謀，將正義的抗日替換成武裝保衛蘇聯，並藉國難向國民政府進攻，不僅已經陷入了徹底的非正義，而且也違背了最起碼的常識，在具體的戰略上又不顧紅軍的兵力、裝備和訓練，執行城市攻堅戰，除了失敗，不會有第二種命運。周恩來更不懂得的是，由於他原來對毛澤東的支持，使朱德在朱毛衝突中敗北，已經改變了朱德，朱德不再對政治決策發表意見，把一切想法都隱藏在了心裏，習慣於進行政治鬥爭的周恩來忽略了朱德的重要性，僅僅把他當作了工具，而不知道中共政治鬥爭的最終勝利雖然取決於莫斯科的意志，但是，就中共自身來說，最終的勝利者只會是得到軍人支持的人，而在這方面，朱德將是個決定性的人

物。在中共爭奪最高權力的人當中，除了毛澤東以外，沒有人明白：擁有了朱德，就擁有了中共。在這方面，周恩來犯了致命的錯誤，並逐步深化，使朱德對周恩來以及其他一些人從接受走向彷徨，最終走向了徹底的拋棄，使他不得不最後選擇了自己的死敵毛澤東。

按照博古的指示和蘇區實際的形勢，如果要打大城市，首選的目標便是贛州。在打贛州的問題上，朱、毛、周三角關係第一次進行了當面的運作，其中又插進了彭德懷的野心。周恩來是打贛州的推動人、積極鼓動者和最終決定者。這是周恩來到蘇區後採取的第一個大的軍事行動，加以中央的一再指示，蘇區中央局的人和絕大多數紅軍將領都謹慎地支持了周恩來。毛澤東和朱德這一次站在了一起，都不贊成打贛州。在這一問題上存在一個矛盾，作為當事人的聶榮臻回憶朱德是不贊成打贛州的，而龔楚回憶朱德是贊成打贛州的，應該是兩個人所說的都對，又不對。朱德是有一個從不贊成而贊成的態度變化。

由於朱、毛的不贊成，多數紅軍將領的態度也就對打贛州的支持力度不是很堅決。但很微妙的是彭德懷態度非常堅決，對周恩來予以了全力支持，龔楚回憶在一次相關的會議上，彭德懷「面色鐵青，但聲線很低，而且很不自然，似是極力抑制情緒似的，說道：『各位同志對政治的見解我很同意，軍事方面，我主張立即行動，我敢擔保一個星期打下贛州，請中央同意將這個任務交給我。』」在龔楚以謹慎態度提出應多進行政治攻勢和進行準備後，彭德懷大聲地說：「贛州城算什麼？長沙我都打下了，龔楚同志太沒勇氣，還談什麼革命。」實際上，在毛澤東與周恩來之間站在周恩來一邊的項英已經私下問過彭德懷贛州能不能打下來，彭德懷作了肯定回答，因此，彭德懷的決心堅定了周恩來打贛州的意志。

周恩來等人完全是高估了彭德懷的軍事能力和素養，雖然彭德懷曾經打下過長沙，但那是因為一來出其不意，二來何

健在長沙本就空虛，沒有什麼守軍，這跟一般的攻城完全不同，以彭德懷這一戰績來把他當專家，顯然是很錯誤的。彭德懷缺乏全面的軍事修養，突出的特點是敢打敢拼、硬打硬撞，用得好是個非常屬害的戰將，但那時候彭德懷遠還沒有成熟出什麼帥才的特點，依賴他作戰略決策則並不妥當。彭德懷私下向項英表態，公開場合堅決打贛州的態度，以他粗中有細和富有野心的性格，有其特別的意義，這等於是做出了背叛毛澤東、投靠周恩來的鮮明姿態，而聲言「請中央同意將這個任務交給我」，則又是跨過了朱德這道坎，因為這樣一個戰役絕不是一個紅三軍團所可以獨立進行的，而是必須要投入整個紅軍主力，如果由他獨立指揮，等於就事實上取代了朱德的地位。即使彭德懷是如何地鹵莽，不會不明白這樣簡單的道理。

在這樣的情況下，朱德變得很尷尬。毛澤東是堅持反對打贛州的，但朱德如果堅持反對打贛州，在彭德懷如此堅決的情況下，就等於宣布了與周恩來對立，而這是他所不願意的立場。朱德本就希望有人取代毛澤東，周恩來現在取代了毛澤東，朱德自然願意支持周恩來，但周恩來的打贛州又是朱德所不願意的。本來作為一個純軍事問題朱德可以表示反對，但彭德懷的過於積極則使情況發生了微妙的變化，已經使純軍事立場轉化為了政治立場。在這種情況下，朱德改變了立場，表示同意打贛州，但他採取了謹慎的和稀泥態度，認為加強政治攻勢和加強準備是必要的，甚至提出可以利用羅炳輝與守軍旅長馬崑是同鄉和雲南講武堂同學的關係，嘗試策反。實際上，對朱德來說，在彭德懷如此積極的情況下，支持打贛州也是必要的選擇，如果不打則等於彭德懷永遠是對的，只有打了，才能夠讓周恩來知道他所試圖依賴的彭德懷在軍事上還不具備足夠的能力，這樣就有可能讓周恩來清醒過來。

既然朱德同意了打贛州，周恩來打贛州的主張也就沒有了障礙。毛澤東雖然可以發表意見，但他沒有軍事決策權，現在軍事決策權已經掌握在周恩來和朱德手上。既然彭德懷要

「請中央同意將這個任務交給我」，老謀深算的朱德作了退讓，彭德懷擔任了打贛州的前敵總指揮，負責前線作戰。

在贛州城裏的是金漢鼎第十二師馬崑第三十四旅，約三千人，另有一萬民團。當時中央紅軍總兵力約為五萬人，但由於吉安等地駐有強大的陳誠第十八軍等，朱德就不得不分兵進行阻擊，由彭德懷率領他自己的紅三軍團並將林彪紅四軍交給他，總計攻城兵力一萬四千人。1月18日，朱德、彭德懷率攻城部隊向贛州城開進。2月13日，彭德懷開始攻城，結果傷亡慘重。2月28日，彭德懷已經遠遠超過了他許諾的一個星期攻下贛州城的期限，朱德、王稼祥直接到彭德懷前線指揮部督戰和指揮。這時，陳誠命羅卓英率三個師、兩個獨立旅共二萬人包抄朱、彭側後，3月7日，在彭德懷紅三軍團付出沉重代價後，朱德命令已經快陷入被圍殲境地的紅軍撤出攻城戰場，宣布了打贛州戰役徹底失敗。這次戰役當然是彭德懷的失敗，但朱德是最高指揮官，因此也是他自己的失敗，就傷亡數量來說，是他至今最大的一次敗仗，而且又是敗在老兄弟金漢鼎的部隊手裏，後來他直到建國後仍然不忘記提起這一敗仗，可見當時在他內心是非常憤怒的。對於彭德懷來說，吃了敗仗自然很沒面子，但卻用幾千條士兵的性命向周恩來表達了絕對忠誠，從毛澤東的親信變為了周恩來的親信，鞏固了自己作為副軍事首腦的地位，正因為這樣，後來即使彭德懷又倒回來做了毛澤東的親信，喜歡記仇的毛澤東還是一直耿耿於懷，把打贛州看作是彭德懷不忠於自己的最主要罪狀之一。

打贛州失敗後，中央紅軍各支部隊更加殘缺不齊，按照周恩來的指示，朱德、王稼祥、彭德懷重新整編了部隊。朱德讓出兼任的紅一軍團總指揮職務，提拔了林彪，用年輕好勝的林彪牽制彭德懷，自己以中央革命軍事委員會主席身份專心負責紅軍總部，控制全局，彭德懷仍為副主席，王稼祥仍為總政治部主任。中央紅軍主力整編為三個軍團：紅一軍團總指揮林彪，政委是他黃埔軍校做學生時的政治教官聶榮臻，參謀長陳

奇涵，政治部主任羅榮桓，下轄紅四軍（軍長王良，政委羅瑞卿）、紅十五軍（軍長黃中岳，政委左權）；紅三軍團總指揮由彭德懷繼續兼任，政委滕代遠，參謀長鄧萍，政治部主任袁國平，下轄紅五軍（軍長鄧萍，政委賀昌）、紅七軍（軍長龔楚，並兼政委）、紅十四軍（軍長趙博生，政委黃火青）；紅五軍團總指揮季振同，副總指揮董振堂，政治委員蕭勁光，參謀長周子昆，政治部主任劉伯堅，下轄紅三軍（軍長徐彥剛，政委葛耀山）、紅十三軍（軍長董振堂兼，政委何長工）。

　　同月，根據周恩來試圖將周邊根據地聯成一片的想法，紅三軍團組成向贛江以西發展的西路軍，總指揮彭德懷，政委滕代遠，實際就是紅三軍團建制；紅一、五軍團組建為向寧都集中尋求發展的中路軍，總指揮林彪，政委聶榮臻，實際就是將紅五軍團歸由了林彪、聶榮臻指揮。這是林彪第一次真正進入到了中共武裝的最高領導層，形成了一個朱、彭、林三角關係。但不久，周恩來又改變了主意，要求朱德將中路軍改編為了東路軍，由毛澤東隨林彪行動進入福建發展。

二十六　毛澤東失去權力

毛澤東的搗蛋

　　雖然國軍在贛州擊敗了朱德、彭德懷，但是，採取積極進攻策略的紅軍對蔣介石構成了顛覆性威脅，而且中共「武裝保衛蘇聯」、「消滅國民黨統治」的口號已經杜絕了民族團結、合作道路。蔣介石所面臨的困境是，西方世界對中國政府僅僅只是道義支持，而且這種道義支持也並不十分堅決，日本的侵略節奏則明顯加快了步子，主張侵略的派系在日本越來越佔據了優勢的甚至主導的地位，在國內，蔣介石深化統一和獨裁的政策不斷受到以汪精衛為首的勢力挑戰，兩廣地區更是進行反覆的對抗，在這種情況下，與蘇聯的重新合作越來越重要，當中國軍隊難以單獨對抗日本時，選擇與蘇聯的聯合已經是唯一可行的策略，但是，這種聯合也是一個討價還價過程，在討價還價中，中共和紅軍又是蘇聯藉以逼迫中國放棄利益的重要要挾手段，國民政府事實上已經處於四面楚歌的困境。蔣介石要在與蘇聯的談判中不過於損失國家和民族利益，就必須加緊打擊中共和消滅紅軍。這時候的中共和紅軍，雖然本身是充滿愛國精神的，但客觀上已經是在幫助蘇聯壓迫中國，具有了強烈的賣國嫌疑，從來沒有過地損失了人心，因此，對蔣介石來說，打擊中共和消滅紅軍也已經處於最好的時機。

　　1932年4月19日，蔣介石任命何應欽為贛、粵、閩邊區剿匪總司令。不久，蔣介石召開了豫、鄂、皖、湘、贛五省剿匪軍事會議，研究相關策略。蔣介石決定先消滅鄂豫皖張國燾部

和湘鄂西賀龍部，翦除側翼騷擾，然後再集中力量消滅朱德的中央紅軍。5月下旬，蔣介石自任鄂豫皖剿匪總司令，集中五十萬大軍開始向張國燾、賀龍進攻。

1932年4月林彪、毛澤東進入福建後，佔領了富裕的漳州，周恩來、朱德一再要求東路軍及時回江西以集中兵力應對蔣介石的第四次圍剿，但控制了紅軍主力的毛澤東遲遲不願意回江西，認為中央的「估量和軍事戰略，完全是錯誤的」，應該向贛東發展，以逼迫博古、周恩來給予毛澤東參與軍事指揮的權力。博古、周恩來沒有滿足毛澤東。由於毛澤東的拖延，中央紅軍不僅沒有及時策應張國燾、賀龍，而且中央紅軍和根據地自身已經處於非常被動的戰略境地，兵力遲遲得不到集中，贛南也已經被粵軍佔領，切斷了東路軍退回江西的通道，中央根據地實際上陷入了全面丟失的戰略態勢。在電報指示不起作用的情況下，朱德不得不親自去東路軍，拯救大局。6月初，朱德、王稼祥到了林彪東路軍指揮部，這樣，林彪就不得不服從朱德指揮，既沒有朱德那樣的權力又沒有朱德那樣威望的毛澤東失去了左右東路軍的能力。6月8日在上杭官莊的軍事會議上，朱德決定東路軍立即回江西，並電令彭德懷西路軍靠攏會合，集中兵力。

這時，博古、周恩來決定取消東、西路軍番號，恢復紅一方面軍建制，朱德任總司令，王稼祥任總政治部主任，仍轄紅一、三、五軍團，毛澤東在紅一方面軍沒有職務，但可以隨軍行動，也即他可以發言，但不可以作決定和指揮。

6月21日，率軍到了安遠縣的朱德決定消滅趁虛進入贛南的粵軍，解除中央根據地的南面威脅，打通南面通道。朱德命彭德懷紅三軍團向贛南進發，對付粵軍援軍，自己親率紅一、五軍團向南雄挺進。7月1日，彭德懷首先與粵軍增援部隊接戰，擊潰敵四個團後進攻大餘，久攻不克，但向朱德謊報粵軍已經退卻。7月8日，朱德在一個叫水口圩的地方意外遭到粵軍兩個增援師的夾擊，只能倉促應戰，在戰鬥中逐步扭轉被動

局面，結果打了三天三夜，雙方都付出了沉重的代價。等彭德懷來到時，朱德已經擊敗了粵軍獲得了戰役勝利。

這場戰役的獲勝在戰略上具有重要意義，使紅軍不再有南面之憂，但代價也付得不小，聶榮臻回憶說：「雙方傷亡之大，戰場景象之慘烈，為第二次國內革命戰爭時期所罕見。屍橫遍野，對於這次戰鬥來說，並不是過甚之詞。」但這種打法是朱德極其不願意的，完全違背了他的以智取勝的作戰風格，是在紅軍弱小情況下所應該避免的消耗戰，因此，朱德非常憤怒。按他戰後即向紅軍將領作總結、評判進行訓導的一貫習慣，在他7月20日的訓令裏，用從來沒有過的嚴厲口氣直指彭德懷「三軍團誤報大餘之敵已經退卻，致我軍轉變作戰目標」。朱德教訓彭德懷道：「當戰鬥間，高級指揮員對於戰場的指揮，常因戰爭環境的遷移而有許多臨機應變的處置。在前線各級指揮員，應不斷的將敵情據實報告，以幫助高級指揮員之決心和處置。」這等於已經說了彭德懷是向總司令謊報軍情，只差沒有用「謊報」這個字眼而已。這種嚴厲態度是朱德少有的，可見他非常憤怒，而這一戰役發生的根源則是毛澤東，因此，朱德對毛澤東將東路軍留置在福建是婉轉表達了憤怒。就戰鬥本身來說，朱德也批評了五軍團，獨沒有批評林彪，可見他對林彪的戰場表現是非常滿意的。

朱德率紅軍北上進行了休整，並尋找出擊的恰當方向。但毛澤東的搗蛋嚇住了周恩來，他同意讓毛澤東當紅一方面軍總政委。7月25日，周恩來讓毛澤東自己也添上名字，以暗示是毛澤東自己在爭總政委職務，再加上朱德、王稼祥，聯名給博古發了電報請示。經過博古批准同意後，8月8日，毛澤東正式擔任了紅一方面軍總政委，再次獲得了軍權，但由於已經不是原來的前委書記，就只是朱德在紅一方面軍的副手，但獲得了命令副署權。正因為如此，他的總政委任命就由中革軍委主席朱德和副主席王稼祥、彭德懷簽署命令，而且8月8日當天朱德、王稼祥、彭德懷關於發動宜黃戰役的訓令毛澤

東也沒有副署。這樣，至少紅一方面軍也即中央紅軍重又成為了「朱毛」紅軍。但是周恩來顯然對毛澤東很不放心，也希望自己能夠進入到軍隊中強化自己的領導權，因此，當毛澤東成為總政委的時候，周恩來也從來沒有過地到了朱德的總司令部辦公，朱、毛、周這中共歷史上最重要的三巨頭，第一次坐在了一起進行工作並實行領導，形成了以周恩來為黨的領導，朱德、毛澤東為軍隊領導的三人組合，就軍隊指揮來說則是以朱德為主要，這樣，三人組合中毛澤東處在了老三的地位。周恩來雖然處於一號地位，但他有一個致命的缺陷，即至今他沒有改變「朱毛」這一中共最重要的品牌，既沒有把它改成「朱周」，也沒有把它改成「朱毛周」，這是周恩來到蘇區後最大的失敗，他自己也根本沒有認識到這一問題的嚴重性。以後，他將為此付出沉重的代價，不得不終身透過特別的努力來讓自己成為中共的標誌之一。

宜黃戰役打得很輕鬆，8月16日後經過兩仗，紅一方面軍殲滅了高樹勳第二十七師的三個旅，俘虜五千多人，繳獲四千多枝槍，使紅一方面軍得到了補充並恢復了元氣。但在這期間前後，賀龍、張國燾已經被蔣介石打敗。賀龍主力大部被殲，兵力從三萬人減為一萬五千人，只能突圍流竄，年底逃到湘鄂邊老家時只剩下了幾千人。張國燾的兵力原已發展到了四萬五千人，10月時不得不以兩萬兵力突圍，後來跑到了川陝邊地區重新發展。擊敗賀龍、張國燾後，蔣介石除了安排追擊、圍堵，把紅軍往西趕外，也把兵力抽了出來向中央蘇區周邊集結，準備集中精力圍剿中央紅軍。

寧都會議撤掉毛澤東總政委職務

在這種情況下，上海的博古仍然根據莫斯科的指令和建議，一再催促中央紅軍採取積極進攻策略。在蘇區，朱德對進攻策略予以了明確的反對，毛澤東支持朱德，並提出積極防禦

策略應對積極進攻策略，周恩來則猶豫不決，但既然朱德不同意積極進攻，周恩來也就在表態方面順應了朱、毛。後方的項英等人則堅決反對，認為應該執行中央路線。這樣，就在1932年10月上旬召開了越來越為史學界注目的寧都會議。寧都會議本來是討論軍事策略問題，但演變為了一場政治權鬥會議，它是成立蘇區中央局以來圍繞著毛澤東的中共權力內爭的一次總爆發。

自從項英到蘇區阻止了毛澤東的第一次內部大屠殺後，在政治上，項英與毛澤東成為了死敵，「三人團」來到後打擊了項英，毛澤東不僅藉機指責項英「喪失信仰」，而且更是透過肅反機構誣陷項英是AB團，試圖將項英殺掉，可見項、毛之間水火不容的程度。但無論是中共中央還是「三人團」，都不支持毛澤東這種指責和做法。而毛澤東永遠改不了的本性，是一當掌握權力後就暴露出了目空一切和極端專制的面目，使他漸漸失去了「三人團」的忍耐心。毛澤東雖然取代了項英在蘇區的最高領袖地位，但項英依然深得人心，並逐步獲取了「三人團」的親近，因此，在周恩來來到蘇區以前，毛澤東、朱德、項英被人稱為蘇區的「三巨頭」。「贛南會議」前後，由於中共中央開始把工作重心向蘇區轉移，毛澤東地位空前提升，但項英和「三人團」不買帳，「贛南會議」並不是如中共官方黨史說的否定了毛澤東，但項英和「三人團」確實已經聯合了起來，對毛澤東進行了批評，而毛澤東自己對此並沒有太當回事，用忍受批評換取了兩個「主席」的地位，並封官許爵，君臨蘇區。中央撤消紅一方面軍番號，等於撤掉了毛澤東總政委職務，毛澤東對此並不在乎，他作為蘇區中央局代書記仍然一樣可以參與軍事決策。但是，周恩來突然來了，從毛澤東要求中央批准自己正式擔任蘇區中央局書記來說，他顯然沒有想到這一點。周恩來的到來改變了蘇區的權力格局，這時候紅一方面軍番號取消的後果就呈現了出來，毛澤東一下子沒有了軍權，而沒有了軍權就等於沒有了實權，毛澤東淪落為

空頭主席。在這種情況下，項英開始越來越對毛澤東進行反攻，毛澤東越來越被動。

本來，即使周恩來來了，毛澤東也並不是沒有還手之力，但關鍵的問題是毛澤東不能得到軍隊的支持。黃克誠晚年評價說：「如果不是毛澤東同志在組織路線上失掉了一部分人心，要想在中央蘇區排斥毛澤東，當不會是一件容易的事情。」黃克誠這說法是把問題簡單化了，只是歸結到了毛澤東喜歡使用李韶九這樣的「壞人」上面，並不準確，但指出了毛澤東失去人心的基本事實。朱德不參與政治人物的權爭，他還在仔細觀察和思考當中，雖然私下始終與毛澤東有矛盾，但公開場合既不反對毛澤東，也不支持毛澤東，這就客觀上使得毛澤東失去了軍隊最關鍵人物的支持。彭德懷在打贛州時已經明確「反水」，不再是毛澤東的親信。林彪正處於在政治上進行學習的階段，吸取了「反水」朱德而導致自己孤立的教訓，資格本就太淺，地位遠沒有牢固，而且，周恩來是中共黃埔系的領袖，因此，林彪始終保持沉默，既不像彭德懷那樣背叛毛澤東，也不明確支持毛澤東。在這種情況下，毛澤東就很難還手了。

毛澤東是個梟雄，他知道自己的優勢在「朱毛」上，真正的問題也出在了「朱毛」上，朱不明確支持毛是最關鍵的問題。好在他可以隨軍行動，也可以在軍事問題上發言，而客觀上他與朱德的軍事意見也一致，因此，毛澤東不僅與朱德站在一個立場上，而且更是積極表達觀點，出頭爭論。也就是說，毛澤東政治上不能還手，則從軍事上進行還手，這時毛澤東在軍事上已經成熟，既然朱、毛一致，毛澤東就有了充分的贏的把握。在軍事上朱、毛一致的情況下，對周恩來、項英、任弼時等人來說彭德懷的投靠就有了很大意義，但彭德懷卻實在不爭氣，打贛州慘敗，毛澤東贏了大大一手。這一手的贏最重要的是讓毛澤東獲得了一個單獨隨林彪東路軍行動的機會，趁虛攻佔漳州發了大財，林彪繳獲了兩架小型飛機，毛澤東則收集了不少財寶，遲遲不願意回師江西，大有獨立出中

央根據地另當諸侯的架勢，這既嚇住了周恩來，更激怒了項英、任弼時等人。周恩來之所以被嚇住，是因為他本來就是因為顧順章的叛變而被逐出中共中央最高領導層的，如果現在毛澤東忽然搞「分裂」，周恩來也就一切都完了。周恩來雖然是個權謀高手，但終究是個沒有毛澤東那樣更能把握人性弱點的人。朱德將毛澤東、林彪帶回江西後，由於已經恢復紅一方面軍建制，周恩來為了安撫毛澤東，把總政委位置給了他，但遭到了項英、任弼時等人強烈反對，項英、任弼時等人要周恩來自己做總政委，周恩來無奈，把蘇區中央局書記職務讓出來給任弼時代理，由任弼時、項英、鄧發、顧作霖組成新的蘇區中央局領導核心，毛澤東任紅一方面軍總政委，周恩來親自去朱德司令部工作，以對毛澤東進行直接約束和控制。

　　毛澤東一當有了實際權力，控制他就非常困難了。紅一方面軍的最高決策權掌握在了周恩來、朱德、毛澤東和王稼祥四人集體手上，朱、毛軍事立場一致，王稼祥由於已經隨軍較長時間，在軍事立場上已經傾向朱、毛，周恩來雖然是最高決策者，卻越來越處於孤立地位。更重要的是，周恩來一當到了軍隊裏面，就不得不面臨紅軍的實際情況，不得不越來越承認紅軍並不是一支擅長城市和陣地攻防戰的軍隊，因此，他自己也逐步傾向於了朱、毛的軍事立場。這樣，周恩來在政治權鬥中的角色就徹底地模糊了。一方面，周恩來、朱德、毛澤東、王稼祥在軍事上成為了一幫，另一方面，任弼時、項英、鄧發、顧作霖是一幫。在周恩來、朱德、毛澤東、王稼祥四人集體中，周恩來、王稼祥又只是傾向於朱、毛的一對，但並不完全同意朱、毛的軍事立場。這實際上是後來遵義會議時毛澤東一邊派系的雛形。這種格局很難約束毛澤東不在政治上有所動作，雖然他處於很弱勢的地位。毛澤東的政治弱勢就四人集體來說，由於政治上朱德是個沉默者，從而形成了周恩來、王稼祥與毛澤東的派系之分，雖然王稼祥有向毛澤東靠攏的傾向，但周恩來終究是最高領導，而且周恩來本是個權謀高

手，不是省油的燈。就與任弼時、項英、鄧發、顧作霖的矛盾來說，只是紅一方面軍政委的毛澤東更是處於弱勢地位。因此，毛澤東試圖打破這種局面，切入點仍然只能是軍事方面。

這時候，實際上關於軍事問題的討論已經完全成為了政治爭論和政治權鬥的方式，這一點特別是在毛澤東與任弼時、項英之間是彼此頭腦非常清楚的。任弼時、項英、鄧發、顧作霖蘇區中央局堅持中共中央立場，要求紅一方面軍積極進攻，周恩來、朱德、毛澤東、王稼祥則一再說明不可行，並於9月26日提出了召開蘇區中央局全體會議進行討論。任弼時、顧作霖拒絕了開會的建議。周恩來、朱德、毛澤東、王稼祥再覆電希望開會。同時，已經對在電報上討論來討論去失去耐心的朱德與毛澤東一起，向紅一方面軍發布了一道訓令，要求部隊向北移動，「決定戰備的在這一向北地區做一時期（十天為一期）爭取群眾，推廣蘇區以及本身的教育訓練工作」。這就等於是朱、毛宣布了不進攻、搞戰備，不再進行討論，明確拒絕了任弼時、項英、鄧發、顧作霖的指示，任弼時、項英、鄧發、顧作霖再也抑制不住憤怒，立即決定召開會議，並專門給周恩來個人發電，要求他對毛澤東「應給以無情的打擊」。無論對任弼時、項英、鄧發、顧作霖來說，還是對上海的博古來說，當朱、毛明確聯手，也就意味著周恩來已經處於失控狀態，朱、毛之間朱德終究是個單純的軍事問題，並且朱德本就是他們所非常敬重、不願意也不敢得罪的人，毛澤東則是個政治問題，因此，全部的政治矛盾焦點就在毛澤東一個人身上。這樣，任弼時、項英、鄧發、顧作霖就趕到了寧都朱德的司令部，於10月上旬的一天召開了對中共歷史有深遠影響的「寧都會議」。

寧都會議涉及到的人物相當部分在中共後來的歷史上地位都很特殊，毛澤東本人不便於多說，其他當事人也很謹慎，在中共官方黨史中很敏感，參加者除了周恩來、朱德、毛澤東、王稼祥、任弼時、項英、鄧發、顧作霖八個人外，應該

還有彭德懷等將領,但到底有多少人至今不明晰,但人也不會太多。會議開始階段由於周恩來沒有到,先由蘇區中央局代理書記任弼時主持,周恩來到會後改由周恩來主持。現在唯一可以見到的文件是會後10月21日由任弼時起草的,向博古進行彙報的徵求周恩來、朱德、王稼祥意見電稿,一般稱為「蘇區中央局寧都會議經過簡報」。

從「簡報」可知,會議肯定了打贛州以來的軍事戰略,而毛澤東則「認為早應北上,過去七個月都錯誤了」。這一爭論是很微妙的,互相既針鋒相對,又互相掩蓋了彼此的「錯誤」,一方面肯定了打贛州正確,但另一方面也沒有提毛澤東在福建進行拖延、遲遲不北上的問題。由於毛澤東指責「早應北上」,他實際上從不願意北上的人一下子變為了堅決要北上的人,周恩來、任弼時、項英顯然沒有注意到這個問題。之所以會有這個重大忽略,是因為會議本來是討論軍事策略問題,但很快就演變成「開展了中央局從未有過的反傾向的鬥爭」,而「鬥爭」的核心問題就是解除毛澤東總政委職務並不允許他繼續隨軍活動。也就是說,會議的核心就是徹底解除毛澤東的實際權力,不僅剝奪他參與決策的權力,而且也剝奪他發言的權力,讓他離開軍隊去專心做他的「政府工作」。

王稼祥妻子朱仲麗「文革」後整理了一篇王稼祥遺稿,題為〈回憶毛澤東同志與王明機會主義路線的鬥爭〉。王稼祥死於1974年1月,從這篇文稿的內容看至早不會寫於1971年下半年以前,但從內容對文革和康生使用的口氣來說,則又應該是文革後寫的,因此,這是篇水分很大的東西。但這篇文章是寧都會議主要當事人的「回憶」,還是有著重要的參考價值。王稼祥在這篇文章裏說:「會議爭論激烈,我當時是唯一支持毛澤東同志仍留在前線指揮軍隊的人,處於極少數。」王稼祥敢肯定自己是「唯一」支持毛澤東的人,在人們紛紛強調自己是忠於毛澤東的歷史背景下,這樣說是需要膽量的,因此,應該是符合事實的。但他說得又不準確,有抬高自己的

「水分」在裏面。任弼時的「簡報」中明確，周恩來堅持兩個方案，一是毛澤東在前方「助理」，一是「主持」，周恩來自己在前方「負監督行動總方針責任」。也就是說，一個方案是撤掉毛澤東總政委職務，恢復到原來狀態，讓毛澤東繼續隨軍參謀；一個方案是一切職務不變，而且周恩來還讓出最高決策權給毛澤東，自己只保留監督權。周恩來不僅支持毛澤東留在前方，而且反而要擴大毛澤東的權力。因此，根本不是「唯一」只有王稼祥支持毛澤東「仍留在前線指揮軍隊」。但如果僅僅從表面看問題，就上了周恩來當，毛澤東沒有上當，所以對寧都會議上的周恩來一直耿耿於懷，王稼祥也沒有上周恩來當，所以就說自己是「唯一」。道理在於，對這些搞權鬥的人來說，周恩來後一個方案完全是不可能的，簡直是在開玩笑，而前一個方案的實質則是撤掉毛澤東總政委職務，因此，周恩來表面是支持毛澤東，暗地裏還是要撤毛澤東的職。周恩來採取的只是一種表面做好人、實際做惡人的手段。但周恩來確實也是好人，他作為蘇區最高領導人——他仍然是蘇區中央局書記，任弼時只是在後方代理他的職務——，但遠還沒有在紅一方面軍站穩腳跟，不能過於得罪軍方和毛澤東的派系，只能採取儘量平衡的方法處理派系衝突。

會議最終決定，同意周恩來第一個方案，撤掉毛澤東總政委職務，但批准毛澤東請「病假」離開軍隊，只有在必要時才可以到前方軍隊裏。這樣，實際就是徹底剝奪了毛澤東的軍事參與權和發言權。周恩來的態度令任弼時、項英、鄧發、顧作霖很不滿意，他們實際是在幫助周恩來鞏固最高領袖地位，為他剷除毛澤東這個威脅，但他們在會議上並沒有對周恩來予以批評，而是儘量維護周恩來的威信。王稼祥本屬於他們一個派系，他的「反水」令他們無法忍受，因此，在會議上當場予以了「鬥爭」，批評「總政治部對有政治問題的人採取了組織上自由主義與組織觀念的錯誤」。這一對王稼祥的批評把王稼祥徹底推向了毛澤東，是毛澤東在寧都會議上的最大收

穡，從此，在青年蘇聯幫裏，毛澤東有了一個絕對的親信，其作用在今後將是非常重大的。至於對周恩來，任弼時他們在會議之後，大有在捧一個劉阿斗的憤懣，另行給博古告了一狀，批評周恩來搞「調和」。

在這一場權鬥中，朱德繼續保持了他的沉默態度。雖然在軍事上朱、毛一致，但寧都會議已經不是單純的軍事問題，朱德仍然堅持了他的策略，在政治上隨大流。在毛澤東與周恩來之間，朱德更傾向於周恩來，因為周恩來就目前來說，是個更容易合作的政治人物，雖然他比較冷酷。一些研究說朱德與王稼祥一樣支持了毛澤東，但並沒有具體的材料證明。對朱德來說，在寧都會議上採取什麼態度並沒有多少困難，既然周恩來做「好人」，朱德也就一樣可以做「好人」，只要附和周恩來就可以了。由於他的地位特殊，是各派都不願意得罪的，因此，只要他堅持做「好人」，就不會有任何一派攻擊他。因此，在任弼時的「簡報」裏，沒有任何批評朱德的痕跡。但這樣，就更加深了政治家們對朱德的印象，覺得他是個並無政治立場的人，人們一方面非常尊重和尊敬他，另一方面也不再把他當權爭時的要素看，越來越不需要考慮朱德的政治立場。他們所不知道的是，朱德實際上是在自己當不了政治領袖的前提下，在觀察和思考誰是更好的人選，現在還遠遠不是他願意發言的時候。等他真正發言的時候，也就是他定乾坤的時候了。

二十七　與周恩來合作

朱、周聯手

　　一個很重要的歷史事件，是1932年12月12日中、蘇透過外交換文，恢復建立了正式外交關係。也就是說，10月份寧都會議時，中、蘇之間已經進入到了最後的外交談判階段。在中、蘇外交最後談判階段，史達林為了用好中共紅軍這枚棋子，加強了對紅軍的具體軍事指揮機制。還在1931年底時，莫斯科就開始派遣軍事顧問試圖進入蘇區，以直接控制中共紅軍，但一直沒有實際實行。莫斯科主要採取了由軍事顧問直接在上海對紅軍的軍事問題進行研究，透過博古中央對紅軍下達具體指令。實際上，這時候紅軍已經由莫斯科的軍事顧問在上海祕密遙控。這樣，由於政治的原因，中共紅軍就開始逐步成為一支由蹩腳的軍事專家在遠離戰場的地方進行具體指揮的軍隊，朱德高超的軍事藝術越來越受限制，世界戰史上出現了一段由最平庸的軍事人員在幕後指揮偉大的天才軍事家的插曲。

　　據李德在《中國往事》一書中回憶，他1932年秋到達上海正式開始工作。他到達上海時，共產國際在中共中央的代表是阿瑟・尤爾特，此外還有一位負責安全、資金和技術的俄國人、兩名分別代表青年共產國際和紅色工會國際的美國人。阿瑟・尤爾特是德國共產黨人，是個職業革命家，但不是軍事人員。李德是作為軍事顧問的身份來到中國的。李德是一名奧地利人，原名奧托・布勞恩，筆名華夫，曾是與阿瑟・尤爾特一起的職業革命家，沒有什麼軍事經歷，1928年逃亡蘇聯後進入伏龍芝軍事學院，1932年畢業後即受派遣到中國。1933年6月

弗雷德・施特恩作為總顧問來到上海。在弗雷德・施特恩來到以前，莫斯科對中共紅軍進行具體遙控指揮的是學生水平的李德，之後是以弗雷德・施特恩為主、李德為次的兩個人。李德介紹說，弗雷德・施特恩後來在西班牙內戰時以「克勒貝爾將軍著稱」。弗雷德・施特恩出生於斯特拉斯堡，來中國前並沒有什麼戰爭經歷。據研究者認為，弗雷德・施特恩和李德來中國的主要目的是弄情報。也就是說，現在控制中共紅軍的，實際上只是軍事情報人員，而不是真正意義上的軍事戰略家或戰術家。

在弗雷德・施特恩與李德之間，弗雷德・施特恩是隱藏在後面的人物，弗雷德・施特恩背後實際上還隱藏著理查德・佐爾格的蘇聯遠東情報網，李德則對中共中央來說是站在前面的具體指揮者。那麼，他們對紅軍進行具體指揮的基礎是什麼呢？是他們的本職——情報。李德說：「關於國民黨軍隊的情況，我大體上是相當瞭解的，有些是透過中央蘇區發來的電報，在這些電報裏，幾乎敵人的全部無線電通訊都被有組織地竊聽和翻譯了出來。相反，關於我們自己部隊的消息、部隊的番號、部隊的轉移和戰事，有一部分卻不甚明瞭，甚至是互相矛盾和過分誇大的。」雖然他們所掌握的情報很不完善，更重要的是，關於紅軍前線實際情況的情報更不可能是完整的，但這個特點卻擁有了一種神祕性，這種神祕性使別人很難估計站在前台的李德所作出的軍事決策到底有什麼基礎，從而形成了一種幾乎難以反對的神祕化權威。此外，由於李德他們可以直接與莫斯科進行聯繫，另一個神祕人物、公開是記者身份，但中共很清楚實際是共產國際特殊人物艾格妮絲・史沫萊特女士，必要時也構成了李德他們獲取莫斯科指令的渠道，李德他們就擁有了超越中共中央的獲取莫斯科指令的神祕權威。兩方面的權威使平庸的軍事顧問李德站到了越來越至高無上的地位，他所作出的決策在上海的中共中央是難以抗拒的，更何況博古還只是一個對軍事一竅不通的人。在神祕的權

威下，即使中共中央由優秀的軍事家掌控，也是很難提出異議的。這已經決定中共是在非常幼稚的軍事決策下進行軍事行動。

在這種背景下，如果軍事決策和指揮的智慧、經驗不存在大的問題，紅軍軍事行動正確與否，就完全取決於了兩點：一，前線軍事決策領袖政治地位的獨立程度；二，前線軍事決策領袖和軍事指揮領袖根據戰場實際情況的操控程度。在博古等中共中央首腦和李德還沒有來到蘇區前，這兩點還不能達到致命的程度，周恩來終究還有著相當的獨立性，朱德也有著很高的操控程度，但他們已經處於戴著鐐銬跳舞的困境中了。

在中、蘇外交談判最後階段，朱德、周恩來採取了向北線進攻的行動，於1932年10月14日後，接連攻克國軍沒有重兵防守的建寧、奉寧、黎川、邵武、光澤、資溪、金溪七縣，對國軍進行威懾。國軍對紅軍的這次積極進攻沒有進行堅決防守，陳誠只是在紅軍攻克金溪後才作了點規模不大的反攻擊姿態。紅軍也沒有繼續進行進攻。這樣，彼此也就處於了相持的狀態。

12月12日中、蘇恢復外交關係後，形勢發生了非常微妙的本質性變化，已經使用過中共紅軍這枚棋子的莫斯科不再要求積極進攻，蔣介石方面在停頓了兩、三個月後，於12月30日由何應欽正式下達圍剿中央蘇區的命令，然後，將五十萬大軍分左、中、右三路展開進攻。左路軍由蔡廷楷任總指揮，向閩西進擊；右路軍由余漢謀任總指揮，由南線向北推進；中路軍由陳誠任總指揮，由北線向南推進擔任主攻。

這時候中央紅軍的兵力為五萬人。人事方面作了一個比較重要的變動，將紅軍大學校長劉伯承與總參謀長葉劍英對調。就參謀的能力來說，劉伯承的資歷、經驗和素養要優於葉劍英，這個對調似乎很合理，但關鍵還是在於兩個人與周恩來的親信程度有一定大的距離，而且，劉伯承當時在紅軍學校

積極推行軍事化、國際化、蘇維埃化，並寫文章批評「游擊主義」，更容易得到國際派和蘇聯派的歡迎。從朱德的角度說，他也更需要一個劉伯承這樣的助手，因為紅軍已經發展到了應該接受正規化觀念的規模，由於兵力的增加，作戰方式也必須提高，戰術更需要講究兵團協同，這方面劉伯承的長處也就可以發揮出來了。本來劉伯承因為紅軍高級幹部認為他應該承擔南昌暴動一定的軍事責任，現在，由於周恩來地位的鞏固，劉伯承到軍內擔任職務已經沒有障礙了。這是劉伯承軍事生涯的一次大轉折，因為，他這一次由於是做朱德的參謀長，而不是周恩來等人的參謀長，就不會再犯以前的錯了，並且，他也逐步獲得了朱德的推崇，成為了朱德最信賴的將領，就此真正奠定了自己作為一名將領在中共的軍事地位。

現在，朱德在軍事指揮上達到了前所未有的順心。周恩來與毛澤東不同的是，他對具體的軍事決策和軍事指揮基本是不加干涉，在軍事根本方針的決策方面，周恩來與朱德基本採取了共同商量的合作態度，而朱德則反過來在進行決策和指揮前，也儘量向周恩來通報，彼此做到協調和共同掌握情況。周恩來繼續發揮了他管理特工部門的長處，創立了以黃埔軍校出身的親信曾希聖為局長的中共中央軍委二局（也即紅軍情報局），把紅軍的情報工作提上了一個台階，使朱德有了良好的情報資源。朱德用劉伯承用得非常順手，實際上，當軍事決策不犯錯誤的情況下，劉伯承是個非常具有適應能力的參謀長，是中共武裝歷史上最優秀的參謀人才。這時候，經驗豐富的原紅七軍軍長張雲逸得到了朱德的重用，擔任副總參謀長兼作戰部部長，張雲逸生於1892年，海南文昌人，畢業於廣東陸軍速成學校，是個辛亥革命時期的老資格軍人，有著豐富的實戰經驗，1926年加入中共，北伐戰爭時做到旅長、師參謀長，1929年12月與鄧小平、龔楚、李明瑞等一起領導了廣西百色暴動，擔任紅七軍軍長。在這時候，「反水」毛澤東的彭德懷已經很聽話，軍事能力上也提高很多；林彪在軍事上已經完

全成熟了，正暗中與彭德懷在戰績上較勁，不參與政治和高層權鬥，一心一意打好仗。這是朱德從來沒有過的良好、順心的「環境」。

第四次反圍剿朱德在南豐虛晃一槍

1933年1月5日，率軍突然北進的朱德在黃獅渡殲滅國軍周士達旅並生擒周士達。沒有想到朱德會敢於北進的陳誠立即向紅軍合圍，1月7日朱德趁陳誠還沒有完成合圍，在滸灣主動攻擊，擊潰陳誠三個師。朱德這次反圍剿的開頭，與前三次反圍剿風格迥然不同，沒有採取收縮尋找戰機的辦法。實際上，第三次反圍剿已經證明，繼續採取誘敵深入策略已經難以進行，第三次反圍剿時由於國軍兵力大增，朱德採取拖垮敵人的辦法，但數次陷入了困境。這次國軍的圍剿兵力更加強大，而且進一步採取了穩步推進的方法，進行圍剿的經驗更加豐富、老到了，如果繼續誘敵深入，紅軍很可能最後被逼到一個狹窄地帶，上次朱德帶領三萬紅軍從縫隙中穿插出來，實在是非常驚險，再試圖來這麼一次，由於紅軍已經有五萬，難度將非常高。另一個因素跟季節有密切關係，第三次反圍剿正是夏天，容易拖垮敵軍，而且植被茂盛，紅軍也比較容易隱蔽運動，現在則是冬天，情況已經全然不同。朱德採取的辦法，是趁北面陳誠的戰線還沒有鞏固，尋找其薄弱點進行進攻，「衝破撫州（河）流域的敵人圍攻線，破壞敵人大舉進攻的前線布置」。黃獅渡、滸灣兩個戰役，不僅證明紅軍可以衝垮陳誠的戰線，而且也已經完成了最重要的一步。

本來，朱德準備在完成戰略目標的第一步後，繼續北進，向贛東北追擊進攻，與那裏兵力有四千多人的方志敏、周建屏、邵式平紅十軍呼應，或者會合，透過威懾蔣介石最大的軟肋江、浙地區，迫使國軍回訪江、浙。實際上，這一戰略正是朱德已經使用過多次的發揮紅軍輕裝特長，跳到合圍外線進

行大範圍運動，然後再尋找攻擊機會進行作戰的方式。但這時候，朱德良好的戰略計劃被破壞了。朱德的計劃特點是不在乎根據地被國軍侵入，以打破敵戰線和消滅敵部為目標，但中共中央則要求鞏固穩定的根據地，把目前的軍事目標定在國軍重點防守的南豐，這樣就要求紅軍必須進行城市攻堅戰。李德回憶說：「江西東北的戰役，又根據上海黨領導的建議和我的意見，於1933年1月停止了。」

1月16日，博古中央明確要求周恩來、朱德進攻南豐地區。朱德的戰略行動就此徹底終止。這時候，周恩來盡了自己最大的力，反覆向博古中央說明不同意見，希望向撫河東岸展開運動戰。在周恩來不敢下決心先斬後奏的情況下，朱德只能在戰況日益緊迫中乾等，蘇區與上海互相扯皮竟然扯了二十多天，國軍戰線布置已經完全不同，向贛東北方向出擊運動的戰機徹底失去。2月12日，朱德只能按照中央的決定攻擊南豐。但朱德顯然是在應付，調整了戰略，只向戰場投入少部兵力以減少損失。陳誠見朱德主力在南豐地區，便會合主力進行合圍，以聚殲朱德。朱德自然不會與陳誠決戰，事實上也根本沒有實力與精銳的陳誠決戰，他趁陳誠還沒有完成合圍時，派新組建的周建屏、蕭勁光紅十一軍偽裝主力向贛東北黎川地區急進，紅軍主力則轉移到寧都北部地區隱蔽待機。既然已經進攻過了南豐，掌握情報的周恩來也深知紅軍已經處於絕境，支持了朱德的這一決策。這實際上已經是唯一的求生之道了。

隱蔽尋機進行決戰，是朱德慣用的以少勝多、以弱勝強策略。從坪石之戰用一個團殲滅許克祥六個團，到前三次反圍剿，這種方法朱德已經使用了很多次。當朱德、周恩來率紅軍主力於2月24日祕密轉移，在東韶、洛口地區隱蔽下來後，劉伯承向朱德報告國軍李明第五十二師、陳時驥第五十九師處於孤立推進中，朱德當即決定以殲滅這兩個師作為決戰，劉伯承請朱德下令，朱德還是老規矩叫來周恩來，通報自己的決定，周恩來無異議。

2月26，紅軍分林彪紅一軍團、彭德懷紅三軍團左、右兩翼在黃陂預設戰場埋伏，等待李明第五十二師。董振堂第五軍團（原總指揮季振同被周恩來作為反革命關押）及紅十二軍、紅二十二軍在黃陂作另一路埋伏，等待陳時驥第五十九師。2月27下午，毫無防備的李明第五十二師進入林彪、彭德懷的伏擊圈，朱德命令全線攻擊。第二天，該師全部被殲，師長李明重傷被俘後死亡。李明第五十二師被殲時，陳時驥第五十九師也進入了董振堂的伏擊圈，朱德命令攻擊，林彪、彭德懷完成戰鬥後轉來協助，戰鬥兩天也全殲了該師，陳時驥被俘後投降，到紅軍大學講授地形學。

這次殲滅兩個整師的戰役，史稱「黃陂戰役」。黃陂戰役殲滅一萬多人，是紅軍戰史上從未有過的輝煌戰績，更重要的意義還在於，所殲滅的國軍兩個整師是蔣介石精銳的嫡系部隊，這不僅是紅軍的第一次，也是蔣介石北伐以來從未遭到過的重大損失。就軍史來說，朱德為中共創造了大規模陣地伏擊戰的經典，這一模式後來在國共內戰中得到了廣泛的運用，它的特點是在運動戰中突然進行陣地伏擊戰，對運動中的敵軍進行野戰圍殲。

「黃陂戰役」打亂了陳誠的陣腳。一方面，陳誠仍然不顧兩個師被殲，繼續進攻尋找朱德決戰；另一方面，他實際又不得不顧兩個師被殲的事實，心虛了起來。陳誠的心虛體現在他策略的調整上。本來，他是將所部十二個精銳師分為羅卓英、吳奇偉、趙觀濤三個縱隊，按戰線方式推進，發現朱德主力就進行合圍決戰，現在羅卓英部兩個師被殲後，他不敢再這樣，決定依靠部隊的精銳進行中間突破，將部隊合併為兩個縱隊，用六個師向廣昌前後梯次前進，以避免再遭朱德個別殲滅。朱德馬上看出了漏洞，他說：陳誠「前後兩縱隊重疊，以六個師的縱深配備行軍，長徑遂達三日行程以上，敵人完全未顧及到這點。」也就是說，陳誠前後排列的陣型看上去雖然兵力集中，但如果不想擁擠在一起的話，就形成了頭尾拉開過長

的特點，成為了難以掉頭的長蛇陣。朱德破襲長蛇陣曾經創造過一個經典戰例，那就是坪石之戰，許克祥將六個團按兩個團一組一路緊湊延伸，結果朱德採用了打蛇頭的辦法，然後一路破襲，使許克祥一路潰敗下去。這次朱德根據陳誠蛇身太長的弱點，改變了方法。

3月，朱德用一部分兵力與陳誠前鋒吳奇偉接觸，然後邊戰邊退，吳奇偉緊緊追趕，這樣，蛇身就拉得更長並發生了脫節。在這樣的情況下，朱德選擇了攻擊蛇尾的策略。3月21日，朱德用一部分兵力將陳誠落在最後的蕭乾第十一師割斷，然後用主力對已經成為孤軍的蕭乾第十一師進行圍攻，從拂曉到下午三點，基本殲滅了蕭乾第十一師，並將蕭乾擊傷。這一次，朱德是利用了敵軍陣形的弱點，採用了分割圍殲的方法。這又是為中共武裝打了一個經典戰役，這一打蛇尾特別是分割圍殲的方法，在國共內戰時期也在中共武裝中得到了充分的運用。由於這次戰役地點發生在東陂，所以史稱「東陂戰役」。

東陂戰役之後，陳誠再也無法堅持，只能撤軍。這樣，第四次反圍剿就結束了。

在中共官方黨史中，關於第四次反圍剿的勝利，經常出現兩個偽造：一是先偽造第一、二、三次反圍剿是毛澤東為主指揮的，然後，再含混地偽造第四次反圍剿是運用了毛澤東前三次反圍剿的經驗，暗指第四次反圍剿實際採用的是毛澤東的策略，以誇大毛澤東的軍事成就。這基本屬於不顧事實的編造。關於第一個偽造，本書前面已經詳細敘述，第一、二、三次反圍剿基本是以朱德為主決策和指揮的，在決策層面上，毛澤東也是共同決策人，軍事指揮方面毛澤東則處於絕對的次要地位。真實的情況是，毛澤東作為主要的戰略決策人是要到遵義會議之後，作為主要的戰略指揮人則是抗日戰爭後期的事情，而具體的戰役指揮毛澤東則是很偶然有過。這並不是貶低毛澤東，事實上，本書已經大概勾勒了毛澤東軍事成熟的過

程，並強調了他的天才，毛澤東軍事方面的最後成熟階段，正是在第一、二、三次反圍剿，但這並不等於第一、二、三次反圍剿就是他主要指揮的。關於第二個偽造，第四次反圍剿當然有著第一、二、三次反圍剿的經驗，這在紅軍和國軍雙方都一樣，所以，彼此都在調整自己的軍事戰略和戰術，但是，如果不仔細分析、對比第四次反圍剿與第一、二、三次反圍剿的差別，就會在軍事藝術角度將它們混淆起來。實際上，第四次反圍剿已經屬於一種新的模式，在戰略上不再是誘敵深入，而是直接面對敵方戰線的運動戰，當朱德不能達到跳到外線的戰略後，就利用博古中央強行命令攻堅的計劃，虛晃一槍，轉而隱蔽主力進行大規模陣地伏擊戰，之後又透過分割敵人進行了大規模陣地圍攻戰，黃陂、東陂兩次戰役的模式在第一、二、三次反圍剿中並沒有發生過。

就作戰原則來說，第四次反圍剿與第一、二、三次反圍剿是連貫的，它就是朱德一貫強調的基本軍事原則。5月28日，朱德寫了〈黃陂東陂兩次戰役偉大勝利的經過與教訓〉進行總結，他指出「紅軍戰術的主要原則迅速、祕密、堅決，這次都執行得不錯」，而迅速、祕密、堅決正是朱德戰術藝術的核心，是他一貫的要求。他批評紅軍各部指揮官「機斷專行的自動性仍缺乏」，服從命令和機斷專行是朱德一直對部下將領強調的指揮原則，他批評道：「此役的教訓是：我們堅決執行命令是最近的進步，但各級指揮員未本上級之企圖，發揚極大的機斷專行達到全部任務，是一缺陷。」也就是，下屬將領執行命令更堅決了，但卻對整個戰役的精神缺乏理解，執行命令過於古板、僵硬，缺乏能動性和靈活性。

必須要注意的是，朱德的成就存在著巨大的副作用，他的戰績越輝煌，則越醞釀著了一種嚴重危機。朱德的勝利由於是在南豐虛晃一槍、調整策略獲得的，而虛晃一槍的目的是蒙混博古中央，以表示遵守了他們的命令，但從博古中央來說，並不知道朱德是在矇混他們，反是會認為命令朱德、周恩

來放棄出擊贛東北，進攻南豐是正確的，是阻止了朱德、周恩來犯「錯誤」，第四次反圍剿之所以獲得勝利是因為要求朱德、周恩來堅決執行了李德的戰略主張。事實上，李德正是這樣認為的，他認為第四次反圍剿正是進攻南豐獲得的勝利。他回憶自己後來到了蘇區，在第一次參加革命軍事委員會會議時，「毛澤東以生硬的形式向我表示歡迎，對1932～1933年冬季北線上的成功講了幾句贊許的話。他似乎知道，這次反攻是我建議的」，可見他認為第四次反圍剿的勝利是他的功勞。不僅博古中央和李德本身是這樣認為，而且其他人也必須這樣認為，也就是即使那些知道內情或看出朱德是虛晃一槍的人，也不能把問題說穿，只能維護中央的正確性，包括朱德、周恩來自己也必須這樣做，這樣，就形成了一種氛圍，這種氛圍大大提高了博古中央的威信，特別是提高了蘇聯軍事顧問的權威性，而朱德則什麼都沒有得到，甚至在博古中央看來，如果不是堅決聽取李德的意見，朱德反而是犯重大戰略錯誤的人，不對他進行批評已經算是很容忍了。也就是說，朱德的成就恰恰是抬高了他人，貶低了自己。

因此，第四次反圍剿的勝利並不是鞏固了周恩來與朱德同盟的地位，而是確立了博古中央和李德的絕對英明和權威，形成了一種非常深刻的困境。

二十八　中共派系蘇區大會合

元老派

　　中共派系向蘇區的會合正式啟端於1931年1月項英到江西根據地成立蘇區中央局，1931年4月任弼時、王稼祥、顧作霖「三人團」到中央蘇區是第二階段，1931年12月周恩來到中央蘇區則是會合的第三階段。經過一年多後，1933年1月，中共臨時中央書記博古到了中央蘇區，標誌了中共派系在蘇區會合的第四階段，也是最後一個階段。

　　有必要大致梳理一下中共派系在完成會合前的脈絡：

　　中共成立於1920年8月，1921年7月下旬在上海、嘉興召開由第三國際代表馬林參加的第一次全國代表會議。參加會議的有上海代表李漢俊、李達，北京代表張國燾、劉仁靜，長沙代表毛澤東、何叔衡，武漢代表董必武、陳潭秋，濟南代表王盡美、鄧恩銘，廣州代表陳公博，留日學生代表周佛海，個人代表包惠僧，中共真正的創始人陳獨秀、李大釗、張申府都沒有參加會議。會議選出以陳獨秀為書記的中央局，張國燾為組織主任，李達為宣傳主任。中共「一大」時期的人物基本都是身份明確的人文知識份子，但知識層次跨度很大，從陳獨秀、李大釗這樣的知名教授到毛澤東這樣師範學校畢業的普通知識青年，不一而足。儘管這些人年齡從四十多歲到二十歲左右，但都可以歸為一個大的派系——元老派。中共元老派不是一個陣營鮮明的幫派，元老只是他們的一個突出特徵，但這個特徵在具有講究資格的文化傳統的中國社會裏，是一個非常重要的幫派屬性。

中共元老派的主體也是國內派。這在1922年發生了重要的變化。1922年7月16日，擁有一百九十五名黨員的中共在上海召開第二次全國代表會議，會議正式決定中共加入第三國際，承認中共是第三國際的一個支部。在這個會議上，選出了中央執行委員會，陳獨秀、鄧中夏、張國燾、蔡和森、高君宇為委員，陳獨秀為中央執行委員會委員長，蔡和森、張國燾分別負責宣傳和組織工作。值得注意的是蔡和森，他是國外派的核心人物之一，現在則成為了中共核心領導人之一。而正式加入共產國際則意味著中共從此的「合法性」將不再是由自身決定，而是將自己置於了一種僕從地位，合法性將由一個至高無上的外在組織賦予，這樣，中共派系的演變就進入到了一個全然不同的階段。

由於元老派是在組織和思想不嚴格的建黨階段形成的，因此，在建黨階段實際就已經開始分解，在中共本身真正留存下來的「職業革命家」數量並不多，其中最重要的人物是陳獨秀、李大釗、張申府、張國燾、譚平山、張太雷、毛澤東、惲代英、項英等。陳獨秀、李大釗是具有精神領袖地位的人，其至高地位不能從具體職務和管理的事務上看待，特別是李大釗基本沒有擔任過中共中央核心領導層職務，但其實際領袖地位之高僅次於陳獨秀。正因為李大釗有著這樣的特殊地位，由於李大釗與陳獨秀之間實際處於「南陳北李」狀態，而北方屬於北洋政府的絕對勢力範圍，李大釗基本只能採取完全祕密的活動，並直接與蘇聯發生關係，因此，實際形成了一個至今為中共黨史專家所沒有充分注意的北方派系，這個派系後來逐步演變為了劉少奇的北方黨勢力，只是這一系統至少在紅軍時期以前對中共主要政治鬥爭影響不大。張國燾、譚平山、毛澤東是比較專業的職業革命家，張申府比較另類。

惲代英，1895生於湖北武昌，江蘇武進人，1921年加入中共，1923年任上海大學教授，同年8月任中國社會主義青年團中央委員、宣傳部部長，1926年5月被派到黃埔軍校任政治

主任教官，是「黃埔四凶」之一。1927年1月到武漢，任中央軍事政治學校政治總教官，7月惲代英赴九江，任中共中央前敵委員會委員，是南昌暴動主要的推動人之一，12月又參與組織廣州暴動，任廣州蘇維埃政府祕書長。1928年底到上海任中共中央宣傳部祕書長、組織部祕書長等職，1929年6中共六屆二中全會上被補選為中央委員。1930年5月在上海被捕，一年後在南京被殺。

張太雷，1898年生，江蘇武進人，1920年6月畢業於天津北洋大學法政科，9月加入中共，1921年春赴俄國伊爾庫茨克任共產國際東方局中國科書記，是中共第一個駐共產國際的代表，6月在莫斯科出席共產國際第三次代表大會，也是中共第一次參加國際會議的代表，1922年當選為青年共產國際執行委員，在1923年6月中共「三大」上被選為候補中央委員，再赴蘇聯擔任中國社會主義青年團駐青年共產國際代表，1924年春回國擔任中國社會主義青年團中央書記，1925年1月在上海主持青年團「三大」，改稱為中國共產主義青年團，繼續任中央書記。張太雷在1925年1月中共「四大」上繼續當選候補中央委員，隨後去廣州任蘇聯顧問鮑羅庭的助手和翻譯，1925年秋兼任中共廣東區委常委、宣傳部長，1926年調任中共湖北區委書記，在1927年4月中共「五會」上當選為中央委員，7月進入中央臨時政治局任委員，「八七」會議當選為中央臨時政治局候補委員、南方局委員，調任中共廣東省委書記，9月下旬在潮州策應南昌暴動部隊，11月26日在廣州主持召開廣東部分省委常委會議，決定進行廣州暴動並任總指揮，12月11日舉行暴動任廣州市蘇維埃政府代主席兼陸海軍人民委員長，但次日就被擊斃。

譚平山，1886生，廣東高明人，1917年考入北京大學，1920年接受陳獨秀使命回廣東參與組織廣州中共組織，中共「一大」後任廣東支部書記，1923年在中共「三大」上當選為中央執行委員、中央局委員，成為中共核心領導人和領袖

之一。之後擔任中共「四大」、「五大」中央執行委員，中共五屆一中全會中央政治局委員，任農民部長；中國國民黨「一大」、「二大」中央執行委員會常務委員，任中央組織部部長。1927年3月，譚平山擔任武漢國民政府委員兼農民部部長。1927年中共南昌暴動時，譚平山是主要策劃人和領導人之一，暴動後任革命委員會主席，暴動失敗後逃到香港、澳門，但成為了承擔南昌暴動失敗責任最倒楣的替罪羊，於11月瞿秋白的中共臨時中央政治局擴大會議上被開除黨籍。

李大釗，字守常，1889年10月29日生，河北樂亭人，1907年考入天津北洋法政專門學校，1913年冬東渡日本，考入東京早稻田大學政治本科，1916年回國後從事編輯工作，成為中國言論界著名人物，也是新文化運動核心人物之一。1918年任北京大學圖書館館長，成為中國最著名的馬克思主義理論的研究者和傳播者，同時又是個積極的社會活動分子。1919年李大釗創建少年中國學會，1920年3月首先與共產國際遠東局局長魏金斯基和馬邁耶夫商談在中國組黨問題，並推薦陳獨秀為組黨領袖和核心。中共建黨後，李大釗除了在中共「三大」進入中央執行委員外，在組織身份上沒有進入過中共核心領導層，但他是公認的中共領袖之一，特別是公認的最重要的中共兩大精神領袖之一。國共合作時，李大釗是中共方面最積極的主張者、推動者和組織者，1924年1月被孫中山指定為國民黨「一大」五人主席團成員之一，當選為中央執行委員，任國民黨北京執行部組織部長，實際上，也就是國民黨在北方的主要領袖，同時，他也是中共在北方的主要領袖。1927年4月6日被奉系軍閥張作霖逮捕，28日在北京被執行絞刑。

陳獨秀，字仲甫，1879年生，安徽懷寧人，1896年考中秀才，1897年進入杭州中西求是書院學習，1899年因反清言論被開除，1901年又因反清遭清政府通緝，逃亡日本，考入東京高等師範學校速成科。1903年回國後主要從事辦報工作，是聞名全國的言論家。1905年組織反清祕密組織岳王會，自任總

會長。1907年再到日本，後進早稻田大學學習。1909年冬回國在浙江陸軍學堂任教，1911年辛亥革命後任安徽省都督府祕書長，1913年參加討伐袁世凱的「二次革命」，失敗後被捕入獄，出獄後於1914年第三次去日本。1915年回國後於9月在上海創辦並主編《青年》雜誌（一年後改名為《新青年》）。1917年初，蔡元培聘任陳獨秀為北京大學文科學長，成為了新文化運動最主要的倡導者和領袖，1919年開始接受和宣傳馬克思主義，1920年初去上海，不久經李大釗推薦，與共產國際遠東局局長魏金斯基接洽後，開始組建中共組織，是中共最主要的創建人，並開始擔任中共最高領袖。但是，陳獨秀一直與共產國際存在不同想法，始終在堅持中共獨立性與聽命於共產國際之間搖擺，但總體上還是採取了聽命於共產國際的立場。1927年汪精衛進行清共後，陳獨秀放棄了對中共的領導權和地位，不再參與中共的活動，1929年11月中共將他開除黨籍。

　　這樣，還在南昌暴動前後，中共元老派在黨內遺留下來的重要人物就已經只剩張國燾、毛澤東、惲代英、項英四人了。到中共派系蘇區大會合時，惲代英已經被殺。這種元老情節，在毛澤東1931年11月的君臨諸侯、封官許願中，還是得到了反映，在中央執行委員會的兩個副主席裏，毛澤東分配給了張國燾一個名號，而另一個副主席則是項英。雖然中共元老派只剩下這麼三個重要人物，但這三個人物卻是非同小可的，特別是毛澤東、張國燾更是強勢。就個人政治能力來說，莫斯科非常清楚張國燾和毛澤東都是非常強的，是中共現有領導人裏的絕對翹楚，不僅都野心勃勃，不安分守己，而且他們各自都擁有中共最重要的武力基礎，是最具有實力和勢力的兩個領袖，因此，雖然僅僅只這麼兩個人及項英，但中共元老派仍然是非常強大的一股勢力，是中共最主要的政治派系之一。當然，從莫斯科的角度看，由於中共的附庸地位，儘管以張國燾、毛澤東為代表的中共元老派十分強大，但命運仍然還是捏

在莫斯科的手上，這正是中共海外派最後全面輸給毛澤東的思維偏差所在。

旅歐共產國際派

中共國外派的演變問題，非常重要的背景是共產國際和蘇聯的問題。

十月革命後鞏固政權不久，列寧馬上於1919年3月成立第三國際，也即與中共命運密切相關的「共產國際」。第三國際是列寧分裂第二國際（即工人國際）形成的組織，它的核心原則是拋棄無產階級進行合法鬥爭的和平道路，尋求列寧主義的暴力革命道路，並打破國界，用所謂的世界革命來服務於蘇聯的利益。在加入共產國際的條件中規定了共產國際對各國黨的絕對專制地位，「共產國際代表大會及其執行委員會的一切決議，所有加入共產國際的黨都必須執行」，要求各國共產黨「不僅要揭露公開的社會愛國主義，而且要揭露假仁假義的社會和平主義」，也即必須拋棄愛國主義和和平主義，「都必須全力支持每一個蘇維埃共和國同反革命勢力進行的鬥爭」，那麼，在所謂蘇維埃共和國實際只存在蘇聯的情況下，各國共產黨也就必須要服從蘇聯的利益。列寧透過這樣一個彎子，也就把共產國際對各國共產黨的專制轉化為了蘇聯對各國共產黨的專制，在直接的形式上共產國際是各國共產黨的集中領導機構，而蘇聯則是各國共產黨的太上皇。

基於這種情況，共產國際對各國共產黨的專制程度也就取決於蘇聯本身的專制程度。當史達林在蘇聯還沒有形成獨裁時，共產國際是列寧主義的。列寧主義的重要原則之一是民主集中制，也就是說，畢竟還承認一定程度的民主存在，雖然列寧在民主與集中之間更強調集中。在列寧的民主集中制下，共產國際作為各國共產黨的總部，在與蘇聯的關係上就多少存在一點相對的自主性和獨立性，蘇聯並不能夠完全取代共

產國際並任意指揮其他國家的共產黨。這樣，共產國際就具有了相對傾向於列寧主義的傾向，與絕對專制的史達林主義存在著細微的差別。當史達林在蘇聯形成獨裁之後，由於列寧奠定的蘇聯對共產國際的專制基礎，史達林從而就是蘇聯形成了對共產國際的獨裁，史達林主義在共產國際取代了列寧主義。史達林是1924年1月列寧死後獲取蘇聯最高領導權的，不久即對付最強勁的政治對手托洛茨基，1933年托洛茨基流亡國外，史達林的獨裁徹底形成。到這時候，共產國際已經完全成為史達林和蘇聯統治各國共產黨的傀儡工具。

肩負陳獨秀要在歐洲組建中共組織使命的張申府1920年冬天到法國後，很快就發展了劉清揚、周恩來兩人為中共黨員，之後國內黨員趙世炎、陳公培到法國後，五個人組建了中共旅歐組織。1922年3月張申府去德國後，雖然他一手抓周恩來，一手抓趙世炎，但實際上法國方面他基本已經失控，特別是當1923年冬張申府回國後，由他奠基的中共旅歐派系已經完全不屬於他控制。中共旅歐派系是在總支部下分設法國、德國、比利時三個支部，實際上就是分成了法國、德國兩個派系，在張申府回國後，德國派系則受壓制於法國派系。由於中共旅歐派系與當地共產黨有著比較多的聯繫，並直接受共產國際的指揮和約束，具有明顯的列寧主義傾向，因此，也可以稱為中共的共產國際派。在歐洲的有些中共黨員實際上是先由共產國際吸收為共產黨員的，比如聶榮臻。中共旅歐組織的經費也不是由中共中央分配，而是直接來源於共產國際。中共黨員所進行的活動並不只是「中國」的活動，大量活動是按照共產國際的指示，具有明顯的當地性，比如周恩來便是作為一名國際化的共產黨員進行了很多神祕的活動。

德國派系在中共最主要的人物是朱德、孫炳文、高語罕、熊銳、熊雄，但除了朱德是個特別例外的人物以外，其他人在中共黨內都沒有達到過最高領導層。孫炳文本是個可以有所作為的政治人物，但1927年在上海被蔣介石捕殺了。高

語罕，1888年生，安徽壽縣人，1907年畢業於日本早稻田大學，1911年辛亥革命後，任安徽青年軍祕書長，從此成為陳獨秀最忠實的追隨者，曾是《新青年》的重要作者之一，從事過多年教育工作，1922年加入中共，與朱德同一條船去歐洲，1925年春回國，派到蕪湖建立中共蕪湖特別支部，12月到廣州任黃埔軍官學校政治總教官，為「黃埔四凶」之一。1926年被選為國民黨中央候補監察委員，不久兼任廣東農民運動講習所政治訓練主任，北伐後曾任國民黨中央四川特派員、楊森部國民革命軍第二十軍黨代表、國民革命軍第二方面軍總指揮部祕書長等職，是中共南昌暴動最積極的推動分子之一，1929年11月因是陳獨秀忠誠的擁護者被開除中共黨籍。

熊銳，1894年生，廣東梅縣人，曾赴日本留學，1920年又赴法國勤工儉學，繼而轉到德國。1922年6月加入中共，1925年獲得博士學位後奉命回國，1927年初在黃埔軍校任政治教官，廣州清黨後被捕殺。熊雄，1892年生，江西宜豐人，早年加入中華革命黨，1920年赴法勤工儉學。1922年3月轉到德國，同年加入中共，一年後到莫斯科東方大學中國班受訓，1925年9月回國，到黃埔軍官學校任政治大隊副隊長等職務，1926年1月任黃埔軍校政治部副主任，主持政治部工作，同時成為中共廣東區委軍委負責人之一，1927年廣州清黨時被捕殺。實際上，嚴格說來，熊銳、熊雄都是周恩來的親信，屬於法國派系。德國派系的人更具有資歷和修養，但在中共並沒有獲得過顯要地位，1927年國共分裂後就已經基本覆滅。因此，這是在中共幾乎難以被注意到的一個派系，這也正是朱德游離於共產國際派外的重要因素之一。

由於德國派系在後來中共歷史上幾乎可以被忽略，因此，法國派系實際上就代表或等於了中共的共產國際派。這是中共非常龐大而強勁的一個派系，重要人物除了周恩來，還有趙世炎、李維漢、蔡和森、陳延年、李立三、陳喬年、聶榮

臻、李富春、向警予、鄧小平、陳毅、王若飛、蔡暢等人，其中又有四川系和湖南系的小群體。

趙世炎，1901年生，四川酉陽人，1919年參加李大釗創辦的少年中國學會，1920年赴法勤工儉學，1922年6月趙世炎參與籌建旅歐少共，趙世炎被推選為書記，同年秋經胡志明介紹加入法國共產黨，是中共旅歐組織在法國的首腦人物，1923年赴莫斯科東方大學，1924年秋任中共北京區委委員兼地委委員長，12月任李大釗為書記的中共北方局常委，1927年春是上海三次工人武裝起義主要領導人之一，7月被捕殺。趙世炎雖然沒有進入中共中央核心領導層，但他曾是中共公認的一位領袖級人物。

李維漢，又以羅邁的名字著名，1896年生，湖南省長沙縣人，是新民學會的主要創建人之一，1919年赴法國勤工儉學，1922年旅歐少共成立後負責組織工作，同年回國，1922年底由毛澤東、蔡和森介紹加入中共，1923年後任中共湘區委員會（後改稱中共湖南省委員會）書記、中共「四大」中央委員會委員、「五大」中央委員會委員、中央政治局委員。1927年7月中共成立臨時中央常委，李維漢成為五個常委之一，進入了中共最高領袖層，隨後主持「八·七」會議，成為中共臨時中央局三巨頭之一。1928年6月中共「六大」，由於留守國內中央而被排擠，結果失去在中共的核心領袖之一的地位，1929年任中共江蘇省委兼上海市委組織部長、書記，1930年中共六屆三中全會上被補選為中央委員，1931年六屆四中全會後被調去莫斯科，1933年回國後到江西蘇區任中央組織部幹事、組織部長。李維漢雖然被排擠出了中共最高領袖層，但影響還在，並且他是共產國際派中與毛澤東有很深淵源的人物，北伐期間湖南瘋狂的農民運動實際上就是由他與毛澤東一起弄出來的。

蔡和森，1895生於上海，湖南雙峰縣人，與毛澤東是湖南第一師範同學，1915年秋又考入湖南高等師範學校，1918

年4月14日在蔡和森家裏正式成立了新民學會。1919年12月25日，蔡和森與母親葛健豪、妹妹蔡暢以及向警予一起赴法勤工儉學，1920年5月與向警予結婚，這是中國留學史上少見的一個家庭式組合。1921年蔡和森歸國後由陳獨秀介紹加入中共，很快成為一個著名的中共分子，1922年7月中「二大」成為中共中央執行委員會委員，進入中共最高領導層，曾去莫斯科任中共駐共產國際代表。1927年春作為共產國際的欽差，蔡和森回國，在1927年4月27日的中共「五大」上進入中共中央政治局，「八七」會議後到中共北方局去指導工作，1928年6月出席中共「六大」會議後回國。1929年初作為中共駐共產國際代表，蔡和森再次到莫斯科，1931年初回國，3月到香港，6月10日被逮捕，不久引渡到廣州，8月4日被殺。蔡和森是中共最激進的領袖之一，也是國外派的主要領袖之一，極具領袖氣質，他的死是中共國外派的一個非常大損失。

陳延年是陳獨秀長子，生於1898年，安徽懷寧人，1915年考入上海法語學校，1917年考入震旦大學，1919年12月下旬赴法國勤工儉學，1922年6月成為旅歐少共的主要創建人之一，並擔任宣傳部長，同年秋加入法國共產黨。1923年去莫斯科東方大學受訓，1924年回國後任社會主義青年團中央駐粵特派員、中共廣東區委祕書兼組織部長、中共廣東區委書記等職務，是周恩來的頂頭上司，1927年4月任中共江浙區委書記，同時成為中共「五大」中央政治局候補委員，1927年6月江浙區委撤銷後任中共江蘇省委書記，旋即被捕殺。

李立三，原名李隆郅，1899年生，湖南醴陵人，讀過中學，當過兵，1920年初到法國勤工儉學，1921年末回國後，由陳獨秀介紹加入中共。由於李立三在法國當過翻砂工，被派去安源煤礦組織工人運動，從此成為了中共著名的工運領袖。1926年李立三到武漢組織工運，與碼頭流氓向忠發開始合作並把他作為傀儡。1927年李立三是南昌暴動最積極的倡議者和推動者，並成為實際的領導者之一。1928年莫斯科中共「六

大」是李立三政治地位的轉折，成為了政治局常委，並與瞿秋白等人將他所控制的傀儡向忠發推舉為了中共總書記，回國後作為中共中央宣傳部長兼祕書長，透過對向忠發的控制成為中共實際上的領袖，但1930年冬因為「立三路線」遭莫斯科懲罰，被免職並被召到莫斯科，從此在政治上一蹶不振。

陳喬年，陳獨秀次子，生於1902年，安徽懷寧人，與兄長陳延年一起就讀上海法語學校、震旦大學，1919年12月下旬赴法國勤工儉學，並參與了旅歐少共的籌建，加入法國共產黨，1923年去莫斯科東方大學受訓，1925年春回國後任李大釗為書記的中共北方局宣傳部長，1927年春到武漢，成為中共「五大」中央委員，並任中共中央組織部副部長，代理李維漢主持中央組織部工作。中共「八七」會議後調任中共湖北省委組織部長，不久調往上海任中共江蘇省委組織部長。1928年2月16日在上海被捕，中共準備用一個叫周之楚的新黨員冒名頂替陳喬年接受死刑，結果被發現，陳喬年還是被殺。

李富春，1900年生，湖南長沙人，1919年赴法國勤工儉學，1921年加入中國社會主義青年團，1922年加入中共，1925年初赴莫斯科，7月回國，曾任國民革命軍第二軍副黨代表、政治部主任、中共江西省委委員、代理省委書記等，1927年後歷任中共江蘇省委宣傳部長、代理省委書記、中共上海法南區委書記等，1929年11月起任中共廣東省委宣傳部長、代理省委書記，1931年到中央蘇區後擔任了很重要的中共江西省委書記職務。

向警予，原名向俊賢，1895年生，湖南懷化土家族人，曾入湖南第三、第一女子師範和周南女校讀書，1919年夏赴長沙，發起女子赴法勤工儉學行動，加入新民學會，冬天隨男友蔡和森一家赴法國，隨後與蔡和森結婚，1921年年底又跟被遣送的蔡和森一起回國，1922年加入中共並參加中共「二大」，成為中央委員並任中央婦女部長，中共「三大」、「四大」仍然是中央委員，1925年10月與蔡和森一起去莫斯科

東方大學，1927年回國後調湖北省委工作，1928年3月被捕，5月1日被殺。向警予在中共黨內地位雖然不高，但由於是中共最早的婦女領袖，自有其特殊地位和影響。

鄧小平，原名鄧先聖，學名鄧希賢，1904年8月22日生，四川廣安人，1919年秋考入重慶勤工儉學留法預備學校，1920年夏赴法國勤工儉學，1922年參加中國社會主義青年團，1924年轉為中共黨員，1926年初派到莫斯科受訓，1927年春回國後被李大釗派往馮玉祥部擔任一般政治幹部。國共分裂後開始化名為鄧小平。1927年在武漢參加「八七」會議，年底隨中央機關去上海後，於1928年被周恩來安排為中共中央祕書長，奠定了在中共的地位。1929年夏作為中共中央特派員前往廣西，組織、領導了百色起義，任紅七、八軍政治委員和前敵委員會書記，由於很多時間並不隨軍，因此只是名義上的中共諸侯之一，1931年夏到中央蘇區後地位也不高，先後任中共瑞金縣委書記、會昌中心縣委書記、江西省委宣傳部長等。

王若飛，1896年生，貴州安順人。1918年留學日本，1919年10月赴法國勤工儉學，1922年加入法國共產黨，是旅歐少共的主要發起人和組建者之一，1923年4月赴莫斯科東方大學學習，1926年回國後參與領導了上海第一、第三次工人武裝暴動，1927任中共江蘇省委常委、農民部部長、宣傳部部長，1928年在莫斯科出席中共「六大」後，任中共駐共產國際代表團成員，1931年回國，任中共西北特委特派員。

蔡暢，1900年生，湖南雙峰縣人，1919年與向警予共同發起組織湖南女子留法勤工儉學會，同年與母親葛健豪、哥哥蔡和森及向警予一起赴法國勤工儉學，1922年加入中國社會主義青年團，1923年轉為中國共產黨正式黨員，當年與李富春結婚。1924年去莫斯科東方大學學習，次年回國後任中共兩廣區委婦女委員會副書記、國民黨中央婦女部幹事兼婦女運動講習所教務主任，北伐後任中共江西省委婦女部部長兼北伐軍政治部宣傳科科長、中共湖北省委婦女部部長，國共分裂後任中共

中央婦委委員等職，1928年出席中共「六大」，1931年到中央蘇區後任中共江西省委組織部部長、白區工作部部長兼婦女部部長、江西省工農檢察委員會主席等職務。

旅歐法國派系在中共擔任要員職務的隊伍之龐大，其中的原因取決於三個因素：一，早在1922年即中共「二大」前，就已經從法國遣返回過一批人，由於中共元老派人數較少，便馬上成為了中共的一支中堅力量，為以後進一步的發展奠定了深厚的基礎；二，由於接受過共產國際的訓練，有著元老派所不具有的直接的共產國際背景，更能夠得到共產國際的信賴；三，中共早期歷史實際上是一個越來越走向激進的過程，旅歐法國派系較之元老派總體上更年輕、激進，更具有列寧主義化的特點。到了中共派系蘇區大會合時，旅歐法國派系的重要人員雖然已經失去了趙世炎、蔡和森和陳延年、陳喬年兄弟，李立三實際等於被莫斯科軟禁在了蘇聯，王若飛也游離在中共核心圈的權爭之外，而且其中數位都是個性很強大的、十分具有領袖氣質的人物，但剩餘力量依然是非常可觀的，而他們的第一領袖則是周恩來。

蘇聯派系及其老蘇聯幫與青年蘇聯幫

中共另一股非常強大也更重要的國外派勢力是蘇聯派系。蘇聯派系又有老蘇聯幫與青年蘇聯幫之分。老蘇聯幫由中共成立後選派到莫斯科東方大學學習和訓練的人員形成，因此也可以稱為東方大學幫。青年蘇聯幫是國共合作後，東方大學改為了中山大學，由這前後派遣去蘇聯學習和訓練的人員形成，因此也可以稱為中山大學幫。這種區分是相對而言，並不是界限絕然分明的。

相關有兩種情況，一是旅歐共產國際派有很多人也是再進入莫斯科接受訓練的，二是國內派也有很多人曾去莫斯科接受訓練，時間長短不一，受訓內容也有側重政治和側重軍事的

差別，但就其淵源來說，與蘇聯幫有一定區別，不能歸入蘇聯幫。這種區別最顯著的地方，是蘇聯幫基本都是由中共乃至國民黨向蘇聯提供人才，然後由蘇聯透過比較長期的訓練，培養成了真正的中共分子，而旅歐共產國際派和中共國內派的分子在去莫斯科接受訓練前，就已經是真正的中共分子，同時，一般來說，所接受的訓練具有「短期」培訓的特點。雖然這種「短期」培訓分子不能被歸入蘇聯幫，但這種訓練並不是毫無意義的，它造就的是一種親蘇聯性。由於到蘇聯經過培訓的人占了中共中高級幹部的絕對大比例，加之蘇聯幫逐步在中共取得了統治地位，也就在中共深深植入了一種親蘇聯傾向，以至成為了一種中共的蘇聯文化和情結，這種蘇聯文化和情結一直延續到中共當代，使中共在國際戰略和政治層面上更容易接受俄羅斯，而不是美國。僅僅就蘇聯派來說，由於是作為「人才」派遣去蘇聯的，因此，很多具有由學生而中共職業革命家的演變特徵，其政治定型具有比較鮮明的蘇聯特徵，而不是在已經完成政治定型、成為中共職業革命家後再經過培訓注入蘇聯因素。

由於是由學生而中共職業革命家的演變，因此，即使老蘇聯幫，年齡通常也就都比較年輕。老蘇聯幫的陣容比較龐大。還在1920年8月中共正式成立的同時，深謀遠慮的蘇聯就幫助中共在上海辦了一個外國語學社，陳獨秀委託楊明齋任校長，俞秀松任祕書。楊明齋，1882生，山東平度人，曾在海參崴、西伯利亞務工，十月革命前就參加了布爾什維克黨，是中國歷史上最早的共產黨人，維經斯基到中國組建中共時擔任翻譯。俞秀松，1899年生，浙江諸暨人，1920年11月中共社會主義青年團成立時任第一任書記。俞秀松、楊明齋兩人後來都因為史達林的大清洗被殺。外國語學社從各地物色了一批學生，經過培訓分三批向莫斯科輸送了三十四人，組成東方大學第一屆中國班學員。這批人構成了老蘇聯幫的主體。老蘇聯幫

的重要人物有瞿秋白、羅亦農、彭述之、任弼時、劉少奇、王一飛、任作民、汪壽華、柯慶施、蕭勁光等。

瞿秋白不是從上海外國語學社去的莫斯科，卻是老蘇聯幫最重要的領袖，原名瞿雙，1899年生，江蘇常州人，與張太雷是中學同學和至交，曾到武昌外國語學校學英文，1917年考入北洋政府外交部的俄文專修館，1919年10月以北京《晨報》和上海《時事新報》特派記者身分去莫斯科採訪，所撰寫的報導對中國產生重大影響。1921年瞿秋白擔任了莫斯科東方大學中國班教員，1922年經張太雷介紹加入中共，曾出席遠東民族代表大會和共產國際第三、四次代表大會。1923年春回北京，作為莫斯科的代言人主持起草中共「三大」綱領草案，參與制定國共合作的戰略決策，隨即在6月的中共「三大」上當選中央執行委員會委員，進入中共領導層，7月在上海創辦上海大學，任教務長兼社會學系主任。1924年1月參加中國國民黨第一次全國代表大會，當選為中央執行委員會候補委員，後又擔任國民黨中央政治委員會委員，1925年1月成為中共「四大」中央執行委員、中央局成員，進入中共最高領導層，1927年5月在中共「五大」上當選為中央委員、中央政治局委員，7月即取代陳獨秀成為中共最高領袖，直到1928年6月的中共「六大」退出最高領袖職務，但仍然是中共的太上皇，任中共中央駐共產國際代表團團長，並是共產國際第六次代表大會共產國際執行委員會委員和主席團委員及政治書記處成員，1930年秋回中國後主持結束「立三路線」，但隨即也作為替罪羊被開除出中共中央政治局，轉向文化人角色。

羅亦農，1901年生，湖南湘潭人，1921年經外國語學社培訓後赴莫斯科東方大學，同年冬加入中共，曾任中共旅莫支部委員，1925年3月回國後歷任中共廣東區委宣傳部長、中共江浙區委書記、中共江西省委書記、中共湖北省委書記、中共中央長江局書記，是上海三次工人武裝暴動的主要組織者和領導者，1927年5月在中共「五大」上當選為中央委員，不久在

「八七」會議上進入臨時中央政治局，11月在上海中共中央臨時政治局擴大會議上成為中共中央政治局常委，不久任中共中央組織局主任。已經成為中共最高領袖之一的羅亦農，於1928年4月被賀治華出賣換賞金捕殺。

彭述之，1895生，湖南邵陽人，1919年考入北京大學，1921年去莫斯科東方大學，同年冬加入中共，1924年出席共產國際第五次代表大會，8月回到上海，1925年在中共「四大」上當選為中央執行委員會委員、中央局委員，直接成為了中共最高領袖之一，1927年5月在中共「五大」上當選為中央委員，地位下降，9月任中共中央北方局委員，12月改任中共順直省委員會書記，1928年4月中共中央政治局將政見不同的他開除出中央委員會，1929年11月進一步被開除出黨。之後成為中國託派領袖之一，1932年10月被南京政府逮捕。

劉少奇，1898年11月生，湖南寧鄉縣人，1919年中學畢業。1920年加入中國社會主義青年團，1921年到莫斯科東方大學，之後轉為中共黨員，1922年回國到中國勞動組合書記部當幹部，不久到江西安源煤礦同李立三等領導安源路礦工人大罷工，隨後任安源路礦工人俱樂部代主任、主任，1925年任全國總工會副委員長，1927年在中共「五大」上選為中共中央委員，國共分裂後從事祕密工作，1930年夏出席在莫斯科召開的赤色職工國際第五次代表大會，當選為執行局委員，留在赤色職工國際工作，1931年成為中共六屆四中全會政治局候補委員，進入中共領導層，同年秋回國後任中共中央職工部部長、全國總工會黨團書記，1932年冬進入閩西根據地，之後任中共福建省委書記。

王一飛，1898年生，浙江上虞人。1920年加入中國社會主義青年團，1921年去莫斯科東方大學，1922年轉為中共黨員，1924年7月以中共列席代表身份參加共產國際第五次代表大會，1925年夏回國在中共中央軍委做幹部，1927年參加上海工人第三次武裝起義的準備工作，並主管中共上海區委的宣傳

工作，「四一二」協助周恩來主抓軍事工作，並以中央軍委代表身份參加了「八七」會議，1927年10月與羅亦農一起赴湖南長沙改組中共湖南省委，任中共湖南省委書記，12月在長沙進行異想天開的暴動，1928年1月被捕殺。

任作民，1899年生，湖南省湘陰縣人，1920年在上海外國語學社補習俄語，1921年赴莫斯科東方大學，1922年加入中共，曾任蘇聯遠東職工會中國分會會長、赤塔工聯中國工人部部長，1925年4月回國，在上海中共中央祕書處工作，1927年1月赴武漢任總書記辦公室負責人，1927年9月被派往開封任中共河南省委宣傳部長。1928年4月被捕，1930年出獄後任江西省委組織部副部長、祕書和滬東區委書記等職，1932年冬任中共山東省委書記，1933年2月再次被捕，一直到抗日戰爭才出獄。

汪壽華，1901年生，浙江諸暨人，1917年考入浙江省立第一師範，1921年經在上海外語學社培訓後赴蘇聯，但沒去成莫斯科，在赤塔擔任遠東職工會中國工人部主任，1922年任海參崴工人蘇維埃委員，1923年加入中共，並作為遠東代表赴莫斯科出席國際反帝同盟東方局會議，1924年10月回國，1925年在中共「四大」上作職工運動報告，「五卅」運動後任上海總工會宣傳部主任、上海總工會黨團負責人、上海總工會代理委員長，之後擔任中共江浙區委職工運動委員會書記兼上海總工會代理委員長，1926年10月後參與發動上海三次工人武裝暴動，任上海區委軍事特別委員會工人自衛團指揮處負責人、中共中央特別委員會委員、上海市民代表會議常務委員，1927年3月上海特別臨時政府成立後任委員，並任總工會委員長，不久被杜月笙抓住後活埋。

柯慶施，1902年生，安徽歙縣人，1921年在上海外國語學社培訓後赴蘇聯，1922年由中國社會主義青年團團員轉為中共黨員，出席在莫斯科召開的遠東各國共產黨及民族革命團體第一次代表大會，1923年回國到安徽活動，組建中共安慶支部

並任支部書記，1924年赴海參崴布爾什維克黨校中國班做教員，1926年回國後任國民黨省黨部祕書長，1927年任中共安徽臨時省委書記，1929年底前往湖北通山縣擔任紅五軍第五縱隊政治部主任，策動大冶暴動，1930年6月紅五縱隊擴建為紅八軍，何長工任軍長，鄧乾元任政委，柯慶施任政治部主任，1933年任中共河北省委前委書記。

蕭勁光，1903年生，湖南省長沙人，1921年由上海外國語學社送到莫斯科東方大學，1922年加入中共，1924年回國後任國民革命軍第二軍六師黨代表，1927年赴蘇聯入列寧格勒軍政學院學習，1930年回國後任閩粵贛軍區參謀長兼政治部主任、中央軍事政治學校校長、紅五軍團政委，瑞金警備司令等職。

老蘇聯幫除蕭勁光成為一名職業軍人是個特例外，其他重要的政治人物一回國，總體上沒有多少過渡，就進入了中共中央最高領袖層或工運、省委領袖階層，比之旅歐共產國際派基本都需要一個由下而上的過渡才能上升到領袖層，呈現出了明顯的政治優勢，這種優勢實際上正是蘇聯背景較之共產國際背景的優勢。這一情況在青年蘇聯幫回國後，更是絕對地體現了出來。青年蘇聯幫的重要人物有王明、博古、洛甫、王稼祥、沈澤民、夏曦、伍修權、陳昌浩、張琴秋、凱豐、楊尚昆等。

博古，原名秦邦憲，1907年生，江蘇無錫人，1925年入上海大學並加入中共，1926年赴莫斯科中山大學，1930年回國後任全國總工會宣傳幹事、共青團中央組織部長，1931年4月任社會主義青年團書記，9月王明去莫斯科之前，博古進入中共臨時中央局並被指定擔任總書記，成為中共最高領袖。

洛甫，原名張聞天，1900年生，上海川沙人，1917年考入南京河海工程專門學校，曾去日本求學，1925年6月加入中共並赴莫斯科中山大學、紅色教授學院學習，1930年回國，1931年2月任中共中央宣傳部部長，9月後任中共臨時中央

政治局委員、常委，實際也就是博古的副手，是中共的第二號人物。

　　沈澤民，1902生，浙江桐鄉人，與洛甫是南京河海工程專門學校同學，並一起去日本求學，1921年初回上海後不久，就由他的兄長沈雁冰（即作家茅盾）於5月介紹加入中共，因此，嚴格說他應該是中共元老派之一，但他後來一般被認為是「二十八個半」中的一員，因此，應該歸入青年蘇聯幫。1922年沈澤民任中國社會主義青年團中央委員，1923年先後在南京建鄴大學、上海大學任教授，1924年任中共上海地委委員兼國民黨上海執行部宣傳部幹事。1926年赴莫斯科中山大學，1927年任該校政治經濟學教師，1930年10月回到上海，1931年初在中共六屆四中全會上補選為中央委員，任中共中央宣傳部部長，4月即調到鄂豫皖蘇區，被中共中央指定為鄂豫皖分局書記，5月成立蘇區中央局鄂豫皖分局，任常務委員，是鄂豫皖蘇區權力僅次於張國燾的領袖，1932年1月任中共鄂豫皖省委書記，1933年11月20日病逝。

　　夏曦，1901生，湖南益陽人，1917年考入湖南省立第一師範讀書，曾加入新民學會，1921年秋加入中共，所以，他本也應該屬於中共元老派，但由於「二十八個半」的原因更應該劃入青年蘇聯派。夏曦1922年1月曾出席在莫斯科召開的遠東各國共產黨及民族革命團體第一次代表大會，回國後從事學生運動，1923年8月當選中國社會主義青年團中央委員，並任湖南國民黨組織籌備處負責人，1924年任中共湖南區委委員、國民黨湖南省黨部執行委員和監察委員，1926年當選為國民黨候補中央執行委員，1927年當選中共「五大」中央委員，會後任中共湖南省委書記，南昌暴動失敗後赴莫斯科東方大學學習，1930年回國後任江蘇省委常委兼宣傳部長，1931年增補為中共候補中央委員，3月前往賀龍洪湖根據地，任蘇區中央局湘鄂西分局書記，1934年紅三軍與紅六軍團會合後任紅六軍團政治部主任。

伍修權，1908年生，湖北武漢人，1923年冬加入社會主義青年團，1925年先後在莫斯科中山大學、蘇聯步兵學校受訓，1929年調蘇聯伯力遠東國家保衛局工作，1930年轉為蘇聯共產黨（布）候補黨員，1931年回國後轉為中共黨員，到中央蘇區後曾任閩粵贛軍區司令部參謀、瑞金紅軍學校連指導員、營政治教導員、軍事團教育主任、軍委模範團政委、軍委直屬第三師政委、汀（州）連（城）軍分區司令員兼政委等職務，1933年李德到中央蘇區後擔任專門翻譯。伍修權本身的職務不高，但李德翻譯這一身份使他具有了一種難以估計的特殊地位。

陳昌浩，1906年生，湖北武漢人，1926年加入中國共產主義青年團，1927年赴莫斯科中山大學學習，1930年11月回國後加入中共，隨即去鄂豫皖蘇區，任蘇區中央局鄂豫皖分局委員兼共青團中央鄂豫皖分局書記、紅四軍政委、第四方面軍政委，敗退川陝蘇區後任西北革命軍事委員會副主席、第四方面軍（兼西北軍區）政委兼政治部主任。

張琴秋，1904年生，浙江桐鄉人，曾就讀於省立杭州女子師範學校、上海愛國女校、南京美術專科學校，1924年考入上海大學並加人中共，當年與沈澤民結婚。1925年去莫斯科中山大學、莫斯科紅色教授學院學習，1930年回國後任中共上海滬東區區委委員，1931年與沈澤民一起去鄂豫皖蘇區，曾任軍事政治幹部學校政治部主任、河口縣委書記，紅四方面軍敗退川陝後曾任紅七十三師政治部主任、紅四方面軍總政治部主任、紅江縣代理縣委書記、紅四方面軍總醫院政治部主任，1934年當選為中華蘇維埃共和國中央執行委員。

凱豐，原名何克全，1906年生，江西萍鄉人，曾就讀武昌高等師範學校，1927年任武昌中山大學共青團支部書記等職，後被派往莫斯科中山大學學習，1930年冬回國並轉為中共黨員，1931年任共青團兩廣省委書記、共青團中央宣傳部部長等職，1932年到中央蘇區，1933年後任共青團中央書記，1934

年進入中共中央委員會並成為政治局候補委員，任中華蘇維埃共和國中央執行委員會執行委員。

楊尚昆，1907年生，四川潼南人，1925年加入共青團，1926年轉為中共黨員，並入上海大學學習，1926年底去莫斯科中山大學，1931年回國，任中華全國總工會宣傳部部長、中共黨團書記、中共江蘇省委宣傳部部長、中共中央宣傳部部長等，1933年到中央蘇區，任中共中央局黨校副校長、紅一方面軍政治部主任、中央軍委總政治部副主任，1034年任紅三軍團政委。

可見，青年蘇聯幫在1930年冬前後回國後，僅僅透過一年多的時間，就控制了中共中央的最高權力，而且，在三個最主要的蘇區都進行了強烈的權力滲透。夏曦在賀龍的洪湖蘇區成為了最高領袖，把賀龍排擠到了次要的地位。在鄂豫皖蘇區，在黨的權力上則還沒有突破張國燾的權威，在軍事上則還受徐向前的限制，但沈澤民、陳昌浩、張琴秋已經近乎分得了半壁江山。只有在中央蘇區，青年蘇聯幫暫時還沒有形成比較強勢的權力，王稼祥雖然處於比較重要的地位，但並沒有大的作為。在中央蘇區的政治權力實際形成了三股力量，一是以周恩來為首的一股勢力；一是由元老派毛澤東、項英衝突後，項英與老蘇聯幫任弼時進行聯合構成的勢力；一是毛澤東的勢力。這三股勢力毛澤東派系受到另兩股勢力的擠壓，暫時處於最弱勢，周恩來與項英、任弼時的勢力基本處於聯合狀態，也存在著很多矛盾，彼此都比較強勢。

但這種情況並沒有得到維持，1933年1月，國民黨在得到顧順章之後，從未有過地在破獲中共祕密機關方面獲得了巨大成就，顧順章的特工天才改變了中共和中共革命的走向，博古中央已經無法繼續在上海存在下去，不得不遷移到中央蘇區。博古、洛甫的到來立即改變了中央蘇區的權力和勢力結構，政治層面上的權力一下集中到了青年蘇聯幫手上，周恩來

與項英、任弼時的權力均衡被打破，並很快就聚集到了博古的統一旗幟下。

博古統一各種勢力

博古對勢力的統一是強有力的，甚至可以說是非常地鐵腕。他一到蘇區後，就把臨時中央與蘇區中央局合併，實際也就是取消掉了蘇區中央局，這樣，原蘇區中央局書記周恩來、代理書記任弼時也就失去了最高政治領袖層地位。周恩來現在的職務就只是紅一方面軍總政委了，任弼時則是新的中央局組織部長兼黨校校長，項英的地位則得到了悄悄的提高，他仍然是蘇維埃政府副主席，但代理了朱德的中央革命軍事委員會主席這一最實力的職務，實質上成為了中共最高領袖層中最實力的人物。蘇維埃政府主席毛澤東的職務雖然沒有變化，但很快就受到進一步的限制，成為了一名二線的二線人物，被徹底排擠到了權力的邊緣。博古所採取的手腕，是任命任弼時為中共湘贛省委書記，由於所謂的蘇維埃政府所實際管轄的範圍只是江西根據地及其周邊地區，而政府屬於黨領導，因此，博古將江西、湖南合併為湘贛省委，實質上就是把毛澤東置於了任弼時的實際領導之下。

從博古這一權力調整來說，可以看出他並不完全是中共官方黨史所描述的幼稚青年。米夫、王明能從並不缺乏人才的青年蘇聯幫裏挑出博古擔當大任，博古自有其特別的過人之處，事實上，當後來毛澤東在遵義會議後掌握獨裁大權，其他人都紛紛向毛澤東投降繳械時，只有博古仍然是一個強硬者，可見他不是一個庸碌之輩。博古這一權力調整是比較聰明的，只是進一步排擠了元老派毛澤東，但重用另一個元老派項英，大有用也是非常有領袖氣質、政治上強勁的項英取代毛澤東的趨向。老蘇聯幫任弼時雖然表面地位下降，但腳跟落到了實處，獲取了實實在在的權力和勢力範圍。周恩來雖然從最高

領袖層中被排擠，但實際權力和他的實力並沒有受損失，不僅保持軍職，而且仍然控制著特工、情報體系。朱德由於在前線直接指揮軍隊，中央革命軍事委員會主席這一職務相應的職權本就不能使用，因此，項英代替他這一職務並沒有實質性削弱朱德的軍權。這樣，博古就是對中央蘇區中共各幫派進行了巧妙的平衡和統一，唯一打擊的只是毛澤東，形成了一個強大的、使毛澤東根本沒有還手之力的聯合陣線。

當然，博古這樣做並不只是為了對付毛澤東。如果認為博古的目的只是為了排擠毛澤東，那就是後人太看高當時的毛澤東了。博古的幼稚性恰恰不在這裏，而是在太看輕了毛澤東，更沒有充分注意以朱德為首的軍人們並不會是純粹的工具，但這樣的幼稚性在當時中共多數政治家身上都是存在著的。如果僅僅是要對付毛澤東，博古並不需要這樣複雜，當時毛澤東處於絕對的弱勢，命運完全捏在他人的手上，根本不具有與博古抗衡的能力。毛澤東本就很失人心，沒有了實權更是形單影隻，門庭冷落，偶然有人來看他，似乎有一種憐憫他的感覺，會令他很敏感地避開，比如林彪曾去看望毛澤東，毛澤東不願意見林彪，避開了。毛澤東的這種避開，並不是怕什麼牽連別人，這並不存在。當時跟毛澤東進行交往屬於正常，毛澤東只是權力被削，地位並沒有改變，名義上仍然是蘇維埃政府主席，是「國家」最高領導人，根本不存在被毛澤東牽連的問題，所以，這只跟毛澤東面子上的敏感有關係，特別是像林彪這樣原來的親信來看望，似乎是一種憐憫，面子上不容易過得去。相反，本來互相有點意見的龔楚則不同，因為本來有些對立，反而互相更能理解和坦然，彼此不存在面子問題，可以暢所欲言，龔楚回憶有一次跟毛澤東喝過酒後，毛澤東竟然對自己的被排擠現狀「淒然淚下」。如果是真正的領袖層對手，毛澤東是不可能「淒然淚下」的，在需要擺出一本正經面孔對待的林彪這樣的親信面前，毛澤東也不可能「淒然淚下」。

博古的根本目的，只是要兼併各種勢力，形成權力的高度集中，以徹底貫徹莫斯科的意志。

二十九　李德取代朱德與紅軍宿命

必須架空朱德

　　博古中央雖然於1933年1月到了蘇區，但李德則還沒有來，因此，就形成了一種李德在上海透過電台遙控博古，再透過博古貫徹其意志的軍事指揮格局。由於博古對軍事完全是個外行，項英基本屬於一個門外漢，周恩來只是半個內行，這種格局自然是難以達到完全貫徹意志的目的，因此，在第四次反圍剿中，最終還是由朱德進行靈活機動，貫徹了自己的意志，從而獲得了勝利。

　　鄂豫皖、洪湖蘇區的失敗，中央蘇區的勝利，進一步證明了朱德在軍事上的超人，至少更證明了在軍事指揮層面上他的不可取代。但是，朱德在第四次反圍剿中戰略上的虛晃一槍，並不能向人們證明他在戰略決策上的不可取代，反而可以被理解為是由中央阻止了他的錯誤，堅決命令他執行李德的戰略計劃，才取得了勝利，因此，朱德的勝利反是證明了李德和博古中央的英明，為他們進一步控制紅軍作了奠基。從周恩來後來對李德言聽計從來看，甚至周恩來也沒有認識到這點，他是在慶幸自己沒有跟朱德突破到外線作戰，避免了戰略錯誤，因此，就更應該相信李德，而不再應該相信朱德。

　　如果認為莫斯科也會這麼想，那就出毛病了。當時蘇聯沒有戰爭，世界上與共產黨相關的最大規模戰爭只發生在中共蘇區，蘇聯龐大的軍事專家隊伍不可能不關注這一戰爭。這一戰爭是極其奇怪的，彼此兵力基本是十比一，而且兵力少的一方裝備也差很多，結果連續四次戰役都是處於絕對弱勢的一方

獲勝，在世界軍史上根本找不到第二例。任何具備最基本理智的人，都可以看到勝利一方的中共紅軍，唯一不變的重要軍事要素就是它的軍事統帥一直是朱德，所有這些戰爭既不是贏在人數上，也不是贏在裝備上，而政治的軍事領導人又是在毛澤東、周恩來乃至項英之間毫不穩定，因此，就必然是主要贏在朱德的軍事藝術上。如果形成不出這樣的簡單形式邏輯層次結論，而是像中共後來在對毛澤東進行個人崇拜那樣失去最基本的理智，把勝利歸到毛澤東一個人頭上，那麼，蘇聯的軍事家們就實在是思維混亂不堪了。

按照最基本也最簡單的理性判斷，中共紅軍贏在朱德，如果要輸，也將在朱德。那麼，是要讓中共紅軍繼續贏下去，還是輸掉呢？這正是蘇聯的軍事家們，特別是政治家們所要深入考慮和研究的。這個問題轉換一下，實質上就是中共紅軍繼續贏對蘇聯有什麼好處？輸掉反圍剿對蘇聯有什麼好處？對史達林來說，由於對中共的絕對控制，如果要讓中共紅軍繼續贏，就只要進一步強化朱德的軍事權力即可；如果要讓中共紅軍輸，那就必須消解掉朱德的軍事權力。這在本質上是取決於蘇聯的利益取捨。

國、共軍事對抗是一種不均衡或不對稱的戰爭格局，當中共還沒有學習和掌握朱德的軍事藝術前，比較有規模的軍事行動比如劉伯承的瀘順暴動、周賀葉劉的南昌暴動、毛澤東的秋收暴動、葉挺的廣州暴動，都是輸得一敗塗地，進行的游擊戰也基本只是達到了保持小股力量生存的目的，不能夠獲得大的發展，比如毛澤東的「兜圈子」方法和「羅霄山脈中段」理論，不過只是一種生存策略。當朱德成為中共武裝的領袖後，這種情況發生了根本改變，標誌性的戰役是朱德用一個團消滅許克祥六個團的坪石之戰，而井岡山消滅楊如軒、楊池生兩師基本力量的游擊戰，則標誌了一種全新的游擊戰藝術已經誕生，朱德的相關軍事藝術經過各種管道和方法逐步為中共其他武裝所接受、模仿和改造，從此，中共武裝就從獲得生存

演變為獲得發展的階段，比如彭德懷，當他第二次下井岡山後，開始採用了朱毛的游擊戰術，便從慘不忍睹的局面一下子發展了起來。獲得了發展的中共武裝，才真正進入到了與國民政府進行軍事對抗的階段。

朱德所謂的游擊戰，並不是傳統的進行小規模戰鬥的游擊騷擾、破壞戰，而是將游擊戰與運動戰、陣地戰乃至一定水平攻城戰結合起來的大規模游擊戰，是一種游擊戰爭。其設定的前提是敵強我弱、敵多我少，在這一基本前提下獲取戰爭、戰役和戰鬥的勝利。就戰爭的戰略來說，朱德的特點是不計較防區的失去，只計較軍隊本身的損失，在最大可能地保存自己前提下，殲滅敵之一部，逐步積累，以最低的成本與高成本的敵方進行消耗，最終獲取整個戰爭的勝利。朱德這種戰略或戰術，並不能夠將敵方完全消滅，因此，依靠朱德這種戰術中共不可能達到從戰場上馬上推翻國民政府的目的，但卻能從戰場上達到對國民政府予以極大消耗的目的，最終就可以導致國民政府走向全面的經濟、社會危機，也就是朱德說的積小勝為大勝。

朱德這種新型的軍事藝術在1932年12月12日中、蘇恢復外交關係之前，雖然是蔣介石和他的德、日、美、英等國軍事顧問們所摸不著頭腦的，當然也是蘇聯的軍事家們所摸不著頭腦的，但是，一個個連續的戰役事實就擺在那裏，其明顯的客觀效果終究是試圖推翻國民政府的蘇聯所歡迎的，因此，明顯改變戰略和戰術的「立三路線」由莫斯科最終作了堅決的否定，並因此而對「立三路線」進行了超常嚴厲的政治打擊。但是在1932年12月12日之後，則已經完全不同，朱德的這種軍事藝術不能迅速推翻國民政府，卻極大地消耗了國民政府，而一個被消耗到危機的中國政府已經對蘇聯毫無好處，恰恰是極大地損害了蘇聯的利益。既然中共一時不能推翻國民政府，那麼，現在蘇聯要的就不是一個過於虛弱的中國政府，而是一個能夠牽制乃至對抗日本的中國政府。

因此，對莫斯科來說，朱德再也不能繼續指揮中共紅軍了。中共第四次反圍剿比之前三次反圍剿更是奇蹟般地勝利，而且，莫斯科已經對軍事指揮進行了實質性的干涉，張國燾敗了，賀龍敗了，朱德卻偏偏仍然勝了，而且在更強大的敵人面前，勝得比他以前跟毛澤東合作時更加輝煌。朱德的這種勝利繼續下去，雖然直接打擊的是國民政府，但對蘇聯的遠東戰略利益來說，則將是災難性的。一個不能對抗日本的中國，只能是蘇聯的災難。再也不能讓朱德繼續指揮下去了。但是在表面上，莫斯科不能這麼做，如果強行剝奪朱德的權力，很可能同樣是災難性的。這跟剝奪毛澤東的權力完全不同，對毛澤東可以透過政治鬥爭進行，對朱德則無法從政治鬥爭角度進行，因為，朱德並不參與中共最高權力的政治衝突，根本找不到恰當的理由，最重要的是朱德在紅軍中的威望是毛澤東所不可比擬的，對朱德進行明確的打擊很可能導致紅軍徹底失控，而紅軍一當失控就等於莫斯科失去了中共。對朱德進行奪權的唯一方法，只能是對他進行架空，用李德取代朱德，然後讓李德做中共紅軍軍事失敗的替罪羊。

博古一到中央蘇區，就已經對朱德的權力進行了推敲。龔楚回憶他第一次見到博古、洛甫時，他們就找他很嚴肅地談了一次話，而且指示他不要向其他人洩漏談話內容。博古、洛甫問龔楚的第一個問題是「你對朱、毛的觀感如何」？龔楚很謹慎地回答：「朱德同志，是個純樸勇敢而又能吃苦耐勞的軍人，對黨很忠誠，軍事學術經驗都很豐富，可稱是一位好的指揮官；他對人和藹可親，平易近人，四軍官兵對他都很擁戴。毛澤東同志，有領導政治鬥爭的才智；對軍事戰略的決策，亦常有卓越的見解，但戰場指揮及戰術的運用，因他不是軍人，當然非其所長。」當博古、洛甫問軍人是否擁護毛澤東時，龔楚回答：「毛澤東同志的才智非我們所能及，領導方式不免有惟我獨尊的獨裁作風，軍人的個性，一般來說是喜歡坦白、誠實、而又勇於負責的長官，以我所知，過去廿八團的最

大多數及廿九團的幹部，對他是有敬而遠之之感。」龔楚原來是井岡山時期最重要的軍事領導人之一，但後來離開了井岡山，博古、洛甫找他瞭解朱、毛情況是比較巧妙的，而龔楚的回答則也很巧妙，從政治角度肯定了毛澤東的才智，從軍事角度肯定了毛澤東在戰略決策方面會有「卓越的見解」，但實質上否定了軍人們會對毛澤東忠誠；而對朱德，龔楚在軍事上則作了全面的肯定，並實質性地肯定了軍人們對朱德的絕對忠誠。龔楚的這種回答實際上也是陳毅當初到上海向李立三、周恩來彙報時的另一種翻版，他們在基本精神上完全一致，也即毛澤東作為一名政治人員的能力很強，也有戰略決策能力，但朱德作為一名軍事領袖的能力則是全面的，威望也是足夠的，因此，毛澤東是可以取代的，而朱德則是不可取代的。對於同樣的政治領袖階層的人來說，不會輕易認為自己在政治能力和戰略決策能力方面輸給毛澤東，甚至可能認為自己比毛澤東能力更強，但朱德全面的軍事能力和威望，則不是他們所具有的，也是找不到第二個軍人可以取代他的。因此，朱德的軍事領袖地位幾乎具有不可動搖性。

　　對朱德絕對軍事領袖地位毛澤東曾經嘗試進行約束，這是在彭德懷上井岡山之後，但毛澤東僅僅只是試圖用彭德懷牽制朱德，而不是幻想取代朱德，當朱德在1929年1月的柏露會議上突然提出下井岡山時，毛澤東只好放棄了彭德懷和自己的「羅霄山脈中段」理論，跟隨朱德而去。1929年8月在朱德對付金漢鼎第一次「三省會剿」時，毛澤東讓林彪行動遲緩留在內線，對到外線作戰的朱德痛下殺手，這是因為朱德剝奪了毛澤東的政治領導權，毛澤東橫下了心才敢耍了一次陽謀，結果1930年1月朱德在金漢鼎第二次「三省會剿」時，反過來給毛澤東顏色看，突然帶主力去了江西，不去攻擊閩軍為留在內線的毛澤東解圍，逼得毛澤東只好老老實實馬上追隨朱德而去。1930年二打長沙，本來已經比較冷靜的毛澤東被彭德懷刺激得頭腦又熱起來，與彭德懷聯合，結果還是不得不回過頭來

跟朱德結成聯盟。1932年1月周恩來不聽朱德意見，再犯毛澤東二打長沙錯誤，上了彭德懷「擔保一個星期打下贛州」的當，結果被毛澤東找到口實大加批評，蘇區中央局由此開始矛盾激化，從此，周恩來與朱德在軍事上的觀點也就基本一致，不願意再上彭德懷打贛州那樣的當了。

要解決朱德軍權而不至於導致普遍忠誠於他的紅軍發生動亂，唯一的辦法就是找到一個可以實質性地取代朱德，並能夠不折不扣地執行莫斯科指令的人。這樣的人在紅軍內部不可能找得到，唯一的辦法就是讓在上海的軍事顧問進入蘇區。

弗雷德・施特恩的陰謀

根據李德在他《中國紀事》中的回憶，他到中央蘇區是在博古去中央蘇區前由莫斯科批准的，但當時因為「技術上的原因」而沒有出發。實際上，向中央蘇區派軍事顧問這並不是第一次，之前也曾經有過，但都沒有認真執行，因此，李德沒到中央蘇區只是不被執行的一種慣例。1933年春，軍事總顧問弗雷德・施特恩到了上海，這時朱德已經取得了第四次反圍剿勝利。弗雷德到上海後，開始向共產國際駐中共代表阿瑟・尤爾特和李德描繪蘇聯援助的藍圖，當時李德和尤爾特都不相信，因為「蘇聯不久前同國民黨中國重新建立了外交關係，即使這種援助不致招來嚴重政治糾紛的風險，運輸中技術上的困難也幾乎是無法克服的」。當蔡廷鍇第十九路軍從淞滬抗戰戰場退出調到福建後，弗雷德又要紅軍南下進攻這支受全國人民愛戴的著名抗日軍隊。

1933年9月，李德終於按弗雷德的命令成行，出發去蘇區。李德回憶道：出發前，「弗雷德給我的指示和建議最多。我從這些指示和建議中感覺到，他深信蘇聯會給予武器援助，並且抱有進行一場大規模正規戰爭的設想。因此他命令我，儘快讓人建立一個飛機場，並在贛江和撫江之間的北線上

建立堅固的陣地，以便在那裏能以薄弱的力量牽制住敵人，在福建戰役結束之後就著手準備一場大規模進攻，目的是一直挺進到南昌，或者甚至挺進到長江沿岸的敵人中心地區。……他要我負責在中央蘇區嚴格執行他的一切指示，其根據是，他是共產國際執行委員會的軍事代表。為了保證在危機情況下能夠直接聯繫，他同我商定了一個密碼，這個密碼只有我們兩人知道。」尤爾特則建議「一切決議最後還是應由中國共產黨中央委員會政治局和瑞金革命軍事委員會作出」。李德這個回憶通常被研究者認為有推卸個人責任的嫌疑，實際這個回憶並不會有水分，之所以會對他有懷疑，是因為至今沒有研究者從蘇聯在遠東的整個戰略利益考察中共紅軍的命運，沒有想到：莫斯科需要紅軍失敗，而且紅軍必須要失敗。

莫斯科要讓中共紅軍失敗，第四次反圍剿的勝利已經說明，必須消解掉朱德的軍事指揮權才可能不再讓中共紅軍獲得這樣的勝利。由於朱德已經在黨、軍兩方面都幾乎沒有人敢公開挑戰的權力、威望和勢力，要做到消解朱德的軍事指揮權，現在唯一的辦法就是不再讓軍事顧問去蘇區成為一紙空文，把軍事顧問真正派到蘇區去，用軍事顧問取代朱德，改遙控中共紅軍為直接控制和指揮中共紅軍。那麼，為什麼不是由軍事總顧問弗雷德・施特恩直接去中央蘇區呢？因為，派軍事顧問恰恰不是為了獲得勝利，而是為了獲得失敗，弗雷德・施特恩的地位比較高，又是直接與莫斯科進行的聯繫，到失敗的時候，莫斯科就難以解釋，必須要為中共紅軍的失敗承擔責任，派一個地位低下的李德去，由弗雷德・施特恩單線對他進行指揮，失敗之後在莫斯科的責任上就將是一筆糊塗帳，所有的罪責也就只能歸到李德一個人身上。正是由於如此，所以，後來關於李德究竟怎麼會到中央蘇區並獲得絕對權力的問題，竟然成為了中共歷史上的一個謎，李德被很多人理解成了一個來歷不明的人。長征後王稼祥去蘇聯養病時，曾不解地問王明是誰把李德派到中共去指揮紅軍的，曾經給過他什麼

指示？王明說，李德既不是他派去的，也不是共產國際派去的，他和共產國際從來都沒有給過他什麼指示，李德是蘇軍總參謀部派去的，受蘇聯指揮。

關於蘇聯援助的問題，任何略微有點政治頭腦的人都會明白這是很荒唐的。如果中共紅軍處於中蘇邊境或中蒙邊境，則蘇聯一定規模地援助中共紅軍武器還是可能的，因為這樣不會被國民政府掌握到充分證據。現在中共紅軍是在南方，按照弗雷德・施特恩獲得一個港口的設想，即使紅軍在中國南方沿海獲得了一個港口，援助也無法祕密進行。至於在中央蘇區造個飛機場以解決援助問題，則更是笑話，在那個時代，從蘇聯用飛機將武器大規模運到中國長江以南，根本沒有辦法做到。那麼，遠比李德更有經驗的弗雷德・施特恩為什麼要編造這樣的故事呢？他真的是要騙李德嗎？不，他根本騙不了李德，李德當即就予以了懷疑和反對，弗雷德・施特恩並不是要騙李德，而是要透過李德騙中共，因此，他在對李德不能予以說服的情況下，就採取了命令手段，而且要他「負責在中央蘇區嚴格執行他的一切指示」，也即不僅李德個人必須絕對服從弗雷德・施特恩的命令，而且李德還必須做到要讓中共中央也絕對服從弗雷德・施特恩的命令，在表面上則是絕對服從李德的命令。弗雷德・施特恩透過李德騙住中共是完全可能做到的，因為，中共領導人對現代戰爭和軍事技術基本是一竅不通，軍事長官中在這方面的知識也非常落後，包括彭德懷、林彪這時候也都沒有多少知識，只有很少幾個在蘇聯正規高級軍事學校培養出來人的可能有這方面知識，事實上，從後來對李德的態度上看，中共紅軍高級將領中只有仔細研究過第一次世界大戰的朱德立即看破了謊言，因為他很快就保持了沉默，對軍事問題幾乎一言不發了。另一個比較晚看破謊言的，是經過伏龍芝軍事學院教育，又比較瞭解內情的總參謀長劉伯承。

弗雷德・施特恩要騙住中共的目的，一是確立李德對中共紅軍的絕對軍事控制權和指揮權，一是按照他的謊言，中

共紅軍必須拋棄朱德原來的戰略和戰術，改用新的戰略和戰術，採用經典的戰線式作戰方式，而這種作戰方式的基本規則就是戰爭雙方人數、武器數量、武器質量、工事、後勤等因素的成比例對抗。做到了這樣兩點，那麼，不管怎樣，中共紅軍失敗就是被注定了。實際上，要採用經典的戰線式作戰方式朱德並不是不懂，而且他是經過很多實戰並研究的，這方面的經驗和知識現在根本不切合紅軍，他是要到國共內戰時才予以了使用，在他策劃與國民黨的決戰時，除了戰略和戰術以外，朱德反覆思考和研究的就是戰役雙方兵力、武器數量、後勤能力的比例，基本把解放軍控制和安排到處於優勢狀態，才下最後決心，而不再是像紅軍時代這樣強調以少勝多、以弱勝強。

　　1933年3月，日軍佔領熱河，然後向長城以南發展。蔣介石為了集中精力解決進行內亂的紅軍，以解除後顧之憂，為今後全面抗日積蓄力量，同時也牽制蘇聯，採取了退讓政策，5月31日，國民黨政府派北方軍方代表熊斌與日本在中國北方的軍方代表岡村寧次，在塘沽簽訂實行停戰的《塘沽協定》，「中國軍隊一律迅速撤退至延慶、昌平、高麗營、順義、通州、香河、寶坻、林亭口、寧河、蘆台所連之線以西、以南地區」。這一協定雖然引起了中國輿論大譁，但也對蘇聯形成了強大的壓力，使蘇聯遠東地區的安全處於了嚴峻形勢之中。在這樣的背景下，幫助蔣介石獲得後方穩定已經成為蘇聯的當務之急。於是，李德於1933年9月底去了中央蘇區。

周恩來用李德替換掉了朱德

　　李德一到中央蘇區，弗雷德・施特恩的意志便得到了貫徹。李德貫徹這種意志是有其特殊性的。當弗雷德・施特恩到了中國，對中共來說，接受莫斯科意志就有了三條基本的線路，一是透過王明、米夫發生的線路，這條線路的指揮機構是米夫的中山大學和蘇聯遠東局，主要來說是一種代表蘇聯的政

治線路;二是透過在上海的共產國際駐中共代表阿瑟・尤爾特線路,主要來說是代表共產國際的政治線路;現在則有了第三條線路,也就是透過李德、弗雷德・施特恩的線路,雖然這條線路名義上是共產國際,但卻非常神祕,實質上就是蘇聯的戰略、軍事線路,因而是最能夠代表蘇聯意志的,比之另兩條線路更具有不可違抗性。何況李德、弗雷德・施特恩這條神祕線路不再是蹲在上海進行遙控指揮,更是直接到蘇區進行指揮了。因此,博古馬上放棄了以項英為代書記的革命軍事委員會為基礎的決策方式,而是馬上形成了以李德為核心的軍事決策機制。李德說:博古「只有二十五歲左右,在理論上很有修養;雖然年輕,但政治上很有經驗,然而在制訂軍事方針時,他總是樂於接受我的建議和周恩來的決定。」

李德來到後,博古對李德採取了言聽計從的全面服從態度。在軍事方面,他們則與周恩來進行了全面合作,徹底排擠了朱德的決策權。李德承認「朱德當時就是一個國內戰爭中傳奇式的英雄,同時又是一個少有奢望的謙虛樸素的人」,「朱德經常講述紅軍的發展和幾次戰役,顯然是想用過去的經驗啟發人們,在今天第五次反『圍剿』的條件下找到切實可行的解決方法」,但李德又像政治家們那樣,認為朱德「不再起什麼獨立的、決定性的作用了」。當從政治權爭角度判斷朱德,自然也就發生了這樣嚴重的誤解,因為朱德本就已經不參與這一層次的爭鬥,就像博古暗示李德說的,「朱德多年來已退居幕後」。但這不等於朱德的作用可以被忽視。基於「九月來信」和古田會議決定的中共武裝的黨、軍關係,周恩來、毛澤東已經奠定了中共「黨領導一切」的軍事傳統,在軍事的戰略決策方面已經不再是一個單純的軍事問題,而成了徹頭徹尾的政治問題,因此,朱德就只能痛苦而耐心地給政治家們反覆講解「紅軍的發展和幾次戰役」,講解他的「過去的經驗」,用教師爺的方法影響、說服政治家,以貫徹自己的意志,在進行軍事指揮時,他也是盡量對政治家予以尊重,作出

了決策還會向自己的政治搭檔進行通報。朱德這種似乎沒有什麼個性的方式和風格，很容易被誤解，容易被一些不聰明的當事人和歷史研究者忽視。博古說朱德「退居幕後」，在一定意義上是正確的，從政治家角度看，他確實退居到了「幕後」，但誰因此而忽視他的作用，則是犯了錯誤。

李德剛到時，朱德採取了積極合作的態度，他經常去跟李德交流，跟他談第四次反圍剿的打法和紅軍的情況。實際上，這就是朱德在向李德表達自己的戰略思想，同時，也是以自己一慣的教師爺風格試圖熏陶沒有實戰經驗的李德。但朱德所說的一切對李德來說毫無意義，這違背了弗雷德‧施特恩的意志，在這種情況下，就更需要排斥朱德的軍事決策權和軍事指揮權。在這個過程中，周恩來起了關鍵性的作用。從周恩來與朱德的關係說，就奠定中共獨裁理念和制度來說，周恩來出於自身的專制意識和利益，在朱、毛衝突中支持了毛澤東，從而奠定了中國的獨裁歷史基礎；就紅軍的命運說，周恩來出於自身的野心、弱點和利益，在朱德、李德之間選擇了李德，從而改變了中共的歷史。

在中共官方黨史和一般民間的中共黨史評價中，周恩來普遍被認為是個缺乏野心、不窺視最高權力的人，這並沒有足夠的依據。在旅歐期間，還在張申府在歐洲的時候，周恩來就實質性地架空了張申府對法國派系的權力，張申府離開歐洲後，周恩來更使自己成為了旅歐派系的頭號領袖。在黃埔軍校和廣州期間，周恩來很快就成為了中共實力派的頭號首腦。北伐戰爭中，國民革命軍的政治權力被鄧演達掌握，周恩來如果待在軍隊，不過就是鄧演達的副手，因此，周恩來跑到了上海，馬上成為領導上海工人武裝暴動的頭號首腦。南昌暴動時，他又成為了頭號首腦。雖然有一段時間顧順章在中共地位高於周恩來，但周恩來仍然強有力地做到了對顧順章的特工系統進行控制。可見周恩來並不是一個柔性人物，不光不柔性，而且從他殘暴地殺掉顧順章一家九口人、控制中共特工系

統、一貫提倡並堅持抓軍事來說，他完全是個非常陽剛、鐵腕的人物。中共「六大」期間，由於他是中共旅歐共產主義派系的首腦，既沒有因為暴動問題受處罰，但也沒有成為中共最高領袖。回國後，李立三的實際權力本來低於周恩來，但周恩來成為了李立三的副手，很多研究者以此證明周恩來沒有野心，其實，這完全是由於在控制傀儡向忠發的問題上，周恩來實在沒有辦法跟李立三競爭，向忠發本來就是李立三牢牢控制著的傀儡，這種特殊「權力」沒有人可以取代，即使這樣，周恩來也是比中共其他人強大得多，獲取了僅次於李立三的實際權力。一個沒有野心的人，怎麼可能做得這麼「完美」？其實，有野心並不是什麼壞事，只有在皇權觀念中「野心」才是被認為不道德的，但即使按照皇權觀念，在「皇帝」未出的時代，空著的皇位面前是人人機會平等的。

周恩來到中央蘇區後，冷酷的他非常強硬，所採用的手段也很高明。他對毛澤東是擠一下再用一下，最後借助項英、任弼時勢力的力量，徹底排擠掉了毛澤東。對項英、任弼時，由於他們背後站著中央，周恩來採取了聯合、制約的方法對付。在幾乎所有的條線上，周恩來都堅定地安插了自己的親信，在蘇區和紅軍中迅速布置下了自己的龐大網絡。周恩來最鐵腕的動作，是很快就建立起了忠誠於他的專門肅反機構和情報、特工系統，把對大多數人的生殺大權牢牢掌握在了自己手上。周恩來這時候顯示出了並不亞於毛澤東的獨裁傾向，蘇區幾乎所有條線的工作都必須要經過他，幾乎所有方面的決策都要經過他同意，只是他在比較強硬的項英、任弼時面前表面略軟一些，但在似乎不很強硬的朱德跟前，他就很強硬了。在博古到中央蘇區前，周恩來是中央蘇區實際上的最高領袖。博古來了後，周恩來處於黨內最大的實力派地位。

周恩來比之毛澤東並不缺乏政治手腕和野心，甚至可以說在政治權鬥的技術處理上，周恩來更加老到、精細和毒辣。周恩來致命的缺陷不是缺乏野心，也不是什麼他性格陰

柔，而是他缺乏毛澤東的悟性和創造力。毛澤東善於領悟和總結，他可以很機敏地從別人的成就中領悟並總結出某種原則，並進行創造性發揮，提出自己個性鮮明的主張。周恩來則不具備這樣的能力。這一缺陷所導致的後果是很嚴重的，毛澤東可以不患得患失，動輒提出這個主義、那個路線，大刀闊斧，不管是恨他還是愛他的人，只要同意他的主義、路線的，就成了他的人馬、勢力，周恩來則只能兢兢業業，事無鉅細地到處插手，然後將功勞歸到自己名下，用堆積功勞的辦法確立自己的權威。李德說周恩來，「第四次反『圍剿』軍事上的成就，大大提高了他的威望，他把這些成就完全算在自己的功勞簿上」。這種做法與毛澤東不講功勞講主義、路線，境界要低多了。

周恩來將第四次反圍剿成就「完全算在自己的功勞簿上」，與他晚年試圖把自己打造成完人形象，在思維和格調上是一致的，但卻是非常成問題的，這不是窺視最高領袖地位所應該做的，與毛澤東相比，確實是低了一個檔次。無論是紅軍時期，還是建國後個人崇拜到全國量頭的時候，毛澤東都不敢輕易說這個仗、那個仗是自己打的，他很清楚自己不是軍人，周恩來則曾經有過軍銜，身份模糊，但在職業軍人眼睛裏，他終究不是軍人，而是軍隊政治工作人員，也沒有真正具體指揮過作戰。龔楚回憶周恩來一次作軍事報告後，軍人們覺得很驚訝，結果項英說出來是幾個人討論了幾天的結果，可見人們並不認可周恩來是懂軍事的人。何長工晚年回憶朱德說，第四次反圍剿「自始至終是他指揮的，他是現場指揮員」，並說「李德是以後才來的，他洋鬼子，哪有總司令的經驗豐富」。可見，何長工這樣親身經歷的紅軍高級將領，始終很清楚第四次反圍剿的真正指揮者是朱德。

周恩來這種把自己打扮成軍人的意識蘊涵著一種危險的思維，他把政治角度的軍事決策與專業的軍事決策混淆了起來，從而就忽視了朱德的軍事重要性，自然就把朱德置於

了可有可無的地位，從而輕易就接受了李德，用李德取代了朱德。關鍵性的證人、李德的翻譯伍修權回憶說：「從反五次『圍剿』這個問題上講起來，真正的領導人叫作『三人小組』，這是大家都知道的了。『三人小組』裏，博古第一，李德第二，周恩來第三。朱德並沒有排在這麼一個『三人小組』裏面，他只是一個總司令的名義。在這個中間，即在『三人小組』那裏，總司令與周恩來同志朝夕相處，因此，直接地總司令執行周恩來的意見，周恩來有什麼意見他都是擁護的。而周恩來又是『三人小組』的總參謀長，現在可以這麼說吧。博古我們是瞭解的，他對軍事確實是『一竅不通』，地地道道『一竅不通』。但是，他把軍事的領導權完全授予李德了，因此，李德的意見他是一定支持的。相互的關係是：李德提出意見，博古支持，周恩來是執行的。」也就是說，李德成了軍事最高決策者和指揮者，博古則予以了合法性認可，而周恩來則使李德的權力成為現實，至於朱德，則是被他們借助其威望和命令合法性地位，由周恩來將朱德當成發布命令的工具和傀儡。因此，這當中關鍵的人物還是周恩來，是周恩來用李德替換掉了朱德。

朱德只有做徹底的局外人

朱德一開始並不願意這樣。伍修權說：「朱德同志開始還是很尊重李德的，比較經常的到李德那裏，同他講第四次反『圍剿』取得勝利的經驗，講以前紅軍作戰的傳統。但是，李德只是聽聽而已，並不接受。朱總講不能搞『處處防守』、不能打陣地戰死守，李德根本不接受。以後，朱總也很少去李德那裏了。」實際上，朱德不只是一個很少去李德那裏的問題，而是似乎什麼都已經跟他沒有關係了一樣。朱德當時身邊的作戰參謀呂黎平1996年回憶：「當時的通常做法是：博古到李德的『獨立房子』（就是專為李德修的房子），或者是博

古、李德、周恩來共同對第五次反『圍剿』的重大軍事問題作出決策之後，由伍修權把李德的口述或寫成俄文的指示譯成中文，然後送給周恩來審閱定稿，再以中革軍委主席朱德、或者以總司令朱德、總政治委員周恩來的名義簽發，事後也僅讓朱德過目而已。可以說，從黨的六屆五中全會到1934年12月的黎平中央政治局會議之間這段時間裏，朱德是有職無權。在這種處境裏，他變得沉默寡言，很少說話。……他利用這段時間深入紅軍部隊，作調查研究，並且經常到瑞金的紅軍大學和幾所紅軍專科學校講課，主要是講紅軍粉碎敵人前四次『圍剿』的成功經驗。」

　　這種情況在以前朱德是從來沒有發生過的，如果認為只是「三人小組」單方面排擠朱德的權力造成朱德這樣，並說不過去，因為，無論「三人小組」怎樣，他們都不能跳開朱德發布命令，朱德如果不同意或予以拒絕，「三人小組」是不得不承認朱德的權力的，除非他們有膽量解除朱德職務。以往這種類似的事情並不是沒有發生過，毛澤東、彭德懷二打長沙，周恩來、彭德懷打贛州城，朱德不同意，結果順應了大家的決定，但他並沒有去做局外人，而是仍然親自指揮，以控制紅軍的損失程度，隨時準備扭轉局面。至於朱德打自己所不願意打的仗，從軍閥混戰時到紅軍時，他打過了很多這種違背自己意志的窩囊仗，但從來沒有過因為被排擠或不願意而做局外人的情況。朱德極其不正常的行為和態度，唯一的解釋就是他與李德的交流中，很快就發現了問題，這種問題已經根本不是簡單的軍事藝術思想的差別，而是一個龐大的陰謀問題了。在這個龐大的陰謀之下，一切的努力都已經沒有意義。對韜略深厚的朱德來說，最好的選擇就是做傀儡，而且要做到紅軍上下都知道他已經是個閒人，是個局外人，在沉默中靜觀局勢變化，趁機思考下面拯救紅軍和中共的辦法。朱德只有做徹底的局外人，撇開自己與一定會發生的大失敗的干係，到時候才可以重掌紅軍，改變危局。

在李德的回憶中，他很器重自己的校友、總參謀長劉伯承，他一開始指揮作戰的真正的軍事合作者是劉伯承。劉伯承顯然沒有像朱德那樣看透莫斯科的陰謀，採取了積極合作的態度，很認真地制訂詳細的作戰計劃，當時劉伯承成為了李德指揮作戰的真正助手和幕僚。如果劉伯承後來沒有醒悟過來，就將會像以前做周恩來幕僚那樣，人生失敗得再難有翻身之日了。實際上，劉伯承自從參加中共以來，唯一一次成功就是之前做朱德的參謀長，在第四次反圍剿中挽回了面子。到中央蘇區以後，劉伯承雖然還沒有完全扭轉自己的軍事思路，但已經仔細研究了第一、二、三次反圍剿，在做紅軍大學校長期間開始討論相應的戰術。第四次反圍剿與朱德的合作是劉伯承軍事生涯最重要的轉捩點，從此，他成為了一個真正的軍事全才，也成為了朱德最忠實和最器重的一位高級將領。朱德的突然沉默應該是提醒了本就以機智見長的劉伯承，他從1934年5月開始消極怠工，藉口腦貧血不陪李德到前線視察。劉伯承的消極怠工顯然讓周恩來察覺了，李德說劉伯承「一直獨立地掌管參謀部的工作，自從周恩來操縱了總參謀部以後，他覺得自己也有些多餘了」，但李德把因果顛倒了，應該是周恩來惟恐李德的意志不能被實現，乾脆把劉伯承也排擠到了一邊，自己直接操縱總參謀部了。實際是劉伯承主動採取不合作態度，消極怠工，周恩來惟恐總參謀部不能運轉而受責怪，而他本人又有著「軍人」癖好，便取代劉伯承管理總參謀部了。這樣，紅軍總司令部最重要的總司令和總參謀長都做局外人去了。劉伯承這樣做，具有出於對朱德的忠誠因素，但更應該是他跟朱德一樣，也已經看出了莫斯科的陰謀。

從周恩來又是排擠朱德、又是親自操縱總參謀部的情況看，周恩來幾乎是為了實現李德的意志，達到了不顧一切的失去基本理智的程度。這是非常違反常規的。周恩來到底是為了什麼？他是出於什麼原因？

在張戎《毛澤東：鮮為人知的故事》的書裏，她說周恩來到中央蘇區後，毛澤東用1932年2月16～21日上海《申報》等報紙上的一個〈伍豪等脫離共產黨啟事〉威脅周恩來，這並沒有什麼根據。這個顯然的假「啟事」對周恩來並不能構成威脅，當時不是後來的「文革」，可以在中共高層領袖中利用這種東西胡來，而且也沒有任何歷史資料可以印證毛澤東利用這個「啟事」對付周恩來。最重要的是，毛澤東當時根本沒有實力和膽量這樣做，要知道，如果任何人——更別談當時在中共黨內並沒有進入核心領導層的毛澤東——利用這種東西攻擊周恩來，那就是完全在自討苦吃，掌握中共特工系統的周恩來如果願意，可以對任何人弄出十個這樣的「啟事」出來。周恩來的軟肋根本不在這個「啟事」上，而是在顧順章身上。顧順章的叛變對中共打擊之大和改變中共歷史，有著非常深遠的影響，當時就在中共引起了一連串的地震效應，而且也被毛澤東所格外重視。還在周恩來到達中央蘇區前，毛澤東就於1931年12月1日簽發了〈蘇維埃臨時中央政府人民委員會通緝令——為通緝革命叛徒顧順章事〉，毛澤東在這個中共歷史上唯一的針對某一個人的中央級「通緝令」裏宣布：

「蘇維埃臨時中央政府特通令各級蘇維埃政府，紅軍和各地赤衛隊，並通告全國工家勞苦群眾：要嚴防國民黨反革命的陰謀詭計，要一體緝拿顧順章叛徒，在蘇維埃區域，要遇到這一叛徒，應將他拿獲交革命法庭審判；在白色恐怖區域，要遇到這一叛徒，每一革命戰士，每一工農貧民分子有責任將他撲滅。緝拿和撲滅顧順章叛徒，是每一個革命戰士和工農群眾自覺的光榮責任。」

這與其說是「通緝令」，不如說是「格殺勿論令」。但即使這樣，以毛澤東當時的地位和勢力，也不會利用顧順章叛變事件去對付周恩來。喜歡使用「路線鬥爭」大格局進行權爭的毛澤東，這時候還沒有到搞白區兩條路線鬥爭的階段，而且他還沒有相應的發言權。

但顧順章叛變事件確實是周恩來政治道路上的一次滑鐵盧。這次事件很快導致周恩來丟掉了在中共核心層的領袖地位。王明離開中國時，商量和指定博古等人為新的中共中央班子，找的是周恩來，但王明卻不把周恩來放進臨時中央，當時在上海一個偏僻的小飯館裏，坐在王明、博古面前的周恩來，內心甜酸苦辣俱集的程度可想而知。顧順章叛變事件不僅是一個顧順章叛變的問題，更嚴重的是這個特工天才加入了國民黨的特工機構，也許也是出於對周恩來殘殺他一家九口人的報復，顧順章對中共的地下組織進行了富有成效的連續打擊，中共新起用的任何特工負責人都不是顧順章的對手。國民黨特務首腦之一徐恩曾在他的回憶錄《我和共產黨戰鬥的回憶》中承認：「顧順章轉變之後，我們在全國各地與地下黨戰鬥的戰績，突然輝煌起來。案件進行也不像從前那樣棘手。尤其在破獲南京、上海、杭州、蘇州、天津、北平、漢口等大城市的共產黨地下組織的案件，均是與他取得聯繫後的結果。」這是國民黨特工系統之前、之後從來沒有過的成績，反過來也就是中共之前、之後從來沒有過的噩夢。中共的這一噩夢要一直到1935年國民黨特工系統內部爭鬥殺了顧順章才結束。

顧順章活著一天，周恩來的政治命運就被動一天。對周恩來真正可以追究責任的，不是毛澤東等人，而是莫斯科。只有莫斯科諒解了周恩來，周恩來才有可能從顧順章的陰影中走出來。李德的特工身份和背景自然對此有足夠的瞭解和掌握，而且也正是掌握周恩來命運的與莫斯科進行交道的一條關鍵路線，因此，李德要徹底控制周恩來非常容易，而周恩來也需要透過李德重新獲取莫斯科信任。但是，周恩來也因此犯下了新的錯誤。

本來，周恩來實質上已經與朱德結成聯盟，與朱德的聯盟實際就是獲得了槍桿子的支持，取代毛澤東建立了實力體系。這時，周恩來對上因為顧順章而壓抑著，但對下透過第四

次反圍剿勝利則已經基本打好基礎，李德的來到是給周恩來出了一道選擇題：是向上選擇李德，還是向下選擇朱德？這個題目決定了周恩來從此以後的政治生命，他能不能成為中共將來的獨裁者就在他這時候的一念之間了。如果周恩來向上選擇李德，則他自然就必須不顧一切地排擠朱德乃至剝奪自己親信劉伯承的權力；如果周恩來向下選擇朱德，則他就必須依靠與朱德的聯盟對抗李德、博古，馬上就進行一場尖銳的權爭。在中共受制於莫斯科的情況下，進行權爭的直接結果並不會好，周恩來將會失敗，紅軍也仍然將在戰場上輸掉第五次反圍剿。朱德幾年來不參與政治權爭的態度矇騙了幾乎所有人，顯然也不能給予周恩來以信心。在這樣可見的結果情況下，周恩來選擇了向上道路，用李德取代了朱德。

這是周恩來一生中犯下的最大錯誤。他不知道，不管莫斯科怎樣，功利主義的莫斯科最終將是會選擇在中共真正掌握了軍隊的政治領導人。當周恩來選擇李德，也就失去了朱德，從而就失去了軍隊。失去了朱德的周恩來，再也不可能成為中共最高領袖，莫斯科最終是不會選擇不獲得軍隊支持的周恩來的。

毛澤東則完全不同，李德不來他沒有機會，李德來了反而機會也來了。毛澤東本來已經失去軍事方面的發言權，但他並不管這個，毛澤東一改第四次反圍剿時的沉默，利用了一切可以發言的機會，開始積極反對李德的軍事策略。這樣，竟然就形成了李德與毛澤東的觀點對抗。在李德自己的回憶錄裏，大量充斥了與毛澤東的意見異同討論及其爭執的內容。本來孤獨、失去權力的毛澤東成為了觀點上的鮮明一派，而紅軍非常顯然的失敗命運將最終證明毛澤東的正確，這正是毛澤東東山再起並獲得獨裁權力的契機。誰得到朱德，誰就得到中共，朱德不可能在決定紅軍和中共命運的最後關頭不發言。周恩來丟掉朱德，毛澤東自然就要重新恢復「朱毛」品牌了。

三十 大失敗

黎川被占與福建事變

1933年9月，蔣介石動用了一百萬軍隊開始進行第五次圍剿，其中用五十萬軍隊對中央蘇區進行直接進攻。五十萬大軍分四路穩步前進，顧祝同為總司令、蔣鼎文為副總司令的北路軍為進攻主力，共三十三個師又三個旅，逐步修築堡壘向蘇區要地廣昌推進。9月下旬，顧祝同的四個師順利佔領了蘇區北線的重鎮黎川。

從經典的戰線式戰爭來說，顧祝同佔領犂川就是獲得了蘇區北部的戰略要地，扼住了蘇區東北地區的咽喉，對整個蘇區北部構成側面圍困態勢，向蘇區腹部形成嚴重威懾，因此，顧祝同便嚇住了剛到蘇區的李德。李德本來採取的策略，是在北方構築工事，建立蘇區北方戰線，以抵禦顧祝同的推進，黎川被占，意味著李德的這一策略不等完全實行就已經被打破，因此，他立即透過以項英為代主席的革命軍事委員會命令前線的朱德、周恩來奪回黎川。

當時朱德、周恩來正在前線。還在5月份時，按照上海方面的指示，革命軍事委員會遷去瑞金，北方前線組織以朱德為總司令、周恩來為總政委的紅軍總司令部兼紅一方面軍總司令部，實際上就是由博古、項英在後方負總決策並指揮整個蘇區的反圍剿，朱德、周恩來則專門負責北線作戰。按照朱德一貫的戰略、戰術，顧祝同佔領黎川雖然是一種威脅，但並無大礙，事實上這也是必然的，顧祝同要佔領黎川或任何一個據點，紅軍既沒有足夠能力抗拒，也不應該付出大消耗抗拒，

進行朱德式的野地運動戰不在於一個黎川的得失。對朱德來說，需要的是有足夠運動的地區和空間，在運動中尋求殲滅敵人一股的戰機。

蔣介石在連續吃了虧以後，已經對朱德的戰略、戰術有了深切的認識，這次進行圍剿最重要的戰術變化，是不輕易冒進，採取堡壘戰方式步步推進。佔領黎川的目的，實際就是試圖堵塞朱德向東北方向進行運動。朱德耿耿於懷的就是向蘇區東北方向出擊、運動，以威懾江浙經濟發達地區，將國軍主力逼成防禦態勢，蔣介石顯然意識到了自己這個嚴重弱點和隱患，知道如果被朱德出擊東北地區，後果不堪設想。堡壘推進客觀上正是限制了朱德進行運動的機率。現在有一些研究者認為，蔣介石的堡壘戰是紅軍無法對付的，因此，紅軍第五次反圍剿失敗也是必然的，這實際上是沒有對朱德的軍事藝術作深入研究所致。朱德是個進行人民戰爭基礎上的精兵主義者，也即進行戰爭的基本是全民武裝，但作戰主力則要儘量精銳，以具有足夠的靈活機動性，並能夠保證有進行決戰的能力。蔣介石的堡壘戰只是化解了戰線前的運動，但在當時的條件下，國軍並不能做到堡壘戰線的密不透風，也就是說，堡壘戰線是有大量縫隙的，這些縫隙在已經被朱德訓練得非常熟練的紅軍面前，並不能做到徹底阻止紅軍的隱蔽穿插。朱德完全可以按照他經常採用的方法，利用對方的縫隙，忽然隱蔽穿插到堡壘戰線的後面，到外線作戰，使堡壘戰線失去意義。

事實上，對朱德戰術進行過了研究的劉伯承不久已經有所領悟，1934年5月10日，他在〈現在游擊隊要解答的問題〉一文中提出：「敵人碉堡構成的封鎖線，可以相當限制我們大兵團進行機動。然而，我們游擊隊確實可以自由出其封鎖線碉堡（特別在廣東，敵軍沒有連續的碉堡）的間隙，而進入其後方交通路上，實行穿襲。有些邊區游擊隊就應該留在封鎖線外，向敵人遠後方，特別向其策源地展開游擊戰爭，以耗散其兵力，破壞其糧彈的運輸，乃至造成地方暴動，就更有戰略上

的意義。」9月10日他又在〈到敵人後方開展游擊戰爭的幾個教訓〉一文中說：「游擊隊在穿過敵人封鎖線後的活動，如遭受敵人強烈壓迫時，只有勇敢地再延伸，向敵人深遠的後方挺進活動，這是容易達到吸引敵人後退的目的，不應企圖縮回蘇區，折轉到封鎖線上碉堡地帶，恰入敵人陷阱，迴旋無地，遭受嚴重的打擊。」劉伯承這一想法後來演變為了他的「敵進我進」、進行反向穿插和運動的戰術。其實，這種穿插在朱德並不一定就是小規模的，他實際上在第三次反圍剿中已經完成過了三萬紅軍一夜之間穿插到敵後的經典戰例。不僅如此，在戰爭後期朱德重新進行指揮時，朱德馬上就獲得了戰場勝利，只是那時一切都已經晚了。

很容易被研究者疏忽的一個問題是蔣介石在戰術上存在著致命缺陷，這就是戰爭週期將很長，消耗會空前巨大。為了避免因為冒進而被紅軍各個擊破，國軍的推進速度就只能受限制於堡壘的修築進度。第五次圍剿實際上從第四次圍剿失敗不久的1933年春夏之間就開始準備並進行，9月是正式展開比較大規模的進攻，但在李德基本沒有還手之力的情況下，還是一直打到了1934年10月紅軍開始長征，蔣介石為此所付出的經濟代價是很大的。朱德的戰略戰術本就是以非常低的成本消耗敵人，是一種特殊的消耗戰，這正是切中了蔣介石不能無限消耗下去的弱點。

黎川的被占對朱德的運動方式來說，並不能夠致命，但卻對李德的戰線防禦是致命的。在瑞金的一再命令下，紅軍只能反攻黎川，結果損失慘重，連續失敗。11月，非常不滿意的李德和博古親自來到了前線總司令部，朱德的軍事指揮權完全被架空，乾脆做了局外人。周恩來則不僅惟命是從，而且還弄了一個叫蕭月華的身體強壯的女人「照顧」李德的生活，滿足他的性欲，以免他到處去黏中共幹部的女人。

這時候，天賜良機出現了。1933年6月1日，也即〈塘沽協定〉簽字後的第二天，主張堅決抗日的蔣光鼐、蔡廷鍇在

福州發表通電，反對蔣介石對日妥協。10月26日，福建方面的代表在江西瑞金與中國工農紅軍簽訂〈反日反蔣的初步協定〉，建立了形式上的反蔣抗日聯盟。11月20日，李濟深、陳銘樞、蔣光鼐、蔡廷鍇等人在福州召開中國人民臨時代表大會，發表〈人民權力宣言〉，標誌了「福建事變」爆發。21日，李濟深等通電脫離國民黨，隨後聯合第三黨和神州國光社成員發起成立生產人民黨，以陳銘樞為總書記。22日，中華共和國人民革命政府宣告成立，由李濟深任主席，改民國二十二年為「中華共和國元年」，宣布外求民族解放，排除帝國主義在華勢力；內求打倒軍閥，推翻國民黨統治，實現人民民主自由，發展國民經濟，解放工農勞苦群眾。這對於紅軍來說是千載難逢的大好機會，不僅南線的隱憂不再存在，而且蔣介石將不得不分兵，最重要的是既有了一支同盟軍，蔣介石對中央蘇區的合圍陣線事實上就已經破壞，紅軍有了進行運動的充分空間。這是第四次反圍剿所根本不具備的大好形勢，如果採用朱德的戰略戰術，第五次反圍剿的勝利幾乎已經被注定了。

但是，這對於莫斯科來說則是災難性的，是絕不允許的。還在蔣光鼐、蔡廷鍇在福州發表通電後的6月份，弗雷德・施特恩便透過李德立即命令紅軍進攻蔣光鼐、蔡廷鍇第十九路軍。李德說，弗雷德・施特恩認為蔡廷鍇「是一個不可靠的傢夥」。在弗雷德・施特恩的指令下，博古將紅軍分成兩部，用「兩個拳頭打人」，彭德懷紅三軍團南下福建，與蔡廷鍇打了三個月，嚴重削弱了蔡廷鍇第十九路軍的力量，同時，紅軍也不能對北線正在修築的堡壘進行破壞。實際上，弗雷德・施特恩既是幫助蔣介石削弱異己力量，也是幫助蔣介石完成進行堡壘戰的準備工作。11月福州事變後，蔣介石立即減弱了對紅軍的進攻，抽調了十幾個師去進攻蔡廷鍇，這時候在弗雷德・施特恩的指令下，李德並不與蔡廷鍇作實質性的配

合，使蔡廷鍇基本處於孤軍奮戰的境地，而紅軍則繼續消極防禦狀態，毫不進取，紅一、三軍團也仍然處於分兵狀態。在這個過程中，彭德懷雖然對部隊的損失越來越有怨言，但他也是最積極執行李德作戰計劃的人，朱德的局外人狀態是彭德懷進行發揮的大好機會，因此，彭德懷成了李德最讚賞的紅軍將領，李德說：「在軍團總指揮中，最有特色的是彭德懷。」李德認為彭德懷「具有國際主義的思想」，是「蘇聯的忠實朋友」。

朱德作為局外人基本不發言，只要是周恩來拿來的命令，他就點頭、簽字，但並不等於他不研究和思考戰局。他對蔣介石的戰術看得很清楚，1937年他對美國記者說，蔣介石「改組軍隊事宜都是由德國將軍西克特和其他外籍顧問主持的，他們所運用的戰術是法國在世界大戰中抵抗德國時所運用的戰術」。他說：「1933年11月間，閩省反蔣事變發生。我們應付閩變的手段並不高明。我們本來可以幫助十九路軍，但結果沒有。」朱德認為：「當蔡廷鍇暴動的時候，應該全力去打擊閩浙贛邊，敵如果一來，就會陷死在裏面，有進無出，餓也會餓死。當時在閩浙贛邊的中央軍相當空虛，他們又焦急，如果打去，可以消滅他幾個師，而且牽掣了敵人，可以使福建至少能支持半年。結果只以一個七軍團去打，力量少小，當然沒有牽掣得著。李德當了軍委會顧問，一切我們都沒法反對他。我們當那時，卻想休息疲乏，就沒有進行。就是同十九路軍挨近些打也好些。就是失敗了，也不會讓十九路軍被繳了槍。在五次反『圍剿』中最大的關鍵就在這裏，實在太可惜了。」朱德這個早於第二次世界大戰全面爆發時的說法，如果從軍事學上進行分析，可以驚訝地發現，其內核正是希特勒後來化解法國馬其諾防線的方法，只不過德軍是從一個缺口繞過法國防線閃擊法國心臟，朱德是想繞過國軍防線到一個廣闊山區游擊、運動。

準備「長征」與擴紅、屠殺

在李德既有戰術不變的情況下，當蔣介石平定福建事變，中央紅軍失敗的戰略命運就已經在1933年底前基本決定了。1934年1月，在紅軍主力還沒有遭到重創的情況下，紅軍總司令部和紅一方面軍總司令部被撤銷，朱德、周恩來和總司令部班子調回瑞金，也就是說，蘇區和紅軍這時候的全部權力被徹底集中了起來，形成了李德、博古、周恩來「三人小組」的高度獨裁。弗雷德・施特恩為什麼要中共這樣做？從表面看，由於後方決策與前方指揮經常發生一些具體分歧，使李德的決策意志不能一絲不苟地得到貫徹，進行權力集中可以進一步強化李德的權力。但更深刻的原因，不過是透過強化李德的權力，加快紅軍失敗的進程，同時悄悄地準備「長征」。

朱德在1941年9月11日的中共中央政治局會議上說：「長征是一種搬家式的長征，而一切準備工作都未透過我。」這等於是朱德認為自己事先根本不知道要進行長征。為此，中共中央文獻研究室在1984年5月14日專門詢問了伍修權，伍修權作了否定回答：你們「第二個問題是朱德同志大約是什麼時候知道要進行長征。這個問題比較簡單，就是從廣昌戰役以後，是6月還是7月。廣昌戰役以後，從各方面已經作退卻的打算了，那個時候說轉移，不叫長征。這個事情總司令是知道的。因為總司令跟周恩來在一起，周對這樣的問題不能夠回避他。」那麼，在談論歷史問題時一向謹慎和注意言辭的朱德，為什麼會說自己事先不知道長征呢？1941年時，朱德是中共的「神」，地位極其崇高，他講話不需要太多顧忌，不必要為了脫開自己在紅軍「長征」中的責任而編造謊言，而且，即使朱德在建國後談論與他個人相關的具體歷史問題時，頂多也就是保持沉默、避而不談，因此，朱德否認自己事先知道「長征」，是深有意思的。

朱德是從戰略層面說的，而伍修權則是從進行長征的具體事務角度說的。朱德看清楚了莫斯科要紅軍失敗，要把紅軍拉到北方去，但這不能說穿，也不能問。朱德的話裏，隱藏著一個邏輯前提，即他看出來了要「長征」，但「三人小組」事先並沒有「通知」他，因此，他事先不知道，也沒有參與決策和準備。至於伍修權說的朱德知道，是中共和紅軍高層已經在技術上明確長征後的事情了，這個朱德當然就是得到「通知」了。實際上，當中共和紅軍高層開始在技術上準備長征時，紅軍的指揮權已經交還給了朱德，紅軍進行長征前的作戰和開始長征後的作戰，都是由朱德為主指揮的。莫斯科透過弗雷德‧施特恩對李德的指揮準備長征，具體是1934年中共和紅軍的權力集中後開始實施的，實施的層面則是戰略，而不是具體的技術層面或事務層面。但朱德1941年說自己沒有得到通知，是他認為「三人小組」是應該知道的。因此，關於朱德是否事先得到進行長征的通知，朱德和伍修權說得都對，但他們的涵義則不在一個層面上。

在長征前長達一年多的時間裏，莫斯科一反不斷指手劃腳的常態，不再直接指揮和干涉中共，中共完全就是控制在了神祕的弗雷德‧施特恩手上，而弗雷德‧施特恩對中共的控制又基本避開了與中共中央的直接聯繫，採取了指揮李德一個人的間諜式方法，以為莫斯科今後解脫責任埋下伏筆。李德最後自然成為了紅軍失敗的替罪羊，但他不敢把責任推到弗雷德‧施特恩身上，只能到了晚年寫回憶錄時才敢用隱諱的語言抱怨，因為，把責任推到弗雷德‧施特恩身上，很容易就把莫斯科的陰謀揭露出來，這樣，他的腦袋也就不會在肩膀上。

1934年1月權力集中後，對「長征」悄悄的準備便緊鑼密鼓地進行了。就階段性而言，有兩個準備過程，第一個過程是加快造就紅軍的軍事失敗，第二個過程是具體安排「撤離」，也即「長征」。造就紅軍的失敗完全按照弗雷德‧施特恩在李德離開上海前的命令進行，採用經典的戰線式戰爭方

式，一方面要拒敵人於「國門」之外，以堡壘對堡壘，不放棄一寸土地；另一方面則命令沒有攻堅武器的紅軍向國軍堡壘進行攻擊。結果，紅軍士兵的生命一批批地倒在了國軍地堡和碉堡面前，而紅軍將領們則成了莫斯科的可笑玩偶，拿不出什麼辦法的彭德懷一邊叫著「崽賣爺田心不痛」，一邊忠誠地把紅軍士兵送到國軍槍口下去，令李德讚賞有加；喜歡動腦筋的林彪則一邊小心翼翼地作戰，一邊發揮他的難有成效的「短促突擊」，令李德有了「理論」上的支持者。後來，實際更支持李德的彭德懷因為戰術素養較差，罵過一句「崽賣爺田心不痛」，反而被人認為是李德的反對者，而更有戰術素養，採用比較靈活作戰方式以保存兵力的林彪吃了冤枉官司，因為「短促突擊」而被認為成了李德的支持者。

就具體的準備工作而言，主要分成了兩個方面，一個方面是按照蘇聯援助的到來進一步進行擴紅，一個方面則是採取更加猛烈的屠殺政策徹底破壞紅軍在中央蘇區的社會基礎。這兩個方面是相輔相成的，擴紅導致社會破壞，社會破壞促進擴紅，擴紅又加深社會破壞。最後的目的和結果，是造成紅軍徹底失去社會基礎，無法在中央根據地生存，必須進行「長征」。

朱德始終是個精兵主義者，因此，雖然獲得了四次反圍剿的勝利，但他只把紅軍數量控制在五萬左右，戰鬥減員除了吸收一部分地方武裝人員比如赤衛隊、游擊隊到紅軍外，俘虜始終是他最重要的補充來源。實際上，他打的是依靠敵人進行全面補充的戰爭，因此，具有非常強的抗消耗能力，並保證了紅軍輕裝運動的機動性和戰鬥力。在這種情況下，雖然政治家們的階級鬥爭對蘇區社會造成一定程度的破壞，但朱德把紅軍本身對蘇區社會的破壞程度降到了最低，使紅軍總體上得到了老百姓的擁護和支持。蔣介石1933年初曾總結說：「講到軍紀方面，土匪因為監督的方法很嚴，無論官兵，紀律還是很好，所以在戰場上能勇敢作戰，而對於匪區一般民眾，還是不

十分騷擾。我們的情形老實說起來，是不如他們！」可見蔣介石是承認紅軍得到了蘇區老百姓擁護的。但這一情況很快就發生了變化。

紅軍的大規模擴紅是從弗雷德·施特恩到上海後開始的。1933年5月至7月，一下子擴紅五萬人左右，使中央紅軍成為七萬，地方紅軍擁有三萬。之後到開始「長征」前，又擴紅十一萬多。實際上這種擴紅毫無意義，反是嚴重降低了紅軍的戰鬥力。朱德的精兵主義並不是不擴大紅軍兵力，但他是以戰鬥力提高為前提的，最重要的基礎則是武器數量，只有當紅軍繳獲足夠武器時，他才會擴充兵力，一般他是把比較好點的武器留在主力紅軍使用，差點的武器則用於發展地方紅軍和游擊隊，又由於武器損耗比較大，所以，在他手上紅軍數量增長總體比較緩慢，但保持了比較強的戰鬥力。現在紅軍的大規模擴紅是弗雷德·施特恩陰謀的必要部分，按照經典的戰線式戰爭方式，紅軍就必須要有足夠的兵力，因此就必須要進行大規模擴紅。沒有武器怎麼辦？因為將會有所謂的蘇聯援助。而且，李德還一本正經在蘇區修起了飛機場，準備迎接他自己心裏根本不相信的蘇聯援助。即使擴紅本身的具體做法，也不是加強紅軍的戰鬥力，朱德說：「在這中間，我們整頓隊伍的缺點，是沒有好好把新兵補充到老兵裏面去，一、三、五軍團都很強，但是沒給很好的補充——在這些問題上，李德是一個很大的缺點，一般部隊本來都從游擊戰中間產生出來的，帶有游擊隊習氣，但是他們都有基礎，有組織，打也打不亂，新的軍隊則沒有經過很好訓練，就拿去打，都打垮了，老軍隊也沒有得到補充。」這種非常顯然的違背常識的幼稚做法，除了是莫斯科故意的陰謀，是沒有其他理由可以解釋的。

當時蘇區總人口約三百萬左右，其中十六歲到四十五歲的青壯年約為七十萬左右，去掉所謂的地主、富農分子，擴紅和徵調青壯年參加「革命」工作兩個因素加在一起，實際導致農村男性青壯年勞力已經枯竭。毛澤東1933年底調查的具體例

子很說明問題，興國長岡鄉全部十六歲到四十五歲青壯年男子共四百零七人，其中出外當紅軍、做工作的三百二十人，占79%；上杭才溪鄉青壯年男子共一千一百十九人，出外當紅軍、做工作有一千零八人，占77%。相應配套的運動是打擊所謂的地主富農分子，開展了一個「查田運動」。毛澤東本來是個要消滅地主、富農的極端分子，他現在忽然反而變成了「右傾」，成為了「富農路線」分子，因為，博古執行了比毛澤東更加極端的政策，相比較而言，毛澤東就變得不極端了。所謂查田運動，實際就是重新劃分地主、富農成分，按照很低的標準將相當部分人口歸為革命對象，無償地掠奪掉他們的財產以彌補中共和紅軍的開支，並將他們作為沒有人身自由的苦役犯從事最艱苦的勞動，而且可以隨時把他們殺掉。

保證擴紅、徵調勞力和查田運動進行的關鍵手段，便是大屠殺。這種大屠殺從中共、紅軍內部到全社會全面進行，如果把中央根據地看成是一個「紅色國家」的話，那麼，從一「國」角度說，其廣泛程度只有後來的紅色高綿可以媲比了。在這次大屠殺中，最積極的分子是博古、周恩來，而毛澤東則成為了被動捲入的屠殺者。由於毛澤東被看作是「富農路線」分子，因此，博古中央偏偏要毛澤東主持查田運動，並給他壓擴紅任務的擔子，無可奈何的毛澤東只能從命，一方面進行屠殺，一方面則反對博古中央的極端政策，從而在紅軍中贏回了相當部分的人心。在龔楚的回憶錄裏，他對毛澤東的「富農路線」予以了較大篇幅的議論，表示了很大的贊成。人們不會想到，中共中央裏面原來還有一大幫比毛澤東更極端的反人類屠殺分子，跟他們相比，「毛主席」是個很大的好人了。在長征前的1934年7月，作為推動大屠殺的主要人物之一洛甫，在一篇叫〈反對小資產階級的極左主義〉的文章裏，承認了「在一些同志中間正在形成『殺錯一兩個不要緊』或者『殺得愈多愈好』的理論」。這時候可以進行殺戮的對象，包

括經過查田運動查出來的占到總人口10%的所謂地主、富農，以及所謂的商人、資本家及其代理人、宗教人士、階級異己分子、反革命、刀團匪、AB團、暗殺團、鏟共團、還鄉團、社民黨、託派分子、保安會等等，名目比之中共以前的大屠殺更加繁多。在社會大破壞下，人民不再願意支持中共和紅軍，洛甫當時遮遮掩掩地說：「一部分被欺騙群眾首先是中農群眾登山逃跑，或為地主富農所利用來反對蘇維埃政權。」當時任紅五軍團參謀長的陳伯鈞在他的日記裏記錄：蘇區首都瑞金出現了「群眾大批逃跑，甚至武裝反水去充當團匪，或逃到白區去」的現象。要知道，當時所謂的「逃跑」，老百姓是要冒非常大殺頭風險的，可見社會恐怖的嚴重程度。

在莫斯科實施「長征」準備的陰謀中，表面做得很像模像樣，但也非常富有深意。1934年1月中旬，中共在瑞金召開了六屆五中全會。這次會議成立了由博古、洛甫、周恩來、項英為書記，博古任總書記的中共中央書記處，實際也就是中共中央政治局常委會，這樣，博古正式擔任了中共最高領袖，而周恩來、項英成為了中共核心成員。周恩來由於對博古、李德的惟命是從，終於擺脫了由顧順章帶來的打擊，成為了實際權力僅次於博古的中共領袖。但是，周恩來所不知道的是，他得以在政治上翻身的原因是放棄了朱德，不久他將為此而吃苦頭。但中共六屆五中全會最重要的變化，是朱德、毛澤東都進了中央政治局，這樣，朱、毛在名義上雙雙成為了中共最高領導層的成員，這一點的影響很快就會顯示出來。六屆五中全會政治局成員為博古、洛甫、周恩來、項英、王明、陳雲、康生、任弼時、張國燾、毛澤東、顧作霖、朱德，候補委員為劉少奇、王稼祥、關向應、鄧發、凱豐，其中絕大多數人當時都在中央蘇區。在隨後召開的中華蘇維埃共和國第二次全國蘇維埃代表大會上，朱德再度擔任中革軍委主席，名義上的地位沒有變化。

拯救了面臨毀滅的紅軍

1934年4月，國軍用十一個師進攻蘇區北部大門廣昌，李德調集了五萬多兵力試圖與國軍進行決戰，從10日開戰，到27日宣告失敗。同時，要地建寧也失守。廣昌戰役結束後，按照經典的戰線式戰爭模式，也就意味著中央蘇區已經大門洞開，再也不能守住。因此，5月，博古等人決定「轉移」。這標誌著「長征」進入具體準備階段，但這時候的準備也還是集中在少數幾個人範圍。伍修權說：「轉移的意圖開始只有少數幾個人知道，最後才決定轉移。」至此，莫斯科的陰謀透過弗雷德・施特恩對李德的操控，就基本完成了。李德在他的回憶錄裏特別提到了「五月計劃」和「八月計劃」，可見，廣昌戰役一結束，「三人小組」就決定並開始編制「突圍」計劃。

雖然長征前的一年多時間裏擴紅數量總共達到了十六萬多人，但由於紅軍始終處於損失慘重的狀態，因此，紅軍總數量基本維持在十萬左右。廣昌戰役後，紅軍損失的五、六千人也很快就被瘋狂的擴紅新兵彌補上了，紅軍的總兵力仍然沒有多少變化。也就是說，如果僅僅從兵力角度說，紅軍並沒有達到被消滅的程度，似乎仍然很強大。在這種情況下如果宣布「突圍」，很可能發生嚴重的混亂。李德說：「突圍成功的最重要的因素是保守祕密。只有保守祕密，才能確保突然行動的成功，這是取得勝利的不可缺少的前提。」這實際上是很荒唐的，如此重大的戰略性軍事行動連紅軍主要的將領都不知道，違背了最基本的實施軍事計劃的常識，將顯然地導致紅軍將領們無法做好相應的準備工作。真正的原因，是「三人小組」還根本不知道該如何面對和解決可能出現的信任危機，或者說他們還需要時間解決信任危機的問題。

解決信任危機最關鍵的一點，是必須獲得進行「轉移」的合法性。弗雷德・施特恩在實施陰謀的過程中，採取了兩面

派手法，一方面他透過對李德的直接命令鼓勵和強迫紅軍採取經典的戰線式作戰方式，另一方面，當駐中共上海局去詢問他的時候，則主張紅軍進行靈活的游擊戰。當時的中共上海局書記盛岳回憶，當他去請教弗雷德‧施特恩時，弗雷德‧施特恩批評李德，認為紅軍「應當採用對付過去四次圍剿的突破穿插戰略。他還說，在戰場上，應當按照迅速變化的情況而不是按照政治決議來作出軍事決定」。盛岳以為博古會考慮上海局轉告的軍事總顧問的意見，但博古「忿然覆電，交代我們不要插手蘇區的軍事問題，提醒我們上海局的職責只是指導國民黨控制區的黨的工作。秦（本書作者注：指博古）的傲慢態度真令人討厭」。博古之所以對中共上海局態度「傲慢」，不過是他們轉述的弗雷德‧施特恩意思與李德相衝突，兩者間當然更應該相信李德才是代表了弗雷德‧施特恩的真實意思，而上海局的轉述更可以被博古認為是他們不懷好意的越軌動作。但是，弗雷德‧施特恩並不能提供進行「轉移」的合法性，他對李德進行命令採取的本就是一種諜式手段，是要避開以後的責任，因此，便不會向博古提供任何書面和可以記錄在案的通訊證據。在這樣的情況下，進行「長征」的合法性還是要透過中共上海局與共產國際取得聯繫，向共產國際請示批准。

　　1834年8月以前，共產國際作了含糊而巧妙的答覆。盛岳回憶：在答覆中，共產國際認為「遠隔萬里，無意於限制戰地指揮員的行動。事隔三十餘年，電文的細節已記不清，但其要點如下：（一）中央蘇區作為中國蘇維埃運動的總部，應予確保。然而鑒於敵人兵力佔有壓倒優勢，紅軍應當採取靈活的戰略，使之能在保衛總部和保持軍事實力方面作出明智抉擇。（二）紅軍在保衛其總部時，應當有相機撤退的應急措施，以避免被全部消滅的可能性。（三）國際建議紅軍將三分之一的兵力分散在中央蘇區根據地及其周圍地區進行游擊戰爭，目的在於分散進攻之敵的軍事實力，如紅軍主力和各黨政組織必須撤退，這樣布置可以阻滯敵人追擊。（四）為了減少撤退時的

損失，建議選擇敵人戰線上防禦薄弱的地點作為可能的突圍點。（五）為了分散敵人追擊的兵力，國際建議其他蘇區的紅軍部隊協同分散的游擊隊以奇襲擾敵。對於紅軍應向何處撤退，國際未提建議。」共產國際這個答覆與以往主張明確的風格很不同，含混而模糊，既要中共「確保」蘇區，但又基本傾向於進行「撤退」，而「撤退」後該怎麼辦，則不置一詞。這個答覆既可以認為是必須要堅守根據地，又可以認為是批准了「撤退」，那麼，到底該如何，還是要聽接受弗雷德‧施特恩指令的李德。至於留一部分部隊進行游擊戰和選擇什麼「敵人戰線上防禦薄弱的地點作為可能的突圍點」，等於廢話，即使毫不懂軍事的人也知道該這樣做。但是，不管怎麼說，共產國際已經批准了，因此，進行長征也就獲得了關鍵性的合法依據。下面，就是該具體如何進行「突破」了。

具體進行突破的「八月計劃」是由李德制定的。但是，實行突破則與制定計劃完全不同，是必須要進行現場指揮的，李德根本沒有相應的實戰經驗和能力。李德在蘇區後來被紅軍將領們乃至中共黨務人員所深惡痛絕的一個問題，是他一直在地圖上進行推演、指揮作戰，即使廣昌戰役進行決戰時他到了前線指揮部，也仍然是這樣，急得朱德直嘀咕：「不能這樣搞啊，這樣下去是不行的啊！」實際上，這正是李德裝模作樣樹立威信的方法，也是他不得不這樣才可以進行指揮。李德只是參加過簡單的街頭武裝衝突，實際上跟城市流氓群毆的經驗並沒有多少差別，到蘇區後如果站到戰場上直接指揮作戰，就會不知所以然，讓人馬上知道他還是個戰場經驗一片空白的「白癡」級人物，從而就失去威信。所以，李德是很聰明的，選擇了不為人察覺他根本弱點的方法。現在更嚴重的問題是，國軍7月上旬開始進行全面進攻，到了8月份已經開始收攏，紅軍北部防線已經完全被突破，東部戰線已經被打開缺口，西部戰線和南部戰線也已經明顯守不住，也就是說，紅軍的局面已經不是如何進行「撤退」的問題了，當務之急而是

如何先阻滯國軍進攻，以避免馬上面臨的被國軍合圍聚殲困境。聰明的李德用光了渾身解數，突然「生病」了。

李德一「生病」，博古、周恩來傻了，只好再用朱德替換李德，賦予朱德實際權力。但朱德這時候獲得的權力不是軍事的戰略決策權，戰略決策權仍然掌握在「三人小組」手上。朱德只獲得了前線的戰役決策權和指揮權。但這樣已經足夠，對避免紅軍遭受毀滅性打擊帶來了轉機，讓朱德拯救了紅軍。

8月以後獲得前線軍事指揮權的朱德面臨著兩個難題，一是立即阻滯國軍的推進速度，以為博古他們進行「長征」爭取準備時間；一是保存紅軍兵力。在基本戰略不變的情況下，要做到這樣兩點是極其困難的。

在阻滯國軍推進速度方面，如果採用原來李德的戰術根本不可能做到，唯一的辦法就是改變戰術打一場勝仗，以威懾住國軍。8月初朱德一獲得權力，就盯上了加快推進的李延年縱隊，命令林彪、聶榮臻紅一軍團和羅炳輝、何長工紅九軍團向李延年縱隊前進方向運動靠攏，尋找戰機。李延年察覺後不再前進，就地修築堡壘。朱德命令林彪示弱，將紅一軍團遠離李延年撤退，李延年見機再次向前推進。8月26日，朱德忽然命令林彪隱蔽返回，並造成種種假象誘惑李延年輕進。8月31日，老謀深算的朱德判斷李延年必然要經過一個叫溫坊的地方，而這個地方非常適合進行山地伏擊戰，於是命令林彪、何長工立即在溫坊連夜埋伏。9月1日，李延年的三個團進入伏擊圈，隨即被殲滅。這一仗是第五次反圍剿以來唯一有點規模的勝仗，林彪、聶榮臻向朱德報告：「苦戰一年，此役頗可補充。」可見紅軍在李德指揮期間的糟糕狀況。

朱德預計李延年一定會反撲，遂命令紅一、九軍團「準備遭遇和消滅朋口李三師來援部隊」。9月3日，朱德命令紅一、九軍團繼續在溫坊迎敵，將李延年的第三師三個團和第九師擊敗。三天之間，朱德按照自己的戰術，獲得了第五次反圍

剿以來的第一場戰役勝利，重創了國軍的東路，使國軍再也不敢冒進。在國軍遭到這次圍剿以來沒有過的失敗後，蔣介石槍斃了逃回去的第八旅旅長許永相，可見蔣介石的憤怒。

朱德接手指揮紅軍後，在戰術上基本放棄了與國軍的戰線式消耗，採取了運動防禦的策略。溫坊戰役規模雖然不大，但造成了國軍第一次失敗，讓他們看到了紅軍已經改變了的新打法，因此，雖然紅軍並不固守陣地，國軍也不敢輕易冒進，只能緩慢地邊修堡壘邊推進，而紅軍則自由了，可以比較隨意地進行運動，避免了被國軍馬上合圍的困境，從而為撤退打下了良好基礎。同時，朱德一再下命令和訓令，要求各部紅軍必須以保存實力為首要原則，他要求各部紅軍「無論如何應該以保存自己有生力量和物質基礎為我們作戰的第一等基本原則」，叮囑「預先沒有充分的準備及偵察，並以密集隊形衝鋒，這是不適當的」，在不能抵抗敵軍時，不要固守，「應很愛惜地使用自己的兵力，並且堅決避免重大的損失，特別是幹部」，能守則守，不能守就撤，不必勉強，「應避免堅決的戰鬥」。在朱德這種策略下，國軍反而更不能夠輕進。實際上，朱德在戰略失敗的情況下，拯救了面臨毀滅的紅軍。

三十一　拋棄周恩來，選擇毛澤東

「長征」前進行的內部大屠殺

　　1934年10月10日，中央紅軍正式開始「長征」。伍修權文革後說：「現在有幾個人，我一個，童小鵬一個，童小鵬是作筆記的，我是憑記憶，還有一個，我們三個人共同的意見是1934年10月10日，恰恰雙十節那一天動身的。其他的還有許多不同的意見，有的遲幾天啦，有的早幾天啦。我們認為這個不奇怪，因為這麼大的軍隊，不會在同一時間同時動身的。我的看法應該以總司令部動身為準。」伍修權這一說法在邏輯上是站得住腳跟的。

　　「長征」這個說法一開始並不存在。就使用「長征」這個詞來說，要到七個月以後才由朱德第一次使用。1935年5月，朱德向彝族地區發布布告，布告形式為語言通俗的韻文，全文如下：

> 中國工農紅軍，解放弱小民族；
> 一切彝漢平民，都是兄弟骨肉。
> 可恨四川軍閥，壓迫彝人太毒；
> 苛捐雜稅重重，又復妄加殺戮。
> 紅軍萬里長征，所向勢如破竹；
> 今已來到川西，尊重彝人風俗。
> 軍紀十分嚴明，不動一絲一粟；
> 糧食公平購買，價錢交付十足。
> 凡我彝人群眾，切莫懷疑畏縮；

趕快團結起來，共把軍閥驅逐。

設立彝人政府，彝族管理彝族；

真正平等自由，再不受人欺辱。

希望努力宣傳，將此廣播西蜀。

韻文布告的落款為「紅軍總司令朱德」。其中第九句為「紅軍萬里長征」。這是現有歷史資料中「長征」或「萬里長征」的最早使用。毛澤東使用「長征」一詞，又經過了七個月，是在1935年12月的〈論反對日本帝國主義的策略〉報告中使用「長征」一詞。

「長征」一開始稱為「轉移」、「突破」、「突圍」、「撤離」、「西征」等，可見完全只是一種求生存的戰略決策。進行「轉移」的具體軍事方案是由李德制定的，而已經獲得軍事指揮權的朱德則是「轉移」計劃的實施者。也就是說，當開始「長征」時，由於「長征」完全是一個軍事行動，因此，朱德的權力發生了根本變化，他實際上已經成為中共和紅軍的行動最高指揮者。朱德這一地位在紅軍完成突破後，自然也就演變為了最高決策者。這一點非常重要，它使朱德實際成為了中共和紅軍命運的決定者，從而由朱德左右了中共歷史上最關鍵的一次權力變化。一般關於中共黨史的研究由於忽略了這個情況，因而始終沒有能夠真正解釋清楚「遵義會議」前後的變化。

李德在回憶時說：「這不是一支被打垮的、而是一支完整的軍隊，突破了敵人的封鎖。領導者們針對敵人的企圖和計劃作出這個決定，完全是出自本意、出於明智的考慮，即蘇區內的不利的戰略總形勢。」從原則上說，李德這個說法是正確的，因為，紅軍雖然接連失敗，但並沒有受到毀滅性打擊，總體上依然是比較完整的。李德根據自己當時的記錄統計，中央紅軍出發時的總兵力在七萬五千至八萬一千人，其中有五萬七千至六萬一千名戰士，有四萬一千至四萬二千枝步槍和一千

多挺輕重機關槍。此外，當時留下擔任中央軍區參謀長、實際就是留在中央蘇區的紅軍最高軍事指揮官的龔楚回憶，留在中央蘇區的包括地方紅軍在內的各部紅軍總兵力約為三萬七千人。因此，從表面看，在開始長征時，紅軍總兵力基本沒有什麼變化，仍然維持在十萬人左右。就作戰能力來說，如果按照朱德一貫的精兵原則予以調整，根據擁有槍枝的數量看，可以形成的有足夠作戰能力的中央紅軍數量應在五萬左右，與第四次反圍剿前後的兵力基本沒有什麼變化。但是，就如李德所認識到的「戰略總形勢」已經完全不同，雖然國軍總數與第四次圍剿時也基本一樣，然而，在一年多的時間裏，紅軍已經失去了打破圍剿的時間，完全處於了戰略困境當中，國軍堡壘戰線得到了完善，合圍圈已經縮小到了可以對紅軍進行最後圍殲的程度，紅軍進行大規模運動的機率已經基本喪失。

但是，李德所謂的「戰略總形勢」仍然不是紅軍必須「長征」的主因，如果博古、周恩來接受朱德的戰術的話，紅軍即使不能進行大規模運動，但並不等於不可以進行相當規模的游擊戰。對此龔楚有非常中肯的評估，他說：即使按照留下來的兵力，「當時中央軍區直接指揮的軍隊尚有二萬三千多人，江西、福建、贛南三個軍區，亦有一萬三千多人，合起來有三萬七千人之多，裝備雖不如野戰軍（本書作者注：即進行長征的中央紅軍），但力量尚屬非小，比諸朱毛初到閩贛邊區時要強得多，亦比諸第一次反圍剿時的兵力差不多。」那為什麼不能像朱毛那樣進行作戰呢？龔楚說：「當時由司令部召開一次閩、贛兩省黨政高級幹部會議，檢查了蘇區內的人力、物力、財力的情形，特別是存糧還有多少？當時統計的數字令我吃驚！人力已無可動員了；物力，全部在現有軍事組織之內，此外亦無可利用；糧食，以三萬七千人計算，僅能支持兩個月的供應。」總起來就是「蘇區經濟的總崩潰，士氣民心都已受到極大的影響」，也就是蘇區社會已經崩潰。因此，「每個人都似有大禍將臨頭的彷徨心情」。

　　這一點在開始長征前很多人希望能夠隨中央紅軍一起出發、不願意留在根據地的緊張活動中，很集中地體現了出來。陳毅從1927年下半年以來已經歷經游擊磨練，具有了很強的生存能力，但對把他留下來還是非常恐懼，一個個找人央求，實際上等於對什麼都沒有了要求，只希望能把他帶上離開蘇區，他找朱德，朱德在這方面當時沒有權力，找真正掌握人們命運的周恩來，結果周恩來「對我則說得很漂亮，說：『你是高級幹部，本來應該把你抬走，因為你在江西搞了十幾年，有影響，有名望，又懂軍事。中央走了，不留下你無法向群眾交代』」。陳毅建國後坦承「大家都認為靠著軍隊不危險，不願留下」，對此仍然難以釋懷。事實上，僅到1935年春，留在中央蘇區的三萬七千人紅軍就基本都被國軍殲滅了，打散的人員都躲藏到了深山裏面，雖然名為游擊隊，但由於得不到人民支持，實際毫無作為，只是苟延殘喘而已，一直到幾年後抗日戰爭國共再次合作，才從山裏面走出來了幾千個人。

　　無論是去「長征」的還是留下的，在一定意義上都只是中共內部大屠殺的「倖存者」。進行「長征」前，博古和周恩來進行了中共建國前最集中的一次全面大屠殺。大屠殺開始於1934年4月，集中進行於8月之後。1934年4月8日，中共發表了〈中華蘇維埃共和國懲治反革命條例〉，制定了一個幾乎是漫無邊際的「反革命」定性：「凡一切圖謀推翻或破壞蘇維埃政府及工農民主革命所得到的權力，意圖保持或恢復豪紳地主資產階級的統治者，不論用何種方式，都是反革命行為」。按照這一「反革命」定性，在細則中規定可以殺掉的人擴大到了拒絕使用蘇維埃貨幣者、抑低蘇維埃貨幣價格者、擠兌貨幣者、藏匿現金者、攜帶「大批」現金到蘇區以外者，連關閉店鋪的人也可以作為「故意停閉企業造成經濟恐慌者」處死，這是連後來的希特勒都要自歎不如的死刑低標準。《條例》號召「應當採取堅決迅速的辦法去鎮壓反革命」，並賦予了政治保

衛局以幾乎可以任意殺人的特權：「在邊區的地方保衛局，在戰線上的紅軍保衛局，對於敵人的偵探、法西斯蒂分子、土匪團及反革命的豪紳地主，有權直接處置，不必經過裁判部。」這場大屠殺分兩個方面，一是為了進行最後的擴紅和收集糧食等物資進行的社會性大屠殺，一是為了鞏固他們的權威進行的內部大屠殺。

龔楚所說的蘇區糧食等物力、財力已經枯竭，並不是一般的枯竭，而是中共在使用社會大屠殺進行徹底搜刮下的枯竭。龔楚回憶了兩個例子。長汀有一個姓劉的中醫，經過三十年的辛苦，積累了七畝地、一家藥店，紅軍來了後沒收了他的七畝地，之後藥店兩個夥計參加了紅軍，但工資照樣要他發，而且一再給他派捐款，他實在是已經傾家蕩產，要把藥店關了中共又不允許，因為他為龔楚看過病，在重遇龔楚時央求能夠說上一句話，龔楚去說了，結果這中醫反而被殺掉了，藥店也被沒收，留下的孤兒寡婦成了乞丐。在一個叫龔坊的地方，有一天龔楚住進了一家人家，這家人家外面看是很大的青磚瓦房，裏面卻只有一個爛方桌、一條爛方凳，龔楚看到有「全身穿著破爛衣服，形容憔悴」的一個老婦女、兩個中年婦女和三個孩子，婦女們無意間聽到龔楚同樣姓龔，又是司令員，就求他幫助，說她們家老頭子本是讀書人，兩個兒子耕十幾畝地，結果中共把父子三人抓去吊打逼款，她們湊了二百五十元大洋再加首飾交上去，結果老頭子還是被吊死，兩個兒子被殺，現在又要逼她們交五百大洋，她們所說完全屬實，因為來了兩個農會會員證明了她們的說法，也央求龔楚能救救她們一家六口人的命，龔楚很同情，但終於想到自己本來想幫長汀劉中醫，劉中醫反而被殺掉了，最後便沒有跟當地蘇維埃政府開口說情。龔楚回憶的這兩件與他相關的事情時間上比較模糊，長汀劉中醫的事情發生在1933年，龔坊婦孺的事情在這之後，紅軍「長征」前搜刮錢財只會比這更加殘酷。按龔

楚的說法，「長征」前蘇區是「民窮財盡」。他說：「所謂『人性』這個名詞，在共產黨的經典中，已經找不到了。」

「長征」前進行的內部大屠殺最主要的劊子手是掌握特工系統的周恩來，主要執行具體屠殺行動的是以鄧發為局長的國家政治保衛局，此外一個重要的幹將是紅一方面軍政治保衛局局長李克農。

鄧發，1906年生，廣東雲浮縣人，早年在香港做工並參加了海員工會和洋務工會，1925年省港大罷工時任工人糾察隊長，同年10月加入中共，1927年春任中共廣東油業總工會支部書記，年底參加廣州暴動，任第五區副指揮，曾任中共香港市委書記、廣州市委書記等職。1928年時，鄧發組建了中共香港特科，成了周恩來系統中的要員，但在特工方面並沒有顧順章的超人天才和輝煌作為，因此，在這一條線上沒有進一步發展，但成為了周恩來屠殺內部「動搖分子」的冷面屠夫。鄧發開始他冷面屠夫生涯的起點，是1930年冬擔任中共閩粵贛邊特委書記兼軍委會主席，1931年春開始他便在閩粵贛邊地區大開殺戒，發揮出了屠夫特長，唯一沒有達到目的的是遇到了傅柏翠的武力抵抗，但不願意被鄧發屠殺的熱情的社會主義者傅柏翠從此也就成了中共眼睛裏的「反革命」。1931年7月，鄧發到中央蘇區擔任紅軍總司令部政治保衛處處長，紅七、八軍總指揮李明瑞便是死在鄧發埋伏在他身邊的監視人員手上。周恩來到中央蘇區後，鄧發提升為國家政治保衛局局長，他雖然表面上很少說話，不發表什麼政治意見，但卻是個面容冷竣的一人之下、萬人之上的人物，到「長征」前直接在他手上殺掉的中共分子和紅軍官兵至少在萬人以上。

李克農，1899生，安徽巢縣人，畢業於蕪湖安徽公學，畢業後從事過新聞工作，1921年任六安縣政府第二科科長，1923年秋在蕪湖創辦民主中學並任校長，1926年冬加入中共1927年春國民黨蕪湖縣黨部宣傳部部長，國民黨清黨後於1928年逃到上海，曾任中共滬中區委宣傳委員，1930年進入周恩來

控制的中共特科，發揮出了他的情報天才從事情報工作，隨即打入國民黨特務機構上海無線電管理局任廣播新聞編輯，獲取了徐恩曾的信任。1931年4月顧順章叛變的情報被在南京的中共情報人員錢壯飛及時獲得，錢壯飛通知了在上海的聯絡人李克農，李克農打破約見規矩找到上司陳賡，使周恩來及時獲得消息，避免了中共中央的覆滅，李克農由此立了一大功，從此成為周恩來最得力、親信的一位情報特工，獲得了重用。1931年冬到中央蘇區後，李克農被周恩來任為了國家政治保衛局執行部部長、紅一方面軍政治保衛局局長、紅軍工作部部長，開始在中共內飛黃騰達。

由於中共政治保衛屠殺的對象主要是自己人，而且由於牽涉到了周恩來、毛澤東等一大批「偉人」，並且由於中共政治在有了政治保衛以後形成了特務政治的深刻傳統，牽涉到中共政權的合法性問題，因此，對於這方面的研究一直是中共官方黨史中最大的禁忌之一。關於鄧發的國家政治保衛局，龔楚雖然不是圈內要人，但由於他是可以瞭解到不少情況的紅軍高級將領，並且他對此一直很敏感和警惕，因此，至今只有他的回憶是比較清晰的。他介紹說：「國家政治保衛局的主要任務，是防止與取締反革命分子的活動，鞏固蘇維埃政權；同時，它又負責監視全體黨員、人民與所有高級幹部之責。有權隨時拘捕、審訊、與處決每一個被認為有反革命嫌疑的人。除了黨的高級人員，須要報告中央政治局審查決議外，中下級幹部及普通平民的處決，根本不需要任何機關的核准。

「它的組織，在國家保衛局之下有省、縣分局，鄉有特務員和機關部隊中的特務員。他們執行任務時，與各級黨及各級蘇維埃政府經常取得密切聯繫，以聽取各方面關於反革命分子所有活動的情報；並充分運用黨員為實施調查工作時的細胞，使他們在各機關，各部隊和鄉村中的每一個角落，監視著每一個幹部和人民，同時他們自己也互相監視。

「他們逮捕人民或幹部，大多在夜間，執行時往往不說明理由，第一句話便是：『保衛局請你去問話。』說完便把人帶走，反抗是絕不可能的事。被傳去問話的人，多數是從此失蹤了。失蹤的人絕不會宣布任何罪狀或透露任何消息。

「國家政治保衛局就像一條絞索，套在蘇區每一個人民和幹部的頸上，它高興時，可以讓你在圈子內多活幾天，不高興時只要將絞索收緊，便要你的命。它又像一個恐怖的魔影，時時刻刻跟隨著你，使你由出生到死亡，始終在它的控制之中。」

龔楚說：「中共在準備突圍西竄時，為了要使紅軍部隊、地方部隊和蘇維埃政府中的各級幹部與員兵，來一個嚴密的整肅。一時被撤職查辦的幹部達數千之多。中共特在瑞金縣屬之九堡、麻田、沿壩田心墟一帶，設立了十多個收容所。

「收容所就是變相的集中營。到收容所的幹部，經過了所長的登記，便有住、有食，還可在附近行動，但不能離開指定範圍。他們表面上很自由，住的附近雖無紅軍駐守，但週邊就不同了，重重疊疊的赤衛軍、少先隊守住路口，沒有蘇維埃政府的路條是不准通行的。

「中共為了要處置這一大批被指為動搖的幹部，和少數殘餘的『反動階級』，在瑞金北與雲都邊界的大山叢中選擇了一個山深林密的山腹，設立了一個特別軍事法庭。有一座木板房屋為審判處，一座警衛員兵及法官的宿舍。離開法庭一百五十碼，有一條二丈多寬的山澗，澗上有一小木橋，橋下亂石縱橫，荊棘叢生，距離橋面有二丈多深，人在橋上過，就覺得膽戰心寒，恐怖萬狀，這條冷僻的山徑，平日就很少行人，這時經已全部封鎖，特別軍事法庭設置好了，並在不遠的山麓，挖了一條大坑，那些在收容所裏被撤職的幹部、動搖分子、反動階級，便三個五個，一群兩群的被送到特別法庭去審訊，不如說是宣判，因為審訊時，手續非常簡單，只要點名，便對犯人宣布：『你犯了嚴重的反革命錯誤，革命隊伍裏

不能容許你，現在送你回去。」說完，便由背著大刀的劊子手，押著犯人到預先挖好的大坑邊，一刀結果了性命，跟著飛起一腳將屍體踢落土坑之中，隨便的扒些坑土將屍體掩蓋住，便算了事。另外一種最殘酷的死刑，便是要犯人自己挖坑，挖好後就對他一刀殺掉，或者將犯人推落坑去活埋，這個殘酷的歷史性大屠殺，直到紅軍主力突圍西竄一個月後，才告結束。」

紅軍主力臨出發前，周恩來下令殺掉了一批紅軍中、高級將領，主要有季振同、黃中岳、張少宜、蕭世俊、高達夫、朱冠甫、李錦亭等。季振同是中共自己在紅軍時期殺死的最高級將領，與早先被殺死的紅七、八軍總指揮李明瑞都是加入中共前即已經是中將銜的著名職業軍人。

季振同，原名季振佟，字漢卿，號異之，1901年生，河北滄州人，1919年在馮玉祥第十六混成旅當兵，曾畢業於保定陸軍軍官學校，北伐前擔任馮玉祥的衛隊團團長，是馮玉祥最親信的人，馮玉祥將自己侄女嫁給了季振同。1926年馮玉祥「五原誓師」後季振同隨馮玉祥參加北伐，任國民黨軍第二集團軍手槍旅旅長，所部是馮玉祥手下最精銳的王牌部隊，1930年4月中原大戰馮玉祥戰敗引退，餘部被蔣介石改編，季振同任國民革命軍第二十六路軍第二十五師第七十四旅旅長。1931年1月第二十六路軍調往江西參加第一次圍剿，這支來自北方的部隊不適應南方山地作戰，被朱德抓住這個弱點予以重創，1931年12月，覺得沒有出路的季振同與趙博生、董振堂發動寧都兵變，投向紅軍，任紅一方面軍第五軍團總指揮，成為中央紅軍三支主力兵團的首腦之一，1932年1月加入中共。很快，季振同因為部隊被混編、沒有用人權而不滿，並與董振堂等人有了矛盾，恰好馮玉祥在蘇聯和中共的鼓動下準備召集舊部在北方發動抗日，組建抗日同盟軍，馮玉祥就也給侄女婿季振同送來了召喚信件，雖然季振同事前、事後向周恩來進行了彙報，但還是被視作了動搖分子。在心情極其不舒暢的情況

下，季振同提出去蘇聯學習軍事，周恩來一方面予以批准，一方面卻在路上將季振同逮捕，1932年8月，由李克農作為「公訴人」，由何叔衡、梁柏台、劉伯承、陳壽昌、劉振山組成所謂的中華蘇維埃臨時最高法庭，以莫須有的「季黃反革命案」名義，將季振同判處死刑，但因為法庭名義為中華蘇維埃，就必須要政府主席毛澤東、副主席項英簽字同意，結果需要恢復人心的毛澤東和本就一貫反對屠殺的項英不予同意，改判為了十年有期徒刑，這樣，季振同就一直被軟禁到1934年10月，才被周恩來殺掉。

「季黃反革命案」的「黃」是指黃中岳。黃中岳，1904年生，河南羅山人，1920年到馮玉祥第十六混成旅當兵，因表現突出，1925年被選送到日本陸軍士官學校學習，1928年日軍在中國製造「濟南慘案」後，憤而輟學回國，到馮玉祥第二集團軍軍官學校任教官，之後經季振同邀請任手槍旅參謀長、團長，寧都兵變時仍然是季振同手下團長，並隨季振同投向紅軍，任紅五軍團第十五軍軍長。黃中岳是季振同手下最忠誠於季的將領，對中共混編部隊所體現出來的不信任比季振同更表現出不滿，周恩來為了防止兵變，在批准季振同出國上路後，先由政治保衛局逮捕了黃中岳，再逮捕了在路上的季振同。1932年8月，黃中岳與季振同一起被判為死刑，之後被毛澤東、項英留下了性命。1934年10月，黃中岳與季振同一起在瑞金和於都交界的梅子山密林中被殺。

「季黃反革命案」是中共自「富田事變」以來又一個大規模的冤假錯案。富田事變是毛澤東進行大屠殺所導致出來的，在直接的意義上不是毛澤東故意製造的，而且，毛澤東一開始並沒有想要殺紅二十軍的高級將領。「季黃反革命案」則比富田事變惡劣得多，它完全是出於對從國軍「反水」過來的部隊和將領不信任故意製造的，而且以周恩來為主要的一批人把屠刀直接對準了紅軍的中、高級將領，甚至殺到了季振同這樣的軍團總指揮級別，也就是說，周恩來已經把屠刀直接殺到

了中共領袖層邊緣，其膽量和瘋狂的程度在中共歷史上是唯一的，即使建國後的毛澤東也沒有敢這樣做，他不過採用的是整死人而不是直接殺死人的陽謀手段。除了殺死季振同、黃中岳以外，周恩來還殺掉了紅十五軍副軍長張少宜、參謀長蕭世俊、紅十五軍經理處副處長高達夫、紅十四軍參謀長朱冠甫、紅十四軍第四十一師師長李錦亭等，這批在「長征」前夕殺掉的紅軍中、高級將領清一色都是寧都兵變反水過來的分子。後來直到在1972年5～6月的中共中央批林整風彙報會上，出於複雜目的需要說清楚自己歷史問題的周恩來，才承認了在殺季振同、黃中岳問題上，「這件事我是有責任的」。但直到1979年6月，跟隨季振同寧都兵變參加紅軍和中共的老部下、已經是中共高官的姬鵬飛、黃鎮、李達、王幼平、袁血卒、蘇靜等人上書中共中央後，才由胡耀邦下決心為季振同、黃中岳等平了反。

周恩來遠不止殺寧都兵變的人。周恩來到了中央蘇區後，殺人的膽量之大遠遠超過了中共任何人。1931年7月毛澤東派陳毅負責，由彭德懷、林彪派部隊消滅了富田事變中的紅二十軍後，只是將繼任軍長蕭大鵬、政委曾炳春關押了起來，但並沒有殺掉，原軍長劉鐵超則經過審查後降為普通參謀使用，不久就提升為紅一方面軍總參謀部作戰科科長，很快又在1931年10月頂替了戰死的紅三十五軍軍長鄧毅的職務，得到重新起用。也就是說，毛澤東雖然是中共內部大屠殺的始作俑者，但頭腦還是比較清醒，膽量有限，沒有把屠刀落到紅軍高級將領頭上，而且，即使殺紅二十軍七百多名排長以上軍官時，毛澤東也不是唯一主要的人，周恩來派來的中央「三人團」也是主要的責任者。但周恩來則不同，他是把屠刀朝向了紅軍高級將領。毛澤東只敢關押而不敢殺的蕭大鵬、曾炳春，在1932年5月，都被周恩來殺掉了。毛澤東最痛恨，但同樣不敢殺的江西行動委員會書記李文林，也是在1932年被周恩來殺掉的。唯一被朱德痛恨地認為毛澤東是「黑手」的紅軍高

級將領陳東日之死，實際上也不是死在毛澤東手上，而是與蕭大鵬、曾炳春一批死在了周恩來的手上。

一些涉及中共紅軍時期肅反問題的著作存在著嚴重的誤導和偏差，從而就難以正確認識中共在那一段的歷史及其後續影響。在高華影響頗大的《紅太陽是怎樣升起的——延安整風的來龍去脈》一書中，敘述了毛澤東進行大屠殺的過程，但在周恩來的問題上，則只是介紹了他到中央蘇區後，「隨著周恩來等較深入地瞭解到蘇區肅反的真相，中共中央開始調整肅反政策，並採取了一系列糾偏的措施」。這樣的敘述很容易形成誤導，使讀者以為蘇區的肅反始終是由毛澤東進行的，而周恩來則是進行了糾偏。在世界上更具有重大影響的張戎的《毛澤東：鮮為人知的故事》一書中，張戎承認周恩來「和毛一樣，利用恐怖做工具，不同的是，毛為的是個人權力，周更多的是為共產黨的統治」，但具體的敘述則還是很容易給人以毛澤東控制了整個屠殺過程，而且，對毛、周的為個人權力屠殺與為共產黨統治屠殺的區分也並不具有充分理由，他們實際上都是有著為個人權力和為共產黨統治而進行屠殺的兩面性的。

就中共進行社會性大屠殺來說，最早始於1927年初前後的農民運動，在這問題上毛澤東不是發明者和決定者，但是最極力的鼓吹者和推動者，但這一輪的社會性大屠殺是在國共合作時期，一方面國共兩黨都有紛紜的不同意見，另一方面也彼此糾纏在了一起，而且在名義上主要還是使用的國民黨地方黨部之類名義。純粹中共由自己發動並實行的第一次社會性大屠殺，是在朱德舉行湘南暴動之後，責任人是中共地方黨，而在這一輪大屠殺中，毛澤東是明確的反對者。在進行社會性大屠殺的慣例之下，中共第一輪內部大屠殺是1930年由毛澤東在中央蘇區發動的，毛澤東是主要的責任人。經過項英1931年1月到中央蘇區進行短暫的阻止後，隨著任弼時、王稼祥、顧作霖「三人團」到中央蘇區，1931年4月開始了第二輪內部大屠殺，但由於正好處於第二、三次反圍剿之間，這一輪屠殺的規

模相比較後來並不算大，毛澤東是主要責任人之一，但「三人團」改變項英的決策則責任更大，周恩來作為中共中央最有力的支持者，也成為了主要責任人之一。第三輪大屠殺是在周恩來1931年7月將鄧發調到紅軍總部任職之後，正好第三次反圍剿結束，中共內部的大屠殺規模立即上了一個台階，典型事件是李明瑞被殺，在屠殺的規格上發生了性質變化，恐怖的程度已經大大超過毛澤東，這時候周恩來雖然沒有到蘇區，但他已經上升為最主要的責任人，任弼時、王稼祥、顧作霖「三人團」特別是任弼時，仍然是主要責任人，毛澤東這時候也還是主要責任人之一，但在主要責任人中則已經處於次要地位。第四輪大屠殺是在周恩來到中央蘇區之後，他一方面調整了進行屠殺的政策和策略，一方面強化了進行屠殺的專門機構，把由他奠定並形成的中共特務政治形態作了鞏固和完善，隨後，1932年5月親自主持了一輪集中大屠殺，突出的事件是殺了被關押著的李文林、蕭大鵬、曾炳春、陳東日等，緊接著8月就導演了一出「季黃反革命案」，之後無論是社會性大屠殺還是中共內部大屠殺，徹底演變為了熱情的和日常的專門工作，並在1934年8～10月的「長征」前夕形成一個集中的高峰，在這一輪持久進行的、規模和規格遠超過以前的大屠殺中，毛澤東是被動捲入進去的，但他又是反對者和抵抗者，主要責任人首先是周恩來，其次是博古，洛甫曾經也是主要責任人，但後期予以了一定程度的異議，最重要的大屠殺執行者則是周恩來的嫡系幹將鄧發和李克農。

　　可見，把紅軍時期中央蘇區的中共大屠殺簡單歸到毛澤東一個人身上是不合理的。嚴格說來，在不考慮始作俑因素前提下，只考慮大屠殺的時間長度和規模、規格，第一責任人就是周恩來，其次是博古。認識這一事實非常重要，不然就不能理解遵義會議問題和直至建國後中共的一系列問題。

　　人類所有的大屠殺都可以分成來自系統外的大屠殺和自身系統內的大屠殺。來自系統外的大屠殺多數是戰爭的附屬

品，比如古代部落、民族戰爭後，勝利一方對失敗一方進行屠殺，歷史上最恐怖的事件是成吉思汗時代蒙古人所進行的大屠殺，其目標是屠殺到被戰敗方徹底馴服或透過消滅人口獲得足以進行放牧的曠地；另一類雖然與戰爭有關，但主要是種族性的殖民，比如歐洲人在美洲長達數百年的對印地安人進行的屠殺，主要是在「和平」狀態下透過一系列小規模的衝突緩慢進行的，這在古代史中的民族擴張中更是常見現象。自身系統內的大屠殺與戰爭沒有必然聯繫，一種情況是為了達到某種社會發展目標進行的大屠殺，比如幾乎所有的暴力革命導致的大屠殺都是如此；一種情況是由權力衝突、集團衝突等原因直接導致的。任何一個大屠殺事件在類型上都可能是混合的，比如，希特勒在自己國家或統治區域屠殺猶太人，既是出於一種社會發展目標，也是將猶太人看作了一個種族性集團而進行的。不管是什麼樣的大屠殺，一切系統內的大屠殺都必然是有迫害相配套的。屠殺與迫害之間的相襯關係有兩種，一種是以迫害為主要目標，屠殺則是迫害烈度的上升，當這種上升達到一定規模就成了大屠殺，共產黨所有的階級鬥爭運動導致的大屠殺都屬於這種類型；一種是以屠殺為主要目標，迫害則是屠殺烈度的降低，比如希特勒迫害猶太人，本是為了屠殺，但不得不採取比較低的烈度時就是迫害。毛澤東1930年的內部大屠殺是由迫害而屠殺的類型，他的主要目標是征服黨內和紅軍各個派系，向他投降了也就僅限於迫害，不投降則由迫害上升為屠殺。周恩來的大屠殺也具有這樣類型的成分，但主要是由屠殺而迫害的類型，他的主要目標不是為了征服，而是為了消滅異己力量，對尚不能予以消滅的或不屬於必須要消滅範圍的人則進行迫害。

　　顧順章的叛變顯然讓周恩來失去了理智，心理發生了嚴重的變態，這一點。突出顯示在他將顧順章家中包括幼小的孩子在內無辜的九口人殺掉這一行為上。周恩來的這種變態心理又「冷酷」地帶到了中央蘇區，突出表現在對所謂的

「地主」階級進行的鎮壓上，中共過去只是零碎地進行「斬草除根」，即偶然地把「地主」的孩子也殺掉，但周恩來到中央蘇區後，則成為了流行的規則和口號，開始普遍地殺戮「地主」的孩子。所以，具有一定人道主義思想的龔楚見這情況，才哀歎：「所謂『人性』這個名詞，在共產黨的經典中，已經找不到了。」周恩來這種「斬草除根」精神甚至改變了紅軍一貫的軍事原則，迫使紅軍開始大規模屠殺俘虜。在朱德獲得第四次反圍剿勝利後，對紅軍進行訓導的〈黃陂東陂兩次戰役偉大勝利的經過與教訓〉指示中，他說：「對俘虜處置錯誤也是游擊習氣。捉到大批俘虜一時不好處理，只是照例發錢放走。黃陂之役用血換來的勝利，俘虜萬餘人，隨即放走大部，只剩三千餘人。許多反動軍官包括旅長團長均混在裏面放走，這是何種重大的損失。我們把俘虜放回去，敵人很快又把他們組織起來，配好槍枝，兩三月後又開來打工農群眾。此種做法實在是幫助了敵人。東陂之役得了前項之教訓，未放走一個俘虜，將反動的十一師可以說是全部消滅，除死傷外，逃脫的沒有幾個，這樣，它想恢復建制就不容易了。我們加緊政治工作，可以爭取一部分俘虜當紅軍，其餘的應分散在別的地方遣散，這樣更有廣大的政治意義，對破壞敵人之組織更為徹底。」所謂的「分散在別的地方遣散」，實際不過就是屠殺而已。這樣的反「游擊習氣」語言跟朱德以往的口氣完全不同，而且，處置俘虜問題本就屬於周恩來分管的事務。朱德這段話透露出了周恩來在東陂戰役之後改變了紅軍發錢釋放俘虜的「照例」，對俘虜進行了大規模屠殺，按照黃陂戰役的死傷、俘虜、參加紅軍比例，東陂戰役紅軍俘虜國軍的總人數不下於萬人，因此，周恩來屠殺的俘虜應該在六、七千人之多。有了周恩來這樣的行為，在第五次圍剿中，國軍出現了從未有過的情況，竟然沒有什麼人願意做俘虜了，都採取了寧願戰死不願投降的堅決態度。

周恩來的這種心態使他在迫害別人時，已經根本不顧對象身份和背景。龔楚因為在高級幹部會議上在朱德的支持下頂撞了對周恩來忠心耿耿的彭德懷，隨後在博古、洛甫不在的情況下，周恩來開會決定撤了他的紅七軍軍長職務，並開除了他的黨籍，送到紅軍大學學習，實際就是軟禁了起來。龔楚是井岡山倖存下來的最主要軍事領導人之一，相對於周恩來來說屬於朱、毛最重要的嫡系，政治上同情毛澤東的「富農路線」，軍事上是朱德最親信的人並對朱德特別忠誠，也曾是李明瑞紅七、八軍總指揮部參謀長，周恩來竟然能這樣輕易處分？龔楚以如此資歷和地位也只能忍受周恩來的所有指責和處分，不敢辯白，因為，在周恩來肆意迫害、屠殺的氛圍下，「顧慮到環境的惡化，如果太倔強，便有招至犧牲生命的危險」。當時周恩來對龔楚的迫害，甚至連李德都對龔楚表示了同情，特地請龔楚吃了頓飯安慰。其他如毛澤東、朱德、項英等都以各種方式表達了對龔楚的同情和聲援，連博古、洛甫都覺得對龔楚的處理很不應該。紅十六軍軍長孔荷寵是平江暴動時紅五軍第一縱隊縱隊長，也即是彭德懷的嫡系幹將，1932年因為軍事上的過錯，被朱德撤職。這本是很正常的事情，但周恩來竟然上綱上線，把他與龔楚一起，自己親自主持鬥爭會，進行「無情的鬥爭」，要他們「坦白反省」。龔楚說：「這給予我們的傷害實在太深了，他（本書作者注：指周恩來）得到的恰恰是一個相反的作用。」在龔楚被處分後，朱德把他叫到自己住處，因為龔楚的妻子在白區，朱德建議他：「不要寫信回家，因為政治部已經截留了由白區家裏寄來的信，應在蘇區另外找一個思想前進的女同志作老婆，以免給人以攻擊的口實。」朱德本身就是這樣偽裝自己的，而龔楚是很親信的人，因此朱德便這樣給他建議。但由此可見當時周恩來在中央蘇區所造就的恐怖程度之嚴重。在「長征」前，劉伯承聲稱腦貧血，乾脆不要了紅軍總參謀長的傀儡職務，朱德藉機提名讓龔楚擔任了這個職務，結果獲得了所有同情龔楚的領導

人的支持。由此可見，朱德對周恩來迫害自己親信是很放在心上的。

陳東日在朱毛下井岡山的過程中，因傷留在了李文林的東固，後來曾擔任過由李文林部為主組建的紅二十軍政委，他既是朱德最親信的嫡系，也與李文林有著非常密切的關係，富田事變時被劉敵等誤扣押，但很快就被釋放，1931年7月在主持組建紅軍軍官學校湘贛第四分校時被作為AB團分子逮捕，1932年與蕭大鵬、曾炳春一批被周恩來殺掉，也就是說，陳東日是因毛澤東的陽謀而被抓，但毛澤東並沒有敢殺他，而周恩來則殺掉了他。陳東日是個能力很全面的人才，蕭克晚年評價「陳東日軍政素質好，老成持重，水平高，辦法高」，「本是可以成為一個帥才的」，陳東日1930年後多數時間是在從事紅軍學校的創建、教育和管理，並參與地方黨的領導，幫助訓練和組建紅軍新隊伍，從朱德為他的死而痛恨毛澤東來看，朱德自然更也會因此痛恨周恩來。1945年毛澤東登上神壇的時候，朱德是中共另一個神，毛澤東為了撇清陳東日之死與自己的干係，在中共「七大」時即主動提議為他平了反。

由於黃克誠在回憶錄中談到了一個叫何篤才的人，因此，這個人的事情就為很多中共黨史研究者所引用，被認為是毛澤東整朱德嫡系人物的典型例子，但這是很有欠缺的，黃克誠自己並沒有相應的說法。古田會議後，毛澤東雖然對朱德的親信比較排擠，但採用的主要手段是在朱毛紅軍中逐步把自己的親信安插到重要職位上，用「無情的鬥爭」手段進行打擊則並沒有確實、明顯的事例，客觀上，當時毛澤東也沒有這樣的膽量與朱德進行尖銳衝突。何篤才被黃克誠認為是一位「具有相當高政治水平和工作經驗」的同志，彼此「在一起無所不談」，他在湘南暴動時就跟隨了朱德，在朱、毛衝突中堅決支持朱德，同時又認為「毛澤東這個人很了不起！論本事，還沒有一個人能超過毛澤東；論政治主張，毛澤東的政治主張毫無疑問是最正確的」。黃克誠回憶：「我問他：既然如此，你為什麼

要站在反對毛澤東的一邊呢？他說，他不反對毛澤東的政治路線，而是反對毛澤東的組織路線。我說：政治路線正確，組織路線上有點偏差關係不大吧？他說：不行，政治路線、組織路線都不應該有偏差，都是左不得、右不得的。我問他：毛澤東的組織路線究竟有什麼問題？他說：毛澤東過於信用順從自己的人，對持不同意見的人不能一視同仁；決心大，手也狠，不及朱老總寬厚坦誠。何還舉例說，像李韶九這個人，品質很壞，就是因為會順從，騙取了信任，因而受到重用，被賦予很大的權力。結果，幹壞了事情也不被追究。像這樣的組織路線，何以能服人？」從黃克誠這一回憶可以看出，古田會議後毛澤東並沒有整何篤才，何篤才挨整是在毛澤東殺AB團後的事情，應該是他對殺AB團問題不滿才被降職到紅三軍團第三師政委黃克誠手下當了個宣傳科長，而且畢竟還是到了「無所不談」的好朋友手下，毛澤東是手下留情。何篤才被作為AB團殺掉，是1931年7月鄧發來了之後的事情，因此，雖然與毛澤東有關係，但更是周恩來嫡系鄧發的罪惡。朱德如果因此而痛恨，也是不會把矛頭全對著毛澤東的，周恩來很難逃脫干係。

　　周恩來在第五次反圍剿中用李德取代朱德，以及社會破壞、屠殺、迫害等因素集合在一起，最終的結果是周恩來失去了朱德，相應的結果，則是把朱德重新推到了毛澤東一邊。在中共以「政府」名義發布行政命令時，毛澤東是只簽字沒多少權力的傀儡，在以革命軍事委員會名義發布軍事命令時，朱德也是只簽字沒多少權力的傀儡，「朱毛」成為了一個傀儡體，朱德和毛澤東從未有過地在內心精神層面化為了一個整體。當朱、毛成為了一體，博古、周恩來等的中央失勢的命運也就注定了，現在只不過就是時間和機會問題了。朱德雖然始終對毛澤東不滿，但兩相比較，不僅軍事策略上彼此更能溝通，而且，朱德不滿毛澤東的專制、極左、殘忍等問題，毛澤東比之周恩來已經是小巫比大巫，朱德自然將是選擇毛澤東，而不是周恩來。

從湘江之戰到通道會議和黎平會議

　　1934年8月朱德重新指揮軍隊後，開始逐步使用他的權力。10月10日以前是他使用權力的第一階段，在這個階段他沒有戰略決策權，只有軍事指揮權，他在巨大的壓力中很謹慎地指揮作戰，調集軍隊，準備進行「突破」作戰。10月10日「突破」後是他使用權力的第二個階段，「三人小組」既定的計劃已經不可能改變，朱德只能盡力執行。國軍本有以粵軍進行防守的三道封鎖線，但由於朱德、周恩來已經私下與陳濟棠達成祕密協定，因此，紅軍基本沒有什麼障礙就透過了。按照「三人小組」既定的計劃，「突破」後紅軍運動的方向是向賀龍的紅二、六軍團靠攏，到湘鄂西會合，在那裏重新開闢新的「中央根據地」，因此，也稱為「西征」。進行西征的中央紅軍稱為野戰軍，朱德為野戰司令部司令，周恩來為政委。蔣介石發現紅軍的企圖後，很快就在湘、桂交界地區的湘江一帶布置了第四道封鎖線。

　　11月27日，中共軍史上最慘烈也是最窩囊的戰例之一湘江之戰開打。「三人小組」計劃實行的結果，使紅軍已經陷入被圍殲的絕境，西進正面是湘江對岸的國軍第四道防線，兩翼則受到夾擊威懾，南面是桂軍主力，北面是國軍第一、二路軍，東面則是國軍第三、四、五路軍緊緊尾追。就作戰指揮來說，朱德在只能向正面突破的情況下，所選擇的突破點都非常正確，事實上紅軍也很快就搶佔了湘江對岸，成功實施了突破，因此，朱德的指揮是完全正確有效的。但是，「三人小組」對西進的組織完全是非軍事性的，也就是說，他們是以非軍事的方式組織了軍事行動，突出表現在兩個方面：一是龐大的非戰鬥人員隊伍，一是龐大的「罈罈罐罐」。由於龐大的非戰鬥人員隊伍，朱德只能弄了一個荒唐的隊形，將主力紅一、三軍團分左右兩路向前開進，將紅九、八軍團跟隨兩翼護

衛，夾著當中兩個由黨政官員和各種單位組成的軍委縱隊，後面則由紅五軍團護衛，使得作戰部隊只能按照非戰鬥人員進退，整個隊伍綿延達一百公里左右，很類似於冷兵器時代的民族大遷徙。周恩來不捨得丟棄透過大屠殺得來的各種物資，也即「罈罈罐罐」，跟老百姓搬家一樣，更進一步造成了隊伍行進速度的緩慢。在這種情況下，雖然紅一、三軍團佔領、突破了國軍防線，但只能夠守衛陣地，等待後續隊伍緩慢渡江。著急的朱德想丟掉「罈罈罐罐」，加快前進速度，但不能為周恩來接受。在這樣的情況下，湘江之戰打了整整四天四夜，等中央縱隊都渡過湘江時，紅軍——整個西征隊伍——由八萬多人剩下了三萬多人，等於讓國軍在四天中屠殺掉了五萬人。後來朱德談到湘江之戰時，很憤恨地說：「沒有帶過兵的人，就會搞空頭計劃。」

劉伯承回憶長征時說：「部隊中明顯地滋長了懷疑不滿和積極要求改變領導的情緒。這種情緒，隨著我軍的失利，日益顯著，湘江戰役，達到了頂點。」湘江之戰標誌了朱德運用權力的第二階段結束，進入了第三個階段。這時候，博古、周恩來雖然仍然掌握著主要的領導權，但他們實際已經失控，由朱德掌握了決定性權力。朱德第一個動作是解決實現紅軍輕裝問題。康克清回憶說：「紅軍的嚴重失利，使大家認識到『左』傾領導者一意孤行造成的損失，到處議論紛紛。他們這時不得不同意朱老總提出的『丟掉罈罈罐罐』。朱老總召集各部隊領導幹部，作了輕裝行軍的動員和布置。我們司令部迅速行動，我清出一大包東西，有蚊帳、鴨絨被和非急需的衣物，叫潘開文拿去送給當地老鄉。」朱德第二個動作是決定性地拋棄了原「三人小組」的計劃。

至今關於中共黨史的著作都是把遵義會議作為了長征的轉折性會議，一般來說遵義會議當然是轉折性的，但實際上長征期間更早的重要轉折是通道會議和黎平會議。

湘江之戰後，雖然「三人小組」原計劃沒有被明確放棄，但由於博古、周恩來已經不得不依賴朱德，朱德掌握了實際上的全面指揮權，紅軍的行動突然改變了風格，再次恢復出了隱蔽前進的運動特徵和活力。雖然紅軍仍然在按計劃向賀龍靠攏，但行軍方式悄悄發生了變化。朱德在1934年12月3日給各兵團首腦的電令中，確定了一個「決脫離敵人，繼續西進」的原則，似乎仍然是要執行原計劃，但微妙在一個「脫離敵人」上，是把「脫離敵人」作為了根本，實際就是已經暗示朱德準備拋棄原計劃。朱德先進廣西，再返湖南，但不再前進，逼迫博古、周恩來在一個叫通道的地方開了個緊急會議。朱德雖然是中共政治局委員，但他終究不是黨務人員，不是職業政治家，而是職業軍人，政治上的弱勢決定了他不能解決最終決策問題，但這時候朱德顯露出了他作為軍事領袖的實力和鐵腕，除了逼迫開會外，他還逼迫博古讓毛澤東參加了會議，走出了朱德要扶植毛澤東的第一步。毛澤東後來說：「這一回他們才請我去參加會議。」朱、毛之間，實際上彼此都非常瞭解各自的想法，在他們之間已經不需要溝通，朱德要讓毛澤東參加會議，是他很清楚毛澤東會怎麼想。在會議上，毛澤東提出進入貴州，「我這麼一說，朱德首先表示同意」。朱德同意之後，周恩來也就只好同意了，這樣，周恩來就邁出了改變立場的關鍵性第一步。通道會議改變紅軍運動方向雖然是毛澤東的主張，但在其中真正起決定性作用的顯然是朱德。朱德在通道會議過程中，除了實質性地決定了紅軍戰略改變，而且也實質性地把毛澤東拉回到了中共政治決策中心當中。

當紅軍進入貴州，也就是等於已經實際放棄了「三人小組」原計劃。12月18日，朱德佔領黎平後，關於放棄了「三人小組」原計劃問題就需要予以確認，於是中共政治局開了個黎平會議。從「脫離敵人，繼續西進」到「西入貴州，尋求戰機」其中微妙的變化，可見出作為不是中共最高決策人的朱德

的良苦用心。由於朱德的地位限制，通道會議放棄原計劃只能是不明確的。黎平會議由周恩來主持，參加者有博古、毛澤東、朱德、王稼祥、洛甫、陳雲、劉少奇等，據說會議發生了激烈爭論，但不管怎麼說，是明確了放棄「三人小組」原計劃，透過了〈中央政治局關於戰略方針之決定〉，「政治局認為新的根據地區，應該是川黔邊地區，在最初應以遵義為中心之地區，在不利的條件下應該轉移至遵義西北地區，但政治局認為深入黔西、黔西南及雲南地區，對我們是不利的。」

黎平會議期間和隨後，實際權力已經全然不同了的朱德把劉伯承重新提到了紅軍總參謀長位置上。進行「突破」前，朱德試圖進行一個重大人事調整，準備重用自己的親信龔楚。由於劉伯承被周恩來排擠，劉伯承聲稱腦貧血做了徹底的閒人，「突破」前已經不能裝病，被降職到了紅五軍團當參謀長，朱德將龔楚提到了總參謀長位置上，龔楚有點誠惶誠恐，說葉劍英可以做總參謀長，但朱德不願意使用葉劍英，認為葉劍英經驗不夠。「突破」前決定人們命運的周恩來，把與自己矛盾很深的龔楚留在了中央蘇區擔任參謀長，但朱德也不使用葉劍英，把這位置為劉伯承空著，等適當機會再起用彼此已經很默契了的劉伯承。除了恢復劉伯承的職務，兩個軍委縱隊合併為了一個縱隊，由劉伯承任司令，葉劍英任副司令，陳雲任政委。此外，最反對單純由新兵組成一個部隊的朱德將周恩來在「突破」前組建的紅八軍團撤並入了紅五軍團。

黎平會議之後，紅軍在朱德的具體指揮下，一掃頹勢，接連佔領了一些比較富裕的城鎮，獲得了補給。1935年1月6日，紅軍全部渡過烏江。隨即，朱德命彭德懷截斷遵義往貴州方向的通道，並撥一個師歸劉伯承指揮，命劉伯承佔領遵義。劉伯承大喜，採用了偽裝術智取了遵義。1月8日，朱德任命劉伯承為遵義警備司令，並命軍委縱隊於次日進駐遵義城。這段時間雖然沒有打什麼大的戰役，但劉伯承一改以往為周恩來做參謀長時的風格，軍事行動靈活多變，智勇兼備，從

此，劉伯承在林彪之後，成了朱德最器重的一員天才大將，而他的人品、老到、修養和忠誠則更優於林彪。

1935年1月15日在朱德的紅軍總司令部，召開了中共中央政治局擴大會議，也即著名的「遵義會議」。

三十二　遵義會議朱德定鼎之力

會議前朱德已經鐵腕定鼎

　　就紅軍戰略而言，通道會議和黎平會議已經完成了轉折，黎平會議明確中央紅軍的目標是創建一個以遵義為中心的川黔邊根據地。但是，這兩個會議都開得十分匆忙，中共中央需要作進一步的詳細計劃，因此，在進軍遵義的過程中，要在遵義開一個充分的會議已經是中共高層人盡皆知的事了。也就是說，這個會議本來是一個關於政治策略和重建根據地的會議，但當會議開始之後，在早已預謀的毛澤東策動下，方向完全轉變了，開成了一個關於軍事路線問題的會議，而軍事路線問題的實質，則是軍事決策權從而也是在當時的中共實權的調整。

　　紅軍「突破」後，毛澤東雖然沒有權力，但名義上的地位很高，既是中共政治局委員，又是最高「政府」首腦，因而有能夠比較自如活動的空間，從一開始踏上突破之路時，他就開始了被美國人哈里森・索爾茲伯里在半個世紀後寫的書《長征——前所未聞的故事》裏稱作的「擔架上的『陰謀』」。毛澤東之所以在擔架上進行活動，是為了與王稼祥進行聯盟，當時王稼祥因傷躺在擔架上隨軍委縱隊行動。王稼祥本來已經是毛澤東的支持者，但僅僅支持並不夠，毛澤東還需要他成為自己的同盟者，成為一個積極的共同主張者。毛澤東做到了這點。有了王稼祥的同盟，毛澤東與王稼祥又爭取到了洛甫的支持。這樣，他們三人就形成為了一個小集團，在遵義也是住在一起。

試圖調整軍事路線和權力的問題已經不是一般的政治分歧，毛澤東僅僅得到王稼祥的同盟和洛甫的支持，並不能夠達到目的。王稼祥和洛甫雖然是中共政治核心人物，但相對權力較小，也沒有什麼實力。毛澤東的成功與否關鍵是在兩個目前的實權人物周恩來和朱德手上。毛澤東與周恩來、朱德的關係實在太微妙，他沒有對他們有任何活動，也不敢輕易進行。雖然周恩來在軍事立場上已經傾向毛澤東，但這種傾向也可以認為是對朱德的傾向，在政治陣營和派系上周恩來仍然屬於博古一幫。朱、毛之間在軍事上的想法彼此十分清楚，根本不需要進行溝通，但毛澤東同樣心底很明白朱德始終沒有放棄對自己的不滿。對這樣兩個決定性的人物進行活動，弄不巧反而後果會很難堪。這方面毛澤東只能是聽天由命了，反正，即使達不到目的也沒有關係，能夠在政治局裏形成自己的小集團就已經足夠滿意，是很大的成功了。

對毛澤東「擔架上的『陰謀』」，博古、周恩來也許知道，也許不知道。即使知道，至少在反應上是很遲鈍的，因為，沒有任何資料說到他們有過相應的準備行動。也許，他們根本就沒有把毛澤東太當回事，因為，在政治局裏，即使已經有王稼祥、洛甫的合作，毛澤東的勢力仍然是比較小的。還在進行「突破」前，在安排人選的時候，博古、周恩來愚蠢地將老練的項英留在了中央蘇區做最高領導，這可能僅僅是因為項英一直反對他們的大屠殺，但項英並沒有在意，還特地提醒博古，叫他們千萬別帶毛澤東走，但博古拒絕了項英的建議，可見他並沒有意識到其中的後果，或者明知道毛澤東將會搞亂也並沒有在乎。

博古、周恩來之所以會犯輕視毛澤東的歷史性致命錯誤，根源在於他們忽視了朱德這一關鍵性因素。從周恩來到中央蘇區的一開始，周恩來就忽視了朱德在黨內鬥爭中的重要性。博古到中央蘇區後，同樣也是繼續犯了這一錯誤。朱德不參與政治權爭和老實人的態度，以及他作為職業軍人的服從命

令特點，蒙蔽了專門的政治家們，朱德幾乎沒有任何抗拒就讓李德取代了自己更是強化了他們的錯誤印象。他們幾乎沒有注意到，朱德作為革命軍事委員會主席、紅軍總司令，實質上已經是中共最重要的核心領袖之一，而作為政治局成員之一也事實上成為了一名政治家，他不只是一名完全的職業軍人了，不可能不關注黨內最高權力的權爭和其他政治問題，他不捲入終究只是一個暫時現象。一當朱德捲入政治權爭將會如何？一當朱德站在毛澤東一邊將會如何？在中共遵義會議之前，只有毛澤東非常清楚這點，並有過切身的深刻體會，所以，他始終非常小心翼翼地處理著與朱德之間的關係。

　　朱德是個反對黨的權力漫無邊際地管理、指揮一切的人，也是個反對槍指揮黨的人，他與毛澤東的衝突正是在這兩個方面發生的。朱、毛衝突的起點，是槍指揮黨的問題，是井岡山時毛澤東作為紅四軍黨代表和軍委書記去指揮地方黨。在黨指揮槍的前提下，朱德希望尋找比較好的黨的領導進行合作，因此，中共中央到中央蘇區他很高興，同時也不去參與和干涉黨的權爭，但現在情況完全不同了，已經涉及到中共中央和自己的軍隊生死存亡的問題了，他不參與和干涉政治已經不可能。對朱德來說，現在是必須要進行決斷的時候了。就他的軍事經驗來說，他不會認為所謂的川黔邊根據地計劃將是可行的，遵義地區是個鴉片多於糧食的赤貧地方，在這樣一個地方要弄一個有規模的根據地本就缺少基礎，而且，強大的國軍也會很快追擊、圍攏過來，如果不解決軍事決策權問題，就將是毀滅的前途，而軍事決策權問題最終就是一個政治權力問題。

　　有一個因素強化了朱德的決定性分量。博古、周恩來的權力合法性實質上是來源於莫斯科，但現在這個來源已經中斷。1934年8月，在共產國際關於中央紅軍「突破」問題的含糊的答覆指示之後，中共上海局突然被國民政府特工機構破獲，這樣，中共中央與莫斯科的聯絡就中斷了。這意味著博古、周恩來已經不能得到莫斯科的支持。在這樣的情況下，政

治權爭的勝負表面上就完全取決於了投票，但實質上則是已經取決於了以朱德為代表的軍方實力派的取捨。博古、周恩來顯然對政治局內的投票還充滿信心，卻沒有注意到命運現在實際上已經掌握在了實力派手上，而所謂的實力派，現在也就是軍方，具體說來，就是朱德之手。

當朱德準備干涉政治，選票問題對於韜略深厚的他來說，並不是什麼問題，這是個輕易就可以解決的「難題」，而且，一解決就解決到了徹底。朱德的第一個動作是用鐵腕輕易制服了一直在自己面前裝老大樣子的周恩來，同時也救了這位自己的入黨介紹人。朱德的總司令部設在黔軍第二十五軍第二師師長柏輝章新修的私人官邸，朱德與周恩來的房間同在主樓三樓，因此是鄰居，彼此談話很方便。在訪問過周恩來本人和不少中共要人的英國學者迪克・威爾遜的《周恩來傳》裏介紹道：「據說，他（本書作者注：指周恩來）的老朋友朱德大概事先跟周打了招呼，表示自己準備推舉毛。朱的這一舉動在兩派競爭勢均力敵的情況下是至關重要的。周很明白大家肯定會對他投不信任票，為了使這一不可避免的情況不至於太糟，周同意了朱德的做法。」迪克・威爾遜在這裏似乎還是沒有充分認識到朱德的決定性分量，朱德要「推舉」毛澤東並不需要周恩來「同意」。朱德跟周恩來談了一夜話，據說周恩來在這神祕的一夜裏甚至痛哭了起來。朱德向周恩來說明自己的決定，對周恩來來說就等於軍隊已經作出了決定，並且否定了周恩來過去的作為，而且，朱德實際就是逼迫周恩來必須立即決定自己立場，不然就將徹底拋棄他。雖然周恩來掌握著特工和政治保衛局，也是很強大的實力，但這種實力在「和平」狀態下才是非常恐怖的威懾，當軍人們真的動手起來，特工和政治保衛局的人就只是烏合之眾而已。對周恩來來說，向朱德表明自己轉變立場是件很困難的事情，雖然朱德會保護周恩來，但周恩來從此將意味著失去窺視中共最高領袖地位的任何可能，不僅以後莫斯科不會再進一步信任他，而且在中共黨內也

不會再有這方面的競爭力，而不轉變立場的話，則更將可能失去所有，如果按照周恩來自己輕易殺戮季振同的思維來說，應該不得不想到如果朱德把紅軍大失敗的罪責公開裁到周恩來一個人頭上，已經失去人心的周恩來甚至可能連腦袋都會保不住。對朱德來說，他事先制服周恩來，也是要救周恩來，他對毛澤東太瞭解和不滿了，雖然對周恩來也不滿，但周恩來是眼前的中共政治領袖唯一可以對毛澤東形成牽制力的實力人物，就像朱德曾跟龔楚私下表達過的想法，他的「民主」本性決定了他不願意在中共出現由一個人說了算的局面。

在制服了周恩來後，或者說不管周恩來是真服假服，朱德採取了第二個強硬的動作，就是讓政治局會議成為擴大會議，讓軍隊主要將領們一起參加會議。李德在他的回憶錄《中國紀事》中說：毛澤東「還邀請了臨時革命政府委員、總參謀部的工作人員，以及軍團和師的指揮員和政委等來參加1935年1月7～8日舉行的會議。這些人形成了多數，他們違背黨章的規定和黨內生活的一切準則，不僅參加討論而且還參加表決」。李德的這一回憶是錯的，但說明了政治局以外人員參加會議對會議結果的重要性，不僅是「討論」，而且還涉及到了「表決」，也就是票數問題。遵義會議參加者一共是二十個人，其中政治局委員六人：博古、洛甫、周恩來、毛澤東、朱德、陳雲；政治局候補委員四人：劉少奇、王稼祥、鄧發、凱豐。擴大了的人員有紅軍總參謀長劉伯承、總政治部代主任李富春、紅一軍團軍團長林彪、政委聶榮臻、紅三軍團軍團長彭德懷、政委楊尚昆、紅五軍團政委李卓然。擴大了的正式代表總共十七人。此外有作為軍事顧問列席的代表一名李德，伍修權是李德的翻譯，臨時代替鄧穎超中央祕書長職務的《紅星報》主編鄧小平是記錄人員。十七個代表當中，並沒有李德所說的較低職務人員，增加的非政治局人員全部是紅軍最主要的軍隊首腦。同樣，所增加參加會議的七名軍隊首腦，也不可能是由毛澤東「邀請」來的，當時毛澤東根本就沒有這個資格和

權力，如果毛澤東膽敢這樣做，會議不等召開，毛澤東就將因違反紀律而一敗塗地了。促使做到這點的，只能是朱德。當朱德個別向周恩來攤牌時，周恩來已經無法拒絕朱德邀請軍隊首腦參加會議的要求，即使周恩來予以拒絕，作為革命軍事委員會主席的朱德也同樣有權力以討論軍事問題的名義下達指令，當朱德下達指令，七個軍隊首腦站到了會場門口，政治局拒絕他們進入參加會議，後果就將不堪設想，因此，周恩來除了在這個問題上予以同意外，別無它法。而當周恩來、朱德一致要求會議擴大進行，博古也就根本無法予以拒絕了。

由於李德把政治局會議向軍隊首腦擴大弄成了是毛澤東的「邀請」，因此，他就由此理解毛澤東在會議上的表現，他說：毛澤東之所以敢在遵義會議上攻擊中央，是因為「突破封鎖線以後，整個政治生活和黨的工作實際上只是在軍隊中進行；而這支軍隊，正如我以前多次提到過的，幾乎完全是由農民組成並受職業軍人的指揮。毛在部隊指揮員中和部分政治工作者中，由於多年共同戰鬥，有許多追隨者。中央蘇區的轉移，在他們中間引起了一些不滿的情緒和不穩定的感覺，這是他有機會煽動起來的。」實際上，毛澤東在遵義會議前根本就沒有想到過會出現這種情況，他並沒有對軍隊首腦進行什麼冒險性活動，更沒有找過朱德。但李德這理解說明了軍人參加會議對會議後果的決定性影響，也說明了當時所謂黨的工作實際已經就是軍隊的工作。李德說：「在黨的最高領導人中有一些比較年輕的幹部，如王明、博古、洛甫和周恩來，他們中只有周恩來在軍隊中有支持者。」可見，李德事後認識到了博古他們缺乏實力基礎的嚴重性。其實當決定會議要擴大召開時，博古他們就已經認識到了事態不妙。本來，按照他們的估算，毛澤東在政治局裏面無法占到多數，軍隊首腦一參加會議，情況就大變了，但他們仍然對政委們比較相信，於是馬上就展開了活動，博古最親信的凱豐專門找聶榮臻談話，試圖尋求支持，結果被聶榮臻回絕。這樣，不等會議開，博古他們就已經

氣短了，而毛澤東則有了意外驚喜，信心倍增起來。一般研究者跟李德一樣，都認為周恩來「在軍隊中有支持者」，其實是不加分析的習慣性思維，實際上這時候周恩來已經失去了他在軍隊中主要的親信，劉伯承、聶榮臻已經完全成為了朱德的親信。

朱德將軍對毛澤東「給予了決定性的肯定」

1月15日開會之後，先是由博古作了個關於第五次反圍剿和進行「突破」以來的總結報告，之後是周恩來作副報告。兩個人的共同點都承認第五次反圍剿失敗了，但肯定中央基本路線正確，區別是在關於失敗原因的確認上，博古把失敗原因主要歸結為客觀原因，也即中共中共的決策和紅軍的指揮沒有錯誤，周恩來則是把失敗的原因主要歸結為主觀原因，是主要由中共中央自己的決策造成的，周恩來因此而主動承認自己犯了錯誤。李德說：「博古的重點放在客觀因素上，周恩來則放在主觀因素上，而且他已經明顯地把他自己同博古和我劃清了界限。」周恩來的發言很微妙，在立場上就如李德所說的，他把自己從「三人小組」中獨立了出來，並承認了自己的錯誤，但在基本路線上則又堅持是正確的，為自己留了條後路。這條後路說穿了，就是周恩來仍然按以往的慣性思維，不願意在有一天與莫斯科恢復聯繫後，被莫斯科認為自己發生了背叛，因為基本路線是莫斯科決定的。一方面，周恩來在具體問題上轉變了立場，另一方面則在基本問題上不改變立場。

博古、周恩來發言之後，按照在黨內的地位和與毛澤東事先的約定，由洛甫發言。洛甫的發言在中共官方黨史著作中一般又被稱作「反報告」，即以比較理論化的語言確定基本路線錯誤，從根本上否定了「三人小組」的軍事路線，從而也等於否定了他們的政治路線。洛甫作為在青年蘇聯幫中地位僅次於博古的人物和政治局常委，既是表明了青年蘇聯幫已經瓦

解，也從中共核心領導層中樹立出了一個反對派，這樣就為整個會議進行衝突定下了基調和形成了前提。

毛澤東是在洛甫之後發言的人。他用精心準備的激烈語言滔滔不絕地談了數個小時，集中在軍事路線問題上，全盤否定了「三人小組」，在具體問題上則避開了對周恩來的聲討。毛澤東對周恩來不予全面指責，一來是周恩來的立場已經發生變化，二是周恩來終究是個掌握政治保衛局的實力派，在軍人們態度還沒有明朗的情況下，萬一不能置他於死地，以後周恩來手段毒辣起來很可能會導致恐怖的後果。在會議結果勝負不明時，並沒有對付周恩來絕對手段的毛澤東畢竟要十分顧慮。同時，分化「三人小組」，集中攻擊博古和李德，也是進行權爭的藝術。

已經是毛澤東徹底鐵桿和同盟者，並與毛澤東共同策劃攻擊的王稼祥，因傷仍然躺在擔架上，他在毛澤東發過言後，馬上表態支持。王稼祥的話說得不多，但卻把改變權力結構的問題提了出來，他要求撤銷李德的軍事指揮權，起用毛澤東。王稼祥的發言後來被毛澤東稱為是「關鍵的一票」，實際上就會議本身來說，這是被誇大了。毛澤東之所以這樣說王稼祥，不過是王稼祥是中共歷史上第一個明確提出要毛澤東進行領導的人，並在遵義會議上把最實質性的目的挑明白了，就這來說，確實是很「關鍵的一票」，但這不過是做個引子而已，並不具有決定性。

既然王稼祥挑明瞭權力問題，會議的矛盾也就真正尖銳了起來，實際上形成了一種權爭的「決戰」狀態。這時候朱德發了言。伍修權回憶，當時朱德一改平時的寬厚慈祥，態度聲色俱厲。他依然按照自己一貫的根據實際情況進行作戰的思想，否定了以前的作戰方式：「有什麼本錢，打什麼仗，沒有本錢，打什麼洋仗？」關鍵是他以一種軍隊老大的身份，宣布了不容博古反對的最後通牒：「如果不改變軍事領導，我們就不能再跟著走下去！」朱德這一強硬的說法，等於就是已經使

用了武力威脅，與進行「兵諫」在本質上沒有了什麼兩樣。在朱德這一宣布下，所謂選票已經失去了所有意義，一切講大道理的討論也沒有了任何必要，所有軍人就都是一個表達對朱德忠誠問題，所有政治人員則成了向軍人屈服或不屈服的問題了。因此，整個遵義會議真正「關鍵的一票」，實際已經由朱德投了出來。伍修權1984年對中央文獻研究室的人說：「總司令在遵義會議上的態度是明確的，是堅決擁護毛主席路線的，這是感人的，是使人印象最深的。」他的「印象最深」記憶，充分說明了朱德的發言當時在會議上所引起的震撼分量。迪克‧威爾遜在他的《周恩來傳》裏說：朱德將軍對毛澤東「給予了決定性的肯定」。

朱德的話並不多，但他作為最大的軍頭一當表明強硬態度，第一次獲得參加政治局會議的軍人們也就解除了拘謹心理，沒有了任何障礙。聶榮臻、彭德懷、劉伯承、李富春、楊尚昆在朱德之後，不等其他政治局成員發言，緊跟著朱德接連表明了堅決的態度。

朱德發言的決定性意義在彭德懷的身上很明顯地得到了體現。彭德懷本是最積極支持李德、周恩來軍事指揮的人，但在「突破」後面對部隊的慘重損失，已經牢騷越來越多，現在既然自己的頂頭上司朱德已經這樣表態，自然也就必須要立場鮮明了。彭德懷表過態之後，就以所部在烏江有戰事的理由退出了會場，但退出時又表了一個很有意思的態，聲言不管會議形成什麼決議他都擁護。彭德懷退出會場時的這個態度，表面看似乎是種騎牆，但由於他之前已經附和朱德表了態，因此，實際就是缺少涵養的彭德懷已經不在乎下面會議的發展，認識到了一切都已經被決定了。很難想像，當中革軍委主席、總司令朱德以從來沒有過的強硬態度宣布了最後通牒之後，還會有幾個人敢於違背這位最具有實力和最享有威望的人的意志？朱德的職務本身也是具有法定的決定性的，因為，現在討論的不是改變黨的領導，而是黨的軍事領導。

關於林彪當時的態度，一般的說法都是他由於跟著李德鼓吹「短促突擊」，在會場上保持了沉默，但所有這方面的回憶都是文革以後，這時林彪已經基本沒有人願意為他說「好話」了。聶榮臻說林彪當時沒有發什麼言。這些不可以怎麼信賴。李德說：「伍修權顯然不樂意給我翻譯，而且也譯得不完全。」因此，他對軍人們的發言主要只能依靠自己察言觀色判斷他們的立場。從李德的眼睛裏，看到的是個站在毛澤東一邊的「竭力操著粗暴聲調的林彪」。李德的回憶應該更具有可信性。李德在敘述博古、周恩來、毛澤東等政治人物的發言內容時，是清晰而有條理的，因此當時伍修權是進行了完整的翻譯。李德關於軍人們的發言內容則語焉不詳，這是伍修權不願意進行完全翻譯的結果，伍修權這樣做的最大可能，應該是軍人們使用了極其粗暴的語言，或者是可以被理解為是一種恫嚇，這樣，伍修權自然就不便於進行完全的翻譯。當一向溫和的朱德聲色俱厲時，把手下將領們的粗暴鼓勵出來也就很自然的了。在這樣的情況下，作為朱德手下最重要的將領之一，林彪不表態是不可能的。林彪不但表了態，而且態度還是特別粗暴的，不然，李德不會對他有特別的印象。

第一天唯一沒有表態的是紅五軍團政委李卓然。李卓然的派系身份比較特殊，是周恩來的絕對親信，1920年初即赴法國巴黎勤工儉學，1922年加入中國共產黨，屬於周恩來旅歐派系的人，1925年到莫斯科東方大學，1929年才回國，因此又與青年蘇聯派有著密切干係，回國後在上海周恩來手下做兵運工作，任中共中央軍事委員會委員，1931年到中央蘇區後，曾做過毛澤東的辦公室主任，是周恩來安插在毛澤東身邊的監視者，同時，他並沒有像劉伯承那樣受到周恩來的打擊，而恰恰是特殊的重用。因此，在權力問題上，李卓然自然將要緊跟周恩來。

李德回憶說：「與會者大多數沉默寡言，觀望等待，他們的神情就像在接受命令。」李德說的「大多數」並不準

確，實際上除了軍人中的李卓然以外，也就是一個政治局委員陳雲和三個政治局候補委員劉少奇、鄧發、凱豐了。在軍人們的威懾下，這幾個本來基本傾向於博古、周恩來的人，根本就不敢隨便表態，必須等博古、周恩來有了明確態度之後才會作出決定，所以，在李德眼睛裏就是「神情就像在接受命令」。

　　第一天的會議已經決定了基本局面。即使從選票來說，假設周恩來和博古繼續站在一起，而五個沒有表態的人都支持他們，總人數減去一個離開的彭德懷，票數之比也已經是七比九。當夜，周恩來一定是經過了非常痛苦的精神折磨，或許又跟鄰居朱德談了話，因為第二天繼續開會後，周恩來立即在權力方面表達了自己的明確立場。周恩來「公開地倒向毛澤東」，在第二天的會議上採取了徹底投降的態度：「昨天博古同志的報告，我也以為基本上是不正確的。在國民黨軍隊的第五次『圍剿』中，紅軍的抵抗力是不能相比的，這是事實。由於黨中央在指揮作戰上的錯誤，使得我們接連失敗，也是事實。不言而喻，面對優勢敵軍，採取正面陣地戰，紅軍是很難取勝的。我完全同意毛澤東、洛甫、王稼祥、朱德等同志對黨中央所犯錯誤的抨擊。因此，作為指揮這場戰爭的一個負責人，我毫無疑問要承擔責任。免去導致失敗的指揮員，以獲得勝利的指揮員取而代之，這是自然而然的事情。我請求中央撤換我的職務，讓過去在戰爭中用正確的軍事原則，巧妙地擊退敵人進攻的人來代替。我決心把軍事指揮權交還給黨，讓黨來重新安排。澤東同志無疑應該回到野戰軍的領導崗位上來，我請求中央考慮。」周恩來最後試演了大概是他人生中第一次的、違心的奉承戲，叫著說：「只有改變錯誤的領導，紅軍才有希望，革命才能成功。」

　　周恩來的態度急轉，博古也就全面垮台了。李卓然、陳雲、劉少奇和鄧發都跟著周恩來表了態。本來在政治局占絕對

多數支持的博古只得到了凱豐一個人堅定的支持，成為了徹底的少數派。

遵義會議最後在權力方面形成的結果：一，解散「三人小組」，徹底剝奪李德的軍事決策、指揮權乃至顧問發言權，按照李德自己的要求，把他送到紅一軍團去養著；二，軍事上恢復到第四次反圍剿時期，由周恩來、朱德負責，周恩來代表中央作為下最後決心的負責者；三，毛澤東增補為政治局常委委員，進入中共最高核心領導層。

從表面看，中共中央的核心權力層在組織形式上並沒有發生根本變化，僅僅只是毛澤東進了政治局常委。這樣，政治局常委共有了五個，項英留在了中央蘇區，毛澤東只是四個常委之一，並沒有獲得中共最高領導人的職務。但為什麼中共官方黨史中又一致認為是遵義會議確立了毛澤東的領導地位呢？這始終是中共黨史中的一個謎，已有的各種解釋都不能具有足夠的說服力。這仍然與朱德有著決定性的關係。遵義會議權力之爭雖然是毛澤東製造的，但真正起了決定性作用的是朱德和他的軍人下屬們，朱德實際是在會議上實行了一次沒有使用武力威脅的「政變」，從而就決定了會議後誰是黨的真正領導者必須要由朱德和他的下屬們來掌握，四個常委中，朱德聽誰的話，誰就是真正的黨的領導者，不聽誰的，誰就沒有事實上的權力。正是由於朱德在遵義會議後，逐步推進或恢復了「朱毛」體，毛澤東便由此奠定和鞏固了實際的最高領導權。在朱德的強大支持下，毛澤東從遵義會議開始了他的中共實際最高領導人之路，所以說遵義會議是確立毛澤東領導地位的歷史性轉折。但也正因為毛澤東在名義上和法定意義上不是中共最高領導人，因此，也埋下了他的權力將會有一個長期受他人挑戰的隱患，並將在相當長的時期裏左右和影響中共的權爭史。

在遵義會議結束的時候，博古雖然名義上仍然是黨的總書記，但由於不再有什麼人願意受他領導，實際也就失去了最

高領導權。洛甫的權力基本沒有什麼變化，仍然是一位沒有多大實權的常委。因此，中共實際的最高領導權就集中在了毛澤東、周恩來手上。周恩來在遵義會議後已經發生根本的變化，雖然名義上是軍事上的最後下決心者，即最高決策者，但由於在遵義會議上受到重創，現有的權力地位不過是由朱德的保護和毛澤東的容忍才得到的，他終於從一位冷酷對下者改變為了一名謙卑的事務者，在朱德面前採取了絕對尊重的態度，實際權力則又受到了毛澤東的強力干涉和約束，逐步演變向了毛澤東的附庸者角色。因此，軍事方面的權力實際已經形成朱、毛、周共同掌控的局面，暫時來說，在決策方面名義上還是以周恩來為主，作戰指揮則仍然是以朱德為主。從朱德來說，他的地位和權力也是空前提高。朱德的地位在名義上沒有發生什麼變化，但由於中共中央已經完全處於軍事活動狀態，也即中共中央也已經成為「紅軍」，因此，不僅對內發布命令，而且對外發布主張，通常不得不使用朱德中革軍委主席或紅軍總司令的名義進行，一方面是更進一步提高了朱德的威望，另一方面也已經不能像第五次反圍剿時那樣將朱德作為傀儡使用，這不僅增強了朱德權力，也是更提高了朱德的地位，使他達到了更崇高的根本不能用具體職務衡量了的「神」性角色。經過遵義會議，中共黨內和中央紅軍內部，已經沒有人敢於挑戰朱德的幾乎一言九鼎的威望。而對朱德本人來說，則更是需要和藹待人，收斂自己的意見和態度。

就中共派別來說，實質上並沒有因為遵義會議而得到改變，洛甫事先倒向毛澤東，不過是因為繼續由李德透過博古指揮下去實在是不行了，必須要改變這種情況。國外幫的人畢竟還是有著共同利益存在的，他們不會輕易向元老派毛澤東徹底服輸，這也是毛澤東在遵義會議中不能得到中共合法的最高權力的關鍵性原因。對毛澤東來說，要獲取中共最高權力最關鍵的第一步，還是要真正掌握軍事決策權乃至指揮權，但遵義會議並沒有賦予毛澤東這種法定權力，這仍然是一個非常大的缺

惑。主要由這兩方面的因素糾集在一起，遵義會議的結束只是會議本身的結束，這個「會議」還將繼續開下去，微妙的權爭不露聲色地展開了。

「雞鳴三省」與土城戰役

遵義會議一結束，洛甫與周恩來便走到了一起。雖然他們暫時來說已經沒有力量左右局面，但他們採取了一個非常微妙的行動，由洛甫與周恩來進行商量並決定後，將紅軍總政治部宣傳部長潘漢年派了出去，讓他到上海後設法去莫斯科彙報遵義會議的情況。這是一個名正言順的理由，同時也暗示了遵義會議的結果還不合法，對毛澤東施加了合理的壓力和約束。但是，這種動作在當時並不能改變現實，所起到的主要作用是對毛澤東予以限制，相當長時間裏遵義會議所形成的權力趨勢和狀態不會被影響，毛澤東有足夠的時間繼續調整和鞏固權力，以達到自己的獨裁。

沒有幾天，由於國軍大批圍攏過來，中共中央不得不馬上放棄創建川黔邊根據地計劃，決定往四川方向突圍。作向四川方向發展的選擇完全是出於純軍事的目的，是為了求得紅軍的生存。到底是誰選擇了這個方向？當時毛澤東處於剛獲得權力的狀態，但這種權力只是參與決策權和發言權，在決策方面基本還是一種集體方式。從之後朱德發布的命令和紅軍進行運動的態勢來看，有一個很顯著的動向，就是試圖向瀘州地區發展，而這正是朱德在軍閥時期的地盤，他不僅有著相當的社會基礎，而且對一山一水都極其熟悉，非常有利於展開他的戰術。因此，紅軍進行這一運動的提出者應該是朱德。遵義會議大大提高了軍人的地位，軍人們的意見在中共第一次有了很重的分量，而且，他們也出現了前所未有的積極主張行為，彭德懷、林彪、劉伯承都開始一再向中共中央提出自己的建議。

1935年1月27日，中央軍委到了土城。這時候，四川劉湘有四個團也向土城開來，朱德決定殲滅這股敵軍，打一個「突破」以來的勝仗。遵義會議毛澤東在權爭中獲勝的重要因素是他在政治人物裏是個會「打仗」的人，支持毛澤東的朱德在遵義會議後在他的政治生涯中第一次開始鼓吹毛澤東會「打仗」，以提高毛澤東的威信，幫助毛澤東進一步獲取軍事方面的權力。土城這一仗應該是很十拿九穩的，朱德做出了一個很特別的決定，以毛澤東會「打仗」的名義，把自己的戰場指揮權讓出來，要毛澤東指揮這一仗。毛澤東很興奮，命彭德懷率紅三、五軍團進入陣地，1月28日打響戰鬥，結果，卻被毛澤東指揮成了給予敵人「迎頭痛擊」的陣地正面攻擊戰，進而失敗變成陣地阻擊戰。中共官方黨史都淡化了土城戰役的指揮問題，把失敗歸為了情報有誤，是因為劉湘的兵力有六個團而不是四個團。實際上，土城戰役的失敗主要是指揮問題，是沒有斷敵援兵之路，對敵四個團予以圍殲，而且行動緩慢，最致命的是毛澤東竟然將林彪分兵去攻擊赤水城，沒有集中兵力，採取了不恰當的作戰方式，以至敵人後續援兵跟進，把殲滅戰弄成了防禦戰。在陣地阻擊戰的情況下，劉湘的部隊突破了彭德懷的陣地，立時，紅軍處於了極其危險的境地，因為，身後就是赤水，根本沒有退路。既然交給了毛澤東指揮，朱德便一直不響，但在前沿陣地已經被突破的情況下，朱德再也不能忍了，他很巧妙地沒有把指揮權拿回來，而是決定親自上前線扭轉局面。聰明的毛澤東這時候應該是從來沒有過地感謝朱德，痛苦地猛抽著煙，然後不得不歡送總司令上前線。朱德一上前線，彭德懷潰退的部隊一聽說總司令來了，立時軍心大振，穩住了陣腳。在朱德的指揮和親自作戰下，劉湘部隊的進攻被遏止和擊退。隨即，朱德從毛澤東手上收回了指揮權，1月29日朱德在總部發出西渡赤水的命令後，重新回到前線，親自掩護了紅軍大隊渡河。

一渡赤水後，朱德基本待在了總部進行指揮。土城戰役失敗使紅軍失去了向瀘州地區發展的最好機會，紅軍的士氣已經降到極低，中共領袖層幾乎一籌莫展。好在朱德對西南地形非常熟悉，並慣於運動，率領著紅軍在四川、雲南、貴州三省之間的群山中進行著行動，努力擺脫著強大的敵軍。2月5日，在畢節一個叫雞鳴三省的偏僻村莊，由於名義上的總書記博古失權，中共實際已經沒有了總書記，由此而帶來了中共無主的混亂局面，洛甫提出應該改變領導，也就是選一個新的總書記出來。1943年時，周恩來說：「遵義會議後，博古繼續領導困難，再沒有人服了。當部隊行進到四川、貴州、雲南交界地方，在一個叫『雞鳴三省』的莊子裏，毛主席把我找去說，洛甫現在要變換領導。毛主席說服了大家，當時就讓洛甫做了。」周恩來這一說法只是敘述了大致事實，但口吻則很容易形成誤導，似乎洛甫做總書記是毛澤東恩賜的。從當時的情況來說，在四個常委裏，替換博古的最恰當人選無疑是洛甫。選總書記與遵義會議已經完全不同，遵義會議是軍人要取消「三人小組」，因此朱德使用了武力威懾進行干涉，選總書記則完全就是黨務問題，只能局限在政治局範圍解決，這樣，毛澤東就占不了多數，以國外幫為主的政治局絕不會願意讓毛澤東坐上這個位置，而周恩來由於在遵義會議上的突然倒戈，也已經不能被國外幫所完全信賴，在這種情況下，為人相對比較正派、比較書生氣的洛甫自然眾望所歸，這樣一個平庸的「好人」總書記是皆大歡喜的。這一權力變化在法定意義上仍然維持了國外幫的政治優勢，但由於洛甫不是一個具有領袖氣的真正政治家，其弱勢也成為了毛澤東之後擴展權力的基礎。

洛甫擔任總書記之後，採取了無論什麼決策，都開會甚至是開二十人左右的會議進行討論表決的方式，這樣，無論是誰都不能掌握絕對權力。在這種情況下，進行軍事決策的權力就依然主要掌握在周恩來、朱德手上，而周恩來則已經改變風格，基本順從著了朱德的主張，事實上，周恩來對眼前紅軍比

南昌暴動後遠為嚴峻的境遇本就沒有任何辦法。朱德指揮紅軍進入雲南後，又折返貴州。2月18日，朱德帶領紅軍第二次渡過赤水，突然進攻遵義，擊敗了吳奇偉、王家烈，俘虜三千多人，重新佔領遵義城，獲得了「突破」以來紅軍的第一次勝利，不僅使紅軍得到了一些補充，更是大大振奮了士氣，恢復了大家的信心。

　　大家信心一恢復，就在洛甫主持的會議上，多數人贊同林彪來電提出的建議，決定進一步去打鼓場的一股敵軍。夜裏，毛澤東打著燈籠找周恩來，提出還是不打的好，理由是雖然紅軍佔優勢，但會失去時間，使周邊敵軍圍過來，紅軍跑不掉。毛澤東這一否定性意見的正確性並不充分，但當時周恩來覺得有道理，於是就不打了。這說明毛澤東至今還沒有軍事決策權，下最後決心的依然是周恩來，而指揮權則在朱德手上。周恩來同意了毛澤東的主張後，毛澤東又進一步提出，希望集中權力，放棄洛甫什麼都開會討論決定的方法。應該說，毛澤東這一建議在當時是正確的，是完全符合實際需要的，因此，又獲得了周恩來的支持，洛甫則很灑脫，覺得自己不懂軍事，摻和在裏面沒有什麼意思，這樣，就組織了一個由周恩來為首，毛澤東、王稼祥輔之的「三人團」，作為最高軍事決策機構。這是毛澤東權力的一次質變，他終於有了明確的軍事決策參與權，而不再是作為政治局常委參加軍事決策的討論。「三人團」的本質，是取消了中共中央在軍事決策方面的權力，同時，也是將周恩來原來的權力分解為了由三個人共用。由於王稼祥只是一個政治部主任，以及健康和軍事門外漢等原因，王稼祥實質上並沒有什麼權力，因此，中共中央角度的軍事決策權就是由周恩來、毛澤東分享。

　　土城戰役時，朱德讓毛澤東指揮，實際上是再次進行了干政，試圖讓毛澤東親手打一個「突破」以來的第一個勝仗，以實際確立毛澤東的軍事領導地位和提高他的威信，結果捧了個劉阿斗，終究不懂戰場指揮的毛澤東不爭氣，在前面戰

場上指揮的彭德懷也沒有打好。不然，毛澤東的軍事地位在土城戰役之後就可以解決了。現在毛澤東成了「三人團」之一，最根本的好處是終於可以直接與朱德一起進行具體的軍事合作了，這樣，朱德支持毛澤東就自然名正言順起來。「三人團」不管有怎麼樣的權力，最終進行決策和指揮還是不得不要透過朱德，並使用朱德革命軍事委員會主席和總司令的法定名義，因此，所謂「三人團」，實質上是「四人團」，而「三人團」當中任何一個人權力大小都取決於朱德的合作程度。毛澤東一進入「三人團」，實際上就是形成了朱、毛的合作，周恩來的權力進一步萎縮並被邊緣化。這一情況顯然是馬上被所有人省悟到了，於是，在「三人團」組成之後，任何人都已經無法阻擋朱、毛的緊密合作，洛甫也就進一步灑脫起來，同意了建立以朱、毛為首的前敵司令部。

　　1935年3月4日，中革軍委宣布組建前敵司令部，由朱德任司令，毛澤東任政委。到了這時，毛澤東總算獲得了真正的軍事決策權。所謂前敵司令部，所指揮的是全部中央紅軍，實際上是取代了紅軍總司令部的地位和權力，這時候所有問題都可以由朱、毛兩人決定了，至於周恩來則實際失去了最後決策權，朱、毛只要對他表示尊重即可。這樣，紅軍就再一次成為了「朱毛」，從而，中共也就實質性地成為了「朱毛」，而由於朱德的非職業政治家傾向，中共也就奠定了成為毛澤東的中共的歷史基礎。這是周恩來用李德取代朱德的最終結果，也是遵義會議所導致的最後結果。也就是說，遵義會議後最關鍵性的權力變化並不是組成所謂的「三人團」，「三人團」的意義只是一個橋梁或過渡，真正關鍵的是以朱德為司令、毛澤東為政委的前敵司令部的組建。

　　由於遵義會議是一次向軍方擴大的會議，並且朱德在會議上使用了「兵變」威懾，從而使得會議的結果變得毫無懸念，而遵義會議之後，朱德扶植毛澤東和選擇毛澤東為主要合作者，最終形成了「朱毛」局面，這當中存在著深刻的軍人干

政要素和傾向，從而開端了中共的軍人政治趨勢並形成為了一種傳統，雖然後來無論是毛澤東還是朱德，都盡力限制軍人政治傾向的發展，但軍人政治仍然成為了中共政治的一個內在的固有屬性。從此，軍人長期地成為了中共黨爭和權爭的決定性力量，軍人政治家或政治家軍人的實際政治作用與他們的黨、政地位或職務並不需要成正比。這是理解中共歷史的關鍵性鑰匙之一。就朱、毛本身來說，他們都為此背上了沉重的歷史包袱。

三十三 拯救紅軍

「四渡赤水」問題

　　1961年英國蒙哥馬利元帥第一次訪問中國時，毛澤東曾跟他說，自己一生在軍事上的最得意之作是「四渡赤水」。毛澤東這一說法，是顯著地誇大了自己的成就，而且也不符合事實。「四渡赤水」的意義，是在絕境中求得了中央紅軍的生存，從而也是保留下了中共中央，它是毛澤東走向獨裁神壇的轉折和基礎。就事實來說，一渡、二渡毛澤東都不過是集體決策層中的一人，下最終決心的則是周恩來，進行指揮的則主要是朱德，毛澤東唯一獲得指揮權的是朱德特別交付的土城戰役，僅就這一事實來說，毛澤東把整個「四渡赤水」說成是自己的作品，就已經是改造了歷史。最重要的是，「四渡赤水」本身並不是一個完整的計劃，而是不斷調整目標的一個過程，是邊運動、邊打著看的軍事行動，而其基本的求生存、以運動擺脫困境原則是朱德在從中央蘇區「突破」後逐步推動、確立並實行了的。

　　事實上，1935年3月4日組建前敵司令部之後，形成的是朱毛格局，也即由朱、毛共同進行決策並由朱德為主進行指揮。在有了土城戰役的教訓後，面對生死存亡的關頭，朱德再也不敢把指揮權交給毛澤東了。但在決策權方面，朱德則對毛澤東進行了全力支持，把周恩來很快排斥為了次要角色，使毛澤東取得了實際上的下最後決心者的權力。因此，嚴格說來，第三、四渡赤水是由毛澤東和朱德共同領導和指揮的，是兩個人的共同作品，而不是毛澤東一個人的作品。這一點在文

獻上可以得到證明，整個「四渡赤水」過程中的命令，基本都由朱德發布，在內容上和語言風格上都具有鮮明的朱德的風格，很顯然不是第五次反圍剿時的「傀儡」命令。就戰例來說，可以從朱德三河壩撤退、反金漢鼎第一次「三省會剿」找到明顯的經驗痕跡，這種忽東忽西的大幅度運動正是朱德的一貫風格。

　　「四渡赤水」是在中共中央戰略目標混亂而搖擺下的極其困難的軍事行動。中共在黎平會議確立的戰略目標是「建立以遵義為中心的蘇維埃新區」，這一戰略目標在遵義會議上並沒有得到調整。遵義是個地瘠民貧的地區，而國軍圍攏過來的軍隊總數達四十萬人左右，根本不願意就地建立蘇區的朱德及時改變了中共的戰略，根據當時的作戰參謀呂黎平回憶，朱德、劉伯承提出了向四川進發，到川西建立蘇區的主張，於是有了第一次渡赤水。這一戰略計劃的改變由於毛澤東指揮土城戰役失敗而夭折，但朱德已經指出了可以改變紅軍命運的大方向，奠定了「四渡赤水」最終獲得成功的戰略性基礎。但在當時，土城戰役失敗所導致的後果是十分嚴重的，毛澤東使紅軍向川西突破失去良機，陷在川、黔、滇三省邊界貧瘠地區和包圍圈中不能擺脫，而原已經被否定的「建立以遵義為中心的蘇維埃新區」又呈現為了中共高層的戰略觀念。同樣嚴重的是，毛澤東指揮土城戰役失敗使本已戰鬥力十分不堪的紅軍損失了四千多人兵力，使得紅軍已經處於難以承受損失的嚴重境地。

　　「建立以遵義為中心的蘇維埃新區」或建立川黔邊蘇區是毛澤東的主張，可見當時毛澤東在戰略上還沒有達到朱德的高明。二渡赤水之後，朱德擊敗吳奇偉、王家烈，二占遵義城，使紅軍恢復了一點元氣，反而鞏固了中共中央原有戰略主張。當時任紅五軍團參謀長的陳伯均回憶說：「洛甫同志講話說，我們現在不是逃命了，有希望了，有辦法了。」毛澤東則提出了「赤化貴州，首先是黔北」的主張。其實，紅軍是更糟

糕了。但毛澤東的聰明在於，一方面仍然堅持他的低劣的戰略想法，另一方面也清醒地看到了紅軍已經不能遭受損失的現狀，因此，就向周恩來提出了不打鼓場，阻止了林彪的建議得到實行。但既然要「建立以遵義為中心的蘇維埃新區」，不打仗是不可能的，必須打幾仗清除周圍之敵才有可能，因此，更有利於作戰的對鼓場的進攻沒有實行，已經獲得軍事領導權的毛澤東不得不決定於3月15日去進攻魯班場，結果根本沒有攻堅能力的紅軍反而在一夜之間就損失了二千人。在這一失敗下，成功對付了政治家們的毛澤東在剛獲取實際最高權力的時候，在軍內的威信大大降低，不得不拋棄「赤化貴州，首先是黔北」主張，於3月16日進行第三次渡赤水。結果，渡過赤水後遇到的是更強大的敵軍，於是，不得不馬上就於3月20日少見地以中共中央和紅軍總政治部名義發布第四次渡赤水的命令，跳出包圍圈，向滇東北發展。

朱德的第一次渡赤水是進軍川西的戰略行動，結果毀在朱德一念之差把軍事指揮權交給毛澤東的錯誤上。第二次渡赤水是為了建立根據地的奇襲遵義，打了一個勝仗，但戰略錯誤，因此沒有前途。第三、四次渡赤水是在毛澤東獲得軍事決策權後的軍事行動，完全是在打魯班場失敗後的逃跑，既無戰略，也無戰術。3月20日少見地以中共中央和紅軍總政治部名義發布第四次渡赤水命令，口氣仍然是朱德的，但很顯然，朱德已經不願意使用自己的名義，而在渡烏江時，朱德因為下面不等紅九軍團消息就拆除浮橋而少有地當即大發脾氣，宋任窮晚年說「我從來沒有見過總司令發脾氣，這次發怒是我見到的唯一一次」，這只能是朱德當時已經對毛澤東十分惱怒的反應。朱德這時候有苦難言，自己支持毛澤東，毛澤東卻就是不願意向川西發展，具體的決策上又如此不爭氣，使得紅軍的境況更加糟糕了。毛澤東的地位已經岌岌可危，他的同盟者王稼祥已經完全失望，提出要重新開會，實際也就是要想重新改變領導權了。總書記洛甫也從第二次渡赤水的興奮中墮落到了失

望，開始婉轉地批評「未加考慮的、從一開始就沒有希望的行動」。紅軍官兵怨聲載道。

這時候發生了一件意外的事情挽救了毛澤東。紅軍四渡赤水後的絕境令蔣介石下決心要趁此徹底殲滅紅軍了，他為此親自飛到了貴陽，準備組織對中央紅軍進行最後一擊。但蔣介石夫婦3月24日到達貴陽的情況卻被紅軍透過電台偵知了。當時貴陽的守軍只有四個團。這是一個任何人都不會丟棄的千載難逢的機會，機敏的毛澤東當然更不會丟失。3月31日，紅軍主力在紅九軍團向北徉動掩護下，渡過烏江，隱蔽奔襲貴陽，4月2日，紅軍前鋒已經到達貴陽城下。這是一次意志的考驗，如果蔣介石仍然有著辛亥革命時當敢死隊長的勇氣，親自進行城市陣地保衛戰，拖住紅軍，紅軍這次行動就會陷入毀滅境地，但蔣介石已經沒有當年的勇氣，驚慌失措起來，立即命令滇軍三個旅馳援，其他部隊也紛紛趕來保衛蔣介石，結果，國軍的全部陣線都瓦解，幾十萬大軍從赤水、烏江一帶拔營而起。紅軍自然不能進攻貴陽城，實際也沒有足夠攻堅能力進行進攻，便於4月9日轉向已經空虛了的滇東北，終於擺脫了國軍的包圍。

彭德懷、林彪第一次加入戰略決策圈

正是毛澤東這次進逼貴陽，便構成了「四渡赤水」神話。但這一「神話」並不能成立，它完全不是預謀的，而是由於蔣介石的錯誤和驚恐造成的一次意外，被毛澤東抓住，擺脫了困境。在戰略上，毛澤東仍然在繼續犯錯誤，他顯然不願意承認自己的戰略眼光還不如朱德，不願意接受朱德向川西發展的意見。這時候，中共實際的最高決策已經掌握在以毛澤東為主的朱、毛手上，但他們兩人的意見存在著很大分歧。朱、毛決策，實際也就等於毛澤東與軍人們進行決策，因此，彭德懷與林彪在中共歷史上第一次加入進了戰略決策圈。彭德懷4月13日提出：「建議野戰軍以迅速渡過北盤江，襲取平彝、

盤縣，求得在滇黔邊與孫渡戰」，「應抓緊取得時間才有空間。我們往西甚至入滇，只要給滇敵一個較大的打擊，使我機動區域更大，則更能多得時間，爭取群眾，鞏固和擴大紅軍，開展在黔邊的新局面。」毛澤東一得到這一建議，神經即興奮起來，馬上有了新的戰略主意，4月25日，毛澤東指示：「我們現在爭取了有利地位，使我們現在爭取了一個新的有利地區，即雲南東北地區，並在這一地區內消滅敵人取得新的發展局面的可能。這一地區是戰略機動的樞紐，背靠西北天險，便利我們向東及向南作戰。在不利與必要時，亦便於向北向西轉移。但嚴重的任務是消滅敵人，開展局面」。也就是說，毛澤東決定在雲南東北地區進行發展，要繼續往死路走。

毛澤東這一想法仍然不能擺脫國軍的圍困，過於保守，只能作為一個軍事行動的步驟，而難以作為戰略性方向進行實施。這時候已經按捺不住的林彪再次提出了朱德向川西發展的主張，並予以了進一步具體化，他在4月25日發電報反對毛澤東的決定：「目前戰略上已起了重大變化，川、滇、湘敵及中央軍正分路向昆明東北前進，阻我折回黔西，企圖消滅我軍於昆明東北之窄狹地域內。在目前形勢下，我軍已失去回黔之可能，且無法在滇東北開展局面，因諸敵已占我回黔之路，相隔甚近，且縱深配備，互相策應；敵兵力絕對優於我軍，我軍即令能消滅他一兩個師，但仍無法轉變形勢。敵必繼續進攻我軍，其時（我軍）成強弩之末，而不能取得最後勝利。又因河流阻隔，我軍迴旋地域甚窄，在敵分進合擊時，極難回避所不欲打之戰鬥。因此，我野戰軍應立即變更原定戰略，而應迅速脫離此不利形勢，先敵佔領東川，應經東川渡過金沙江入川，向川西北前進，準備與四方面軍會合」。

毛澤東試圖在滇東北「開展局面」，不管怎麼說，已經正式放棄開闢滇黔邊蘇區的計劃，比原來發展了一步。中共官方黨史著作後來把毛澤東的這一步美化為是為了實現向川西進軍的「虛晃一槍」，從而「神化」毛澤東，不過是掩蓋毛澤東

當時低級的戰略主張而已。而毛澤東將「四渡赤水」說成自己的得意之作，不過只是要強調自己在一掌握決策權時，就無比正確和英明。即使如此，毛澤東也忘記了提出向川西發展的並不是他，而是朱德。出於製造毛澤東神話的中共官方黨史著作，長期虛化掉了朱德是提出川西主張的首倡者。川西主張的歷史性功績的關鍵，是拯救了紅軍，「四渡赤水」直接的結果只是走向滇東北，神化毛澤東就是把拯救紅軍的功勞歸到毛澤東一個人頭上，從而為毛澤東後來的獨裁提供歷史合法性。

那麼，毛澤東為什麼不願意下決心去川西呢？張戎在她的《毛澤東：鮮為人知的故事》一書裏，用專門的篇章證明毛澤東是為了「躲避張國燾」，這是指出了要害，但把這用意歸結在毛澤東一個人身上，則並不妥當，實際上，這也是除朱德以外整個中共中央的想法。從中央紅軍進行「突破」的目標是與賀龍會合來說，當時直接掌握八萬多大軍的中共中央不僅不會「躲避張國燾」，而且更是希望透過會師將其他紅軍匯聚到一起，把紅軍聚集為一支更強大的軍隊，重新進行經典的戰線式作戰，但湘江戰役一損失，中央紅軍成了一支殘軍，中共中央的想法便開始變化，這正是朱德、毛澤東能夠實現向貴州方向轉移的背景。在遵義會議上，中共中央最終承認了「突破」後的失敗。在承認失敗的前提下，雖然他們彼此矛盾重重，但在暫時避免與賀龍、張國燾特別是與張國燾會師這一問題上，基本都達成了默契，站在了同一戰壕裏。按照中共一貫的政治鬥爭規則，中央紅軍的失敗必然要歸結為路線錯誤，與張國燾一會師，一場反某某路線的鬥爭將會不可避免，中共中央將不得不承擔犯嚴重錯誤的責任。相對張國燾來說，遵義會議是中共中央一次「內部」會議，因此，可以把責任歸到「三人小組」頭上，但一當到了張國燾面前，就不再是一個「內部」問題，而是整個中共中央的問題，張國燾並不會來分什麼「三人小組」不「三人小組」的。這一點，由於中共中央一直排擠張國燾而嚴重化，中共六屆五中全會所「選舉」的政

治局成員裏，不在中央蘇區的蘇區領袖只有張國燾和關向應兩個名額，具有明顯的排斥性，遵義會議把毛澤東升為常委，但大家仍然沒有考慮到已經控制著八萬紅軍的張國燾的利益，這種情況反過來自然會成為中共中央的沉重壓力。要知道，張國燾在離開中央去蘇區時，本是中共中央三人常委之一，現在僅僅利用他不在中央蘇區參加「選舉」而忽視他，顯然是非常成問題的。此外，對周恩來等人來說，由於張國燾長期一直在中共中央居於核心領導層，彼此交道很多，深知張國燾是個非常強勢的人物，甚至可以說是一個比一直不掌握中共核心權力的毛澤東更加難對付的人。因此，不僅毛澤東，而且整個中共中央都努力想著要在川、黔、滇三省邊界開闢新根據地，避免出現帶著殘軍與張國燾會面的局面。

在這個問題上，朱德則不同。他作為軍隊總司令和軍人，更側重於考慮軍事上的可行性，希望保存部隊，求得軍事上的出路和發展。從軍事上說，中央紅軍向川西進軍毫無疑問是最佳選擇。這一點在張國燾對中央紅軍的發展判斷上也可以得到證明。張國燾在《我的回憶》中講述，在中央紅軍按照朱德的主張第一次渡赤水時，張國燾判斷中央紅軍「正在設法渡江，到川北來和我們會合」，他顯然認為中央紅軍這一決策是正確的，之後，即付出了重大犧牲，拋棄了徐向前提出的向川陝甘地區發展的既定主張，採取了放棄自己根據地去接應中央紅軍的戰略行動。張國燾這一自我犧牲是導致他後來在政治上全面失敗的最大根源。如果張國燾當時不認為中央紅軍與他靠攏是正確的，或者即使這樣認為也不真心實意地進行接應，只是鞏固自己的根據地，並按徐向前意見向川陝甘地區發展，等待中央紅軍前來投靠，那麼，中共的歷史也就將改寫了。張國燾無論如何沒有想到，中共中央其實並不願意跟他會合。朱德也沒有想到，自己的一渡赤水被毛澤東指揮砸了，既沒有達到戰略目標，也沒有調動國軍，而是把張國燾給調動了，讓本守著根據地的張國燾開始了「長征」。中共中央非常惡劣的地方

是，當一渡赤水土城戰敗後，已經明確放棄向川西發展的意圖，卻並不告訴張國燾，讓蒙在鼓裏的張國燾一本正經地接應中央紅軍，把國軍吸引過去，以增加自己在黔滇邊開闢根據地的成功率，用犧牲張國燾來換自己建立新根據地的機率。

林彪4月25日的反對意見起了很大作用，現在只得到彭德懷支持的毛澤東不得不放棄滇東北計劃。事實上，整個中共中央也已經不得不承認，這樣繼續死賴在西南的計劃是毫無前途的，雖然雲南暫時空虛，但國軍很快就會像以前一樣圍過來。4月29日，中共中央和毛澤東終於不得不作出進軍川西的決定，中革軍委發出了〈關於我軍速渡金沙江、在川西建立蘇區的指示〉。這時候，朱德委以了劉伯承重任，讓他擔任紅軍先遣。5月上旬，劉伯承把紅軍順利地帶過了金沙江。5月12日，中央政治局在會理開了個擴大會議，正式任命劉伯承兼任先遣司令，北上與張國燾會師。在這會議前，林彪寫了封信給周恩來、王稼祥等人，要求朱、毛、周下台，讓彭德懷領導前敵司令部。表面上，不擅長進行大幅度運動的林彪是反對走「弓背路」，即反對繞著多走路，實際上這是「四渡赤水」以來所積累的不滿的集中表現。林彪要朱、毛、周一起下台在政治上顯得很幼稚，因此得不到中共高層任何人支持，結果林彪被毛澤東、洛甫、周恩來批了一頓，再也不敢說話，彭德懷也連帶著被批。就歷史的研究來說，林彪的這一意見證明了，當時紅軍的領導權是在朱、毛、周三個人手上，而不是只在毛澤東一個人手上，中央紅軍已經完全成為「朱毛」紅軍，如果只是毛澤東一個人領導、指揮，林彪無論如何是不會也要朱德下台的，作為軍團長的林彪對這不可能弄錯。

搶渡大渡河

5月中旬，蔣介石調重兵布置大渡河等待紅軍，朱、毛不得不冒險穿過彝族區域繞開國軍，從國軍沒有重兵防守的安順

場渡河。「長征」一詞，正是朱德在這時第一次使用的，可見他當時對紅軍的前途已經有了長遠的戰略考慮。5月20日，劉伯承搶佔了安順場，但只搞到一隻小木船，等於沒用。第二天，朱德、毛澤東、周恩來等要員到了渡口。經過進一步搜尋，「安順場及其下游之小水、龍場三處共有渡船四隻，因水流急，每天只能渡團餘，架橋不可能」，劉伯承已經實在無能為力。連川軍出身的機智的劉伯承也無計可施的情況下，當時能夠想出辦法的，除了朱德，中共和紅軍高層中不可能有第二個人，這並不是朱德比別人聰明，而是因為他比劉伯承和其他人更熟悉這個地區的民情、地理，他在軍閥時期就經常在金沙江、大渡河周邊地區作戰。朱德當機立斷搶奪距離三百多華里的瀘定橋，這需要改變整個紅軍的部署，於是與毛澤東、周恩來等人開了個會，5月26日，朱德發布了搶奪瀘定橋的命令。由於紅軍先頭部隊先於國軍援兵趕到瀘定橋，因此，搶奪瀘定橋並沒有如中共官方宣傳的那樣發生什麼激烈的戰事。

　　大渡河是太平天國名將石達開的覆滅之地，蔣介石動用了十萬中央軍和七萬川軍，但沒有想到紅軍會輕易穿過一直仇視漢人的彝族地區，等發現了再改變兵力部署已經讓劉伯承輕鬆佔領了安順場。這樣仍然沒有關係，由於紅軍不能及時渡河，蔣介石還是可以在安順場聚殲紅軍，但是，他和他手下的將領們再次忽略了朱德是當年西南最著名的戰將之一，一定會知道有一座瀘定橋，等國軍要去鞏固瀘定橋防守，國、共兩軍在大渡河兩岸遙望著賽跑，結果國軍沒有跑得過紅軍，終於失去了最好的殲滅中共中央的歷史性機會。朱德1937年時在談到1922年自己從昆明逃往四川的事說，逃亡「所走的路線正是1935年紅軍長征的路線」，他所指的正是紅軍離開滇東北以後的路程，可見朱德是紅軍在這一段最關鍵的路程中的主要決策者和最高指揮者。完成搶奪瀘定橋就意味著紅軍得到了全面生存，「長征」的棋一下子活了，興奮的林彪在發電報告時，給的是朱德，而且很有意思的是用了「朱主席」而不是「總司

令」的稱呼，可見富有個性的林彪至少是在搶奪瀘定橋問題上，是把朱德認作了最高決策者和指揮者。

越過大渡河之後，由於地曠人稀，國軍大部隊難以解決後勤供應和實行堡壘戰，紅軍就基本安全了。1935年6月中旬，紅軍翻越雪山夾金山，與張國燾的先頭部隊會師。6月25日，在懋功兩河口，朱、毛走在前面，與張國燾握上了手。

張戎在《毛澤東：鮮為人知的故事》一書中，提出「蔣介石放走共產黨」，這個觀點流傳越來越廣。她最重要的依據是史達林用蔣經國作人質，換取了「蔣介石放走共產黨」，但相應的理由並不充分。在史達林主義統治下，幾乎所有在蘇聯學習的人都是「人質」，蔣經國自然也不能例外，正因為如此，據盛岳回憶，不僅蔣經國在蘇聯時是個反蔣介石分子，而且馮玉祥的兒子馮洪國也是個反馮玉祥分子，連被馮玉祥派去蘇聯學習的鹿鍾麟將軍都要聲明「我鹿鍾麟一旦回國，必將竭盡全力來解放工農，要是我變成了反革命，我要求你們大家打倒我」。但是，蔣經國這樣的人人身也是特別安全的，當蔣經國發表反父親蔣介石的聲明後，一時成了英雄，以至於盛岳妒忌地說：「一夜之間，他成了一個有名的大紅人，而倒楣的是我們沒有一個像蔣介石那樣的父親。」其實，蔣經國人身的安全性在根本上並不取決於他是否反蔣介石，他因反蔣介石而在莫斯科成為紅人是因為他是蔣介石的兒子，他人身的安全也因為他是蔣介石的兒子，他的「人質」性同樣因為他是蔣介石的兒子，因此，蔣經國的人身問題取決於中、蘇兩國的利益關係。此外必須注意到，當蔣經國成為「有名的大紅人」時，正是蘇聯與南京政府鬧崩的時候，蔣介石並沒有因為兒子在莫斯科而不清黨，中共的問題並不能成為蔣經國人身安全的籌碼，如果把蔣經國人身問題看成左右中共命運的因素，甚至是主要的和關鍵性的要素，既看低了史達林，也看低了蔣介石。蔣經國作為中、蘇兩國之間的「人質」因素，只能存在於兩國利益的交換中，具體說來，最主要就是在對抗日本的問題

上，而且，這個因素也是極其微弱的，在史達林和蔣介石這兩個梟雄之間，不具有任何可以要挾的意義，不可能成為蔣介石放走不放走中共的要挾。

本書前面已經說了，當日本對中國特別是中國東北和華北地區的侵略嚴重化的情況下，蘇聯需要的是一個能夠抵抗日本的中國政府，因此，就需要日益消耗中國政府的中共紅軍走向失敗，以維護中國政府的國力。為此，莫斯科對中共施展了促成其失敗的陰謀，這一陰謀在1934年8月告了一個段落。1934年8月，當共產國際透過中共上海局給了中共一個批准其「突破」的含糊其詞的電報後，以盛岳為書記的中共上海局突然因為叛徒「出賣」，神祕地被國民政府破獲並搗毀了與莫斯科之間的無線電通訊系統，這樣，莫斯科與中共中央之間也就中斷了聯絡，中共中央自建黨以來第一次像脫了線的風箏，莫斯科任其自己去飛了。莫斯科真的沒有辦法聯絡中共嗎？要知道，當中共上海局被摧毀，莫斯科的遠東情報系統包括在中國的情報系統只是被逮捕了一個負責人，基本沒有受到破壞，而且，以浦修人為負責人的中共臨時上海局也建立了起來。莫斯科曾派了一個叫納爾遜的美國年輕人送了五萬美金和一封信到上海，交給了一個叫漢斯的德國人和一個叫埃伯特的俄國人，信的內容至今不知，但至少莫斯科在中共的情報人員隨後並沒有什麼行動。莫斯科手上掌握著不少中共分子和組織，特別是在中國北方，有不少中共地下人員仍然受著莫斯科指揮，而在蘇聯，更是專門養著一批中共分子，中共特工新秀康生也正在莫斯科，莫斯科如果認為需要保持或重建與中共的聯絡並繼續指揮中共，可以採取主動行動的空間是非常大的，但莫斯科並沒有採取主動的行動，沒有及時派人去尋找、聯絡「長征」中的中共中央和紅軍。

李德認為1934年10月進行「突破」時的中央紅軍野戰軍並不是一支被打敗的軍隊，留下主持軍事的龔楚也承認即使「突破」後留下的紅軍也仍然很強大，也就是說，當莫斯科在

與中共中斷聯絡時，在表面上中央蘇區是很強大的。不僅強大，而且比之前四次反圍剿時期，甚至可以說是紅軍得到壯大了。因此，中共就無法將之後失敗的責任歸到莫斯科頭上。但頭腦略清醒的人都已經知道，中央紅軍的最後失敗已經是被注定了，在這種情況下，莫斯科實在是太需要及時中斷與中共的聯絡了。一支八萬多的大軍，而其中沒有槍枝的人員有三萬多，在重重包圍中進行突破，失敗是必然的。1934年8月當接到中共中央關於「突破」的決定，莫斯科的目的也就完全達到了。這時候，對莫斯科來說，根本不需要與蔣介石達成一個什麼「放走共產黨」的默契或交易，而是徹底放手，讓蔣介石去消滅中央紅軍乃至中共中央。沒有任何證據說明蘇聯政府對中國政府消滅中共及其軍隊有過實質性的干涉和施壓，蘇聯需要的是蔣介石儘快結束這一內戰，以便集中精力對付日本。但蔣介石實在不爭氣，把這一內戰打成了持久的追剿戰，耗費了巨大的人力、財力、物力。

在中共能否應付蔣介石追剿的問題上，實際上莫斯科是深有遠慮的。莫斯科既要讓中共失敗，又要保留中共，以備將來利用中共牽制中國政府。莫斯科長期來在中國北方進行了大量活動，悄悄培植中共勢力和組織，並已經利用馮玉祥系的掩護和合作，形成了一個可以向北退入蒙古的陝北蘇區和一支紅軍。在中國，政治上莫斯科扶植著以宋慶齡、鄧演達為首的親蘇聯政治派別，軍事上則與馮玉祥系保持著密切關係，並越來越拉攏失去了東北的張學良系軍人。在中共內部，莫斯科最後的準備手段是將一批中共要員養在蘇聯，中共政治局成員養著王明和康生兩位，這樣，即使中國國內的中共中央徹底被消滅，莫斯科也可以隨時重建中共中央。而在國內的中共人員裏，莫斯科對中共國內幫的能力始終留了一手，儘管不滿，但一直維護著兩個能力最強的國內幫領袖張國燾、毛澤東不被徹底打擊，以增加中共得到生存的機率。對莫斯科來說，既要讓國民政府消滅中共紅軍主力，也要保留中共組織乃至希望保留

部分紅軍，至於保留到什麼程度，則是放任，讓國民政府自己去發揮，讓中共自己去掙扎。莫斯科暫時只要袖手旁觀就可以。反正，國民政府消滅了中共中央，莫斯科還可以重建一個中共中央；國民政府消滅了中央紅軍，還有任弼時、賀龍的紅軍和張國燾、徐向前、陳昌浩的紅軍；即使都消滅了，還有陝北劉子丹的紅軍。從基本的邏輯上說，從中央蘇區「突圍」的中共中央和中央紅軍只是中共和紅軍的一部分，莫斯科根本沒有任何必要為其生存與蔣介石進行交易，也不存在蔣介石要把這股人當作整個中共和中共紅軍「放走」的問題。

那麼，蔣介石是否是利用逃跑的紅軍一路跟進，以解決控制西南地方勢力的問題呢？這是最容易引起誤解的，因為，客觀上蔣介石在追剿紅軍的過程中，也對西南地方勢力予以了控制。但是，這僅僅是追剿紅軍過程中的副產品，而不能理解為是蔣介石的目的。從之前、之後蔣介石與中共武裝的作戰來看，蔣介石實際上至今沒有找到對付中共武裝戰術的辦法。第五次反圍剿蔣介石之所以取得勝利，是靠持久的堡壘戰穩步推進實現的，這種戰術消耗非常大，而且，一當紅軍「突破」後進行大幅度運動，蔣介石的這種戰術就難以充分展開，作戰效率極其低下，圍一次被紅軍逃一次，紅軍停下了就再花大力氣圍，實際上，「長征」中最辛苦的並不是紅軍，而是國軍。由於沒有找到對付紅軍戰術的最好辦法，國軍就只能盯著紅軍圍堵、追剿，在這個過程中，蔣介石客觀上也就只能採取梯次追剿的辦法以降低軍隊的消耗，從而在追剿中留下了一部分軍隊在當地。也就是說，蔣介石是為了消滅紅軍而順便控制了地方勢力，而不是為了控制地方勢力而故意放紅軍逃跑，這種邏輯順序是不能顛倒的。如果蔣介石是為了控制地方勢力，那麼，當紅軍進入貴州、雲南後，蔣介石就已經達到目的，完全應該是在貴州和滇東北就把中央紅軍消滅掉了。至於四川，那裏有張國燾的藉口，蔣介石完全沒有必要讓中央紅軍與張國燾會師。可見，說「蔣介石放走共產黨」是理由不充分的。

朱德與張國燾的一夜談話

　　與張國燾會師，中共中央的人心情是極其複雜而敏感的。就雙方進行會師來說，張國燾一方是非常真誠的，而中共中央中除了朱德外都極其不真誠，只是出於無奈而已。1932年10月紅四方面軍在第四次反圍剿中失敗後，進行突破於12月到達川陝邊界，在這裏重新發展起來，張國燾、徐向前、陳昌浩到1934年時部隊發展為了八萬多人，擴編為了第四、九、三十、三十一、三十三軍五個軍。在執行莫斯科和中共中央破壞社會的政策下，川陝邊蘇區也越來越削弱了承受龐大數量紅軍的能力，於是，張國燾接受了徐向前的戰略設想，在保存現有川陝邊蘇區的前提下，向北面川陝甘地區發展，開拓和創建新的蘇區。在已經實施這一戰略的情況下，為了接應中央紅軍並進行會師，張國燾把已經向川陝甘方向作戰的徐向前收攏回來，並放棄了自己的川陝邊蘇區，拔營而起，於1935年3月底強渡嘉陵江，進入川西北。本書前面已經詳細敘述，相對張國燾的真誠，中共中央包括毛澤東則並不願意進行會師，最後只是實在出於無奈才決定了去川西與張國燾會師。

　　中共中央及毛澤東不真誠的根源無非就是因為中央紅軍的大失敗，因此，在與張國燾的溝通方面採取了並不誠實的態度，雖然通報了遵義會議的要點，但無非就是告訴張國燾，毛澤東現在已經進入中央核心，而在中央紅軍的一系列具體問題上則予以了隱瞞，以至於張國燾方面連中央紅軍到底有多少兵力都無法估計。從紅四方面軍官兵來說，中央紅軍的「長

征」無疑是失敗，因此，自然就彌漫了一種希望進行譴責的情緒，為此，張國燾不得不胡亂鼓吹中央紅軍有三十萬人兵力，以避免紅四方面軍官兵對中央紅軍沒有信心。善於進行鼓動的張國燾這一用心良苦的鼓吹，在中共官方黨史一般著作中被譴責為是「欺騙」，暗指是他的陰謀，這是毫無道理的。

張國燾在他的《我的回憶》裏說：「我與毛澤東等在懋功初會時，雙方在政治軍事以及在兩軍的關係上，就表現了爭鋒相對的看法。這些情形，現在說來，有些似是可笑的，可是確系不折不扣的事實。」也就是說，張國燾很明確地承認了在一會師之後，他就與毛澤東和中共中央發生了衝突。但這一衝突並不是由張國燾首先挑起的，而是由毛澤東和中共中央挑起的。毛澤東和中共中央挑起這場衝突的根源，無非就是中共中央的錯誤和中央紅軍的大失敗問題，而在直接的原因上，則與紅一方面軍的慘狀和相對於紅四方面軍的虛弱有著密切關係。當在懋功會師時，紅四方面軍的總兵力是四萬五千人，擁有兩萬多枝步槍，彈藥比較充足，還是按照開始長征前的情況號稱八萬軍隊，可謂是兵強馬壯。而紅一方面軍則按照湘江戰役後的情況號稱三萬兵力，實際全部加起來已經只有一萬人左右，看上去幾近乞丐，加上有著較大非戰鬥人員比例，實際戰鬥力已經很虛弱。朱德坦率地告訴張國燾：林彪的第一軍團人數最多，約為三千五百人，彭德懷的第三軍團約三千人，董振堂的第五軍團不到兩千人，羅炳輝的第十二軍只剩幾百人了。再加上中央各直屬部隊，總計約一萬人。而且所有的炮都丟光了，機關槍所剩無幾，又幾乎都是空筒子。每枝步槍平均約五顆子彈（少的只有兩三顆，多的也不過上十顆罷了）。朱德跟張國燾說：「現在一方面軍不能打仗了，它過去曾是一個巨人，現在全身的肉都掉完了，只剩下一副骨頭。」以這樣的實力和狀況面對張國燾，毛澤東和中共中央自然十分敏感，所能夠試圖領導乃至兼併張國燾的資源，也就只能依賴於中共中央權力的合法性，從而不可避免地挑起了衝突。

在權力合法性這一根本資源上，毛澤東和中共中央是非常在乎的。當透過瀘定橋後，雖然紅軍的狀況已經很糟，但安全問題已經解決，在戰略上終於獲得了勝利。這一戰略勝利終於鞏固了毛澤東的實際最高領導權，也使中共中央舒了一口氣，不必要再陷在毀滅的境地而惶恐不安了。為了鞏固這一成就，採取一個獲取合法性的行動成為了毛澤東和中共中央共同的願望，於是，他們決定再派一個人去莫斯科進行彙報。上次派潘漢年去莫斯科是洛甫、周恩來的主意，現在則是毛澤東與他們共同的主意。潘漢年不是政治局委員，地位較低，不是參加遵義會議的人，所以，本就不具體管軍事的洛甫提出自己去莫斯科，毛澤東和周恩來不同意，這樣一個大家都可以接受的總書記一當離開，權力平衡很容易被打破，經過研究，決定派地位相對較低、權力較小但不會在彙報時有大的傾向性的陳雲去。陳雲，原名廖陳雲，1905年生，上海青浦人，1919年在上海商務印書館當學徒，1925年加入中共，周恩來到上海組織工人暴動後成為周恩來的嫡系，後來涉足到了周恩來的特工系統，1927年曾任中共青浦縣委書記、淞浦特委組織部部長、中共江蘇省委委員兼農委書記、上海閘北區委書記等，1930年在中共六屆三中全會上當選為中央候補委員，1931年在中共六屆四中全會上當選為中央委員，9月進入中共臨時中央政治局，1933年到中央蘇區，1931年在中共六屆五中全會上當選為中央政治局委員。在中央蘇區時，陳雲開始涉足經濟工作，並兼任中共中央白區工作部部長，與作為政府主席的毛澤東開始合作，陳雲雖然名義上的地位挺高，但深知自己資歷淺，不是大佬級人物，也具有做特工的職業沉默性，因此在中共內部權爭中基本保持了低調的態度，隨周恩來的態度轉，跟毛澤東之間的關係也比較融洽。1934年「突破」後，陳雲任紅五軍團中央代表、軍委縱隊政委等職。陳雲在四川天全縣靈關村悄悄離開了紅軍，他去莫斯科是很機密的，因此，他的離開幾乎是「神秘」的失蹤。這樣重要的一件事情，毛澤東和中共中央與

張國燾會師後，並沒有告訴張國燾，可見是把張國燾看作了異己，更沒有把張國燾看成是中共決策層的人，在政治上對他留了很大一手。

紅一、四方面軍兵力、裝備的明顯差距並不只是一種實力差距，而且更是彼此領導成就的差距，因此，會師後毛澤東和中共中央避開了這一問題，利用黨內權力試圖壓服張國燾，不讓他在決策上有發言權，實際就是根本不讓張國燾參與決策，只是要他服從，並試圖對他的紅四方面軍立即進行特務化控制。同時，中共中央本來在遵義會議就形成的不討論政治問題、只討論軍事問題的默契和慣例，也被打破，為了提高中共中央的權威，他們用迂迴的方式與張國燾談起了政治問題，以批評張國燾政治上錯誤的方式試圖貶低他，迫使他服從中共中央的決策。在對付張國燾的問題上，由於利益的共同，周恩來、洛甫、博古等人從未有過地與毛澤東一致起來，大家緊密地站在一條戰線上，配合極其默契，按張國燾晚年的總結性說法：「這些分歧也決不是偶然的，主要是統治著中共中央的王明路線（即中國的史達林主義）和毛澤東的游擊英雄主義，與我的實事求是的精神所產生的多年來對中央領導的不滿（特別是對蘇維埃運動的政策），彼此碰個正著。人們在患難中總想避免爭端，實際卻適得其反。特別是缺乏民主素養的中共，不善於解決內部爭端。」

在中共中央當中，朱德則是個特例。一會師後，經驗豐富的朱德對紅四方面軍產生了非常好的印象，他對張國燾坦率地說，自己在沒有看到紅四方面軍前不敢作較高的評價，看到之後「喜出望外」，軍紀和精神面貌都非常好，準備充足，「戰士們隱避敵機的動作和戰鬥行進的行列等等，都使他深信這是極具戰鬥力的勁旅」。既然如此，朱德也會認可張國燾等人的領導成就。對朱德來說，他長期痛苦的一件事，是至今沒有一個令他滿意的政治合作者，毛澤東是有能力而獨裁，周恩來是有一定能力而專制，博古則是無能而獨裁，洛甫是無能而

民主，那麼張國燾是不是一個不一樣的人呢？張國燾是個政治強人是沒有疑問的，眼前這支令朱德眼睛一亮的紅軍隊伍也已經充分證明了張國燾的能力和成就。朱德與張國燾在南昌暴動時一起工作過，那時張國燾是失去發言權的黨的領導，朱德是手上無兵的空頭軍長，彼此談不上什麼個人友誼，但張國燾應該給朱德留下了不差的印象。在這種情況下，已經深知兩軍會師後將有一番衝突的朱德，突然採取了一個會讓毛澤東和其他人很敏感的特別行為。6月25日會師當晚，主要人物一起吃了頓晚飯，張國燾回憶說：「一陣赤誠的歡欣過去之後，接著而來的就是勾心鬥角的黨內鬥爭。在當晚的聚餐中，要人們不談長征和遵義會議的經過，甚至也沒有興趣聽取我關於紅四方面軍情況的敘述。毛澤東這個愛吃辣椒的湖南人，將吃辣椒的問題，當作談笑的資料，大發其吃辣椒者就是革命的妙論。秦邦憲這個不吃辣椒的江蘇人則予以反駁。這樣的談笑，固然顯得輕鬆，也有人譏為詭辯，我在優閒笑談中則頗感沉悶。」晚餐後，朱德異乎尋常地陪張國燾去了張國燾住處，與張國燾談了一夜話，而且，是朱德主要在談，張國燾說他是「打開話匣子就如長江巨流，一瀉千里。他講得有時興奮，有時悲痛，和盤托出了當時的遭遇和心境」。這種情況在朱德的一生中，是少有的情況，應該是他準備在遵義會議前跟周恩來談了一夜改變中共命運一樣，也是要改變張國燾和紅四方面軍的命運並借此改變中共和紅軍的命運。張國燾說：「我與朱德當晚的剪燭夜話，假若當時能記錄下來，也許是中共最有價值的史料。」

根據張國燾所回憶的當夜談話主要內容看，朱德的用意是非常深邃的，只是張國燾後來沒有明白其中的韜略，失去了與朱德進行合作和聯盟的歷史性機會，從而失去了完全可以把握的與毛澤東一爭高下並能夠佔有優勢的命運。

與毛澤東等人還試圖對張國燾隱瞞中央紅軍實情相反，朱德知道這是逃不過張國燾眼睛的，即使逃過了張國燾的眼睛也不會逃過他手下經驗豐富的徐向前等將領的眼睛，所以，朱

三十四 張國燾再逼朱德選擇毛澤東

德毫不隱瞞地告訴了張國燾「現在一方面軍不能打仗了」的實情，但朱德也告訴張國燾，這一萬殘軍不能小看，因為，其中保存下來了大量幹部，「朱德等採取了保障幹部的方針，男女幹部受傷了，生病了，總是設法抬著走，甚至抽調戰鬥兵來抬他們」，戰鬥部隊裏則是「原任連長的現在任班長」。朱德提醒張國燾，這是「極可珍貴」的。朱德表面是對張國燾強調了中央紅軍相對於紅四方面軍的人才優勢，要他不要小看這支殘軍，但由於這已經是在談將來，朱德也就是提醒了張國燾，一當讓中央紅軍生存下來，由於擁有大量幹部，將來就有極大勢力，在中共和紅軍內部就可以獲得強大的派系優勢。如果再深一步說，朱德就是已經暗示張國燾，要想在將來獲得中共領袖地位，就必須得到這支殘軍。但只重兵力、不重幹部的張國燾並沒有理解朱德的深意。

朱德向張國燾回顧了自己在南昌暴動後保存部隊的艱難，「後來情形逐漸好轉，經過多年奮鬥，才造成了一方面軍的局面」。朱德說，當年南昌暴動後人數雖少，「心情卻是振奮的，現在人數雖較那時為多，但心情是鬱悶的」。朱德這是什麼意思呢？朱德無非是在告訴張國燾，紅一方面軍是自己一手創建、發展起來的，是自己的嫡系並會忠誠於自己，現在被摧殘得如此不堪，自己很不滿意。朱德對現狀的不滿，也就是對博古、周恩來、毛澤東等人乃至莫斯科不滿，向張國燾暗示了自己的立場。實際上，朱德能夠與張國燾徹夜長談，已經是在冒政治風險，是向張國燾表示了自己有一天可能全面支持他的態度，而且告訴了張國燾，自己在紅一方面軍有著雄厚的基礎。

朱德在向張國燾介紹了毛澤東原來與中央的衝突之後，提醒張國燾「不必過於重視遵義會議。當時中央和一方面軍都處境艱危，老毛有許多不同意見，也有用得著的游擊經驗，因而遵義會議把他捧出來負責，內部的爭論也就平息了」。朱德這種說法是把毛澤東的致命弱點告訴了張國燾，也即毛澤東與

博古、洛甫、周恩來等存在著很深的矛盾，自己也與毛澤東有矛盾，遵義會議不過是暫時把毛澤東捧出來負責一下，遠不是中共中央權力的定型，沒有必要把遵義會議和毛澤東太當回事，張國燾以後有著很大的機會和空間。

朱德指點張國燾：自己「覺得現在最緊張的是軍事策略問題，即一、四方面軍會合後，應採取何種軍事行動。（二方面軍賀龍部第十軍的方志敏部以及散在各蘇區的遊擊部隊，只有讓他們自己奮鬥了）。至於中央工作的檢討，中華蘇維埃共和國的前途究竟如何，這類政治問題，此時都無暇討論。」朱德這一指點，張國燾當即明白了：「朱德這些話自然就是暗示我不要提到政治問題。」但已經明白的張國燾只是明白了朱德的話面直接暗示的意思，而且，之後並沒有忍耐性，第二天就上了當，把自己捲進了政治問題的爭執當中。實際上，朱德沒有點明的是，現在一切政治問題都是次要的，所謂軍事問題就是中共中央和紅軍的長遠生存問題，只要解決了這個問題，也就得到了中共中央那批人和紅軍的承認，張國燾只要把握住了這點，就能最終得到大家支持，將來在政治問題上自然也就是最後的贏家。

怎麼解決「軍事策略問題」？朱德在結束談話前，實際上是非常直白地告訴了張國燾。朱德強調「今後作戰要靠四方面軍賣力，而我（本書作者注：指張國燾）又是他們愛戴的領導人，應當根據一、四兩方面軍的情況以及國內外的情勢，向會議提出意見」，朱德這是要張國燾拿出一個具體的主張和方案來，而且肯定了紅四方面軍的實力，希望張國燾能在軍事上唱主角。朱德特別叮囑張國燾：「只要老毛、恩來和我同意某項軍事計劃，別人是不會有異議的。」實際上朱德幾乎已經很明確地告訴了張國燾，中共中央的實際決策權就掌握在他自己和毛澤東、周恩來三個人手上。張國燾只要拿出一個具體的「軍事計劃」出來，至少朱德就已經會支持他了。但這個軍事計劃必須要符合一個大方向，那就是北上。朱德告訴張國

熹，「他知道政治局委員們都希望從速北進，不願在這個少數民族地區久留，他本人也覺得北進意見是對的」。也就是說，朱德不希望張國熹提出一個違背大家意願的不是北上的軍事計劃，而且明確告訴他自己也是主張北上的。

綜上，朱德用心良苦地與張國熹談了一夜話，就是要張國熹一定選擇北上的軍事策略，並拿出一個具體的軍事計劃，執行主要作戰任務，不要糾纏政治問題，也不要在乎遵義會議和毛澤東的權力，採取忍讓的策略，利用掌握主要作戰部隊的優勢，在進行北上的軍事行動中成為實際唱主角的領袖，滿足大家的願望，以獲得大家的支持，而這種支持是完全有基礎的，因為毛澤東本就與大家有著深刻的矛盾，至少，朱德和紅一方面軍將來就會支持張國熹，而紅一方面軍在以後的發展上是有著雄厚的幹部基礎的。朱德這是為張國熹設計了一個全面的大韜略，如果張國熹深刻領會並聽取了，中共的歷史也就改寫了，但張國熹枉費了朱德的一片苦心，這時候張國熹最重要的兩個助手徐向前、陳昌浩又不在身邊，沒有人出謀策劃，幾個小時後天一亮，張國熹就走上了歷史性錯誤的道路，從而失去了將來，最終朱德也收回了他冒很大政治風險才對張國熹拋出的繡球，反過來成為了張國熹的敵人。

憤怒的張國熹決心「挽救中共的失敗」

幾個小時後，上午九點，張國熹、毛澤東、朱德、周恩來、洛甫、博古六個政治局委員和總參謀長劉伯承一起開會研究戰略問題。張國熹回憶，毛澤東先發言，強調是蔣介石的飛機大炮太厲害，明確要北上，毛澤東「加重語氣繼續說：『打開天窗說亮話，我們是有被消滅的危險的。』他說到寧夏去必須由四方面軍擔負掩護的責任，這樣，在最惡劣的情況下，也可以掩護中共中央和多數幹部到達寧夏地區。如果在寧夏再不能立足，至少中共中央和一部分幹部，也可以坐汽

車透過沙漠到外蒙古去，留下這些革命種子，將來還可以再起」。毛澤東這一說法實際也是大家的想法，他是毫不謙虛地以大家的代言人面目發言的。

之後張國燾發言。張國燾很糊塗地提出了三個方案供大家選擇：一，川甘康計劃，即以西康為後方，就地向川北、甘南、漢中一帶發展；二，也就是毛澤東所說的北進計劃，向北發展，以外蒙古為背靠；三，西進計劃，向蘭州以西的河西走廊發展，以有蘇聯勢力滲透的新疆為背靠。張國燾這三個計劃一提出來，紅四方面軍的毀滅也就埋下了伏筆。由於毛澤東和中共中央缺乏情報，不知道蘇聯已經在新疆進行了勢力滲透，根本就沒有想到過西進計劃，張國燾這就提醒了毛澤東，但就戰略而言，西進計劃實際就是新疆計劃，雖然可以達到讓中共中央和紅軍生存下來的目的，但以後要向內地發展則幾乎沒有什麼可能了，就成了退而無進，偏安一地，是個下下之策，非萬不得已不能實施，因此，張國燾自己在敘述的時候也當即予以了否定。他的糊塗在於，既然自己本就否定這個計劃，別人也沒有想到過，何必又說出來？西進計劃另一個毛病在於，是去了少數民族地區，從任何方面說都不牢靠，也是所有人包括普通紅軍戰士所不願意的，而這個毛病也是川甘康計劃所具備的。由於張國燾已經積累了處理少數民族問題的成功經驗，因此，他忽略了少數民族地區對中共和紅軍所帶來的劣勢，忽略了在少數民族地區難以建立扎實社會基礎的嚴重缺陷，因此，只看到了在川甘康發展的便利性，主張在三個方案中選擇川甘康計劃。北進計劃實際上是張國燾進行「長征」、接應中共中央前已經在實施了的計劃，因此，當張國燾談到北進計劃以及曾經實施過了的行動時，毛澤東說起了風涼話，「他說：『可惜了，那時你們已經到了漢中，為何不繼續北進？』他繼續說，如果那時我們繼續北進，那我們就不會在懋功相會，中共中央和一方面軍還要多走幾千里路去追尋四方面軍」。毛澤東這話顯然是不道德的，因為，紅四方面軍正是

為了接應中共中央才收縮回了北進的行動。張國燾把毛澤東的風涼話理解為是諷刺他接應中共中央缺乏誠意，可見張國燾在政治、戰略和權爭上的悟性確實遠低於毛澤東。毛澤東不由自主插這樣的話，實際上正是他真實思想和人格的本能反應，他是歎息自己沒有張國燾千載難逢的運氣，如果換成是毛澤東在紅四方面軍，就根本不會去管什麼中共中央，而是會繼續北進，到接近外蒙古的地方扎下根來，與莫斯科先手建立聯繫，這樣，即使中共中央僥倖生存下來，這個中共中央也歸屬於自己控制了。

在中共官方黨史著作中，把這次會議說成了中共中央決定北上的會議，而且說張國燾同意了北進計劃，這並不真實。實際上，這不過是一個毛澤東等人已經作好決定，出於無法繞過張國燾而開的一個向張國燾進行通報的會議，是走一次形式，但又並不直白告訴張國燾，而張國燾則以為是一次戰略研究會議。對毛澤東來說，這次會議的意外收穫是讓張國燾做了一次戰略參謀，使張國燾全方位地談了各種可能的發展方向及其形勢。當時張國燾雖然主張川甘康計劃，但也沒有認為北進計劃絕對不可行，大家互相交換情報，純粹是在進行一種討論，而張國燾還以為這樣一個重大決策，是應該詳細討論幾次才可以確定的。正因為這樣，雖然張國燾實際否定了西進計劃，但在大家不願意待在一個吃糌粑的地方即採納川甘康計劃情況下，也很認真地參與討論北進計劃，並不反對北進，甚至提出：「現在我們的目的既然是避戰和爭取較長時間的休息，而蘇聯是否能透過外蒙予我們以有力援助又在未知之數，那我們就不如詳細研究一下西進計劃。也許到新疆是上策，因為那裏能獲得蘇聯助力的成分較多，而蔣介石的部隊也不容易開到新疆去。」這純粹就是在進行討論，而不是決定。直到事後，張國燾才明白了過來：「會議一連開了三個多鐘頭，但並未達成確定的結論。到了吃午飯的時候，毛澤東以主席的身份宣佈：『這個問題關係重大，我們再從長研究

吧！』不料毛的這句『從長研究』並未兌現，我們以後一直沒有再開會討論這個問題，毛的北進主張便當作多數贊成，開始實施。這樣解決問題的方式，也許就是中國人避免爭端的辦法，但中共一向不是如此的，歷來會議對重要問題，總是要經過確定決議的。這次違反常例，後來事實說明中共中央在我未到撫邊前，即已決定了北進，可是並沒有告訴我，只作了一番形式上的討論，又不好公開否決我的意見，如此而已。」張國燾所不知道的是，當朱德已經跟他談了一夜後，實際上不必要再去談什麼三個計劃，同樣支持和主張北進計劃即可，當張國燾還墨守中共一向的成規，就已經陷入在一個巨大的圈套中了，他的全面失敗已經邁出了第一步。

現在毛澤東和中共中央需要的是張國燾產生分歧，並逼迫他進行分歧，從而製造出張國燾對抗中央的局面，以從政治上打擊張國燾，瓦解張國燾對紅四方面軍的全面控制。這正是朱德跟張國燾談一夜所想幫助張國燾避免的目的之一。但張國燾顯然非常遲鈍。會議一結束回到住處，張國燾讀到了油印的《布爾什維克報》上凱豐的一篇文章〈列寧論聯邦〉，凱豐在文章裏批判張國燾團結少數民族的西北聯邦政府政策，予以了全面否定，指責是違反了中共中央的蘇維埃路線。西北聯邦政府是張國燾根據處理少數民族問題實際情況制訂出來的政策，而且取得了良好效果，實際上是中共歷史上的一個卓越創造，凱豐這文章顯然是矛頭直對著了張國燾。張國燾當即非常生氣，認為輕易寫文章批判一個政治局委員違背了基本的組織原則，忘記朱德告誡他的不要談政治問題，隨即就質問來他住處的洛甫，使本想來跟他進行溝通的洛甫很尷尬，周恩來一來就馬上跑了。周恩來來了，張國燾又跟周恩來談文章問題，周恩來避開了這個話題，只談事務，通知他會師前作出的一些決定。

凱豐的文章使缺乏忍耐性的張國燾形成了憤怒的心態，張國燾對洛甫的質問則斷送了張國燾與洛甫等人的溝通、諒解

和達成聯盟的破冰機會。周恩來離開不久後再一次回來，向張國燾突然宣佈了軍事部署。客觀上，如果沒有超人的忍耐力，確實是難以忍受的，因為：一，這個軍事部署完全就是按照北進計劃作出的，而北進計劃在上午的會議上並沒有被最終確定；二，決定這樣的軍事部署也應該與他一起商量後決策，現在實際上都是事先就決定好了，連最基本的尊重張國燾的形式也不走，幾乎是毫不把他放在了眼裏。張國燾當即質問周恩來：「上午會議結束時，毛不是說還要從長計議一下嗎？但這個電稿無異是說今天上午的討論已經終結了？」周恩來應付張國燾說可以到毛兒蓋再說。張國燾終於沒有堅持。這一切都是環環相扣，做得滴水不漏。張國燾終究不是雄才大略，根本沒有韜略對付這一切。實際上，他當時唯一的對付方法，就是朱德誘導他的，但張國燾根本沒有能夠理解朱德一夜談話的深邃涵義。

　　那麼，朱德為什麼要幫助張國燾呢？朱德雖然開始「長征」後支持並鼎力扶植毛澤東，但他只是處於拯救中共和紅軍的無奈，終究不願意中共形成毛澤東的獨裁局面，甚至也並不真的願意毛澤東成為中共實際的最高領袖。政治家們寧願互相爭執，不願意也沒有想捧「軍閥」朱德當大家的最高領袖，而朱德在遵義會議期間的鐵腕實際也深刻地得罪了政治家們，一種軍人政治的恐懼成為了大家的顧慮，朱德自己沒有機會成為中共的最高政治領袖，只能做軍事領袖，這一點決定了他只能選擇和扶植某個政治領袖，韜略深厚的朱德深諳毛澤東的權謀和獨裁手段，他自然希望中共領袖層內有足夠制衡毛澤東的強大人物出現，甚至取代毛澤東，周恩來比較欠缺，可以一定程度牽制毛澤東，朱德也不願意選擇這個近乎變態的殺人狂，在中共當時已有的領袖級人物裏，張國燾已經是唯一的人選了，不僅政治上很強勢，而且擁有著強大的紅四方面軍勢力支持。一會師之後，瞭解內情的朱德知道不會給張國燾多少時間過渡，所以，即使自己可能招來政治上的很大風險，也顧不得

了，當夜就急著要提醒張國燾，為他指點一條應變之路。此外，如果張國燾遭到政治上的嚴重失敗，必然就會導致紅四方面軍遭到巨大災難，作為紅軍總司令的朱德，雖然紅四方面軍不是自己嫡系部隊，但終究不願意眼前這樣一支強大的軍隊跟著張國燾的失敗而瓦解，這也是朱德後來又盡力保護紅四方面軍的重要原因之一。朱德告訴張國燾，當紅四方面軍「對著像伙夫頭一樣的總司令，嚴肅的敬禮，熱烈的歡呼」時，有一種「喜出望外」的高興。實際上，張國燾、徐向前的這支軍隊以前在對部隊和社會宣傳的時候，就一直是把朱德作為自己崇高的總司令進行的。這樣的情景，不會不讓朱德感動。

夜裏，博古又來找張國燾，對紅四方面軍進行了一些顯然很吹毛求疵的指責，比如紅軍不應該用兄弟相稱，而應該都稱「同志」，比如不應該有軍長、師長、勤務兵之類稱呼，而應該用指揮員、炊事員、飼養員之類的稱呼。張國燾予以了反對並終於送走了囉嗦的博古，洛甫又來了，只跟張國燾強調遵義會議後中共中央已經統一了思想，卻只讓張國燾談紅四方面軍的政治問題，也即要張國燾對自己進行政治檢討。這都顯然是在故意把張國燾往政治問題上引導和逼迫，結果一向不滿意共產國際路線的張國燾坦率說出了對蘇維埃政策也即在中國模仿蘇聯建立蘇維埃政權的懷疑，這等於否定了洛甫、博古等青年蘇聯幫的根本合法性。這時候，張國燾在中共中央實際已經徹底輸掉了。洛甫、博古這些人雖然眼前不掌握軍事權力，但在政治上，他們依然是中共中央合法性的代表，代表了莫斯科的意志，在中共黨內，他們的傾向性依然有著強大的政治正確性，是任何一個勢力都不能輕易挑戰的，這也是毛澤東在遵義會議只談軍事路線不談政治路線的韜略所在，也是朱德提醒張國燾的關節點之一，但已經跟中共中央數年沒有直接接觸，並由於中共中央封鎖具體情況而懵懂的張國燾被蒙在鼓裏和遲鈍的地方。

1935年6月25日紅一、四方面軍會師，當天朱德與張國燾辛苦談一夜，結果在周恩來之後又遇到一個劉阿斗，6月26日這一天看上去風平浪靜，實際上中共由毛澤東獨裁的命運也就真正決定了。從根本說，張國燾與毛澤東的立場都基本一樣，他們作為中共元老派代表人物都傾向於立足中國的實際，試圖根據中國實際實現中共的革命，差異只是在於毛澤東更堅信自己是正確的，也出於個人喜歡獨裁的習性，把全部癥結都集中到了自己獲得獨裁權力這一點上面，藉以實現自己的主張和理想，張國燾只是有著強烈的權力欲，但略傾向於「民主」，作為中共資格最老的核心領導者，更遵守中共的慣例，習慣於透過規範的程序確立自己的主張。張、毛的差異也是朱德傾向於張而厭惡毛的重要基礎，但張國燾則沒有意識到如何充分利用朱德拋出的繡球，以獲得朱德這個當時最重要的實力人物的支持，而毛澤東則始終小心翼翼地爭取著朱德的支持，努力維持「朱毛」這個中共最重要的品牌。

客觀上，會師時張國燾本就已經處於合法性權力方面的劣勢狀態。張國燾長期在中共佔據核心領導人的地位，作為最重要的中共元老與莫斯科之間始終處於比較緊張的關係當中，與中共青年蘇聯幫則早在擔任中共駐共產國際代表時就在莫斯科跟他們有過直接摩擦。「二十八個布爾什維克」之一的盛岳回憶，在中共「六大」之後中山大學裏的由「二十八個布爾什維克」為主導的激烈爭鬥中，在有一次的中共黨員大會上，他們就是把張國燾作為「公開搞他」的對象的。如果張國燾沒有雄才大略放下包袱，這種歷史積累是很難讓張國燾與青年蘇聯幫主要人物的洛甫、博古等形成聯盟的。與周恩來之間，張國燾由於彼此較長時間的共事特別是南昌暴動之間的對立，也不容易一下子形成融洽的關係。這些都使張國燾背上了沉重的歷史包袱。最重要的是，張國燾在最近四、五年裏已經跟中共中央不在一起，沒有發言、「選舉」機會，黨內的合法地位一再被排擠，更不瞭解詳細的情況，毛澤東和中共中央瞭

解他，他則不瞭解毛澤東和中共中央。在這種情況下，朱德暗示他的要他先順從、容忍的策略再英明不過了。而張國燾的這種弱點毛澤東則大多不具備，雖然他與國外派存在矛盾，但由於他長期沒有在中共佔據核心領導層地位，彼此並沒有發生根本衝突的歷史包袱。中共中央到蘇區後形成的衝突，在一定意義上也是彼此進行調整、瞭解的過程，張國燾則沒有這樣一個過程。當要與張國燾進行會師時，毛澤東與國外派已經利益完全一致，並形成了對付張國燾的統一戰線，實際上已經形成了代言人甚至挾天子而令張國燾這個諸侯的局面。

當張國燾已經明顯地處於政治上的孤立狀態，並因為走進政治路線爭執陷阱而成為中共中央的「敵人」之後，毛澤東等人終於達到了張國燾採取不合作態度的目的，只是，毛澤東和中共中央所失誤的是，既然張國燾沒有帶紅四方面軍主要將領來參加會師，也說明張國燾對那些將領的忠誠有著絕對把握。進行會師張國燾等於是一個人前來的，作為一個當時中共資格最老的政治家和領袖人物，沒有充分的把握不會這樣做。這一點，只有朱德從紅四方面軍的軍紀和精神狀態上看出來了，因此，他當面承認了張國燾是個被紅四方面軍「愛戴的領導人」。毛澤東和中共中央並沒有達到奪取紅四方面軍實際領導權和指揮權的目的。張國燾說：「他們車輪式地跟我談，簡直弄得我有些頭昏眼花。」當毛澤東等中央要人先離開之後，張國燾覺得「鬆了一口氣」。無論如何，張國燾還有一塊王牌，那就是強大的紅四方面軍對自己的忠誠。他隨即向參加會師的紅三十軍瞭解了一下中共中央和紅一方面軍對自己軍隊做的一系列小動作的情況，作出了這樣的結論和決心：「我覺得中共中央由於蘇維埃政策的錯誤，招致了軍事的失敗，如今只有乞憐於控制手段。我也覺得這是毛澤東等老遊擊家和張聞天秦邦憲等留俄派，聯合一起對付我的局面。我相信我有責任糾正那些同志的錯誤，挽救中共的失敗。」也就是

說，在會師後的第三天，張國燾決心對毛澤東和中共中央進行反擊，開始採取強硬的態度和行動。

朱德為無力調解毛澤東等人與張國燾的矛盾「懊喪」

　　會師後的第四天，即1935年6月28日，張國燾開始北上。由於胡宗南控制了繼續北上的通道松潘等地，中共中央被堵截在卓克基。張國燾到卓克基與中共中央會合後，被孤零零地安排在中共中央駐地數里以外，根本不讓他參與中共中央的具體事務，彼此只是電報往來。至此為止，毛澤東和中共中央都對張國燾採取了明顯的不仁行為。這時候張國燾開始正式反擊，電告中央要求紅一方面軍分為南下打大炮山、北取阿壩、向西康發展三股，由紅四方面軍「北打松潘，東扣岷江，南掠天（全）、蘆（山）、灌（縣）、邛（崍）、大（邑）、名（山）」，提出與中央軍委不同的軍事部署，並要求「速決統一指揮的組織問題」，也即明確了在排斥自己的情況下，紅四方面軍不會接受現有指揮體制。隨即陳昌浩等人電告中央，要求解決領導權問題。這樣，張國燾和忠誠於他的紅四方面軍就直接挑戰了毛澤東和中共中央的權威，紅一、四方面軍之間的關係趨向嚴重的惡化態勢。

　　紅四方面軍對張國燾的忠誠程度出乎毛澤東和中共中央的意外。當時毛澤東和中共中央實際已經是跳過張國燾直接向紅四方面軍各部發佈命令，但紅四方面軍各部並不遵守命令，一切仍然聽張國燾的。張國燾回憶說：「四方面軍幹部特別反對中央對我的歧視，表示只有我能代表四方面軍多數同志的意見。」陳昌浩是「二十八個布爾什維克」之一，洛甫、博古非常不解地問他：「張國燾是老機會主義者，為甚麼四方面軍的幹部不追隨中央而要追隨張國燾？」陳昌浩回答說過去對張國燾的批評是不公道的。陳昌浩警告：張國燾領導紅四方面軍正確而有功績，而且為一般同志所愛戴，如果中央歧視張國

熹同志，將引起紅四方面軍的重大反感。在這樣的情況下，張國熹和忠誠於他的紅四方面軍跟中共中央及紅一方面軍的的矛盾就達到了尖銳化，而核心就是一個權力問題。

面對隨時可能因為紅一、四方面軍之間某個偶然因素和事件而發生兵變的危險，朱德出面進行調解，提出根據客觀情況，應該解決紅軍的統一指揮問題。毛澤東和中共中央不得不屈服了。周恩來提出讓張國熹進入中共中央核心領導層，按照張國熹的資歷、能力和實力，這是完全應該的，但毛澤東堅決不同意，因為，中共中央是權力合法性的最高代表，而目前中共中央實際已經受毛澤東控制，毛澤東自然要堅守這一陣地，這是以後在與張國熹的衝突中反敗為勝最重要的根據所在。在這樣的情況下，周恩來只好無奈地讓出他自己的紅軍總政委一職。無論如何，對張國熹來說等於已經獲得了軍權，是個很大的成就，但他顯然還沒有意識到現在是進入中共中央政治局常委的最好機會，手腕之硬不如毛澤東，輕易就接受了紅軍總政委一職。

7月21、22日，在張國熹事先不知道議題的情況下，毛澤東等人在蘆花突然召開政治局擴大會議，第一次吸收了徐向前、陳昌浩參加。會議上，在徐向前彙報了紅四方面軍的軍事狀況後，毛澤東即展開了強烈的批評，不公允地指責紅四方面軍犯了兩大錯誤：一是放棄川北蘇區，一是沒有控制北上的要地松潘。毛澤東在目前的情況下進行這樣的單方面批評，顯然是想要強化他自己和中共中央的領導權和威信。張國熹當即予以了反駁。會議上一般人都不發表意見，張國熹說「似乎無人願意捲入這個爭論的漩渦」。朱德在會議上希望對紅四方面軍「應以正確的估量」，暫緩討論目前軍事以外的問題，這雖然不等於支持張國熹，但至少是一種對毛澤東的不滿態度，實際上維護了張國熹。毛澤東在這次蘆花會議上碰了個大釘子，更是進一步挑起了紅四方面軍的不滿情緒。張國熹回憶說：「那次會議的經過激起了四方面軍的憤怒，有的認為中央始終

歧視四方面軍；有的主張作一次全面的檢討，不僅要檢討四方面軍，也要檢討一方面軍，更要檢討中央的領導是否正確；有的表示中央的所作所為不公平、偏私和感情用事，其目的無非是玩弄打擊四方面軍的手段，來掩蓋它領導的失敗；有的憂慮失敗主義籠罩了中央，除了製造黨內糾紛外，不會有甚麼新生之路。」在一些中共官方黨史著作中，把蘆花會議刺激出來的紅四方面軍對中共中央的批評，說成犯了不能區分遵義會議前和遵義會議後的錯誤，這是很荒唐的，實際上現在是毛澤東在胡亂指責紅四方面軍，而關於中共中央以及紅一方面軍的問題則根本不向紅四方面軍具體介紹，並採取了不允許進行批評的態度。

7月底，中共中央和紅軍總部到了毛兒蓋。8月4日，根據張國燾的提議在一個叫沙窩的地方召開了政治局會議。會議第一天，毛澤東首先拿出一份顯然是事先已經經過其他人審閱並同意了的文件，主要內容是肯定中共中央一貫正確，紅軍在第五次反圍剿期間曾犯過軍事路線錯誤，但遵義會議已經糾正這一錯誤。這份文件自然是希望獲得張國燾同意，並作為本次會議的決議。張國燾予以了批評，指出蘇維埃政權全面失敗的事實，認為遵義會議肯定中央政治路線否定軍事路線是倒果為因，主張召開一次高級幹部會議，吸收一批新人參加中央工作，實施黨內民主。張國燾這樣否定中央的說法自然不會得到支持，改變中央權力的要求也被拒絕。會議開了三天，最後，張國燾不得不同意擱下政治問題，先實施北進的軍事行動。這次會議是張國燾在政治上的全面失敗，不僅沒有得到任何好處，更在政治上把自己全面孤立了起來。

張國燾回憶說：「朱德當時正為自己無力調解而懊喪。」實際上，朱德這種懊喪情緒是已經對張國燾徹底失望了。就否定中共中央政治路線來說，張國燾與毛澤東並無區別，而且，毛澤東作為曾經被中央直接打擊、排擠的人來說，對此比張國燾更為痛恨，這也正是後來毛澤東對所謂

「王明路線」進行無情打擊的原因之一，但毛澤東深知眼前根本不是時候，在自己權力還沒有得到莫斯科承認之前碰這個問題就是碰高壓線。張國燾長期與莫斯科有矛盾，忽略了博古、洛甫、周恩來等人背後的強大的莫斯科背景，一定要碰政治路線這高壓線，在根本上已經是極不明智。張國燾的這一不明智被毛澤東利用來了對他進行政治孤立，由於張國燾一直糾纏在政治問題上，中共中央更是不願意賦予張國燾進入黨的核心層的權力，不願意紅四方面軍的人參加到中央裏來，而毛澤東則忽然成為了博古、洛甫、周恩來等人的政治保護神。雖然毛澤東的專制令大家極其反感和不滿，但張國燾也越來越讓大家看到是一樣的專制者，人們沒有任何必要棄維護大家利益的專制者毛澤東，而去擁戴一個要傷害大家利益的專制者張國燾。

朱德是任何一方都不願意傷害的人，地位最超脫，他在會師後對張國燾印象極好，希望幫助他走一條取代毛澤東的道路，退而求其次，則製造出一個讓兩個專制者互相制衡的局面，並不等於一定要張國燾徹底取代毛澤東。對朱德來說，最重要的問題是已經看到張國燾在政治謀略上連周恩來也不如，與周恩來一夜談話周恩來即明白了，與張國燾一夜談話張國燾卻什麼都不明白，陷在政治問題的泥潭裏拔不出來，紅四方面軍行動緩慢，不能堅決順應中央和朱德北進的意見，夏季即將過去，蔣介石在紅軍北進道路上的軍事力量越來越加強，紅軍北進的軍事活動越來越困難，繼續這樣因糾纏政治問題拖延下去，紅軍很可能陷入極其糟糕的毀滅性境地。這樣下去，朱德除了繼續選擇毛澤東外，沒有別的辦法了。

三十五　大智大勇

毛澤東拔營而起

　　紅軍北進越來越嚴峻的軍事形勢張國燾當然也是明白的，但這一形勢被他當作了要挾毛澤東和中共中央的手段，沙窩會議實際上是張國燾最後的政治進攻，毛澤東十分緊張，開會期間特別設立了一個中央縱隊司令部，加強戒備，以防止意外，一個人進入村子參加會議的張國燾顯然看出了毛澤東等人的恐懼，嘲笑他們是開「鴻門宴」。毛澤東等人當然不會敢威脅張國燾的人身，但戒備的加強也提供了足夠的勇氣，不願意接受張國燾的任何批評和要求，結果張國燾碰了個大釘子，繫於軍事行動已經沒有時間拖延，只能答應全面進行北進的軍事行動。

　　張國燾除了糾纏政治問題而走錯棋外，更在軍事上犯了猶疑不決的歷史性錯誤。在張國燾本來所設想的三個發展計劃中，他首選的是川甘康計劃，進行北進後，川甘康計劃仍然是他不願意徹底放棄的，同時，他又試圖嘗試西進計劃，這種面面俱到的心態犯了軍事決心的大忌。沙窩會議後紅軍總部移到張國燾處，北進紅軍分左、右兩路，右路軍由紅一方面軍和紅四方面軍的第九、三十一軍為主組成，左路軍由紅四方面軍主力和紅一方面軍董振堂、羅炳輝兩部組成，實際上，紅九、三十一軍是右路作戰主力，紅一方面軍林彪、彭德懷部是護衛中共中央機構，董振堂、羅炳輝兩部是殿后部隊。出發前，張國燾撥了幾個團給紅一方面軍以加強戰鬥力，但紅軍的主要戰鬥力仍然是紅四方面軍，並以徐向前、陳昌浩的左路軍為最強

大。張國燾在具體指揮軍隊行動時，總是盡力將左路軍向西運動，試圖探索西進計劃。客觀上，由於氣候、地形、後勤等情況的惡劣，使紅軍遭受了較大的損失，而由於張國燾行動上的猶疑，更是加重了這方面的困境。張國燾的這種心態加上越來越艱難的困境，最終導致他開始收縮部隊，試圖放棄北進，率軍南下。

進入9月之後，張國燾顯然已經下了南下的決心，一邊在總司令部與朱德爭執，一邊在電報中與毛澤東爭執。1935年9月9日，張國燾發了封電報給徐向前、陳昌浩，這封電報正好被參加前敵指揮部參謀工作的葉劍英得到，葉劍英隨即將電報先送毛澤東處。半夜，中共中央各機關和紅一方面軍的人忽然從睡夢中被叫喚起來，在一片紅四方面軍準備武力解決中央和紅一方面軍的緊張輿論裏拔營而起，連夜向北逃去。蒙在鼓裏的徐向前、陳昌浩自然以為紅一方面軍是逃跑，準備追擊，但經過猶豫，終於認為紅軍不能打紅軍，沒有採取軍事行動。這件事後來長期成為了中共歷史上的一個謎，其實事情並不複雜。

1960年朱德就已經客觀地說明了真相：「到阿壩，他（本書作者注：指張國燾）變了，不要北上，要全部南下，發電報要北上的部隊調回，我不同意，反對他，沒有簽字。後來電報由葉劍英同志截住，告訴毛主席，沒向下面講，中央就馬上決定北上了。如果調轉，中央是很危險的。」朱德這一說法很清晰，一是說明他知道電報內容；二是張國燾只是要紅軍返回南下，並沒有涉及武力對付中央的問題；三是當時朱德為此與張國燾進行了爭執，沒有在電報上簽字；四是根據事後瞭解，這封電報發出後，中央和紅一方面軍方面只有葉劍英和毛澤東知道內容。

9月9日夜前敵指揮部正在開會，葉劍英當時的職務是紅軍副總參謀長，他在會場外先從參謀那裏拿到並看了電報，就趕到毛澤東那裏讓毛澤東看過，再把電報送回了前敵指揮部，以免被徐向前、陳昌浩發現。之後，葉劍英捲了軍用地圖

回到紅一方面軍。毛澤東看過電報後面臨兩種選擇：一是只讓紅四方面軍返回南下，自己帶著紅一方面軍北上；一是跟著軍隊按照張國燾的主張返回南下。如果採取前一種選擇，很可能達不到北上目的。雖然朱德說自己沒有在電報上簽字，但張國燾如果使用了朱德的名義，一當紅軍前敵指揮部認可這個命令，毛澤東就很難控制紅一方面軍不南下。如果這份電報沒有使用朱德的名義，這個命令就不具有合法性，毛澤東就可以做到紅一方面軍不服從命令，這樣就會在紅一、四方面軍之間出現一場爭執，最後仍然不能阻止紅四方面軍南下，而爭執期間的糧食消耗將加重紅軍的困境，紅一方面軍有沒有能力北上也會成為問題。採用後一種選擇毛澤東是不願意的，南下與張國燾會合之後，張國燾一定會要解決政治路線問題，中央紅軍事實上的慘敗無疑要歸結為政治路線錯誤，這樣，毛澤東也將跟著博古、洛甫、周恩來一起倒楣，如果不接受張國燾的清算，一場火拼在所難免。因此，毛澤東唯一的選擇就是設法帶領中共中央和紅一方面軍北上，實際上，在彼此衝突越來越厲害的情況下，即使張國燾也要北上，毛澤東最好也已經是跟他分開，除非張國燾的紅四方面軍失去了兵力上的優勢。在這種情況下，毛澤東就利用了張國燾的這封電報和葉劍英這個「證人」，臨時製造張國燾要動武的輿論，缺乏武力對抗能力的紅一方面軍和中共中央自然就不加考慮地跟著毛澤東連夜行動了。但張國燾實際並不存在動武的問題，也沒有任何理由可以證明張國燾會動武，因此後來毛澤東就改變了說法，說張國燾在電報裏有一句「南下，徹底開展黨內鬥爭」的話。「南下，徹底開展黨內鬥爭」這句話是可以往動武方面理解的，但有這句話在看過電報內容的人裏只有毛澤東這樣說過，張國燾一直被蒙在鼓裏，徐向前、陳昌浩、葉劍英後來都閉口不談電報內容，朱德的說法則是要紅軍南下，基本否定了這個說法，只是說萬一中共中央南下了，會「很危險的」，是一種對張國燾可能要求清算中央政治路線的估計。

1
3

三十五　大智大勇

圍攻朱德

　　1935年9月10日凌晨毛澤東拔營而起，標誌著張國燾在黨爭中已經徹底失敗，因為，這意味著張國燾徹底失去了改變中共中央領導權的機會。但當時他並不是沒有挽回餘地，張國燾完全可以反過來借助中央已經北上應該予以追隨的名義，放棄南下想法，立即全力北上，只要重新會合，一來毛澤東有了一個「逃跑」的責任，二來紅一方面軍等於承擔了前鋒的責任，會遭受較大損失，紅四方面軍兵力優勢仍然可以保持，這樣，張國燾反而更佔據有利地位。但張國燾和整個紅四方面軍只是被憤怒的情緒所籠罩，開始聲討毛澤東和中共中央的「逃跑」和「分裂」，失去了理智。張國燾三天後折回阿壩，就在格爾登喇嘛寺召開了一個掛著「反對毛、周、張、博北上逃跑」橫幅的大會，逼迫朱德表態。實際上，當時朱德對中共中央忽然單獨北上也不滿，但他頭腦非常清醒，知道在這種情況下紅四方面軍唯一的出路就是北上，因此，他提醒張國燾和紅四方面軍：「南下是沒有出路的！」但這時候朱德的話已經根本不可能被大家聽進去，他反而受到了圍攻，朱德在中共內部第一次有了「老糊塗」、「老右派」的稱呼和指責。

　　這時候的朱德內心應該是極其悲傷和痛苦，與張國燾會師時的喜悅已經蕩然無存，他在與李德合作之後再次陷入了格外沉默的狀態。本來，只要張國燾堅決北上，紅軍獲得了可以退到外蒙古邊境的餘地，中共和紅軍就獲得了進退自如的戰略空間，而張國燾與毛澤東的互相牽制也可以使中共形成一個比較民主的格局。現在，毛澤東對中共中央的獨裁已經定局。這不僅是周恩來等人的失敗，是張國燾的失敗，也是朱德自己的失敗。對朱德來說，失敗的境遇尤其惡劣，他事實上已經失去對紅一方面軍主力的控制權，失去了軍隊的朱德等於失去了一切。現有的董振堂、羅炳輝兩部力量實在太小，已經做不出

什麼局面。此外，由於朱德相對於紅四方面軍來說的山頭不同，他實際上已經身陷於充滿仇恨的陣營當中。這是極其嚴峻地考驗朱德智慧、意志的時候。

從一些親歷者的印象看，張國燾當時除了憤怒，思維應該是陷入了混亂當中，表現得一籌莫展，只是一味地堅持南下。陳昌浩只是憤怒，叫著南下。徐向前則一言不發，顯然意識到了南下的嚴重性。川甘康計劃雖然曾是張國燾的首選計劃，但也不是他一定要堅持的計劃，實際上，從軍事和紅軍發展來說，「長征」前就曾經北上過的張國燾並不排斥北上，那麼，張國燾現在為什麼北上了又遲疑不決，犯了決心不定、進軍緩慢的兵家大忌呢？要知道，這在張國燾以往的經歷中，並不能夠找到明顯的先例，因而可說是違背了他一貫比較堅定的風格。問題正是出在會師後毛澤東、中共中央對他的居高臨下和強烈排斥，這完全出乎張國燾的意外，朱德的策略張國燾沒有理解，或者說即使理解了也沒有接受，而是採取了對抗的策略，這種對抗是使用手上的兵力尋求政治清算，但一時不具有充分的理由，必須要等紅四方面軍對中央和紅一方面軍的情緒惡化，耗費了很多時間，而軍事上又不能給予足夠的時間。如果迅速北上，萬一很快就與莫斯科恢復了聯繫，與莫斯科一直關係不和諧的張國燾就沒有了勝算，很難保證會得到莫斯科的支持，因此，他希望北上中的困難能夠提供理由，使北上行動終止。只要不北上了，南下返回，北上本身又可以作為中央決策的一條新的「錯誤」，這樣，即使再次北上也要等到第二年夏天，就可以有足夠的時間對中共中央進行政治清算。這也是張國燾被毛澤東、洛甫、博古、周恩來等人會師後逼出來的，如果張國燾事先預料到他們的惡劣態度，就根本不會來會師，而是繼續執行原來向陝甘發展的計劃了。事先瞭解內情，洞察一切的朱德試圖幫助張國燾，要他忍耐將會發生的一切，並暗示了自己以後會支持他，以造就中共的「民主」權力結構，實際上是張國燾最能立於不敗之地的選擇。

現在即使南下，張國燾的本錢還沒有失去，紅四方面軍依然是中共最強大的一支武裝。張國燾另一個可能的重大資源是朱德。朱德既是紅軍總司令，又是現在張國燾身邊唯一的政治局委員，可以說是張國燾唯一可以爭取支持的中共領袖層人物了。張國燾就像以前那些政治家一樣發生誤判：「原來朱德這個總司令徒有虛名，只是中央軍事委員會的一員，並無獨立的職權和機構。」又說：「中央軍事委員會和總司令部名雖為二，實則僅為一個機構。」既然中央軍委和總司令部是一個機構，就應該是作為軍委主席和總司令的朱德有著非常大的權力，說明他既掌握著軍事指揮權，又是中央進行軍事決策的核心人物之一。張國燾忘記了朱德告訴他的，在中共中央的軍事決策權實際就掌握在毛澤東、朱德、周恩來三個人手裏。即使張國燾的看法是對的，但至少朱德在所有紅軍中無人可比的名氣，以及他在紅一方面軍的崇高威望，也是不能忽略的重大分量。一方面，張國燾和紅四方面軍的一些人攝於朱德的地位和名望而不敢危害他，一方面卻又不團結朱德，只是一昧圍攻和剝奪他作為總司令的發言權，這實在是非常不智的做法。事實上，當時團結朱德是完全有基礎的，張國燾說：「朱德也認為這種單獨祕密行動（本書作者注：指9月10日凌晨毛澤東的行動）是不應當有的，因為這不僅沒有顧到黨的團結，而且抹煞了總司令部的職權，也沒有照料到徐陳部（本書作者注：指徐向前、陳昌浩部）的安全。」

　　1935年10月5日，紅四方面軍大隊到了卓木碉，張國燾召開了一個聚集了幾乎所有紅四方面軍以及董振堂紅五軍團、羅炳輝紅九軍團主要幹部的三千人大會。在這個會上，張國燾和紅五方面軍犯下了今後將遭到滅頂之災的錯誤。張國燾說：「這次會議……不再承認原有中央，另行成立臨時中央。到會者並一致推舉我為這個臨時中央的書記，俟到了適當時間，再行召集黨的代表大會或代表會議，成立中央；電告毛澤東，此後我們雖不再接受原有中央命令，但軍事行動仍互相配

合。」這是個徹底失去理智的行為。接不接受中央的命令完全在於自己，弄一個實際並沒有領導機構而只有一個名義出來的臨時中央毫無意義，按照中共非民主選舉確認的規矩也沒有任何合法性，在政治上觸犯了莫斯科和中共最基本的天條，從此不管再有多少理由，就都已經成為了絕對錯誤。這個錯誤的後果，將使仍然不得不依賴莫斯科賦予合法性的紅四方面軍毀滅。朱德當時痛苦地跟他們說：「事已至此，同志們不會承認原有的中央了，但希望留下將來轉圜的餘地。」

張國燾在這次會議上犯的另一個錯誤，是徹底與朱德對立了起來。張國燾等人當場逼朱德表態反對中共中央和毛澤東，等會場安靜了，朱德站起來說：「大家都知道，我們這個『朱毛』，在一起好多年，全國全世界都聞名，要我這個『朱』去反『毛』，我可做不到呀！」這種話是朱德第一次說。在當時，朱德只能這麼說，但這樣的話一說出來，也就意味著朱德與毛澤東長期以來的矛盾和衝突被壓抑到了內心深處，張國燾把朱德徹底推到了毛澤東一邊，迫使朱德必須要永遠維持「朱毛」，把自己與毛澤東一體化，以後再也難以反毛。當朱、毛一體，在「朱毛」面前，中共就再也沒有什麼勢力可以對毛澤東構成致命威脅了。這是毛澤東在與張國燾的衝突中，無意間獲得的一個巨大成就。

卓木碉會議之後，紅四方面軍的人仍然在這個問題上逼迫朱德，使朱德不得不反覆強調「朱毛」。當時的紅五軍團保衛局長歐陽毅回憶，有一次因為紅四方面軍政治部要以反革命名義槍斃紅五軍團掉隊的二十個人，互相發生爭執，去向朱德彙報，正好碰到張國燾等人在圍攻朱德，已經得到報告的張國燾的人拔出手槍威脅要槍斃歐陽毅，被朱德阻止，「這時候，張國燾的祕書長黃超跳了起來，把矛頭直指朱總司令，竟破口大罵什麼『你是老糊塗』，『你是老右傾』，『你是老而不死』。黃超一罵開，其餘幾個人七嘴八舌地對總司令直嚷嚷。我這時明白了，原來他們開的是圍鬥總司令的會。他們逼

朱總司令表態，要他反對毛主席，反對北上抗日。但是朱總司令堅定地回答說：『毛主席的領導是正確的，中央的北上抗日方針我是舉手贊成的，你就是把我劈成兩半，也不能割斷我和毛澤東的關係！』他還說：『朱毛朱毛，人家外國人都以為朱毛是一個人，哪有朱反對毛的！』張國燾一夥惱羞成怒，便氣急敗壞地罵他是什麼『老糊塗』，『老右派』，『老右傾』。」

阻止劉伯承兵變

　　既然朱、毛一體，朱德與張國燾也就成為了徹底的敵人。朱德一當明確了立場，以張國燾的權術，就是碰上了一個無法奈何的對象。這時候，朱德充分體現出了大智大勇。一方面是超人的忍耐，採取了他的「亂世有大志無力者，均遠避，養力以待，後多成功」策略；另一方面，他反覆強調紅四方面軍大多數是好的，以自己的言行逐步感染人，實際上就是把矛頭只對著張國燾一個人。朱德是要把紅四方面軍逐步轉化為屬於自己的軍隊。一些人要朱德離開紅四方面軍，他堅決不走，偏是賴著。身體強健的康克清在中央蘇區時已經擁有「女司令」的名聲，獨立指揮過多次戰鬥，1932年擔任女子義勇隊隊長，1934年當選為中華蘇維埃共和國臨時中央政府執行委員會候補委員，「突破」後但任直屬隊指導員，是中央紅軍裏在長征中唯一不隨婦女隊跑的一名女性，實際上基本在朱德身邊，是朱德的貼身女保鏢，佩著兩把手槍，背著一枝毛瑟槍。康克清非常不滿張國燾的壓迫，向朱德提出準備自己帶幾個人單獨北上，朱德阻止了她，告訴她，待在自己身邊，跟著大部隊走是安全的，不會有人敢傷害他的。

　　根據卓木碉會議的決議，張國燾在會後即調整了紅軍總司令部，讓總參謀長劉伯承去創辦紅軍學校，這就等於砍掉了朱德臂膀，徹底架空了朱德，總司令部的工作班子完全由張國

燾自己掌握和控制。董振堂紅五軍團、羅炳輝紅九軍團兵力很少，在紅一、四方面軍互相矛盾的背景下，日子自然被排擠得很難過，幾乎怨聲載道，希望離開紅四方面軍單獨北上，但朱德堅決不同意。這時候劉伯承惹出了一件事，進一步刺激了紅四方面軍對紅一方面軍人的仇恨。根據張國燾的回憶，他很希望劉伯承能提高紅四方面軍的軍事學素養，劉伯承在給紅軍學校學員上課時，設定的前提是對陣雙方兵力、裝備同等，與紅軍所一向面對的敵多我少、敵強我弱的實際情況不一致，很多人不能理解，農民出身、沒有經過正規軍事教育、完全靠實戰打出來的紅十一軍軍長余天雲不服劉伯承講授的戰術，在課堂上跟劉伯承爭執，結果被他的老上級、校長何畏關了禁閉，一時引起軒然大波，張國燾為此支持了劉伯承，但余天雲想不通，竟然在四川丹巴跳河自殺了。這件事張國燾雖然維護了劉伯承，但劉伯承還是受到了很大壓力。

　　實際上，卓木碉會議後的張國燾思維和神經已經處於極其混亂的狀態，在自立山頭和沒有合法性之間不能找到出路和站腳的平台，失去了一個老資格著名政治家的風度和氣魄，做出了一系列土匪不像土匪、革命者不像革命者、陰謀家不像陰謀家的動作。卓木碉會議後剝奪朱德的權力，張國燾竟然採用了很低級的動作。根張國燾當時的貼身侍衛何福全回憶，有一天夜裏，張國燾派他的特務營和何福全帶了幾個人去「請」朱德和劉伯承，下掉了他們警衛和參謀的槍，雙方衛士差一點開火，被朱德制止了。其實，張國燾真要解除朱德的警衛完全沒有必要採取這種動作，他不過是想用武力威逼一下朱德而已，但他就沒有想過，朱德這個總司令不是那種只蹲在指揮所裏發號令的，而是經常親自到槍林彈雨中作戰的，是身經百戰歷練出來的，怎麼可能被這種動作嚇住？張國燾與朱德見面後，朱德說：「我看你是想學趙匡胤，來一個陳橋兵變，黃袍加身！」張國燾使用了武力，卻又不敢「造反」，只能苦口婆心地請求朱德支持他，朱德自然不會答應他。張國燾威脅

說：「玉階兄，在目前這種危急關頭，我們彼此換換位置，你會把我怎麼樣？」朱德勃然大怒：「你既然敢把我和伯承抓起來，還假惺惺說這些幹啥子！要殺要砍隨你，不過，我不會改變我的政治主張的。」張國燾這種低級動作很可笑，而且，還使用了一系列小動作整朱德的警衛和參謀，整紅五、九軍團的人。從來沒有人敢隨便把康克清從朱德身邊弄走，但張國燾卻把康克清從朱德身邊調走了，等於是一定程度地軟禁了起來。

不過，張國燾的小動作差一點使他達到讓紅一方面軍的人「逃跑」或「叛亂」的目的。不僅康克清，而且紅五、九軍團的人都蠢蠢欲動著要離開紅四方面軍北上，如果這種動作一做出來，無疑就構成了「逃跑」，所以，朱德予以了堅決阻止。最危險的一件事情，是劉伯承與紅五、九軍團的一批人密謀了兵變，試圖殺掉張國燾或把他抓起來。劉伯承做好兵變的計劃後，找了個藉口向朱德請示，因為，如果沒有朱德點頭，劉伯承他們還是沒有膽量正式行動。在這件事情上，充分證明了劉伯承在韜略上遠不如朱德，更偏向於是個武夫。朱德否定了劉伯承的計劃，並命令他們不能有任何行動，必須忍耐。雖然進行兵變後朱德可以鎮住一批紅四方面軍的人，但朱德向劉伯承強調，在紅四方面軍中張國燾的威信最高，仍然佔有多數，這樣，最後的結果會不堪設想。最重要的是，進行兵變觸及到了紅軍不能打紅軍的高壓線，是絕不可以做的事情，如果朱德進行兵變，彼此發生武裝衝突，在政治上就會一敗塗地，對紅一、四方面軍都將是毀滅性的。其實，朱德進行兵變，或者張國燾用武力解決朱德，都是毛澤東求之不得的，張國燾沒有最後膽量這樣做，朱德更不會這樣做。

如果朱德僅僅忍耐，還不足以體現他的智勇。雖然張國燾剝奪了朱德的權力，甚至任何文件都不允許讓朱德看，但並不能否定朱德紅軍總司令的身份，因此，朱德一方面按照張國燾的安排去負責找野菜的事情，另一方面則尋找一切機會到張國燾的指揮部去，像個「無賴」一樣偏要發言、詢問，盡力干

涉一些事務，比如，朱德知道了廖仲愷兒子廖承志被拘捕在紅四方面軍裏，認為此人對中共將來一定會有大用場，就設法不讓殺他，等等，令張國燾頭痛不已。

　　朱德的活動逐步取得了成果，比如，張國燾的婦女部部長劉堅在朱德和康克清的鼓動下，已經在紅四方面軍的會議上公開不同意張國燾的意見了。最重要的人物是徐向前，他在權爭中基本保持了沉默，根據他後來的回憶，他當時對朱德有著很好的印象，在對朱德的圍攻中，徐向前從來沒有過一句不遜的語言。後來，徐向前成為了朱德最忠誠的一名將領，「文革」中為了朱德受批判而大怒。當紅四方面軍到陝北根據地遭整時，朱德成為了他們的保護者，挽救和保護了很多人，抗日戰爭時朱德又大量起用和重用紅四方面軍幹部，紅四方面軍系演變成了朱德的嫡系力量。

百丈戰役與張浩「聖旨」

　　張國燾南下策略在軍事上的轉捩點是1925年11月的百丈戰役。10月中旬後，張國燾開始南下作戰，發起綏（靖）、崇（化）、丹（巴）、懋（功）戰役，隨即又進行了天（全）、蘆（山）、名（山）、雅（州）、邛（州）、大（邑）戰役，基本很順利。朱德認為，既然已經南下，就要打好。在總部沒有權力，朱德就跑到徐向前的前敵指揮部幫助徐向前指揮，並寫了多篇文章從軍事上進行及時總結和指導，因此，徐向前說朱德「在軍事行動方面，積極行使總司令的職權，及時瞭解敵情，研究作戰部署，定下決心」，並不是一個「空頭司令」。在這階段，朱德的軍事修養、經驗和指揮藝術得到了徐向前等將領的認可。11月中旬，南下作戰順利的張國燾在紅軍佔領邛崍、名山之間的要地百丈後，頭腦發熱，決定在這裏與反攻的國軍進行一次決戰，結果打了七天七夜，在國軍二十多萬兵力的攻擊下，遭到大敗，軍心嚴重動搖。這時候

張國燾的威信受損，朱德開始有了一定的參與決策權，1935年12月30日，朱德終於第一次以紅軍總司令名義單獨署名給中共中央發出了一份電報。這標誌著張國燾已經失去對紅四方面軍的單獨決策權和指揮權，徐向前說：「朱德總司令在黨和紅軍中的巨大聲望，人所共知，也只有他，才能同張國燾平起平坐，使張不敢為所欲為。」

命運的關鍵轉捩點是中共駐共產國際代表之一的張浩1935年12月16日來電。張浩，真名林育英，字祚培，又名林仲丹，1897年生，湖北黃岡人，1922年加入中共，長期從事工運，與張國燾很熟悉，因此能夠得到張國燾的認可，1933年1月赴莫斯科任全國總工會駐赤色職工國際代表和中共駐共產國際代表團成員。1935年6月紅一、四方面軍會師並不是祕密的事情，莫斯科的情報機構自然掌握這一情況，對莫斯科來說，這意味著中共中央已經生存下來，而蔣介石雖然沒有消滅中共中央和紅軍，但至少已經把紅軍驅趕出了中國內地，達到了一定的戰略目的，可以比較集中精力抗衡日本上面了。這時候，陳雲也已經到達莫斯科彙報了情況，莫斯科自然不再願意讓中共紅軍去自生自滅，而是要重新圈住中共，恢復對中共進行指揮的機制了。1935年7月共產國際召開第七次代表大會，會後，共產國際決定派林育英化名張浩回中國，向中共中央傳達共產國際七大會議精神。紅軍北上的決策顯然是在陳雲離開前作出的決定，或者莫斯科也偵知中共中央已經在10月份到了陝北，因此，莫斯科安排張浩走了一條僅一個月左右路程的捷徑，直接從外蒙古進入中國。11月，張浩就到達陝甘交界的定邊縣，與中共中央聯繫上了，11月中旬張浩到達瓦窯堡與洛甫會面，12月15日與毛澤東見面並連續長談了兩天。

張浩這位老部下的出現也令張國燾興奮起來。雖然張國燾與莫斯科的關係不好，但目前與中共中央的爭執終究難以有結果，還是要由莫斯科來裁判。張國燾政治劣勢，但兵力優勢，在這種情況下，莫斯科不可能有明顯的偏袒。但是，張國

熹所不知道的是，莫斯科不偏袒，不等於張浩不出現偏袒。有一種說法，說張浩這次回國帶回來了可以與莫斯科直接進行聯絡的電台，但事實上中共並沒有隨即與莫斯科發生聯絡，他帶回來的由莫斯科專門訓練出來的密電員趙玉珍並沒有發揮作用。實際上，中共中央與莫斯科的電訊聯繫是到了1936年6月才恢復和建立的。這個細節很重要，因為，張浩在經過洛甫與毛澤東的多次談話後，領受了一個特別的任務，就是由他以莫斯科的名義解決張國燾的問題，張浩因此忽然成為了「共產國際代表團團長」，而賴以建立其說話權威的，便是他告訴張國燾他有專門的可以與莫斯科直接聯絡的電台、密碼和密電員，這樣，他在跟張國燾進行說話時就使張國燾認為他完全代表了共產國際的立場。1936年1月16日張浩給張國燾的電報說，他這次是代表共產國際，回國解決紅一、四方面軍分歧的，實際上張浩完全是在騙張國燾，當時共產國際根本不知道什麼紅一、四方面軍衝突問題。這樣，蒙在鼓裏的張國燾就與張浩一本正經地開始討價還價起來，而根本不知道自己不是在跟莫斯科溝通，而是在跟毛澤東、洛甫溝通。彼此的焦點是張國燾臨時中央的問題。1月22日，中共中央政治局透過了〈關於張國燾同志成立第二「中央」的決定〉，責令張國燾立刻取消他的「中央」。然後，張浩假傳共產國際聖旨，1月24日給張國燾、朱德發去了〈共產國際完全同意中共中央路線，張國燾處可成立西南局〉電報，電文稱：「甲，共產國際完全同意中國共產黨中央的政治路線，並認為中國共產黨在共產國際隊伍中，除聯共外是屬於第一位的。中國革命已成為世界革命的偉大因素，中國紅軍在世界上有很高的地位，中央紅軍的萬里長征是勝利的。乙，兄處可即成立西南局，直屬代表團，兄等對中央的原則爭論，可提交共產國際解決。」也就是說，共產國際完全站在毛澤東、洛甫的立場上，但承認張國燾具有一定獨立性，不受中共中央指揮，而是直接受張浩領導，也即受共產國際指揮。張國燾至死都不知道這是一個由毛澤東、洛甫操

縱，由張浩出面的巨大騙局，迫於共產國際的權威和感於對他的保護，同意和接受了張浩的「聖旨」，取消了臨時中央，代之以西南局，準備北上。

當張浩的「聖旨」出現，張國燾在紅四方面軍的權威頓時大大降低。使張國燾受到重大打擊的，是自己最親信的陳昌浩開始不再對他言聽計從。作為青年蘇聯派的陳昌浩本是個對莫斯科絕對服從的史達林主義者，當在沒有莫斯科指令時他忠誠於張國燾，當有了莫斯科指令時，他自然就是忠誠於了莫斯科。在軍事方面，徐向前突然一改以往沒有明顯立場的態度，開始以朱德為主進行彙報並聽取朱德的意見和決定，事實上確認了朱德的總司令權力，這樣，紅四方面軍實際上就完全形成了由張國燾和朱德共同領導、決策和指揮的局面，而且，朱德的這種權力增強得非常快，日益成為了紅四方面軍最主要的領導者。

拯救紅四方面軍和賀龍

這種權力格局再次引起了張國燾與朱德之間的一場爭鬥。既然「共產國際完全同意中國共產黨中央的政治路線」，本來試圖對中共中央政治路線進行清算的張國燾自然不願意跟中共中央會合，因此主張北上後實行西進計劃，把紅四方面軍拉到新疆，理想的話能獲得蘇聯援助，把紅四方面軍裝備、訓練成一支強大的現代化武裝；中則可以繼續保持諸侯地位，盤踞新疆；低則可以退入蘇聯，成為蘇聯的國際縱隊。朱德則不願意西進，要堅決北上，與中共中央會合。由於紅四方面軍仍然足夠強大，實際上中共中央並不真心願意張國燾前來會合，如果會合就必須準備紅一、四方面軍之間和與張國燾之間出現難纏的麻煩，而張浩的假傳「聖旨」一旦戳穿則後果將不堪設想，於是，由毛澤東、洛甫、張浩聯合編造的又一個陰謀出現了。1936年2月14日，毛澤東不出面，由張浩、洛甫出面給張

國燾、朱德發了個電報，說張浩動身回國前，「曾得史達林同志同意，主力紅軍可向西北及北方發展，並不反對靠近蘇聯」，並且虛偽地為紅四方面軍提出北上陝甘、就地發展和南下轉戰三個方案。這是個致命的電報，因為，既然史達林同意紅軍主力向蘇聯靠近，任何其他方案都失去意義。張國燾原來不主張北上的重要原因就是對蘇聯援助有疑問和不信任，如果有蘇聯援助他則是堅決主張北上的，而從獲取蘇聯援助來說，西進方案可以直接到中蘇邊境，不必要透過外蒙古，顯然是最理想的選擇。張國燾的這種想法毛澤東、洛甫非常清楚，2月14日電報下好誘餌後，他們不再提起類似意見。現在，在部隊北上問題上所有人都已經一致，但北上後是繼續北上與紅一方面軍會合，還是西進向新疆發展，則成了越來越尖銳的矛盾。頭腦極其清醒的朱德本是中共最優秀的戰略家，而且對毛澤東的一切了如指掌，堅持與紅一方面軍會合，反對西進。現在，朱德實際上是在救紅四方面軍，同時解救處於長征途中的賀龍。

　　3月到達康北後，雖然環境極其惡劣，缺乏糧食，但朱德忽然一改北上的態度，堅決組止紅四方面軍繼續前進，要求賀龍的紅二、六軍團前來會合，讓紅四方面軍在饑寒交迫中等了四個月之久。這是一種超人的意志，朱德這一雄才大略連毛澤東也無法識破，4月1日，毛澤東透過張浩給朱德、張國燾發來口氣強硬的電報，希望賀龍紅二、六軍團去雲、貴創立根據地，認為「將二、六軍團引入西康的計劃，堅決不能同意」，並指示「四方面軍既已失去北出陝甘機會，應爭取先機南出」。但朱德毫不理睬。徐向前後來說，當時「多虧朱總司令決心不變，堅持四方面軍仍在現地休整訓練，待與二、六軍團回合後，共同北上」。當時由於密碼在紅軍總司令部，中共中央與賀龍不能進行聯絡，因此，於1935年11月開始長征的賀龍部實際就受朱德、張國燾直接指揮，總兵力約有一萬三千人。如果朱德、張國燾棄賀龍而去，就只能命賀龍向西南發

展，賀龍就可能遭到毀滅性結果，這是朱德所不願意的。如果與賀龍會合，朱德則增加了一股強大的支持力量，更可以阻止張國燾西進。紅一、四方面軍會師時，朱德幫助張國燾，無非是希望繼續使紅軍成為一支強大的武裝，並使中共內部形成互相牽制的比較民主的政治局面。現在與賀龍會合，只要張國燾不西進，兩支部隊到達陝甘根據地，不僅在一定程度上仍然可以達到原來的目的，而且也可以不使紅四方面軍走上毀滅道路，並拯救賀龍部，因為，一支缺少裝備的步兵部隊試圖穿過河西走廊，完整到達新疆，幾乎是不可理喻的事情。

但是，朱德最終還是沒有達到完全的目的。1936年6月6日，中共中央同意成立彼此不具有領導關係而是「協商」關係的以張國燾為書記的西北局，雖然歡迎與賀龍部一起北上，但實際上「西北局」這個名稱更是誘導了張國燾西進欲望。6月下旬，朱德親自率軍到甘孜迎接任弼時、賀龍、關向應，向他們介紹了張國燾和中央的情況，約定北上與中央會合，阻止張國燾西進。當時職務為中共中央代表、紅六軍團軍政委員會主席的任弼時當即表示：「總司令，我們來聽你的指揮！」南昌暴動時擔任總指揮的賀龍態度也特別配合，完全按照朱德的主意執行，朱德後來說「賀龍很聰明」。實際上，賀龍不「聰明」對他自己來說就糟糕了，賀龍、任弼時與朱德一見面知道了整個情況，馬上應該明白了朱德救了他們，正是從這一刻起，賀龍從此成為了朱德最忠心的一員手下將領，而性格剛烈、一直與毛澤東衝突到死的任弼時則就此成為了唯朱德之命是從的政治家和親信。

7月1日會師儀式之後，紅二、六軍團組建為以賀龍為總指揮、任弼時為政委、關向應為副政委的紅二方面軍。朱德將劉伯承調紅二方面軍隨軍行動，以免賀龍發生什麼差錯，將熟悉張國燾、曾是中共六屆四中全會政治局委員的任弼時調總部行動，以加強自己的政治力量。一會師，紅二、四方面軍就開始實施北上軍事行動。本來一切很順利，朱德將完全達到目

的，但是，情況很快發生了變化。6月中共中央建立與莫斯科的電訊聯繫後，即希望得到援助，莫斯科並沒予以答應，但9月14日張浩、洛甫、周恩來、博古、毛澤東聯名給朱德、張國燾、任弼時電報，聲言：「國際來電同意佔領寧夏及甘肅西部，我軍佔領寧夏地區後，即可給我們以幫助。」這等於就是鼓動紅二、四方面軍和紅五軍團西進，於是，西北局不得不於9月16日在岷州三十里鋪開了三天會議，朱德在任弼時的支持下否定了張國燾的西進意見。10月10日，紅一、二、四方面軍在會寧會師，但中共中央不允許東進，以蘇聯援助名義組織寧夏戰役，第一次與張國燾達成了一致的立場，結果戰役沒有打，徐向前、陳昌浩紅四方面軍主力和董振堂紅五軍團共計二萬二千多人已經西渡黃河，同時應對毛澤東、張國燾陰謀的朱德再也無力回天。對張國燾來說，紅四方面軍西進，身後就有了一支大軍支撐，政治上就絕對安全並保持了自己的強大，因此，信心十足地隨紅軍總部去與中央會合了。但這時候，西渡黃河的大軍已經由中共中央直接指揮，11月11日中共中央和中央軍委發電報給徐向前、陳昌浩，命名包括董振堂紅五軍團在內的二萬二千人大軍為西路軍，1937年3月底，西路軍全部覆滅，最後戰死者七千多人，被俘九千多人。被俘後殺掉五千六百多人，回鄉者二千多人，透過各種方式到延安的四千多人，流落西北各地二千多人。而西路軍覆滅的消息一傳到延安才幾天，毛澤東和中共中央就啟動了對張國燾和紅四方面軍殘餘分子的全面清算運動。

三十六　總體戰和積極抗日

西安事變和盧溝橋事變

　　1936年11月底，朱德與周恩來、張國燾率紅軍總部在陝西保安，跟毛澤東等人會合，再次回到了中共中央。這時候，毛澤東的獨裁已經初步鞏固，但由於已經與莫斯科建立聯繫，洛甫、博古、周恩來等中共國外派也再次獲得了靠山，腰板開始逐步硬了起來。這種情況一直到1937年11月29日王明的飛機降落延安後，得到了很大改變，國外派再次對毛澤東的權力形成了嚴重動搖。

　　1936年12月12日，發生張學良、楊虎城拘押蔣介石的西安事變。中共中央獲得西安事變消息時，可說是一片喜悅，基本的傾向是希望進一步激化張學良與蔣介石的矛盾，在對待蔣介石人身的問題上，朱德是中共中央最積極的殺蔣派。這一局面很快就被扭轉，史達林馬上來了指令，要求和平解決西安事變，維護蔣介石抗日領袖的絕對地位，再次進行國共合作。史達林的指令中共不得不遵守，也讓中共中央的頭腦冷靜了下來，朱德的立場自然也轉變了。經過一系列緊張而微妙的政治運作、談判後，蔣介石放棄了繼續消滅中共的策略，把全部精力投到了抗日上面，國共圍繞著抗日這個大題目再次進行合作。朱德本是個堅決的愛國主義者和民族主義者，一當放棄了殺蔣介石的立場，同意在蔣介石的領導下進行抗日，轉變得也就比較徹底，在抗日問題上成為了中共中央當中比較堅決的一個服從蔣介石領導的人。1937年1月2日，朱德在中共政治局會議上即明確主張：「現在是抗日不抗日的問題，應發表宣

言，號召全國反對內戰。」2月1日又以紅軍總司令身份對記者明確：「將紅軍各部隊停止於蘇區邊境，對蘇區鄰近之各國民革命軍部隊不加以任何攻擊，確守互不侵犯原則，不論過去曾否與紅軍敵對之部隊，一律以友軍看待，靜待聯合抗日局面之成立。」

全國聯合抗日空前提高了蔣介石的地位，而在中共方面，則是空前提高了朱德的地位。朱德原來作為紅軍總司令，其地位的合法性受限制於中共中央，對中國政府來說則是一個叛軍司令，不具有任何合法性地位。在中共內部，朱德的權力由武裝實力支撐，另一方面，又是唯一進入政治局的軍人，由於中共處於以軍事運動為核心的活動狀態，因此，朱德客觀上也成為了中共中央核心的政治人物之一，在政治人物中的實際權力已經僅次於了毛澤東。雖然中共在西安事變之後逐步演變為了一個合法政黨，但一來畢竟只是個在國民黨對全中國一黨獨裁下的在野黨，二來中共的合法性身份十分模糊，就全中國來說主要還是處於半地下狀態，因此，毛澤東作為中共領袖的地位難以得到全中國完全的合法性承認，同時，由於中共總書記是洛甫，不是毛澤東，而洛甫的實權雖然不如毛澤東，但當時也不完全是一個傀儡，當他一當使用起權力來，毛澤東仍然還是不得不要退避三舍的，這種情況客觀上極大地限制了毛澤東的獨裁權力、地位和合法性影響。聯合抗日之後，當時中共領袖中最能夠得到全國承認的「合法」性代表人物，只能是紅軍總司令朱德，而且從當時在全國的知名度而言，由於人們根本不瞭解中共內部的機制，以及朱德從辛亥革命以來的資歷，在朝野兩方面，中共其他領袖都已經難以匹敵。這種情況不只是一個「名義」問題，同時也鞏固了朱德在中共的主要核心領袖之一的實際地位和在紅軍中至高無上地位，也就是說，到了這時候，中共任何人的地位都是可以動搖甚至被別人取代的，包括政治人物毛澤東、周恩來、洛甫等，軍事人物彭德懷、林彪等人，只有朱德是中共和紅軍唯一

不可動搖和被取代的領袖人物。這種情況對以後中共內部的權爭有著非常重大的意義，是解開中共「七大」之謎的關鍵性鑰匙之一。

西安事變時，日軍正加緊對華北的推進，試圖成立華北偽政府。西安事變後，中國達成了一致抗日的決心和意志，中日關係更形對立。蔣介石的困境在於，他這時候還遠遠沒有做好全面抗戰的準備，在國際上，歐美還沒有充分意識到日本獲取中國的嚴重後果，基本處於口頭上同情中國的狀態，蘇聯則力促中國能早日發動全面抗戰，把日本的矛頭引向中國，以維持自己遠東地區的安全，而中國進行全面抗戰則處於明顯的弱勢地位。在國際方面，中國唯一獲得的重要成就是1937年8月21日與蘇聯訂立了〈中蘇互不侵犯條約〉，在中蘇互不侵犯前提下蘇聯給予抵抗日本的中國以援助，但由於蘇聯不願意捲進中日戰爭並與日本對抗，其意義很有限，1940年4月13日，蘇聯與日本又簽定了〈蘇日中立條約〉，蘇聯進一步削減了對中國的援助。

白崇禧在他的回憶錄裏對中日雙方的國力進行了全面比較，在軍事方面，他說：日本陸軍「平時兵力總計約二十四萬五千人。『九‧一八』事變後，日本調四至五個師團到東北，動員約十萬人，故陸軍增加為三十四萬」，關鍵是日本建立了現代兵役制度，「戰時若自二十歲至四十歲徵調可動員三百萬人；若年齡上提至十八歲，下延長至四十五歲，可得五百萬人。海軍平時之噸位約八十萬噸，戰時增加至一百二十萬噸。海軍人員動員五十萬。空軍當時屬於陸、海軍，尚未獨立，平時約一千五百架，戰時七千架。駕駛員約九千八百人」，而「當時我方之力量約有二百七十個師」。在中日單獨對抗的情況下，第一期抗戰時，「日本之現役兵有三十八萬人，預備役兵有七十三萬八千人，後備役兵有八十七萬九千人，第一補充兵役有一百五十七萬九千人，第二補充兵役有九十萬五千人，各種兵役共計四百四十八萬一千人。戰鬥兵屬

於現役、預備役、後備役者共計約有一百九十九萬七千人，此外皆是後勤兵役與補充兵役。日本陸軍有十七個師團，海軍有各種艦艇一百九十萬噸，空軍有各種飛機二千七百架，其中屬於陸軍者有一千四百八十架，屬於海軍者一千二百二十架，預備機與補充機，皆包含在此數目中。」中國方面，「我國除一百八十萬現役兵之外，預備兵役、後備兵役一無所有。」由於沒有現代兵役制度及現代教育落後，兵力補充的前景很糟，到1936年底，「高中與同等學校學生合格為預備軍士者約有一萬七千九百五十四人，專科以上學校學生合格為預備軍官者僅八百八十人」；海軍方面全部湊起來只有「五萬九千噸」低質量的艦隊，幾乎可以忽略不計；空軍方面各種飛機加起來只有三百十四架，相應的工業配套條件完全空白。白崇禧是抗戰時國民革命軍的副參謀總長兼軍訓部長，是中國抗戰計劃的主要制訂人之一，他對中日雙方軍事力量的對比有著很重要的意義。按照中日雙方軍事力量的對比，中國不僅在數量上佔有弱勢，在質量上更是相距遙遠，中國軍隊基本處於近代化剛向現代化過渡的階段，而日本軍隊則已經基本完成了現代化建設，彼此的差距是兩個時代的差距。因此，中國軍隊遠弱於日本軍隊是當時中國從官方到民間普遍承認的事實，中共自然也不例外。

　　1937年1月，中共中央從保安遷到了延安，從此開始了著名的「延安」時期。1935年10月毛澤東率紅一方面軍到達陝北時，朱德後來說紅軍和中共中央合計剩下了七千人，這個數字應該是毛澤東等人告訴他的一個有水分的數字。具體的數字現在還沒有人說清楚過，估算數字比較少的說只有三、四千人，但不超過七千人是可以肯定的。毛澤東與劉子丹及已經到達陝北的徐海東部會合後，紅軍總兵力是一萬多人，之後毛澤東進行了擴軍，朱德與毛澤東會合時，毛澤東的總兵力約為三萬人左右。這樣，紅軍在1937年3月西路軍被消滅之後，紅一、二、四方面軍累計總兵力約為五萬多人。雖然中共紅軍的

兵力不多，而且裝備與當時國軍中的雜牌部隊也難以相比，但並不能小覷。

紅軍的強大性源於兩個背景因素和一個本身因素。兩個背景因素：一，國軍與國民黨之間的關係已經被蔣介石從「黨－軍」改造為了「軍－黨」，國民黨對軍隊的領導地位已經大大降低，並且，國軍已經在完成北伐後成為政府軍，在軍事獨裁與軍隊國家化之間搖擺著。紅軍則是極端的「黨軍」，而中共則是一個組織極其嚴密並形成有地下網絡的政黨，十分神祕，不管其實際情況如何，都是中國的第二大黨。在1927年國民黨進行清黨前，中共的黨員人數有六萬左右，由於中共廣泛吸收工農分子，1934年長征前黨員人數曾經達到了三十萬之鉅。雖然中共在1937年初時實際黨員人數已經只有四萬左右了，但它作為中國第二大黨的強大社會影響依然還在。這一點決定了中共紅軍在中國有著很重要的和強大的政治、社會地位和影響力。二，由於中共是共產國際的一個支部，因此，中共紅軍也有著蘇聯紅軍中國支隊的屬性，背後是強大的蘇聯和蘇聯紅軍。這一點由於中共紅軍到達了接近外蒙古邊境的陝北地區，既獲得了背靠蘇聯的戰略優勢，又存在著了直接獲得蘇聯援助的可能，就尤其形成了一種戰略上的潛在威力。根據陳立夫的回憶，他在參與跟蘇聯簽定〈中蘇互不侵犯條約〉的談判時，關於蘇聯援助中共紅軍的問題是主要內容之一。這是任何人都不可以忽視的中共紅軍具有巨大威懾性的背景。紅軍強大性的自身因素是自湘南暴動以來形成並成熟的以朱德為代表的特殊軍事藝術，雖然蔣介石取得了第五次圍剿的勝利，擊敗了紅軍，但這種勝利是付出巨大代價的勝利，並沒有否定紅軍特殊戰術的有效性。紅軍特殊戰術意味著紅軍的實際作戰能力並不能按它的兵力和裝備予以簡單衡量，而必須要根據國軍的一般情況予以放大估計，從第一、二、三、四、五次圍剿的情況來說，五萬兵力的紅軍戰鬥力至少可以評估為相當於國軍十至二十萬兵力的戰鬥力，也就是說，紅軍的

戰鬥力至少相當於中國軍隊總戰鬥力的5～10%。因此，當進行聯合抗日時，作為紅軍總司令的朱德在中國軍隊將領中，有著非常重要的地位和影響。

　　1937年7月7日發生盧溝橋事變，標誌著中日戰爭全面爆發。7月12日，毛澤東、朱德電令紅軍前敵總指揮部彭德懷等，命令紅軍作好東進河北的準備。7月14日，朱德為紅軍寫了抗日誓詞：

> 日本強盜奪我東三省，複圖占外蒙，又侵我華北，非滅亡我全國不止，我輩皆黃炎子孫，華族胄裔，生當其時，身負干戈，不能驅逐日寇出中國，何以為人！我們誓率全體紅軍，聯合友軍，即日開赴前線，與日寇決一死戰，復我河山，保我民族，保衛國家，是我天職！

7月18日，朱德離開延安，23日到達紅軍前敵總指揮部，直接指揮全部紅軍以及前線作戰。朱德這次上前線指揮作戰，不僅身居軍事決策者和最高軍事指揮者的地位，而且由於身邊沒有毛澤東、周恩來這樣的政治領袖直接約束和合作，因此，作為政治局委員的他，同時也兼具了政治領袖的地位。在政治上朱德的副手是任弼時，軍事上的副手是彭德懷。這樣，中共分成了以毛澤東為實際最高領袖的延安後方，和以朱德為最高領袖的前方兩個部分，延安後方是政治後方，前線是軍事前線，政治後方兼有最高軍事決策權和批准權，軍事前線擁有軍事決策權和最高指揮權並掌握了中共武裝主力。這種政治領袖與軍事領袖集於一身的權力是朱德之前沒有過的，這不僅為朱德發揮軍事才華提供了條件，而且也使他第一次發揮出了政治才華，使他充分展現出了全面的領袖素養和卓越的領導能力。並且，由於要跟國軍和國民黨政府進行合作，朱德的外交才華也第一次得到了展現。朱德利用這一地位和權力，為中共及其武裝的發展實現了最關鍵的轉折，透過積極抗日和地方政權的建

設，不僅打開了中共在華北的局面，而且壯大了八路軍，為中共武裝的大發展奠定了堅實的基礎，使中共及其武裝立於了不敗之地。正是因為朱德完成了這樣的歷史性轉折和打下了雄厚的基礎，毛澤東才可以進行延安整風，並躺在朱德的抗日成就上，實行消極抗日、積極發展的策略。

　　7月15日，蔣介石發表承認中共為合法政黨的談話。7月27日，蔣介石在廬山發表談話，提出：「如果戰端一開，那就地無分南北，年無分老幼，無論何人皆有守土抗戰之責。」29日，北平淪陷。30日，天津淪陷。在這同時，朱德集中了四萬五千人的紅軍主力，進行了改編，作好了隨時奔赴前線的軍事準備。8月9日，朱德與周恩來、葉劍英飛到了南京，參加蔣介石主持的最高國防會議。這是朱德第三次與蔣介石見面，這時候，彼此心情應該都是極其複雜的。就個人私情來說，朱德是非常仇恨蔣介石的，不僅是孫炳文是死於蔣介石之手，而且自己妻子伍若蘭的處死過程被執行得實在太殘忍，已經懷孕的伍若蘭被開膛剖肚，砍了頭後懸掛城頭，對領袖人物家屬這樣做在軍閥混戰時期沒有出現過，朱德自然難以接受，這應該是朱德在西安事變時最積極地主張殺掉蔣介石的本能原因。蔣介石前兩次看見朱德時，自然不會把這個手上無兵的老軍閥當回事，但沒想到這個老軍閥成了軍事上最難對付的人，打了將近十年還是沒有消滅，內心的甜酸苦辣可想而知。不過，出於聯合抗日的目的，朱德現在已經是中共最維護蔣介石作為國家領袖地位的人之一了。

朱德的總體戰軍事戰略

　　8月13日，日軍對上海進行大規模進攻。8月19日，朱德回到紅軍前敵總指揮部，按照在南京的談判著手將紅軍改編為國民革命軍第八路集團軍，即「八路軍」，8月25日中共中央予以了確認：「前總指揮部改為第八路軍總指揮部，以朱德為

總指揮，彭德懷為副總指揮，葉劍英為參謀長，左權為副參謀長，總政治部改為第八路政治部，以任弼時為主任，鄧小平為副主任。第一軍團、十五軍團及七十四師合編為陸軍第一一五師，以林彪為該師師長，聶榮臻為副師長；二方面軍二十七軍、二十八軍、獨立第一、第二兩師及赤水警衛營、前總直之一部等部，合編為陸軍第一二〇師，以賀龍為師長，蕭克為副師長；四方面軍二十九軍、三十軍、陝甘寧獨立第一、第二、第三、第四團等部，改編為陸軍第一二九師，以劉伯承為師長，徐向前為副師長，以上各部改編後，人員委任照前總命令行之。」朱德在8月22～24日參加中共中央政治局擴大會議即洛川會議，中共成立了以毛澤東為書記，朱德、周恩來為副書記的新的中央軍委，這是中共毛澤東、朱德、周恩來三個實力派巨頭正式形成的標誌性事件。隨後，中共又成立了設立在八路軍總部的軍委分會，由朱德任書記，彭德懷為副書記，其他委員有任弼時、張浩、林彪、聶榮臻、賀龍、劉伯承、關向應。8月29日朱德、彭德懷通電全國正式就任八路軍總指揮、副總指揮。8月22日林彪、聶榮臻第一一五師已經先遣出發東渡黃河。9月2日，朱德在陝西富平縣召開誓師大會，次日率賀龍、蕭克第一二〇師和劉伯承、徐向前第一二九師出發東進。這樣，八路軍的抗戰正式開始了。此時朱德實際帶領東進的兵力約為二萬五千人，即八路軍總兵力的一半，其餘兵力則用於守備和防守延安。

對於抗日，朱德再次顯示出了他的卓越的軍事學修養和發揮了他的豐富的作戰經驗，從戰略到戰術提出了一整套的超越於當時人的理論，只是後來由於國共衝突和中共內部政治形勢的變化，他沒有進一步進行理論發揮。朱德另一個困境在於，國共聯合抗日並不等於真正消除了國共矛盾，他不得不更多地站在中共角度考慮自己的言論，這樣就限制了他的軍事學發揮。但是，朱德畢竟已經站在中國也即全國的角度考慮軍事問題，他的基本理論和成果沒有能夠全面用在對付日本人身

上，結果卻全面用在了對付國民政府身上。儘管朱德在軍事學上的闡述比較零碎和半遮半掩，至今對他的研究也很缺乏，但基本的框架還是清晰的。

在戰略上，朱德的核心是總體戰，不僅認為日本侵華具有總體戰特點，而且認為中國更必須要用總體戰策略才能戰勝日本。總體戰理論本身不是朱德的發明，而是德國軍事戰略家魯登道夫的發明，魯登道夫於1935年正式發表他的《總體戰》一書。魯登道夫總體戰理論的核心是強調現代戰爭是全民族的戰爭，基礎是民族的精神團結，國民經濟必須軍事化，軍事行動要貫徹協同、突然、迅猛的原則，要建立獨裁式的戰爭指揮體制。朱德的總體戰理論雖然來源於魯登道夫，但卻與魯登道夫有著非常重要的區別，可以說是兩種風格絕然不同的總體戰思想。在戰爭的全民族性、精神團結性和國民經濟軍事化方面朱德與魯登道夫基本沒有大的差別，但朱德根據抗戰在中國土地上展開的實際，強調廣泛的人民戰爭，承認會出現一批投降乃至漢奸人口，戰爭雙方的民族界限會具有模糊性，因此，朱德在確定民族戰爭的前提下主張人民戰爭。魯登道夫的軍事原則是速決戰，更是站在侵略者的角度，構成了德國戰術家古德裏安閃電戰的理論前提，但朱德的軍事原則正相反，是站在被侵略者的角度和中國軍事虛弱的實際，大的戰略上是採用持久戰，用低成本消耗對方的高成本。魯登道夫軍事思想的前提仍然是歐洲傳統的戰線式經典作戰方式，是以城市和交通線為核心的，而朱德恰恰反其道而行，主張中國軍隊應該儘量避免與日軍進行正面對抗，不惜放棄大量國土，引誘日軍深入，分散其兵力，避開城市和交通線，利用中國國土的縱深和人民的支持，進行大範圍的運動戰和游擊戰，使日軍疲於防守城市和交通線，以打擊日軍後勤、破襲日軍交通線和消滅其有生力量為目標，予以各個殲滅，最終使日本國力無法維持其侵略而失敗。朱德的這套思想，正是後來國共內戰時中共戰勝國

民政府的基本策略，只是當中共具有決戰能力時，又作了部分調整。

朱德總體戰思想的前提是中國進行單獨抗戰，而不是建立在後來其他國家參與進來的世界大戰基礎上面的。1937年6月23日朱德對美國人J‧A‧彼森說：「這場戰爭必定是總體戰⋯⋯國民黨如果以為只要用它的精銳正規軍再加上西方帝國主義的援助就行了，那它是打錯了算盤。那它是不明白，一個半殖民地的國家是不可能打敗現代化的日本軍隊的，只有群眾性的人民抗戰才能打贏這場戰爭。」當時國共還沒有談判好，所以朱德的用語比較中共化，但其基本的精神是高明的，證明了朱德不僅熟悉當時世界上最先進的軍事思想，而且針對中國和抗戰的實際進行了深入的思考和研究。

1937年8月11日朱德在南京國民政府軍事委員會軍政部的會議上，系統談了自己關於中國在抗戰中應該使用的戰略戰術的思想，大致意思是：在戰略上抗戰是持久的防禦戰，但在戰術上則應該採取攻勢；中國在正面不要集中太多兵力，日軍佔領中國大片領土後，要深入敵後作戰，從敵人側翼進行活動和進攻；日軍作戰離不開交通線，中國軍隊則要離開交通線，進行運動戰，在運動中殺傷日軍；在抗戰中應該加強政治工作，發動民眾，特別要把戰區的民眾自下而上、自上而下地組織起來；游擊戰是抗戰中的重要因素，游擊隊到敵後積極活動，迫使日軍派兵防守後方，以牽制日軍的大量兵力，因此，應該開辦游擊訓練班，讓國軍學會打游擊戰爭。實際上，朱德這是從總體戰角度闡述了自己的軍事策略，把抗戰分為了正面防禦戰、運動戰和游擊戰三種基本戰術，分析了它們彼此之間的關係，並提出了進行縱深作戰的主張，困敵於城市和交通線予以消耗。

在這次會議上，雖然缺乏情報，但朱德仍然顯示出了超人的戰略判斷力，他提出，他判斷雖然目前的主要戰場在華北，但日軍一定會進攻上海，其目的是把中國的兵力吸引到上

海地區，然後予以集中消滅。朱德說這話之後的第三天，日軍果然就進攻上海了。據文強回憶，當時「起因」是日本人先到上海的飛機場搗亂，開了槍，「我們馬上打長途電話到南京去，說日本人到我們飛機場了，還開槍打我們的人，問怎麼辦，蔣介石下命令說：『他打，我們也打！』我們的部隊把日本人打掉了。日本人說是中國人先打的，把罪名安在中國人身上。實際上是日本人先打中國人，他認為中國人不敢打他，但是我們打了！打死了好多日本人，丟到海裏去了！就這樣，第二天日本人就炸南京，炸南京後，在上海就打起來了。」之前戴笠曾告訴文強，「從上海到蘇州一直到南京，都修馬其諾防線」，可見當時蔣介石是意識到日本會進攻上海的，但從非常粗疏和長期化的準備工作來說，蔣介石顯然沒有想到日本會這麼快進攻上海。不瞭解詳細情況的朱德並不一定會也想到日本這麼快進攻上海，但他把日本進攻上海的目的和後果點明了，這是他的超人之處。從朱德指出日本進攻上海的目的來說，他不贊成在上海地區與日本進行決戰，不希望中國上日本的當。蔣介石想的還是要堅守上海和南京，「九‧一八」事變後的情況證明了他不僅守不住上海、南京，更是損失了大量精銳和人力、物力，失敗後的情況慘不忍睹。蔣介石類似的心態和錯誤，後來在國共內戰時被朱德充分利用，解決了在長江以北進行國共決戰的關鍵性問題。可惜了蔣介石和國軍，後來更關注毛澤東的軍事戰略思想，卻沒有仔細研究更重要的中共真正的師爺朱德的軍事思想。

朱德回去後，在洛川會議上，按照總體戰思想，對中國抗戰的局面進行了估計，在這前提下設計了八路軍的戰略發展策略。朱德判斷國軍在華北難以長期抵抗日軍，因此，中共要趁「國民黨軍隊還能抵抗時，及早布置工作」，眼睛要盯住華北地區的一億人口上，「爭取群眾工作」，八路軍進行發展的「重心爭取在太行山及其以東」，甚至要往更東面的綏東發展，要做到「即使友軍都退下來，而我們也能在華北

支持」，實際上朱德就是要使中共和八路軍獲得整個華北地區，掌握中國四分之一的總人口。朱德認為，八路軍不具有進行正面作戰的能力，但與日軍比較自有優勢，日軍最致命的問題是「外國軍隊」，因此，八路軍要利用日軍這個弱點，「持久戰單憑消耗是不可能的。但我們不能速決。持久戰，主要是發動廣大群眾，軍事上是發動廣大游擊戰爭」，在戰術上「應是積極的、向前的、發展的」，日軍雖然強大，但相對於八路軍的游擊戰「戰鬥經驗缺乏」，在群眾基礎和地利方面，日軍的戰鬥能力都要打折扣，「要失掉一些效用」。

1938年初朱德在八路軍總部出版的《前線》周刊上陸續發表《論抗日游擊戰爭》的部分章節，整部著作的單行本則要到該年11月才出版，但可見《論抗日游擊戰爭》這部卓越的軍事學著作應該是在1938年初以前完成的。在這部著作裏，朱德從總體戰出發，既站在整個中國的角度談了自己的抗戰軍事思想，又站在中共和八路軍的角度闡述了一系列軍事原則，特別是系統地闡述了他的游擊戰爭，涉及到了廣泛的戰略、戰術層面。可以認為，這部著作是朱德軍事思想特別是關於他的游擊戰爭思想及其戰術的代表作，是中國近現代最出色的一本軍事學著作。可惜的是，由於這部著作的針對性，它並沒有全面展開發揮朱德的軍事學思想。

1938年5月26日，毛澤東在延安抗戰研究會上作了〈論持久戰〉演講，毛澤東的〈論持久戰〉長期以來作為毛澤東軍事學的代表作被吹捧了天上去，甚至被一些人認為是毛澤東發明了「持久戰」主張，實在是很荒唐的。持久戰在抗戰前夕和初期幾乎是中國軍界和非軍界的共識，是由中日力量對比而中國必須進行抗日所決定的必然結論，是中國主戰人士的共同主張，哪來什麼毛澤東發明了「持久戰」？問題的關鍵不是在於要不要持久戰，而在於如何進行持久戰。朱德是從總體戰角度，建立了一套反侵略的總體戰理論，從戰略到戰術解決了應該如何進行持久的總體戰問題。毛澤東的〈論持久戰〉不過是

從哲學的角度通俗易懂地討論了一般的持久戰問題，在軍事學上很空洞，並沒有什麼實質性的和具體化的創造，與其說這是部軍事學著作，不如說是部通俗的哲學講義，或者說是部從已有的大家公認的軍事策略角度發揮的通俗哲學，是用哲學方法證明大家公認的軍事策略和抗日共識。實際上，在毛澤東發表〈論持久戰〉幾乎同時發表的〈抗日游擊戰爭的戰略問題〉，倒是在軍事學方面有著比較實在的研究，體現出了毛澤東在軍事思想上的成熟和聰明，雖然其中基本的原則朱德已經闡述和談過了，但毛澤東在很多方面作了很好的發揮。朱德受舊學教育的年份很長，接受新學教育時使用的仍然是文言，後來從事的又是軍事，他的文言文寫得流暢而白話文則比較拗口，毛澤東讀書時已經興起白話運動，長期從事的又是文字工作，加以有寫得一手流暢的白話文文章的天才，文章更容易為白話文時代的人讀得舒暢，這也是朱德與毛澤東的思想在傳播上的差異之一。

太原會戰及平型關戰鬥

1937年9月11日，國民政府軍事委員會電令第八路軍改編為第十八集團軍，實際只是換個名稱，但在多數情況下人們仍然以「八路軍」相稱。國民政府軍事委員會的這個電令是根據8月20日編制的國民革命軍戰鬥序列頒佈的。當時中國所有軍隊統一歸以蔣介石為委員長的國民政府軍事委員會指揮，主要的序列編制是軍事委員會下轄第一戰區（蔣介石兼任司令長官）、第二戰區（司令長官閻錫山）、第三戰區（司令長官馮玉祥、副司令長官顧祝同）、第四戰區（司令長官何應欽、副司令長官余漢謀）、第五戰區（蔣介石兼任司令長官，副司令長官韓復榘），戰區下轄集團軍，集團軍下轄軍或師。朱德第十八集團軍暫時直屬軍事委員會指揮，9月下旬完成東進後加

入平型關戰役序列，始正式隸屬閻錫山第二戰區，這也是中共武裝正式開始參加抗日作戰。

雖然毛澤東努力試圖控制八路軍，但三個因素使他作為中共中央軍委主席的權力虛化，處於基本沒有什麼實際意義的狀態：一，中共剛參加抗戰，毛澤東沒有足夠膽量冒黨內外之大不韙，必須收斂自己使用權力的欲望，而且，抗戰這種新型的戰爭也是他所沒有見識、經驗的，想要用權也不知道該怎麼用；二，八路軍作為閻錫山第二戰區之一部，在剛形成國共聯合抗日的時期，必須要服從閻錫山的指揮，不然中共無法承受不聽指揮的重大責任；三，朱德在中共不可動搖的地位也使毛澤東不能胡來，實際上中共內部唯一能夠左右毛澤東命運的實力人物已經只有朱德，朱德與毛澤東如果再次衝突，毛澤東遠還沒有穩固的獨裁地位就必然失去，毛澤東這時候沒有絲毫膽量與朱德發生任何不快。但是，朱德也存在著深刻的困境，一方面他是個堅定的積極抗日的分子，一方面又要達到發展八路軍和獲得地盤的目的，既要服從閻錫山的指揮，又要保持八路軍的獨立性。特別是在軍事上，朱德與閻錫山等國軍將領的軍事思想和藝術有著很大差別，他既要照顧到他們的想法和利益，又要按照自己的方式進行作戰，這是非常困難的事情。對於這種困境，韜略深厚的朱德擺脫地非常好。他表面上採取了非常謙遜的態度，再三強調八路軍沒有陣地戰經驗，明確說八路軍擅長游擊戰和運動戰，同時建議閻錫山也多考慮運動戰，並開展游擊戰，這樣，閻錫山自然只能讓八路軍發揮運動和游擊的長處，不安排八路軍進行正面作戰。在處理這些問題的過程中，朱德的資歷、名望和深厚的軍事學修養幫了大忙，朱德越謙遜，閻錫山反過來就必須更尊重朱德，彼此都避免發生任何不愉快的事情。同時，朱德堅決抗日的態度，也是任何人都無可非議的。就資歷來說，閻錫山1883年生，只比朱德年長三歲，但資格要比朱德老，日本陸軍士官學校第六期畢業，1905年即加入同盟會，辛亥革命前是山西新軍第四十三協

第八十六標教練官和標統，辛亥革命後即為山西都督，但抗戰時擔任作戰軍隊的中國將領屬於辛亥革命時的老人物已經很少，相對於黃埔軍校之類的後起之秀來說，閻錫山與朱德都屬於五十歲以上的老前輩，已經屬於「同輩」老人，彼此自然很能夠接受和交流。

在中共官方長期的宣傳中，混淆了平型關戰役與平型關戰鬥，以至於絕大多數人把平型關戰鬥取代了平型關戰役，不知道平型關戰鬥只是整個平型關戰役中的一場戰鬥，嚴重篡改了歷史並抹殺了國軍的抗日功績。中國全面抗戰初期，1937年底以前，最主要的作戰有「七‧七」抗戰、平綏鐵路沿線抗戰、平漢鐵路北段抗戰、津浦鐵路北段抗戰、淞滬會戰、太原會戰，其中以淞滬會戰、太原會戰和平漢鐵路北段抗戰規模為最大、最慘烈。在太原會戰中，最主要的戰役是9月下旬的平型關戰役、10月的忻口戰役和娘子關戰役，平型關戰鬥只是平型關戰役中的一場戰鬥。如果不知道這個道理，整個中國的抗戰史也就被篡改成了中共的抗戰史。實際上，這樣反而使中共本身的抗戰也成為了一筆糊塗帳，在被篡改的歷史中失去真實性，反而成為了極其可疑的抗戰。對朱德來說，這位中共最重要的抗日英雄和領袖，當時全中國公認的民族英雄，反而成為了一個華而不實的人物。由於長期來中共宣傳對抗日歷史的篡改，以至於現在國內外有越來越多的人懷疑起了中共是否真正抗日過了，這不能不說中共的宣傳是在自作孽！

從戰略角度講，太原會戰有著非常重要的意義，關係整個中國的存亡。當時日本正在進攻上海，華北日軍也試圖南下，不管日軍能否達到南北會合的目標，太原會戰對中國都生死攸關。如果日軍佔領上海，南北會合，則華中、華南、西南特別是華中、西南就是中國最後的防區，日本欲滅亡中國必須要進一步進攻湘、鄂，然後進擊四川、雲南等西南地區，如果中國失去西北，則日本可以從西北側翼直插四川腹地，中國就會頃刻瓦解。如果日軍不能佔領上海，只能從北向南壓，則中

國西北失守，日軍就可以從西北進入四川、雲南，再側面東進，這正是蒙古人最後戰勝南宋的戰略局面，中國最後同樣無法守住南方地區。但是，太原會戰中國方面兵力比較薄弱，國軍的主力主要投入在淞滬會戰和向北阻擊日軍的戰線上，太原會戰只能由閻錫山的第二戰區「獨立」承擔。閻錫山長期佔據山西，苦心經營，使山西成為抗戰前中國社會、經濟發展最好的一個地區，深得民心，這時候收到了回報。閻錫山根據山西特殊的情況，提出「守土抗戰」口號，獲得人民的積極支持。

太原會戰的第一場大戰役是平型關戰役。在這個戰役中，閻錫山擁有的部隊是楊愛源、孫楚第六集團軍、傅作義第七集團軍和朱德、彭德懷第十八集團軍，閻錫山將第六、七集團軍分為兩部，分別由楊愛源、孫楚指揮。第六集團軍最強大，是平型關戰役的主力。中方實際投入的兵力是十萬多人。日方出動的是在日軍中最精銳的常備師團第五師團，師團長為板垣征四郎，因此又稱板垣師團。板垣師團剛佔領了進軍西北的第一道門戶張家口，因此是乘勝之師，正是銳氣十足的時候。朱德認為閻錫山「這樣擺起來，要想處處防守」是守不住的，不願意參加閻錫山的正面防守，將八路軍的三個師向日軍側後方運動，打擊日軍的補給線。9月22日夜日軍突襲平型關，閻錫山要求朱德參與防守平型關，朱德命令就近的林彪一一五師側擊平型關日軍。善於伏擊戰的林彪按照命令於24日夜進入通往平型關公路兩側山地，建立了伏擊陣地，巧在第二天清晨即有一支日軍後勤部隊進入了伏擊圈，結果被林彪殲滅。這就是被中共大肆宣傳的平型關大捷。

林彪的平型關戰鬥毫無疑問是個漂亮的伏擊戰。雖然日軍十分頑強，但一來這股日軍本就是缺乏戰鬥力的後勤部隊，二來八路軍又是發揮了自己的長處，林彪本就是朱德手下最擅長伏擊戰的天才將領，因此，儘管打得很累，還是獲得了勝利。為這八路軍的第一場勝利，蔣介石親自發了電報嘉獎，全國也有很多知名人士發了電報讚揚。但是，這畢竟只是

整個平型關戰役中的一個戰鬥。整個平型關戰役主戰的是國軍，直接進行戰鬥的最出色的將領是第十五軍軍長劉茂恩，日軍在平型關戰役中的傷亡主要是由劉茂恩造成的。按照中方報告的戰績，林彪平型關戰鬥殲滅日軍為一千多人，劉茂恩消滅日軍二萬人，這裏面應該都有水分。按照日本方面的數字，平型關戰役中死傷8562人，可見，即使按照日本方面的數字，假設林彪殲滅日軍一千多人數字為完全真實，日軍死傷的絕大部分也還是由國軍造成的。

　　平型關戰役一結束，朱德即按照他原來的要爭取華北一億人口的戰略設想，除了把部隊主力布置在平型關、雁門關、朔縣一帶繼續與國軍配合外，立即組織了支隊和大批工作團向即將淪陷和已經淪陷的地區發展，準備建立晉察冀、晉西北、晉東北三個戰略性根據地。同時，朱德從民間大量收購、收繳槍枝，對八路軍進行擴軍。在戰術上，朱德針對日軍後方特別是補給線不斷進行游擊騷擾和攻擊，並且收復了平型關、雁門關和數個縣，使日軍的補給發生了以前所沒有遇到過的困難，甚至要依靠飛機解決前線的物資，不得不分兵防守交通線，延緩了對國軍的正面進攻。最重要的一件事是朱德決定偷襲日軍在陽明堡的機場，結果10月19日只用了第一二九師陳錫聯第七六九團一個營獲得了成功，摧毀日軍二十多架飛機，解除了忻口戰役中日軍的空中優勢。朱德當時說，國軍在正面戰場雖然節節敗退，但沒有一支部隊投降，他顯然很被國軍的愛國精神感動，所以，他主張「應以一切努力，爭取以山西為主的來支撐華北戰局的持久，使友軍一下子過不了黃河」，命令八路軍要「以靈活動作，配合友軍作戰」。11月8日，太原失守，游擊戰的戰略意義更加凸現了出來，朱德把八路軍的游擊戰從對國軍正面的配合迅速演變為了更具有獨立性的在廣大敵後的游擊戰爭，一方面是中共和八路軍獲得了更大發展，一方面也給了被佔領區人民以信心。在軍事上，朱德的

游擊戰極大地困擾了日軍後方，拉長的戰線成為軟肋，暫時也沒有力量繼續西進，不得不回過頭來解決後方問題。

卓越的抗日戰績

1938年1月中旬，朱德率彭德懷、林彪、劉伯承、賀龍去洛陽參加了蔣介石主持的第一、二戰區軍事會議，這是朱德與蔣介石的第四次見面。會議之後，已經升任第二戰區副司令長官實際負具體指揮責任的衛立煌撥了六個團交朱德指揮，這是中共歷史上第一次出現由中共將領指揮國軍的情況。1938年2月中旬，閻錫山、衛立煌將第二戰區改編為東、南、西三路軍，任命朱德為東路軍總司令，毛澤東不希望朱德上任，提出讓彭德懷去應付，但閻錫山、衛立煌只認朱德不認彭德懷，朱德拒絕了毛澤東，還是接過了東路軍總司令任命。這樣，朱德除了自己的第十八集團軍外，在編制上還包括國軍第六十一、九十一、九十四、一六九師及第十七、一一七師之各一部，實際指揮的國軍達三個軍、三個師、一個旅之多。

這時候東路軍各部分散在各地，朱德都是使用電台進行指揮，身邊只有二百名八路軍總部人員，僅相當於兩個非戰鬥連的兵力。2月22日，準備進攻臨汾、潼關的日軍先遣大隊突然在朱德駐地古縣出現，當時臨汾空虛，第二戰區沒有作相應布置，同時日軍又向陝北進逼，朱德鎮定自若，於24日就地使用身邊的警衛阻擊日軍，並與閻錫山、衛立煌、毛澤東和各部溝通，一邊指揮阻擊戰一邊指揮全局。結果，日軍苫米地旅團竟然被朱德阻滯了三天之久。當日軍發現眼前竟然就是朱德時，欣喜若狂，立即派出十幾架轟炸機準備把朱德毀滅性地炸死，這時，少有的奇蹟出現了，日軍將軍大概過於興奮了，竟然把山西臨汾的古縣弄成了河南靈寶的故縣，轟炸機群飛到河南靈寶把故縣給炸了個稀巴爛。當時，閻錫山、衛立煌的司令部和在延安的毛澤東都十分慌亂，尤其對中共來說，朱德戰死

在政治、軍事上就將是難以估量的重大打擊。但朱德幾乎是個永遠不會戰死的人，他一生的軍旅生涯甚至連受傷的記錄也不曾有過。幾乎是必死的情況朱德經歷過很多次，結果他都是安然無恙，比如早在護國戰爭時，有一次他跟手下幾個人到一間土房子裏休息一下，一顆炮彈正好落在房子裏，所有的人炸死了，朱德卻只是被炸了一身灰土。因為經歷了很多次奇蹟，朱德對這似乎很自信，相信打死他的子彈還沒有造出來。

在這階段，朱德對日軍完全實施的是運動游擊戰策略，所指揮的東路軍獲得了明顯的軍事效果。朱德說：日軍「以為可以用大的力量來壓，將我們壓到黃河轉彎的地方，那個小角落裏面去，你還往哪裏跑？不是下河吃水還幹什麼？這個辦法倒是很聰明，但是我們也聰明。那時候我們八路軍已經不單是指揮自己的隊伍，同時也指揮著一部分國軍。我們就全部向東邊打過來，讓你去打到黃河邊上。結果他打到了黃河邊上，朝四處一望，一個人也看不見。這個時候，他才知道已經失敗了。」「同時他也不能過河，是相當的困難，因為我們整個的隊伍在敵人的後方，他不敢過河，他只有退回來。」但朱德的策略嚇住了毛澤東。1938年3月2日，毛澤東以獲得日軍可能全力對付華北的情報名義，要朱德主力向西防守延安，用強硬的口氣說：「上述方針政治局會議完全同意，望堅決執行。」但朱德更強硬，予以了拒絕。

朱德指揮的第二戰區東路軍扭轉了西北戰線的危局，雖然第二戰區失去了太原，但由於朱德率東路軍打向日軍後方，使日軍不能再繼續西進，與中國軍隊在黃河沿岸處於了相持狀態，閻錫山、衛立煌也定下心來，軍隊逐步恢復了元氣。朱德以他的超人膽略，甚至指示黃河沿岸的部隊只要用少量兵力扼守河口，這在過去對日作戰中是從來沒有過的。東路軍的成績使朱德在中國的名聲更加大振，因為，他所指揮的軍隊和作戰幾乎是當時中國唯一沒有打敗仗的。中共官方黨史在說到成績時，一般只說朱德是八路軍總司令，從而就悄悄偷換

掉了概念，把朱德所指揮的國軍的成績都算在八路軍身上。實際上，1938年2月以後，朱德所獲得的軍事成就是整個東路軍的成就，而八路軍只是東路軍中的一支部隊。由於這種偷換概念缺乏事實依據，因此，就不得不少談朱德在抗日戰爭中的成就，只談八路軍各部的成就，使朱德在抗戰中的軍事活動情況變得十分模糊。另一個手段，是強調彭德懷的成就，把朱德竟然弄成了給人以彭德懷傀儡一樣的印象，更是十分可笑，之所以這樣，也是一種偷換，因為，東路軍並沒有設立副總司令，彭德懷是朱德的副司令，但只是八路軍的副司令，他沒有權力指揮國軍，把朱德說虛，把彭德懷說實，就悄悄地把八路軍替換掉了東路軍。但歷史本身不是這樣，東路軍的成績包括八路軍的成績主要是朱德的成績，因此，朱德把整個東路軍向東一推進就改變了西北戰局，化解了日軍對西北的進攻，於次月即1938年3月就被國民政府軍事委員會所認可，立即升任朱德為了第二戰區副司令長官，這一職務也是中共分子在歷史上擔任過的國民革命軍最高職務，是國民政府標準的上將軍軍職。這一職務的任命，說明了國民政府和蔣介石承認了朱德的抗日成就，並承認他在指揮國軍時是採取了公正的立場。

　　朱德旋即更是表現出了卓越的軍事戰略意識，在拒絕毛澤東要求西返的指令後，更是於3月10日率領自己的總部和東路軍主力，令人吃驚地大膽東進太行山，完成了對河北、河南日軍的重大戰略威懾。為了堅定所指揮的國軍將領信心，朱德批准了劉伯承提出的響堂鋪伏擊戰，在對作戰計劃作了仔細推敲後，指名讓徐向前具體指揮，親自帶了批國軍將校到戰鬥前線觀摩，徐向前乾淨俐落地消滅了日軍一百八十輛汽車組成的車隊，令現場觀摩的國軍將校十分感歎。朱德之所以罕見地弄一次實戰觀摩，是因為國軍不熟悉運動游擊戰，希望手下的國軍將校能夠學會打這種他們原來不會的仗。更重要的原因是，朱德開闢的太行山根據地並不是如中共官方黨史所說的只

屬於八路軍，而是屬於整個第二戰區的，是國軍和八路軍在朱德指揮下共同開闢的。

朱德認為，向敵後發展沒有國共之分，既然是淪陷的國土，只要是抗日軍隊，就都有權力進去發展，誰先占誰就那裏建立抗日民主政府和根據地，承擔攻擊日軍的責任。但客觀上，國軍並不很適應這種策略，缺乏相應的戰術和政治工作能力。因此，更艱難的進一步向河北日軍後方腹地的發展，朱德主要就讓八路軍承擔了，從而使八路軍獲得了越來越廣大的勢力地區。朱德這種向日軍後方發展的戰略行動，對日軍構成了越來越大的威脅，使日軍越來越只能局限於城市和交通線，失去面上的控制。1938年4月，日軍調集了三萬部隊分九路圍攻朱德太行山總部。雖然手上已經有足夠兵力，但朱德仍然不迎合日軍的戰法予以阻擊，命令劉伯承、徐向前第一二九師向日軍外線活動，命內線的國軍採取破敵一路以瓦解日軍。雖然朱德選擇好了殲滅日軍苫米地部一路，把相關的戰術及其布置向國軍曾萬仲第三軍、朱懷冰第九十四師、武士敏第一六九師作了詳細布置，但國軍各部實在不熟悉相應的戰術，不能取得預期的作戰效果，朱德只能再把向外線活動的第一二九師調回來，改成完全的內線作戰，以第一二九師為主力，以國軍為策應，在長樂村殲滅日軍二千二百餘人，以東路軍總共消滅日軍四千多人的戰績破解了日軍的九路圍攻。

朱德的戰略和成效改變了蔣介石的策略，蔣介石一邊繼續堅持艱苦的正面抗戰，一邊也開始模仿朱德大規模向敵後滲透。按照戰區布局，河北不屬於第二戰區管轄，蔣介石任命鹿仲麟為河北省政府主席兼河北保安司令，這樣就開始與已經向河北大發展的朱德發生了衝突，這種衝突後來逐步演變為了國共衝突。第九軍軍長郭寄嶠晚年回憶說，他曾與朱德有數日同睡一室的機會，談了很多話，朱德私下對抗戰很憂慮，認為毛澤東和蔣介石都是太自私的人，國共不容易合作好。郭寄嶠是當時與朱德關係最密切的國軍將領之一，幫助了八路軍不少裝

備，去台灣後曾任國防部長等職，經常會用抗戰時他親聞的朱德關於軍事方面的一些話教育身邊國軍將領。從當時做過郭寄嶠隨從參謀、衛立煌警衛等的苗青圃回憶中可以發現，朱德曾住過郭寄嶠的辦公室，可證郭寄嶠回憶的朱德的話不虛。身為第二戰區副司令長官的朱德必須要考慮國共兩方面的利益，對毛澤東總是不考慮國民政府利益的傾向自然不會滿意，但淪陷區也應該憑能力從日軍手裏奪回來，而這方面八路軍客觀上確實比較有能力，既然八路軍已經佔據了地盤，蔣介石要再拿回自己手上，限制八路軍發展，朱德自然也不會滿意。朱德第一次赴南京開會時就建議國軍加緊游擊戰訓練，一系列從全國戰場角度談軍事的公開發表的文章朱德也是再三強調游擊戰爭策略，但這方面蔣介石沒有及時予以充分重視，朱德也無奈。國共之間在爭奪淪陷區方面發生衝突，是朱德非常不願意的，這一衝突開始是發生在河北，與他手下的國軍沒有關係，但朱德還是盡力採取了忍讓態度，當鹿仲麟等人實在已經危及到八路軍在河北的發展時，朱德畢竟是中共在根據地的黨政軍最高領袖，就採取了軍事行動，對鹿仲麟等人進行了打擊。後來國共衝突發生到了屬於第二戰區的山西地區，彼此都比較忍讓，採取了談判的方式進行解決，在對日軍事行動上還是保持了協同，朱德作為副司令長官的地位仍然得到國軍方面充分尊重。

決策百團大戰

朱德的成就不僅為他在全國贏得了很大的聲望，更是在中共內部和華北淪陷區獲得了高度崇拜。1939年朱德五十四歲生日，這在中國傳統本是個很一般的小生日，儘管他本人予以謝絕，但還是形成了一個慶祝他生日的大熱鬧，周恩來控制的《新華日報》甚至為朱德的生日專門發表了社論，並由八路軍總政治部宣傳部部長、八路軍前方總部野戰政治部副主任陸定一撰寫了專門的長文〈賀朱副司令長官五十壽辰〉。這標誌了

朱德作為中共之神的地位和威望已經完全確立。這時候，中共武裝派系中的各主要派別的絕大多數將領，都已經被朱德完全征服，至於一般低級軍官和士兵，更是把朱德當作了神。在所有的將領中，賀龍出道的資歷僅晚於朱德，與朱德同是中共中兩個軍閥出身的人，在軍人圈子裏賀龍對其他人從不服氣，南昌暴動時地位高於朱德，之後彼此沒有合作，一直到紅二、四方面軍會師時才開始合作，抗戰時賀龍徹底服了朱德，感歎朱德名不虛傳，「的確是個帥才」。

　　1940年3、4月間，一直強調以打擊日軍交通線為最重要策略的朱德決定進行一次大規模交通破襲戰。他認為可以達到三個目的：一，「它牽制了敵人進攻我大西北後方及進攻西南的企圖」，「部分地錯亂了敵人的部署，至少要延遲敵人的進攻」；二，「打破了敵人對付我抗日根據地的『囚籠政策』。敵人企圖利用它的鐵路、公路、據點和碉堡來封鎖我抗日根據地，陷我於絕境。而我們則必須切斷敵人的交通命脈，以制敵之死命」；三，「打擊了敵人的『以戰養戰』的陰謀」。朱德決策的這次戰役被稱為「百團大戰」。從朱德打百團大戰的目的來說，他顯然是站在全國戰局來看的。還在1938年10月22日武漢會戰期間，朱德特意飛到武漢與蔣介石見了一面，也是他與蔣介石的第五次見面和最後一次見面，見面時，朱德安慰蔣介石，跟他說即使退到重慶也沒有關係，中國一定能夠打敗日本人的。但日本在西進受挫之後，集中力量攻擊長江地區國軍正面戰場，對蔣介石的壓力是極其大的。1939年9月，日軍又與國軍進行了第一次長沙會戰。在這樣的情況下，朱德決定打百團大戰絕對是經過深思熟慮的。朱德一直認為，日軍地面部隊的主要優勢就是機械化，要消解日軍這個優勢的最好策略就是攻擊它的後勤，缺乏後勤保障的日軍機械部隊就降低了戰鬥力，機械裝備甚至就是一堆爛鐵。當時日軍向西北的進攻已經完全被阻滯，朱德於1938年3月一到太行山以後，就發展根據地經濟，到1940年已經使華北根據地擺脫了糧

食等困境，透過積少成多的對日軍後勤的打擊也已經使八路軍擁有了比較充足的物資，各方面都積聚了很可觀的力量，可以對日軍後方進行一次大規模打擊了，朱德稱之為「游擊戰爭的戰役進攻」，要「使許多淪陷已久的地方，重新飄揚起青天白日滿地紅旗」，同時也可以減輕日軍對國軍正面戰場的壓力。

朱德對百團大戰作了決策並進行初步安排後，即出發回延安。百團大戰一開始是準備只使用二十幾個團，但根據薄一波的回憶，朱德在離開太行山前已經開了擴大作戰兵力和戰役規模的口子，鼓勵把部隊拉上去好好鍛煉一下，不在乎與日軍作戰時發生比較多的傷亡，朱德甚至認為一支部隊損失三分之一也無所謂。朱德離開太行山之後，進一步的準備工作就交給了彭德懷負責，所有人都沒想到後來各方面形勢會發生大變，朱德再也沒有能夠回太行山，百團大戰的指揮就也由彭德懷負責了。5月26日，朱德回到了延安。8月8日，在延安的朱德與在太行山八路軍總部的彭德懷和八路軍副總參謀長左權下達了行動命令。8月20日，在彭德懷的指揮下，八路軍在抗戰期間作戰規模最大的百團大戰正式打響，總共使用了一百多個團，二十多萬兵力，在22日朱德與左權對前線發出的指示裏，把這場戰役稱為了「百團大戰」。到12月5日時，八路軍進行大小戰鬥一千八百多次，日軍傷亡二萬零六百多人，偽軍傷亡五千一百多人，破壞了正太路及其週邊大量鐵路、公路、橋樑、隧道、火車站及五個煤礦。

百團大戰後來在延安整風時成為毛澤東批彭德懷的罪狀之一，因此成為了中共官方黨史上的一個可笑的「疑案」。現在一些試圖為百團大戰「翻案」的人很重要的理由是毛澤東自己曾經同意過進行這個戰役，覺得毛澤東是「忘記」了自己同意過，這並不能構成為百團大戰「翻案」的理由。人們忘記了一個基本的歷史事實，即百團大戰是由朱德策劃並決策的，戰後他又立即肯定了這一戰役對中國抗戰和八路軍抗戰的意義，當時朱、毛之間的地位、威望和實力，毛澤東對朱德決策

的百團大戰根本不敢予以反對，除了同意別無選擇。後來毛澤東用百團大戰攻擊彭德懷，不過是從側面威懾朱德，而彭德懷不敢把責任往朱德身上推，只能啞巴吃黃蓮，為朱德背黑鍋，獨自承擔所謂的「責任」。要知道，百團大戰如果不是朱德決策，彭德懷怎麼有權力和膽量組織百團大戰？至於現在中共官方黨史一般認為的百團大戰的缺陷，即過早地暴露了八路軍的力量，更是荒唐，完全還是站在毛澤東消極抗日的地位上為毛澤東辯護。朱德策動百團大戰的目的之一，恰恰是要顯示八路軍在日軍後方的力量，以吸引日軍，緩解日軍對國軍正面進攻的能力。不「暴露」八路軍的力量，還打什麼百團大戰？毛澤東對百團大戰的攻擊，不過是朱德所憂慮的毛澤東太自私的表現而已，今天為毛澤東的辯護，不過仍然是站在毛澤東立場而不是中華民族立場的醜惡的「自私」表演而已。

從朱德1937年7月離開延安，到1940年8月最後下令打百團大戰，截止到1940年底，八路軍及其受朱德直接指揮的華北其他中共軍隊消滅日軍大致戰況是：1937年底以前，消滅日軍約六千五百多人；1938年消滅日軍二萬七千人左右；1939年消滅日軍二萬九千人左右；1940年消滅日軍約三萬五千多人。歷年累計消滅日軍約近十萬人。這一數字不包括國共衝突中消滅的數萬國軍敵後部隊，以及戰鬥對象完全是偽軍的戰績。在這近十萬被消滅的日軍中，已經把朱德指揮的國軍所消滅日軍數量剔除，但有著國軍協同作戰的因素，一般來說，八路軍多數殲滅日軍較多的戰鬥都是在國共協同下進行的。此外，其中除了針對純粹的日軍作戰外，也包括了針對日偽軍的作戰，即對日軍與偽軍混雜部隊的作戰，但偽軍在當中的比例在抗日戰爭這個階段是很低的，而且也主要發生在1939年下半年之後，1938年之前日軍作戰部隊中夾雜偽軍的情況很少見。

與紅軍時期既是統帥又是戰場指揮不同，朱德這一戰績大多不是由他作為戰場指揮實現的，而是作為軍事統帥實現的，從戰略到戰術充分展示出了他的雄才大略和控制戰役和戰

鬥的強大能力。在國民政府和中共中央雙重領導的困境下，朱德的軍事、政治天才特別是軍事方面的天才，得到了非常突出的表現。朱德出發東進的時候，所率領的八路軍僅有二萬五千人，到他離開太行山前線時，八路軍本身已經發展為了四十萬人左右，同時組建和發展出了數量同樣龐大的淪陷區地方武裝，以太行山為中心，完全控制了晉東北、晉西北、晉察冀三個主要地區，同時，向東一直發展和控制到了山東淪陷地區，基本達到了他在投身抗戰前夕設想的掌握華北一億人口的戰略目標。特別應該注意到，由於朱德以日軍交通線為主要進攻目標，因此就繳獲了大量日軍裝備，加以國民政府的部分配備，使得八路軍在裝備方面與紅軍時期發生了根本變化，比如，紅軍時期由於槍上沒有刺刀，就難以進行肉搏戰，八路軍則已經基本配備上了刺刀；比如紅軍時期子彈很少，手榴彈更少，八路軍士兵則已經有了比較充足的子彈和手榴彈；比如紅軍時期炮兵非常少，炮彈更是珍貴，八路軍各部則都已經配備了一定數量的炮兵，炮彈雖少但已經可以應付運動作戰了。有了這樣的基礎，百團大戰實際是朱德準備對華北日軍進行戰役進攻的戰略性轉折，但風雲突變，極其複雜的因素使朱德沒有能夠達到他的目的，而讓毛澤東消極抗日的策略主導了中共和八路軍。

三十七　二回延安

中共抗日統一戰線主張的演變

　　朱德1940年5月下旬回延安以前，1938年8月25日也回了一次延安。1938年8月朱德回延安名義上是因為要開中共六屆六中全會，實際上的原因並不只是如此。如果僅僅是為了六屆六中全會，在前線指揮作戰的朱德並不一定需要回延安。1938年8月25日朱德到達延安時，毛澤東從來沒有過地鄭重，跑到了山下迎候。1940年5月26日朱德回到延安時，毛澤東同樣是十里遠迎，朱德的衛士李樹槐說：「陝甘寧邊區政府的副主席高自立到三十里鋪來接總司令，那天，毛主席知道總司令要回來了，也早早地在住地山坡下等候。過了一、二天延安各界在東門外集會，歡迎總司令回延安，那天到的人很多，平壩上都站滿了。」毛澤東這樣做除了是因為朱德當時的威望，更深層的原因是因為等著要朱德救駕。朱德兩次回延安，真正的原因不過就是毛澤東要他救駕。

　　威脅毛澤東獨裁地位的所有問題都是圍繞著抗日而發生的。中共關於抗日的態度有一個逐步演變的過程，這種演變受著蘇聯意志的約束和左右。由於抗日總體上符合蘇聯的意志和需要，因此，中共從來沒有採取過不抗日的立場。但是，中共的抗日態度經歷過幾個階段的變化。

　　第一個階段是1932年12月中、蘇恢復外交關係之前，在這個階段抗日處於最次要的地位，主要是武裝保衛蘇聯與反蔣，核心是武裝保衛蘇聯，突出的表現是在中東路事件前後。由於在這個階段抗日問題處於非常次要的地位，因此，中

共的實際立場就完全是站在蘇聯位置上，對國民政府進行打擊，蘇維埃政府的建立客觀上就是從中國分裂出一個蘇聯的附屬國，與日本在中國建立一個滿州附屬國本質上並無大的區別，因此也是起到了幫助日本削弱中國的抵抗能力。一方面，中共是抗日的，一方面，中共則是客觀上幫助日本打擊了中國政府，兩個方面的後果都是歸屬於蘇聯的利益，服從於了蘇聯的遠東戰略。

第二個階段是1932年12月中、蘇恢復外交關係之後，由於蘇聯需要中國政府抵抗和牽制在遠東採取越來越強大攻勢的日本，以打擊和削弱中國政府為目標的武裝保衛蘇聯就被拋棄，轉而成為了反蔣抗日。但是，反蔣抗日只是莫斯科的一個名義上加給中共的意志，實際上則是莫斯科要削弱和打擊中共的戰略陰謀。在這個階段又分前後兩期，分水嶺則是長征，標誌性事件則是以王明為首的中共駐共產國際代表團於1935年7月14日透過並發表的〈為抗日救國告全體同胞書〉，史稱「八一宣言」，發揮並明確了共產國際第七次代表大會決定的政策：中共應「聯合中國境內所有那些願意為救國救民而真正鬥爭的有組織的隊伍，來建立一個反對帝國主義及其代理人的非常廣泛的統一戰線。」由於基本的背景是在莫斯科的陰謀當中，這個階段中共的抗日立場有著一個複雜而微妙的轉變過程。

長征以前，抗日僅僅是中共並無實際意義的口號，遠離開抗日前線的中共紅軍不僅不存在明確的抗日行動，在神祕的莫斯科軍事顧問的控制下，更是對主張抗日的蔡廷鍇第十九路軍進行了軍事攻擊，「福建事變」中也不與第十九路軍進行真正合作，實際上是放任和幫助蔣介石消滅這支激進的抗日軍隊。同時，在「反蔣」的口號下，莫斯科也是努力促成中國政府消滅中共紅軍及其分裂政權蘇維埃共和國。在這個時期，由王明為首的中共代表團逐步提出「停止內戰，一致抗日」的宣傳性口號，實際則仍然是堅持反蔣抗日的既定政策，就如博古所承認的，這些主張中相當一部分是為了揭露蔣介石國民

黨，孤立蔣介石政府，促進蔣介石集團內部的分化瓦解，削弱其反革命武裝力量，爭取其下層官長和士兵群眾。其基本的目標仍然是中共與國民政府進行不可調和的對抗，莫斯科讓國民政府解決掉在後方進行對抗的中共紅軍及其蘇維埃共和國。中共紅軍開始長征之後，莫斯科基本實現了自己的陰謀。當中共中央和紅一方面軍在1935年10月完成長征前後，莫斯科透過共產國際和王明的中共代表團為中共正式確定了抗日統一戰線的政策，也就是說，雖然仍然是抗日統一戰線，但壓縮掉了反蔣主題，並逐步向不反蔣轉變。但仍然不是聯蔣抗日，也即不反蔣也不聯蔣，因此，這一抗日統一戰線政策主要還是一種虛的綱領，在中共與國民政府進行對立的問題上沒有實質性的變化。這決定於三個原因，一是要聯蔣並不等於蔣介石會接受，這需要機會；二是在紅一方面軍完成長征時，紅二、四方面軍還沒有完成長征，紅軍仍然處於事實上的反蔣狀態；三是莫斯科正處於重新恢復控制、指揮中共的狀態，需要仔細研究長征後中共和紅軍的狀況，恢復通訊和交通，等。因此，中共一邊形成了抗日統一戰線的政策，一邊則仍然進行著反蔣。

這種抗日統一戰線與反蔣即反國民政府並存的雙軌政策救了中共和紅軍。無論是毛澤東還是正在長征過程中的張國燾，都格外興奮，充分意識到了中共和紅軍真正得救了，全部的轉機到來了。張國燾試圖與四川軍閥建立抗日統一戰線，但做這件事必須要有蘇聯為背景，並運用中共地下組織和人員進行運動，張國燾不具有這樣的資源，沒有達到與四川軍閥建立統一戰線的目的，這是張國燾最終輸給毛澤東、不得不北上的根源之一。毛澤東則掌握了中共在這兩個方面的全部資源，不僅張浩回來了，而且也恢復、建立了與莫斯科的電訊聯絡，可以用蘇聯的幫助、威懾等誘惑張學良、楊虎城等，同時，這時候周恩來終於有了奠定他在中共不倒翁地位的機會，有了顯示他真正實力的歷史性機會，他控制的中共特工系統和地下網絡

發揮出了極大的效率，使張學良、楊虎城成為了中共的「俘虜」，與他們暗中結成了同盟，建立起了「統一戰線」。

楊虎城實際已經等於是南昌暴動前的賀龍，只差沒有辦理加入中共的手續了。楊虎城，原名楊忠祥，號虎臣，1893年生，陝西蒲城人，辛亥革命時是土匪頭目，後被收編為陝西陸軍第三混成團第一營，護法戰爭後任陝西靖國軍左翼軍支隊司令和第三路司令，成為一名地方小軍閥，1924年任陝北國民軍前敵總指揮、第三軍第三師師長，1927年初就任國民軍聯軍第十路軍司令，隨後所部改編為國民革命軍第二集團軍第十軍，並任軍長，部隊縮編後任國民革命軍第二集團軍第二十一師師長、暫編第二十一師師長、新編第十四師師長等職。楊虎城本屬馮玉祥系的人，但較早背叛投蔣，1930年蔣馮閻戰爭中任蔣軍第七軍軍長、第十七路軍總指揮，積極攻擊馮軍，同年10月蔣介石給予回報，讓他兼任陝西省政府主席，1932年1月任西安綏靖公署主任，1935年任陝西綏靖公署主任，4月被授為陸軍二級上將。張國燾還在川陝根據地時，楊虎城就已經與張國燾暗中建立了打假仗、互不侵犯的協定，也即通共。在楊虎城身邊有很多中共分子，他妻子謝葆真是名中共分子，1928年謝葆真嫁給楊虎城是經過上級批准的，負有策反楊虎城的特別使命。楊虎城手下有很多原中共黨員，而且楊虎城也明知其中一些中高級幹部的原中共身份，他的衛隊陝西省政府警衛團基本由中共分子控制，原中共黨員達到了二百多名，他本人則曾經多次向正宗的中共表示要加入中共，甚至願意將所部直接改編為紅軍，但中共一直沒有批准，將他作為一枚很深的棋子埋伏著。

有了楊虎城的全面合作，中共降伏紈絝子弟張學良就容易了。張學良，字漢卿，號毅庵，1901年生，遼寧海城人，張作霖的長子，是張作霖精心打造的奉系軍閥領袖接班人，1918年十七歲時即被任命為衛隊旅營長，1920年十九歲即晉升為少將旅長，並讓他控制了當時中國最強大的奉系空軍，1924年第

二次直奉戰爭時以第三軍軍長的身分率部打到天津，一時名聲大噪，似乎中國橫空出世了一個軍事「天才」，以「少帥」著名。但張學良也是中國最著名的公子之一，聲色犬馬，無所不好，為人義氣但紈絝子弟的本性難改，1928年時已經成為標準的大煙鬼，後來號稱戒掉了鴉片，其實卻是染上了更加強烈的嗎啡。1928年6月4日張作霖在瀋陽皇姑屯被日軍炸死，張學良接任東三省保安司令，並易幟接受南京政府的領導，被南京政府任命為東北邊防軍司令，但實際仍然是自作主張的東北王。1930年蔣、馮、閻中原大戰後，張學良採取觀望態度，等蔣介石已經獲得優勢時突然進關出兵攻擊馮玉祥、閻錫山，被蔣介石任命為了國民革命軍陸海空副總司令，控制了華北和東北地區。九一八事變，手握重兵的張學良下達不抵抗命令，不戰而退，把整個東北拱手送給了日軍。九一八事變後，日軍一邊籌建滿州國，一邊宣布熱河地區屬於滿州國領土。熱河地區在戰略上是中國北方最關鍵的要地，如果被日軍佔領，日軍就徹底打開了進入華北和內地的大門，中國就很難再阻擋日軍的進攻，但是，張學良一方面以備戰名義向中央政府不斷要錢，一方面卻不進行戰備，也不讓中央軍進入他的這個領地。當時為了軍費問題，國民政府行政院副院長兼財政部長宋子文特地去與張學良磋商並視察，兩人同坐一輛車，每行駛四十公里張學良就要停車注射一下嗎啡，宋子文大為震驚。中國的命運掌握在這樣一個廢人手上，實在是厄運注定要降臨到中國頭上了，但強大的東北軍完全控制在他手上，國民政府無能為力，根本沒有辦法用其他人取代張學良。結果是，1933年春日軍極其輕鬆地佔領了能扼住中國生死的熱河地區，僅用一百多個騎兵就可以攻佔有兩個旅防守的省會承德。之後隨著日軍入關，張學良的東北軍基本沒有什麼抵抗就退到了陝西一帶，蔣介石任命他為西北「剿總」副司令、代理總司令，希望兵力強大的張學良至少能消滅剛長征到陝北的極其虛弱的紅

軍，結果張學良為了保存實力，不把兵力消耗在紅軍身上，與中共私下約定了互不侵犯。

互不侵犯雖然可以使剛完成長征的中共中央和紅軍獲得生存，但並不能得到發展，因此，中共中央按照統一戰線策略進一步與張學良建立了祕密同盟，這種同盟的原則是反蔣抗日。反蔣與抗日這時候正是滿足了張學良的心理需求。張學良與日本有殺父之仇，更主要的是丟失東北和熱河已經使他成為全國指責的民族和國家罪人，日子非常難過，再不抗日張學良一切也就都完了。張學良之所以為張學良，不過就是因為他父親張作霖留給了這個兒子一支東北軍，張學良並不以為自己不抗日，而是從軍閥自私的本性出發，不願意把東北軍這個本錢消耗在日軍身上，同樣也不願意消耗在紅軍身上。張學良丟失熱河下野後給東北軍將領及東北名流的指示是「武要保存東北軍實力，文要發展東北大學」。蔣介石一面積極備戰抗日，一面試圖給予中共和紅軍最後一擊，催促張學良進攻紅軍。在張學良進攻乏力的情況下，蔣介石不得不調中央軍向西北靠攏，並於1936年12月4日飛到西安當面催促。這時候張學良必須作出抉擇，如果進攻紅軍則不能達到「武要保存東北軍實力」的目的，如果不進攻紅軍則已經忍無可忍的蔣介石也一定會採取瓦解掉東北軍的措施，張學良更不能達到「武要保存東北軍實力」的目的，而失去了東北軍的張學良就什麼都不是了。但張學良沒有任何理由可以跟蔣介石說什麼「武要保存東北軍實力」，唯一可以說的就是抗日。蔣介石當然是要抗日的，但抗日有一個全國性的戰略規劃，在這個規劃中消滅紅軍以解除國民政府長久的後顧之憂是其中當然的內容，在蔣介石與張學良及楊虎城之間所要討論的眼前問題是剿共。已經沒有出路了的張學良再次露出了紈絝子弟的本性，於12日忽然以要求抗日的名義把蔣介石抓了起來。這就是「西安事變」。

張學良抓蔣介石中共事先並不知道，但張學良下這個決心與中共對他吹噓的蘇聯支持有著密切關係，同時，中共和

楊虎城向他私下推銷的反蔣抗日主張也促成了他的決心。但是，不管怎麼說，張學良抓蔣介石主觀上有著要進行抗日的因素在內，然而就這行動來說，又恰恰對中國的抗日是災難性的，它所可能導致的直接後果將是把中國再一次拖進大規模內戰的境地。蔣介石一被抓，世界轟動，中國則是一片混亂。張學良所抓，不過是蔣介石一人，雖然蔣介石是個獨裁者，但他畢竟不能等於整個國民政府。國民政府針對張學良、楊虎城兩個叛逆，分成了主戰派與和談派，主戰派是以國民革命軍代總司令何應欽為代表的軍方為主，和談派則以宋美齡等與蔣介石有親情的一批人，兩派都希望蔣介石被釋放，但主戰派採取的是強硬立場，和談派則採取懷柔立場，由於面對的是一個隨時可能作出驚人之舉的紈絝子弟張學良，既可能隨時殺掉蔣介石，也可能隨時放掉蔣介石，主戰派便向和談派作了讓步，國民政府先採取和談，和談不成再動武，這樣，西安事變就有了發生轉機的時間。

　　這一時間的獲得對中共極其重要。西安事變雖然不是中共所指使，但中共是推動者。張學良之所以敢抓蔣介石，直接的原因是背後有中共這個後盾，但這仍然是表面的，就軍事力量來說，張學良不僅遠比楊虎城強大，更比中共紅軍強大，中共並不具有成為張學良後盾的實力，關鍵在於中共背後有一個強大的蘇聯，中共不過是蘇聯在中國的代言人。張學良的痛苦在於，他曾是個反蘇分子，中東路事件就是因為張學良心血來潮進攻蘇聯在東北的武裝和機構而爆發的，因此，張學良現在要投靠蘇聯就只能透過中共進行，而中共則借助蘇聯的背景而達到控制張學良的目的。張學良抓蔣介石不過是從一個紈絝子弟本性出發的輕易的「表功」舉動，抓了以後怎麼辦還是要聽中共的主意，所以，朱德才會主張殺蔣介石，不然，朱德是不可能會想到要殺蔣介石的。宋美齡的和談給了中共一個拿主意的時間，實際就是給了蘇聯一個拿主意的時間。正是因為有了這樣一個時間，史達林救了中國，也救了中共。

張國燾說，當時中共中央一聽到西安事變的消息時，「我們都大為激動」。朱德當即主殺。毛澤東也主殺，在他起草的給張學良回電中說：「誠如來電所云，蔣某確係賣國獨夫，理應付之國法，弟等極力贊成應由人民公審。」周恩來並不反對殺蔣，但認為「這件事不能完全由我們作主，主要是看張學良和楊虎城的態度。」毛澤東說：「這件事，我們應該站在後面，讓張楊去打頭陣。」張國燾說：「我們這些中共負責人，沒有一個想到西安事變可以和平解決。」中共領袖們之所以基本立場如此一致，與他們一貫的想法有關係。中共直到這時候，抗日反蔣仍然是基本立場，所謂抗日統一戰線是一種服務於抗日反蔣的策略，是以抗日為號召團結一批勢力反蔣。同時，從中共自身的發展來說，中共進行武裝割據的基本前提，是利用軍閥混戰和矛盾所提供的機會，雖然隨著蔣介石完成北伐和深化統一已經使中共這種理論破產，但認為被蔣介石排擠、吞併的地方勢力仍然是中共所利用的對象，並且中共也是時刻不忘製造地方勢力與國民政府之間的矛盾。中共中央完成長征後，以造就西北抗日局面的名義，形成了與張學良、楊虎城的祕密同盟，這種同盟實際也就是製造了張學良、楊虎城與中央政府的對立，西安事變則提供了一種現實可能，即當國民政府對張學良、楊虎城動武，則必然會形成西北地區的大內戰，在這種大內戰中，中共就有了巨大的重新發展的可能，就可以在西北擴大和鞏固根據地，重新建立蘇維埃政權，至於這種情況將對中國的全面抗日帶來什麼樣的災難性結果，以國際主義為主導的中共並不在乎，也根本沒有予以考慮。

好在這時候延安與莫斯科的電訊已經暢通無阻。西安事變如果導致內戰，從而極大地削弱中國抵抗日軍的能力，對蘇聯來說是場災難。這時候，莫斯科對中共再也不能採取羞羞答答的態度了，必須要直接、明白地完全站到新的抗日立場上來了。12月12日當天，蘇聯外交部就立即向世界公開了自己的態度，直指西安事變是日本的陰謀。13日晚上，史達林親自起草

的電報到了中共中央，史達林武斷而堅定地指出：西安事變是
日本的陰謀，是利用抗日和張學良的野心在中國製造混亂，
「聽任其發展下去，中國將出現長期內戰，抗日力量，因之完
全喪失」，「蘇聯決不會為這種陰謀所利用，更不會給予任何
支持；相反的，現已明白表示反對態度」；中國的抗日民族統
一戰線是全國性的，蔣介石是中國唯一的抗日領袖；中共必須
促成和平解決西安事變，自動將蔣釋放。張國燾回憶說：史達
林「這個電報之來，無異是一個晴天霹靂。我們都在沉思，
毛澤東更是踱來踱去。」毛澤東當時說：「反了！天翻地覆
了！從前我們向張楊那麼說，現在又要反過來這麼說，張楊不
會說我們反覆無常嗎？」如果中共得罪張、楊，他們把與中共
私下同盟的事一股腦地向全國說出來，中共就徹底完蛋了，不
僅會被全中國看成漢奸黨，而且也可能被蘇聯徹底拋棄和整
肅，在軍事上，蘇聯不會予以支持，而中央軍將大舉進攻，
張、楊東北軍和西北軍也會憤怒圍剿。但是，不管怎麼說，唯
一的出路只能服從史達林，張國燾說：「我通宵沒睡，花了很
多時間與毛密商，我們一致認為如果不遵照莫斯科的指示行
事，得不到蘇聯的支持，反而會被國內外各種勢力圍攻，後果
是會更嚴重的。」

　　這樣，隨著西安事變的和平解決，中國得救了。由於張
學良、楊虎城堅守了中國傳統的義氣，沒有把與中共的私下反
蔣同盟說出來，中共也得救了。與張學良、楊虎城的義氣不
同，中共則立即撇開與張、楊發動西安事變的干係，一方面
透過各種管道向回到南京的蔣介石說明中共沒有參與西安事
變，只是做了調解人，另一方面則設法銷毀與張、楊之間來往
的一切證據，斷絕與張、楊部隊的半公開往來，實際上，也就
是徹底拋棄張、楊。在延安的毛澤東嘲笑起了張學良，說他
無知衝動，虎頭蛇尾，甚至指責張學良犯上作亂，破壞國家
綱紀。

朱德創造中共積極抗戰的歷史

西安事變之後，隨著全面抗戰的開始，在進行抗戰的大前提下，中共領袖層的意見逐步發生了微妙的變化。相應的意見分歧和微妙的差異主要是圍繞著抗戰和統一戰線兩個主題展開。就抗戰來說，分成了積極抗戰與消極抗戰的差別。就統一戰線來說，大致分成了服從國民政府、與國民政府合作、不與國民政府真心合作，情況相對比較複雜。實際上，持消極抗戰態度的代表人物是毛澤東、洛甫，其他人基本持的都是積極抗戰態度。中共領袖層普遍的積極抗戰態度決定於兩個方面，一是對莫斯科要求中共堅決抗日指令的執行，這方面主要是國外幫特別是蘇聯幫，王明回國後代表人物是王明；一是出於民族主義和愛國主義立場，這方面的代表人物是朱德。毛澤東並不是不抗日，而是依然把反蔣放在了主要的地位，從而把抗日放在次要地位，抗日主要只是作為發展、壯大中共及其武裝的一種手段，因而具有消極抗日的特徵。中共領袖層的抗日態度又與大家對統一戰線的理解穿插起來，彼此形成了很複雜的交錯關係，而所有的關係焦點則集中在了毛澤東身上。國外派特別是蘇聯派以回國後的王明為代表，屬於服從國民政府的立場，朱德則屬於與國民政府進行真誠合作的立場，毛澤東則屬於不跟國民政府真心合作的立場。因此，總體來說，中共領袖層分成了王明派系，其中中共實力派三巨頭之一周恩來屬於這個派系，但立場相對中間；一個是朱德派系；再就是毛澤東。三個派系之間一開始由於毛澤東不得不遵照莫斯科意志辦事，朱德又在前線，所以彼此之間的裂痕並不明顯。細微的裂痕發生在毛澤東與周恩來之間，毛澤東不相信蔣介石會積極抗戰，周恩來則相信蔣介石會積極抗戰。

還在西安事變發生的12、13日兩天裏，中共領袖層的態度實際已經有了微妙的差異。朱德直白主張殺蔣，毛澤東則是

想躲在後台，讓張、楊去與國民政府火拼，周恩來則認為主要還是決定於張、楊的想法，很重要的是洛甫、博古明確提出要聽莫斯科的意見。史達林13日晚電報到了後，經過一夜思考，所有人包括朱德都主張和平解決西安事變，思想轉過來了的朱德相信張、楊會聽從和平解決的主張，毛澤東則懷疑。國共明確再度合作後，洛甫、博古堅決服從莫斯科意志，周恩來也很堅決。毛澤東強調在統一戰線中的獨立性，利用抗戰發展中共和紅軍。朱德也主張要保持一定獨立性和在抗戰中發展中共和紅軍，但更主張要在國民政府的統一領導下進行積極抗戰，並與國軍保持良好的合作關係，互相支持，不做破壞性事情。

　　對比朱德的總體戰思想和毛澤東的〈論持久戰〉、〈抗日游擊戰爭的戰略問題〉，可以看出他們在進行抗日問題上所存在的分歧。朱、毛同樣談游擊戰，但朱德認為：「抗日游擊戰爭是整個抗日游擊戰爭中的一部分，而且是必不可缺少的一部分，是取得抗日戰爭最後勝利的主要條件之一」。抗日的作戰方式分正規戰、運動戰和游擊戰三種基本形式，游擊戰處於輔助地位，其作用是「能夠配合正規軍作戰」。「抗日的民族自衛戰爭要取得最後的勝利，僅僅依靠游擊隊，誰也知道是不能夠的；必須有政治堅定、指揮統一、裝備優良的數百萬正規的、現代化的國民革命軍作為主力才能達到目的」。也就是說，朱德明確國軍是抗戰的真正主力，而中共的游擊戰只是輔助，任務是配合好國軍進行作戰。僅僅這樣還不行，朱德認為，當游擊隊發展到一定規模，就應該從游擊戰向運動戰轉化，乃至要向正規戰轉化，「抗日游擊隊的前途，是保衛中國抗禦日寇的正規軍隊」。這正是朱德決策百團大戰的思想根源。朱德強調，即使游擊戰也必須要以進攻為原則，「一個抗日游擊隊要怎樣打仗呢？簡單地說，就是要最熱心地、積極地行動，爭取主動地位，集中自己的全力，用一切方法向敵人進攻」，也即是要積極作戰，而不是遊而不擊。朱德既承認中共

的游擊戰處於國軍正規戰的附屬地位，承認抗戰的最後勝利仍然要依靠國軍正規軍隊，又強調游擊戰要積極進攻，甚至向正規戰發展，這種思想在毛澤東的〈論持久戰〉、〈抗日游擊戰爭的戰略問題〉很難找出，毛澤東不僅努力要提高游擊戰較之國軍正規戰的戰略地位，而且更強調的是「持久」，慢慢來，保存自己，發展自己。好在朱、毛這種差異由於兩個人分別處於前方、後方，朱德覺得毛澤東的指示對就聽，不對就不聽，毛澤東也無可奈何，彼此不容易形成衝突。

毛澤東不希望朱德擔任第二戰區東路軍總司令指揮國軍，朱德予以了拒絕。毛澤東強硬地要朱德回師保衛延安，朱德也予以拒絕，反而率軍東進太行山。太原被日軍佔領之後，薄一波提出要將自己的新軍直接改編為八路軍，朱德嚴厲地拒絕了，警告薄一波不能在閻錫山失利時拋棄他。實際上，中共的抗日在整個抗日戰爭時期分成了兩個階段，第一個階段是朱德在前線負責的1940年以前，是積極抗日的階段，第二個階段在1941年以後，是消極抗日階段。中共官方黨史把自己的抗日偷換成抗戰的主體是十分荒唐的，現在有些人反過來把中共說成完全的消極抗日也是不公正的。此外一個問題是，中共積極抗戰是朱德直接領導的八路軍在1940年前的抗戰，1941年後的八路軍是消極抗戰，而不受朱德直接指揮的新四軍則沒有過積極抗戰的歷史，1941年1月後幾乎是處於不抗戰的狀態，從1937年底建軍到抗戰結束，新四軍跟日軍基本沒有打過像樣的仗。可見，中共積極抗戰的歷史是由朱德創造的。

「無經驗的小伙子」王明

與毛澤東真正發生衝突的是那些政治領袖們，這種衝突在1937年11月王明回國後很快激烈化起來。雖然西安事變中共執行了莫斯科的意志，但是，莫斯科並不放心，因為，現在的

中共已經不是由中共國外派掌握主要權力，而是在毛澤東處於基本獨裁狀態下的國外派分享權力，特別是蘇聯幫的權力相對較弱，很難保證毛澤東對莫斯科的絕對忠誠。事實上莫斯科的擔心是正確的。西安事變只是解決了建立統一戰線問題，並不等於毛澤東願意認真執行，毛澤東採取了「兩隻帽子」的手法，需要演統一戰線戲的時候就戴新做的國民革命軍式樣的帽子，不需要演戲時就戴紅軍帽子。盧溝橋事變、南京被占等之後，國難對於毛澤東、洛甫來說是幸福。洛甫說：「抗戰終於爆發了，蔣介石已無力危害我們。」毛澤東說：「蔣介石這股禍水終於撞向日本那裏去了。」毛澤東甚至希望日本能打敗國民政府，然後中共打游擊戰，發展實力，日本只能守城市和交通線，中共再把中國從日本人手裏奪回來。洛川會議上，毛澤東、洛甫都把統一戰線當作一種策略，主張「中共的任務，既要與日本侵略勢力作戰，又要反對反動的南京統治」，認為「中共在抗戰中的基本策略，應該是一箭雙雕，使日本和蔣介石和一切反動勢力相繼失敗，最後勝利歸於勞苦工農大眾和中共」。

在這種情況下莫斯科就需要強化對中共的控制，努力不讓中共和毛澤東離開莫斯科所規定的軌道。這樣，王明就帶著陳雲和康生回中國了。根據王明的回憶，陳雲到莫斯科後，立場已經從反蔣抗日轉向了統一戰線，也即至少從王明角度看，陳雲已經轉向了莫斯科的立場。康生本來就是王明的追隨者，是王明的臂膀。康生，原名張宗可，又名趙容、趙雲等，1917年中學畢業，1924年考入上海大學，1925年加入中共，曾任上海滬中、閘北、滬西、滬東等區區委書記，任江蘇省委組織部部長、祕書長、中共上海局書記等職，本是周恩來的嫡系，在顧順章叛變之後曾試圖用康生負責中共特工工作，但很快被青年蘇聯幫看上，追隨王明，1933年護送王明去蘇聯後一直做王明的助手，成為中共駐共產國際代表團主要負責人之一。

　　王明一到延安，中共的權力格局立即發生了變化，一方面王明具有莫斯科代言人的權威，一方面國外派特別是蘇聯幫重新有了主心骨，並在中共政治局中佔有明顯的人數優勢。王明首先是以欽差身份向中共傳達莫斯科的指示和精神。王明是個善於闡述、發揮政治教條的人，富有理論修養，立場堅定，咄咄逼人。王明肯定國民黨積極抗日的立場，要求中共應該主動合作，認為在民族危亡時刻，中共和國民黨都是「代表中國人民的政黨」，「中共不應自視為無產階級的政黨，這個舊公式已不適用於今日」，而這樣做的目的也是服務於蘇聯，「中國抗戰的成敗，具有國際的重要意義。如果中國能充分發揮抗戰力量，給日本以長期有力的抵抗，這將使日本無力向蘇聯進攻，對國際無產階級的革命前途大大有利」。王明表達的這一立場與毛澤東有著很大差異，是一種完全投身進去的積極抗戰，但是，其致命點是要服務於蘇聯利益，這當中隱伏著了一種深刻的危機。王明進行發言的這個會議，毛澤東稱為「十二月會議」。彭德懷回憶說：「我認真聽了毛主席和王明的講話，相同點是抗日，不同點是如何抗法。王明講話是以國際口吻出現的，其基本精神是抗日高於一切，一切經過統一戰線，一切服從統一戰線。」又說：「會議上的精神是不一致的。回去傳達就只好是，毛主席是怎麼講，王明又怎麼講，讓它在實踐中去證明吧。」毛澤東在延安整風時說：「抗戰初期，十二月會議就是一次波折。」他說：「十二月會議上有老實人受欺騙，作了自我批評，以為自己錯了。而我是孤立的。當時我別的都承認，只有持久戰、游擊戰、統戰原則下的獨立自主等原則問題，我是堅持到底的。」王明表達的意思代表了不可違抗的莫斯科意志，因此，毛澤東被暫時孤立了起來。

　　張國燾回憶說：「王明當時儼然是捧著上方寶劍的莫斯科的『天使』，說話的態度，仿佛是傳達『聖旨』似的，可是他仍是一個無經驗的小伙子，顯得志大才疏，愛放言高論，不

考察實際情況，也缺乏貫徹其主張的能力與方法。」王明繼續保持了他的中共太上皇風格，不知道應該對中共中央進行親自的直接控制，他到延安沒有幾天，傳達好史達林的「聖旨」後，因為另外還要向蔣介石傳達史達林準備大規模援助國民政府的聖旨，帶著周恩來、博古去了武漢，但卻呆在武漢搞什麼中共中央代表團，也即長江中央局，這等於是中共中央的分支機構，但畢竟是分支機構而不是中共中央總部，這樣，也就等於仍然把中共中央丟給了毛澤東控制。王明以為毛澤東控制的中共中央會完全聽他指揮，實在是很幼稚。就延安中共中央來說，王明根本不顧及如何團結人，對毛澤東進行牽制，反而是把可以牽制毛澤東的人立即得罪掉。洛甫本是王明的嫡系，王明顯然對他轉向毛澤東的立場很不滿意，忘記了他擁有中共總書記的名義，在王明傳達了莫斯科的指示後，洛甫沉默不言了，顯然是意識到了自己犯了違背莫斯科意志的「錯誤」，王明很容易就應該可以把他重新拉回到自己身邊，但王明弄了個名單，重新排了中共中央政治局委員和候補委員的名單，在秩序上體現每個人的實際地位，把總書記洛甫排到了第七位，從此，洛甫徹底失去了在中共核心領導層的權力，同時，王明也不再可能得到洛甫明確的支持。張國燾實際上是政治領袖中與毛澤東明確衝突的人物，是唯一堅決要與毛澤東作無情鬥爭的人物，王明把他排在了第三位，緊接毛澤東、王明之後，是個聰明之舉，而且王明回國對張國燾來說是個政治上可能翻身的機會，所以很高興，觀點上也基本贊同王明的積極抗日主張，但王明卻不僅仍然帶著過去把他看成是老機會主義者的眼光，而且更是直接告訴張國燾，紅四方面軍西路軍失敗後逃到新疆去的幾個張國燾絕對嫡系幹將李特、黃超等，王明把他們作為託派殺掉了，王明並且說張國燾不能排除被託派利用的可能。王明愚蠢的舉動使張國燾憤怒、悲傷而恐懼，成了張國燾離開中共、跑到國民黨那裏去的直接導火索之一，從而幫毛澤東解除了一個強勁對手。

王明的幼稚在1938年召開中共中央六屆六中全會地址問題上暴露無遺。當時王明發電報到延安，要中共中央到到武漢去開六屆六中全會。中共中央是在延安，武漢只是長江局。長江局以王明為書記、周恩來為副書記，委員還有博古、葉劍英、董必武、林伯渠，此外凱豐也於1938年4月前去武漢，七個人中五個政治局成員，只占整個政治局和書記處成員三分之一不到。此外，長江局不負責指揮作戰，中央軍委也在延安，有著不能停頓的日常事務。六屆六中全會非常重要的內容是去蘇聯養病的王稼祥回國到延安不久，要聽取他關於共產國際的指示精神彙報。毛澤東不理王明到武漢開會的要求後，王明又專門給王稼祥去電報，居高臨下地要王稼祥先專程去武漢彙報，把王稼祥惹得大怒。結果，王稼祥沒去武漢，王明還是不得不到延安去開會。

季米特洛夫「口信」與朱、毛領袖地位

王明這個「無經驗的小伙子」的幼稚行為後果極其嚴重。王稼祥帶回來的關於抗日和統一戰線問題的「聖旨」文件基本精神並沒有什麼變化，但竟然出現了一個「口頭」指示。王稼祥聲言，在他回國前受到了共產國際執委會總書記季米特洛夫和史達林的接見，季米特洛夫特別有一個「口頭」指示。王稼祥所傳達的口頭指示至今沒有正式文本流傳下來，也沒有寫進中共中央六屆六中全會形成的正式文件裏。一般的說法有兩種，一種是只明確毛澤東一個人為中共領袖，一種是明確毛澤東、朱德兩個人為中共領袖。前一種說法主要是在1979年發表的王稼祥遺作《回憶毛澤東同志與王明機會主義路線的鬥爭》裏，主要是三句話：「應該支持毛澤東為中國共產黨的領導人；他是實際鬥爭鍛煉出來的領袖；其他人如王明，不要再爭當領導人了。」但是，文革後發表的王稼祥這篇遺作由他妻子朱仲麗整理，有明顯的水分。1938年9月14日，即六屆六

中全會第一天，〈王稼祥在中共中央政治局會議上的報告記錄〉裏是這樣說的：「根據國際討論時季米特洛夫的發言，認為中共一年來建立了抗日統一戰線，尤其是朱、毛等領導了八路軍，執行了黨的新政策。國際認為，中央的政治路線是正確的，中共在複雜環境及困難條件下真正運用了馬列主義。」王稼祥傳達道：中共中央「在領導機關中要在毛澤東為首的領導下解決。領導機關中要有親密團結的空氣」。這個說法才比較準確些。這個記錄已經涉及到了朱德。1992年12月24日陸定一在北京醫院接受訪談談時說：「1938年王稼祥從蘇聯回延安，帶回共產國際書記季米特洛夫同志給黨中央的口信，說：『中國黨在毛澤東朱德同志的領導下，路線是正確的。中國黨的領袖是毛澤東同志。全黨應該團結在毛澤東同志的周圍，王明同志不要再玩花樣。』」陸定一這個說法與六屆六中全會第一天王稼祥報告的記錄內容基本一致。綜合下來，季米特洛夫「口信」有這樣幾層意思：一，中共或中共軍隊是由毛澤東、朱德共同領導的，也就是說，中共或中共軍隊現有的領袖是毛澤東和朱德兩個人；二，單純從黨的角度來說，中共的政治領袖是毛澤東，這樣，朱德自然就是軍隊或軍事領袖；三，毛澤東的政治路線是正確的；四，王明以及其他人不要與毛澤東爭黨的領袖地位了。

　　這是一個很可疑的「口信」。王稼祥說，季米特洛夫說這樣意思的話是跟他和任弼時兩個人說的。王稼祥是1937年6月離開上海去蘇聯的，一方面是養病，一方面是「向共產國際領導人介紹中國革命情況，包括他個人對中國黨的領導的看法」，實際上就是利用青年蘇聯幫的身份為毛澤東進行鼓吹、遊說。王稼祥到達莫斯科時王明還沒有回中國。王明回國後，王稼祥接替王明擔任中共駐共產國際代表團團長，但王明知道王稼祥已經成為毛澤東的親信，所以，又提出派各方都能接受的任弼時去莫斯科，任弼時於1938年3月到達莫斯科後取代王稼祥擔任了中共駐共產國際代表團團長，因此，季米特洛

夫「口信」無法繞開任弼時。中共領袖是極其重大的問題，任弼時是1940年3月回到延安的，如果有過這樣的口信，任弼時不可能不提起，但任弼時從來沒有說起過這件事，這是根本不可理解的。蘇聯學者季托夫在1981年發表的研究論文否定了這個「口信」，認為：「共產國際根本沒有（決定毛澤東為中共領袖）那個意思。」對於中共領袖這樣的問題，季米特洛夫這樣老資格的政治家根本不會個人自說自話決定，而且當時由於抗戰原因，史達林已經把更多精力花在了中國問題上，自然也包括中共的問題，沒有史達林的具體指示，季米特洛夫更不會隨便插手中共領袖問題。

但是不能排斥一種情況，即王稼祥、任弼時在向莫斯科推銷中共主張時，充分使用了「朱毛」品牌。任弼時到了莫斯科後，於4月份向共產國際提交了一份〈中國抗日戰爭的形勢與中國共產黨的工作與任務〉書面大綱，在這大綱裏雜糅了王明與毛澤東的觀點，結果一個多月毫無聲息，任弼時知道出問題了，連忙於5月17日按照王明的觀點弄了一份〈補充說明〉，這樣才被共產國際接受。在這一挫折下，繼續推銷毛澤東的最好辦法，無疑是從軍隊角度而不是從黨的角度推銷「朱毛」，朱德作為軍隊領導人在莫斯科是無可非議的，而毛澤東又是目前中共黨內負責軍事工作的，「朱毛」也是莫斯科熟知的中共紅軍品牌，這樣做共產國際和史達林都不會有意見。在推銷「朱毛」時，任何人口頭上都必須承認朱、毛在中共的軍事領袖地位，在這樣的情況下套取季米特洛夫幾句可以作模糊解釋的話不是不可能。但這樣套取的話，中共的領袖就是朱、毛兩個人，而不是毛澤東一個人。

因此，所謂「口信」，完全就是由王明在召開中共中央六屆六中全會問題上的幼稚做法刺激出來了。王明要把會議放到武漢國統區去開，指示王稼祥到武漢向自己彙報莫斯科指示，等於就是以中共的老大自居了，同時，也意味著中共領袖問題已經到了必須明確的地步，不然，中共就會形成王明與毛

澤東兩個中央。在這樣的情況下，毛澤東與王稼祥進行祕密約定，構造出一個季米特洛夫「口信」，就完全成為了必要的解決方法。這樣的方法在毛澤東利用張浩對付張國燾時，已經使用過一次，嚐到過了四兩撥千斤的甜頭，毛澤東再使用一次很正常。正因為是一個偽造的或透過「朱毛」偷樑換柱的「口信」，毛澤東也心虛，季米特洛夫如此重大的指示及其在六屆六中全會上的傳達、宣布和落實，在中共中央的正式文件裏不敢體現出來，事後也沒有向共產國際和季米特洛夫進行彙報。

朱德在毛澤東、王明權爭中的決定性地位

在沒有這個「口信」的情況下，毛澤東如果要在六屆六中全會上戰勝王明，就必須得到朱德的支持。是積極抗戰還是消極抗戰，是服從國民政府還是獨立發展，歸根結底是朱德在前方如何執行。朱德傾向於毛澤東，毛澤東的主張就得到實行，朱德傾向於王明，王明的主張就得到實行。在有了季米特洛夫「口信」之後，朱德的態度就更加重要，這個「口信」雖然確認了毛澤東的領袖地位，但也等於確認了朱德實際的中共第二領袖地位，進一步鞏固了他的軍隊和軍事領袖身份，加之朱德本身沒有人挑戰的威望和影響力，朱德的態度就決定了毛澤東與王明真正的勝負。如果朱德支持王明，則季米特洛夫「口信」不過就是讓毛澤東當了個空頭領袖，王明的主張依然可以得到實行，從而王明繼續當他的中共太上皇。如果朱德支持毛澤東，則毛澤東就成了絕對的中共領袖，獨裁地位就得到真正確立，而王明從此就失去中共太上皇地位。

這對朱德來說是件痛苦的事情。從積極抗戰的角度說，朱德與王明大方向上一致，但在發展中共自己武裝力量問題上則與毛澤東接近，他是積極抗戰與壯大武裝並舉，在積極抗戰中壯大武裝，壯大武裝為了積極抗戰。在統一戰線問題上，朱德也介於王明與毛澤東之間，朱德既希望與國民政府真誠合

作，又希望堅持中共的獨立性。在王明與毛澤東衝突之間必須要抉擇的情況下，朱德只能向毛澤東傾斜，畢竟，毛澤東消極抗戰態度危害不大，八路軍實際是朱德在指揮，朱德積極抗戰毛澤東也不能胡亂干涉，而且，八路軍在召開六屆六中全會時已經發展到二十多萬人了，也滿足了毛澤東發展自己的目的，但是，如果按照王明一切服從於國民政府的統一戰線主張，朱德就必須完全聽命於蔣介石、閻錫山，這是朱德所不願意的，朱德主張的是真誠合作，配合好國軍主力作戰，如果完全聽命，就要把八路軍放到正面戰場上去，將會對八路軍造成嚴重後果。對朱德來說，支持毛澤東最大的顧慮就是加強了毛澤東的獨裁，這是他長期與毛澤東的矛盾所在。因此，六屆六中全會上朱德支持毛澤東是痛苦的，他在1938年9月26日的政治局會議上說：「黨內同志要實行正確的自我批評，黨員要維護對黨的領袖的信仰。因此領導同志要有接受批評的精神。領袖要聽人家說自己的好話，同時還要聽說自己不好的話。」朱德這話中的立場是從來沒有過的，以前他一直主張的是民主，是黨的集體領導，而現在則已經是承認了毛澤東在中共的獨裁地位，但希望作為領袖的毛澤東能夠有比較民主的作風，能夠做一個「明君」。

王明的權力來自莫斯科，但回國後卻沒有建立起由自己控制的與莫斯科之間的聯繫管道，以至於毛澤東利用莫斯科不瞭解中共詳情，對莫斯科進行遊說，並偽造出所謂季米特洛夫「口信」，輕易確立了中共獨裁領袖地位。在莫斯科，王稼祥、任弼時透過王明的主張，獲取了共產國際對中共抗戰以來政治路線正確的評價，這個評價拿回延安，變成了莫斯科對毛澤東政治路線正確的肯定，這是王明最冤枉的地方。毛澤東既然第一次打敗了王明，就要乘勝追擊，這種追擊不是立即明顯改變既定的抗戰和統一戰線問題，而是先解決權力問題，編織自己的勢力圈子和網絡。毛澤東撤消了王明的長江局，成立了由周恩來負責的南方局和由劉少奇負責的中原局，王明則並沒

有被安排什麼重要的職務，這樣，王明就成為了一個精神型的人物，而不再是一個權力型人物。就如張國燾說的：王明「從莫斯科帶回來的與國民黨密切合作的抗日主張，與我素來的見解相接近，但他並不是從中國的民族利益出發。事實上他將鬥不過毛澤東，也難收到預期的效果。」王明從莫斯科利益出發，終究難以獲得人們的支持。毛澤東也不是從中國的民族利益，但他是從中共自身發展的利益出發，將民族利益與中共利益混淆在一起，中共之內的人很難予以分辨清楚，因此，毛澤東就更能夠得到人們的支持，特別是更傾向於民族利益的朱德和軍方支持。

但是，王明並不等於就徹底輸給了毛澤東。畢竟，毛澤東心知肚明，王明終究是莫斯科的寵兒，自己在政治上的兩次勝利，都是透過假傳「聖旨」獲得的，如果與王明進行全面的衝突，鬧到莫斯科去，後果將是難以預料。對王明來說，雖然毛澤東成為了「領袖」，但這只是大家的一種「共識」，並沒有經過合法程序確定，如果要經過合法程序確定，就必須要獲得莫斯科的真實確認，從而，就可以由莫斯科進行仲裁，當莫斯科瞭解詳情之後，王明依靠深厚的莫斯科背景翻身的可能性將是很大的。因此，王明按照剛回國時大家所確認的，積極要求召開中共「七大」。中共「七大」是王明一回國就決定籌備的，1937年12月召開的中共中央政治局會議透過了〈中共中央政治局關於召集第七次全國代表大會的決議〉，決定「在最近期內」召開七大，初步擬定了七大的主要任務和議事日程，決定成立七大籌備委員會，毛澤東為主席，王明為書記，毛澤東、王明、洛甫、陳雲、康生組成五人祕書處。但是，毛澤東的地位遠沒有鞏固，一直設法拖延，中共六屆六中全會實際上也是拖延召開「七大」的一個產物。中共六屆六中全會之後，召開「七大」問題越來越成為大家迫切的要求，毛澤東一邊緊張地進行準備，一邊盡力進行拖延，以使「七大」能夠成為自己獲得全面勝利的一個會議。

到了1940年春，毛澤東已經很難再繼續拖延下去，因此，就更加緊了自己的準備工作，而所有環節中非常重要的一環便是朱德。當時雖然毛澤東做了大量權力調整，但並不占明顯優勢，在延安的主要人物中，王稼祥是毛澤東的鐵桿，康生這時還屬於王明的鐵桿，洛甫、陳雲本來是傾向毛澤東的，但他們更聽莫斯科的話，立場比較模糊，在這樣的情況下，毛澤東把任弼時從莫斯科叫了回來，但任弼時帶回來的莫斯科的指示在抗戰和統一戰線問題上並沒有大的變化，仍然對王明比較有利。任弼時本不是毛澤東的人，一直與毛澤東有著衝突和矛盾，但長征之後任弼時已經是朱德的人，是朱德最忠實的政治代言人，其立場基本與朱德一致。毛澤東最成功的是在六屆六中全會後抬高了劉少奇的地位，成立並讓劉少奇負責了中原局，使劉少奇成為了自己的親信，而原來的北方局又是劉少奇的勢力，這樣，毛澤東一下子大大擴張了自己的政治派系力量。但由於周恩來在一系列主要觀點和立場上與王明很接近，周恩來領導的南方局並不在毛澤東手上，而南方局在政治上是最強勢的，在政治上幾乎有中共半壁江山的態勢。張國燾脫黨出走令毛澤東大為高興，毛澤東說「不是壞事」，使毛澤東少了一個強大的對手，但由於國共合作，長征時留在南方的很多游擊人員重出江湖，另一個並不比張國燾弱的項英雖然沒有到延安來，但無疑已經重返中共政治舞台，而項英與張國燾相同的地方是，他也是毛澤東的死敵，如果開「七大」，項英不可避免地將會出現在會場的中心政治舞台上，此外，項英手上還控制著新四軍這一力量。在這樣的情況下，毛澤東如果要在「七大」上獲勝，唯一的依靠就是必須得到朱德的支持，不然，就必然遭到慘敗。可以說，如果國內外形勢不變，在1940年下半年或1941年召開中共「七大」，朱德的態度將是對毛澤東、王明和其他政治勢力決定性的。因此，不光毛澤東，而且王明等人，都希望朱德能夠提前回延安，以爭取朱德的支持，明確出中共的政治態勢。

1940年春朱德正是由於準備召開「七大」，在極其微妙的背景下回延安的。當時朱德回延安，引起了國內各方包括國民政府的高度注意，甚至日本方面也十分關注，大家從各自角度出發，似乎都意識到了朱德此行非同尋常。國民政府方面，極其認真地一路迎送朱德，衛立煌在洛陽就國共雙方的問題跟朱德進行了全面的會談，蔣介石提出朱德去武漢「述職」，想當面與朱德進行一次全面的交流。中共方面，在遵義會議前夜即已經被朱德征服、抗戰期間全面鼓吹朱德的周恩來，更像是朱德的政治、外交助手一樣，到西安盡心陪同著朱德。朱德到了延安，整個延安都沸騰了起來，毛澤東親自安排十里遠迎，各方面的人都對朱德前呼後擁。

三十八　消極抗日與延安整風

皖南事變與項英死亡

就像在1938年秋、冬，朱德回延安支持了毛澤東一樣，1940年朱德回延安仍然傾向於支持毛澤東，但這種支持是有限度的。朱德積極抗戰的立場不會動搖，而且毛澤東也無法干涉。六屆六中全會確立了毛澤東黨的領袖地位，朱德作為軍隊領袖的地位則是得到了進一步的鞏固，並且已經具有了明確的政治領袖身份。六屆六中全會期間或緊接會議之後，實際上毛澤東幾乎遭遇滑鐵盧，由於與江青婚姻問題而被周恩來等人逼得提出辭職，結果朱德一言定鼎，鎮住了周恩來等人，消除了毛澤東的滑鐵盧：軍權不能交給周恩來，把張國燾請回來。儘管朱德與毛澤東有很大分歧，但是，朱德需要的是一個由周恩來等人與毛澤東互相制約的中共中央，周恩來在中央蘇區把屠刀舉向紅軍中、高級將領是朱德永遠不能原諒的，國外派掌權所造成的大失敗已經使朱德不可能支持他們取代毛澤東，也就是說，不管毛澤東怎樣，相比較而言，讓毛澤東掌權總比讓周恩來等人掌權好。在沒有人推舉用朱德取代毛澤東的前提下，毛澤東獨裁的形成實際並不在於他有多少人心，而是在於周恩來等國外幫更少人心。正因為朱德在毛澤東辭職問題上的定鼎，婚後的毛澤東、江青在很長的時期裏一直對朱德感恩戴德，兩個人每每發生夫妻吵架，如果朱德住在附近，就自然地會找朱德夫婦出面調解。

從後來毛澤東強烈地指責百團大戰來看，毛澤東對朱德決策將要進行這場大規模戰役心裏是很痛恨的，但他這時候不

願意也沒有膽量與朱德發生衝突，更沒有能力阻止朱德發動這場戰役。如果這時候毛澤東試圖阻止朱德發動百團大戰，過於強烈地表現出消極抗戰的態度，引起朱德特別的反感，「七大」上毛澤東就將失去最強大也最關鍵的支持。此外，朱德支持毛澤東但並不希望過於走向獨裁，他時刻希望著周恩來等人能夠對毛澤東形成牽制。因此，朱德的支持並不能夠令毛澤東完全滿意，毛澤東還不能依靠這種支持徹底實現自己獨裁和消極抗日的目標。

　　1940年5月下旬朱德回到延安，8月下令正式進行百團大戰。當百團大戰開始才一個月時，朱德於1940年9月26日特別指示前方將士「擴張百團大戰的偉大勝利」，明確「百團大戰是我軍在敵後方進行的大規模的戰役進攻，是我軍、政、民共同發動的交通戰和經濟戰的總攻襲」。在朱德的指示下，彭德懷繼續對日軍擴大攻擊，進行交通和經濟破壞，到10月上旬才轉入防守，在前方取得了輝煌的破襲戰果，到1941年1月下旬百團大戰才全部收場。整個戰役期間，毛澤東很少發言，幾乎插不進手，延安方面的指揮基本被朱德控制著。但是，朱德沒有想到的是，這場戰役很快就被毛澤東利用了來了進行權鬥。

　　百團大戰顯示出的八路軍強大的兵力和戰鬥力令日軍吃驚，同樣也為蔣介石所震驚。就如朱德在郭寄嶠面前所表示的對蔣介石、毛澤東都太自私的憂慮那樣，百團大戰不是給蔣介石帶來喜悅，而是帶來了深重的顧慮，他立即採取強硬的措施要限制中共武裝的發展。蔣介石限制中共武裝發展的基本措施是限制中共武裝的活動地盤，只要中共武裝活動的地盤被限制住了，發展的規模也就有限。蔣介石對八路軍的發展基本的限制是黃河以北，努力阻止八路軍向南越過黃河。八路軍在華北的發展已經成為既定事實，但新四軍還在長江以南，如果讓新四軍在南方像八路軍一樣發展起來，從蔣介石角度說將是非常糟糕的。因此，百團大戰開戰不久，蔣介石便於10月19日命國民政府軍事委員會參謀總長何應欽、副參謀總長白崇禧致電八

路軍朱德、彭德懷和新四軍葉挺、項英，命令黃河以南的八路軍、新四軍必須於一個月內開赴黃河以北。應該說，雖然這個命令限制了八路軍、新四軍在黃河以南的發展，但對中共來說也有很大好處，等於蔣介石已經明確出了一個比較大的勢力範圍劃分，將黃河以北地區歸屬於了中共，讓中共可以佔據四分之一左右的中國，這是中共開展武裝革命以來所從來沒有想到過的大好局面，因此，蔣介石既「自私」，又體現出了充分的大度，對八路軍的積極抗戰和已經壯大了的幾十萬軍隊給予了足夠的諒解和承認，再說新四軍自從組建之後，在抗日方面也沒有什麼作為，乾脆與八路軍集中到一起，對新四軍進行抗戰和發展也是件好事。此外，八路軍、新四軍已經在山東、江蘇一帶華東淪陷區有了比較大發展，中共賴著不北上，蔣介石也是無奈，蔣介石的指令實際只能對處於皖南地區的新四軍軍部發生作用。因此，對於蔣介石這樣一個命令，中共是願意接受的，也不能不接受，如果違抗命令，就要承擔不服從國民政府統一領導抗日的責任，在國軍包圍中的新四軍軍部近萬人很容易被解除武裝。

本是南方軍隊的新四軍軍部北調比較困難些，因此，如何北上，到哪裏去落腳、發展，就不是由新四軍為主計劃、決定，而是要由中共中央計劃、決定。在新四軍，葉挺名義上雖然是軍長，但實際等於傀儡。國共再次合作，將散在南方的中共紅軍和游擊隊集中起來，組建一個新四軍，對國共雙方都有好處，國民政府方面是自己後方解決了「土匪」問題，中共方面是集中、搜羅了人馬，又獲得了一支軍建制的軍隊，但由於這是一支新組建的軍隊，因此，在領導人問題上國共雙方就有了歧義，中共方面希望派自己的人當軍長，蔣介石則不希望是中共的人當軍長，蔣介石還是比較大度，任命了曾經是中共分子的葉挺當軍長。蔣介石這一任命事先並沒有跟中共商量，蔣介石決定之後，中共既不滿又無奈，但由於葉挺在國內的影響，還是不得不接受。蔣介石的任命害了葉挺，把這位本可以

三十八　消極抗日與延安整風

做出較大成就的戰將置於了尷尬的境地。葉挺1928年在莫斯科受到批判，一氣之下脫了黨，不再是中共分子，蔣介石並不能理解其中對葉挺個人的意義，葉挺是從中共出來的，深知自己脫黨已經被中共視為異己分子或不可信任的人，因此，葉挺特地到延安跑一趟，想看一下毛澤東等人的態度，虛偽的毛澤東等人安慰了葉挺，葉挺也就帶著顧慮走馬上任。一當上任就完了，葉挺根本沒有什麼權力，因為這完全是中共的武裝，所有的決策和決定都是由項英作出，項英以黨的名義召集葉挺以外的將領開會，葉挺只能等在門口，然後等他們開好會決定好了出來，簽個字，只有發牢騷的份。因此，新四軍方面的權力實際就完全掌握在項英手上。在延安方面，由於朱德只是八路軍總司令，他對新四軍問題無法發言，新四軍問題就由中央軍委實際也就是毛澤東一手操辦。這樣，關於新四軍新的安排，就完全在毛澤東與項英兩個人之間解決了。

　　新四軍軍部有北上與東去兩個選擇。北上是完全按照蔣介石命令遷移到黃河以北地區，東進是向東跟蘇北地區的新四軍主力會合。這兩個方案對項英來說都是不滿意的。項英不是軍人，而是個政治家，同時又與毛澤東是死敵，他所要考慮的問題很複雜，不是單純的軍事問題。項英重返中共政治舞台後只是在1937年去了一次延安，而那次也是在博古的安全承諾下去參加了政治局會議，他顯然是怕一去延安就被已經控制了中央的毛澤東扣住，失去實際權力，項英政治上的全部前途就在於獨立控制著新四軍，同時也是中共政治家中最具有實力與毛澤東抗衡的人，王明、周恩來等人不待在延安，使毛澤東在延安幾乎可以一手遮天，老練的項英絕不願意做隨便跑到延安去這種傻事。新四軍如果北上黃河，就自然失去獨立性，新四軍只是軍級建制，八路軍則高一檔次，是集團軍建制，而朱德級別更高，是戰區副司令長官，本質上新四軍與八路軍三個師是同等級別，自然就將受八路軍總部管轄和節制，作為新四軍副軍長的項英必然失去對新四軍的實際控制。如果東進，毛澤東

已經把蘇北地區劃歸中原局劉少奇領導，蘇北新四軍主力陳毅部已經事實上處於雙重領導之下，既受項英指揮，一定程度上又受劉少奇領導，項英如果去了，雖然劉少奇很難完全實現對項英的領導，但項英將被劉少奇節制的命運很難擺脫。

　　事實上，在新四軍組建階段，項英的宿命就已經被注定了。1937年9月24日，項英甫出山，就顯示出了他的政治強勢立場和領袖氣質，他還沒有與中共中央取得聯繫，直接就在南昌與國民政府開始獨立談判，並以長征前的中共中央分局名義向南方中共游擊武裝發布〈告南方游擊隊的公開信〉，宣布「余遵照最近黨中央的宣言，已正式宣布停止游擊戰爭，放棄過去一切活動，把全部游擊隊改編為抗日救國的武裝，統一於國民政府之下，效命殺敵」，要求各地游擊隊看到他的〈公開信〉後，「立即聽候點編」。項英這個行為有兩個特點，一是按照中共向全國公開的言論，持了堅決的統一戰線立場，決定服從國民政府的統一指揮；二是堅決抗日。這樣的立場對項英保持在中共內的獨立性和主要領袖之一地位顯然是很有利的，但幼稚的博古再次為毛澤東的獨裁做了件大好事，害了項英。上次在長征前，項英要博古把毛澤東留下，幼稚的博古沒有採納項英的意見，結果使毛澤東在長征過程中形成了實際的獨裁權力。博古惟恐中共中央對項英失控，在南京看到項英的〈公開信〉和知道了他在與國民政府獨立談判後，嚇住了，連忙設法與項英取得聯繫，要項英去延安參加政治局會議。結果項英一去延安，才意識到毛澤東並不願意真心搞統一戰線和積極抗戰，在這種情況下，項英來了個一百八十度的轉彎，比毛澤東更徹底，與毛澤東達成了共同立場，將新四軍在南方的發展作為中共將來與國民政府決戰的戰略安排，以新四軍控制的南方基地為將來反國民政府的戰略性要地，以為將來與國民政府對抗的游擊基礎和社會基礎，而在抗戰上則持消極抗日立場，積極發展和擴大新四軍的兵力。這時候，在抗日與統一戰線問題上，中共領袖層只有項英是毛澤東的最知音了。但這並

三十八　消極抗日與延安整風

不等於項英與毛澤東聯合了起來，他們心知肚明，彼此是死敵而已。項英這麼做，前提自然是他在南方獨立發展，也就是說，當項英發現毛澤東不是真心抗日和與國民政府合作時，如果項英要為將來與毛澤東爭奪中共領袖地位做準備，就同樣必須拼命發展自己的力量，而且，由於毛澤東受到朱德的巨大限制，而葉挺則沒有能夠限制項英，因此，項英走得比毛澤東更遠。雖然葉挺非常不滿，希望積極抗日，要游擊戰與運動戰相結合，但項英堅決不打運動戰，只打游擊戰，而且也基本不跟日本人打，只跟國軍和偽軍搶地盤。在華東這樣發展困難的地區，項英把新四軍從組建時的萬把人發展到了1940年底時的九萬人，而與日軍的作戰則幾乎可以忽略不計，所有可以拿得出手的戰例都是跟國軍和偽軍搶地盤的作戰。也就是說，項英在南方的發展一來本是跟毛澤東達成一致的中共將來反國民政府的戰略布局，二來也是他與毛澤東將來爭奪中共領袖地位的需要。有了這樣兩個根本性因素，項英自然很不願意服從國民政府軍事委員會的北上命令。

項英這種心態在中共裏面最清楚的只有毛澤東，於是，他們彼此展開了一場非常微妙的勾心鬥角電報往來。項英和毛澤東都知道，新四軍軍部不放棄已經經營三年的皖南涇縣是肯定不行了，一方面要布置好中共在皖南的地下力量，一方面要解決如何離開。毛澤東建議北上或東進，基本主張仍然是一貫的「向北發展，向東作戰」，項英最不願意北上，試圖採取新的辦法留在長江以南，實在不行就去跟陳毅會合。在項英本就不很願意離開涇縣的情況下，毛澤東給項英的具體指示朝三暮四，互相談來談去，把國民政府軍事委員會命令北上的期限輕易拖掉了，這樣，新四軍就已經構成了違抗命令的罪責。在這種情況下，強大的國軍開始向涇縣方向緩慢靠攏進行威懾。但這並不等於蔣介石會下決心動武，畢竟，這樣做的政治風險是非常大的，因此，國軍的靠攏速度既不快，也沒有建立起完全的合圍陣線，而是放開了北面的口子，也即蔣介石僅僅只是進

行威懾，希望促成近萬人的新四軍軍部北上。這時候毛澤東陽謀的決定性動作突然出現了，這就是透過劉少奇策劃了一個打擊韓德勤的曹甸戰役，激起了蔣介石和第三戰區司令長官顧祝同的憤怒，幾乎突破了他們可以忍耐的底線。

　　蔣介石令新四軍北上既跟八路軍在百團大戰中顯示出來的實力有關，也跟新四軍本身針對在蘇北淪陷區進攻國軍有關。早在1939年2月周恩來就到新四軍明確了今後活動方針：向北發展，向東作戰，鞏固現有陣地。當時的向北發展是指向長江以北發展，向東作戰是指向江蘇、山東發展，與在山東發展的八路軍聯成一片，同時，還要繼續佔據長江以南地區，這樣，就等於是要新四軍奪取華東地區。但是，這個地區是國軍重點的游擊區，已經發展起了很多隊伍，新四軍要發展就必須要吃掉和趕掉在敵後抗戰的國軍。1940年在劉少奇、項英同意下，陳毅決心東進黃橋，佔據這個由國軍佔領的蘇北要地，以在江蘇建立既可南下江南又可北上山東的基地。蘇北大部分地區由國民政府江蘇省主席兼蘇魯戰區副總司令、省保安司令韓德勤負責，手下十五萬軍隊由各種游擊部隊組成，實際可調遣的兵力並不多，佔領黃橋的是江南挺進第二縱隊司令、江南攻擊軍左路軍指揮官冷欣的部隊。冷欣是武漢保衛戰中的抗日英雄，陳毅先派文藝兵到冷欣部慰問演出進行麻痺，冷欣根本沒有想到陳毅會進攻他。1940年7月25，陳毅突然偷襲冷欣在黃橋的僅只一個團的部隊，冷欣倉促調一個團救援黃橋守軍，被新四軍擊敗後無路可走，退向日軍防區時遭日軍殲滅性打擊。這就是中共歷史上鼓吹的黃橋戰役的源起。黃橋戰役結束於10月6日，何應欽、白崇禧要八路軍、新四軍去黃河以北的命令發布於10月19日，也是蔣介石希望國共軍隊不要雜處以避免衝突的無奈，但蔣介石並不知道中共的胃口很大，心思並不在抗日上，而是在為以後打敗國民政府進行戰略布局，當時蔣介石正處於桂南會戰的後期階段，1940年3月汪精衛又在南京成立了偽政權，積極擴大偽軍武裝，蔣介石絕不希望與中共衝

突，進行兩面作戰。搶佔黃橋，正是因為中共利用了蔣介石這一弱點，也即利用了蔣介石要維持民族利益、鞏固抗日力量的善良。桂南會戰的意義跟太原會戰相似，而且更加重要，不僅涉及到日軍佔領廣西後進軍貴州、雲南對國民政府進行戰略包抄，而且可以切斷滇緬國際戰略通道，南可輕易佔領越南、老撾、柬埔寨，後果不堪設想。

黃橋戰役的苦果蔣介石為了民族利益吞下了，但曹甸戰役使蔣介石再也難以忍耐。何應欽、白崇禧10月19日命令也稱為皓電，皓電規定八路軍、新四軍北撤期限是一個月，朱德、彭德懷、葉挺、項英對時間問題提出異議，國民政府認可了，12月7日何應欽、白崇禧發出齊電，把期限拖延到了12月31日，這樣，實際給了項英足夠時間，已經作了很大讓步。但12月13日，在毛澤東、劉少奇的策劃下，聚集了新四軍蘇北指揮部第一、二縱隊和八路軍第五縱隊第一支隊共十個團，由陳毅、黃克誠指揮，對寶應縣曹甸地區的韓德勤進行全面攻擊，一直打了半個多月。曹甸地區失去，也就意味著韓德勤成了空架子，意味著他代表的國民政府就徹底失去了對蘇北地區的控制。這一仗是在水面眾多地區打的攻堅戰，本是中共武裝和毛澤東不願意打的類型，戰役也以陳毅、黃克誠的失敗告終，因此，完全是醉翁之意不在酒，如果打下來最好，打不下來也沒有關係，無論打下來、打不下來，對項英的意義都一樣，那就是激怒蔣介石和韓德勤部所屬第三戰區顧祝同司令長官，增加項英離開根據地的行軍恐懼。即使這樣，顧祝同仍然為項英留出了北面通道，希望項英遵守12月7日齊電的命令，做到了仁至義盡，但被曹甸戰役打心慌了的項英既不能不遵守齊電命令，又惟恐鑽進顧祝同圈套，作出了向南突破的決策。這是出乎所有人意料的選擇，事先項英告訴了毛澤東，但毛澤東並沒有阻止。這一決策在軍事上已經完全不是一次和平行動，而是向國軍所沒有預備的方向進行突圍，徹底把國軍當作了要消滅自己的敵人，企圖出國軍所不意，不從國軍放開的

北方行動，以防被顧祝同在包圍缺口上合圍，直接攻擊最沒有防備之心的南方國軍，突破出國軍的包圍圈。也就是說，項英出於毛澤東攻擊國軍的心虛和對國民政府的不信任，採取了主動攻擊進行突破的策略。在這種情況下，當項英違抗命令，主動攻擊國軍，而直接呈現出的態勢又是向南發展，要蔣介石、顧祝同繼續對中共忍下去，已經根本不可能。因此，顧祝同對違抗命令強行突圍的葉挺、項英採取了堅決措施，基本全殲了新四軍軍部。結果葉挺被俘，項英則被手下人殺掉。這就是「皖南事變」。

皖南事變使國共合作處於了實質性破裂狀態，但真正的歷史性意義則在中共內部，從而也成為了中國近現代史的一個關鍵性轉捩點之一。它的核心意義不僅在於毛澤東借此除掉了最後一個強悍的國內元老派和實力派對手項英，更在於在中共內部證明了毛澤東借統一戰線名義，在消極抗戰中，積極發展中共和中共武裝的路線正確。從此，民族利益和國家利益不再主要，把國民政府視為最大的敵人，為將來消滅國民政府和國軍作準備，最後奪取全國政權，就成了抗戰時期中共的基本任務和中共分子的共識。中共方面把皖南事變稱為所謂的第二次反共高潮，中共黨史官方權威胡喬木說：「經過打退第二次反共高潮，我們黨內更團結了，毛主席的領導威信大大提高了。這半年的鬥爭，對後來抗戰、解放戰爭初期的勝利都有很大的意義。」如果去掉胡喬木這一說法的中共八股口氣，確實是反映出了皖南事變的真實意義。

拯救延安

皖南事變使毛澤東得到了對王明的決定性勝利，並輕鬆征服了周恩來。周恩來從此徹底倒向了毛澤東。忠誠而堅定的史達林主義者王明自然不願意服輸，依然念念不忘統一戰線問題，但已經不再有人願意聽他。毛澤東在皖南事變中的小動作

唯一難以瞞住的是朱德，實際上，在中共領袖層中最瞭解毛澤東伎倆的只有朱德，朱德與毛澤東之間早已形成了全方位的默契，彼此心照不宣，誰都難以瞞住誰。以朱德當時的身份和在中國的影響力，理應發表一篇關於皖南事變的宣言、通電或其他形式的言論，但他毫無表現，後來在他一生中，也基本避開了皖南事變這個話題，可見他心如明鏡。皖南事變之後，朱德對統一戰線和保持中共獨立性都強調，在抗日問題上積極抗戰與發展武裝也是同樣強調，實際成為了中共唯一繼續始終強調統一戰線和積極抗戰的人。但形勢的急轉直下使他再也不能上前線實現自己的積極抗日主張，事實上成為了中共消極抗日群體中的一分子。

朱德回到延安後，實際處在了一個尷尬的境地。他回延安是因為要準備開中共「七大」，但毛澤東並不真心想開這個會議，在開這個會與拖延之間，朱德不便於說話。而這時候他發現延安的經濟狀況已經處於崩潰狀態，中共中央已經很難長期在延安待下去。延安是中共控制的陝甘寧邊區首府，一般中共黨史文章常把延安與陝甘寧邊區混稱。整個陝甘寧邊區包括陝西的延安、延川、延長、清澗、綏德、米脂、葭縣、吳堡、安定、安塞、靖邊、定邊、保安、甘泉、富縣、淳化、旬邑，甘肅的寧縣、慶陽、合水、鎮原、環縣，寧夏的鹽池，及神府特區，面積12.9萬餘平方公里，人口約二百萬左右。這裏本就是個土地很貧瘠的地區，人民十分貧困，原來很重要的財源是鴉片，中共中央來了後將鴉片種植和貿易逐步限制掉了，這樣就更造成了財政困難和人民的貧窮。陝甘寧邊區以延安為中心又實際成為了政治移民地區，一方面，中共在當地透過「土地革命」培養了一批不事生產的幹部和人口，僅動員參加八路軍就消耗掉了三萬多青壯年，導致當地勞動力嚴重缺乏；另一方面，蕭勁光的八路軍留守部隊就有五萬左右，中共中央、邊區政府等機構人員迅速膨脹，僅全國進入延安參加抗戰的知識份子數量就達四萬左右，吃公糧的人口不下於十萬之

鉅。抗戰開始時期，延安靠國民政府的支持問題還不很大，但1938年國共開始逐步發生摩擦後，即使閻錫山、衛立煌比較友好，國民政府的支持總體上還是越來越少，客觀上國民政府也不會全力來養一個拼命擴展自己、機構極其臃腫化的割據「政府」，因此，延安的經濟狀況越來越糟糕。毛澤東在延安已經實行了對中共來說是比較「右」的經濟政策，不再像在江西根據地時那樣進行全面的社會破壞。1939年2月，毛澤東提出了「自己動手」的號召，但無濟於事。這種情況一方面極大地限制了中共在後方的發展規模，另一方面也極其可能導致中共不得不最後災難性地放棄這個後方。無論是毛澤東還是中共其他人，對此都一籌莫展，只能把責任推到所謂的國民黨經濟「封鎖」上去。這本不屬於朱德管的事，但實在是性命攸關，「七大」一時又開不了，朱德作為實際地位僅次於毛澤東的中共領袖和當時中共唯一的「神」，便強有力地插手經濟問題，解決掉了延安的長期生存基礎。

抗戰時朱德說：「要想做事業，就需要錢。但對於理財，自己是不情願的。事實上卻還是個好手，很懂得經濟來源及發展。」朱德說自己從當兵時就準備著隨時被打死，沒想到自己怎麼打都是打不死，連傷也沒受過。搞經濟不是朱德興趣，但他一直很重視經濟問題，還在做軍閥時就十分關注當地經濟發展，以解除自己軍隊的後勤之憂。朱德帶東路軍到太行山以後，立即採取措施發展生產，從而使太行山根據地和八路軍獲得了很順利的發展，軍事上也就特別順利。1941年後彭德懷在前線打得很艱苦，有一次開會大家餓得只能躺著說話，這與彭德懷不善於抓經濟有密切關係，而不只是一個日軍掃蕩的問題，可見朱、彭之間存在著一個層次的距離。朱德搞經濟完全是個實用主義者，並不管什麼主義、規矩，只要解決自己經濟問題就是好，比如，本書前面已經說到過，1926年底他離開楊森那裏時就以考察名義哄了楊森一筆錢；1927年南昌暴動前，朱德又以收編軍隊的名義騙了朱培德一筆錢。朱德這種實

用主義思維也用在了解決延安經濟困境上面，從而拯救了延安和中共中央。

朱德馬上注意到了陝甘寧邊區有五個鹽池，而週邊地區則缺鹽，認為是「千載難逢的機會，不可錯過」，敏銳地意識到「定邊鹽池為陝北經濟策源地」，決定「先從鹽下手」，「我們下緊急令，派軍隊全體動員，首先從鹽井來衝鋒」。這意味著朱德改造了中共。以前中共自己不做生意，一般是為了根據地物資和資金需要容許商人販運，朱德則把中共改造成了一個抓住經濟根本進行專營，並從事壟斷性工商業的政黨。從這一點說，朱德實際上是中共第一個經濟專家，之前中共只有財政專家。朱德這一決策之後，鹽務馬上成為了延安的第一財源。

朱德這一決策已經包含了將非作戰軍隊生產化的理念，一方面可以繼續保持足夠的兵力，一方面則可以讓他們不只是吃飯，而且也能形成經濟產出，而這種壟斷性經濟產出對於「國民經濟」結構來說又具有關鍵性的意義。1941年春夏之間，朱德進一步把軍隊向生產化方向進行轉變，親自考察、選擇和決定了在南泥灣進行軍屯，把王震的三五九旅整個都投了進去。軍屯是中國古代的傳統，就延安地區來說，實際上早在漢朝時就實行了軍屯，那時延安是中國西北要塞，漢朝在延安實行了駐軍的軍屯制度。朱德恢復了這種制度，後來建國後這種制度成為了中共非常重要的軍事制度之一。

南泥灣生產的農副產品品種很多，從糧食到菜蔬到豬羊以及深加工的豆製品等，但是，一個旅的生產至多也就緩解一下中共中央的供應，很難徹底地解決延安的財政問題，朱德不應該不知道這一點。事實是，到了1943年初的時候，延安的財政問題就徹底解決了，除了鹽務以外，南泥灣起了關鍵性的作用，這也是南泥灣在中共歷史上一直被高度評價的原因。南泥灣開始墾荒是1941年初夏，陝北是個緯度比較高的地方，一年也就種植一季，怎麼可能解決延安財政問題呢？現在越來越多的研究者已經證明中共在延安種植了大量罌粟，並進行了一定

規模的鴉片貿易。張戎在她的《毛澤東：鮮為人知的故事》裏用了專門章節描述「革命的鴉片戰爭」，大致說來是正確的。由於政治影響上的問題，延安種植罌粟不可能讓老百姓廣泛進行，必須要祕密種植，而能夠保證祕密種植的最好途徑就是在本就荒無人煙的南泥灣實行軍屯。

當時中共有權力決定種植罌粟的，只有朱、毛兩人，其他人根本沒有這個權力。在朱、毛兩人之間，毛澤東還沒有完全實現徹底的獨裁，不肯開「七大」，正試圖用整風運動完成這一過渡，不會願意落把柄在其他政治家手上，因此，應該是朱德作的這一決策。在戰爭年代把一支重要的軍隊拉去搞南泥灣，如果朱德只是為了解決點農副產品，顯然是可笑的。王震三五九旅幾乎是蕭勁光八路軍留守兵團唯一的野戰主力，其他部隊基本都是一些警備旅、團，朱德把這樣一支部隊用於軍屯，如果不是進行財政「決戰」，是不會這樣做的。鹽務只是緩解了延安的財政，並不能徹底解決財政問題，種植罌粟則能夠徹底解決這一問題。在南泥灣屯墾的第二年即1942年，鹽務就從第一財源變成了第二財源，鴉片則成了第一財源。朱德作出這樣一個決策是完全符合他個人特徵的：一，以他當時在中共特別崇高的地位、實力和威望，但又不爭奪政治最高領袖，朱德進行這樣的決策沒有哪個政治家願意因此而指責他、得罪他，與他進行衝突；二，這完全符合朱德進行總體戰的思想；三，朱德曾是鴉片煙鬼、滇軍軍閥，是中共領袖層中最熟悉鴉片問題的人；四，朱德一貫注重先解決眼前吃飯問題，把後勤、生活和財政看成是軍事的基礎甚至是軍事的目的，這也是井岡山時期朱德與毛澤東發生矛盾的重要因素之一。

「毛澤東思想」

有了朱德的撐腰，1941年初皖南事變不久，毛澤東組織在延安的高級幹部一百二十餘人學習馬克思列寧主義的有關著

作和中共歷史文件。1942年5月作為塔斯社記者實際是共產國際聯絡員派到延安的彼得‧弗拉基米洛夫，在他1942年8月6日的日記記道：中共「七大」「原來預期大會會早些召開，但是以新四軍被擊潰為藉口而推遲了」。5月，毛澤東在幹部會上作〈改造我們的學習〉報告，提出反對主觀主義的任務，標誌了延安整風正式開始。但這時候的整風與後來以整人為目標的整風不同，在範圍上很局限，主要是在延安的中共高級幹部範圍，名義上是學理論，提高理論水平，內在是毛澤東試圖讓中共高級幹部意識到他代表了正確路線，從而爭取人們在隨時可能不得不開的「七大」上支持自己。這時候的整風毛澤東是以承認王明為代表的不同政見存在並具有強大競爭力為前提的，也就是說，毛澤東還不是想對王明打殲滅戰，只是想利用皖南事變爭取更多人支持自己，以保證自己獲得優勢。

但是，形勢很快就變化了。1941年6月22日凌晨4時，德國突然大規模閃擊蘇聯，蘇聯紅軍幾乎不堪一擊，最後在史達林不顧巨大損失的強行反突擊命令下，才在夏秋之交把德軍阻擊在列寧格勒、莫斯科、基輔一線。中共實際是一個依附於蘇聯的武裝化政治集團，其內部的變化與蘇聯的變化緊密相關，蘇聯的這種慘狀自然就影響到了中共內部的權爭，具體說來就是毛澤東與王明之間話語在中共內部的影響力對比，從而也就是他們政治力量的對比。雖然蘇聯間諜佐爾格早在中國發生盧溝橋事變後，即陸續報告莫斯科日本無心進攻蘇聯，但這種情報證明的僅僅是一種傾向，並沒有絕對的意義，防止日本進攻始終是蘇聯所不能鬆懈的，特別是在德國進攻蘇聯得手之後，如果日本再從遠東進攻蘇聯，兩面作戰的蘇聯就沒有後方，將是滅頂之災，因此，蘇聯更希望著中國能夠積極抗日，以牽制日本，這種態度自然也會落實到中共頭上，要對中共強調統一戰線與積極抗日問題，從而，王明就具有著政治正確性。但是，毛澤東在表面上把統一戰線和積極抗日對國民政府和蘇聯鼓吹得非常漂亮，實際則是相反，王明卻不能將毛澤

東實際上的全力發展中共、消極抗日公開化，這種中共內部的分歧畢竟只能在內部解決，毛澤東這種兩面手法使王明處於十分不利的地位。如果中共內部有一批人支持王明，王明便可以與毛澤東平分秋色，甚至像在抗戰初期那樣佔據優勢，但皖南事變幾乎使王明眾叛親離，一下子處於了孤立狀態，而蘇聯在德國的閃擊下失利更使王明雪上加霜，因為，蘇聯的失敗已經使莫斯科沒有過多的精力具體干涉中共，中共實際上已經轉入了莫斯科「失控」時期，毛澤東不再需要過多顧及莫斯科的權威，他自己的野心第一次得到了真正釋放的機會。

毛澤東野心釋放的集中體現是「毛澤東思想」的提出和作為一種思想專制體系的確立。但這並不是毛澤東單方面的事情。這方面的根子還是在蘇聯，再進一步，則又跟西方文化和馬克思主義文化有深刻的關係。

西方文化從神學時代轉向科學時代的過程中，在科學主義的旗幟下，對神學的崇拜演變為了對科學的崇拜，對耶穌等神學人物的崇拜演變為了對世俗領袖的崇拜，這些崇拜在日益滋長的民主精神之下，形成為了一種多角色和多對象崇拜現象，即一個人可以崇拜多個對象，而這些對象可能是互相有著衝突的。到了現代，由於廣泛的民主意識，幾乎人人都擁有被他人崇拜的機會，也可以崇拜無數個對象，甚至這種崇拜可以僅僅只是一瞬間的，並不需要完全服從於理性的統一和持久。在這樣一種崇拜文化裏，任何人和任何思想都不具有實際的排他力。在馬克思、恩格斯的時代，一方面，他們宣稱自己的學說是一種科學，而且是人類有歷史以來第一個成為科學了的哲學社會學體系，狂妄地排斥了其他理論的「科學性」；另一方面，他們和他們的理論並不能實現這種絕對排他，他們只是共產主義思想家群裏的兩人，他們的理論只是共產主義理論中的一種。第二國際是一個過渡，在馬克思主義信徒裏馬克思、恩格斯已經越來越成為至高無上的崇拜對象，但即使這樣，由於馬克思、恩格斯本人主要來說只是思想家，而不是政

治活動家，因此，在他們從事共產主義運動的信徒們眼睛裏仍然是有著多個被崇拜領袖的。列寧時代形成了一次重要的轉折，列寧按照他的「列寧主義」分裂了共產主義運動，將不符合列寧主義的馬克思主義者徹底地排斥了出去。也就是說，列寧實現了馬克思主義崇拜文化的單一化。由於這種單一化，共產黨人的崇拜熱情就被引導到了集中的方向。即使這樣，在列寧的時代，除了列寧以外，被人們崇拜的還有托洛斯基等一批蘇維埃領袖，共產黨國家還處於多領袖崇拜階段。史達林則進一步實現了轉折，透過對托洛斯基等人的打擊和消滅，將崇拜徹底集中到了自己一個人身上，也即使多領袖崇拜的共產黨國家轉變為了一元領袖的崇拜。由於共產黨是一個來源於某種哲學社會學體系的政黨，其行為的自為合法性不是來源於現實的世俗民眾，具有一種半宗教組織傾向性，所有被崇拜的政黨領袖都必須要獲得精神教父地位，這種地位又反過來鞏固其被崇拜領袖地位，因此，共產黨的領袖就必須要成為「思想家」，擁有自己的「主義」。在蘇聯，是從列寧主義演變為史達林主義。

中共作為一個附屬性的政黨，只能隨莫斯科的崇拜形勢而進行崇拜，但民族主義情緒則又對這種崇拜進行著頑強抵抗。陳獨秀本是個精於小學的學問家，他只是以正確或不正確、對莫斯科聽命或不聽命為中共行動準則，並不接受莫斯科的崇拜熱情，這正是他晚年能夠對史達林主義進行批判的基礎所在。李大釗一開始介紹馬克思主義的時候，是夾雜著一些懷疑性和否定性批評的，中共成立後主要來說是成為了一個堅定的行動者，並沒有推動中共內部的崇拜風氣。中共的崇拜風氣萌芽於紅軍早期，也即是當中共以自己的身份與農民結合時，一些紅軍首腦和英雄在所影響的農村範圍開始自然出現了崇拜現象。這種崇拜現象與莫斯科無關，而是根源於中國固有的兩種文化，一是比較原始的多神崇拜，一是把活人半神化、玄奇化的英雄文化、俠客文化、好漢文化，總體上說，是

大雜燴式的蒙昧的神化傾向的崇拜。在中共人物裏，朱德早在1910年代中期時，就已經是中越邊境雲南叢林中這樣的一個被崇拜人物。紅軍早期中共出現的被崇拜對象最著名的是「朱毛」。這種蒙昧性的崇拜在青年蘇聯幫掌握中共權力之後，與蘇聯的崇拜形式發生了衝突，結果，「朱毛」的「毛」被剃掉，只剩下了「朱」仍然是神祕化人物。但既然中共已經萌芽崇拜，崇拜的趨勢也就難以抑制，其最後的結果就是必須要承認中共有著自己的被崇拜的領袖。由於朱德的神性任何人都難以撼動，因此，機智的毛澤東始終注意著維護「朱毛」這個中共最大的品牌，而中共其他政治領袖的困境是不擁有這樣的品牌。朱德的被崇拜在當時並不能傷害到毛澤東，而只能對毛澤東有利，因為，人們對朱德不是作為黨的領袖崇拜的，而是作為軍隊的總司令崇拜的，這在中共只是次一級的崇拜，更高一級的帝王之椅還空著。

按照蘇聯的崇拜傳統，毛澤東製造崇拜必須要從思想上著手，設法把自己打造成中共最大也最正確的思想家。中國蒙昧主義的崇拜對當時的毛澤東沒有幫助，毛澤東需要的是蘇聯式的崇拜，而熟悉這方面的無疑是蘇聯幫人，因此，毛澤東充分利用了已經忠誠於他的蘇聯幫人員。1941年3月，張心如在延安《共產黨人》雜誌上發表文章〈論布爾什維克的教育家〉，提出了「毛澤東同志的思想」，並定義為「是馬列主義與中國革命實踐結合典型的結晶體」。張如心，曾是國民黨員，1926年赴莫斯科中山大學學習，1929年回國，1931年編著了《哲學概論》一書並加入中共，當時是延安的一名教員。這篇文章發表後，毛澤東很快把張心如調到自己身邊當了祕書。1942年2月18、19日，張心如進一步闡述了「毛澤東的思想」，在《解放日報》上發表〈學習和掌握毛澤東的理論和策略〉，指出「毛澤東同志的理論和策略正是馬列主義理論和策略在殖民地半殖民地半封建社會中的運用和發展，毛澤東同志的理論就是中國馬克思列寧主義」，分為思想路線或思想方

法論、政治路線或政治科學、軍事路線或軍事科學，「這三個組成部分內在有機的統一便構成毛澤東的理論和策略底體系」。這樣，所謂毛澤東思想的定義和框架就全部勾勒出來了。按照張心如的這一勾勒，毛澤東就完全可以與列寧、史達林並肩了。

不管張心如怎麼寫，毛澤東仍然存在著兩個障礙，一是張心如這樣的理論槍手畢竟不熟悉所謂的思想路線或思想方法論、政治路線或政治科學、軍事路線或軍事科學，實際上，雖然共產黨是世界上在理論方面投入最大的政黨，但至少從史達林之後就沒有了真正的理論，一切所謂的理論都不過是由領袖們掌握的，張心如只能完成邏輯勾勒，並沒有能力填充內容，相關的內容必須要由相關的領導人才能填充；二是必須要得到其他領導人的認可。據王明在《中共五十年》中回憶：「從1941年9月起，毛澤東在同一些政治局委員的個別談話中常常提到他想建立『毛澤東主義』的問題。此類談話，毛澤東同我進行過多次。」在與王明這樣一個政敵進行談話時，毛澤東很坦率，說了他要弄一個「毛澤東主義」的目的就是為了個人權力和對中共進行統治，他說：「一個領導人如果沒有自己的『主義』，他在生前就可以被別人推翻，而在死後他甚至會受到攻擊。如果有了『主義』，情況就不同了。你看，馬克思有馬克思主義；第二國際分裂成了許多派別，但誰都不敢出來反對馬克思和馬克思主義。列寧有列寧主義；第三國際和聯共（布）黨內也有不少組織和派別，可是誰都沒有出來公開反對列寧和列寧主義。孫中山有三民主義；國民黨內儘管一片混亂、派別林立，可誰都不敢出來反對孫中山和三民主義。如果我不建立自己的『主義』，即使黨的七大選舉我當了黨中央主席，人們也可以把我推翻。」毛澤東這段話也充分說明了，他建立對自己的個人崇拜的直接來源正是馬克思主義和蘇聯的崇拜文化，兼以參考了國民黨對孫中山的崇拜文化。

問題在於，孫中山的三民主義主要來說只是一種政治主張和思想，並不是一個包容一切的理論體系，而毛澤東所要搞的則是一個由哲學、政治、軍事三個部分組成的「科學」，毛澤東本人根本沒有這樣的能力完成它，其中最困難的是哲學和軍事學兩個部分，這兩個部分都涉及到了非常專業的知識。在政治學方面，毛澤東後來根據中國社會演變的實際和中共立場，弄了一個〈新民主主義論〉，不管怎麼說，這也算是一種政治思想了。在哲學方面，毛澤東在一幫秀才槍手的幫助下，弄了〈實踐論〉和〈矛盾論〉，這兩篇東西作為學習馬克思主義哲學的體會文章來說是非常不錯的，但從哲學專業角度說，其學術含量實在太低，在體系性和邏輯嚴密性上還不如整合別人成果的史達林，更不用說跟馬克思、恩格斯、列寧相比了。在軍事戰略方面，毛澤東是個有天才的人，他也正是由於這一天才才逐步戰勝了周恩來、張國燾等政治家，但是，軍事戰略只是軍事學的一個部分，而且毛澤東對現代戰爭幾乎毫無知識和經驗。軍事問題與哲學問題完全不同，不是找幾個秀才就可以湊和的，「槍手」既要有豐富的軍事學修養，而且還要熟悉「朱毛」戰史和內幕，更重要的問題是朱德卡在那裏，誰都知道絕大多數仗都是朱德打的，即使在軍事戰略方面，在「朱毛」中毛澤東也有一個從不懂到懂的過程，要弄一個毛澤東軍事思想出來，既要朱德作出明確的退讓，也要得到朱德的承認和肯定，更只有朱德才能夠進行「闡述」。實際上，直到延安整風階段，凡是毛澤東獨立進行決策並指揮的軍事行動，慘不忍睹的情況占了很大的比例，比如就最近來說，西路軍和新四軍軍部的被全殲，都可以說是毛澤東單獨進行決策和指揮的「傑作」。

　　張心如1942年2月提出毛澤東思想三個組成部分的文章，對朱德來說毫無疑問是毛澤東的一個強烈暗示，但朱德並沒有把這一手接過來。還在1941年9、10月間的政治局擴大會議上，在延安的一些中共要人就進行了一些表態，陳雲稱「毛主

席是中國革命的旗幟」，王稼祥稱「過去中國黨毛主席代表了辯證法」，李維漢稱「毛主席——創造的馬克思主義之模範、典型」，只差沒直白說出一個「毛澤東思想」或「毛澤東主義」來了，但朱德保持了沉默。

　　1941年12月7日日軍突襲美國珍珠港海軍基地，重創了美國海軍，隨後美國對日宣戰。珍珠港事件的大贏家是蘇聯，蘇聯從此徹底解除了對遠東的顧慮，獲得了穩固的後方。中國是第二次世界大戰中最早進行抗戰的國家，對日本幾乎是處於單獨作戰的困境中，珍珠港事件終於使中國擺脫了這種困境，因此，中國也是個大贏家，當時在重慶的國民政府官僚們一片喜氣洋洋。但是，珍珠港事件最大的贏家是中共，中共中的最大贏家則是毛澤東。就如策劃和發動偷襲珍珠港的日本聯合艦隊司令山本五十六自己所承認的，對美軍的偷襲只能使日本保持一年的優勢。這種無法獲得持久利益的行動全世界的人都可以認識到，也就是說，如果日本不能依靠所獲得的短期優勢徹底擊敗美國，日本就將必然戰敗，而日本偷襲珍珠港的目的卻又恰恰不是到美國本土去徹底擊敗美國，日本也根本做不到這點，日本在中國持久作戰而不能最終戰勝中國的事實也證明了日本在亞洲進行全面戰爭的能力是有限的，因此，偷襲珍珠港之後，日本的最終戰敗已經是被注定，這個日子的到來不過就是個時間問題了。在這樣的大背景下，莫斯科對中共進行積極抗日的壓力也就急劇降低，實際上也已經不再使用共產國際的名義對中共進行指令性控制，莫斯科與中共之間越來越處於了一種「聯絡」性關係狀態，這樣，中共和毛澤東第一次從莫斯科的壓迫下有了「解放」的感覺。日本失敗局面的明朗化使中共的戰略目標有了根本性改變，中共徹底拋棄了積極抗日，轉變為了消極抗日，以迎接日本戰敗、與國民政府爭奪中國政權為基本目標。這種情況使毛澤東的主張在中共獲得了進一步的認可，徹底鞏固了毛澤東的獨裁地位。珍珠港事件之後，所有與日本進行對抗的國家都進入到了更積極抗戰的階段，而中共

則成了高喊口號、拼命發展自己的逍遙派。彼得·弗拉基米洛夫在他1942年10月25日的日記記道：「一比較材料就十分令人沮喪。八路軍方面沒有任何積極的軍事行動！更有甚者，軍事行動都被嚴厲地禁止了。中共領導人還在做出要打日本人的樣子欺騙莫斯科。」在這種情況下，朱德失去了重返前線的可能，因為，消極抗戰已經不需要他這個總司令上前線去指揮了。不僅如此，中共在前線的大批高級軍政人員也已經沒有了一定要待在前線的必要，因此，毛澤東開始不斷地將前線的高級軍政人員召回延安，對他們進行「整風」。毛澤東贏取「七大」已經毫無懸念，他現在要的是徹底的獨裁和「毛澤東思想」了。

1942年7月1日，已經無法阻擋毛澤東強化獨裁趨勢的朱德終於表態，他在《解放日報》上發表文章〈紀念黨的二十一年〉，說「今天我們黨已經積累下了豐富的鬥爭經驗，正確的掌握了馬列主義的理論，並且在中國革命的時間中創造了指導中國革命的中國化的馬列主義理論」，提出「我們黨已經有了自己的最英明的領袖毛澤東同志。他真正精通了馬列主義的理論，並且善於把這種理論用來指導中國革命步步走向勝利」。朱德這一表態是十分謹慎的，他強調了黨的實踐問題，從而就把「中國化的馬列主義理論」的形成建立在了中共集體基礎上，毛澤東則是這個集體在實踐中形成的「最英明的領袖」，而這種「理論」是一種實踐性的東西，歸根結底還是馬列主義的中國化運用。朱德實際上為中共後來的其他領袖討論「毛澤東思想」在關鍵性要點上定了調，既承認了毛澤東思想，也對毛澤東進行了很大限制。但是，朱德定的這個調後來一直到文革後才被中共真正接受，劉少奇、王稼祥、周恩來很快就突破了朱德對毛澤東的限制內涵，用毛澤東個人覆蓋掉了中共集體。1943年7月4日，劉少奇發表火藥味濃厚的〈清算黨內的孟什維主義思想〉，提出「一切幹部，一切黨員，應該用心研究二十二年來中國黨的歷史經驗，應該用心研究和學習毛

澤東同志關於中國革命的及其他方面的學說，應該用毛澤東同志的思想來武裝自己，並以毛澤東同志的思想體系去清算黨內的孟什維主義思想」，這就是否定了黨的集體，把毛澤東個人的思想作為了一種絕對標準，並進行黨內的思想鬥爭，完全突破了朱德用心良苦的限制性基調，把毛澤東徹底推上了神壇。與劉少奇幾乎同時發表的7月5日王稼祥文章〈中國共產黨與中國民族解放的道路〉，從更理論化的角度對「毛澤東思想」進行了明確和定義，王稼祥認為「中國民族解放整個過程中——過去現在和未來——的正確的道路就是毛澤東同志的思想，就是毛澤東同志在其著作中和實踐中所指出的道路。毛澤東思想就是中國的馬克思列寧主義，中國的布爾什維克主義，中國的共產主義」，王稼祥把所有與毛澤東相左的黨內不同觀點稱為「共產黨內部錯誤思想」，但王稼祥對這種明顯違背基本理論思維的言辭有點心虛，因此留了個「這個理論也正在繼續發展中」的尾巴。毛澤東對朱德的說法保持了沉默，劉少奇、王稼祥的文章一出來，毛澤東便連忙把他們的文章作為幹部甚至群眾的學習資料，要求進行學習，也就是說，毛澤東要做到所有人都認可這種以他為唯一正確和是非標準鼓吹，徹底打擊和消滅中共黨內不同意見了。幾天後，1943年7月16日，周恩來從重慶一回到延安，就表了與劉少奇、王稼祥實質一致的態，在遵義會議後再次喊起了口號：「我們黨二十二年的歷史證明：毛澤東同志的意見，是貫穿著整個黨的歷史時期，發展成為一條馬列主義中國化，也就是中國共產主義的路線！」「毛澤東同志的方向，就是中國共產黨的方向！」「毛澤東的路線，就是中國的布爾什維克的路線！」

史達林格勒保衛戰和共產國際解散

在1942～1943年的過程中，有兩件事對中共和毛澤東形成了重大影響。一件事情是史達林格勒保衛戰。1942年德軍取

得了夏季勝利後，在蘇德戰場進一步從南翼實施重點進攻，希望攻佔高加索和史達林格勒，如果德軍再次獲勝，就可以南出波斯灣、黑海地區，獲得足夠的石油等資源，北則完成了對莫斯科的戰略包圍，蘇聯的敗局就可以基本決定，因此，史達林在7月簽署了「不准後退一步」的死命令，德、蘇之間在史達林格勒形成了戰略決戰的局面。蘇聯在戰爭初期的失敗對毛澤東擺脫莫斯科束縛有利，但是，如果蘇軍徹底失敗，對中共來說將失去靠山，幾乎是個滅頂之災，從而對毛澤東個人來說也等於是滅頂之災，因此，德軍進攻史達林格勒在延安引起了一片恐慌。彼得·弗拉基米洛夫在他1942年8月6日的日記記道：「延安發生的每一件事使我確信，中共領導層內的祕密政治活動進入了新階段，由於世界大戰和蘇聯處境困難，共產國際的作用削弱了，這對這種政治活動起了刺激作用。」彼得·弗拉基米洛夫在他1942年10月30日的日記記道：「毛澤東及其追隨者低估了蘇聯的軍事力量，過高估計了德國人的軍事成就。因此，他們得出了蘇聯可能會戰敗的結論，從而拒絕由八路軍和新四軍對日作戰；他們暗示，他們的觀點又再一次證明，不惜一切代價保存實力的理論是正確的。看來，甚至是不惜背信棄義。」毛澤東對蘇聯失敗的估計和恐慌更刺激了他的消極抗戰態度，而且這種情緒和態度也為中共所普遍接受。但有一個人不接受，那就是朱德。

朱德在對史達林格勒保衛戰的判斷上，再次顯示出了卓越的戰略眼光。彼得·弗拉基米洛夫在他1943年6月22日的日記裏感歎：朱德「在軍事方面是何等地有能力啊」！1942年，朱德組建了一個由原國軍將校為主的軍委高參室，高參室又組織了一個戰略研究會，每周六進行一次戰略戰術討論會，朱德指示他們深入研究蘇聯衛國戰爭，他自己也經常親自參加討論會。朱德對整個蘇聯衛國戰爭的判斷是蘇聯只要再堅持一、二年就可以獲取勝利，對史達林格勒保衛戰朱德更是分析出蘇聯會贏。由於高參室有人堅持反駁朱德觀點，史達林格

勒保衛戰結束後，一些人主張處分當初堅持反駁朱德意見的人，被朱德阻止了。朱德是中共公認的軍事權威，他的這種判斷即使當時不能改變大家的恐慌情緒，但至少使大家在與莫斯科相關的問題上有所收斂。

但是，即使蘇聯贏得了史達林格勒保衛戰的勝利，另一件莫斯科方面的事卻是成了中共劃時代的事件，使毛澤東徹底擺脫了對莫斯科的顧忌。1943年5月15日，共產國際執行委員會主席團作出了〈關於提議解散共產國際的決定〉，5月22日向全世界公佈了這個決定，6月10日，共產國際執行委員會決定共產國際正式宣告解散。第三國際實際上是蘇聯為了聯合各國共產黨對抗衡和牽制協約國而創建的，因而在第二次世界大戰中已經失去意義，史達林為了向美國和英國示好，便解散了這個組織。共產國際的解散對中共來說是個蛻變，意味著中共不再是一個依附性的支部級政黨，而成為了一個完全獨立的政黨，中共與莫斯科之間不再是服從與被服從的關係，而成了一種「平等」關係。這一蛻變使王明等人徹底失去了靠山，即使蘇聯幫的人內心本來還存在著將來獲得莫斯科支持的想法，現在也都只能是蕩然無存了。

「搶救失足者運動」和中共「七大」

共產國際的解散是一個劃時代事件，也使毛澤東的延安整風發生突變。現在，莫斯科的約束已經失去，毛澤東從來沒有過地肆無忌憚了起來。上述劉少奇、王稼祥、周恩來對毛澤東的極端化鼓吹都是出現於共產國際解散之後，可見中共高層普遍都認識到了其中的意義，並普遍感覺到了一種恐怖。雖然1943年4月毛澤東發布〈關於繼續開展整風運動的決定〉，要求對全黨幹部進行一次認真的組織審查，但是並沒有真正展開，1943年7月，總學習委員會副主任、中共中央社會部部長康生在延安幹部會上作了動員報告，正式掀起了所謂「搶救失

足者運動」。「搶救失足者運動」實際上是毛澤東1930年在江西殺所謂AB團的翻版，但在操作上進行了「改進」，是以洗腦為主，人身消滅為次。在表面上，延安整風及其「搶救失足者運動」比殺AB團要文雅得多，但所造成了精神恐怖則更加深刻。殺AB團存在一個是不是AB團的問題，必須是要被懷疑並有了「證據」之後才可以殺，而延安整風及其「搶救失足者運動」則已經不需要這樣囉嗦。延安整風本身面向的是除毛澤東本人以外的所有人，其設定的前提是所有人都犯過錯誤，從而必須要進行檢查乃至受批判，最終歸到向毛澤東表達忠誠的根本點上。「搶救失足者運動」面向的是中、下級幹部和群眾，特別是知識份子，凡是屬於這個範圍的，就都是屬於「失足者」，而作為「失足者」就可以殺掉，但很顯然不會把所有中、下級幹部和群眾、知識份子都殺光，肯定只能殺少數人，具體某個人到底殺還是不殺，命運完全掌握在毛澤東、康生以及彭真手上，但他們在表面上把命運掌握權交給「失足者」自己，聲稱「懲前毖後，治病救人」，態度好的不殺，態度不好的才殺，那麼，怎麼樣才叫態度好呢？最終就是要人從靈魂深處成為毛澤東徹底的奴才。

「懲前毖後，治病救人」是中共歷史上最荒唐、最恐怖但至今沒有被大多數人認識的口號之一。它的荒唐在於，一個本來很健康的人必須要承認自己有病，然後心甘情願地接受治療，而且還要牢記以後別再生病了。它的恐怖在於，是把刑法與醫療混淆在了一起，用人道主義偽裝嚴刑峻法，然後要受懲罰者感謝對他進行懲罰，歌頌嚴刑峻法者實行的是所謂「革命人道主義」。毛澤東在江西殺AB團的時候，朱德不便明確反對，因為那時毛澤東及其劊子手們可以拿出所謂的口供和「證據」，這一次實在太荒唐，朱德予以了明確的反對。彼得・弗拉基米洛夫1943年7月15日的日記記錄了一個會議：楊家嶺召開了一個一千多名中共黨員參加的會議，彼得・弗拉基米洛夫也應邀參加，可見這個會議中共已經作了充分準備。會

議由彭真主持，先由十二個所謂的「特務」上台坦白，「他們講了他們的活動，聽起來大多是愚蠢的和幼稚的。他們懇求寬恕，發誓說要在毛澤東領導下，在八路軍中忠實工作」。彭真說，國民黨特務凡屬坦白認罪的，都將予以釋放，「只要他們不怕認罪，不怕向特工部投案自首」。康生接著彭真發言，「他咬牙切齒，發了瘋似地揮手叫囂：『你們十分清楚，你們有很多朋友被捕了！等你們一離開這個禮堂，就會發現你們之中又有很多人失蹤！要是今天在這裏參加會的許多人明天被關起來，你們不要大驚小怪。』」康生說：「你們所有在這裏的人都是替國民黨做特務！」就在彭真準備宣布會議結束的時候，朱德走上了台，用平靜的口氣質問彭真：「你的意思是不是說，開過會後，我就該不再信任我的朋友和戰友了？」「這是不是說，從現在起，我就該擔心自己被捕，或等著看我的朋友被捕？你怎麼竟敢用這種方式來對待黨的積極分子？對待黨的優秀分子和骨幹？」十個彭真或康生加起來，在當時也沒有能力傷害朱德一根毫毛，但他們不過是鷹犬，背後是獨裁者毛澤東，朱德在千人大會上這樣做是需要極大勇氣的，這也說明了朱德已經憤怒到了極點。

事實上，當時公開站出來明確反對所謂「搶救失足者運動」的，在延安只有朱德一個人，也只有他有實力這樣做。朱德的反對是強大的，「搶救失足者運動」成了個事實上的短命運動，大面積抓人在1943年7月僅僅維持了半個月左右就不得不結束，7月30日毛澤東批示停止了「搶救運動」。實際上，所謂「搶救失足者」作為運動的壽命只有半個月左右，但之前、之後斷斷續續的零碎行動是存在很長時間的，它是延安整風中執行恐怖政策的基本手段。朱德分工負責的是中央機關整風、審幹運動，他基本採取了敷衍態度，當時的中共中央軍委高級參謀室高參童陸生晚年對此仍念念不忘，說朱德負責的王家坪中央機關沒有死過一個人。特別是高參室，大多本是國軍將校，如果一抓「特務」，個個都貨真價實，後果將慘不忍

睹。童陸生說：「記得當時高參室副主任白天，曾在南京陸軍大學畢業，當過軍閥劉戡所部的參謀長，有人懷疑白天是混進來的軍統特務，提出要公開批鬥。黨組織指定我查看了他的全部檔案材料，我認為：說白天是混進來的特務，查無證據。一天，我正準備找朱總司令彙報去他住的窰洞路上，遇上了朱總司令。朱總司令聽了我們的彙報後，立即指示說：不能幹，不能開會批鬥白天。白天當時思想也很苦惱，寫了三首詩貼在窰洞門口，詩的大意是表明自己，投靠共產黨投奔革命，不是為了當官。朱總司令看了白天的詩後，給他和了三首，詩的大意是：相信白天、歡迎白天投身革命。這樣，白天就打消了思想顧慮。大家一看朱總司令對白天表了態，也就不再提出要開大會批鬥的事情。」實際上，高參室這樣一個「重災區」朱德只是開了一個晚上會讓大家裝模作樣發點言就算交差過關了。朱德負責的王家坪在延安整風期間，簡直就是一個世外桃源。

朱德這種反對、抵抗的態度，毛澤東只能裝著不知道。彼得·弗拉基米洛夫1943年12月19日記道：「朱德是一個不妄自菲薄的人。他總是那樣心平氣和，冷靜，表示友好。據我所知，他從不過分地斥責人（『批評』人）。他承認毛澤東的權威，但不阿諛奉承。另外，他在此同毛澤東並列為紅軍的締造者。兩個人的名字經常在一起出現。」實際上，朱德幾乎是延安唯一不拍毛澤東馬屁的人，而當時正被毛澤東整得快要死亡了的王明都不得不要拍毛澤東馬屁。朱德的地位、威望和實力使毛澤東對這個自己最長期的對手無可奈何，毛澤東想方設法的是要抽空朱德的權力。彼得·弗拉基米洛夫1944年2月3日記道：「最近毛澤東對我說，叫朱德幹實際工作，有點嫌年紀大了。」這應該是關於毛澤東利用朱德年紀大了的問題削弱朱德權力的最早文字記載。當時朱德不過五十八歲，根本還談不上「年紀大了」，所以，年紀問題很顯然是毛澤東用來對付朱德的藉口，而毛澤東把這意思跟彼得·弗拉基米洛夫說，是因為朱德是當時延安唯一可以與毛澤東一比高下的領袖，所以，毛

三十八 消極抗日與延安整風

澤東不過是想透過彼得·弗拉基米洛夫告訴蘇聯，中共實際上不存在第二個跟自己競爭的領袖。事實上毛澤東在百團大戰和皖南事變後已經努力架空了朱德的軍事決策權和指揮權，而朱德則仍然採取他從下面著手的老辦法對付，彼得·弗拉基米洛夫1944年7月29日記道：「朱德非常熟悉軍務，但不讓他管軍隊。軍事領導權完全集中在毛澤東手中。可是，朱德一直堅持設法瞭解中國前線的所有事情。他經常同前線官兵進行長時間的談話。」也就是說，朱德始終保持與前線軍隊的聯繫，密切掌握著全面的情況，鞏固著自己的基本勢力和影響力。

朱、毛在延安整風期間的這場彼此不露聲色的爭鬥，毛澤東當然是勝者，但朱德也不是敗者，畢竟，毛澤東既不敢直接挑戰朱德的權威，也無法擺脫對朱德的依賴。較之紅四軍時期，朱德的威望已經不只局限在軍隊，毛澤東不得不依賴朱德這種威望，而朱德的戰略決策能力和軍事指揮能力更是毛澤東所不得不要在以後的國共戰爭中所要依賴的。在毛澤東批判1940年以前八路軍的積極抗戰時，毛澤東明智地避開了對朱德的直接指責，而彭德懷等將領則只能為朱德背黑鍋，自己承擔下來。這在百團大戰問題上尤其明顯，由於這一戰役是八路軍最大的一次戰役，而朱德又沒有在前線直接進行指揮，所以毛澤東對進行具體指揮的彭德懷集中火力進行了批判，彭德懷只能忍氣吞聲，獨力承受，實際上最好的結果也只能這樣，如果雙方都把決策者朱德拉出來，大家就不容易收場了。在這樣的情況下，朱德也進行了自我檢討。彼得·弗拉基米洛夫1945年2月21日記錄了一次中共高層會議上朱德的檢討內容：「他說，他低估了毛澤東的軍事才能，因而錯誤地堅持要把中共的大部隊轉移到南方和東南各省去。由於毛澤東的及時指示才能化險為夷（防止了錯誤地選擇軍事活動的地區，把兵力分散為小部隊，等等）。毛再次起了救星的作用！朱德還說，他在重要的政治問題上犯有錯誤。他曾經希望全國革命爆發，其實，需要的是在農村逐步進行奪取政權的鬥爭。」朱德的這一

檢討是非常可笑和弔詭的,第一,他表面上承認了毛澤東的軍事才能,但實際仍然肯定了自己的軍事才能遠在毛澤東之上;第二,所講的兩個方面錯誤對瞭解內情的人來說,根本就是毛澤東的錯誤,正是朱德自己糾正了毛澤東這兩個錯誤。朱德說的前一件事情,實際就是指朱德率領八路軍東進太行山並再向河北、山東發展,這是朱德建立太行山根據地為中心的控制華北一億人口戰略,而向南方發展恰恰是毛澤東與項英的問題,朱德是在鞏固華北的情況下把八路軍向黃河以南滲透。朱德說的第二件事情,實際就是紅軍時期攻打大城市問題,這正是朱德一貫反對的,而毛澤東則有過兩次執行立三路線的問題,一打贛州,二打長沙。所以,朱德的檢討表面上是在否定自己,實際上是暗指了毛澤東的錯誤,一件溯到紅軍時期,一件則講會議上幾乎人人都清楚的抗戰時期。與其說朱德這是在檢討,不如說朱德是在警告毛澤東。

朱、毛兩人是真正的高手過招。極其聰明的毛澤東在延安整風結束時,不得不安撫朱德。1981年薄一波回憶道:「關於朱總的評價問題,在延安整風時,毛主席最後說,朱總是中國人民的領袖,偉大的戰士。」這樣,毛澤東就進一步拔高了朱德,朱德不再只是中共軍隊的領袖,而且更是全中國人民的領袖了。因此,當中共在「七大」正式開端掛領袖像時,自然就不得不同時掛上毛澤東和朱德兩個人的像,作為人們共同的崇拜偶像。在毛澤東這一姿態下,朱德自然也要進行回報,這種回報就是在中共「七大」上承認並為毛澤東闡述所謂的毛澤東軍事思想,也就是朱德所作的〈論解放區戰場〉報告,但即使這樣,朱德仍然在這篇報告裏強調了毛澤東的軍事思想是「代表」,並提到了周恩來等人的「貢獻」,而不是像劉少奇、周恩來等人那樣把毛澤東的思想說成是一種「唯一」的東西,並且特別需要注意的是,在毛澤東已經強烈批判和否定百團大戰乃至平型關戰鬥背景下,朱德明確肯定和全面讚揚了平型關戰鬥和百團大戰。

「七大」期間，聶榮臻特地將繳獲的一匹優良的日軍戰馬和一柄指揮刀貢獻朱德，這在軍人當中是一種最高等級的隆重禮物，等於表達了軍人們對朱德的特殊忠誠，極具深意，這正是朱德比之劉少奇、周恩來乃至毛澤東特別強大的地方。

三十九　決定性的內戰戰略布局

命令岡村寧次投降

抗戰結束時，中共軍隊已經達到一百二十萬人，民兵數量則是軍隊數量的二倍，所控制的人口就如朱德在抗戰之初設想的，達到了一億之巨，地區主要包括華東的蘇北、山東以及華北大部和西北一部，也就是說，中國二、三千年以來傳統的政治、軍事中心地區大部已經被中共所控制。很重要的是，這時候的中共軍隊與紅軍時期的裝備已經完全不同，紅軍時期裝備是萬國式的，而且最好的狀態下部隊也只有配備50%左右武器，並存在著彈藥嚴重短缺問題，八路軍、新四軍則不同，1941年後基本不再與日軍作戰，就抗日來說主要是進攻沒有戰鬥意志的偽軍，從而得到了大量日式裝備，同時消滅國軍的敵後抗日游擊部隊，中共稱為「頑軍」，因此，八路軍、新四軍成為了以精良的日式裝備為主、以傳統的雜牌裝備為輔的軍隊，擁有了自己的軍工廠，彈藥充足，部隊裝備的配備率基本達到了完整，尚短缺的主要是重炮、坦克、飛機。

當然，中共武裝相對於國軍來說，無論是數量還是裝備水平都仍然處於明顯的弱勢。國軍在抗戰晚期原有四百三十萬人左右軍隊，抗戰後進行了部分裁軍和整編，總數量減少為約三百六、七十萬人，武器配備和彈藥充足，擁有重炮、坦克、飛機和少量海軍，並有幾十萬完全美式裝備的建制師。但是，國、共之間的兵力和裝備差距在第三次國內戰爭全面開始時得到了很大縮小，解放軍的弱勢突然大大降低，關鍵即在於

解放軍迅速進入東北，不僅擴大了兵力，更得到了大量日本關東軍和滿州國偽軍的精良裝備，使中共擁有了大量重炮。

1945年5月，蘇軍攻克柏林，德軍正式向盟軍投降，第二次世界大戰歐洲戰場的戰爭結束。1945年8月，美軍獲得了太平洋戰場的全面勝利，8月6日和9日向日本廣島、長崎投下兩顆原子彈，準備進軍日本本土。8月8日，蘇聯政府對日本宣戰，向中國東北出兵。1945年8月10日，日本政府表示可以接受〈波茨坦公告〉投降，14日正式照會美、英、蘇、中四國政府。8月15日，日本天皇裕仁廣播發布「終戰詔書」，正式宣布日本無條件投降。9月2日，在停泊於日本東京灣的美國戰列艦「密蘇里號」上，舉行了日本投降的簽字儀式。9月9日，侵華日軍總司令岡村寧次代表日本大本營在南京正式簽字投降，中國抗日戰爭就此勝利結束。而在這同時，國共雙方則開始了一場受降競賽，實質上開始了國共內戰的預備期。由於日軍投降理應遵循國際法，而八路軍和新四軍並沒有得到國民政府授權，因此，日軍基本只能向國民政府和國民政府授權的中國地方政府和軍隊投降。中國受降日軍一百二十八萬餘人、偽軍一百四十六萬餘人，大多由國民政府和國軍接受。但是，日軍在中國的投降比較向美軍投降晚了一個星期，其中的原因與日軍侵華期間犯下的反人類罪行遠遠超過了希特勒，惟恐遭到中國軍隊和人民的殘酷報復，需要與國、共進行祕密談判。日軍全面收縮到城市，中國軍隊一時也沒有辦法對其殲滅性進攻。

中共方面，1945年8月15日由朱德簽署了〈命令岡村寧次投降〉的命令，這個沒有得到國民政府授權的命令岡村寧次當然不會接受，但這個命令卻是中共獨立向日軍發出的一個強烈威脅。1941年以後，國軍敵後游擊部隊完全處於了與日軍和中共軍隊兩面作戰的困境，而在新四軍方面，中共更是透過特工潘漢年與南京日軍司令部和汪精衛偽政府建立了合作打擊國軍游擊部隊的關係，相關的證據中共需要銷毀，彼得・弗拉基米洛夫1945年8月18日記道：「我無意間看到一份新四軍總部的

來電。這份總部的報告，完全清楚地證實了，中共領導和日本派遣軍最高司令部之間，長期保持著聯繫。」之後毛澤東知道彼得・弗拉基米洛夫獲悉了這個祕密後，找他當面進行了很多解釋，但彼得・弗拉基米洛夫還是在日記中稱之為「可恥的事情」。中共除了要解決這樣的問題，更重要的是利用日軍還沒有正式投降的機會「進軍」，彼得・弗拉基米洛夫1945年8月19日記道：「延安發布了祕密指示：消滅一切堅持向前推進的國民黨部隊。而且，不管在什麼地方，只要可能，就把他們從新占的地區趕出去。」這樣的結果，最後就是解放軍佔領了從蘇北、山東到華北的面，國軍最後就是得到了城市和交通線，從一開始就處於了被面圍困著的點與線境地。

「七大」實際等於正式承認了中共由兩個領袖領導，毛澤東是黨的領袖，朱德是軍隊的領袖，因此，「七大」之後朱德的軍權實際已經恢復。客觀上，這時候毛澤東也不得不把實際權力與朱德共用，這主要是由兩個具體問題決定的，一是中共山頭問題，一是國內外實際形勢問題。在「七大」期間，中共山頭問題成為了議論熱點之一。這時候所謂「山頭」，主要就是軍隊的山頭。朱德1940年前在前線時，雖然他帶去二萬五千人部隊發展為了四十多萬人，但由於受朱德直接指揮，山頭問題並沒有顯示出來。之後八路軍、新四軍從五十多萬人發展為一百二十萬人，原來職務、級別比較低的人手上也掌握了不少部隊，而前方黨、軍兩方面又是將近五年沒有一個令所有人信服的領袖，因此，山頭問題已經十分嚴重。要解決這個問題，沒有軍「神」朱德的權威進行具體介入是不行的。朱德很弔詭的是，一邊強調毛澤東的權威，一邊開始反覆強調黨的「一元化」領導，而他的「一元化」卻是指黨委集體，是一種黨、政、軍的領導集體。此外，到1944年底時，第二次世界大戰盟軍在歐、亞戰場的最後勝利已經徹底明朗，國軍從未有過地轉入了避免進行大戰役的狀態，以保存實力，儘量讓美軍在太平洋上消耗日軍有生力量，國內外戰略形勢極其複雜、微

妙，對中共來說如何判斷和決策利益重大，而毛澤東在這方面並沒有足夠的智慧，比如，關於蘇聯出兵中國進攻日軍問題，毛澤東處於既希望又懷疑的狀態，蘇聯出兵的話他又認為蘇軍和外蒙古軍會進攻華北，但朱德不僅認為蘇聯會出兵中國，而且認為會出兵東北消滅長期威懾蘇聯遠東地區的日本關東軍主力。朱德自我檢討時說「低估了毛澤東的軍事才能」，其中的潛台詞毛澤東不會不明白，真要全面開戰了，毛澤東並不能離開朱德。

大規模及時進軍東北

現在一般的史家都承認，第三次國內戰爭中共獲勝的關鍵之一是中共及時進軍了東北。1945年8月28日，毛澤東在美國駐華大使赫爾利和國民政府代表張治中陪同下，赴重慶與蔣介石談判，10月11日毛澤東才飛回延安。毛澤東離開延安後，中共中央由劉少奇暫時主持。8月29日劉少奇起草了〈關於迅速進入東北控制廣大鄉村和中小城市的指示〉。8月30日，朱德、劉少奇電告在重慶的毛澤東、周恩來，決定向北往東北發展，南面江南新四軍調到江北，向山東地區收縮。9月19日，劉少奇起草了給各中央局的指示電〈目前的任務和戰略部署〉，正式提出「全國戰略方針是向北發展，向南防禦」。根據這些文本和由劉少奇主持中共中央工作的情況，一些中共黨史著作把中共軍隊進軍東北的功勞主要按在了劉少奇頭上，認為是由劉少奇決策的這一英明戰略。毫無疑問，劉少奇作為主持中共中央工作的人是決策者，但他到底是不是真正的決策者呢？真正的人物並不是劉少奇，而是朱德。

在爭奪地盤這個問題上，進入東北地區並不需要什麼發明，國軍自然想要搶佔東北，佔據華北的中共就近東北，因此向東北發展也是很自然的。在8月14日中、蘇〈關於中蘇此次共同對日作戰蘇聯軍隊進入中國東三省後蘇聯軍總司令與中國

行政當局關係之協定〉中寫道：「一俟收復區域任何地方停止為直接軍事行動之地帶時，中華民國政府即擔負管理公務之全權。」可見國民政府是完全想到進軍東北問題的。中共方面，在「七大」上，毛澤東說：「我們要爭城市，要爭那麼一個整塊的地方。如果我們有了一大塊整個的根據地，包括東北在內，就全國範圍來說，中國革命的勝利就有了基礎，有了堅固的基礎。」毛澤東十分英明，甚至在「七大」上說：「要準備二十到二十五個旅，十五萬到二十萬人，脫離軍區，將來開到東北去。」在進軍東北這個問題的大方向上，朱德與毛澤東是一致的。但是，關鍵不在於想到，而是在於如何獲取東北。在如何獲取東北問題上，毛澤東等人比較遲疑、猶豫，而朱德則更大膽而機智，更顯示出他的戰略敏銳性。

在1945年8月10日日本政府表示準備投降的次日，朱德即向中共各地武裝連續發布了七號命令，其中第二號命令即是向東北進軍：「我命令：一、原東北軍呂正操所部，由山西、綏遠現地，向察哈爾、熱河進發。二、原東北軍張學思所部，由河北、察哈爾現地，向熱河、遼寧進發。三、原東北軍萬毅所部，由山東、河北現地，向遼寧進發。四、現駐河北、熱河、遼寧邊境之李運昌所部，即日向遼寧、吉林進發。」這個命令既是控制進入東北的門戶，又是深入遼寧，所使用的基本都是已經歸屬中共的原東北軍部隊，還不是向東北的全面進軍。當時中共進軍東北存在一個關鍵性的障礙，那就是蘇聯的態度還不明朗，朱德使用原東北軍部隊屬於「還鄉」，巧妙地繞開了相關的政治問題。8月11日朱德就發出這樣的命令，不會是一時的心血來潮，而是經過深思熟慮的。根據彼得·弗拉基米洛夫日記的記載，朱德判斷蘇聯將會出兵中國東北，是中共領袖中幾乎唯一與他始終保持良好關係的人，隨時跟他通報資訊，而毛澤東則十分猶疑，單方面希望蘇聯、蒙古出兵華北。朱德8月11日命令照顧到了毛澤東的想法，第三號令即是準備策應蒙古軍進入中國。蘇聯出兵以後，迅速擊垮了日本

關東軍，這完全出乎毛澤東的預料，他沒有想到蘇軍如此強大。8月14日，蘇聯與國民政府簽訂了〈中蘇友好同盟條約〉及〈關於中國長春鐵路之協定〉、〈關於大連之協定〉、〈關於旅順口之協定〉、〈關於中蘇此次共同對日作戰蘇聯軍隊進入東三省後蘇聯軍總司令與中國行政當局關係之協定〉等附件，彼得·弗拉基米洛夫說：「蘇聯政府關於不干涉中國內政的決定，引起了中共領導人的注意。」這也是毛澤東不得不下決心去重慶進行談判的重要因素。現在的蘇聯，已經不是共產國際時候的蘇聯，而毛澤東對王明、博古甚至洛甫的打擊和弄一個「毛澤東思想」出來，都已經成為了一種精神包袱。所以，向東北進行大規模發展萬一不符合蘇聯的意思，情況會很糟，毛澤東存在著很大的顧慮。但是，朱德則堅持要向東北發展，在8月23日討論毛澤東是否去重慶談判的中共中央政治局擴大會議上，朱德不僅主張毛澤東應該去重慶，認為毛澤東人身不會有問題，而且強調「東三省我們一定要去」。從毛澤東出發去重慶前始終沒有決定大規模進軍東北來看，毛澤東在蘇聯態度不明朗的情況下，並不敢下這個可能得罪已經是歐亞地區最強大國家了的蘇聯的決心，以至於中共浪費了半個多月的時間。

　　8月28日毛澤東的飛機一起飛，當天下午朱德就對一批幹部作了個報告，重點談東北問題。朱德認為：我們要積極向東北發展，東北大有文章可作，即使蔣介石也去了東北，頂多就是他占城市，我占農村。朱德針對蘇聯與國民政府簽定〈中蘇友好同盟條約〉，可能不會像過去那樣幫助中共的擔心和恐懼，指出：蘇聯三個月撤兵，中國要歸中國人自己管，東北要歸東北人管，我們當然可以管，條約上沒有規定不要我們去，不要我們管。朱德分析說：東北工業發達，又挨著蘇聯，不受夾擊，就是打退卻，也應該向東北退，退華北還不夠，現在要派五萬隊伍插過去，再派萬把幹部，將來還要去，這是很長遠、很鞏固的路，是長期艱苦的群眾工作，是爭

取三千萬群眾和我們在一起。朱德這個報告是中共領導人第一次全面闡述進軍東北戰略，他機智地鑽了國際法的空子，明確了東北問題很快就是一個中國內政問題，按照最壞的設想指出了東北對於中共的重大戰略意義，即使中共在國共內戰中全面失敗，只要有了東北，就仍然可以掌握三千萬人口和發達的工業。朱德把東北看成了中共最重要的戰略後方，並且在這個報告裏使用了自己的權威，強硬地作出了獨立的決定。

那麼，朱德為什麼會在一個普通會議上作出大規模進軍東北的決定呢？朱德有沒有權力作出這樣一個決定呢？毛澤東一上飛機，在延安，不管誰主持中共中央工作，朱德就實際成為了最高權威，等於是太上皇了。中共「七大」選舉產生了中央委員四十四人，候補委員三十三人。七屆一中全會選出毛澤東、朱德、劉少奇、周恩來、任弼時、陳雲、康生、高崗、彭真、董必武、林伯渠、張聞天、彭德懷十三人政治局委員，毛澤東為中央委員會、中央政治局主席，毛澤東、朱德、劉少奇、周恩來、任弼時為中央書記處書記，即中共歷史上著名的「五大書記」。「五大書記」是中共核心領導層，朱德不僅排在第二位，而且與毛澤東是中共兩大「神」，是「五大書記」中最主要的兩個公認的領袖。劉少奇暫時主持中共中央工作，不過是因為朱德年紀大，少管點閒事，集中精力管軍事，同時，也暗含了毛澤東安排劉少奇為黨的接班人意思。由於西安事變張學良、楊虎城扣押蔣介石的後遺症，毛澤東去重慶談判實際上在中共內部充滿了緊張和恐懼。重慶談判是蔣介石為了解決戰爭結束後可能發生國共內戰而於1945年8月14、20、23日三次電邀的，中共中央一開始就予以了一口回絕，後來只是實在出於無奈，毛澤東才只好去的。如果毛澤東被蔣介石扣押，那麼，即使劉少奇正式接替毛澤東擔任中共主席，劉少奇的威望和能力也不足以控制全局，實際上的中共最高領袖只能是朱德。而按照「七大」的排位，朱德也高於劉少奇。因此，朱德不在正式會議上作「決定」，而是在一個一般會議上

作「決定」，既顯示了自己的權威，也是讓劉少奇有一個機動的空間，是給劉少奇一個面子和台階。由於朱德作了大規模進軍東北的決定，劉少奇自然知道其中的分量，第二天就起草了〈關於迅速進入東北控制廣大鄉村和中小城市的指示〉。但即使這樣，對毛澤東亦步亦趨的劉少奇仍然缺乏膽量，不敢有進一步的動作，直到按照朱德8月11日第二號命令進軍遼寧的冀熱遼軍區十六軍分區司令曾克林9月14日回到延安彙報，才真正體會到朱德的英明。曾克林8月13日接到命令率四千人出山海關後，即得到了遭遇的蘇聯紅軍分隊幫助，一直到了瀋陽，被蘇軍安排駐紮蘇家屯，他的遭遇很明顯說明中共出兵東北不僅可以得到蘇軍認可，而且還可以得到蘇軍實際的支持。由於曾克林失去了與中共的電台聯繫，又急於把所遇到的情況報告中共中央，同樣著急的蘇軍派了專門的飛機把他送到了延安。當天夜裏，劉少奇連忙召集政治局開會，朱德的戰略思想得到了所有人認可，決定「向北發展，向南防禦」，派十萬軍隊和二萬幹部去東北，並成立以彭真為書記的中共中央東北局。至於軍隊方面，實際上朱德早在8月下旬就已經安排林彪回去接回由陳光代理的八路軍一一五師師長職務，組織部隊，向山海關靠攏，也就是說，即使沒有劉少奇9月14日政治局會議，全面掌握軍權的朱德也將命令林彪率十多萬大軍大舉進入東北，在朱德已經安排幾萬軍隊控制了山海關和熱河地區的情況下，朱德出於對劉少奇的尊重，再給劉少奇一點領悟的時間而已。在9月14日政治局會議上，雖然劉少奇醒悟過來了，朱德仍然不滿意，指出「中央要迅速派人到東北去，要準備四十萬至六十萬軍隊」，朱德這一決策，聰明的毛澤東回延安後，予以了儘量的實行。

進軍東北後中共收編了大量偽軍和土匪武裝，兵力大大增加，更重要的是獲得了可以按照日本最精銳的關東軍水平配備的大量裝備，使解放軍的軍隊質量一下子上了一個等級，最重要的是使中共獲得了一個穩固的戰略後方，中共已經完全立

於了不敗之地。這一成就是由朱德決策並促成的，但是，從國共雙方而言，中共本就已經在抗戰結束時就占得了戰略先機。中共從1941年實行全面的消極抗戰政策後，實際就已經進行國共內戰準備，而國民政府則只是在1944年底才有所準備，並且這種準備是非常猶豫不決的，不但沒有起到準備的作用，反而削弱了自己的力量並失去了及時進行戰略進攻的時機。抗戰一結束，蔣介石就進行裁軍，根據白崇禧的回憶，他當時竭力反對裁軍，主張應馬上轉入全面剿共的戰爭，但蔣介石沒有接受，堅決進行了裁軍。蔣介石不僅沒有想到立即進行全面剿共，而且試圖利用抗戰勝利所獲得的空前民心，幻想中共繼續維持合作，實現國內和平。蔣介石這樣做，一是迫於美國希望中國和遠東不成為美、蘇衝突誘發點的壓力，二是蔣介石希望獲得一個和平調整時期，鞏固受降成果，以便組織剿滅中共的行動。蔣介石與白崇禧的區別，不過是白崇禧要對中共立即採取剿滅行動，不給中共以進一步進行戰略布局的時間，蔣介石則心虛於自己沒有作好進行內戰的充分準備，實行緩兵之計。蔣介石的裁軍，既是一種和平姿態，也是給中共以壓力，希望不戰而削減中共兵力，同時自己也實現精兵化。但是早已作好長期內戰思想準備的毛澤東不管這些，提出了蔣介石所不可能接受的和平條件。也就是說，蔣介石更希望得到和平，但就根本上來說，蔣介石與毛澤東都不願意得到二分天下的和平，彼此都沒有真正的誠意，而毛澤東方面由於朱德的權威和韜略，進一步獲取了戰略上的利益，蔣介石則由於沒有這樣一個雄才大略和具有足夠威望的第二領袖，在一開始就輸掉了關鍵性的棋子。

蔣介石的遲疑被朱德所看透，朱德認為蔣介石沒有作好全面內戰的準備，不敢馬上打，要全面打起來還需要半年時間，因此，朱德也不是很著急，只是在各種場合反覆說自己的戰略布局，以使中共其他人能夠理解，這也是他在進軍東北問題上自己決定了後，能夠再給劉少奇一點醒悟時間的基礎。在

毛澤東還沒有回延安時，朱德除了將林彪部調向東北，還對華北及其周邊地區進行了戰略性調整。國軍沿鐵道線向華北進軍，朱德則對鐵道線進行破襲，同時將南方部隊向北收縮，集中兵力，不允許國軍離開鐵道線和城市，用面困住國軍的點和線。在西北方向，為了限制國軍向延安輕易逼近，朱德組織了劉伯承部進行了一次上黨戰役，實施重拳，殲滅了閻錫山部三萬五千人，使閻錫山再不敢冒進。在完成了這樣的戰略布局情況下，在中國北方，國軍就處於了被動的境地，特別是當蔣介石進軍東北後，就更是被動。

國軍的致命問題是進行全面內戰兵力不足。國軍雖然總數量是共軍的三倍多，但國民政府是個政治專制而社會則保持了相當程度民主形態卻非法制的政府，現代兵役制度沒有完全建立，因此，一方面需要大量兵力用於守備，另一方面兵員補充又十分困難，實際能夠用於前方作戰的總兵力也就在二百萬人左右，如果這部分兵力再一分散，就將失去對共軍的優勢。中共方面則不同，所繼承的仍然是朱德的總體戰機制，並不愁兵員補充，而是愁裝備不夠，只要有裝備，軍隊隨時可以得到補充和擴大。中共唯一的毛病是機構臃腫，養了一大批不打仗的幹部，但這個問題很快也被朱德在全面內戰初期就解決了。在朱德完成戰略布局後，國軍有限的兵力向北占到了天津、北京，拉開了漫長的戰線，國軍與解放軍之間形成了以分散兵力對付集中兵力的戰略形勢。在這種情況下，國軍在戰術上只能把兵力集中在點、線上，在北方難以有什麼作為，處於防守狀態。僅僅這樣問題還不是很大，如果國軍主力從南方戰線式向北穩步推進，中共由於裝備的落後仍然會非常痛苦，但蔣介石又進一步犯了錯誤，忘記了第五次圍剿時的經驗，將國軍主力分到了東北，又一次分解了自己的兵力。國民政府作為中國合法政府理應負起從蘇聯手中接收東北的責任，蔣介石設想「集中全力，先接收關內，再接收關外」，但進行接收就必須分兵，而由於與蘇聯條約的限制，軍隊進入東北又比

較晚，更處於被動。這種接收其實不如只做個法律層面的形式，如果分兵接受東北，結果則是使國軍在各個戰場都不能佔據明顯優勢。10月下旬，蔣介石開始向東北運兵，雖然於次年春在四平擊敗了林彪，但這種戰術勝利也意味著嚴重的戰略失敗，林彪的頑強抵抗客觀上誘惑了蔣介石向東北進一步分兵。

「朱總司令萬歲」

朱德及時決定的進軍東北，實際是為中共作了最壞打算，也就是說，如果蔣介石放中共獨佔東北，甚至不沿鐵道線北上佔領城市，而是集中主力從南向北穩步推進，以當時國軍的裝備優勢和訓練優勢，中共根本就是難以抵擋的，最後將不得不退到東北，如果國軍沒有力量進一步出關，頂多也就是讓中共獲得統治東北的利益。蔣介石的軍事布局讓朱德大喜過望，到了1946年5月，朱德在一次西北局幹部會議上分析了即將開始的全面內戰形勢，說：「我們比以前有把握得多。」6月全面內戰爆發，8月朱德在給中共中央機關作報告時說：「蔣介石想打通鐵路線，集中兵力打我們，但是行不通，而我們卻把兵力集中起來了。」「蔣介石全面進攻他還有弱點，兵力不夠，運輸經濟都來不及。」「開始時有些人害怕我們打不贏，現在打了幾仗，證明美蔣並不那麼可怕，我們有條件有力量打贏他。」當時毛澤東和朱德都已經確認中共能夠贏國民政府，毛澤東認為需要打五年。

1946年6月全面內戰爆發後，中共武裝統一改稱為中國人民解放軍，由朱德任總司令、彭德懷任副總司令。解放軍不設總政委，形式上似乎是沿襲了八路軍、新四軍的傳統，但那是因為名義上是國民革命軍的原因，現在作為純粹進行內戰的中共武裝不設總政委只是出於微妙的權力分配。如果設總政委，最恰當的人選是毛澤東，但這樣從軍隊角度說，毛澤東就成了朱德的副手；總政委一職等於軍隊形成了一個自成體系的

黨組織，如果由劉少奇或周恩來擔任總政委，他們本身的地位作為朱德副手是恰當的，但一個軍隊自成體系的黨組織便可能構成對毛澤東作為黨的領袖地位的威脅。這種矛盾在井岡山毛澤東與朱德衝突時就積累了慘痛教訓，毛澤東是無論如何不願意幹的。只是這樣的體制在有利於毛澤東時，也突出了朱德作為軍隊首腦的崇高地位。朱德之後，解放軍再也沒有總司令，不過是中共黨的領袖繼承了毛澤東不希望有朱德牽制自己和朱德主動退避的遺產，哪輪黨領袖都不會願意要再出現一個職業軍人的總司令，因此，解放軍非國家化的不正規表現之一體現在了朱德之後再無總司令，幾乎是今天世界上唯一一支沒有總司令的大軍。

到了1946年12月，在中共充滿打敗國民政府的信心中，1946年12月1日，延安為朱德規模空前地慶祝了六十大壽。從11月27日起，延安全城懸旗三日。《解放日報》除了發表中共中央祝詞外，還發表了〈朱德將軍年譜1886～1946〉，說明了中共中央早已經把朱德與毛澤東一樣作為專門的官定研究對象。中共中央、各中央局、各大黨政部門和中共各主要武裝系統主要領導人都為朱德六十大壽題詞、撰文和致電。毛澤東的題詞是「朱德同志六十大壽，人民的光榮」。要知道，在一年前的「七大」上，毛澤東曾特地建議以後中共不再為任何個人搞祝壽之類活動，並得到了會議的認可。因此，朱德此次超規模的祝壽極其特殊，既是他在中共崇高地位的體現，也開端了被崇拜的「神」不受黨規約束的歷史。朱德的這種「神」性，在當時的祝詞、題詞、文章和電報中得到了充分的體現，是以往中共領袖包括毛澤東所從來沒有得到過的，各種阿諛之詞所營造的氣氛應該是極大地刺激了毛澤東的嫉妒。中共中央的祝詞說：「你是中國人民六十年奮鬥的化身。」劉少奇的題詞是「朱總司令萬歲」，這是中共歷史上第一個正式的叫某個個人的「萬歲」口號，之前「毛主席萬歲」還沒有過這樣正式的形式。周恩來寫了長篇祝詞，其阿諛比劉少奇叫「萬

歲」有過之無不及，使用了「救星」一詞，他說：「舉世人民公認，你是中華民族的救星，勞動群眾的先驅，人民軍隊的創造者和領導者」。11月30日，朱德少有地披著斗篷，乘著吉普車在人群的簇擁下到了中共中央為他擺設的壽堂，劉少奇、周恩來向朱德大唱讚歌。同時在中共各大武裝系統的指揮部，也都舉行了規模空前的祝壽慶典。朱德的這次祝壽，在規格和規模上是中共歷史上最高最大的一次。

三十九　決定性的內戰戰略布局

四十　致命的戰時經濟、炸藥和攻堅戰術

東渡黃河

　　雖然中共高層已經認識到勝券在手，但林彪在四平的戰敗和中共武裝的向北收縮使蔣介石產生了中共難以抵抗國軍進攻的嚴重錯覺。客觀上說，就戰場本身的戰鬥來說，雖然國軍兵力損失很大，但精銳部隊還是占盡優勢，飛機、大炮和地面裝甲保證了作戰的主動權。因此，蔣介石在完成了全面進攻之後，也即佔領城市和交通線之後，開始實行重點進攻的策略，而這一策略的重要內容之一就是於1946年底開始著手準備向延安進行直接進攻，佔領這一中共「首都」。

　　信心十足的中共於1946年12月進行延安備戰，而在全面的戰略上，朱德則於1947年元旦宣布將於1947年「收復失地」，也即進行反攻。在1947年2月1日的中共政治局會議上，朱德告誡政治局委員們：現在快到打出去的時候了，準備工作要做好。也就是說，朱德確認1947年將是中共實行戰略轉變的一年，不僅要進行戰略反攻，而且也要完成進行戰略進攻的準備。

　　3月初，胡宗南組織了二十五萬人兵力開始向延安進擊。對這一進攻顯然無法組織防禦，只能採取運動作戰，而陝甘寧邊區貧瘠的土地並不能承載一支缺乏後勤配套的龐大的運動作戰部隊，因此，中共中央軍委只是組織了一支由彭德懷任司令兼政委的二萬六千人兵力的西北野戰兵團。中共之所以敢這樣做，關鍵是在長期的內戰準備中，已經對在西北地區的胡宗南等國軍建立起了強大的情報網絡，掌握了國軍的所有動向，進

行運動即使勝不了也能保證中共中央的安全。這是一次保證安全的作戰。

3月29日，中共政治局決定毛澤東、周恩來、任弼時留在延安留守中共中央和中央軍委，朱德、劉少奇東渡黃河去華北組建中央工作委員會。去華北就是到聶榮臻部，個人人身更加安全。中共中央留守延安涉及到重大的政治影響力，如果遷離延安將可能會動搖人心，而這正是蔣介石進攻延安的目的所在，因此，中共就不能將中央遷離延安，但五大書記誰留守延安就成了個非常微妙的問題。雖然留守延安人身也是安全的，但由於要隨運動戰形勢而運動，可能難以維持正常的辦公，因此，中共中央可能就成為一個對整個中共進行原則性領導的機構，這也是五大書記不得不分流的原因，但全部的實際權力都可能歸於了中央工作委員會。中央工作委員會是向中共中央負責、實行具體的全面領導的機構，其核心工作就是具體指揮全國作戰，因此，朱德是當然的人選。關鍵是毛澤東的問題，3月29日在毛澤東人身安全這個虛假題目下發生了激烈「爭論」，實際上也就是劉少奇、周恩來、任弼時要毛澤東跟朱德一起去聶榮臻部，毛澤東則不願意。毛澤東如果跟朱德一起離開了延安，雖然實權控制住了，但就必須受在延安的中共中央原則領導，如果彭德懷在延安的仗打得不順利，胡宗南持久佔據延安，那麼，這種局面很可能導致毛澤東失去在「七大」上辛苦得到的中共最高領導地位，毛澤東才不會做這傻事。由於對付胡宗南的殺手鐧是情報系統，康生雖然在毛澤東扶植下勢力龐大，但他主要只是取代了周恩來在中共內部的政治保衛系統，情報系統方面康生還根本不能取代周恩來，因此，周恩來是留守延安的當然人選。至於周恩來離開延安，重新讓他與朱德像中央蘇區第四次反「圍剿」那樣再次合作，控制掉實權，對毛澤東來說更是一種風險，是不願意的。任弼時是抗戰初期朱德在八路軍的政治副手，對朱德非常敬服，加之後來離開八路軍去了莫斯科，更使朱德在八路軍裏一人獨

大，毛澤東對八路軍幾近失控，如果再次讓任弼時與朱德合作，任弼時對朱德幾乎沒有什麼平衡力，更增強了朱德的政治發言能力，劉少奇是由毛澤東一手扶植起來的最親信的人，朱德的話並不全聽，這在進軍東北問題上已經表現了出來，因此，對毛澤東來說，劉少奇是唯一最適合與朱德一起離開延安的人選。至於五大書記分流的人數問題，毫無疑問留守延安應為三人，以保證中共中央的多數合法性。雖然由劉少奇隨同朱德去聶榮臻部，對朱德有所牽制，但剛喊過「朱總司令萬歲」的劉少奇是根本無法牽制住朱德的，即使毛澤東由於延安戰場形勢特別順利而獲得了較多辦公時間，這次朱、毛的分開畢竟使朱德在前線獲得了難以受到約束的權力。蔣介石沒有想到的是，對延安的進攻會使朱德獲得完全獨立的權力，把朱德趕到了前線，從而奠定了國軍全面失敗的致命基礎。

中共第一個經濟專家

對於國共內戰，就中共要全面戰勝國民政府來說，存在著三個關鍵性的障礙：第一，在中共佔領區的社會管理問題，其中特別以經濟管理為關鍵，在這方面中共嚴重缺乏人才，更沒有找到解決的辦法，甚至是每佔領一個地區就導致工商業破壞，從而使中共進行大規模戰役缺乏足夠的物質支持；第二，戰場上的武器弱勢；第三，缺乏足夠的攻堅和防禦手段，難以進行城市戰。由於中共武裝已經與紅軍時期不同，因此，中共在完成戰略布置集中兵力後，已經沒有被消滅之慮，而且到了1947年在國軍兵力嚴重分散的的情況下，已經獲得了收復失地的能力，但這仍然是局限於鄉村地區，只能限於面的爭奪，對城市基本無可奈何。因此，一般來說，解放軍所執行的是運動性的野戰，而國軍則主要執行的是陣地性的攻防戰。這種差異在戰術上對中共有利，國軍希望進行決戰而難以找到決戰機會，決戰機會基本掌握在解放軍手上，但在戰略

上，國共兩軍則平分秋色，國軍難以解決與解放軍主力進行有利決戰的機會，但解放軍也難以實施對收縮城市的國軍進行圍殲的計劃，彼此在根本上也就處於相持狀態。解決這一困境在國軍是集中兵力對解放軍進行重點進攻，但蔣介石的錯誤是重而不重，實施出擊的點過多，急於求成。中共則因為沒有解決自己的三個關鍵障礙而難有進取，只能避開國軍鋒芒而從側面、敵後展開戰術進攻，試圖用戰術勝利堆積戰略勝利，其實終究只能達到反攻目的，而不能達到全面的進攻目的。朱德離開延安東去，對中共來說最大的意外收穫，就是這位天才的軍事戰略家和戰術家依靠他的權威，徹底解決了工商業、武器、陣地戰術三個關鍵性障礙，為中共全面擊敗國軍掃清了道路。在全世界還沒有任何人看出中共能夠全面擊敗國民政府、奪取整個中國大陸時，中共也沒有顯現出做到這點的能力時，作為戰爭一方主帥的朱德就非常驚訝地下了國民政府最後的結果將是逃到台灣的天才結論，1947年12月21日朱德在一次兵工交通會議上談話，雖然出於對毛澤東的尊重仍然說打敗國民黨需要五年時間，但他很明顯是認為不需要這麼長時間，朱德甚至判斷：蔣介石「將來他可能還逃跑到台灣去」。

中央工作委員會到聶榮臻部是因為該部地處中共華北戰略腹地，除了自身戰場外，如果經濟問題得到妥善解決，也是中共進行戰略反攻的基本後勤基地。聶榮臻當時任晉察冀軍區司令員兼政治委員，並任中共中央晉察冀分局書記。聶榮臻本是周恩來的嫡系，主要來說是個軍隊政治工作人員，為人穩健，作為中央紅軍時期周恩來特別安插的林彪的政委，聶榮臻對林彪形成了有力的牽制，但反過來聶榮臻也不能順心，耿耿於懷要向軍事方面發展，正是在這個方面，朱德在一系列任務布置時儘量滿足了聶榮臻的意願，讓他多獨立執行軍事任務，特別是抗戰進軍太行山以後，雖然聶榮臻名義上是第一一五師政委，但朱德看中了他的穩健，讓聶榮臻成為了佔據華北腹地的獨立軍政首腦，使聶榮臻進入到了人生的最輝煌時

期，聶榮臻成為了朱德手下最忠誠的一名實力派軍頭，中共「七大」時聶榮臻特別向朱德貢獻戰馬和軍刀正是這種絕對忠誠的表現。但是，聶榮臻的穩健長處也恰是他的短處，特別在軍事方面，聶榮臻並沒有表現出特別的天才。朱德的到來扭轉了已經陷入滯緩發展的聶榮臻部局面，不僅在華北迅速進行戰略反攻，而且為中共進行全面的戰略進攻奠定了雄厚的腹地基礎。

當中共處於農村範圍時，經濟方面主要是解決土地革命問題，但是，朱德一到華北就作出了戰略調整。為了建設華北戰略腹地，要把國軍壓縮到京、津、保狹窄的三角地區，而佔據其他廣大的地區，這樣，中共就佔領了一批中小城市以及石家莊這樣的大城市。在這種局面下，大量工商問題就突然現實地擺在了中共面前，經濟問題出現了工商業主題，在這方面，中共毫無經驗，幾乎是束手無策，一片混亂。中共習慣性地按照對待地主的方式對待資本家，引起了工商業者的嚴重恐懼，不等中共武裝到來就紛紛逃跑，留下的則被中共發動工人批鬥，剝奪其經營權和管理權，甚至剝奪其資產所有權，造成工商業凋敝。而中共自身的公營企業也是要工人階級當家作主，荒唐到工人發雙薪、吃小竈，管理人員吃大竈，工人一味提高待遇而不想幹活。組織的合作社賺了錢就分掉，沒有積累，更不能發展，一虧了錢就只能垮掉。在這種混亂局面下和在戰爭形勢下，根本沒有時間進行慢慢調整。朱德嚴厲地批評說：「你們的工人運動走錯了路，只知道發動工人改善生活，而不知道教育他們好好生產。」朱德使用了他的權威，立即強行推行了靈活的戰時經濟制度。朱德在給毛澤東的信裏說：「我軍解放張家口後，工人運動走錯了路，工人發雙薪，工人工資以養活四口人為準，因此遺禍於現在。工資過高，做出來的東西質量又壞，成本又高。工業品與農產品的剪刀差越來越大。河間有一麵粉廠，新式的，每一晝夜能磨九百袋麵粉。熟練工人吃小竈，一般工人吃中竈，辦事人員吃大竈，工人工資最高的一個月是六七百斤小米，形成工人與管理

人員對立。我當面與職工會負責人談，這是自殺政策。我對他們說，現在是戰爭時期，大家只要能勉強生活，就要拼命做事。工人是革命的領導階級，而只顧自己改善生活，不顧戰爭，不顧大局，以致公私工廠大部關門，工人失業，這是損害工人階級的根本利益的。我問此種現象能否轉變，他們說能轉變的。我到石家莊後，發現我們工會同志又來了這一套，立即糾正過來。現在暫定工人每人每日發救濟米五斤，最高工資每月每人不超過二百斤。」

本書前面說過，中共只有財政專家而沒有經濟專家，朱德實際是中共第一個經濟專家。朱德經濟思想的核心是圍繞一個基本目標，手段則是實用有效主義。在延安時，朱德是圍繞著中共中央在延安的生存目標，手段上不惜軍屯種植鴉片。現在，朱德的經濟思想是他對國民政府實行總體戰的一部分，直接的目標是為了解決軍事物資供應，間接的目標是為將來中共奪取國家政權後奠定經濟基礎，朱德明確說：「目前我們所有的公營企業都應當實行壯大發展的方針，做買賣要賺錢，工業要擴大；這不僅眼前對人民有好處，並且是將來向社會主義發展，戰勝私人資本主義最有力的保證。」朱德強調：「戰爭是暫時的，生產是永久的。」

即使是戰時經濟制度和為了「將來向社會主義發展」，朱德也非常靈活。在經濟體制上，朱德提倡公有經濟為主，這既是出於「將來向社會主義發展」的需要，也是客觀實際的需要。朱德說：「公營工廠要擴大和發展。解放區資本家很少，其中新解放區，我們大軍一到許多資本家跑了。我們不發展公營工業怎麼辦呢？」但是，朱德只是要發展公營經濟，並不反對私營經濟的發展，而且也主張私營經濟的存在和發展，以為公營企業的擴大和發展正是在與私營經濟的競爭中進行的。朱德說：「在發展公營工業的同時，也要注意到扶持私人工業的發展，銀行也可以根據需要貸款扶持它們。」特別是在商業領域，朱德更主張靈活，他批評道：「搞專營商店，或

嚴格劃分各種不同性質和類型的商店，是不適合農村的複雜情況的。商店要普遍設置。」在經濟目標上，朱德主張產品、利潤和人民需要三個目標並重，既要求產量和滿足人民需要，又強調必須要講賺錢，而賺錢則又必須要注重積累、發展。朱德特別重視銀行問題，他說：「你們銀行發了不少票子，還沒有把家務建立起來，真是害死人！過去陝甘寧邊區銀行也是這樣，一點家務也沒有建立起來。後來改成拿銀行的錢就要拿利息，這樣做了之後，銀行便由原先空空如也變成擁有大量資金的『大老闆』了。我們的銀行要有很大的權力。現在成了附屬性的，將來是要變的，要大大加強銀行的作用。銀行要根據需要發票子。財政上的錢應存入銀行，所有金銀遊資都要存入銀行。商店做買賣可向銀行借錢，賺了錢還給銀行，有餘錢就存入銀行。將來還要設立總的國家銀行，使銀行成為總金庫，起統一調節全國資金的作用。這樣，銀行就能發展壯大起來。」實際上，朱德已經提出了經濟核算制度，

朱德提出和建立的靈活經濟政策，很快扭轉了中共解放區致命的經濟管理問題。朱德這套思想的完整化和具體實行主要是由劉少奇操作的，對劉少奇的國民經濟思想形成了巨大影響，具有奠基性的意義，開啟了劉少奇後來與毛澤東分歧的原點。在當時的巨大作用，則是朱德使解放區的經濟管理完全納入到了他的總體戰範疇，從而使戰爭的基本社會經濟體制優越於了國民政府，達到了徹底的社會經濟動員，同時，也暫時避免了中共缺乏社會經濟管理經驗和能力的缺陷。至於在軍事方面，朱德更是使用了他的權威，依靠他的天才完成了研究和發現，從技術上把國軍置於了死地。

「炸藥前途大有希望」

雖然從內戰以來國軍在戰略上犯了嚴重錯誤，這種錯誤很類似於抗戰時期日軍對城市和交通線的佔領，日軍本身有

著強大的戰鬥力，因此，這種急於求成的戰略缺陷並不很明顯，而在與國民政府正面戰場的戰線式對抗方式又緩解了這一缺陷。事實上，內戰期間蔣介石也是聽取了原侵華日軍司令岡村寧次的意見，吸收了日軍所謂的經驗。但是，國軍戰鬥力本就不比日軍，尤其是官兵進行內戰時的戰鬥精神與進行抗日戰爭根本不能同日而語，其對於解放軍幾乎唯一的戰場優勢就是武器精良，如果這一優勢國軍一當失去，戰場失敗也就被注定了。這一點是朱德始終耿耿於懷的。在國共兩軍的武器對抗中，由於戰爭彼此都是以陸軍作戰為基本，國軍的飛機數量有限，空中優勢不足以決定地面優勢，因此，彼此武器對抗的關鍵還是在地面。很難想像中共在沒有明確的大規模國際援助和足夠發達的工業支撐情況下，解放軍可以在武器對抗中獲得優勢，這也是沒有人想到中共會全面打敗國民政府的重要原因之一。但朱德竟然解決了這個驚人的難題。朱德找到了炸藥，把炸藥作為了對國軍進行絕殺的手段，使解放軍武器的總戰力超過或至少不亞於了國軍，徹底扭轉了國共兩軍的武器對抗格局。

炸藥是中國古老的發明，普通黑色炸藥的製作方法在民間廣為熟悉，並在民間生產活動中得到經常使用，其原料十分豐富。但一般來說，炸藥在民間作戰中的使用是製作成炸彈、地雷等形式，還是很少會單純用炸藥的。1947年4月，原屬聶榮臻晉察冀軍區的冀熱遼軍區劃歸林彪東北民主聯軍管轄，司令程子華，政委黃克誠，程子華、黃克誠部在作戰時吸取民間使用炸藥的辦法，將布包了炸藥、按上雷管，也即後來著名的炸藥包。同時，聶榮臻晉察冀軍區下轄孫毅冀中軍區下屬十分區也吸取民間辦法，用手榴彈與炸藥包相結合，在作戰中進行投擲，威力大於手榴彈。朱德於1947年7月及時發現了這一情況，極為興奮，立即命令通知各部隊學習使用。關鍵是朱德隨即就意識到了炸藥的意義，把炸藥的戰術作用提高到了戰略作用層面上。在朱德7月11日給毛澤東的信裏說，他當即就「布置軍工生產，主要是炸藥。」他說「將來炸藥前途大有

希望」，又說炮兵「配合炸藥，火力是很強的」。當月二十日朱德在給毛澤東等人信裏提出準備實施戰略反攻時，指出晉察冀軍區「多餘炮彈、炸藥可供各根據地前線使用」。

朱德迅速把炸藥的使用向所有中共武裝進行了推廣，一年後，他把炸藥和炮彈列為解放軍最重要的作戰物質條件。炸藥的使用是非常危險的，炸藥包在運輸、儲藏、行軍和作戰中很容易引起爆炸，但這對朱德來說只要能獲得戰場優勢，這種危險可以不在乎。朱德在解放軍總部指出：「炸藥，敵人不敢使用，怕炸死自己，而對我們卻能起很大作用，它比炮厲害得多。」直接使用炸藥進行常規作戰，不僅是國軍不敢，世界上也沒有什麼軍隊敢這樣做，但朱德不怕自己士兵死亡，敢於使用炸藥，這是非常恐怖的軍事膽略。當解放軍士兵在朱德的命令下普遍使用炸藥，每一個背著炸藥包的士兵就都成為了一顆具有強大摧毀力的炸彈。著名的董存瑞的故事正是這樣一個實例，在沒有摧毀敵軍工事的重武器支持時，一名士兵帶著炸藥包接近了工事，當這名士兵不怕死亡時，對防守者來說幾乎是絕殺，其危險性超過了遭受重炮轟擊。

炸藥的使用促使朱德集中人力、物力進行生產，並把黑色炸藥更新為了黃色炸藥。大量的炸藥產量不僅解決了直接使用炸藥需求，而且為炮彈的生產提供了重要基礎，使得炮彈產量得到大大增長。此外一個非常有效的辦法，是朱德在解放軍中命令大量使用手榴彈。手榴彈是炸藥的升級，輕便、安全而殺傷力強。木柄手榴彈的優點是便於多枚捆在一起使用，其爆炸能力可以摧毀裝甲和堡壘，朱德命令部隊積極推廣使用，並研究和配套了相應的近戰戰術，為部隊進行了大量裝備，從而也成為了解放軍的武器優勢之一。朱德透過戰時經濟制度把解放區的生產能力集中了起來，大大提高了解放軍的彈藥供應能力，1948年10月1日，朱德在解放軍總部作戰局說：「敵人的兵工廠不如我們。」朱德認為中共擁有的物資包括武器的作戰能力已經超過了國民政府。

炸藥的使用迅速扭轉了解放軍的武器劣勢局面，而關鍵性的問題是便於了攻打城市，使解放軍擁有了甚至比重炮更有威力的突破能力。這樣，中共的進攻就實現了戰略性轉變，從野戰轉為了野戰與城市戰結合的階段。野戰是解放軍的傳統，這個傳統仍然繼續保持著，但野戰只能獲得面上的控制，城市戰則使解放軍也可以獲得點、線控制，這樣，解放軍的戰術在戰略上就達到了完全控制所佔領國土的目標，從而就為徹底擊敗國民政府實現了關鍵性的戰略轉變。

石家莊戰役與攻城戰術

朱德對聶榮臻部的作戰能力是很不滿意的，但他並不著急，很耐心，以把國軍壓縮到京、津、保狹窄地帶為基本戰略目標，督促和指導他們組織戰役，在實戰中磨練他們。朱德不在乎聶榮臻部有局部失敗，因為，在總的方面是勝券在手。朱德這個解放軍二十年來最耐心的教師爺表面上並不作決定，甚至也不取代下屬進行決定，只是戰前督促、鼓勵、啟發，即使作戰計劃不滿意也讓他們去打，戰後則批評、總結、表揚，為他們分析長短，然後再督促他們組織新的戰役和戰鬥。透過這樣的教導和實戰訓練，聶榮臻部不僅完成了戰略目標，而且作戰能力迅速得到了提高，這支在解放軍中數量龐大但戰役和戰鬥能力較弱的部隊在1947年很快達到了成熟。大致來說，經過抗日戰爭期間的整合後，中共武裝力量形成了五大體系或勢力，進軍東北進行爭奪的林彪部是最強大的；在中原地區的劉伯承部護守華北、南面威懾，劉伯承又有出色的徐向前輔佐，也十分強大；在蘇北、山東的陳毅部主要由原新四軍組成，長期與國軍拉鋸，獲得了很大磨練，而陳毅有天才的粟裕輔佐，相對弱一點但也很強大；在陝甘寧的賀龍部富有戰鬥經驗，擅長游擊，人數最少，由彭德懷直接控制，實際等於是彭德懷在具體指揮，彭德懷擅長陣地攻防硬戰的長處恰好彌補了

賀龍部的不足；在華北的聶榮臻部兵力發展迅速，是中共武裝的第五大體系或勢力，佔據的又是戰略腹地，但所屬各部戰鬥能力參差不齊，戰役能力更弱。這正是朱德對其特別加以用心的原因，將聶榮臻部調教好，中共武裝的總體能力將獲得極大提高。另一個重要意義在於，如果聶榮臻部能打好，其他各部就沒有理由打不好，可以形成良好的警示效果。由於聶榮臻部的能力較弱，朱德就偏要指導他們打出樣板戰役出來，這樣的樣板經驗其他各部更容易學到和掌握，而最關鍵的戰役就是攻城。聶榮臻部能順利攻下大城市了，其他各部還能攻不下嗎？

1947年4月朱德、劉少奇到聶榮臻部。5月，聶榮臻部完成正太戰役，朱德直截了當批評：「你們最近打了一些勝仗，只是仗打得零碎了些。如何打大殲滅戰，你們還沒有十分學會。」誠惶誠恐的聶榮臻部隨即從上到下學習朱德「打大殲滅戰」的戰略思想。眼睛盯著石家莊的朱德不急不躁，先對國軍進行週邊清理和調整，6月，朱德讓聶榮臻部打了青滄、保北兩個小戰役，同時也鍛練部隊。9月，聶榮臻部主力晉察冀野戰軍（司令員楊得志，第一政委由晉察冀中央局副書記羅瑞卿兼，實際隨軍在前線的第二政委為楊成武）進行大清河戰役失敗，朱德本想親自上前線指導的，由於都擔心朱德發生安全意外承擔不起後果，所以戰役期間朱德沒有去楊得志、楊成武司令部，這場戰役失敗後，朱德決定親自去楊得志、楊成武司令部進行具體指導，「隨同楊、楊打好一二個好仗，將野戰軍樹立起來」。朱德要上前線對聶榮臻、楊得志、楊成武的壓力盡在不言之中，他們馬上提出在保定附近打一仗，希望用勝仗來迎接朱德。10月，壓力重重的楊得志、楊成武打響戰役，在清風店殲滅了國軍羅歷戎第三軍。清風店戰役的要害在於，由於蔣介石非常清楚聶榮臻部沒有能力打會戰或大的戰役，之前的大清河戰役也證明了這點，因此，不僅以此鼓勵華北國軍，而且也以此安排戰術，羅歷戎第三軍本是防守石家莊的國軍主力，楊得志、楊成武攻擊保定地區，羅歷戎第三軍從石家

莊出擊，準備利用聶榮臻部弱點，與保定方面守軍夾攻楊得志、楊成武，透過決戰消滅這支聶榮臻主力，對聶榮臻予以根本性打擊，但國軍沒有想到的是這時的對手實際已經是一改大清河戰役放任態度，在遙控楊得志、楊成武的朱德了，情況發生了根本變化。當事人羅瑞卿晚年證明：「朱總司令對戰役的指導是非常具體的。」清風店戰役不僅標誌了聶榮臻部已經一改面貌，打了該部設立以來最大、最漂亮的一仗，更是在野戰中殲滅了石家莊國軍防守主力，使石家莊成為了一座虛弱的孤城，解放軍進攻石家莊的條件空前成熟，所以10月22日清風店戰役結束的當天，興奮的聶榮臻就向朱德、劉少奇和延安提出了攻打石家莊的計劃。

　　石家莊是解放軍攻佔的第一個大城市。為了這個戰役，朱德親自上了前線，一來在清風店戰役之後攻打石家莊是最好的機會，二來朱德甚至不在乎聶榮臻的部隊能否打下石家莊，而是更在乎要指導、摸索出一套有效的符合解放軍能力的攻城戰術，這是他最大的著眼點。朱德在同意聶榮臻打石家莊請示時，為他設想了兩個可能，一是攻佔石家莊，一是圍城打援，以消滅國軍援軍為主要目標。聶榮臻在後方負責總體指揮，前方攻城部隊仍然是他的主力楊得志、羅瑞卿、楊成武野戰軍（羅瑞卿也上了前線），朱德不發布命令，實際是在前線同時督導聶榮臻、楊得志兩頭。因為朱德最大著眼點是攻城戰術，因此，在楊得志制訂具體攻城計劃時，朱德進行了親自參與，實際就是在他一手支持下設計了戰術方案。等一切都布置好了，所有人都怕朱德發生被飛機炸到之類意外，再三勸朱德離開前線，朱德說著「野戰軍司令向總司令下逐客令」，實際他也已成竹在胸，便離開了楊得志司令部。朱德離開後，11月1日給聶榮臻打了個電報，告知「我到此已去看過炮兵，召集炮兵、工兵幹部開過會，討論攻石門技術問題。又召集旅以上幹部會議，共同決定了攻石門計劃，以陣地戰的進攻戰術為主要方法，有組織、有步驟地去進攻，用坑道作業接近堡壘，用

炸藥爆破，加以炮擊，各個摧毀，採取穩打穩進的辦法」，並叮囑聶榮臻在後方進行總體指揮時應注意的要點。11月6日夜戰役打響後，第二天朱德打電話給楊得志，要他「按原定計劃打下去」。11月9日朱德又打電話給楊得志，具體指示突破內市溝後，一定要猛推、深插、狠打，不讓敵人有半分鐘喘息；充分做好打巷戰的準備；全殲一切敵人，包括還鄉團在內。11月12日，戰役結束，楊得志僅用了六天殲滅了二萬二千多人國軍，順利佔領石家莊。

　　石家莊戰役結束後，朱德命令聶榮臻馬上總結這一戰例，然後將相應的攻城戰術向解放軍其他各部推廣。朱德從軍事角度把攻打石家莊看成是中共武裝具有歷史轉折意義的事件，這是正確的，攻打石家莊並不在於它是中共攻佔的第一個大城市這一戰果，而主要在於它是中共武裝戰術和綜合戰力運用的一次革命。朱德當時說：「這次勝利，繳獲很多，但最大的收穫是我們提高了戰術，學會了攻堅，學會了打大城市。」他認為攻打石家莊的經驗「雖不完全通用，只要具備相同或類似條件，是可以攻堅城的」。朱德把他設計打石家莊的戰術經驗歸結為掩體和坑道（交通壕）接近，炮炸協同，在炮不夠時炸藥第一位，集中用炮，集中突破口子，炮炸步協同，及時建立工事，向兩邊擴張，充分使用手榴彈，在巷戰中手榴彈、炸藥、衝鋒槍和穿牆結合，步兵小組互相掩護前進，等。這當中最具有特色的是縱深坑道、炸藥、手榴彈和穿牆，特別是縱深坑道、炸藥、手榴彈後來也被中共武裝廣泛用於了陣地野戰，極大地提高了解放軍的綜合戰力。這些東西就單個來說，大多談不上是朱德的發明，朱德的奧妙是根據自己軍隊實際進行了有機組合，並將某些戰術比如炸藥爆破予以了極其充分的發揮，他說：「有些戰術，幾千年來就有了，成了戰術，成了理論。」

四十一　大局定矣——引退

「千里躍進大別山」——毛澤東的敗筆

　　朱德、劉少奇1947年3月底離開延安後，留守的毛澤東、周恩來、任弼時中共中央和離開的朱德、劉少奇中央工作委員會的權力演變，與彭德懷的戰場表現有著非常微妙的關係。如果彭德懷戰場失利，導致毛澤東、周恩來、任弼時中共中央難以正常辦公，則朱德、劉少奇中央工作委員會就不僅掌握對華北的權力，而且也實際掌握指揮林彪、劉伯承、陳毅的權力。如果彭得懷戰場順利，情況就將完全不同，朱德、劉少奇中央工作委員會實際就萎縮成了華北工作局，雖然可以對中共其他各根據地、解放軍各部發表意見，但主要的權力就限於了華北。事實上的結果是彭德懷在戰場上空前順利，胡宗南雖然在3月19日佔領了延安，但佔領的是座空城，戰場上並沒有獲得任何實質性勝績。

　　實際上，胡宗南真正的對手並不是彭得懷，而是他的老師周恩來。胡宗南，別名琴齋，字壽山，1896年生，浙江海霞浦鎮人，黃埔軍校一期畢業，北伐期間任團長、師長、旅長等職，在1930年蔣、馮、閻中原大戰中深得蔣介石器重，戰後任國民革命軍第一師師長，1936年升任第一軍軍長，抗日戰爭時任第十七軍團軍團長、第三十四集團軍總司令、第八戰區副司令長官、第一戰區代司令長官等職，抗戰後任國民政府第一戰區司令長官、西安綏靖公署主任。還在黃埔做學生期間，身材矮小的胡宗南不很順心，與中共人員走得比較近，他後來官運亨通，則與他跟蔣介石同屬於浙江寧波地區老鄉有微妙

關係，按江、浙一帶說法，他們都是寧波人。張戎在《毛澤東：鮮為人知的故事》裏認為：「胡宗南有可能是紅色代理人。」這一結論現在僅僅只能說是猜測，還難有足夠的材料予以證明或否定，但有一點則是肯定的，即從抗日戰爭時期，周恩來就有計劃地在胡宗南身邊安插祕密人員，中共情報史上的熊向暉、申健和陳忠經「後三傑」，都是安插在胡宗南身邊的人，胡宗南自己的諜報人員發布祕密「情報」時甚至是一式兩份，一份給胡宗南，一份給中共，不僅胡宗南的戰略、戰役計劃中共比他手下將領更早、更詳細知曉，而且連胡宗南部細小的戰術動作中共也精確掌握著。胡宗南佔據延安一年多，不僅是個對中共中央毫無威脅的瞎子，而且更是羊入虎口，被窺探清楚胡宗南一切的彭德懷逐步個別殲滅，陸續損失了十多萬人，還不得不向蔣介石求援增兵，削弱黃河中下游一帶本就捉襟見肘的國軍兵力。

周恩來幫了毛澤東的大忙。中共「七大」前後，毛澤東在權力方面真正的牽制者只有朱德這個長期無可奈何的對手了，雖然朱德作為職業軍人本人並不窺視黨的最高領袖地位，但他不僅在威望方面分解了毛澤東辛苦製造的光環，更在實質性的權力方面進行了分解。朱德的權力已經難以用他的分工和具體職位界定，更不能看他具體做了什麼工作或發布了什麼正式命令，作為一個「神」，朱德的每一句話都意味著一種指示，不僅劉少奇、周恩來必須盡力貫徹，即使毛澤東也不得不予以高度重視，對其他人來說更意味著是要予以執行的指令。朱德本身話不多，說話也很謹慎，但他更知道自己的權威並使用著這種權威。還在「七大」前，朱德就開始使用了一種特殊的非正式談話方式發表自己的指示和決定，把中共的權力運用方式推到了一個微妙的狀態，後來毛澤東使之演變為了中共的一種傳統。在大規模進軍東北問題上，朱德正是使用這種方式從側面向劉少奇宣布了他的決定，而劉少奇則立即予以了執行，雖然劉少奇的執行打了很大折扣，但至少說明劉少奇

充分意識到了毛澤東飛機一起飛後朱德的談話有著強大的壓力，是一種難以抗拒的權力。胡宗南進攻延安所可能發生的「危險」是毛澤東的一個機會，毛澤東可以名正言順地將朱德請離中共中央了，雖然成立一個中央工作組存在著形成一個第二中央的「危險」，但這種危險較之朱德在中共中央對毛澤東獨裁的巨大牽制來說，是完全值得冒的險。根本的原因，即在於周恩來針對胡宗南的情報體系把毛澤東的風險降到了最低。彭德懷兵力雖少，但由於周恩來的作用，與胡宗南的作戰實際是並無懸念。

由於彭德懷對付胡宗南很順利，中共中央雖然需要一些行軍，但基本處於能夠正常辦公的狀態。這樣，毛澤東就得到了獨立指揮中共各根據地和解放軍各部的權力，只是對華北聶榮臻部不能隨便干涉，聽憑朱德主張，全局問題則隨時向朱德通報並聽取意見，而朱德如果指揮其他各部一般也要透過毛澤東進行，實際等於被架空了作為解放軍總司令的權力，而成了華北的太上皇。毛澤東這樣幾乎沒有牽制的權力是他從來沒有過的，大大滿足了他的獨裁欲望。身邊沒有了朱德的毛澤東試圖展現他「數風流人物，還看今朝」雄才大略，在戰略反攻名義下，實施了他的「大手筆」，這就是劉伯承部即「劉鄧大軍」的千里躍進大別山行動。這個在中共戰史上被大大鼓吹的英明決策，實際是一個極大的敗筆。

按照朱德或至少是朱、毛共同策劃的內戰戰略，內戰第一階段是實現兵力收縮，將國軍戰線拉長，迫使其分兵，進軍東北，鞏固華北，這樣，既立於了不敗之地，也決定了國軍最終將被擊敗的命運，全部的問題只是一個時間問題。這一時間的縮短由朱德實行靈活的戰時經濟政策和解決炸藥、戰術問題而決定，並決定了國軍將遭到全面失敗。但具體怎麼實施戰略反攻畢竟不能犯錯誤。在華北，朱德穩紮穩打，實現了把國軍傅作義部壓迫在北京、天津、保定、張家口狹窄地帶的戰略目標。在這種情況下，蔣介石如果改變錯誤的戰略，乾脆放棄華

北，將善戰的傅作義大軍調出，不管調到東北還是調到黃河中下游地區，都將改變戰局，但朱德看透了蔣介石，蔣介石不會這麼做。蔣介石一方面在華北增兵與朱德糾纏，一方面進攻延安、山東，這種分兵攻擊似乎是在實施重點進攻，實際卻是並無重點，哪頭都不重，都是綿軟無力。對空城延安的佔領耗費極大，連瞎子摸象都不是，簡直就是瞎子捉老鼠，胡宗南部東出太行，或乾脆什麼都不做，只是守護西北、威懾延安，蔣介石集中精力進攻山東，情況會好得多。由於分兵，國軍對山東的進攻也非常不順利，被天才的粟裕找到了機會，在孟良崮殲滅了成為孤軍的張靈甫第七十四師。張靈甫，原名張鍾麟，因殺妻之罪改換了名字，1903年生，陝西長安人，黃埔軍校第四期畢業，善書法，抗日戰爭期間因作戰兇猛著稱，為一代著名抗日戰將，1945年2月授陸軍中將軍銜，抗戰結束國民革命軍整編後任第七十四師師長，為國軍五大王牌主力師之首。在1947年5月孟良崮戰役中，張靈甫對自己充滿信心，放手讓粟裕將他圍在核心，其他國軍又對粟裕進行反包圍，準備內外夾擊殲滅陳毅部主力，結果週邊國軍無法突破粟裕防禦，身處核心的張靈甫被粟裕殲滅。孟良崮戰役張靈甫之死表面看是粟裕的戰術比張靈甫技高一籌，實質上粟裕是勝在了中共戰略的優勢背景上。張靈甫本身的戰術並沒有錯，如果週邊國軍有力，對粟裕將是致命的，但他與蔣介石一樣犯了過於信賴國軍精銳作戰能力的錯誤，粟裕敢於圍殲張靈甫，乃在於週邊國軍兵力不足，不能夠及時突破粟裕的防禦，對夾在當中的粟裕進行強大的擠壓，實施殲滅。國軍本是試圖利用自己的武器優勢對解放軍進行重點打擊，尋找解放軍主力進行決戰，孟良崮戰役是難得的一個決戰機會，但由於蔣介石到處分兵，即使出現了孟良崮戰役這樣難得的戰機，卻並不具有足以殲滅解放軍的決戰兵力，反而導致自己慘敗。

　　孟良崮戰役標誌了解放軍已經具備進行野外大規模陣地殲滅戰的能力，既出乎蔣介石的意外，也出乎毛澤東的意

外，極大地刺激了毛澤東興奮的神經。按照朱、毛共同擬定的進行戰略反攻戰略，毛澤東命劉伯承部向南出擊，從內線跳到外線作戰。這本是一個正確的決策，也是進行戰略反攻所必要的行動，但毛澤東頭腦發熱，採取了「大躍進」方法，導致了嚴重的戰略失策。毛澤東雖然已經是個軍事戰略家，但其軍事能力終究不過是相對於其他政治家們來說的，他有兩個致命的弱點，一是不懂軍事技術，對戰術只是粗知皮毛，二是由於他的軍事知識是長期的游擊戰中得來的，而且主要是來源於朱德長期的熏陶，在正規戰方面的知識和經驗幾乎空白，當朱德在其身邊時，毛澤東進行戰略決策就不容易犯錯誤，但當朱德不在身邊時，毛澤東單獨進行決策時他的兩個弱點就很容易暴露出來，從而導致戰略決策的失誤。朱德的離開既使毛澤東滿足了獨立決策的欲望，也使毛澤東走入了戰略失誤的境地。朱德顯然意識到了毛澤東可能會改變既定方針，會犯錯誤，而且解放軍大多數將領也不懂得正規作戰，1947年7月20日朱德給毛澤東寫信時，特別提醒：「各解放區野戰軍反攻時，應特別注意組織後方運輸供給，儘管是些微小的補充（大部由前線解決），也是必須的。現時敵人處處有碉堡，應有炮隨行，自然成為重兵，才能順利克服碉堡的困難。」朱德這個提醒充分照顧到了毛澤東的面子，「儘管是些微小的補充（大部由前線解決）」這句話為毛澤東長期忽視後勤的習慣留了餘地，但朱德無疑是告訴了毛澤東，進行戰略反攻已經不是以前的游擊戰，而是大兵團作戰，必須要有後勤保障，並應是重兵運動戰，也即是不能中斷戰線的攻擊。但毛澤東並沒有理睬朱德的提醒，堅決要弄個「大手筆」，命劉伯承來了個「千里躍進大別山」。

劉伯承軍事學修養的全面和作戰經驗的豐富是朱德在解放軍將領中最器重的，也是國、共兩方都公認的，但劉伯承一直是個非常晦氣的人，一生的軍事生涯極不順利。劉伯承最順心的時期是抗戰前期，由於林彪受傷養病，劉伯承是朱德最得

力的師長，但即使這樣，八路軍在抗日戰爭中畢竟打的是積少成多的游擊戰，現在進行戰略反攻，正是劉伯承可以一展身手的天賜良機。但毛澤東的「千里躍進大別山」斷送了劉伯承，使劉伯承失去了這個可以大放光彩的歷史性機會。劉伯承、鄧小平晉冀魯豫解放區是中共的中堅，到1947年春、夏時，擁有的晉冀魯豫野戰軍總兵力已經超過四十萬人，是解放軍的第二大主力。在戰略上，蔣介石對劉伯承、鄧小平採取的基本是防禦性作戰，沒有足夠的兵力從劉、鄧方向對中共進行中路突破。蔣介石的弱點正是中共的長處，因此，進行戰略反攻時用劉、鄧進行中路突進打的也正是蔣介石的軟肋，毫無疑問是正確的戰略。1947年6月底，劉伯承從魯西南向南突破黃河，實施解放軍戰略反攻最重要的一步進攻性棋子。劉、鄧很順利，蔣介石的戰線被拉開了口子，實際上等於兩頭重點進攻、中間防禦的基本戰略在7月已經被打破。朱德在華北是壓迫國軍，打通各解放區通道，使各解放區連成一片，互相呼應，劉伯承完成突破打到外線後，最妥當的戰略應該是就地鞏固、拓展，繼續向南以及向西威懾，向東、東南打通與陳毅部的通道，連成一片，互相配合，殲滅國軍有生力量，然後再試圖向南梯次突破，或就在黃、淮地區跟陳毅聯手與國軍進行大兵團作戰。7月20日朱德寫信特意提醒毛澤東，但毛澤東於23日就電令劉、鄧：「為迅速擴大已取得的主動權，應即短期休整，速向大別山躍進。」於是，劉、鄧就「千里躍進大別山」了。

劉、鄧「千里躍進大別山」一直被中共黨史和軍史吹噓成毛澤東最光輝的戰略「大手筆」，其實並經不起推敲。這實際不過是一招大敗筆，是把本來很妙的戰略突破弄成了一步臭棋。劉、鄧「千里躍進大別山」是不懂正規大兵團作戰的毛澤東使用了游擊戰的方法，讓劉伯承脫離後勤，孤軍深入，由於相應戰術的需要，本是重兵的劉、鄧大軍不得不改變為輕兵，失去進行大兵團殲滅戰和對抗的能力。劉、鄧進入大別

山，不過就是到大別山建立了一個游擊根據地，不僅遭到重大損失，更使中共辛苦建立起來的在關內最強大的一支主力降格為了一支游擊部隊，進行了自宮。雖然劉、鄧在大別山牽制了一部分國軍，但已經失去重武器的劉伯承再也沒有能力對國軍進行大規模殲滅戰，而只能以在大別山獲得生存和進行防禦為主要作戰目標，使解放軍的主力和與國軍進行會戰的力量大大降低。從所謂牽制國軍兵力來說，劉、鄧突破黃河本就已經達到目標，並且以強大的戰鬥力威懾著蔣介石，而劉、鄧進入大別山後，武功也就廢了，蔣介石雖然殲滅不了這支孤軍，但予以圍困就使劉、鄧不能發揮解放軍主力的作用。劉、鄧「千里躍進大別山」後，解放軍在關內的最重要主力不再是劉、鄧，而成為了陳毅部。劉、鄧突破黃河時，率領了晉冀魯豫野戰軍中約十二萬五千人最精銳的部隊，進入大別山時減少為九萬人，僅僅半年多後，1948年春還是不得不重新出山參加中原逐鹿，出山時只剩下了五萬六千多人。「千里躍進大別山」的荒唐之處，等於是毛澤東把關內解放軍最精銳的主力降格為普通部隊，長途跋涉到大別山忍饑挨餓過了一個冬，就像做了個遊戲。劉伯承晦氣的是，本應該他是與國軍進行中原決戰的主角，等他率領殘軍再走出大別山時，所謂的劉、鄧大軍只能成為陳毅、粟裕部的配角了，淮海戰役時，解放軍真正的主將成了掌握著主力的粟裕，劉伯承幾乎成了粟裕的高級參謀和方面軍司令。

「千里躍進大別山」實際上是毛澤東「向南」舊病的復發。早在抗日戰爭組建新四軍時候，毛澤東與項英就有著在南方為將來國共內戰進行戰略布置的默契，這一布置中包涵著一種「向南」發展和鍥入的強烈意識在裏面。1946年6月時候，與朱德將軍隊向北收縮、向南防禦以集中兵力鞏固華北相反，毛澤東試圖要劉伯承、陳毅南下越過淮河作戰，這意味著劉伯承、陳毅將無法鞏固已有的根據地，向南游離到外線作戰。毛澤東這一想法的本質，是他不懂得大兵團正規作戰技

術，是在用游擊戰的經驗安排戰略。如果這樣做，那麼，中共內戰前向北收縮的整個戰略就將被破壞。雖然陳毅積極支持毛澤東，但粟裕提出了反對意見，認為不應該脫離現有的根據地跳到外線作戰。毛澤東對粟裕的意見猶豫不決，幸好粟裕順利打好了蘇中戰役，證明了自己意見的正確，毛澤東才暫時擱下了「向南」的想法。「千里躍進大別山」是毛澤東這一想法的死灰復燃，是他終於實施了的一次「游擊戰」。

雖然為了維持毛澤東、中共中央的威信和解放軍軍心，劉、鄧「千里躍進大別山」只能被說成是毛澤東的英明決策，但畢竟事實擺在那裏。毛澤東的聰明在於自己心知肚明，面對戰爭還是會「實事求是」。怎麼辦？毛澤東還是不得不要依賴在「七大」自我檢討「低估了毛澤東的軍事才能」的朱德。

粟裕與毛澤東的關鍵性爭執

到1948年4月時，從1947年8月劉、鄧「千里躍進大別山」以來，由於劉、鄧突破黃河的戰略被毛澤東錯誤地調整，劉、鄧大軍自宮，中共的所謂戰略反攻並沒有發生明顯的效果，國、共在總體上基本處於相持、膠著狀態。在中共方面，軍事、政權和經濟的建設在綜合效益上最顯著的是由朱德控制的華北地區，特別是在經濟方面，朱德已經使用他的權威建立起了一整套在當時中國最有規模的軍工工業體系，可以大量生產黃色炸藥、炮彈、手榴彈、子彈。雖然毛澤東出了敗著，但朱德穩紮穩打的成就還是為中共重新進行戰略反攻並進行進攻奠定了扎實的基礎。這時候，沒有什麼大作為的毛澤東、周恩來、任弼時中共中央不得不到華北與朱德、劉少奇會合，以在新的戰季裏擺脫困境。這一次會合使朱德再次獲得了調整中共整體戰略的實際權力，阻止了毛澤東犯比劉、鄧

「千里躍進大別山」更大的錯誤，策劃了與國民政府進行決戰的基本計劃，加速導致了蔣介石的全面失敗。

面對中原僵局和不利的形勢，1948年1月22日，粟裕至少經過四十多天考慮後，「斗膽直陳」地給毛澤東中共中央和劉伯承、鄧小平發了一個電報，也即「子養電」。在這分電報裏，粟裕作為前線高級作戰指揮官迂迴但仍然比較直白地指出了嚴重的形勢：「目前敵人雖已被迫作全面防禦，但尚有一定兵力，作為其攻勢防禦之機動使用。觀其目的，不僅在破壞我建設新解放區，而且企圖爭取時間，以待其新軍之訓練，或政治陰謀之從容布置。因此，目前江北（中原，鄂豫陝及豫皖蘇）敵我是處在反覆的拉鋸形勢中。這種形勢，本給我們以有利而且多的運動戰機會，但由於新區反動勢力未完全打倒，反動武裝未肅清和新區群眾尚未完全發動，故使我們難以保密和及時捕捉戰機。而敵人則多採取避實擊虛的戰法，我兵力分散時則進犯，我集中兵力時則後縮，敵我兵力相等則與我糾纏，不讓我安定休整。在上述情況下，我一個戰略區之兵力對當面之敵作戰，則難取全勝；如待三個戰略區兵力集中，則又失去戰機。而敵人則利用其較我優良的運輸條件和建制的臨機變動，以集中或分散對付我軍。但我軍則因缺乏固定補給來源和足夠的運輸能力，又不便長期集中強大的兵團於一個地區（或方向）作戰。……敵由於二十年的堡壘政策和許多失敗經驗，其守備技術加強了，築工效率提高了（每班三小時即可完成一個地堡，四至五小時全盤工事大體可以完成）。如不在敵占三小時以內發起戰鬥，則每戰均須攻堅。今後敵完全轉入守勢，則其工事將更為加強。部隊之攻堅技術（坑道爆破）和增強攻堅炮火，實為急需。否則傷亡大而收效少。……依二次大戰經驗，似攻一防線均可攻破，惟依據大城市所設之防禦則很難攻破，如再加以優越之技術與政治條件（如史達林格勒、列寧格勒）則實不可攻破。……自全國轉入反攻以來，我軍在政治上固屬優勢，在戰略上亦取得優勢，但在數量上、技術上則

尚非優勢。」粟裕在這封電報裏令人難以察覺地把解放軍在中原的被動指向了劉、鄧躍進大別山，使解放軍兵力分散，提出「請劉鄧統一指揮」劉鄧部和陳粟部，在中原組織殲滅戰。

粟裕，原名粟多珍、粟志裕，1907年生，湖南會同人，1925年春考入常德湖南省立第二師範學校讀書，1926年加入中國共產主義青年團，1927年清黨後去武昌，被中共安排到葉挺國民革命軍第二十四師教導大隊當兵，接受了初級的軍事訓練，從此走上了軍事道路。粟裕起點低，南昌暴動時為班長，三河壩阻擊戰後跟隨朱德，因作戰勇敢和忠誠被朱德提拔為軍官，但職務上升比較慢，朱毛紅軍江西時期多數時間跟隨陳毅，在非主力的地方紅軍紅十二軍中任職，作為朱毛嫡系人員做到了紅十二軍師長職務，也擔任過紅四、十一軍和紅七軍團參謀長，並沒有表現出什麼過人的才華和戰將本色，但粟裕為人沉穩、謹慎，熟悉政工而在政治上並不過於激進，考慮問題全面，顯示出了一定的軍事領導人氣質和修養。1934年7月，粟裕作為參謀長隨紅七軍團（軍團長尋淮州、政委樂少華）抗日先遣隊東進閩浙贛，與紅十軍合編為劉疇西、樂少華紅十軍團後，繼續擔任參謀長。後又赴皖浙贛邊區創建革命根據地。由於敵人重兵圍攻、堵截，紅十軍團損失慘重。1935年1月，劉疇西因戰被俘，樂少華戰死，擔任紅軍挺進師師長的粟裕終於突穎而出，成為獨立的軍事指揮官，開始展現他的軍事指揮天才。1935年10月，粟裕任閩浙邊臨時省委組織部長兼軍區司令員，成為一方根據地首腦，進行游擊戰。抗日戰爭後組建新四軍，任新四軍第二支隊副司令員，司令員為張鼎丞，但實際主要作戰多數是由粟裕指揮。1940年7月，粟裕隨陳毅進入蘇北，從此正式開始成為陳毅副手，並成為陳毅最得力的戰將，由於陳毅軍事上比較平庸而為人豁達，粟裕越來越成為了陳毅部一系列戰役的實際指揮官，在解放軍組建後有了「陳、粟大軍」的稱呼。粟裕是從低起點逐步成長出的一員戰將，他晚年仍然再三強調自己打仗是由毛澤東、朱德教會

的，實際上說毛澤東更多是政治性客套，如果仔細分析、對比粟裕與朱德的戰例，粟裕顯然是從自己眼見的朱德軍事藝術中獲得了精髓，最終與林彪一樣成為了由朱德熏陶出來的天才軍事家，但林彪更見長於戰術，粟裕更見長於戰略，因此，粟裕更是中共除朱德之外最卓越的軍事戰略家。粟裕的軍事戰略天才在他下決心發出「子養電」後，得到了最輝煌的表現。

粟裕「子養電」之所以是「斗膽直陳」，是因為他此時雖然已經是解放軍最重要的戰將之一，名震中國，但地位並不高，僅僅是陳毅的副手，且長期遠離中共中央，從來沒有進入過中共軍界和政治界的核心圈子，也沒有捲入過相關的衝突，當時唯一牢靠的保護傘只是本就具有被邊緣化傾向的陳毅，稍不小心就可能前途盡毀。而客觀上的情況對粟裕幾乎是極其不利的，因為，無論粟裕怎樣小心翼翼地把握措辭，畢竟矛頭是對著毛澤東，而且也等於否定了老資格的劉伯承，更可怕的是，隨後事情的發展也使粟裕跟陳毅對立了起來，忠誠於陳毅的華東野戰軍將領對粟裕進行了指責，使粟裕基本孤立了起來，幾乎處於了人生毀滅的境地，弄得粟裕不得不再三表明自己對陳毅的尊敬和忠誠。

毛澤東此時也是急於擺脫戰場僵局和劣勢，但對現代戰術幾乎沒有概念的他並不能想出什麼妥當的辦法，依然只會想當然地搞他的「大手筆」。毛澤東再次產生了「向南」衝動，撿起了他的游擊經驗，想出了新的「千里躍進」，把陳毅召到陝北中共中央，決定陳、粟部分兵，組織三個縱隊十萬大軍向南突破長江，打到長江以南去。與其說是個軍事領袖不如說更是個實力派但在軍事上並無天才的陳毅，與1946年6月支持毛澤東越過淮河向南到外線作戰一樣，對毛澤東這一「大手筆」興奮備至，積極服從、回應，當即答應派粟裕率十萬精兵於1948年秋天南渡長江。文學青年出身的陳毅賦詩道：「五年勝利今可卜，穩渡長江遣粟郎。」五年勝利，即指毛澤東原來說的打敗國民政府需要五年。粟郎，即指粟裕。既然這個行

動要由粟裕執行，粟裕又在「子養電」中主張在中原打殲滅戰，自然還是需要把這位南下主將當點事，因此，毛澤東親自起草了1月27日給粟裕的電報，堅持要粟裕南渡長江，並指示粟裕按照毛澤東在井岡山時發明的所謂「兜圈子」戰術：「你率三縱渡江以後，勢將迫使敵人改變部署，可能吸引敵二十至三十個旅回防江南。你們以七八萬人之兵力去江南，先在湖南、江西兩省周旋半年至一年之久，沿途兜圈子，應使休息時間多於行軍作戰時間，以躍進方式分幾個階段達到閩浙贛，使敵人完全處於被動應付地位，防不勝防，疲於奔命。」不管怎樣，這總算是等於毛澤東已經承認粟裕具有了與自己進行爭執的地位，是對這位殲滅張靈甫的戰將予以器重了。這樣，便有了一場粟裕與毛澤東之間的戰略爭執。

　　粟裕與毛澤東之間的戰略爭執對早日擊敗國民政府有著關鍵性的意義，而決定性的定鼎人物則是朱德。這場戰略爭執一開始毛澤東只是對手握重兵的粟裕表示尊重，在實質性觀點上卻絲毫沒有餘地，陳毅回去後更是督促、組織執行南下計劃。華東野戰軍精銳的第一、四、六縱隊編組為東南野戰軍第一兵團，粟裕兼任司令員兼政治委員，占陳毅部主力三分之一，毛澤東命於5月15日後向長江以南突破，去「兜圈子」。雖然國軍要在中原對解放軍實施殲滅受困於兵力缺乏，但從中共來說，如果要在中原進行殲滅戰，同樣也處於兵力缺乏的困境，毛澤東本已經幾乎毀掉了劉、鄧大軍，現在又要毀掉陳、粟大軍了。這是一個很荒唐的決策，劉、鄧「千里躍進大別山」被鼓吹為正確的主要理由是吸引了國軍，特別是使蔣介石調動了部分預備部隊從江南北上，毛澤東在中原削弱自己、增強敵人，以至於陷入困境，現在又要陳、粟大軍南下，「吸引敵二十至三十個旅回防江南」，等於再用陳、粟大軍的損失否定了劉、鄧「千里躍進大別山」，顛三倒四之極。粟裕認為，如果華東野戰軍三個縱隊渡江南進，實際並不能將中原國軍的四個主力軍吸引到江南去，而自己到敵人深遠

後方打游擊戰，三個縱隊和地方幹部近十萬人，在敵佔區轉戰幾千里甚至上萬里，預計將有五、六萬人的減員，等於自己毀滅了，卻又難以對敵人形成大的威脅。粟裕經過再三考慮，在「萬事俱備，只待渡江」的4月18日，再次決定給毛澤東發電反對。粟裕不敢繞過陳毅，陳毅很不滿：「中央要你過江，你不過江？」好在陳毅是個比較寬容的人，並沒有阻止粟裕。

在與粟裕的爭執中，毛澤東逐步體會到了壓力，粟裕雖然地位不高，但下江南只能是使用陳、粟部，而且粟裕是唯一具備能力可以擔當此任的大將，粟裕本人不願意南下，絕不是件可以忽略的事情。這不僅只是個南下的問題，更是牽涉到了全面的內戰戰略，到底如何，必須要朱德來參與決策了。朱德作為中共最被將領們信服的軍事家，如果朱德認為應該南下，粟裕也就無話可說，如果朱德認為不應該南下，中共中央就必須重新調整南下戰略。這是個極其重大的問題。3月10日，在陝北的毛澤東發電報給在西柏坡的劉少奇，通知中共中央將去華北，到達後「擬約粟裕一商行動計劃」。粟裕4月18日電後，已經到達華北的毛澤東於4月21日通知陳毅、粟裕立即到河北阜平縣西柏坡「商量行動問題」。

4月29日，陳毅、粟裕到達西柏坡中央工作委員會駐地。誠惶誠恐的粟裕先去拜見朱德，希望先聽取朱德的意見，長期與最高領導層缺乏交道的粟裕顯然不很熟悉朱德的風格，朱德只是鼓勵他在會議上按照自己心裏想的說就是，粟裕不知道這實際就是朱德已經支持他了。第二天，五大書記以及陳毅、粟裕、聶榮臻、彭真、薄一波、李先念等開會，核心的議題就是討論粟裕的意見。第一次面對中共五大書記的粟裕非常緊張，加以在他彙報自己想法時不時有人以近乎居高臨下的態度插話詢問，更加重了他的壓力。由於南下是由毛澤東決策的，是毛澤東第二個「千里躍進」，而劉、鄧的第一個「躍進」又是被吹噓為無比英明的，因此，周恩來等人對粟裕採取了嚴厲的質問態度。粟裕彙報過以後，一片沉寂。粟裕雖然說

是應該暫緩渡江南下，但實際等於否定了毛澤東的主張，所有人的目光都投向了朱德，因為，無論肯定還是否定粟裕，在場者中的最高軍事權威只能是朱德。如果否定，朱德足以讓粟裕心服；如果肯定，則朱德足以讓毛澤東改變決策。朱德表態了，支持了粟裕，認為解放軍應該集中兵力在中原作戰，但南下可以作為以後考慮的方案，戰略方針向南，必須向南才有勝利。朱德的態度既強有力地否定了毛澤東，也給了毛澤東面子，肯定了毛澤東在大方向上是正確的，但實質上等於廢話，因為，解放軍要全面擊敗國軍，最終自然是要向南發展的，粟裕與毛澤東之爭並不在這一趨勢性的方針上，而是在眼前是否應該集中兵力在中原作戰、扭轉中原戰局的問題。朱德肯定粟裕之後，其他人的立場也就動搖，毛澤東則做了次「明君」，在保持自己面子的前提下容納了粟裕意見。之後又陸續開了幾次會。劉少奇認為劉、鄧大軍在大別山，解放軍主力削弱了，勝仗打少了，但必須義無反顧，不能北返，現在江北至多支持一年，主要問題是吃飯，渡江很困難也要前進。周恩來認為軍隊向外線轉，不斷開闢新的外線，是堅定不移的方針，現在暫不躍進，暫採波浪式前進，先迫江邊。任弼時認為打向國民黨區域，是決定戰爭勝利快慢之一條。可見，雖然接受了粟裕的意見，但他們有著很大保留，甚至只願意給中原作戰有限的期限，根本上仍然維持毛澤東原有主張。

　　毛澤東顯然比劉少奇、周恩來、任弼時高明也聰明得多，他之所以能在粟裕對南下提出異議後予以容忍，一來粟裕的異議客觀上是不可忽視的壓力，二來劉、鄧的窘況也越來越證明了南下不可行，毛澤東終於意識到了眼前的戰爭已經完全不同，大兵團作戰還想搞「兜圈子」將是非常荒唐的。朱德提醒「應有炮隨行，自然成為重兵」和後勤問題，實際已經指出了大兵團作戰與游擊戰的關鍵性區別，而粟裕對南下後十萬大軍將面臨到的慘象的描述實際正是涉及到了重兵和後勤這兩個關鍵問題，如果沒有後勤配套和將重兵改變為缺乏戰鬥力的輕

兵，進行大兵團作戰的結果只能是失敗。毛澤東終於認識到了這種對於他來說的新的戰爭模式，因此，不僅接納了粟裕的主張，而且也同時要求劉伯承、鄧小平將所部殘軍調出大別山，到中原與陳、粟大軍會合作戰。毛澤東梟雄本色非同尋常，一方面他仍然強調「千里躍進大別山」的正確，維持自己的英明形象，另一方面也果斷改變思路，很明顯地不滿意劉伯承沒有像粟裕一樣能夠在「躍進」前進行異議，導致重大的戰略失誤，不僅提出要用粟裕取代平庸的陳毅擔任華東野戰軍司令兼政委，而且要把劉伯承部兵力歸屬粟裕統一指揮。可以說，這才是毛澤東在內戰以來最大的一個手筆。惶恐不安的粟裕不敢接受毛澤東這一破格提拔，客觀上其中的壓力特別是陳毅在華東野戰軍中龐大勢力可能發生的逆反情緒也遠不是粟裕所能夠扛得住的，最後，陳毅轉任中原軍區和中原野戰軍第一副司令員，保留華東野戰軍司令員、政委職務，到劉、鄧處工作，由粟裕代司令員兼代政委，並兼任豫皖蘇軍區司令員，名義上受由劉伯承、鄧小平、陳毅組合的集體領導，實際就是獨立指揮華東野戰軍並按照作戰需要指揮劉、鄧部隊。

「我們的勝利已經肯定了」

解放軍大兵團既要保持後勤配套，又要維持具有足夠戰鬥力的重兵配備，就只能在中原進行作戰。這樣的壓力沉重地落在了粟裕身上，也就是說，就中共打破僵局進行戰略反攻並進行戰略進攻來說，中共整個內戰戰局最關鍵的責任已經由東北的林彪和中原的粟裕承擔。粟裕較之林彪資歷淺、地位低，他們在各自所統帥的部屬面前威信有很大差異，而且，就軍隊的成熟程度來說，華東野戰軍也比較低一些。這樣，對華東野戰軍的調整和提高就成了具有重大戰略意義的緊迫事情。陳毅、粟裕自然也意識到了這一嚴峻性，他們主動提出請朱德前去「視察」。實際上，中共能夠解決這一問題的也只

有朱德，朱德馬上答應，同時，也是去為身負重任的粟裕撐腰。就朱德此行的核心意義來說，當扭轉了毛澤東錯誤的南下決策之後，就必須要解決在中原地區如何打殲滅戰的困境。由於朱德此行戰略意義重大，毛澤東並沒有攔截，而且，與之前不同的是，大概毛澤東吸取了拋開朱德單獨決策而犯錯的教訓，老老實實地不斷向朱德通報全國情況，聽取並向各部轉達朱德的意見和指示。因此，雖然朱德離開中共中央和解放軍總部，但仍然是關鍵的最高決策者之一。

5月中旬，朱德在陳毅、粟裕的陪同下到了華東野戰軍。朱德在華東野戰軍待了一個月左右，對華東野戰軍進行了全面調整，並幫助粟裕策劃了扭轉中原整個戰局的豫東戰役。朱德在肯定了陳毅部政治、軍事、經濟等方面的成就同時，作了一系列全面調整指示。朱德說：「土改政策是有關中國革命成敗的重要問題，同戰爭關係最密切。城市政策、工商業政策方面，過去犯過的錯誤，一定要徹底糾正。今後你們打進一個城市，一定要先把工廠、商店等好好保護起來，真正做到『仁義之師，秋毫無犯』。統一戰線政策很重要，反美反蔣的民族民主統一戰線還要擴大。此外，還有對待知識份子的政策和俘虜政策等，今後都要正確執行。」在軍事方面，朱德要求按照大兵團作戰原則制定符合自己部隊的戰術原則。朱德把戰術原則通俗表述為「看什麼天候打什麼仗，在什麼地形條件下打什麼仗，對什麼敵人打什麼仗」，這也是朱德一貫的軍事原則，他曾表述為意思差不多的「有什麼槍打什麼仗，對什麼敵人打什麼仗，在什麼時間地點打什麼時間地點的仗」，但更針對於了大兵團作戰，應該特別注意到，粟裕是解放軍高級將領中終身最敬服朱德的人，不僅直到晚年還一口一聲「總司令」、「他老人家」等敬詞，而且在他回憶戰爭和闡述軍事思想時，最核心的原則也正是朱德的這個三原則。對應該如何殲滅週邊國軍第五軍和第七、十一師，朱德說：「我替你們想了一個辦法，就是用釣大魚的辦法。」他教導說：「紅一軍團總

結出來的三猛戰術（本書作者注：指猛打、猛衝、猛追，實際是朱德的基本戰術之一，由林彪進行了發揮），是紅軍中的基本戰術之一，今天也還適用。但要解決比較頑強的敵人，用這一套就不一定有效，甚至還要吃虧，還是用釣大魚的辦法好。這種辦法是合乎辯證法的。再說一遍，從釣小魚與釣大魚的辦法不同來看，就可以理解打弱敵與強敵、打小敵與大敵的不同。打小敵、弱敵，可以用比較簡單而直接的辦法；但打大敵、強敵，必須定出系統的鬥爭方針，戰鬥開始必須懂得擺佈它，懂得用迂迴曲折的辦法。這是真理，要好好牢記、研究。」朱德強調參謀工作問題，認為「凡是沒有打好的仗，就是吃了不會組織戰鬥的虧。如果在打仗之前開會慎重商量，回去又認真部署，就會打得更好一點。組織戰鬥，首先就是要善於瞭解情況，其後就是要有周密的計劃部署。」

朱德對粟裕等人說：「釣了一條大魚你不要性急，不要一下就扯上來，因為你性急往上扯，大魚初上鉤，尚未疲困，拼命扯往往會把釣索弄斷。可以慢慢同它擺，在水裏擺來擺去，把它弄疲勞了再扯上來，這樣就把這條大魚釣到手了。對第五軍就要用這個辦法，要用『引』的辦法。它來攻，我就退，有條件就阻擊一下，沒有條件就不阻擊，把它拖得很疲勞，彈藥也消耗得差不多時，再用大部隊去奔襲殲滅它。你們一定要下決心釣到一兩條這樣的大魚。」朱德的這種「釣魚」既是疲敵戰術，也是聲東擊西、以誘惑方式打擊缺乏防備的敵人的戰術。朱德離開華東野戰軍後，1948年6月中旬，粟裕即正式啟動了豫東戰役。粟裕在豫東戰役中使用的正是朱德「釣大魚」的辦法，但做的非常靈活，幾乎達到了爐火純青的戰術境界。粟裕名為打國軍第五軍，眼睛卻並不是盯著這條「大魚」，而是佯裝打第五軍，卻突然進攻開封，殲滅開封守敵和援軍，粟裕攻佔開封後，又突然主動撤出，圍殲了區壽年兵團，重創了黃百韜兵團，然後又突然撤離，共殲滅國軍九萬多，同時，利用黃百韜兵團前來攻擊形成的空虛，指揮許

世友、譚震林兵團突然攻克了兗州。豫東戰役不僅創造了中共一次戰役殲滅國軍最多的記錄，最重要的是終於扭轉了中共在中原的被動局面，打破了僵局，從而成為了國共內戰的轉捩點，並為後來攻佔濟南掃清了障礙。

朱德特意到華東野戰軍視察，是因為華北已經穩定後的中原和東北兩個主戰場，相比較東北戰場難度比較低，同時，從他一直在作戰方面很器重林彪來看，也是對林彪比較放心。他認為由於林彪控制了東北大部分鐵路，機動能力比國軍更優越，因此，就佔有了明顯的優勢。朱德說：「東北解放區有一萬多里鐵路，東北解放軍的『腿』就比國民黨軍隊的『腿』長得多，所以那裏的仗就好打得多。」當時在東北戰場，國軍總兵力約五十五萬人，解放軍已有一百多萬人，並控制了東北地區97%土地和86%人口，實際上中共等於已經控制了除長春、瀋陽和錦州地區以外的整個東北，並有著華北的強大依託。早在決定大規模進軍東北時，朱德認為東北背靠蘇聯，有著非常有利的地緣優勢，只要控制熱河地區，關門就是獨立天地，開門可以進出華北，但東北又是土地廣大，因此控制東北就必須要有大量兵力，認為應該派至少六十萬以上軍隊去，加以當地收編武裝才行。由於中共是占面，因此，達到了朱德的目標。蔣介石沒有朱德這樣的眼光和預計，進入東北是占城市，精銳的幾十萬大軍進去後兵力還是遠遠不夠，到1947年時已經處於非常尷尬的境地，戰略態勢完全處於防守，撤離又下不了決心。整個國共內戰期間，在一系列戰略布局上，蔣介石都像抗戰初期一樣犯著遲疑、放不下的毛病，而在東北問題上的患得患失則是其中最致命的錯誤之一。朱德1948年5月估計道：「自衛戰爭開始時，蔣介石共計有軍隊四百三十萬人，其中正規軍二百萬。到現在他只有三百六十萬人了，正規軍只有一百八十萬了，其中在第一線的有一百六十三萬，在第二線的僅十七萬（包括新疆的幾個師在內）。長江以南廣大地區沒有他的正規軍。1946年7月至1948年2月的一年零九個

月，我們共殲敵一百六十多個旅，計二百二十四萬多人，除了新疆等地的第二線部隊十六個旅以外，都挨過我們的打，有的甚至被殲滅過二次乃至三次。敵人經過陸續補充，在數量上看來仍是不少，但質量已大大削弱了」。解放軍當時已經有二百四、五十萬，由於中共在解放區發展了數量是解放軍倍數的民兵，因此，解放軍第一線的兵力比例很高，至少占了70%，也即擁有一百五、六十萬以上的一線作戰部隊，其中數量最多的部分是東北的林彪。最重要的是，國軍兵力被分散在東北、華北、中原、西北，其中東北和華北的兵力占了一線作戰部隊的一半，但又處於防禦著的孤軍狀態，幾乎是在等著被殲滅而難有作為。這時如果東北國軍撤進關內與華北京、津、張地區傅作義集中，戰略局面就會很大不同，如果這兩支軍隊都向中原集中，就更是戰局徹底改變，但蔣介石並沒有這樣的氣魄。蔣介石這種戰略心態在本質上跟毛澤東「千里躍進大別山」形成孤軍是一樣的，由於有了朱德，毛澤東很快糾正了自己的錯誤，而蔣介石手下不乏粟裕這樣可以提出異議的將領，但身邊卻沒有朱德這樣一個能夠被蔣介石承認的權威可以糾正蔣介石的錯誤。國民政府只有一個「神」，中共這時候幸運的是有兩個「神」。

毛澤東要進行「千里躍進」和中共要急於打破中原僵局，實際也是迫於無奈。雖然朱德鐵腕實行了靈活的戰時經濟政策，但他並不能夠徹底解決中共的破壞性「共產主義」本性和衝動。沒有經濟專家而只有財政專家的中共在佔領區只會以掠取人民財富為基本傾向，雖然解放軍已經擁有火炮成為重兵，但運輸仍然不得不以人力、畜力為主，同時，其基本制度也導致大量不事生產的幹部和地方武裝人員增長，嚴重削減了社會生產人口，雖然暫時聚集起了滿足進行戰爭的人力、物力，並形成了後勤優勢，但並不能持久，就如劉少奇所憂心忡忡的，在1948年時解放區只能維持一年的吃飯問題。這時候的解放區由於規模已經與紅軍時期根據地完全不同，戰爭模式又

改變為了大兵團作戰，因此，中共破壞性的社會管理和經濟管理根本不能持久維持其政權穩定和前線大規模作戰，這種傳統在建國後導致了整個國家一連串的災難，只是好在建國後沒有發生大內戰而已。蔣介石乃至國民政府和中國知識份子都沒有認識到中共這一致命軟肋，蔣介石的戰略布局不僅是在廢掉自己的武功，而且更是在為中共承擔城市負擔，如果蔣介石將兵力向南集中，把東北長春、瀋陽、錦州和華北北京、天津、張家口龐大的城市人口丟給中共，集中力量在中原這個最重要的產糧區進行抗衡，即使不能將中共在戰場向北擠壓，僅僅吃飯問題就將導致中共全面失敗。蔣介石沒有意識到這點，不等於中共不意識到這點。面臨實際的中共根本繞不開自己這個致命軟肋。正因為如此，毛澤東不得不現實地接受朱德的戰時經濟政策，但仍然解決不了問題，便急於要南下「千里躍進」，以減輕養兵負擔。朱德則不同，他考慮的是加快戰爭節奏，透過戰場上的勝利擴大解放區以增加人力、物力、財力，並奠定與國民政府進行決戰的基礎，戰線式南下，盡快結束內戰。按照朱德的意圖，既然只能解決一年的吃飯問題，戰爭的決定性解決也就只能在這一年期間進行，因此，朱德對粟裕的支持，正是這樣的基本動因。也就是說，朱德已經不只是要進行戰略反攻，而是要在中原解決與國軍進行決戰的問題，但在具體操作上，朱德則又不緊不慢，穩紮穩打地安排著戰略步驟。

在東北問題上，1948年6月時，林彪與國軍已經處於僵持困境。雖然國軍是防禦困境，但林彪也一時解決不了進攻困境。由於東北國軍困守長春、瀋陽、錦州，城市間距離遙遠，基本處於孤軍防禦狀態，這就給林彪提供了分別攻佔圍殲的機會，而首先的自然是處於整個東北中心但也最孤立的長春。但打長春林彪並無良策。毛澤東同樣沒有主張，只能詢問還在華東野戰軍的朱德。將在外，君命有所不受，而朱德本就一向強調前線將領必須要機斷專行，因此，朱德只是為林彪提供了一個選擇題，讓林彪自己去選擇。在戰術上，朱德明確要

求林彪「打法是用坑道為第一，用技術，炸藥、手榴彈抵近射擊，以各種炮為主，以工事對工事，進一步鞏固一步，做好工事再進。」朱德確定打長春的基本前提是「現有二十萬發山野炮以上的主炮彈及重輕迫擊炮彈，炸藥三十萬斤，手榴彈二百萬個，即可能打開，再準備傷亡三萬以上的人」。如果具備這個前提，就可以強攻長春。如果不具備這個前提，就採取長圍的辦法，同樣可以打下長春。朱德叮囑：「這兩種攻城戰術，強攻與長圍，如有家務，可採取第一種。打久了第二種也出現了。如家務不大，攻一城將炮彈炸藥耗盡，一時難補充，則不如打野戰。打長春要看家務大小來決定。」朱德所說的「打野戰」，也就是後來林彪使用的圍城打援。他指示林彪：「決不可性急，準備兩月三月打下，也算是快的」，打法要靈活，「攻堅即強攻，打城軍不在多，兩個縱隊及幾個獨立師能攻、能防敵人反攻即夠，其餘的可打增援隊」。顯然，朱德是傾向性地主張進行長圍，而把決戰方式定為了野戰。林彪選擇了長圍的方法。林彪在東北的整個進攻過程中，其採取的核心戰術基本遵循了朱德指示，特別是圍城打援的藝術，林彪幾乎發揮到了極致。

東北戰局，以及其他地區的大小戰局和戰略布置，不允許朱德在華東野戰軍久留。朱德很快就回到了已經固定駐在華北辦公的中共中央以及自己的解放軍總司令部。中共官方黨史一般含糊地說朱德協助毛澤東指揮了全國戰局，更準確地應該說是朱、毛共同進行了決策和指揮。就之後中共各部的行動和戰局發展來說，很明顯風格與以前完全不同，不僅沒有再出現毛澤東的「躍進」錯誤，更重要的是戰爭類型已經與毛澤東所熟悉的游擊戰、運動戰完全不同，解放軍的戰略布局和戰役進行有著明顯的朱氏風格，而不是毛氏風格，其周密計劃和技術嚴整遠不是毛澤東所能具備的控制能力。可以作一對比的是解放軍打過長江向中國南部地區和西南進軍時，朱德已經引退，風格便有了微妙變化，雖然作戰模式已經基本固定，

屬於摧枯拉朽，不可能犯大的錯誤，但組織顯得比較混亂而隨性。現在可以看見的最重要的公開材料是朱德1948年8月23日、10月1日、10月16日、10月26日解放軍總部作戰局戰況彙報會上的四次講話。從這四次講話的材料中可以看出，朱德不僅在大決戰前和期間具體領導和控制著解放軍總司令部，而且縱橫捭闔，對大戰略布局到各個戰區和戰役都有著精妙的控制和安排，不僅顯示出他作為解放軍最高統帥的決策、指揮地位和權力，而且才華橫溢，光芒四射，具有鮮明的朱德風格，國共兩大軍事陣營裏沒有第二個人可比。

朱德1948年8月23日講話在戰略上明確「中原戰場是決戰的戰場。自古以來誰在中原取得勝利，最後勝利屬於誰的問題就能解決」，這是現有公開文獻中最早確定中原戰場戰略的記載。從朱德的話語來看，這並不是他一時心血來潮，而是經過深思熟慮的。在具體的戰略措施上，對東北問題，朱德說：「我們不能讓他們進關。蔣介石說要守住長春、瀋陽，這很好。因為他們把這樣多的軍隊放到這樣遠的地方，每天靠飛機運輸接濟，這就增加他們許多麻煩和消耗。如果讓他們進關，不論是增至華北或華中，都會增加我們不少的麻煩。」朱德提出在1948年底前「希望能解決傅作義，拔掉濟南、太原諸點，然後集中兵力繼續向蔣管區挺進」。傅作義解放軍沒有能夠消滅，但被強力壓縮了起來。9月中、下旬，粟裕成功攻佔了濟南。由於沒有消滅傅作義，本準備攻佔太原的徐向前停止了行動，但困住了太原的閻錫山。雖然朱德的這一計劃因為華北聶榮臻比較弱而打了大折扣，但最重要的東北和中原問題解決了。在中原方向，朱德認為蔣介石眼前是急於決戰，但偏不決戰，等做好充分準備後再進行這一決定中國全局的決戰。朱德強調，之所以能夠準備與蔣介石進行決戰，改變內戰格局，最關鍵的就是解決了攻城戰術和具備了軍工生產能力，「今後不會有什麼攻不破的城市。這點，美蔣對我們都估計不足」。蔣介石之所以之前一直採取了錯誤的戰略，是建立在解

放軍不能攻城基礎上的，當解放軍能夠攻城了，蔣介石全部的戰略也就意味著崩潰了。

朱德1948年10月1日講話時，林彪已經在東北實施遼瀋戰役計劃，粟裕已經攻佔濟南。朱德再次強調了中原決戰問題，而且指出這是關鍵的一年：「今年是決定勝負的一年。中原是決戰的戰場，因為中原糧食富足，地勢平坦，便於大兵團的作戰。在該區我之有利條件為：第一，群眾是我們的；第二，我們的力量比較大；第三，我們運輸線較前順利；第四，我們有自己的兵工廠，能生產大量的彈藥。敵人的兵工生產不如我們，它們主要靠美國幫助。」也就是說，朱德已經穩操勝券。在後勤問題上，除了生產，朱德強調了運輸問題。對於東北，朱德認為國軍已經無法進關，解放軍完全可以在東北全殲國軍，不讓其逃跑。對西北的胡宗南則慢慢打。朱德肯定了華北傅作義的能力，「華北最後的問題是解決傅作義，在作戰上他學了日本人的一些辦法，也學了我們的一套。在華北方面他的力量現在還比我們大，所以傅作義是比較不好打的。但我們還是一定能夠解決他」。朱德一向對國軍中的黃埔軍人評價不高，而對少數軍閥或雜牌出身的將領則有特別評價，傅作義是被朱德評價較高的少數將領之一。傅作義，1895年生，山西榮河人，北京第一陸軍中學堂、保定陸軍軍官學校畢業，在晉軍服役，官至師長，1927年因涿州守城戰成名，1930年蔣馮閻中原大戰時任閻錫山第三方面軍第二路軍指揮官與國民革命軍作戰，戰後被國民黨政府收編任第三十五軍軍長兼綏遠省政府主席，「九‧一八」事變後率所部第七軍團進行長城抗戰，1936年指揮綏遠抗戰，全面抗戰後任第七集團軍總司令兼第三十五軍軍長、第八戰區副司令長官、第十二戰區司令長官等，曾與朱德有過合作並聽過朱德講解游擊戰術，抗戰後任張垣綏靖公署主任兼察哈爾省政府主席、華北「剿總」總司令，是個精於戰術的名將。

朱德1948年10月1日講話時，林彪已經打下錦州。朱德肯定了打下錦州的重要性，「關於東北問題，美國人曾叫蔣介石撤出東北，不要孤守待斃。蔣介石雖然也看到了這個形勢，但反動統治階級臨死也還要作最後掙扎，不願撤出。現在打下錦州，他要撤也撤不出來了。錦州在戰略上意義很大，是關內與東北聯繫的補給與轉運基地，敵人曾盡了最大的力量來守，但還是失敗了」。「目前主要作戰在東北，形勢對我們有利，可以打幾個好仗，在今冬解決東北問題。東北解決了，我軍可以入關，最後解決傅作義。」但傅作義與蔣介石的戰略有衝突，「他的力量放在西面。但蔣介石的戰略是要保住北平、天津，不願傅作義的主力繼續往西進」，這樣傅作義就形成了長蛇陣形，「他的長蛇陣如果被我們一擊，就可以切成幾節」。朱德特別指出，由於解放軍有了攻城能力，蔣介石的戰略已經不得不改變，「蔣介石的戰略現在有所改變，他放棄若干孤立據點，這是在我們攻下濟南以後才改變的」。「蔣介石近來也跟我們學，放棄城市，進行機動作戰，也不要後方，也搞大隊行進。但他沒有群眾，所以沒有飯吃，而且這樣做已經遲了。他撤出孤立城市對我們也有利，這樣我們的後方可以更加鞏固。美國叫他撤到長江以南，如果他照辦，將二百萬部隊放在一塊，對我們也比較麻煩。」朱德承認了中共的軟肋是國軍向南集中兵力，這正是蔣介石在抗戰結束後一直犯的根本性戰略錯誤。對徐向前圍攻太原朱德很放心，認為即使徐向前打不下來也沒關係，只要困住閻錫山就行。雖然粟裕在山東獲得了很大成就，但朱德認為「還不算決戰」。至於在陝北的彭德懷，朱德認為暫時讓他對付著就行，不必要幫助他獲得進展。

朱德1948年11月26日講話對內戰具有總結性，他說：「我們正以全力與敵人進行決戰。二十年來的革命戰爭，向來是敵人找我們決戰。今天形勢變了，是我們集中主力找敵人決戰。東北決戰已把敵人消滅了，現在，正在徐州地區進行決戰，平津決戰也即將開始。」朱德詳細分析了徐州決戰即後來

被稱為的「淮海戰役」，他說解放軍「在數量上比敵人多一點，質量上比敵人高得多，武器上比敵人也不差，彈藥我準備了八個基數」，即彈藥充足，總體上解放軍佔有優勢，最重要的是除了「馮治安部的起義，對戰局影響很大，使敵人原來的部署大為混亂，這是兵家之大忌，特別是對大部隊更是不能馬上把部署調整好的」，還在於蔣介石不讓白崇禧指揮，而讓劉峙指揮。朱德大喜，他說：「劉峙的指揮對我們有很大的幫助，他不像白崇禧那樣狡猾會逃跑。」就兵團指揮角度把白崇禧與黃維比較，「黃維資格老，但指揮並不怎樣高明。比較高明的是白崇禧，他看到要打敗仗不肯來」。白崇禧，1893年生，廣西臨桂人，1916年畢業於保定陸軍軍官學校，1923年被孫中山任命為廣西討賊軍參謀長，1924年任定桂討賊軍前敵總指揮兼參謀長，桂軍改編為國民革命軍第七軍後任參謀長，北伐戰爭開始後任國民革命軍總司令部參謀次長、代理參謀長、東路軍前敵總指揮、西征軍第三路前敵總指揮、第四集團軍前敵總指揮等，其軍事才華名揚中國，也是廣西新桂系軍閥代表人物之一，1937年「七七」盧溝橋抗戰爆發後任國民政府軍事委員會副總參謀長，是中國制定對日作戰計劃的主要人物之一，1938年7月代理第五戰區司令長官，參與指揮武漢保衛戰，12月任桂林行營主任，負責指揮第三、第四、第九戰區對日軍作戰。1939年底至翌年初指揮桂南會戰，1946年5月任國防部部長，1948年5月任戰略顧問委員會主任委員兼華中「剿總」總司令。以白崇禧的資歷、職務和軍事才能，國軍在中原與解放軍的決戰理應由他指揮，但蔣介石在這樣的生死關頭架空了白崇禧。如果是白崇禧指揮，淮海戰役解放軍將很不容易打，掌握部分兵力的白崇禧在戰役期間出兵策應劉峙，劉伯承不得不退兵二百里，可見連劉伯承不得不畏懼白崇禧三分。更大的可能是朱德指出的，後來建議蔣介石向中共提出分江而治的白崇禧很可能不顧蔣介石命令，不與中共決戰，把軍隊撤到長江以南去。所以，白崇禧被架空，朱德自然大喜。除了中原

決戰，朱德還重點分析了平、津的傅作義，判斷他將採取固守策略，「其結果也仍逃不出被殲的命運」。朱德十分藐視蔣介石的嫡系部隊，認為決戰後就「無須顧慮」。

朱德在1948年11月26日講話中最後宣布：「我們的勝利已經肯定了。」這句話他不僅向自己的部屬說，而且朱德告訴毛澤東「大局定矣」。之後，朱德自動引退，基本不再對戰局和軍事問題發表意見，讓毛澤東去獨立決策和指揮了。必須要說明的是，朱德的引退並不是職務的放棄，而是一種在其位逐步少謀事、不謀事，也就是逐步減少做具體事務和具體發言，從決策領域逐步退出權力運用。朱德這一引退並沒有明確的決議，可作標誌的事件是1948年11月由周恩來兼任了解放軍總參謀長，也就是說，解放軍總司令部的日常工作朱德已經不再主持，而由周恩來分擔了。

四十二 「朱總司令萬歲」的開國困境

建國初毛、朱、周、劉的權力格局

　　之所以說朱德是引退，是因為朱德實際退出中共最高決策核心、朱毛指揮結構的主因是朱德本身。朱德的身份並沒有發生變化，也就是說，他要使用他的權力和權威仍然是無人可以阻擋的，但他不再在軍事決策和指揮上使用他的核心權力和權威。從朱德以前的經歷來說，朱德有過很多次主動退避權力的情況，但原因和動機各所不同。最重要的有這樣幾次：第一次是滇軍從四川回雲南倒唐後，朱德放棄了自己的軍隊，不再做軍閥，這是朱德要實現人生轉型；第二次是古田會議後，朱德不再就核心的政治體制和制度問題發言，不再把自己捲入政治領袖之爭；第三次是紅軍第五次反「圍剿」朱德做局外人，這是他要拉開與李德、博古、周恩來「三人小組」距離，撇開自己與已經預計的難以阻擋的紅軍大失敗干係；第四次是遵義會議後一渡赤水朱德臨時放棄軍事指揮權，這是他為了捧還沒有軍事決策和指揮權的毛澤東，重鑄「朱毛」品牌；第五次是與張國燾長征結束與毛澤東會合後，毛澤東一手控制軍權，張國燾鼓動朱德一起把軍權拿過來，朱德勸張國燾「老毛喜歡幹就讓他幹吧」，一來本就沒有什麼戰事，無關緊要，二來更是不願意讓紅軍總政委張國燾跟自己一起掌握軍權，捲入與毛澤東衝突的政治漩渦裏去。這是朱德第六次放權「引退」。除了政治領袖權利以外，只要是軍事領袖權力，朱德都可以在他認為需要的時候把權力重新拿回來，但怎麼拿則大有講究，一般來說，朱德的重掌權力過程都處理得不露痕

跡，手段十分高明。事實上，即使朱德的權力在強行被剝奪下，朱德最終也仍然可以把權力拿回來。朱德「低估」毛澤東的軍事能力，其他政治家們自然更是他「低估」的，即使其他軍事將領，朱德也是用一種教師爺眼光看待的，朱德的這種能力自信也是他獲取權力的意志基礎。朱德對張國燾說「老毛喜歡幹就讓他幹吧」，內涵著一種意義：生死關頭時，老毛能幹好嗎？幹不好，還不是得我朱德來？在紅四方面軍與張國燾爭權時，張國燾沒有毛澤東要依賴朱德那樣的意識，朱德就跑下去幫助徐向前指揮，並連續撰寫評價戰役、戰鬥的文章闡述戰術，讓徐向前和紅四方面軍將領心「服」，對張國燾釜底抽薪，這正是朱德對自己能力的自信。

當「我們的勝利已經肯定了」時，朱德主動放棄權力對毛澤東等人來說是皆大歡喜。早在延安整風期間，毛澤東就開始設法排擠朱德權力，只是由於戰爭和軍隊地位的轉型而不能做到，內戰需要更鞏固了朱德的地位和威望。朱德的「神」性事實上成為了碰不得的高壓線。抗日戰爭時期，中共體制發生了一個至今沒有被學術界足夠重視的巨大變化，那就是在中共各「地方」勢力中黨政軍一體化轉變。在紅軍時期，黨、軍雖然由於黨的高度集權而具有混合傾向，但畢竟存在著一定程度的黨、軍界限，政治家們穿著紅軍軍裝，一般不擔任軍職，不屬於軍人，即使到軍隊兼任了政治工作職務在軍隊中也低人一頭，被軍人看不起。軍事這個中共唯一的專業有著特殊的社會價值評價。遵義會議後毛澤東獨裁地位逐步形成，但毛澤東終究不是軍人，而是政治家，這就需要進行制度整合。紅一方面軍先一年北上到達陝北後，由於朱德不在位，毛澤東藉機獲得了軍委主席職務，雖然黨的總書記是洛甫，實際上中共最高權力歸屬於了軍委主席，這成為了中共體制轉變的契機。毛澤東作為軍委主席的獨裁權力要合法化，就必須使中共軍隊化，把下屬各「地方」勢力黨政軍混合起來，與軍委主席毛澤東形成全面的被命令和命令關係。抗日戰爭國共合作隨即進一步推動

了這一體制演變，中共作為一個在野黨不能被國民政府承認為是個權利組織和機構，作為中共軍委主席的毛澤東權力合法性受到約束，朱德的權力和地位則得到了國民政府的合法認可，而國民政府又不可能承認在八路軍總司令身邊設置一個總政委。但既然朱德為國民政府合法的中共武裝領袖，朱德就可以合法決定八路軍體制，他在下屬各部建立起了政委制度，由於戰時的原因，解放區的地方政府又受軍隊約束，這樣，朱德就成為了中共在華北的合法的黨、政、軍合為一體的獨裁者。朱德的這一體制一方面一定程度地架空了毛澤東的獨裁權力，一方面也為毛澤東的獨裁建立了從未有過的基礎，也就是說，一方面毛澤東原則上只能直接約束朱德，另一方面當以中央軍委名義與朱德共同出面時，從中共自身的合法性來說，作為軍委主席的毛澤東也就獲得了指揮各「地方」黨、政、軍的便捷權力。在這樣的情況下，以洛甫為總書記的中共中央權力就更加削弱。「七大」之後，毛澤東黨的主席和軍委主席兼於一身，又不存在了國民政府的合法性約束，「地方」黨政軍一體化的權力方式就更便利了毛澤東的集權獨裁，對毛澤東予以分權的最重要人物就只有解放軍總司令朱德。在這樣一種體制下，朱德的引退對毛澤東來說自然是求之不得。

朱德的「神」性對劉少奇、周恩來等人來說，一方面是好事，朱德不是以往那些與毛澤東衝突的政治家，其強大的實力和威望不是毛澤東所可以「鬥爭」的，因而是分解了毛澤東的獨裁地位和權力；另一方面也是件尷尬事，陪伴在兩個「神」身邊進行應付自然很疲勞，只是好在朱、毛不發生明顯的衝突，不需要來個站隊立場。在朱、毛之間，朱德包容，毛澤東陰險多變，從中共中央來說，毛澤東又是黨的領袖，因此，劉少奇、周恩來等人自然要花更多心思在毛澤東身上。在毛澤東扶植劉少奇之後，周恩來在中共的實力地位受到排擠，周恩來與劉少奇彼此勾心鬥角，這種勾心鬥角在「皖南事變」後轉化為了向毛澤東爭寵，毛澤東則又巧妙地運用了劉少

奇、周恩來的這種態勢，以有利於自己的權力鞏固。延安整風時，毛澤東使用了深夜開會手段排擠朱德。所謂開會，通常並不是什麼正式會議，實際不過就是幾個人聚在一起討論各種問題，甚至可以認為很多只是毫無意義的聊天而已，因此，不存在程序，也沒有話題、時間約束。中共這種「開會」傳統的特色，本書作者在解放軍軍隊服務時有著切身體會，可說是深惡痛絕。康克清回憶說：「有時開會開得很晚，常常開到天亮，往往毛澤東、周恩來是非常有勁，一直說個不停，其他人都是聽著。」毛澤東本就喜歡天南海北，周恩來「非常有勁，一直說個不停」則無疑是一種故意表現。毛澤東這一做法只有朱德陪不起。一來朱德本就年紀大了，二來像朱德這樣有著長期行伍經歷的軍人也沒有這樣的生活習慣，三來朱德也不需要也不願意拍毛澤東馬屁。如果需要指揮作戰，朱德的年齡和習慣並沒有問題，幾天幾夜不睡一樣做到，最重要的是當時中共領導人裏朱德承擔著最重要的日常事務，領導著中共中央軍委機關，掌握著總參謀部，一般情況下事務可能不多，但事無巨細不能耽擱，軍務必須要格外嚴謹。「年紀」大了的朱德只能陪到十二點。毛澤東這種「會議」的奇妙處在於，在大家聊天時，隨時可以讓大家掏出筆記本記錄，轉變為正式的會議，因此，當朱德十二點離開，名義上是大家照顧朱德的「年紀」，實際上則是悄悄削減了朱德的參與機會。這是毛澤東、劉少奇、周恩來等人的一種奇妙「默契」。朱德引退後，慢慢地連十二點也不作陪了，時間越來越提早。建國後，朱德又慢慢連夜裏的會也不參加了，哪怕是正式的政治局會議。再後來，朱德乾脆連白天的一般會議也不參加了，除非會議特別重要或正式。

朱德「老」了。當朱德引退後，也就真的老了。在軍事方面，淮海戰役後朱德很少發言，解放軍南渡長江後，更基本是不發言了。作為解放軍總司令，朱德只是例行一些必要他出面的公事，比如接待各種人士、發表宣言、發布命令等，幾乎

成為了一個象徵性人物。也就是說，在戰爭的決策和指揮方面，朱德不再做實質性的和具體性的工作，都由毛澤東去大包大攬、周恩來去具體執行了。現在，不只是「老毛喜歡幹就讓他幹吧」，而更是老毛不想幹也讓他幹。朱德的這種自動引退意味著他放棄了在中共中央占第二位的實質性權利，毛澤東沒有了另一個「神」爭權當然高興，劉少奇、周恩來則有了進一步提升自己的機會，自然也高興。但朱德不是退休，更沒有退位，他仍然是中共最有威望和影響力的兩大領袖之一。朱德不參與軍事決策和指揮，不分管某個方面的具體事務，但他對幾乎所有問題都可以發言，一當發言則仍然是非常具有權威性的。由於無可動搖的「神」性，朱德的實質性引退對中共權爭所導致的後果是極其深遠和深刻的，在中國現代史中有著十分微妙的意義，就如多米諾骨牌的第一塊，後面的骨牌無論倒與不倒，都不得不深受其影響。

　　1949年9月21～30日在北京舉行中國人民政治協商會議第一屆全體會議，會議由毛澤東致開幕詞，朱德致閉幕詞。選出毛澤東為中央人民政府主席，朱德、劉少奇、宋慶齡、李濟深、張瀾、高崗為副主席，任命毛澤東為中央人民政府革命軍事委員會主席，朱德為中國人民解放軍總司令，任命周恩來為中央人民政府政務院總理兼外交部長。10月1日下午三時在天安門廣場舉行開國大典，由毛澤東宣布「中華人民共和國中央人民政府今天成立了」，朱德在閱兵總指揮聶榮臻陪同下檢閱武裝部隊，並宣讀解放全中國的命令。在新中國成立的這個過程中，除了毛澤東被突出為「偉大領袖」，朱德是非常明顯地突出的第二個領袖，毛澤東和朱德的領袖像在各種場合被一起懸掛，並遍及中共解放了的所有中國領土。雖然朱德已經實質性引退，但在前台仍然與毛澤東一起成為了新中國的兩大「神」，這並不只是一種名義，而是由他巨大的聲望和強大的實力保證的。現在，中共本身的領袖地位和權力機制、結構，呈現為了一個龐大國家的領袖地位和權力機制、結構，構

成了新中國歷史演變的基礎和前提，中共內部的權爭終於演變為了一個有著世界五分之一以上人口龐大國家的權爭。

1949年10月19日，中央人民政府人民革命軍事委員會正式成立，統一管轄和指揮解放軍及其它武裝力量。毛澤東任主席，朱德、劉少奇、周恩來、彭德懷、程潛任副主席，賀龍、劉伯承、陳毅、林彪、徐向前、葉劍英、聶榮臻、高崗、粟裕、張雲逸、鄧小平、李先念、饒漱石、鄧子恢、習仲勳、羅瑞卿、薩鎮冰、張治中、傅作義、蔡廷鍇、龍雲、劉斐為委員。軍委日常工作由周恩來主持。任命徐向前為總參謀長、聶榮臻為副總參謀長。軍委下轄：第一野戰軍（司令員兼政委彭德懷）、第二野戰軍（司令員劉伯承、政委鄧小平）、第三野戰軍（司令員兼政委陳毅）、第四野戰軍（司令員林彪，政委鄧子恢）；西北軍區（司令員賀龍、政委習仲勳）、華東軍區（司令員陳毅兼任，政委饒漱石）、華中軍區（司令員林彪兼任、政委鄧子恢兼任）、華北軍區（司令員聶榮臻兼任、政委薄一波）、東北軍區（司令員兼政委高崗）。

這樣，中共軍政大員在新中國的地位初步排定。就掌控中共和中國命運最關鍵的毛澤東、朱德、劉少奇、周恩來四人來說（任弼時雖為「五大書記」之一，在1945年就已經病情嚴重，只能斷斷續續做點無關大礙的事情，1949年5月已經出現昏迷症狀，1950年10月27日病逝），最大的得利者是周恩來。毛澤東、朱德作為兩大「神」的地位是沒有任何人可以動搖的，因此，微妙的權利分配矛盾主要就存在於周恩來與劉少奇之間。

儘管毛澤東在抗戰後竭力提升劉少奇，使劉少奇在中共的地位上升到了周恩來之上，但現在作為一個國家的政權已經不只是一個中共問題，而是不得不涉及社會各階層、各集團的問題，在這方面劉少奇的名望和能力遠不如周恩來，雖然劉少奇獲得了中央人民政府副主席也即國家副主席的地位，但更加

實權的政務院總理一職不得不歸周恩來。由於朱德在中共內部已經實質性引退,更強化了國家副主席一職的象徵性,從另一方面說也等於強化了政務院總理一職的權利,實質性地呈現出了一種國家政權總理制傾向。另一方面,由於毛澤東努力要實現從對中共獨裁向對國家獨裁的轉變,自然就要強化國家主席一職的權利,使國家政權發生一種主席制傾向,而由於毛澤東自己精力有限,也不習慣於處理日常事務,這樣就要利用劉少奇制約周恩來,但朱德高於劉少奇的地位又成了對劉少奇的一種難堪約束。這就是複雜的「國家主席」病竈的原始癥結。

與在政權中權利分配類似,劉少奇在中革軍委副主席中獲得了僅次於朱德、在周恩來之前的地位。雖然周恩來已經擔任了政務院總理,事務極其繁忙,但由於朱德的引退,朱德不主持軍委日常工作,周恩來又獲得了主持軍委日常工作的權力。在這個問題上,劉少奇的資歷和經驗使他再度輸給了周恩來。雖然周恩來並不是一個真正的軍人,但自從黃埔軍校以來的軍隊經歷和在中共主持軍事工作的經歷,使周恩來擁有了比劉少奇遠要明顯的優勢,自然而然地獲得了主持軍委的實權。這樣,在建國一開始,形成了由毛澤東獨裁,周恩來掌握軍政大權的格局。

這一格局對毛澤東強化自己的獨裁並不很有利,朱德、劉少奇、周恩來這三個人中最忠誠於毛澤東的劉少奇現在成了個沒有實權的象徵性人物,朱德雖然引退,但他的引退主要是他主動的行為,並沒有明確的說法,他作為中共中央第一副書記、國家第一副主席、軍委第一副主席、解放軍總司令的職務是法定的,所可以使用的權力空間僅次於毛澤東,朱德隨時可以實際運用這種權力。事實上,新中國一建立後,朱德忽然表現出了一種空前熱情,不僅在具體的經濟問題上到處發言作指示,特別是在軍隊問題上,朱德要求將解放軍正規化、現代化,進行精簡整編,建立軍工體系,親自主持和干涉解放軍各現代兵種及軍事院校的組建。在軍隊問題上朱德的行動毛澤東

根本無法予以限制，也難以有實質性的干涉。正是在朱德這一忽然一反引退常態的熱情下，解放軍迅速組建起了正規軍事院校，組建起了海軍、空軍、工程兵、鐵道兵和裝甲部隊，初步構建起了軍工生產體系，形成了現代軍隊的基本構架。至今未被學術界注意的一個問題，是這時候朱德雖然仍然強調軍隊的「戰鬥隊」黨性，卻反覆使用了「國防軍」這一概念稱呼解放軍，並作為了解放軍應該發展的方向，也就是說，朱德一建國就已經實質性地為解放軍的國家化打開了大門。對朱德這一思想，毛澤東只能容忍，以不注意含混應付過去。但朱德在經濟方面的插手，特別是軍隊建設方面的熱情，無疑是對主持軍政工作的周恩來的強大支持和撐腰。特別要注意到，建國後中共地方大員職務的安排不得不隨軍隊的推進進行，從而形成了軍政一體化的特點，即使大量不在軍隊任職的地方要員，實際上大多本來也是來源於軍隊，這就更加擴張了朱德的勢力。在這種局面下，毛澤東的權力呈現出了一種勢單力孤的傾向和困局。

中共「兩大領袖」格局

面對可能被架空為象徵性領袖的局面，毛澤東當然不會輕易就範。就中共來說，一建國後就面臨著了兩大尖銳的矛盾，一是軍政關係問題，一是黨政關係問題。中共政權是依靠軍隊進行暴力革命得到的，軍隊地位極其崇高，軍人所擁有的權力遠不限於軍隊本身，幾乎可以干涉政府權力的任何領域。毛澤東雖然是軍委主席，但他畢竟不是職業軍人，軍人勢力的強大既有利於他彈壓其他勢力和鞏固他的權力，也更具有強烈的危險性，這是任何一個非軍政府國家首腦所不願意看到的格局，毛澤東也不例外。但軍隊的問題，毛澤東暫時不能從根本上解決。黨政關係同樣令毛澤東要進行獨裁所頭疼，由於新中國是按照毛澤東的所謂新民主主義理論建立的，中共就只

能主導政權，而不能進行徹底的一黨專政，必須要容忍民主黨派和各種社會名流分享國家權力，從而受到一系列非常麻煩的牽制和約束。這一問題也是毛澤東暫時所不能予以根本解決的。兩個問題關鍵還是在軍隊問題上。一方面，毛澤東要限制軍人的權力，一方面又要設法把軍隊完全控制在自己手上。朱德的國防軍主張是解決軍人權利的最好主張，但是毛澤東所不願意接受的。國防軍主張的本質是軍隊國家化主義，這樣，軍隊就將由政府控制，而不是由黨控制，中共對軍隊的控制就只能透過在軍隊內的黨員和黨組織進行，而不具有法定的決策、指揮權利。〈中國人民政治協商會議共同綱領〉第二十條明確：「中華人民共和國建立統一的軍隊，即人民解放軍和人民公安部隊，受中央人民政府人民革命軍事委員會統率，實行統一的指揮，統一的制度，統一的編制，統一的紀律。」這實際就是軍隊國家化，是中共不得不接受的條款。這正是朱德國防軍主張的背景，也是他忽然站到前台熱情進行軍隊正規化、現代化建設的背景。由於有了〈共同綱領〉，特別是朱德這個難以逾越的存在，毛澤東要著手解決軍隊問題，唯一的手段只能是先把「摻沙子」作為第一步。

　　1950年上半年，以朱德為總司令、彭德懷為副總司令的軍委各總部領導機關也即建國後的解放軍總司令部各部門全部建立了起來。總參謀長徐向前，由於當時患病暫由聶榮臻代理。總政治部主任羅榮桓，副主任傅鍾、蕭華。總後勤部部長楊立三，副部長賀誠、張令彬。這個班子並沒有明顯的毛氏特徵，與其說是毛澤東的班子，不如說更是朱德的班子。1951年11月5日，中央人民政府委員會第十三次會議決定增補林彪、高崗為人民革命軍事委員會副主席，毛澤東把自己最親信的兩員大將插進了軍委。但是，僅僅這樣並不解決問題，無論是林彪還是高崗，都不足以削弱朱德對軍隊的控制，更無法予以取代。事實上，當時林彪開始以健康名義休養，一時並不起作用。更糟糕的是高崗，由於反對劉少奇，毛澤東不得不

在劉少奇和高崗之間兩者選一，忍痛割愛，在1954年徹底放棄了高崗。高崗，原名高崇德，字碩卿，1905年生，陝西橫山縣人，1927年2月加入中共，1929年後在馮玉祥系軍隊搞兵運，1932年後任紅軍陝甘邊游擊隊中共隊委書記兼第二大隊政委、紅軍陝甘邊游擊隊第三支隊第二大隊隊長兼政委、陝甘邊紅軍臨時總指揮部政委、紅二十六軍第四十二師政委、第二路陝甘邊區工農游擊隊總指揮部政委、中共西北工作委員會副主席、西北軍事委員會前敵總指揮部政委等，是中共陝北主要領袖之一，中共中央長征到達陝北後很快成為毛澤東親信，任陝甘寧邊區保安司令部司令員、政委、中共陝甘寧邊區委書記、陝甘寧邊區參議會參議長、議長、中共陝甘寧邊區中央局書記、中共中央西北局書記、中共中央幹部審查委員會委員、陝甘寧晉綏聯防軍副政委、代理政委等職，中共「七大」上選為中共中央委員，抗戰結束後赴東北任中共中央東北局常務委員、北滿軍區司令員、中共中央東北局副書記兼祕書長、代理書記、東北民主聯軍副政治委員、東北軍區第一副司令員兼副政治委員、東北局辦公廳主任、財經委員會主任、東北局書記、東北軍區司令員兼政委等職務，1949年後任東北人民政府主席兼人民經濟計劃委員會主任、中央人民政府副主席、中共中央東北局書記等，是中共跨黨軍政三界的「東北王」，1953年調中央工作，任中央人民政府國家計劃委員會主席，與劉少奇發生衝突，結果被毛澤東把他與饒漱石一起稱為「高饒反革命集團」拋棄，1954年8月17日性格剛烈的高崗自殺。批判高崗時，朱德很裝糊塗，說自己並沒有察覺什麼問題，是看了中共中央的材料後才知道高崗原來是有問題的，他認為高崗的問題主要就是應該加強黨內團結。高崗事件的本質實際是毛澤東核心的親信圈大員權力內訌，毛澤東自斷了一條臂膀，他的親信圈和勢力大傷元氣，因此最憤怒的恰恰是這個親信圈的人，這正是朱德態度淡漠、幾乎是在說風涼話的前提。繫於同樣的原因，由於文革後毛澤東親信鄧小平控制實

權，高饒事件也就成為了改革開放後中共唯一沒有平反的歷史「大案」。

高崗事件是毛澤東的一次重大失敗，不僅如此，對毛澤東擴張和鞏固獨裁權力來說，在一系列問題上都是極其不順利的。由於軍政實權集中掌握在了周恩來手上，而周恩來又得到朱德強大的支持和撐腰，已經沒有什麼大的實權可以分配的劉少奇成了個擺設人物。要分解和限制周恩來的權利就必須要解決社會勢力和軍人勢力這兩個大問題。社會勢力問題的焦點是民主黨派、社會名流、文化藝術界的問題，歸根結底就是一個知識份子問題，這個問題還比較好辦，因為，在擴張中共權利、推動中共一黨專制的問題上，中共各派系是空前一致和團結的。解決這一問題的途徑，就是加快放棄新民主主義社會主張，轉向進入社會主義乃至共產主義社會，而方法則是中共熟練的搞階級鬥爭。軍人勢力問題卻不能透過搞階級鬥爭解決，完全只能透過個案化的一連串權力鬥爭陰謀解決，而其中第一步的難題是朱德。從井岡山開始就與朱德衝突並在這種衝突中成熟了權爭韜略的毛澤東，對付任何人都可以近乎隨心所欲，但唯獨對朱德始終拿不出一個好辦法。如果不解決掉朱德的問題，毛澤東就沒有辦法解除掉周恩來的武裝，最重要是毛澤東不能使用林彪之類棋子對其他勢力進行武力彈壓，就等於毛澤東始終沒有掌握軍隊這一終極殺手鐧。沒有這一終極殺手鐧，要達到絕對的獨裁是根本不可能的。之前毛澤東雖然掌握了康生這一肅反殺手鐧，但這個殺手鐧並不具有終極意義，終極意義的殺手鐧只能是軍隊。由於軍隊是毛澤東與朱德共同掌握的，毛澤東雖然獨裁，但並不能達到絕對獨裁，不得不容忍一定程度的民主氣氛和權力分享，做一個「明君」。

現在的朱德與以前的朱德已經不同，一個自然的弱點就是他「老」了，1950年時已經六十四歲。正因為朱德「老」了，朱德本人已經實質性地退出了中共最高決策活動，但麻煩在於朱德建國後忽然熱情起來，引而不退，黨、政、軍幾乎

所有方面的問題他都要發言，而且由於朱德法定的職務沒有退，因此，他不僅有相應的足夠威望發言，而且也有相應的足夠權力發言，對毛澤東以及其他人形成處處牽制的狀態。比如，建國後中共流行起打天下、坐天下的意識，遼瀋、平津、淮海三大戰役後軍隊兵力暴增，建國時已經達到五百萬之巨，成為了世界上兵力最多的一支軍隊，加以中共各種幹部的龐大數量，如果真得讓他們坐起天下來，中共不過就是第二個李自成。朱德及時使用他的權威進行精簡整編，把一部分軍隊改編為新的現代兵種，一部分轉向地方，但在軍政一體化的情況下還是不能解決問題，朱德又推行機關搞生產、做生意的政策，不讓中共人員吃閒飯，即使不贏餘也爭取讓他們自己養活自己，這就傷害到一批要坐天下的人的利益，遭到了一些人的抵抗和反對，但在朱德的權威下，中共機關還是組織了一定程度的生產活動，成為中共順利完成建國過渡的一個不可輕視的重要因素。薄一波晚年仍然對此耿耿不能忘懷，但薄一波還是承認自己對朱德的崇拜心情，把朱德看成是除毛澤東以外最偉大的人。

　　雖然朱德表面上極其謙虛，但他實際非常清楚自己的權威，他的謙虛是在清楚自己權威下的謙虛。1948年5月朱德去陳、粟華東野戰軍，召集團以上幹部開會聽朱德指示前，陳毅先講話。陳毅的講話有一個很實質性的說法，他說：「由於毛主席和總司令的英明領導，我們得到了發展，建立了人民政權，創造了強大的工農紅軍，這完全是由於毛主席和總司令忠心為人民利益服務，沒有絲毫為『我』打算所致。因此，中國人民也就選定了他們兩個做自己的領袖。」陳毅這一兩大領袖說法實際也是中共和解放軍的共識，建國後則演變為了新中國兩大領袖的共識。朱德在陳、粟組織的歡迎會議上，有一段很微妙的話：「解放軍打了很大的勝仗，很多人說是我的功勞，我就知道這是他們把我作為人民解放軍的代表來說的。我

個人應當認識，解放軍的勝利是全體同志的功勞，我不應該去誇大我自己有什麼了不起的本領。我的能力有限，做的事情也很有限，怎麼能承受得起這樣大的榮譽呢？」這段謙虛的話換個角度看，就是客觀上人們把解放軍的戰績最終歸到了作為總司令朱德的身上，而朱德自己也非常清楚這一輿論事實。不管毛澤東和中共怎麼抬高毛澤東，毛澤東終究不是軍人，所謂毛澤東軍事思想更只是一個政治問題，難以完整解釋中共軍隊的作戰決策、指揮、戰術、技術等一系列專業化問題。陳毅說：「總司令是中國革命中著名的、偉大的軍事家，是中國人民解放軍的主要創造者和組織者之一。他精通革命軍事學，熟悉各種戰法，並有不斷的創造。」陳毅是在朱、毛問題上最有發言權的親歷者之一，是深受朱、毛衝突之益和之苦的人，對朱德的軍事藝術有著最切身的感受。

由於朱德作為兩大領袖的權威，同時又從核心決策活動中引退，但又不是完全引退，就形成了朱德逐步孤獨化的態勢。朱德對周恩來的強大支持反過來並沒有得到周恩來相應的回報，朱德在國家建設和發展方面的一系列主張沒有得到周恩來積極回應，周恩來沒有膽量與已經老了的朱德結盟以抗衡毛澤東，一方面自己要掌握權利，一方面仍然不得不依附毛澤東，向毛澤東屈從。在遵義會議之後，周恩來開始逐步改變自己不受人歡迎的「冷酷」為人風格和形象，向朱德學習做「好人」，但卻沒有學到朱德不可動搖的剛毅，學會了做「好人」同時也染上了懦弱的風格。抗日戰爭與王明結盟時周恩來一度強硬起來，但隨著王明的失敗周恩來比之以前也更軟弱了。周恩來剛毅的一面仍然存在，但已經被壓抑得很深，更多表現的是軟弱。建國後幾年裏是周恩來培植自己勢力的最好時機，這一點他予以了充分利用，卻沒有進一步的動作。這樣，朱德自然也就不會進一步幫助周恩來，無法使周恩來成為在朱德從職務上再引退後的中共第二領袖。

由兩個「萬歲」悄悄集中為一個「萬歲」

　　朱德的威望和勢力毛澤東無法挑戰，但朱德的主張則不能得到充分回應，越來越孤獨。這一點巧妙地被毛澤東予以了利用，而毛澤東的著手點則是推動對他個人的全民崇拜。崇拜問題的焦點是在「萬歲」口號上。朱、毛作為新中國的兩大「神」，建國後是被人們一起呼叫「萬歲」的。當朱、毛一起出現時，「毛主席萬歲」與「朱總司令萬歲」基本都是一起山呼。在這方面朱、毛兩人都很謹慎，兩個人一起出場時，朱德會放慢腳步讓毛澤東在前，而毛澤東則也放慢腳步，儘量不把朱德拉到後面，彼此並肩前行。表面看，朱、毛都在「萬歲」歡呼聲裏謙讓，讓人們感覺兩大國家領袖極其和諧，其實爭鬥正在悄悄進行。朱德本就實質性引退了，加以本就是「二號」，自然要向毛澤東謙讓，但毛澤東並不能把這當真，很清楚朱德也是「神」。朱德的謙讓是有前提的，也就是他與毛澤東爭鬥的一貫情結，要對毛澤東進行權力限制，不讓毛澤東在獨裁道路上走遠。朱德已經是對毛澤東最大的牽制者，但朱德終究老了，對這個年輕時就希望能過一種「不管國家存亡，焉知人間聚散」清閒生活的人來說，本是「掃除專制，恢復民權，即行告退」，退休不僅只是個時間問題，而是已經在著手進行這種過渡了。但癥結在於，雖然新中國是中共與民主黨派進行政治協商的產物，但由於國民黨左派在中共南昌起義中遭到被利用名義的滑鐵盧以及蔣介石對第三黨的強大打擊，中國民主黨派極其不成熟和虛弱，與中共共同掌握政權僅僅只能獲得名義上的意義，實際上中共在新中國獲得了相對一黨專制的地位，民主黨派只是處於名義平等、實質附屬的地位，在這樣的情況下，加以制度建設遠還沒有成熟，朱德以及之後中共其他領袖並不能做到真正的退休，而只能是一種引退。這種引退可以有兩種辦法，即仍然保持職務或職務做些調

整，不做具體事卻有「太上皇」地位。朱德的引退是——中共特別是毛澤東——在建國後所遇到的最棘手的問題之一，如何處理不僅涉及到一系列制度問題，更也與中共利益——特別是毛澤東的利益——密切相關，由於民主人士中有不少辛亥級元老，有的年齡比朱德要大很多，因此甚至也涉及到民主派別的利益。但是，不管怎麼說，首先要把朱德從朱、毛兩大領袖和兩大「神」的格局中排斥掉。

毛澤東的第一個動作是設法確定一個「萬歲」口號的絕對地位。毛澤東做到這點是很容易的，因為，在1949年9月政協會議上，朱德在作閉幕詞的最後便已經按照中共幾年來習慣使用了「毛主席萬歲」口號。微妙的問題在於，雖然正式會議只使用一個「毛主席萬歲」，但非正式場合或群眾性場合人們是習慣使用兩個「萬歲」口號，也叫「朱總司令萬歲」，一個「萬歲」口號是正式的、禮儀性的，兩個「萬歲」口號則是群眾性的、自發的，更能夠體現人們的真實想法。毛澤東需要的是用正式的、禮儀性的一個「萬歲」取代掉群眾性的、自發的兩個「萬歲」口號，一當做到了這點，也就自然地把朱德的「神」性抹掉了，也就自然地確立了自己的一神性和地位。1950年5月1日新中國成立後的第一個「五一」勞動節，需要組織大規模群眾集會、遊行慶祝，自然要喊口號。這種場合喊口號是按照人們的自發習慣喊兩個「萬歲」，還是規定人們按中共正式會議場合喊一個「萬歲」？這是件大有講究的事情。按照中共一慣形式民主、實質控制群眾言行的規則，這樣一個集會的口號不能讓群眾自發喊，而要進行規定。李銳回憶，朱德機要祕書曾告訴他，由中宣部擬訂的口號中本來沒有「毛澤東萬歲」，但毛澤東自己加上了這個口號，而朱德則沒有簽字同意。李銳這個說法還有待中共公佈原始文件進一步證明，但至少說明在定口號這個問題上有過微妙的「鬥爭」。現公佈的劉少奇「對〈慶祝五一勞動節口號（草案）〉的批語和修改」稿中，是劉少奇把「毛主席萬歲」改成了「偉大的中國人民領袖

毛澤東同志萬歲！」，可證明在這個口號上相關人員是很動腦筋的。雖然朱德自己也喊「毛主席萬歲」，在兩個「萬歲」的局面下，可以認為這是他的一種謙讓，而且也只是在正式場合喊的禮儀性口號，這是與毛澤東作為中共最高領袖和國家元首的身份緊密結合在一起的，規定群眾喊就等於正式規定了全國人民喊，意義完全不同，已經與清朝以前規定喊皇帝「萬歲」沒有了區別。這個似乎不經意的變化是限制並逐步消除了「朱總司令萬歲」現象，從而悄悄地消解了朱德之「神」，將新中國正在滋長的崇拜熱情確定為了毛澤東的一「神」崇拜。

毛澤東的彭德懷、陳雲、鄧小平三步棋子

　　1952年7月，雖然朝鮮戰爭並沒有結束，但彭德懷已經在中國聲譽空前。長期以來，彭德懷的聲譽一直被朱德崇高的威望壓制著，國共內戰期間彭德懷在陝北與胡宗南作戰，偏於一偶，作戰規模也比較小，聲望達到了最低潮，林彪、劉伯承、陳毅等人乃至粟裕的名氣都已經超過或幾乎超過了彭德懷。建國時彭德懷這個解放軍副總司令幾乎跟不存在差不多。就像當年佔領長沙十幾天後突然名聲大振一樣，朝鮮戰爭使彭德懷突然達到了人生頂峰，再次名聲大振，其聲望直逼朱德，毛澤東終於有了一個可以化解朱德威望的人，不再等待，讓彭德懷取代了周恩來的位置，獲得了主持人民革命軍事委員會日常工作的地位。這是對朱德、周恩來「聯盟」的一次實質性權利分解，既以彭德懷的功勞自然取代了周恩來的軍權，也以彭德懷的聲望削弱了朱德的威望和影響。這樣，彭德懷的地位第一次上升到了中共權力的實際核心層，雖然在全面的地位和影響上還與毛澤東、朱德、劉少奇、周恩來有差距，但大有是中共第五大實際領袖的趨勢。彭德懷地位上升

對毛澤東分解和削弱朱德、周恩來的權利和影響所帶來的好處，足以彌補高崗事件的損失。

但是，使用彭德懷只是一步無奈的棋子，畢竟，彭德懷是個軍頭，是個職業軍人，彭德懷地位上升的副作用不但不能削弱軍人力量，反而一定程度上增強了軍人的力量。建國後毛澤東人生失敗的全部起點在這樣一個困境：必須要解決文官政治取代軍人政治的問題，但由於中共革命具有把知識份子當作地主階級、資產階級打擊、壓制的基本傾向，所謂強調知識份子政策時也不過就是利用和容忍知識份子，因此，就嚴重缺少了知識份子資源，試圖建立的文官政治必然是一種政客政治，而不是文人政治，而政客並不是一個身份鮮明的階層，它與軍人之間的界限是非常模糊的，幾乎所有的軍人都可以同時也是政客。在消解軍人政治的問題上，毛澤東、朱德、劉少奇、周恩來的基本傾向是一致的，這是他們進行合作的基礎，但毛澤東不願意讓軍隊成為朱德所主張的「國防軍」，反而從另一個方面強化了軍人政治的傾向。在不接受朱德國防軍主張的前提下，毛澤東和中共也就根本解決不了軍人政治問題，這個困境是毛澤東一直到死也不能擺脫的最致命的問題，也是中共至今難以擺脫的。

毛澤東除了努力提高劉少奇的地位和威信以外，竭力起用了年齡較輕的陳雲和鄧小平。朱德1886年生，毛澤東1893年生，劉少奇、周恩來都是1898年生，彭德懷也是1898年生，鄧小平則是1904年生，陳雲1905年生，朱德、毛澤東在年齡上幾乎可以說是鄧小平、陳雲的父輩，劉少奇、周恩來、彭德懷也是長兄般的年齡，這種年齡差異在革命時代的政治家來說有著複雜的意義，既意味著一種弱勢，也意味著一種「接班人」潛力。1950年6月中共七屆三中全會，由於任弼時健康問題，毛澤東用陳雲取代任弼時進入「五大書記」圈子。陳雲雖然在財經工作方面是個鐵腕人物，但在「五大書記」裏面只是個小弟

弟，基本發不了言，沒有任何能力和實力與另四個人中的任何一個人抗衡，非常自知自明地選擇了沉默。

鄧小平是毛澤東另一枚極其重要的棋子。陳雲的特點是中共重要的財經專家，這一特點也是他的缺點，限定了陳雲不具有黨政軍兼於一身的領袖基礎。鄧小平則不同，更具有全面的領袖潛質。雖然鄧小平是百色暴動的主要領導人，但他當時主要是一個中央特派員，並沒有全程參與這個暴動，沒有成為這股力量的實際領袖，遠不足以確立鄧小平在中共的地位。1931年到中央蘇區後，鄧小平先後擔任了中共瑞金縣縣委書記和會昌中心縣委書記，這是蘇區地方黨系統的要職，但地位較低。1933年擔任中共江西省委宣傳部部長時，博古、洛甫等人為了打擊毛澤東控制的地方黨勢力，弄了一個以鄧小平、毛澤覃、謝維俊、古柏為代表的「江西羅明路線」出來，鄧小平雖然受到周恩來庇護，並在長征時接替鄧穎超擔任中共中央祕書長，但實際已經被逼成了毛澤東的鐵桿親信，與周恩來疏遠。抗日戰爭是鄧小平人生的最重要質變，1936年毛澤東已經把毫無作為的鄧小平安排為了紅一軍團政治部主任，八路軍組建後，鄧小平飛黃騰達，由八路軍政治部副主任轉任第一二九師政委，進入到了中共實力派階層，奠定了他以後最重要的基礎。1943年，鄧小平代理中共北方局書記，並主持沒有了朱德、彭德懷等人的八路軍總部，由於進一步推進毛澤東的消極抗日策略，這一次主持全局性工作的經歷深為毛澤東讚賞，奠定了鄧小平作為可以主持全面工作人才的基礎。抗戰結束後，鄧小平擔任晉冀魯豫中央局書記、晉冀魯豫軍區政委、中共中央中原局書記、中原局第一書記、中原軍區及中原野戰軍政治委員等職，淮海戰役時擔任總前委書記，1949年任第二野戰軍政委、中共中央華東局第一書記，之後任中共中央西南局第一書記、西南軍政委員會副主席。直到晚年，鄧小平還強調自己會打仗，實際上，從周恩來開始形成的傳統，中共中這些人包括毛澤東在內所說的會打仗，不過就是半個軍事內行而

已，他們並非職業軍人，所說的會打仗只是政治領導人角度的會打仗，其意義最重要的只是暗示自己在軍界具有實力，是具有掌控全局的能力的。鄧小平的優勢是陳雲所不具備的，這一點後來也成為左右了文革後鄧、陳關係關鍵因素之一。1952年，鄧小平被毛澤東調北京擔任政務院副總理，與陳雲一起，分解了周恩來在財經方面的權利。

這樣，透過彭德懷、陳雲、鄧小平三步棋子，毛澤東既削弱了朱德，更把周恩來的權利壓縮到了幾乎只有外交這一領域，成功地化解了朱德、周恩來的聯盟傾向，予以了分權。但是，僅僅如此遠還不夠，畢竟，彭德懷地位和威望的提高存在著嚴重的軍人政治危險傾向，陳雲、鄧小平則還遠不具有向朱德、周恩來挑戰的實力和能力。解決問題的最終力量，還是要決定於毛澤東、劉少奇的聯盟。建國初形成的權利格局真正的改變，必須要在1954年後。

四十三　孤獨的「老糊塗、老右派」

朱德的國家建設思想

在1948年底朱德宣布國共內戰已經定局之後，朱德就將自己所思考的問題向國家建設方面轉移，引退不過是他一系列思考中所採取的行動之一。朱德的思考形成了一種很特別的思想，由於「毛澤東思想」政治權威的存在，朱德對自己思想的表達處於很困難的狀態，只能迂迴、斷續而零碎地進行，但是，如果予以整理，還是可以發現其是具有完整脈絡的。即使在建國初期，毛澤東也完全注意到了朱德思想的特殊，並繫於朱德的地位而感受到了很大壓力，為此，毛澤東頭痛不已，在朱德背後指責朱德喜歡到處亂說話，攪亂整體部署，與中共中央的精神不相一致。不僅毛澤東頭痛，實際上，劉少奇、周恩來、陳雲、鄧小平等都與朱德存在一系列分歧，但又不能過於得罪朱德，而朱德則採取了你們願意聽就聽、不聽自己也不堅持的避免衝突態度，即使說也不多說，也基本只跟較低級別的人說，讓「群眾」自己去體會。朱德很清楚自己在國家建設方面處於了孤獨狀態，得不到足夠支持，既然已經逐步引退，特別作為解放軍總司令的軍人身份，也不便於動用自己的權威推行自己的主張，——如果這樣做，又恰恰違背了自己思想和意願。因此，朱德只是保持基本的沉默，有了機會則說上幾句。

那麼，朱德的思想到底是什麼呢？中國學術界已經注意並進行了不少研究，並稱之為「中國式社會主義」，一些人認為朱德是「中國式社會主義」最早的提出者。就現有的材料來說，朱德有過兩次比較明確使用了「中國式社會主義」概

念，一次是1963年3月19日朱德在聽取中共陝西省委負責人彙報時說：我們要找一條中國自己的建設社會主義的道路；一次是1965年12月30日朱德主持第三屆全國人大常委會擴大的第24次會議時指出：過去我們是學蘇聯的經驗，現在「我們要在毛主席的領導下，建設中國式的社會主義」。但是，僅僅依據朱德這兩次說話就稱之為「中國式社會主義」，實在是很勉強，也是具有明顯的為鄧小平文革後「中國特色社會主義」尋找依據的思維傾向。「中國式社會主義」與「中國特色社會主義」在字面意思上並沒有什麼兩樣，在很多內容上也比較接近，可以證明鄧小平在文革後終於痛定思痛，幡然醒悟，接受了朱德的思想和主張，可以證明朱德終於在身後透過鄧小平改變了中國，但鄧小平本人從來沒有公開說過朱德的思想，沒有說過自己是朱德思想的繼承人和實踐者，這當中既可能是鄧小平有著試圖提高自己「設計師」地位意圖，也可能是鄧小平難以指出朱德的先驅性，有著複雜的歷史原因。其實鄧小平最大的歷史困境在於，當初朱德是個孤獨者，鄧小平自己在朱德的孤獨上也是重要責任人之一，比如在對待蘇聯赫魯雪夫改革的態度上即是。更深刻的原因在於，朱德的「中國式社會主義」包含著極其複雜的內容，鄧小平的「中國特色社會主義」依然無法接受和容納朱德的很多思想和主張，也就是說，朱德的「中國式社會主義」中，有著至今仍然是中共所不願意執行的重要思想和主張。

就經歷來說，朱德是中國近現代史上獨特而唯一的人，本是個由舊學而向新學演變的知識份子，卻成為了一個職業軍人和軍閥；本是個極其貧困的農家子弟，卻成為了一個抽鴉片、養姨太太、住洋房的富翁；本是個堅定的民主革命者，卻成為了一個共產革命領袖；本是個專注的軍事家，卻不得不兼有了政治家身份；本是中共領袖，卻成為了指揮國共兩軍的指揮官；本是堅決的民族主義者和抗日英雄，卻不得不容忍消極抗日；本是個反對獨裁的人，卻不得不支持毛澤東的獨裁；本

是引退了，卻又不能真正引退和退休；等等。這種極其矛盾和具有兩面性的人生經歷，必然深刻地植入到他的潛意識和意識當中，影響他的思想和主張。在思維方式上，朱德與中共其他領袖相區別的重要特點，是他不只是有「五四」時代的科學主義觀念，而且更是喜好科學，掌握基本的自然科學知識，並經過專業的哲學學科熏陶，但他無論對自然科學還是專業的哲學學科都沒有作過系統和深入研究，既嚴謹又沒有專業習慣的約束。這些導致朱德在思想意識上形成了一種大雜燴，在馬列主義的大方向下講究功利主義，試圖在理論教條與功利主義之間形成平衡，在理想主義和現實主義之間尋找到結合點；一方面堅持中共的領導和專制，一方面又以國家、民族和民眾的福祉為基本；一方面是共產主義者、社會主義者，一方面又始終不能放棄民主主義意識，思想的深處時時閃現著蔡鍔、孫中山的影子。從共產主義運動的角度說，朱德的這種大雜燴恰恰使他的思想成為了一種非常獨特的另類，這也是他建國後越來越孤獨的自身原因。

朱德的國家建設思想是從他靈活的戰時經濟政策思想啟端的。他引退後，全部的思想都建立在國共內戰已經定局的戰略判斷上，他早已清楚中共將獲得中國的大陸，而國民黨則將逃到台灣去避居一偶，中共等於獲得了整個中國。非常重要的是朱德進行戰略判斷的另一面，那就是他認為建國後中國不會有大的戰爭，進入到了和平時期，所以，就應該按照和平時期的狀態建設國家。1952年8月朝鮮戰爭還處於激烈時期時，朱德就在北京市第四屆各界人民代表大會上講話時明確說：「我們的建設是多方面的。但是，建設的中心是經濟建設，其他一切工作都應當為這個中心服務。」這一經濟建設中心論過了三十年左右之後才被鄧小平撿了起來。朱德在戰略判斷上超越了他的同時代人，甚至在二戰後世界政治領袖中來說，也是非常卓越的見識。由於朱德的地位，這種戰略判斷就不只是一種判斷，而且更是一種戰略和政治主張。這是他與一直處於戰

爭恐慌中並要進行世界革命的毛澤東等人發生分歧的重要根源之一。

在中國參加朝鮮戰爭問題上，朱德沒有明確表態。他的不表態等於反對了毛澤東把中國拖進戰爭。1950年9月毛澤東等人已經基本確定中國參戰，但這仗到底怎麼打、會是什麼樣的結果，毛澤東特意詢問當時不在北京的朱德，朱德於9月5日回了封信給毛澤東。朱德在這封信裏說：美軍「以海空軍作掩護，還可能縮小狹長陣地，作為長期對壘，以達它戰略目的。敵人目前也不願急求反攻。盟國增援幾個師到十個師登陸，大舉反攻，我軍亦難徹底消滅。現有敵軍於狹長陣地中，不能進行圍殲戰。何時敵反攻大舉登陸？待盟國軍隊之建立，犧牲他人的時機到來，美帝立於幫助地位，那時是大舉反攻時。」朱德這段話實際是對整個朝鮮戰爭進行了一個戰略判斷，認為中國無論是眼前還是今後，都不能消滅美軍，而美軍還掌握著進行反攻的主動權，整個朝鮮戰爭將是一場無法最終戰勝美軍的長期戰爭。至於美軍什麼時候進行反攻，則是在盟軍組建之後。朝鮮戰爭的實際歷史完全證明了朱德對這一戰爭的戰略估計。在中國參戰方面，朱德藉機指出，「應該長期打算，除準備應急外，應對美帝如發動三次大戰時，有消滅它的準備，除整頓我們大量陸軍外，應以空軍對空軍，空軍對海軍，作為自衛戰爭中的最好的軍種，」以達到他正積極推行的軍隊正規化、現代化主張。已經引退的朱德不便於正面反對參加朝鮮戰爭，但把戰爭的結果告訴了毛澤東，讓毛澤東自己去決斷。如果參戰，或者說為了防止所謂的第三次世界大戰，那就加緊完成解放軍的現代化、正規化建設。

1950年代中期，朱德進一步明確，認為第三次世界大戰打不起來。即使到文革期間，中蘇關係到了最惡化的時期，毛澤東和整個中國都陷在蘇聯進攻中國的恐懼中時，朱德也認為根本不會打起來。1969年3月，中國和蘇聯發生珍寶島衝突，蘇聯迅速在中蘇、中蒙邊境增加軍隊和加強戰備，毛澤東、林

彪等色厲內荏，全世界也都處於中蘇可能爆發大規模戰爭的緊張狀態下。10月，中央軍委下達進行一級戰備的「一號通令」，全中國進入到了臨戰狀態。康克清特意問朱德，朱德認為根本不會發生戰爭，他說：「現在毫無戰爭跡象。戰爭不是憑空就能打起來的，打仗之前會有很多預兆，不是小孩打架，現在看不到這種預兆、跡象。」當然，朱德所說的戰爭，是那種需要動用整個國力並進行全國動員的大規模全面戰爭。事實上，中國根本沒有能力與蘇聯進行全面對抗，中蘇會不會發生大規模戰爭完全取決於蘇聯的意志，「珍寶島事件」對於蘇聯完全是一個意外，蘇聯根本不願意跟人口眾多的中國在遠東進行一場大規模戰爭，承受一場無法應付的難民災難，不然，中國沒有任何機會在珍寶島獲得所謂的「勝利」。朱德的和平戰略判斷和主張，正是文革後鄧小平進行改革開放的背景前提。文革後，鄧小平是以不會發生第三次世界大戰和大的戰爭為判斷，才有了工作重心應該實現轉移的結論，從而引出了要進行改革開放的政策。

　　建國後基於進入和平時期的戰略判斷，朱德在對軍隊精簡整編的問題上有著堅決的態度。朱德即使在戰爭年代，也一直是個精兵主義者，現在和平了，朱德更不希望新中國養一支龐大的軍隊。一方面，朱德堅決主張縮小軍隊規模，另一方面則堅決主張將解放軍轉變為可以進行現代作戰的正規化、現代化軍隊，從一支低技術含量的「農民」武裝轉變為高技術含量的現代軍隊。朱德這種思想和主張涉及到大批人的切身利益，阻礙非常大，以至於他在不能完全達到精兵目標時，乾脆要軍隊不白吃飯，去從事生產。朱德想盡辦法讓無法精簡的軍隊向生產領域轉移，主張軍隊也要從事生產。朱德更重要的思想是在軍工方面，一方面，他積極組建和發展新中國的現代化軍工產業，另一方面又反覆提出要將軍工行業民營化，主張軍工行業必須打破壁壘，也從事民用品生產，使軍用品生產與民用品生產互相促進，既提高整個國民經濟的生產能力，也可以

提高軍工行業的生產水平，提高軍工企業的經濟效益。朱德的
這種思想和主張超越了時代三十多年，一直到鄧小平時代才被
推行，但中國在三十多年裏所付出的代價是極其慘痛的。

一當要確定進入建設國家的歷史階段，朱德就著手於社
會財富的保護和社會秩序的維護。還在解放軍開始進攻城市
時，朱德就極其關心兩件事情，一是原有工商業特別是工業企
業的保護，朱德再三強調和要求解放軍不要破壞工商企業及其
物資；二是私人資本和知識份子的保護，強調要允許私人資本
做生意，要注意執行知識份子政策。在建國前後，朱德的這
種主張是具有非常大權威性的，因為，解放軍每佔領一個地
方，中共執行的都是軍管，在軍管體制下，朱德的主張具有強
制性的命令意義。朱德作為一名共產主義者，毫無疑問是要推
動公有經濟發展的，但是，朱德認為發展公有經濟也是一時無
奈，是因為私人資本大量逃跑，在這種情況下不發展公有經
濟行不通。也就是說，朱德從一開始就不排斥私有資本，並
且主張幫助私人資本發展。在1948年華北工商業會議上，朱
德說：「我們是不怕私人資本的發展，相反的，我們是怕這
些工商業家不發展。他們不發展，國家的生產事業也會發展
的更慢，並且使我們國家的稅收也會減少，人民也就會多受
苦。如果發展得快，那我們的國家生產事業可以很快地興旺起
來。」1949年8月，朱德指出：「在人民共和國的經濟政策和
經濟計劃軌道內存在和發展的私人資本主義，是當前整個國
民經濟中不可缺少的一部分，是一個不可忽視的力量。……
應該把私人資本主義經濟看做是自己所領導的國家的社會財
富。」特別要注意到，朱德所講的私有經濟，不僅包括私人工
商資本，而且包括廣大的農民，朱德認為農民是天然的私有
者，構成了中國社會的絕大多數人口，從而，也就意味著朱德
把小私有者看成了中國社會的基礎，這是朱德後來在農民問題
上和小商業問題上與毛澤東等人分歧的關節點。至於知識份子
問題，與朱德固有的講究科學技術有著密切關係。早在紅軍時

期，朱德在紅軍建設中，在戰術上盡力講究技術，在兵種和裝備配備方面則儘量提高技術含量。在中共歷史中，朱德是最喜歡知識型人才的領袖。在朱德的觀念裏，建設國家必須要進行現代化，搞現代化就必須要依靠知識份子。1956年4月25日朱德向中共中央提出：「現在世界上正處在工業技術革新中，必須運用世界最新的科技的成就，提高技術，對此我們必須十分重視」。「對世界上的新技術，盡可能馬上抓來，舊的也要革新」。他強調「當前的問題，是要在很短的時間內，把世界上最新的技術掌握起來」。這在中共領袖中是對二戰後科技進步最及時、最敏感的判斷和主張。

朱德思想不是一種概念化的理論，而是根據中國和世界實際，利用和平時代中共的集權制度，以中國社會的發展進步為基本目標，以經濟發展和人民富裕為主要目標，無論是搞新民主主義還是搞社會主義、共產主義，都以這樣的目標為切實的功利，採取兩手，一手是集中力量增強國家在世界市場上的宏觀競爭力，一手是放手讓民眾解決經濟、生活微觀領域問題。也就是說，就如朱德一貫的軍事風格，他的根本是民族主義加民生主義的功利，在中共領導下，一切圍繞著這兩個根本功利目標進行，只要有利的就大膽去實行，以國家、民眾的進步、發展為取捨。朱德的這種功利主義把中共的政治目標置於了次要地位，也即朱德一方面作為共產主義者是有理想的，他承認在中國的新民主主義、社會主義、共產主義發展三階段，但無論怎麼發展，都應當是滿足於民族主義加民生主義的功利的。朱德的這種思想作為一個國家領袖人物而不是作為一個理論家，無疑是最正確的，並使他遠遠超越了毛澤東等同時代的人們。這一點在中國應該積極進行開放，參與國際貿易問題上，表現得特別突出。剛建國時，朱德就主張不僅要跟蘇聯等社會主義國家做生意，而且要跟美國甚至當時中國人感情上難以接受的日本做生意。朝鮮戰爭結束後，朱德遠比所有中國人心胸寬廣，很快提出要跟美國做生意，一時做不了，他認為

也要作好跟美國做生意的準備。朱德並且認為，中國應該盡可能爭取國際援助，他所說的國際援助不只是針對社會主義陣營，而且也包括美國等。朱德的做生意思想和主張，也就是商品經濟問題，朱德是中共最早也最堅決主張要容納和支持商品經濟的人。既然是做生意，包括計劃經濟在內，朱德便堅持要進行經濟核算，無論是私有經濟還是公有經濟，都不能虧本，要進行經濟核算，要賺錢。顯然，朱德遠遠站在了他那個時代的所有中共領袖之上，遠遠走在了時代前面。

朱德在經濟方面的思想學術界已經有了不少研究，政治方面的思想則被注意到了黨建方面問題，但朱德在政治方面的思想是非常蕪雜的。由於複雜的政治困境，朱德在政治方面的言發得不多，但仍然可以看出個大概來。建國之後，當年朱德與毛澤東在紅四軍發生衝突的問題作為一種國家制度問題呈現了出來。在黨、政、軍三者關係上，在軍隊逐步退到權力幕後來說，朱德與毛澤東並無大的區別，但關鍵是怎麼退？朱德主張的是國防軍化，也即軍隊仍然是由中共領導的，但它應該逐步國家化，只對外，不對內。朱德所主張和推行的軍隊正規化、現代化，不只是軍隊建設問題，實際也包含了軍隊向國家軍隊演變的意義。但毛澤東不同，他既要軍隊退出權利，卻又要把軍隊掌握為自己控制黨、政權利的殺手鐧，這樣就使國家政治仍然是一種暴力政治、軍隊政治，軍隊並不能退出國家的政治衝突，從而不能退出權利。正是因為這樣，因此，朱德是主張軍隊應該法定地隸屬於國家，軍隊統帥是國家主席，而毛澤東則堅持要以中共中央軍委的名義統帥軍隊，作為中共中央軍委主席的他才是最高統帥。朱、毛的這種微妙差異涉及到政權控制理念的不同，朱德的中共領導實際是一種執政理念，而不是統治理念，他把國家理解為了所有階級和階層的國家，中共的領導是透過黨員在政府、軍隊的任職和掌握主要權利實現的，而毛澤東的中共領導則是一種統治理念，這種理念是他消滅資本主義、進行知識份子改造和發動反「右派」運動的根

源。朱、毛的執政和統治區別，又涉及到民主與專制問題。朱德是要在中共一黨集權乃至專制下容納一定程度的民主政治，而且這種集權地位必須要透過中共管理國家的成就和黨員的模範性實現和維持的，不是天經地義的。弔詭的是，對反「右派」運動這樣的大事，朱德竟然基本保持了沉默，從他一貫在政治鬥爭中採取沉默或不積極態度以表示反對或不支持的情況來說，反「右派」顯然違背了他的想法。毛澤東的一黨專制則不容許民主政治，從而達到他個人的獨裁。這樣，就自然歸結到中共黨內民主問題上，這正是朱德長期努力要在中共內部支持和扶植牽制毛澤東權力的根源。一個黨內沒有民主的共產黨，在其掌握國家權力之後，是根本不可能容納民主政治的。1956年2月朱德作為代表團團長率領鄧小平等人參加蘇共「二十大」，中共代表團沒有參加赫魯雪夫作批判史達林「祕密報告」的會議，但很快獲悉了基本情況，鄧小平認為「這是一個原則問題」，認為應該表態反對，但朱德則對鄧小平說「這是人家的事我沒必要管」，實際朱德並不是不管，而是藉機反過來管，打電報回國通報情況時，認為蘇共已經批判史達林的個人崇拜問題，中共也應該響應。史達林的問題當然不是史達林本人的問題，在中共就是毛澤東的個人崇拜和獨裁問題，是中共自身的「一個原則問題」。朱德關於回應赫魯雪夫的意見把毛澤東刺激得在國內大罵「老糊塗」、「老右派」，這是朱德在紅四方面軍張國燾那裏被這樣罵後，再一次被罵，只是毛澤東並不敢當面罵而已。

唯一清醒的「老糊塗」

　　就中共內部乃至中國大陸來說，朱德的建國思想幾乎可以說是唯一清醒的。比如朱德關於商品生產、經濟核算、價值規律等的主張，今天被中國經濟學界所崇尚的孫冶方是在文革被關押後才形成了自覺認識。朱德與孫冶方不同，他並不存在

所謂馬克思主義經濟學的教條約束，他僅僅就是從公有經濟解決不了中國全部問題的實際，和農村小商品經濟的有效性，以及他的搞經濟就得賺錢的切實經驗，就得出了結論。比如朱德關於黨內民主的思想，中國最早一批紅色知識份子要到赫魯雪夫祕密報告出來才醒悟，而朱德在紅四軍時期就思想非常明確了。比如朱德關於國防軍問題的思想，直到今天中共還沒有醒悟過來。正因為朱德的清醒是唯一的，所以就特別孤獨。由於他身處殘酷的政治鬥爭漩渦中心，身份極其特殊，即使他採取了一生遵循的「亂世有大志無力者，均遠避，養力以待」應對策略，但終究難以完全擺脫干係，也希望能有所挽回毛澤東等人的胡來，雖然話說得越來越少，但終究不得不按照他自己的方法說一些話，以提醒毛澤東等人。這樣，朱德就越來越成為了令毛澤東等人討厭的「老糊塗」，只不過實在是朱德的勢力太強大，不敢對他怎麼樣而已。在廬山會議彭德懷事件後，朱德的「老糊塗」更是成了他的符號。但如果認為毛澤東真以為朱德「老糊塗」了，就是把毛澤東也看「糊塗」了。毛澤東非常清楚，朱德「老糊塗」的本質正是「老右派」。按照中共的極「左」標準，中共歷史上最大、最一貫的「右派」沒有第二個人，只有朱德。如果朱德不是中共最大的軍頭，不是離不開他卓越的軍事能力，早在紅四軍時期就把他幹掉了。

　　就朱德本人來說，這種孤獨是極其痛苦的。1962年7月，朱德只能對自己身邊的工作人員談話，認為：「反『左』容易出右，反右容易出『左』。這種情況，作為領導者應當注意。有『左』反『左』，有右反右，有啥反啥，沒有就不反。不要一說反什麼就自上而下地來個普遍化。」朱德並且認為中共的實際恰恰不在於反右，而是在於反「左」。朱德這觀念對毛澤東等人是顛覆性的，但朱德並不能在重要場合公開發表自己的看法。到了「文革」時期，朱德幾乎已經處於極度憤怒之中，因為毛澤東已經突破軍隊所應該遵循的起碼底線。康克清回憶說：「他看到有些地方的軍隊也參加了武鬥，很痛

心。他說：『多少年來，我從未看到人民軍隊用槍、炮打老百姓，飛機可以隨便調用，用這種狂轟濫炸的方式解決矛盾，怎麼行呢？手裏有槍、炮是不能輕舉妄動的。』」從職業軍人來說，軍隊殺平民並不是英雄，而是極其恥辱的事情。朱德看到自己一手創立、發展的軍隊已經淪落到這個地步，已經不僅是憤怒，更是悲傷了。當然，他不會想到，由於國防軍主張沒有得到實行，非軍人的毛澤東才不會顧及什麼軍人榮譽，後來非職業軍人的鄧小平也繼承了毛澤東這一習性。朱德更悲傷的是這個國家已經被毛澤東搞得像是瘋子，1976年朱德死以前，只能對前來探望的當時中共分管經濟的李先念說：「生產要抓，不抓生產，將來不可收拾。」又說：「生產為什麼不能抓？哪有社會主義不抓生產的道理？要抓好！」這本是治理國家最基本的常識，但毛澤東的中共已經連常識也不具備了，頭腦中除了獨裁和權力，沒有了其他。

四十四　朱、毛引退謎局

「高饒事件」

　　史學家們至今沒有充分注意到1954年是改變新中國命運的一年，是新中國發生根本性變化的一年，它不僅奠定了毛澤東時代的歷史命運，而且也深刻影響和決定了今天乃至今後中國的命運。

　　朱德的引退所直接導致的結果在建國後很快就體現了出來，他成了毛澤東無法擺脫的一個悖論困局。一方面，從毛澤東達到專制來說需要強大的朱德引退，但另一方面，由於朱德的引退表面是由於年齡問題，因此，就意味著同樣已經面臨年齡問題的毛澤東也應該逐步引退。在這個困局中，引退問題是皇權意識極其強烈的毛澤東所無法接受的，他根本不具有朱德對權力的寬廣胸襟。朱德的引退對毛澤東所形成的壓力非常大，成了毛澤東建國後人生越來越趨向瘋狂的原始觸發點，深刻地刺激著毛澤東的靈魂。1953年12月毛澤東六十大壽，毛澤東拒絕了祝壽活動，對毛澤東來說，他太希望人們能夠忘記他的年齡了。但是人們並不能忘掉，不僅不忘掉，而且人們已經準備應變毛澤東的引退了。

　　在一些人的眼睛裏，作為兩大領袖之一的朱德因為年齡問題引退，那麼，毛澤東到了相應的年齡引退就是自然而然的事。朱德的引退雖然職務並沒有能夠解除，但他實質性地退出了中共的決策活動，逐步但明顯地放棄了自己的實際權力。既然如此，毛澤東就也應該按照這一模式引退。這樣，中共的最高權力就面臨著了實質性的重新組合。就中共已有的形

勢來說，朱、毛的權力向劉少奇、周恩來、彭德懷過渡是很自然的，而且毛澤東更已經在悄悄組合陳雲、鄧小平、林彪第三梯隊，但問題在於，任何其他人都不是無人可以挑戰的朱、毛，即使從劉少奇、周恩來來說，也不是所有人願意臣服的，軍隊中彭德懷也遠不具有朱德那樣的威望。「高饒事件」是出於毛澤東應該跟朱德一樣引退，而挑戰劉少奇、周恩來地位發生的事件。

「高饒事件」實際不是挑戰朱、毛的威望、地位和毛澤東的權力，而是中共地方實力派挑戰劉少奇、周恩來特別是劉少奇的地位和權力，不願意接受劉少奇、周恩來這個第二梯隊組合。高崗雖然名義上獲得了國家副主席這一國家副元首之一地位，並在1952年底擔任國家計劃委員會主席這一中央政府實權職務，但本質上說他是個「東北王」，是中共當時最大的地方實力派人物之一。饒漱石與高崗一樣，是掌控華東地區的實力派人物。饒漱石，1903年生，江西臨川人，1923年加入中國社會主義青年團，1925年加入中共，早年曾任共青團北滿省委書記、上海工會聯合會黨團書記、中華全國總工會黨團書記等，1935年任中共駐莫斯科赤色職工國際代表，本是劉少奇的親信，抗日戰爭後更成為劉少奇系統的大將，幫助劉少奇控制和排擠陳毅，歷任中共中央東南局副書記、華中局副書記、代理書記、新四軍政委、中共第七屆中央委員、新四軍兼山東軍區政委、第三野戰軍政委兼華東軍區政委、中共中央華東局書記，建國後任中央人民政府委員、華東軍政委員會主席、中共中央華東局第一書記、中共中央組織部長。高崗、饒漱石的勢力是東北和華東這兩個中國工業最發達地區，在和平時代來說等於是中國的兩個最大諸侯，而國家計劃委員會和中共中央組織部又都是中央黨政方面最重要的部門。高崗、饒漱石不服周恩來，更特別不服劉少奇，以劉少奇為主攻擊劉少奇、周恩來權力組合。劉少奇特別失敗的是，他利用野心勃勃的饒漱石對

付陳毅，陳毅在黨政權鬥方面幾乎不是饒漱石對手，只是好在有軍隊撐腰，才能勉強應付，但順利對付了陳毅的饒漱石反過來又看不起了劉少奇。高崗本是毛澤東用來分解周恩來權力的棋子，饒漱石則是劉少奇用來控制中共組織部門的棋子，結果兩個人都「反水」起來。

雖然周恩來也是被高崗挑戰的對象，但他畢竟處於次要地位，真正遭受挫折的是毛澤東、劉少奇。在「高饒事件」中，周恩來再次激發出了早期搞黨內無情鬥爭的熱情，特別積極地「批判」高崗、饒漱石的所謂反黨罪行。劉少奇負責具體處理，有苦難言。毛澤東則是十分鬱悶，1954年2月6～10日以「高饒事件」為主題的中共七屆四中全會，如此重大的會議，毛澤東卻「休假」沒有參加。高崗、饒漱石挑戰既有權力秩序本是很正常的政客行為，根本談不上什麼「反黨」，高崗、饒漱石也談不上什麼「集團」，毛澤東、劉少奇、周恩來加給他們的「罪名」不過是欲加之罪而已。陳雲、鄧小平等大批中共要人都很深地捲了進去，紛紛站隊，打小報告，以表示服從既有權力秩序。朱德則裝糊塗，十分高蹈，卻用強調「團結」問題點明了「高饒事件」的實質，實際上中共出現高崗、饒漱石這樣的人牽制毛澤東、劉少奇的權力，正是符合朱德一貫理念的，所以他說自己一開始並沒有意識到「高饒事件」的嚴重性，高崗、饒漱石的「罪行」也是看了毛澤東、劉少奇、周恩來等搞的材料後才知道的。

「高饒事件」是中共既有權力秩序與重新分配權力的矛盾產物。希望維持自己獨裁地位的毛澤東當然也要維持既有權力秩序，從而堅決地清除了高崗、饒漱石，但是，「高饒事件」暴露出來的一些希望借助朱、毛引退重新建立權力秩序的願望和衝動也是無法繞開的現實。毛澤東畢竟是個梟雄，當他處於遭受挫折的鬱悶中時，也是他進行思考產生靈感進行出擊的時刻。「高饒事件」暴露出了劉少奇、周恩來，特別是劉少

奇威望不夠的致命弱點。從周恩來來說，由於獲得了政務院總理一職，突出了他的行政、外交優勢，他的天才的事務處理能力得到了極大發揮，從和平時代來說，周恩來得到了類似於戰爭年代朱德那樣不可取代的角色，只有當周恩來作為黨的領導時才是可以被取代的，作為總理的周恩來則沒有什麼人可以予以取代，所以，周恩來在中共的地位前所未有地得到了鞏固。劉少奇是個黨務人員，雖然資格老，是當年老蘇聯幫中的骨幹，但跟毛澤東、朱德、周恩來一起，畢竟是最虛弱的，是個靠嘴皮子談「修養」、喊「萬歲」吃飯的人，延安時期忽然從一個二、三流地位的人擠進中共最核心圈子，不過是毛澤東要利用他增加自己在黨內的力量，利用他的「白區」路線正確代表削弱周恩來，也就是說，劉少奇在根本上是靠毛澤東的提拔才擠進了遵義會議後形成的朱、毛、周鐵三角。「高饒事件」暴露出了劉少奇的虛弱，又是依靠了毛澤東的終結性支持才維持了自己的地位，也就是說，劉少奇不同於朱德、周恩來，是難以擺脫對毛澤東的依附性的。在這樣的局面下，毛澤東要真正擺脫自己的引退困局，在發生「高饒事件」之後，就必須出手了。對劉少奇，毛澤東是進一步設法提高其地位，強化劉少奇權力並提高其威望。對周恩來，毛澤東則是進一步削弱和分解其權力，將其地位予以悄悄降低。朱德則必須進一步引退，抽空他隨時可以運用的實際權力，但不能讓他全面引退，一是朱德的全面引退將進一步造成毛澤東也應該引退的巨大壓力，對毛澤東十分不利；二是在根本上穩定軍人毛澤東仍然必須要借助朱德的威望，以避免軍隊出現大的震蕩。在根本上來說，毛澤東必須要造就一種局面，就是使人們都無法擺脫自己，從精神上和權力上都必須要依賴於毛澤東思想和毛澤東的獨裁，達到這一根本目的的唯一出路，就是中共傳統的手段——激進的「革命」。只要毛澤東策動革命，中共就無法離開策動者毛澤東的獨裁。

撕毀1949年〈共同綱領〉

毛澤東要進行的是什麼革命呢？那就是撕毀1949年的〈共同綱領〉。1949年9月29日政治協商會議透過的〈共同綱領〉是中共主導形成的，但不能認為是由中共恩賜的。從表面看，新中國是在中共解放軍全面勝利下的產物，中共是分讓了權力給其他黨派和無黨派人士，似乎中共可以不這樣做，但其實是中共不得不這樣做。國共內戰中中共的獲勝雖然與軍事藝術和能力有直接的關係，但內戰是在國民政府從人口、經濟、兵力和武器占絕對優勢的背景下發動的，以至於內戰開始時毛澤東和朱德都有著中共失敗的打算，朱德堅決及時大規模進軍東北的動機並不是為了決戰，而是為了在中共內戰失敗後能退居東北，保證中共有一個戰略利益底線。蔣介石除了輸在一連串的戰略性錯誤之外，根本上還是輸在其軍政專制上面。抗戰後蔣介石雖然希望中國轉入訓政和憲政，積極與中共和其他黨派、社會名流談判、協商，但畢竟需要一個困難的過程，而這恰恰成為了他的致命之處。中共一方面在自己的佔領區實行專制，另一方面則向國民政府提出激進的民主要求，要蔣介石承諾他不可能做得到的把中國一下子跨入像美國一樣的民主社會。

就中國民眾來說，從清朝末清政府進行民主化改革之後，由於所有的改革都是由政府主持的，排斥了民眾的參與，而民主化進程的控制集團又是政客與軍人，因此，整個社會並沒有形成出成熟的民主文化和意識形態，不僅民眾仍然習慣於專制並充滿了愚昧的意識形態，而且所謂的民主人士和知識階層也都非常幼稚，少有清醒的分子，大多是在極端民主和極端專制間搖擺。這一點由於蔣介石對第三勢力的嚴厲打擊而更加惡化，虛弱的第三勢力有如乞丐，在國共之間投機，以獲取自己的利益，而不能成為真正能夠牽制國共以達到力量平衡的政治

力量，最終則倒向了承諾民主和給予其充分利益的中共。在這個過程中，第三勢力進一步推動了中共激進民主主張的傳播，使中共深得人心。由於中共獲得了民主主張的優勢，經過長期戰亂特別是抗日戰爭的中國各階層，在觀念上已經把蔣介石控制的政權看作是進行內戰的罪魁禍首，不僅使國民政府日益失去道義支持，而且國民政府內部和大量國軍軍人都無心戀戰，不願意像進行抗戰那樣投入戰爭。推翻國民政府或厭惡蔣介石政權，在內戰中、後期幾乎已經成為中國大多數人的「共識」。這種情況反映到戰場上，在朱德解決了炸藥和攻堅問題後，就形成了在世界戰史上極其少見的「奇蹟」：當國、共兵力在一次戰役中彼此兵力差不多時，解放軍就可以下決心進行決戰。具體說來，就是解放軍擁有了三大優勢：一，朱德稱為軍隊質量優勢，實際也就是解放軍官兵是積極的戰鬥人員，而國軍則非常消極。二，「起義」、投降優勢。每打一仗國軍就會出現一定數量軍隊的「起義」，以至朱德和其他中共將領在設計戰役時把這一點作為了自然的要素，而朱德指出這對於國軍來說是犯了「兵家大忌」。三，情報和內線優勢。不僅中共可以輕易派遣和安插自己的特工進入國民政府和國軍，而且國民政府和國軍更有大量人員「明珠暗投」，為中共提供情報，為中共工作和服務，比如淮海戰役國軍空軍不是把物資空投給自己軍隊，而是故意投給了解放軍，使國軍饑寒交迫，無法堅持。中共在這樣情況下獲得的新中國政權，如果不兌現自己原來的承諾，萬一使全中國人民和社會各階層恍然大悟，由於順利的戰場形勢下在短期內得到中國大陸，中共遠沒有站穩腳跟，必然導致社會全面的反抗，從而，中共很可能將成為毛澤東所擔心的又一個李自成。因此，〈共同綱領〉並不是中共恩賜的，而是不得不予以接受的。

即使〈共同綱領〉是中共不得不予以接受的，但由於中國第三勢力的虛弱性、幼稚性和政客性，中共還是主導了〈共同綱領〉。也就是說，〈共同綱領〉是在中共主導下中共

和非中共人士不得不接受的分讓權力協定，是以中共主導或領導的中國民主化發展為國家發展目標的。〈共同綱領〉第一條規定：「中華人民共和國為新民主主義即人民民主主義的國家，實行工人階級領導的、以工農聯盟為基礎的、團結各民主階級和國內各民族的人民民主專政，反對帝國主義、封建主義和官僚資本主義，為中國的獨立、民主、和平、統一和富強而奮鬥。」第三條規定：「中華人民共和國必須取消帝國主義國家在中國的一切特權，沒收官僚資本歸人民的國家所有，有步驟地將封建半封建的土地所有制改變為農民的土地所有制，保護國家的公共財產和合作社的財產，保護工人、農民、小資產階級和民族資產階級的經濟利益及其私有財產，發展新民主主義的人民經濟，穩步地變農業國為工業國。」也就是說，〈共同綱領〉接受了中共一部分馬列主義原則，確立了工人階級領導、工農聯盟基礎也即中共的專制，但前提是只以帝國主義、地主階級和官僚資產階級為敵人的人民民主專政，並是要保護小資產階級和民族資產階級的。第十三條更具體明確當時作為國家最高權力機構的中國人民政治協商會議「為人民民主統一戰線的組織形式。其組織成分，應包含有工人階級、農民階級、革命軍人、知識份子、小資產階級、民族資產階級、少數民族、國外華僑及其他愛國民主分子的代表。」最重要的是〈共同綱領〉確定了中國的民主方向，並明確了「時間表」。〈共同綱領〉第十二條規定了代議制：「中華人民共和國的國家政權屬於人民。人民行使國家政權的機關為各級人民代表大會和各級人民政府。各級人民代表大會由人民用普選方法產生之。各級人民代表大會選舉各級人民政府。」第十三條承諾了「普選的全國人民代表大會」，也就是說，政協作為不同政治組織和社會名流進行協商的機構只是臨時的國家最高權力機構，不具有普遍意義的民主性，更類似於上院或貴族院，按照現代民主規則，國家最高權力機構應該組成下院也即全國人民代表大會，但前提是進行普選。顯然，政協作為國家

最高權力機構只能是暫時的，因此，〈共同綱領〉雖然沒有明確具體的時間，但實際已經確定了中國進行普選的時間表。這是反過來對中共專制地位進行的根本限制，但是承諾激進民主以取代國民政府的中共所不能予以拒絕的民主化原則。

朱德的引退在毛澤東的年齡已經達到六十歲後自然隨著時間延續而對毛澤東形成越來越大的壓力，「高饒事件」則從中共內部挑戰了中共既有的權力秩序，而〈共同綱領〉所內涵的民主「時間表」所能夠提供給中共的時間越來越有限。在〈共同綱領〉所規定的國家政治形態下，不僅中共的專制利益受著限制，而且毛澤東實行獨裁的前途也十分渺茫。1954年，新中國的命運已經到了必須進行選擇的關頭，中共是落實〈共同綱領〉的承諾還是撕毀〈共同綱領〉？毛澤東是引退還是強化獨裁？在這個問題上，毛澤東強化獨裁與中共強化專制的利益是一致的，也就是說，中共實現「坐江山」目標獨佔國家權力需要毛澤東獨裁，而毛澤東獨裁則需要滿足中共「坐江山」的欲望。高崗、饒漱石令中共高層普遍痛恨的是在於，他們不等解決〈共同綱領〉就試圖重新分配權力，進行內訌，傷害了中共整體利益。現在，中共急需的是進行一次新的革命，也就是撕毀〈共同綱領〉，把所有的國家權力都囊括到自己手上，並在這個過程中完成中共權力的再分配。

中共不經過普選，1954年9月15～28日在北京召開了第一屆全國人民代表大會，正式撕毀了〈共同綱領〉。會議由毛澤東致開幕詞，劉少奇作〈關於中華人民共和國憲法草案的報告〉，透過了新中國第一部憲法，周恩來作〈政府工作報告〉。按照當時《人民日報》社論來說，這次會議是「中華人民共和國歷史發展的里程碑」，就字面意思來說是完全正確的，它標誌著中共和毛澤東進行國家專制和獨裁的基本實現，在實質性上最終拋棄了民主化承諾，是至今為止中國大陸國體和政體的正式歷史原點。對比〈憲法〉和〈共同綱領〉，毛澤東和中共的「革命」關鍵性是在這樣幾個方面：

一，中共壟斷建國地位。在新中國是由誰建立起來的問題上，〈共同綱領〉認為新中國是「中國人民解放戰爭和人民革命的偉大勝利」結果，這當中內涵了對中共主導作用的肯定，但也肯定了「人民」即各黨各派和全體國民的作用，〈憲法〉則明確了是「在中國共產黨領導下」的結果。這一差別是致命的，也就是說，毛澤東和中共不再承認新中國是各種歷史因素和社會力量綜合演變形成的，而是由中共領導建立的；不是由各黨各派「共同」形成綱領建立的，而是由中共獨立建立的。這樣，中共就壟斷掉了建國地位。

二，中共壟斷國家所有權。既然中共壟斷了建國地位，因此，新中國也就自然屬於了中共所有。〈共同綱領〉認為「中國人民民主專政是中國工人階級、農民階級、小資產階級、民族資產階級及其他愛國民主分子的人民民主統一戰線的政權，而以工農聯盟為基礎，以工人階級為領導」，這是首先肯定國家歸全體人民所有前提下肯定工農聯盟和工人階級領導地位，並且，在直接的意義上，工農聯盟和工人階級領導也屬於社會學範疇，並不屬於政黨組織。〈憲法〉認為「中華人民共和國是工人階級領導的、以工農聯盟為基礎的人民民主國家」，悄悄取消掉了「小資產階級、民族資產階級及其他愛國民主分子」的權力，並且在序言中具體化為「中國共產黨為領導的各民主階級、各民主黨派、各人民團體的廣泛的人民民主統一戰線」，也即仍然承認「各民主階級、各民主黨派、各人民團體」，但這種虛泛的用語已經實質性地宣布了中共對國家權力的壟斷，並蘊涵了將「小資產階級、民族資產階級及其他愛國民主分子」視為異己乃至敵人的深刻涵義。

三，明確宣布了將實行蘇聯式的極權社會主義社會制度。〈共同綱領〉沒有明顯的改變建國後社會制度的意思，基本傾向是國家的民主化發展。〈憲法〉第五條承認：「中華人民共和國的生產資料所有制現在主要有下列各種：國家所有制，即全民所有制；合作社所有制，即勞動群眾集體所有制；個體勞

動者所有制；資本家所有制。」但這只是指出了一種現狀，而這種現狀正是要被「革命」的。〈憲法〉第四條宣布：「中華人民共和國依靠國家機關和社會力量，透過社會主義工業化和社會主義改造，保證逐步消滅剝削制度，建立社會主義社會。」這樣，毛澤東不僅透過〈憲法〉宣布了要進行社會主義革命，而且宣布了這種革命將是依靠國家政權實行的，是一種強迫的革命。

至今沒有什麼資料能夠說明毛澤東和中共撕毀〈共同綱領〉受到其他黨派和社會名流的頑強抵抗。第三勢力在國民政府期間形成的虛弱、幼稚和投機性毛病，在建國後徹底暴露了出來。第三勢力透過〈共同綱領〉得到了在國民政府時期所沒有得到的巨大好處，在國家權力結構中佔據到了顯要的地位，但也很快依附上了權力的豢養，1950年進行思想改造運動之後便已精神委靡，1954年時，毛澤東和中共只要基本保證其既得利益，繼續把他們養起來，他們便難有挑戰之力和熱情、勇氣。

在國家元首中，宋慶齡等人都被排除。朱德崇高的威望仍然是十分需要的，國家主席毛澤東，副主席只保留朱德一人，表面看無可非議，沒有任何人可以挑戰他們作為國家元首、副元首的地位。國務院總理周恩來，全國人民代表大會正式取代政協為國家最高權力機構，毛澤東為了提高劉少奇地位，劉少奇獲得了委員長職位。委員長雖然不是國家元首，但是個相當於國家元首的職務，毛澤東顯然用心良苦，表面上要一碗水端平，在1954年12月隨即召開的第二屆全國政協會議上，把政協主席職位讓給周恩來，自己只是擔任了名譽主席。既然〈憲法〉已經明確「在中國共產黨領導下」，因此，國家的實際最高領導權力已經歸為中共中央，無論是全國人大還是全國政協，都只具有了形式上的意義，成為了按照中共意志舉手的養人和榮譽機構。由於宋慶齡、李濟深、張瀾國家副主席職位的解除，非中共人士也就失去了全部的國家實質

性最高層次地位。最高法院院長董必武，最高檢察院檢察長張鼎丞，這兩個法律最高職務都由中共掌控。現在，非中共人士基本都被豢養了起來，只是在國務院部長一級中擁有了一些非要害部門職務，史良為司法部長，章乃器為糧食部長，李四光為地質部長，蔣光鼐為紡織工業部長，沙千里（名義上屬於民盟，實際1938年即加入中共）為地方工業部長，章伯鈞為交通部長，朱學範為郵電部長，梁希為林業部長，傅作義為水利部長，沈雁冰為文化部長，張奚若為教育部長，李德全為衛生部長，何香凝為華僑事務委員會主任，等，副總理一級中則一個名額都沒有。即使是這些部長級職務，也要特別注意到一個情況，1954年以及後來的1956年、1958年，毛澤東、周恩來和中共幾乎是在不斷擴大機構，設立了臃腫的部、委員會體制，並進行了頻繁的人員調整，在部長級職務為非中共人士時，則副部長一級基本用中共人員架空了非中共人士的實際權力，而國務院除國家計委、國家建委外，還有由中共人員控制的第一至第八辦公室等可以管理非要害部的中間機構，因此，非中共人士所擔任的一些所謂部長級職務幾乎成了虛銜，比如何香凝的華僑事務委員會主任一職非常典型，副主任是她的中共黨員兒子廖承志，顯然不過是借用她作為廖仲愷夫人的名義而已，而副主任是她兒子則又等於是中共給了她一個恩惠，上面則受陳毅為主任的國務院外事辦公室等機構約束，與總理周恩來之間還要有一個副總理間隔層，實際上何香凝不辦公都沒有任何關係。可見，毛澤東和中共在機構設置上似乎毫無經驗，顯得十分混亂，其實卻是非常精緻，在權力分配和控制上安排得根本就是滴水不漏。

第一屆全國人民代表大會非常微妙但極其重要的一個權力調整是軍隊方面。中央人民政府人民革命軍事委員會被改成為了中華人民共和國國防委員會。雖然由於已經明確了中共領導原則，國防委員會實際也就意味著成了一個名義性機構，權力已經「法定」地轉為了中共中央軍委，但從國家名義說，這

畢竟是一個法定的統帥軍隊的國家最高權力機構，因此，其人員安排就很講究了。按照〈憲法〉，國家主席是當然的國防委員會主席，由毛澤東擔任。由於劉少奇擔任委員長，周恩來即將擔任政協主席，彭德懷擔任國防部長，根據國家副主席一職的變化，國防委員會副主席一職更應該由唯一的國家副主席朱德一人擔任，但朱德除了繼續保留第一副主席職務，毛澤東仍然保留彭德懷、程潛的副主席名額外，毛澤東把中共最重要的軍隊實力派都拉進了國防委員會副主席一職的隊伍，他們有林彪、劉伯承、賀龍、陳毅、鄧小平、羅榮桓、徐向前、聶榮臻、葉劍英，同時又拉進張治中、傅作義、龍雲陪襯。程潛、張治中、傅作義、龍雲的陪襯當然還是需要的，因為，解放軍中有大量起義和俘虜人員，他們多少還有彈壓、安撫作用。就像國務院機構設置臃腫化一樣，毛澤東一下子拉進這麼多人到國防委員會副主席位置上，也是一種封官許願，進行權力再分配，但第一屆全國人民代表大會並沒有設置解放軍總司令一職，從而淡化了朱德在軍界的地位，使朱德實際降格到了與其他人同一層次上。這樣一來，雖然人們仍然稱呼朱德為總司令，但已經沒有法定的意義，只是一種崇高的威望而沒有了實際的地位。就此，朱德從紅軍時代以來的總司令地位正式結束，但繫於他的特殊性和毛澤東似乎不經意間的安排，中共也就再也沒有過第二個總司令。朱德就此真正從他最根本的軍隊方面引退，軍隊的實際權力由毛澤東調整到了主持軍委工作並擔任國防部長的彭德懷手上。毛澤東終於完成了他最困難的一個權力調整。

第一屆全國人民代表大會的革命是在毛澤東的一片封官許願聲中進行的，在會前8月17日自殺的高崗應該是估計到了這種情況，大概很後悔自己急於求成的鹵莽。毛澤東在會議期間一個很重要的動作是啟動了軍銜議題，從而進一步把軍人們的熱情集中到了擁護他的獨裁上面。這是一個很微妙的題目，一些人提出應該模仿孫中山、史達林，給毛澤東大元帥軍

衔，劉少奇覺得有道理，積極贊同。如果毛澤東評大元帥，由
於中共黨、政、軍一體化的歷史傳統，那麼，也就意味著絕大
多數中共幹部都可以評軍衔。軍衔在中共幹部的眼睛裏，除
了軍衔固有的榮耀以外，由於中共長期來真正的專業就是軍
事，因此也就強化了這一「職稱」的技術含量，幾乎所有的中
共幹部都穿過軍裝，有了軍衔，也就等於都成為「專業」人
員了。就劉少奇、周恩來來說，如果毛澤東成了大元帥，那
麼，他們也就自然成為了元帥。但聰明的毛澤東拒絕了劉少奇
等人的奉承，不上他們的當。孫中山的大元帥是因為他成立的
廣州政府是軍政府，實行的是軍政，毛澤東為新中國要守住這
最起碼的底線，不願意新中國政府成為一個軍政府，恰恰相
反，他耿耿於懷的是要最終削弱軍人們的地位和權力，只是他
後來至死也沒有徹底解決這一問題而已。至於史達林，則因為
史達林是蘇聯武裝力量總司令，毛澤東則不同，存在著一個朱
德牽制，毛澤東只能悄悄「撤銷」朱德的總司令職務，而不能
明確取代，如果毛澤東有了大元帥軍衔，好不容易把朱德扯到
跟一大幫人同一層次地位的毛澤東就將白辛苦一場，朱德的問
題自然就將突出出來，作為總司令的朱德就也應該有一個大
元帥軍衔，或者就像國家副主席職位那樣要有個副大元帥軍
衔。由於沒有任命總司令，朱德的總司令職位也沒有明確撤
銷，雖然朱德總司令職位已經不存在了，但這是大家心裏明
白、嘴上不能說出來的事情，在幾乎所有人的觀念中，作為國
防委員會第一副主席的朱德仍然是解放軍的「總司令」，從感
情和威信上講朱德也是無人可以取代的大家心目中的「總司
令」，即使毛澤東自己，之後長期也是只能把「朱總司令」
掛在嘴上的。實際上，除了紅軍時期朱德是軍委主席、總司
令兼於一身以外，毛澤東擔任軍委主席時兩個職務一直是毛
澤東、朱德分享的，即使建國時政協的任命也是這種分享格
局，按照這一格局，即使毛澤東不接受大元帥軍衔，朱德也仍
然存在著可以擁有大元帥軍衔的資格，這本是毛澤東不希望發

生的，如果毛澤東弄了一個大元帥，很可能將挑起一場毛澤東當時還沒有把握應對的尖銳衝突。對毛澤東來說，只要本已引退的朱德不聲響，大家糊弄過去，也就皆大歡喜了。毛澤東不當大元帥，朱德不當大元帥，毛澤東對軍人們的封爵也就沒有了大的障礙。次年評定的十大元帥也就是國防委員會十一個中共副主席中的十位：朱德、彭德懷、林彪、劉伯承、賀龍、陳毅、羅榮桓、徐向前、聶榮臻、葉劍英。唯一沒有列入元帥隊伍的是鄧小平，如果按照同樣也是軍隊政工人員出身的羅榮桓來說，鄧小平也有資格評元帥，但羅榮桓當時是解放軍總政治部主任，毛澤東更深的用意是不想讓鄧小平沾上過多的「軍人」痕跡，而要把他作為第三梯隊關鍵人物向黨政方面轉移。

這就是1954年毛澤東和中共的一次「革命」。透過這次革命，毛澤東在中共內部空前攏絡了人心，真正達到了眾望所歸，雖然朱德作為唯一的國家副主席仍然具有兩大領袖之一的意義，但總司令職務的無形消失已經使他進一步引退，朱德具體擔任的職務只是1949年11月之後的中共紀律委員會書記，屬於了監督者，毛澤東完成了從兩大領袖和兩大「神」向一個領袖、一個「神」的關鍵性轉變，而中共和整個國家對毛澤東的個人崇拜也大大地跨上了一個新的台階，劉少奇等人對毛澤東的造神運動完全從一黨造神演變為了國家造神。對本就主動引退的朱德個人來說，他並無損失，甚至愁於不能徹底引退，反正，毛澤東的半夜會議和中共一般的會議他是不去參加了。但從兩年後朱德在莫斯科主張中共應該回應赫魯雪夫來說，他顯然對毛澤東越來越缺乏牽制的權力而憂慮著。但是，鞏固了既有權力秩序並完成分封了的中共達到了空前的團結，心情極其舒暢的中共一邊喊著毛澤東的萬歲，一邊集中精力開始搞社會主義革命，進一步深化合作化、國有化、意識形態化和強化國家權力，擠壓私人資本以及小私有經濟，進行知識份子改造，排擠非中共人士的政治空間，擴大自己的蛋糕份額。

中共「八大」和反右運動、「大躍進」

　　1956年9月15～27日中共「八大」宣布「在過去幾年中徹底地完成了資產階級民主革命，又基本上完成了社會主義革命」，隨即在28日「八屆一次」會議上，毛澤東進一步調整了中共權力。毛澤東仍為中央委員會主席，副主席為劉少奇、周恩來、朱德、陳雲，「五大書記」人物不變，但朱德微妙地退到了劉少奇、周恩來之後，一方面朱德仍然保留在中共最核心領導層，名義上沒有退休，毛澤東也就暫時緩和了引退問題；另一方面，朱德位置的調整也從中共內部最終掃除了兩大領袖的痕跡。由於朱德名義上沒有退休，毛澤東巧妙地把中共中央紀委改換為了中央監察委員會，由於朱德建國後作為紀委書記狠抓中共紀律問題和腐敗化問題，與毛澤東具有一致性，但朱德不是毛澤東那種只對下、不對自己的人，朱德自身的清廉和極具威望的三言兩語，對毛澤東等人的「坐天下」熱情始終是一個強大威懾，朱德的「老糊塗」、「老右派」言行隨時可能對毛澤東的獨裁造成麻煩，也是中共很多人所頭疼和畏懼的，擔任中央監察委員會書記的董必武則遠不具有朱德的威懾力，更重要的是董必武不是個製造麻煩的「老糊塗」、「老右派」，這樣，朱德就進一步退出了中共實際權力，進一步轉向了榮譽性角色。毛澤東另一個深謀遠慮的動作是設立了一個以鄧小平為總書記的中共中央書記處，鄧小平在名義上當然是在「五大主席」的領導之下，但毛澤東還設立了一個中共政治局常委體系，除了「五大主席」外，他把鄧小平拉成了第六個常委，而書記處又是中共常務的辦事機構，毛澤東就是把中共最高領導層的日常權力明確地向鄧小平轉移。朱德引退，陳雲依然故我，名為副主席但在最高決策層面基本保持沉默，鄧小平雖然在最高決策層面的問題上非常謹慎，盡量沉默，但他比陳雲更具有強硬性，十分剛愎自用，沒有膽量

挑戰毛、劉、周、朱，但也不逃避，不輕易附和，這樣，一方面，鄧小平在黨內必須受作為中共副主席的劉少奇、周恩來領導，另一方面鄧小平又可以在相當程度上影響、限制甚至領導作為總理的周恩來。這種奇怪的權力結構實際是根本無法進行工作的，或者說將使國家最高權力的運作處於十分低效率的狀態，其運作就不得不依賴毛澤東的獨裁，每個人都無法離開毛澤東的決斷。這樣，透過中共「八大」的權力調整，毛澤東的獨裁地位和權力進一步得到了鞏固。

　　毛澤東其實是在做一件他非常難以做到的事，喜歡讀古書的毛澤東就像古代英雄，努力掙扎著與自己的命運抗爭。與獨裁到生命結束的史達林相比，毛澤東試圖要達到同樣的目標存在著四大障礙：一，蘇聯是在列寧手上就已經完成了國家的獨裁格局，史達林繼承了列寧的遺產，而且接位時的年齡不存在退休可能，有足夠時間鞏固自己的獨裁基礎；二，史達林獲得統治國家的權力時精力旺盛，並也是處理事務的好手，而毛澤東客觀上已經精力不濟，也不具有處理事務的特長，不得不依賴劉少奇、周恩來等人，鄧小平總書記職務也同時反映出了不得不強化自己處理事務的助手圈子；三，史達林雖然有一個托洛斯基牽制，但圓滑的朱德不是托洛斯基那樣爽快，毛澤東根本沒有勇氣也沒有機會像史達林清除托洛斯基那樣清除朱德，同樣的道理也一定程度地反映在周恩來身上，而不能被清除的朱德總是像一個無法逃避的陰影一樣在提醒毛澤東也該引退；四，中共武裝革命是從各個根據地起家的，大小派系林立，遠比蘇聯武裝力量複雜得多，很容易激發出叛亂衝動，毛澤東難以像史達林三十年代大清洗那樣乾淨俐落清掃最重要的後院，而只能在各個派系之間進行合縱。事實上毛澤東在中共「八大」達到獨裁頂峰階段時，也是他開始陷入衰敗泥坑的時候。一方面，既然已經「基本上完成了社會主義革命」，也就意味著毛澤東已經完成了「革命」使命，其革命生命已經在本質上終結。另一方面，當他把朱德「退」掉後，也就意味著

「朱毛」已經瓦解,在形式上正式啟動了向劉、周格局移交權力的程序,而讓鄧小平異峰突起也強化毛澤東應該引退的心理傾向。因此,「八大」前後,已經六十三歲的毛澤東不得不痛苦地強調自己應該引退,真正轉入「二線」。這並不是毛澤東故意設計什麼圈套,而是他不得不要這麼做了。毛澤東不是個願意屈服於命運的人,他要勇往直前。怎麼辦?革命。只有革命,越來越激烈的革命,才可以讓中共離不開他,才不會真正引退,才可以繼續獨裁。

既然已經「基本上完成了社會主義革命」,那麼,還能把誰當作革命對象呢?地主階級、資產階級、知識份子一直處於被革命的地位,沒有充分藉口可以對他們再突然進行大規模的激烈革命,從馬克思主義原理來說,社會主義革命的完成標準恰恰是已經消滅了剝削階級。蘇共「二十大」似乎為毛澤東提供了藉口,還在蘇共「二十大」之後的春天,毛澤東已經藉機在軍隊推動批判教條主義問題。朱德從莫斯科給毛澤東和中共中央的回應赫魯雪夫的意見雖然被毛澤東壓下了,但赫魯雪夫對史達林的批判已經影響到了中共,嚴重威脅到了主張向蘇聯一邊倒的毛澤東的獨裁,毛澤東只能以國際共產主義運動的名義站到捍衛史達林的地位上,開始與赫魯雪夫的蘇聯進行意識形態摩擦。雖然朱德回國後並沒有公開、明確堅持自己的立場,但他既然已經表了態度,以他的地位便已經顯示出了一種巨大威脅,毛澤東一方面不得不迴避與朱德發生衝突,只能在背後罵「老糊塗」、「老右派」,另一方面朱德的這種壓力也提醒了毛澤東必須要加緊對軍隊的清理,以解除自己最大的後顧之憂。雖然彭德懷繼周恩來之後主持軍委日常工作,但在朱德推動軍隊正規化、現代化的背景下,從實戰中打出來但缺乏軍事理論素養、文化程度低的彭德懷處於落落寡歡的狀態,建國後第一任總參謀長是黃埔軍校教官出身的徐向前,代理他職務的也是黃埔軍校教官出身並在比利時讀過大學的聶榮臻,1954年10月後擔任總參謀長的是讀過中學但深受朱德影響精研

戰略、戰術和現代戰爭理論的粟裕，而解放軍大量高級將領則被成批地送去蘇聯伏龍芝軍事學院畢業的劉伯承主持的南京軍事學院接受教育。現在彭德懷終於機會來了，在毛澤東的支持下積極地批判所謂的「教條主義」，實際就是批判用現代軍事理論改造解放軍的局面，排擠知識化的劉伯承、粟裕等人，使中共武裝發生了嚴重的向「農民軍」的倒退。對此，本不認為會發生第三次世界大戰的朱德表面沒有在乎，似乎沒有看見一樣，劉伯承、粟裕同樣明智地選擇了忍讓，軍隊內部終於沒有發生激烈衝突，毛澤東達到了在軍隊內部掃除蘇聯影響和弱化朱德影響的目的，削弱了劉伯承、粟裕這兩個山頭，也起到了一定的警示作用，但並不能達到製造革命的目標。事實上毛澤東也不敢過於激烈，不敢在軍隊內部製造革命，而且不得不及時收兵，因為，作為對彭德懷的報答，彭德懷的鐵桿親信黃克誠於1958年10月取代被批判的粟裕走上了總參謀長職位，大有形成一個更加強硬而龐大山頭的模樣，對毛澤東來說更具有了「危險性」，幾乎可以說是大大走錯了一步棋，不得不要收斂，以免發生災變。

在已經「基本上完成了社會主義革命」的情況下，國家理應進入到按照既有制度、體制和政策穩定建設和發展的時期，但「基本」兩個字意味著還不徹底，這一空間成了毛澤東的機會，他進一步進行了推進合作化、工商業改造、知識份子改造。但這點空間實在有限，不足以形成非要毛澤東獨裁的革命，而且，也在1956年周恩來的反「冒進」中受到阻礙。周恩來反「冒進」對毛澤東是個很強烈的刺激。既然毛澤東推動劉少奇地位的上升，便有劉、周格局取代毛、朱格局的意味，毛澤東在強化自己獨裁的同時也進一步形成了一種退而為「太上皇」的態勢，必須要將權力向劉、周逐步移交，在這樣的情況下，劉少奇、周恩來自然形成了同盟，這一同盟馬上以周恩來的衝動對毛澤東推動的「冒進」政策進行阻擊。現在，毛澤東已經處於捉襟見肘的狀態，削弱打擊了這個，那個又強大了起

來，似乎要他像朱德一樣引退已經成為人們的共識，他的獨裁無法逃避各種微妙陣線的挑戰，不僅朱德、周恩來的勢力毛澤東只能做到削弱而不能做到消解，而且，越來越崛起的劉少奇勢力也已經構成了對毛澤東的威脅，劉、周更是竟然聯合了起來。在這種局面下，毛澤東僅僅使用打擊一批人、扶植一批人、再打擊一批人的手法已經根本解決不了問題，幾乎處於惡性循環當中，最糟糕的是，朱德的基本地位仍在，無論彭德懷還是林彪只能獲得權力而不能超越朱德的威望，劉少奇、周恩來又是毛澤東需要依靠的，陳雲、鄧小平還遠不足以取代劉少奇、周恩來，毛澤東唯一的出路必須要進行徹底的革命以強化自己，而不只是小修小補。毛澤東製造了兩個根本的「革命」：一是反右運動，一是大躍進運動。

反右運動的實質就是在「基本上完成了社會主義革命」情況下把資產階級重新製造出來，弄出一個需要進行大規模「革命」的敵人。製造這樣的敵人已經不同於紅軍時期製造「AB團」，那時由於是規模十分有限的根據地，一個小小的「AB團」就足夠製造革命的恐怖，現在是一個龐大的國家，雖然1955年5月毛澤東就在文人中弄出了一個莫須有的胡風等人的「一個暗藏在革命陣營的反革命派別」，「是以推翻中華人民共和國和恢復帝國主義國民黨的統治為任務的」，但再怎麼弄也畢竟只能是一個根本不可能「推翻中華人民共和國和恢復帝國主義國民黨的統治」的「胡風反革命集團」，不足以形成一場在全國進行的全面的革命。毛澤東不得不於1956年11月中共八屆二中全會上推出一個從1957年起開展的黨內整風運動，進行他的「陽謀」。所謂「陽謀」，實際是毛澤東自己也知道最終瞞不住人，其目的就是赤裸裸的他的「革命」。黨內整風是假，關鍵是請黨外人士幫助中共整風，把從1950年進行知識份子改造以來被壓抑的各種情緒誘發出來。即使各種情緒誘發出來也不解決問題，要解決問題是上綱上線，弄一個資產階級出來，但「基本上完成了社會主義革命」偉大勝利下不能

界定出一個客觀的資產階級，所以，就叫「右派」。既然叫
「右派」，就是按照其言行的傾向來確定，就不只是屬於非中
共人士，中共隊伍中也必須存在「右派」，讓一部分中共人士
陪鬥。這樣的一個「右派」敵人，是遍及全社會的，因此，所
需要的就是一場全社會的革命。

反右運動還是不能真正解決問題，因為，一來「右派」
畢竟是要有一定知識程度的人才能做，而當時的中國還是個高
文盲率國家，「右派」分子在社會階層中所涉及的面是有限
的；二來還是沒有解決已經完成社會主義革命情況下不需要革
命了的根本問題。因此，毛澤東利用人們建設國家的狂熱心
理，號召進行「大躍進」，鼓動「大躍進」的狂熱，赫魯雪夫
主張建設發達的社會主義，毛澤東乾脆超越蘇聯，推動建設共
產主義社會，也就是進行共產主義革命。這樣，一場涉及到最
底層農村的「偉大的」革命便終於製造了出來。1958年，在毛
澤東的推動下，全中國陷入了公社化的瘋癲中，做起了共產主
義社會夢囈。

毛澤東敢於把中共和中國推入到災難的反右運動和「大
躍進」當中，根本在於其自信能夠得到軍隊這一終極暴力力量
的支持，自己已經進一步強化了對軍隊的控制能力。對毛澤東
來說，並不十分顧慮根底比較淺薄的劉少奇、彭德懷，真正顧
慮的仍然是根底深厚的朱德、周恩來，需要進一步削弱他們
的力量和影響。1958年到1959年，毛澤東採取了以退為進、
忽退忽進的手段，幾乎孤注一擲，連續召開了中共八屆四中
（1958年5月3日）、五中（5月25日）、六中（11月28日～12
月10日）、七中（1959年4月2～5日）、八中（7月2日～8月16
日）全會，1959年4月召開第二屆全國人民代表大會和第三屆
全國政協會議。毛澤東引退放棄了國家主席職務，按理這一國
家元首職務應由副主席朱德當然接任，但毛澤東的放棄是引
退，比毛澤東年齡大七歲、已經七十三歲了的朱德自然不便於
接受這一職位，朱德明智地主動推薦毛澤東所希望的劉少奇擔

任國家主席。毛澤東的這一引退「逼退」了朱德，最終從形式上放棄了「朱毛」格局，朱德轉任全國人大委員長虛銜，國家副主席這一職務由宋慶齡、董必武兩個人擔任，完全成為了名譽化。國家副主席由宋慶齡、董必武徹底名譽化，暗示了國家主席劉少奇一定程度的名譽化，從而暗示了國家真正的權力仍然掌握在中共中央主席毛澤東手上，同時，雖然周恩來仍然為政協主席，但毛澤東已經鮮明地把作為國務院總理的周恩來置於了國家主席劉少奇之下，從而形成了一種毛、劉格局。即使對劉少奇，毛澤東仍然留了一手，在1958年12月10日〈中國共產黨八屆六中全會同意毛澤東同志提出的關於他不作下屆中華人民共和國主席候選人的建議的決定〉中明確「毛澤東同志不擔任國家主席的職務，專做黨中央的主席，可以使他更能夠集中精力來處理黨和國家的方針、政策、路線的問題，也有可能使他騰出較多的時間，從事馬克思列寧主義的理論工作，而並不妨礙他對於國家工作繼續發揮領導作用。這樣，對於全黨和全國人民都更為有利。毛澤東同志是全國各族人民衷心愛戴的久經考驗的領袖，在他不再擔任國家主席的職務以後，他仍然是全國各族人民的領袖。在將來，如果出現某種特殊情況需要他再擔任這種工作的時候，仍然可以根據人民的意見和黨的決定，再提他擔任國家主席的職務」。實際上，這等於就是明確宣布劉少奇只是毛澤東的傀儡，並要求把由毛澤東這種掌握國家實際最高領導權的意思「在黨的適當會議上，在各級人民代表大會會議上，在工礦企業工人的集會上，在人民公社的集會上，在機關、學校、部隊的集會上，向黨內黨外的幹部和群眾進行充分的解釋，以便大家瞭解這件事的理由，而不致有所誤解」。既然劉少奇是傀儡，而且毛澤東以退「逼退」了朱德，1959年4月組建的國防委員會也就由劉少奇自動擔任了主席，朱德不再擔任任何軍事方面的主要職務，彭德懷成為了第一副主席，朱德終於徹底退出了在軍界法定領導地位，等於在軍隊方面毛澤東用彭德懷徹底取代了朱德。

1959年「廬山會議」

　　似乎毛澤東一切都十分順利，但毛澤東並不能跳出自己固有的困局。毛澤東的引退刺激了對他權威的挑戰衝動，這種衝動直接體現在了對毛澤東所製造的「革命」進行批評的越來越濃烈的氣氛上，不僅朱德到處裝「老糊塗」講話批，謹慎的周恩來批，而且作為傀儡接受爛攤子的劉少奇也十分不滿。中共在反右問題上利益一致，但在「大躍進」問題上則越來越分歧。如果已經引退中的、作為「集中精力來處理黨和國家的方針、政策、路線的問題」的毛澤東，在這個問題上被明確犯了路線錯誤，那麼，毛澤東也就完了。痛苦的毛澤東不得不於1959年7月2日在廬山召開政治局擴大會議，這一會議以及隨即連續召開的中共「八屆八中」會議，史稱1959年「廬山會議」。毛澤東希望在廬山會議上能夠得到大家對他既定方針的認可，但也作出一些讓步。毛澤東這種痛苦而複雜的願望是人們很難把握其分寸的，但即使有些「過火」批評，毛澤東當時也只能忍受。但會議的形勢出乎了毛澤東的意料，使毛澤東不得不在1935年與張國燾決戰以來，再一次進行權鬥大決戰。

　　至今關於廬山會議具體情節最詳細的介紹是李銳的回憶，結合其他人的一些情況介紹，可以發現毛澤東最沒有想到的是會被用來替代朱德、地位空前重要的彭德懷突然寫出「意見書」。彭德懷向來與朱德不同，朱德在1928年周恩來「九月來信」支持毛澤東後，雖然他越來越由軍事領袖兼而演化為中共最核心的政治領袖之一，實際深陷政治漩渦中，但他在表面始終保持與政治的距離，不出面作為政治一派的首腦與其他人進行直接衝突，而是用他深厚的韜略對其他人進行悄悄的平衡，彭德懷則十分缺乏涵養，隨著地位的提高而具有主動捲入政治鬥爭的明顯傾向，有著強烈的「野心」。按照原有的中共權力秩序和威望秩序來說，在毛澤東、朱德健在的情況

下，在劉少奇、周恩來長期掌握具體權力的情況下，廬山會議時的彭得懷實際已經達到了他所能夠達到的權力頂點，特別是透過近幾年在軍中反「教條主義」，彭得懷表現出來的驕狂已經近乎沒有自我約束，不僅在軍隊系統幾乎目空一切，更是對軍隊系統以外的問題也「關心」備至。毛澤東辛苦把朱德排斥出了軍隊，遠還沒有來得及著手削弱彭得懷，仍然不得不依靠彭得懷對軍隊進行整肅和控制。軍隊最重要的實力派職業軍人中，劉伯承、粟裕已經被打擊，缺乏搞陰謀基本素養的賀龍不堪使用，徐向前原紅四方面軍的勢力被抑制，聶榮臻過於沉穩，唯一也最可以跟彭得懷一較高下的只有林彪，毛澤東在提高彭德懷地位的同時，也努力提高林彪的地位，已經使林彪名義上在軍隊系統獲得了僅次於彭德懷的職位，但林彪長期稱病，努力逃避政治，沒有任何願意積極進取的跡象。廬山會議主要討論的是經濟問題，而不是軍隊問題，彭德懷本來也沒有準備參加會議，毛澤東一開始是希望會議能承認九個指頭、一個指頭的關係，實際算是勉強承認自己錯誤，在不動搖他路線正確的大方向下拿出改變已經嚴重陷入饑荒的經濟形勢具體辦法，而劉少奇、周恩來等人則深諳其道，肯定毛澤東的九個指頭，指出一個指頭的缺陷，以達到實際效果為好，誰都沒有想到軍隊方面的彭德懷會突然變成主角。彭德懷所知道的經濟形勢不過是公開的祕密，大家都知道，只是不便於徹底攤到桌面上而已。上山以後，勢頭正勁的彭德懷忽然給毛澤東寫了個「萬言書」，按照彭德懷已經十分留有餘地的「萬言書」，毛澤東就不再是九個指頭、一個指頭的問題。雖然彭德懷聲稱是給毛澤東個人的信，是進行個別交流，但這並不能站得住腳跟，以他的地位，「萬言書」談的又不是個人感情和私事，完全屬於是政治行為，毛澤東如果不將彭德懷「萬言書」在會議上公開，就意味著毛澤東私下向軍頭彭德懷屈服，對毛澤東來說後果不堪設想，萬一彭德懷自己在會議上公開「萬言書」內容，毛澤東就更加被動，實際是彭德懷把毛澤東逼到牆角

裏了，已經不能退身，只能把「萬言書」在會議上公開。這樣，討論經濟問題的廬山會議就成了軍人嚴重干政的會議。

毛澤東既然公開彭德懷的信，也就意味著向彭德懷應戰。但如果以為毛澤東就此是準備像後來事件發展的那樣，對彭德懷進行徹底打擊，則是高估了毛澤東的膽量，並低估了毛澤東的權謀智慧。這是一個意外，毛澤東事先沒有準備，與彭德懷當即輕易進行決裂，結果很容易導致兩敗俱傷。彭德懷作為現任職務最高的軍人，與其他政治家不同，這種強烈的干政行為是朱德引退前從來沒有發生過的，處理略不妥當就容易引發暴力衝突，後果不堪設想。毛澤東一定要打擊彭德懷，但他必須看形勢，要仔細斟酌，盡量低烈度地解決問題，以後再尋機徹底收拾彭德懷，因此，毛澤東仍然希望人們局限在九個指頭、一個指頭的討論上，頂多他再讓一、兩個指頭出來而已。但討論形勢急轉直下，既然彭德懷把問題挑明了，很多人心裏憋著的想法也就被刺激了出來，越來越開始全面地批評起來，甚至上升到了毛澤東最敏感的路線高度。廬山會議最重要的轉折不是彭德懷的「萬言書」，而是由這「萬言書」引發出的張聞天（洛甫）的發言。這位前中共總書記在「七大」雖然保留了政治局委員名義，但已經失去了利用價值，被毛澤東實際逐出了中共中央核心領導圈，「八大」時名義上更降格為了政治局候補委員。張聞天是中共歷任領袖級人物中最具有馬列主義經典理論修養的人，性格也偏於學者類型，雖然他缺乏權力，但作為名義上的中共最高領袖長達十年，這一身份當再次捲入核心政治衝突時，是十分意味深長的，在政治上對毛澤東有著強烈的威脅。從今天來說，從中共的語境來說，張聞天7月21日在廬山會議上的談話是很精彩的，他雖然名義上也舉毛澤東的牌子，但更引用列寧等的話，從理論高度對毛澤東的「大躍進」進行了全面批判，只在最後才談到彭德懷信並明確表態支持彭德懷。廬山會議真正的轉折正在這裏，到了這時，疑心極重的毛澤東不得不想到掌握軍隊的彭德懷與前任中

共總書記張聞天如果結成同盟將會導致什麼後果，用毛澤東的話來說這是「一文一武」，而「一文一武」的結合是威脅最高權力的最危險同盟。

在這種情況下毛澤東如果不進行決戰，便很可能全面敗北，中共既有權力秩序被打破，毛澤東即使仍然保留職位也可能處於真正引退的地位，中共實際的最高權力將由劉少奇、周恩來、彭德懷、張聞天瓜分。毛澤東進行決戰如果能夠得到朱德堅決、明確的支持，全面勝利仍然是有充分把握的。彭德懷、張聞天兩個人中，真正的問題是掌握槍桿子的彭德懷，雖然朱德已經不擔任主要軍職，但朱德在軍隊的威望仍然是無人可比的，足以壓住絕大部分軍人，朱、毛聯手，彭德懷是難有作為的。但朱德不僅不幫毛澤東，而且也在會議上批評毛澤東的政策，並找毛澤東談話，為彭德懷說好話。7月23日，毛澤東開始反擊，但與後來他的動作比較，毛澤東仍然是採取了比較忍耐的態度。他是在等人，在朱德不支持毛澤東的情況下，毛澤東只能找林彪做「救兵」，請林彪上廬山參加會議。還在毛澤東進行反擊前，劉少奇等人十分積極，大吹對毛澤東進行個人崇拜的論調，使毛澤東在輿論上逐步佔據了明顯的優勢，劉少奇說：「我們中國黨，中國黨中央的領導，毛澤東的領導，是不是最好的領導，最正確的領導？我看是可以這麼說的。如果還不滿意，還要更正確一點，既不『左』，又不右，那麼，請馬克思、列寧來是不是會更好一些？我看也許可能更好一些，也不見得，也許更壞一些。」7月26日，毛澤東顯然已經得到林彪的表態，明確不僅要對事，而且要對人，正式啟動了徹底解決掉彭德懷的程序。林彪本是軍隊僅次於彭德懷的實力派，解決掉彭德懷後毛澤東也必須立即解決替代彭德懷掌握軍隊的人選，同時，由於朱德對彭德懷的維護，毛澤東不得不也要像在紅四軍時期攻擊朱德那樣，再次進行攻擊，最恰當的人選只有林彪，這對林彪來說幾乎也是個生死難題，如果逃避就意味著與毛澤東成為敵人，捲入政治，不逃避同樣是

放棄既有的養病策略，兩者相權，林彪只能選擇充當毛澤東馬前卒的角色，從此走上中共核心政治舞台。

據劉少奇夫人王光美回憶，林彪是7月28日上廬山的。林彪上山以後，按照李銳的回憶，7月31日和8月1日由毛澤東主持，開了由劉少奇、周恩來、朱德、林彪、彭德懷、彭真、賀龍參加的會議，黃克誠、周小舟、周惠、李銳四人旁聽。從李銳根據他的筆記所回憶的兩天會議來看，毛澤東對彭德懷的整個歷史進行了全面清算，從主要方面對彭德懷予以了否定，但仍然是留有了餘地。劉少奇順著毛澤東的思路盡力「揭露」了彭德懷的歷史問題。周恩來原則上對彭德懷進行了全面否定，但具體問題上很謹慎，沒有進行什麼「揭露」。林彪十分積極，對彭德懷的指責並沒有多少實際內容，但用語則把彭德懷當作了應置於死地的人，說「彭德懷是野心家，陰謀家，偽君子，馮玉祥」。朱德很少說話，表面批評彭德懷，但立場非常明顯是保彭德懷，只希望把彭德懷看成是犯了一般小錯誤對待，令毛澤東十分不滿，「將腿抬起，用手指搔了幾下鞋面，說：『隔靴搔癢』。」朱德當即「臉一紅，就停止了發言，直到散會，只是最後講了幾句話」。以朱德的涵養，會當場「臉一紅」，可見毛澤東從來沒有敢對朱德這樣過，朱德應該是十分憤怒。毛澤東之所以這樣，應該也是長期以來與朱德矛盾的總爆發，毛澤東說「這回重心是彭，不是總司令，總司令這回態度好」，可見以往朱德經常與毛澤東相佐，但實際這次朱德對毛澤東的「態度」並不好。毛澤東之所以有膽量這樣，是他終於已經完成了消解朱德權力的工作，按照他在會議上的說法是朱德已經是塊「招牌」，「拉不起隊伍」，成了空頭「總司令」。但是，即使朱德是個引退的空頭「總司令」，終究是塊毛澤東無法砸掉的「招牌」，朱德對彭德懷的維護也是毛澤東不得不對彭德懷留一手的重要原因。哪怕朱德是塊「招牌」，只要朱德這個人在，這塊「招牌」對毛澤東來說終究是一個實實在在的壓力，這是毛澤東所無法解脫的。

四十五　「七千人大會」朱德之怪異

朱德點到了毛澤東最軟肋之處

　　廬山會議雖然是毛澤東與彭德懷之間的衝突，但也是朱、毛之間的一場衝突，是朱、毛關係的一個大轉折。在廬山會議中，決定中國命運的毛、劉、周、朱四人中，朱德是唯一鮮明地維護彭德懷的人。朱德雖然被毛澤東當面肯定「這回態度好」，但這種肯定實際恰是否定，是突出了朱德有異於他人的立場，只不過是說了朱德沒有採取激烈的對立立場而已。周恩來是立場鮮明地站在毛澤東一邊，但態度比較溫和，劉少奇則對彭德懷採取了激烈批判的態度，連王光美晚年也不得不承認並可笑地辯護道：「在廬山會議上，少奇同志是站在毛主席一邊的，也錯誤地批判了彭德懷同志。雖然少奇同志認為，一個政治局委員向中央主席反映問題，即使有些意見說得不對，也不算犯錯誤，但他並不贊成彭總的做法。中央包括毛主席在內已經開始著手糾『左』，彭總的做法使人感覺要追究個人責任，這不是要導致黨的分裂嗎？少奇是把黨的團結看得高於一切的。」朱德則完全不同，始終堅持認為彭德懷不是犯了什麼大錯誤，在那種大家紛紛上綱上線圍攻彭德懷的氛圍中，實際等於朱德不承認彭德懷犯了什麼錯誤。在一次關於否定彭德懷的舉手表決時，朱德唯一舉了半隻手，也就是把手舉到一半，毛澤東事後無可奈何地對朱德說：「你啊老總，舉手舉了半票。」老油條的朱德回答：「反正我舉了手，至於手是怎麼舉的，我就不知道了。」

　　彭德懷是毛澤東用來排擠朱德在軍隊影響的，並且幫助毛澤東整了軍隊一批人，那麼，朱德為什麼還要如此支持和維護彭德懷呢？客觀上是朱德與彭德懷在批評毛澤東「大躍進」政策上的基本立場是一致的。實際上，劉少奇、周恩來也是對毛澤東「大躍進」政策持批評立場，但他們作為具體的執行者也是主要的責任者，一方面不願意過於否定「大躍進」從而把自己也帶進去，按照毛澤東一貫嫁罪於他人的做法，劉少奇、周恩來也要防止自己成為替罪羊；另一方面，他們又希望「缺點談透」，透過枝節性的技術處理在實際工作中進行具體調整。朱德、彭德懷則不同。朱德已經基本完成了引退，因此，對毛澤東既否定又不便於過深捲入，加以他的一貫風格也是溫和。彭德懷雖然不是中央「五大主席」，但正處於如日中天的勢頭上，其實際地位和影響僅僅在毛、劉、周、朱之後，朱德引退，彭德懷理應順勢進入中共最核心的領袖層，從一名職業軍人真正轉向為一名政治家，因此，驕狂的性格更促使彭德懷已經完全從一名政治領袖角度看待問題，並進一步需要對劉、周進行打擊，但彭德懷並不具備朱德那種深厚韜略和功夫，就像他習慣猛打猛衝的作戰風格一樣，更具有莽夫性。在李銳《廬山會議實錄》一書中有一段周恩來跟彭德懷的對話，彭德懷說：「這些情況為什麼不到大會上講一講呢？」周恩來回答：「開始講這些困難，像訴苦會了，誤會成洩氣不好。」彭德懷說：「你們真是人情世故太深了，老奸巨猾。」周恩來說：「這是方法，不是1956年犯了反冒進的錯誤嗎？當時是衝口而出的，沒有準備好，跑到二中全會講了那麼一通。應當謹慎，吸取教訓。今年你替了我了。其實你有鑒於我，還寫了總路線基本正確，沒有『冒進』字眼。但我那時說話，也是兩面都說了的。」跟彭德懷比，周恩來當然「老奸巨猾」，更重要的是作為總理的周恩來跟毛澤東雖然存在著深刻的矛盾，與劉少奇不同，但也跟劉少奇一樣與毛澤東是利益共同體，是根本不願意有人過於否定「大躍進」的。朱德自己

不宜出頭否定毛澤東既有政策，但有一個人出頭，朱德自然支持。

　　更重要的原因在於，朱德支持和維護彭德懷實質上是他與毛澤東固有矛盾的自然結果。朱德一方面批評「大躍進」，一方面這種批評並不積極。本書前已經述及，在建設國家方面，朱德有一套自己的思想，不僅不同於毛澤東，而且也不同於劉少奇、周恩來，處於孤獨者的地位，即使否定掉了毛澤東，並不等於他的思想就能夠為中共所全面接受，因此，朱德對「大躍進」政策進行批評的溫和態度在毛澤東看來還是屬於「總司令這回態度好」。朱德抓住了遠比批評「大躍進」更根本的問題，也即民主與獨裁。盧山會議期間，在毛澤東開始反攻彭德懷之後，朱德專門找毛澤東談了一次話，指責說：「我覺得這次會議發言民主風氣不夠。」毛澤東先是一愣，想了一會兒，才說了一句：「你對一半兒，我對一半兒。」毛澤東顯然意識到朱德這一指責遠超過了彭德懷的指責，朱德遠站在了所有人的高度之上，是點到了毛澤東最軟肋之處，只能迴避。這是朱、毛從紅四軍時期以來始終相衝突的核心所在，毛澤東無法在民主與獨裁的原則上與朱德進行爭論，只能就事論事，從具體問題上對朱德進行回擊。在7月31日、8月1日會議上，朱德在結束時候說：「順著無問題，不順成問題。投降無產階級，永不反水，但要防止反水。永遠跟著毛主席。名利思想，名是要的，正確也是個名的問題。」這表面上是在批評彭德懷，但也可以說是在暗諷毛澤東的獨裁，由於朱德一貫反對毛澤東獨裁，朱德這就是指出了毛澤東的獨裁，彭德懷的所謂錯誤不過就是在毛澤東獨裁下的錯誤，如果中共黨內民主，彭德懷的言論也就根本談不上什麼錯誤了。

　　朱德對彭德懷的支持更深刻的涵義在於，盧山會議實際上是一個可能導致毛澤東遭遇滑鐵盧的寶貴機會，朱德顯然是想趁自己說話還有不小分量時，臨時抓住這樣一個難得的機會，見機而行，以扭轉毛澤東的獨裁局面。盧山會議一開

始，人們對毛澤東既有政策的批評和否定佔有明顯上風，既然掌握槍桿子的彭德懷跳出來了，擁毛與批毛的衝突就激烈化，會導致怎樣的後果是非常微妙的。朱、毛都充分意識到了其中的意義。如果只是政治家們批毛，軍人支持毛澤東或保持中立，任何人都不可能撼動毛澤東。如果只是軍人出頭批評毛澤東，政治家們支持毛澤東或保持中立，同樣也撼動不了毛澤東。但廬山會議在中共出現了自遵義會議以來又一次的軍人主動加入政治鬥爭情景，在這種情況下，如果政治家們與軍人聯手，就很可能出現毛澤東像遵義會議上的博古那樣被削掉實際權力的情況。彭德懷在軍隊人心不足，但朱德支持彭德懷也就彌補了彭德懷這一缺陷，在這種情況下毛澤東只好請林彪上山做「救兵」，林彪作為「朱毛」嫡系，再一次擔當了紅四軍時期「反水」朱德的角色，這樣就極大地削弱了朱德的力量，從而也孤立了彭德懷，但僅僅這樣並不夠，如果朱德與彭德懷堅定地聯手起來，林彪這個「救兵」仍然是難以抗衡的。關鍵在於政治家們的態度。前總書記張聞天跳出來就像毛澤東在遵義會議上跳出來一樣，是對毛澤東非常具有威脅的，如果這時候的劉少奇、周恩來特別是國家主席劉少奇突然像遵義會議上的周恩來那樣反戈一擊，主動承認自己在執行毛澤東政策中的錯誤，再有什麼人主張把「明君」張聞天重新捧出來，或者主張劉少奇、周恩來完成接班，讓毛澤東移交權力，那麼，毛澤東的獨裁也就被終結了，三年來毛澤東時刻膽戰心驚的「赫魯雪夫」根本不需要毛澤東死亡就出現了。朱德的用意在於，當僅僅一個彭德懷時，劉少奇、周恩來不可能有膽量把廬山會議推動為一次「遵義會議」，當朱德支持彭德懷時，如果劉少奇、周恩來有足夠的「野心」，朱德就可能刺激出劉少奇、周恩來的「野心」，積極呼應張聞天，林彪並沒有足夠力量進行「彈壓」。朱德並不知道彭德懷是否為廬山會議作了充分「準備」，一方面支持，顯示他強硬的一面，一方面則老練地把握著分寸，觀察著形勢，十分圓滑。毛澤東則應變得幾乎完

美無瑕,一方面讓林彪走上政治舞台,一方面把議題一步步轉移,引開矛盾。毛澤東把九個指頭、一個指頭問題轉化為鼓氣、洩氣,既實質性地承認了自己政策的錯誤以安慰大家,又等於堅持了「大躍進」政策的正確,把「大躍進」中出現的問題轉化為了廣大人民建設社會主義積極性的副作用,把自己的錯誤弄成了廣大人民的錯誤,而中共只是一個是否繼續支持廣大人民積極性的選擇問題了,這樣,中共所有官員在「大躍進」問題上也就不存在了責任,毛澤東獲得了官員們的支持。對彭德懷,毛澤東則把焦點轉化為了歷史問題,說成彭德懷一貫跟毛澤東以及另外九個元帥都有矛盾,給彭德懷下了「三分合作,七分不合作」的結論,這樣,自然就可以進一步給彭德懷按上「野心」的帽子,虛構出一個彭德懷的「軍事俱樂部」,用彭德懷可能造反、製造內戰來恐嚇人們。毛澤東為了強化人們對彭德懷造反、製造內戰的可能性判斷,甚至說如果解放軍不跟著毛澤東走,毛澤東就重新上井岡山,這既是反應了毛澤東內心存在著軍隊可能不支持他的恐懼,也是利用人們的善良,使用內戰威脅人們必須選擇支持他,如果人們不支持他,他就會發動內戰。毛澤東成功地化解了廬山會議這場威脅到他獨裁的危機,迫使人們支持他,彭德懷不得不俯首就擒,朱德也不得不舉起他的半個手。

雖然廬山會議上毛澤東仍然堅持要彭德懷保留職務,以示自己寬容,但實際是由於事發突然,毛澤東還沒有對軍隊權力作好相應調整準備。毛澤東不可能讓彭德懷繼續掌握軍權,養虎為患,威脅自己。廬山會議結束不久,1959年8月18日至9月12日,召開了由林彪主持的軍委擴大會議,對彭德懷、黃克誠進行全面批判,對他們進行批鬥,清除彭、黃勢力。這種軍內會議不是以黨政人物為主的廬山會議,其殘酷鬥爭顯然是彭德懷所一時難以承受的,他大概不會想到自己作為解放軍副總司令,竟然會落到自己手下將領要藉機揍他發洩長期以來內心怨怒的地步,威信掃地,激動地拍起了桌子。在

前一年軍委擴大會議上被彭德懷批鬥的蕭克將軍晚年回憶時說：「1958年軍委擴大會議後僅一年，主持批鬥我的彭德懷元帥，又成了1959年軍委擴大會議批鬥的主要對象，遭受嚴重的打擊、磨難。歷史有著驚人的相似之處。就像我好意給彭總寫信，卻成了『反黨』的把柄一樣；不到一年，彭總好意上書毛主席，也被說成是下『戰書』。」相應地，毛澤東對軍權作了重新調整，彭德懷、黃克誠的職務被解除，彭德懷的國防部長職務由林彪取代，黃克誠總參謀長職務由羅瑞卿取代。中共中央軍委進行改組，主席毛澤東，副主席林彪、賀龍、聶榮臻，委員朱德、劉伯承、陳毅、鄧小平、羅榮桓、徐向前、葉劍英、羅瑞卿、粟裕、陳賡、譚政、蕭勁光、王樹聲、許光達、蕭華、劉亞樓、蘇振華，軍委日常工作由林彪主持，羅瑞卿為軍委祕書長。在這一新安排中，朱德只是一個普通委員，因此，純粹成了個掛名的人物。軍隊的具體權力，實際由林彪、羅瑞卿為主分割。由於朱德對彭德懷的維護，心領神會的林彪在1929年6月白砂會議寫信肆意攻擊朱德四十年後，再次自覺地充當起了毛澤東的槍桿子，對朱德進行公開攻擊。9月11日，當新的軍委班子已經明朗時，林彪在會上突然說：「我今天還給一位在座的老同志提點意見，他是誰？這個人，一般人是看不出來的，他給人的印象是忠厚老實，平易近人，而且德高望重。」接著，林彪拍著桌子：「但這是假的，他的骨子裏是反黨、反毛主席的，和彭德懷是一路貨。他就是大名鼎鼎的朱德！」會場立即譁然，這是解放軍歷史上從來沒有過的。剛剛接掌軍隊的林彪指著朱德說：「你這個總司令，從來沒有當過一天總司令。不要看你沒有本事，一天到晚笑嘻嘻的，實際上你很不老實，有野心，想當領袖！」林彪這一做法其實是一種幼稚的政治行動，實際不過是毛澤東試圖借此刺激和羞辱一下朱德，打擊朱德在軍隊中的威信，也是肚子裏幾十年來憤恨的發洩。林彪是假，毛澤東是真，朱德仍然採取了一貫的忍的態度以避免不明智的衝突惡化，只是笑著對林

彪說：「那就請你批評好了。」當然，林彪並沒有什麼可以「批評」出的，這時候也沒有足夠膽量對朱德進行進一步攻擊。在強大的壓力下，朱德做了應付性的檢討，毛澤東則從來沒有過地把朱德的檢討在軍隊系統下發，顯然是要打擊朱德的威望。

當軍人不再公開挑戰毛澤東權威時，中共在盧山會議也就失去了唯一的終結毛澤東獨裁的歷史性機會，毛澤東的獨裁地位在盧山會議之後得到了空前強化。作為中共參加抗日戰爭後一直處於兩大領袖地位之一的朱德雖然還是全國人大委員長和中共中央副主席、政治局常委，但他進一步從權力主動和被動地引退，不再參加政治局常委會議，也不去管全國人大的日常工作，既然盧山會議毛澤東說他是塊「招牌」，他也就徹底做起了「招牌」，叫他做什麼就做什麼，找他做什麼就做什麼，有機會就裝糊塗說幾句跟毛澤東等人不一樣的話，繼續零碎地表達他自己的「中國式社會主義」觀念。現在，毛澤東的腦筋可以不多考慮朱德的問題了，只是不與朱德進行正面衝突，把他當真正的「老糊塗」即可。對毛澤東來說，朱德不過就是早點死或晚點死的問題，朱德後來高壽，可以活到毛澤東都要見馬克思了，忽然進行強有力的反擊，卻是難以預料的，那是後話。可以說，盧山會議是朱德政治生涯的一個關鍵性轉折。

「民以食為天，開倉賑災吧」

盧山會議後毛澤東基本解除了軍隊對自己的威脅，但政治上的危機不僅沒有解除，反是更深刻了。為了堅持自己既有政策的正確性以打擊彭德懷，毛澤東在盧山會議上不得不改變本準備調整一個指頭問題的設想，堅持推動更為激烈的「大躍進」，把中國推入到更加深重的災難當中去，反而使彭德懷在失敗中達到了他人生最光輝的頂點，突出了彭德懷歷史性的英

雄角色意義，同時，也使毛澤東越來越成為了國家的敵人。隨著朱德、彭德懷退出權力，中共既有的權力秩序已經打破。朱德已經引退，毛澤東則在似乎引退和不引退之間徘徊，實際繼續掌握著獨裁權力，並越來越近乎變態地瘋狂和神經質。林彪已經替代彭德懷從第三梯隊提前進入了劉少奇、周恩來這個第二梯隊，雖然彭德懷暴躁、狂妄，但畢竟相對老成，而林彪則有著明顯的少壯風格，劉少奇、周恩來、林彪這一極不協調的格局潛伏著了深刻的危機。最重要的是，事實上1959年毛澤東已經六十六歲，由於毛澤東不願意真正引退，六十一歲的劉少奇越來越處於尷尬的境地，一方面實際進行著具體的負責，一方面卻仍然只能是個傀儡，而劉少奇、周恩來自己也已經是到了應該準備引退的年齡，但作為代際傳承的必要階段，又根本不能作進行引退的任何考慮，除了繼續積極進身外別無他法，在這樣的局面下，五十五歲、精力正當旺盛的鄧小平越來越咄咄逼人，五十四歲的陳雲依然不動聲色地等待著，五十二歲的林彪的晉升則帶動了一大批年輕的人們窺視起了中共核心權力，既有權力秩序打破後在上擠下壓的狀態中，中共的權力再分配越來越積蓄著了火山一樣的能量，只等待著爆發的一天了。

在這種困境中越來越難處理關係的無疑是劉少奇了。劉少奇與周恩來不同的是，當他在一開始被毛澤東提拔的時候，就是作為黨務人員的角色出現的，而周恩來更具有事務角色的特性，劉少奇的這種角色使他成為了毛澤東的政治副手，被人們自然地認定為了毛澤東的當然接班人，一方面毛澤東主要透過他對全局進行控制，但另一方面向上的擠壓力量也主要集中到了劉少奇身上，而不是周恩來身上。這似乎對劉少奇是很好的事情，他借此向下形成了鄧小平、彭真等勢力，排擠、削弱了周恩來，越來越強勢，但萬人之上的他終究還在毛澤東一人的獨裁之下，毛澤東的高壓使劉少奇越來越痛苦。劉少奇如果繼續順從著做毛澤東的傀儡，就必須為毛澤東承擔昏

庸政策的責任，周圍和下面越來越強烈的怨怒既是劉少奇難以承受的，毛澤東也更可能最終把劉少奇作為罪人拋棄，用總書記鄧小平替換掉他。因此，劉少奇唯一的出路只能是尋找機會改變自己的傀儡角色和風格，向上頂毛澤東，設法讓毛澤東實質性地進入到引退程序。但劉少奇有著做慣了傀儡的習性，內心充滿了對毛澤東的崇拜和恐懼，客觀上也不具備力量逼退毛澤東，最重要的困境是，由於劉少奇以往歷史特別是廬山會議上的言行，已經難以為人們所真正信任，特別是當他沒有足夠強硬地表明自己立場前，像朱德這樣的人是很難下全力支持他的決心的。

1961年初，毛澤東「大躍進」政策導致的中國大饑荒已經達到了非常嚴峻的程度，更加危急的問題，是由於饑荒，很多地區甚至已經把春播的種子也吃掉了，如果不採取緊急措施，整個國家將是滅頂之災。鄧小平、陳雲等人的災情報告送到周恩來那裏，周恩來自然送到劉少奇那裏，但劉少奇並沒有膽量再送給毛澤東。劉少奇找周恩來，但他們兩人並無辦法，在這樣的情況下，只能再找「老糊塗」朱德，跟朱德商量對策。現在沒有資料說明是劉少奇、周恩來、朱德三個人中是誰想出來的主意，他們找來了中共中央辦公廳主任兼中央警衛局局長汪東興，讓他組織一次擔任中南海警衛任務的八三四一部隊警衛連士兵寫家信活動，讓士兵們的家人把災害情況如實寫出來，然後藉機向毛澤東彙報。原紅一方面軍排長出身的汪東興答應了。劉少奇、周恩來請朱德出山，一起跟汪東興談話，可見他們這時候仍然很清楚，軍隊高級將領即使像汪東興這樣的毛澤東親信，朱德對他們仍然具有強大的左右能力。根據一些回憶錄看，非常有意思的是，毛澤東的警衛人員通常都是很聽朱德話的，大都很崇拜朱德。

這個計策很成功，毛澤東透過閱讀他認為最真實的士兵家人來信，瞭解到了饑荒的嚴重程度。在這樣的情況下，可能顛覆毛澤東獨裁的力量主要已經不是中共內部，而將是全體人

民，如果繼續延續下去，不僅毛澤東，而且整個中共都將被淹沒在人民的起義浪潮中，毛澤東對中國的統治就時間長度來說，將連秦始皇、隋煬帝都不如，按照傳統的專制歷史觀來說，將比他們更加遺臭萬年。這對自以為「數風流人物，還看今朝」的毛澤東來說，打擊是根本的。毛澤東不得不屈服於客觀的大饑荒形勢，召來了劉少奇、周恩來、朱德、陳雲、鄧小平、林彪，表明自己願意承擔責任，希望拿出辦法，避免出現明朝末李自成造反那樣的情況。在這種緊急情況下，毛澤東把已經不參加政治局常委會的朱德叫來，顯然是想借助朱德的威望發揮穩定人心的作用。毛澤東問劉少奇、朱德該怎麼辦？朱德首先提出「民以食為天，開倉賑災吧」。劉少奇問周恩來國家戰備糧有多少，周恩來說可以供全國一年零七個月，劉少奇支持朱德的意見。毛澤東問鄧小平，鄧小平還不習慣頂撞朱德，拐著彎說話，被毛澤東逼著問「開不開倉？」，才表達了他主張用放寬政策的方法，血腥地認為「話說到底，我們的黨和政府，無產階級專政，就是建立在總理所說的一年零七個月的戰備糧上」，也即用戰備糧保證出現造反時鎮壓人民之需。毛澤東再問林彪，林彪不管開不開倉，只要保證五百萬軍隊有充足的糧食就行，他態度謙恭地對朱德說：「真的出了李自成，也要靠解放軍去解決。總司令，你說是不是？」這時候的朱德，大概內心甜酸苦辣混在一起，說不出什麼味道了，他不會想到自己不做軍閥搞革命搞出的革命會是這個樣子，更不會想到自己一手創建的軍隊已經是要作好全面鎮壓人民暴動、屠殺人民的準備了。毛澤東最後問陳雲，陳雲的態度與鄧小平基本一致。中共少壯派全面露出了更心狠手辣的面目，朱德堅持立場，義憤地說：「我們準備先餓死多少農民？我們的天下可是靠農民打下來的呀！」毛澤東痛苦地採取了折衷態度，決定開一部分倉，不解決老百姓眼前吃飯問題，局限於解決種子問題，同時調整政策。毛澤東極有深意地當即評價說：「總司令，你是大老實人一個。小平，你是言必有中，乾

脆俐落。」也就是說，朱德是立即救老百姓命，不考慮鎮壓老百姓造反，鄧小平則一切以中共統治為根本，準備對老百姓進行鎮壓。

這次碰頭會朱德的強硬態度雖然沒有達到拯救當年死亡的人民目的，但大大減少了人民的死亡，拯救了中共。如果按照鄧小平的做法，即使調整了政策，由於缺乏種子，1961年就會有大量面積耕地不能播種，秋天就難有多少收穫，1962年中國不僅不能擺脫饑荒，而且可能加重饑荒。同時必須要考慮到一個情況，由於開倉發放種子，客觀上就等於一定程度地放開了口糧救濟，一些中共基層官員可以藉發放種子的名義發放一部分口糧緩解死亡狀況惡化。事實上，在中共的專制統治下，如果僅僅調整政策，雖然一定程度地鼓勵了人們的生產積極性，但由於各種物資尤其是糧食已經全國性地被政府搜刮淨盡，政策本身並不能直接增加人民手上的物資，不能直接增加物資流通，因此，等於是遠水救近火，不等政策效應顯示，中國因饑荒死亡的人口就將進入使社會崩潰的狀態。可見，即使一昧按照維持中共統治的原則來說，鄧小平的主張比之朱德的主張也是非常不明智的，會把中共的統治推到絕境。如果執行了朱德的主張，中共政策一樣進行調整，中國至少可以少死上千萬人口。毛澤東進行折衷，比之執行朱德的主張中國多死了上千萬人口，但比之執行鄧小平的主張所少死亡了的人口幾乎是難以估量的。

1961年碰頭會上的朱德顯然是少有地發了火，應該說這也是他就中共和國家的最高決策最後一次使用了權威。不管毛澤東怎麼想，朱德的這次權威使用至少是毛澤東決定開部分倉的重要因素。這時候的毛澤東實在是太需要支持了，部分接受朱德主張，即使不能獲得朱德以後的全面合作，但可以使朱德不採取跟毛澤東鮮明對立的態度，「朱毛」力量就不至於分崩離析，萬一出現巨大的社會動盪，毛澤東就可能重新撿起「朱毛」品牌，以保證最基本的勢力和安全。在處理大饑荒問

題上，劉少奇積極而軟弱，周恩來積極而圓滑，兩個人彼此勾心鬥角，鄧小平強硬而殘忍，陳雲強硬而圓滑，鄧、陳之間也是勾心鬥角。朱德顯然很失望，這種失望使他不可能在政治上採取堅決地跟他們任何一方進行合作的立場和態度，這一點在一年後1962年1月11日至2月7日「七千人大會」，即中共中央在北京召開的由全國縣委書記以上七千多黨政幹部參加的擴大中央工作會議上得到了表現。

「七千人大會」

召開「七千人大會」是劉少奇、鄧小平策劃和推動，由毛澤東許諾和參與的。1961年中國在採取有限的政策調整和救濟之後，一方面付出了繼續大饑荒一年的沉重代價，一方面經過秋收之後糧食有所緩和，中共雖然仍然處於困境當中，但總算是擺脫了大饑荒繼續惡化的局面，可以略微喘口氣了，下面中共該怎麼搞這個國家，到了必須要有個明確說法的時候了。

1961年9月英國蒙哥馬利元帥第二次訪華時，毛澤東於23、24日兩次與他談話，特別是增加24日會見談話對毛澤東來說是破例，是毛澤東特意增加的，目的不過是藉機對黨內說話。23日談話毛澤東已經特別把話題引向自己的死亡，說自己有個五年計劃，也就是活到七十三歲即1966年，但又說「中國有句俗話：『七十三，八十四，閻王不叫自己去。』如果闖過了這兩個年頭就可以活到一百歲」，雖然毛澤東聲稱只有一個五年計劃，實際不過是想著要活到八十四乃至一百歲而已。24日談話毛澤東專門談自己的死亡和接班人問題。毛澤東說自己隨時準備滅亡，可能有被敵人開槍打死、坐飛機摔死、坐火車翻車翻死、游泳時淹死、生病被細菌殺死五種死法，這五種死法的說法很顯然著重了被人政變殺死和被暗殺，毛澤東說：「這五條，我都已準備了。」關於接班人問題，毛澤東明確是劉少奇，但劉少奇之後是誰則聲稱「我不管」，這是很微妙

的。早在1957年毛澤東訪問蘇聯時，曾跟赫魯雪夫說過接班人問題，第一劉少奇，第二鄧小平，第三周恩來，這個說法的實質是確認了鄧小平為劉少奇之後的接班人，把周恩來放第三不過是應付而已，因為周恩來的年齡擺在那裏，是根本不可能去接鄧小平班的，因此，毛澤東也就是徹底否定了周恩來的接班可能。但毛澤東跟赫魯雪夫提周恩來暴露了他在接班人問題上的應付態度，他既利用接班許諾攏絡劉、鄧，把周恩來甚至放在鄧小平之後以打擊和降低他的地位，但也是根本不願意在自己有生之年交權。跟蒙哥馬利的談話更是明顯地表現出了毛澤東這種心理，只提劉少奇是不得不提，而特意安排一次談話則意味著毛澤東已經把劉少奇看做自己繼續獨裁的障礙。毛澤東表示劉少奇之後「我不管」，與跟赫魯雪夫談話時為劉少奇安排後事比較，顯然是毛澤東已經不再把劉少奇當作一個完全的傀儡人物，意識到站在前台的劉少奇在大饑荒恢復過程中威望大長。那麼，劉少奇的威望和實力到底已經達到什麼程度呢？毛澤東必須要進行一次偵察，就像反「右」時引蛇出動一樣。劉少奇、鄧小平弄一個非常規的規模空前的「七千人」會議，對毛澤東來說，劉、鄧是極其有深意的，既是藉機凝聚人心，也是進行實力宣示。毛澤東以退為進，讓劉、鄧等人充分表現，同時，也藉機對所有中共黨政官僚進行一次考察。

中共政權的根本是暴力，在1927年中共走上獨立的武裝道路後，當中共中央離開上海進入蘇區與軍隊結合到一起，中共權力的根本是政治的武力，領袖們個人實力和勢力的根本則是武力的政治，正是在這個根本上，毛澤東取得了優勢並實現了自己的獨裁。完成長征之後，毛澤東憑藉著自己政治的武力和武力的政治優勢，逐個擊敗了張國燾、王明、周恩來，並把張聞天（洛甫）架空為所謂的「明君」，至於任弼時、王稼祥等人只不過是並無真正挑戰能力的人，而劉少奇則只是個傀儡。對毛澤東來說，直到盧山會議，真正強大的對手或牽制者只有朱德，毛澤東對朱德的優勢不過是朱德是個職業軍人，不

具備問鼎中共第一領袖的天性和欲望，並且他客觀上年齡確實
老了，一般來說是個等死的問題。其次的人是周恩來，毛澤東
雖然擊敗了周恩來，使恩來似乎心甘情願地屈從，但周恩來
長期橫跨黨、軍、政、特的中共最主要領導人經歷和地位，作
為一個不倒翁所積聚的實力遠不是劉少奇等人所能比較的，在
周恩來俯首帖耳表象下有著難以窺清的強勁力量，這正是毛澤
東努力用劉少奇乃至鄧小平等人壓制、削弱周恩來的根源。
「七千人大會」時，劉少奇已經從無個性傀儡成長出個性，
並漸漸顯示出了非傀儡化傾向，但是，劉少奇即使得到他的
「接班人」鄧小平支持，卻並沒有擺脫致命的弱勢，也即在
政治的武力和武力的政治這一根本點上的虛弱。「七千人大
會」只是個黨政會議，並沒有軍界參加，說穿了僅僅只是劉少
奇勢力範圍的會議，對毛澤東來說不足以動搖根本，因此，毛
澤東在「七千人大會」上表現出了自己從未有過的「民主」大
度，讓劉、鄧和官員們自由發揮，盡情表現。在「繼承人」錯
覺下，劉少奇、鄧小平特別是劉少奇越來越獨立了起來，人們
的議題大量集中到了毛澤東的錯誤和對「大躍進」的檢討上
去，呈現出了毛澤東與劉少奇之間演化為太上皇與皇帝的關
係，也就是說，形成了要毛澤東引退成為「名譽主席」的濃烈
氛圍。「七千人大會」召開本身是非常微妙的，它實際是劉少
奇上升為了毛澤東主要對手的歷史性轉折事件，毛澤東有足夠
能力對付這個自己長期的傀儡，但正因為劉少奇是毛澤東一手
扶植起來的，並被毛澤東多次宣布為了接班人，也就成為了毛
澤東十分難堪的困局，毛澤東暫時以退為進，還想不出應該怎
麼對付劉少奇，也更需要對他進行以觀後效，觀察他以後的走
向。對毛澤東來說，最重要的是周恩來是否會跟劉少奇結為同
盟，朱德是否會再次掀風作浪支持劉少奇，如果形成了一個劉
少奇、周恩來、朱德的同盟，這才是可怕的。

　　但是，正因為劉少奇是毛澤東傀儡，劉少奇並不能夠
在政治局常委裏建立起自己的同盟。廬山會議上劉少奇的表

現不會讓周恩來、朱德對他產生足夠信任，因此，「七千人大會」也微妙地注定了劉少奇最終失敗的命運。毛澤東很弔詭，要常委都在「七千人大會」上講一講。早在紅四軍朱、毛衝突時，朱、毛就已經奠定了中共的表態政治形態，也即讓人們透過言論態度站隊，明確或暗示自己屬於誰的人。在延安時期，毛澤東把這種表態政治深化延展為了中共政治的基本特徵。所以，所謂講一講，也就是毛澤東要人們對自己是誰的人進行表態。毛澤東特別讓林彪講了話，林彪大談軍事路線和對毛澤東的個人崇拜問題，毛澤東特意把林彪的講話下發全體會議成員。陳雲很機警，在政策問題上，他與劉少奇屬於同一陣營，但在屬於誰的人問題上，他顯然不願意把自己納入到劉少奇陣營中，他採取了一貫的保持沉默原則，聲稱「在做工業調查，還沒有調查完，現在還沒有把握來講」謝絕發言，毛澤東機警地問他哪一年可以講，陳雲說過半年以後。這樣，等於陳雲站了半個隊，「文革」時他仍然被清除，但以他常委的身份，毛澤東並沒有把他列到劉、鄧一起，也算是報答了一下陳雲沒有站過去的半個身體。周恩來在具體的政策調整問題上採取了折衷主義，顯示出了他與劉少奇的不同，更進一步堅持從正面肯定「大躍進」，很明顯地表現出了他與劉少奇的分歧，婉轉地表達了對毛澤東的忠誠。

　　朱德的發言淋漓盡致地表現出了他的高超權謀和「七千人大會」上講一講的弔詭。「七千人大會」朱德一方面是以跟董必武等元老一起的身份出現，不參與會議的基本事務和工作，另一方面朱德仍然有著政治局常委的身份，是塊非常重要的「招牌」，餘威強大，態度非常重要。張素華著的《變局——七千人大會始末》是至今介紹七千人大會最詳盡的一本著作，張素華說：「比較有意思的是，為了在大會上講話，朱德三易其稿，頗費思量，表現得有點特別……」還在開會前的1月9日，朱德就起草了一個在肯定「三面紅旗」前提下談一些具體經濟意見的講話稿送毛澤東，1月13日朱德又把講話稿態

度謙和地送劉少奇、周恩來、鄧小平、彭真、李先年、譚震林、李富春等人，並在特地附給劉少奇的信裏表示「完全同意」劉少奇在1月11日開會時作的報告。鄧小平很尊重地批了個「退總司令」，大大咧咧的譚震林有點不知高低，批了個「最好是談一談總路線問題」，風頭正勁的李富春則認真地說「有三處小的修改」，其他人包括毛澤東、劉少奇、周恩來都沒有作反應。實際上，朱德不過是拿彭真、李先年、譚震林、李富春甚至周恩來、鄧小平等人陪襯，主要是察看毛澤東、劉少奇的反應而已。1月29日，朱德忽然又弄了個簡單的肯定劉少奇講話和毛澤東「三面紅旗」的空洞高調的講話稿，送給了毛澤東、鄧小平，並在附給鄧小平的信裏明確自己不過是「在這次大會口頭上講一講，以茲鼓勵」，既擺了資格，又等於透過鄧小平告訴了劉少奇自己不準備有實質性表態，但明顯是作了傾向於毛澤東的暗示。2月6日下午會議，鄧小平結束講話後，主持會議的毛澤東說請朱德同志講話，結果，朱德講話內容跟之前送毛澤東等人看的兩個講稿完全不同，忽然大談起反修高調起來。張素華覺得朱德的行為難以理解，經他分析後又認為朱德的第二稿和正式講話違背了他的一貫對「大躍進」等問題異議的立場。張素華其實跟大多數中共黨史研究者一樣，是太把所謂的具體的主張當回事了，而忽視了獨裁之下政治權爭勝負遠高於具體立場的規則。

　　中共當中，看透毛澤東的莫過於朱德，周恩來則在1956年反冒進後最終看透了毛澤東，幾乎同時，林彪也看透了毛澤東，他們各自根據自己的情況進行了應對。朱德雖然已經不參與核心政治決策、討論活動，但他的韜略和經驗無人出其之上，「七千人大會」既是劉少奇的一次力量顯示，但毛澤東並不會俯首就擒，毛澤東藉機把它轉化為了一次全面測試黨政官員的檢閱活動，而朱德則是藉機反過來用三個不同的講話探毛澤東、劉少奇的底。第一個講稿朱德是毛、劉各支持50%，雖然看上去內容具體、實在，卻是作了個實質性的平衡表態。第

二個講稿恰恰相反，看上去什麼都沒有講，卻是等於已經表態不會支持劉少奇，或者也可以理解為提醒劉少奇應該收斂點。第三次正式講話則完全是空話，與第一講稿相反的是對毛澤東、劉少奇都是沒有表達支持，毛澤東、劉少奇在下發政治局常委講話時，沒有把朱德的講話下發，這樣，等於是毛澤東、劉少奇都不滿朱德的態度，間接告訴了朱德，他們之間將有一場不可避免的決鬥，而朱德當然不會願意支持他本就已經十分對立的毛澤東，但也不會支持劉少奇，不會捲進他們的爭鬥漩渦。

朱德在「七千人大會」上並不是向毛澤東示弱，事實上盧山會議後，朱德是中共最高層中唯一對毛澤東強硬的人物。1961年初在毛澤東的那裏碰頭會議之後，毛澤東立即進入頹勢，1月召開的中共八屆九中全會確定「調整、鞏固、充實、提高」八字方針，隨後毛澤東同意劉少奇、鄧小平、彭真提出的為盧山會議後打作右傾機會主義分子的鄧子恢等人平反，但朱德進一步提出要為彭德懷平反。劉少奇、鄧小平、彭真要平反的是屬於黨政系統的人，級別相對較低，對毛澤東並不致命，鄧子恢不過是副總理兼中共中央農村工作部長，不構成對毛澤東安排的核心權力結構破壞，彭德懷平反不僅等於徹底否定了毛澤東的盧山會議，也更是等於徹底調整了毛澤東安排的核心權力結構。彭德懷如果再度出山，自然就接過了已經由林彪控制的軍權，並且將自然地進入政治局常委，從而在根本上打破毛澤東的核心權力體系，使毛澤東真正引退，因此，朱德的主張對毛澤東是致命的一擊，也是為中共製造結束毛澤東獨裁的最佳機會。毛澤東急了，既不明確自己引退，又宣布自己和林彪去南方養病，「把北京交給你們」。毛澤東威脅道：「把彭德懷請回來，盧山的事一風吹，三面紅旗不要了？」毛澤東把劉少奇嚇住了，由於劉少奇在盧山會議上的表現，他自然要承擔相應的責任，劉少奇對控制彭德懷也沒有能力，做慣了傀儡的劉少奇毫無雄才大略，不能抓住朱德對毛澤

東進攻的千載難逢的歷史性機會，採取了在朱、毛之間進行調和的立場，懇求「總司令」向「主席」讓步，把為彭德懷平反的問題擱置了起來。面對這樣的一個對毛澤東懷有深刻恐懼的平庸的劉少奇，要朱德在主要研究具體經濟問題的「七千人大會」上捲進劉少奇注定要最終失敗的衝突，不是韜略深厚的朱德所會採取的立場。

「七千人大會」宣示了劉少奇在黨政條線上的空前力量，這次會議後毛澤東進一步「引退」，劉少奇在中共歷史上繼朱德之後，成為又一個與毛澤東共用「萬歲」的人，「劉主席萬歲」口號在中國大地上開始出現。中國將向何處去？就像中共幾十年歷史中一貫的那樣，仍然只有朱、毛是最清醒的，各自在做著極其高超的悄悄動作。周恩來則埋頭於事務，客觀上他也無能為力，也不知道該如何用力，只有安於天命、自保的份。劉少奇則十分庸碌，滿足於從兒皇帝向二皇帝演變的成就，完全就是毛澤東的一個低劣的學生，在積極鼓吹對毛澤東的個人崇拜前提下也搞對自己的個人崇拜，積極擴展自己的勢力卻不敢把手伸到軍隊去，積極樹立自己開明的形象卻搞起了「四清」運動的殘酷打擊。毛澤東牢牢地抓住最根本的權力，進一步深化自己作為中共精神領袖的角色，推動對自己的個人崇拜，幾乎是不惜代價地鞏固與林彪的結盟，嚴格控制著槍桿子這一根本，觀察和刺激劉少奇，等待他出錯。

朱德似乎離政治和權力更遠了，看上去在安心養老等死。但這只是表象，實際上他仍然是在做著對毛澤東致命的事情，悄悄進行著活動。終結毛澤東獨裁在精神上就必須終結「毛澤東思想」，朱德利用談話的機會提出了「中國式社會主義」說法。終結毛澤東獨裁在政治較量上的根本仍然是軍隊，可以替換掉林彪的最妥當人選仍然是彭德懷，彭德懷被軟禁在北京吳家花園，朱德試圖聯絡彭德懷與之結盟，彭德懷卻仍然想維持對毛澤東的愚忠，朱德並不著急，繼續保持著與其他一些老帥和將領的來往，悄悄維持自己在軍隊的威望和影響。

四十六　從「文化革命」到「文化大革命」

「四清」、「五反」運動

　　「七千人大會」所表現出來的態勢對於毛澤東堅持獨裁地位來說，雖然並不是致命的，但卻是一個嚴重的困境。無論是劉少奇還是黨政系統官員都仍然承認毛澤東的精神領袖地位和最高政治權威身份，並且，劉少奇虛弱之處是並不掌握軍隊，甚至也不掌握特工和警察力量，不足以從根本上動搖毛澤東，但是，毛澤東現在所面對的不只是一個劉少奇，而幾乎是整個黨政系統，已經現實地遭受到了要他引退做「榮譽主席」的沉重壓力。就如幾年後毛澤東說的，只要動一下指頭就可以把劉少奇打倒，但打倒整個黨政系統卻並不是件容易的事情，既需要進行一次規模前所未有的大「革命」，也需要組建一個新的政治集團以取代現有的官僚體系。策動和鼓動出一次革命，對毛澤東來說並不是十分的難事，最大的困難是組建一個新的政治集團。當然，毛澤東可以用周恩來取代劉少奇，但這是毛澤東並不願意做的，而且也達不到替換整個黨政系統的目的，不過就是把現有黨政系統交給周恩來，而周恩來一當取代劉少奇，對毛澤東來說威脅反而更大。毛澤東只能另謀出路，這條出路就是在毛澤東思想和個人崇拜旗幟下糾集一幫文人，組建一個由激進文人組成的新的政治集團。但是，一向鄙視文人的毛澤東對文人的忠誠程度並沒有足夠的信心，毛澤東必須為他們安排一個領袖，這個領袖就是江青。

　　江青，原名李雲鶴，又名李進，1914年生，山東諸城人，童年時隨母親出走，她母親在諸城四大家族之一張家幫

傭，張家二少爺張少卿即後來中共著名的康生。江青小學畢業後進入山東省實驗劇院學習表演，從此逐步走上了演藝道路。1930年江青曾短時期做過濟南一個商人家庭的媳婦，但幾個月就出走，不久在青島跟當地望族子弟、激進青年俞啟威同居，但沒有被俞家承認婚姻，俞啟威即後來新中國第一任天津市市委書記、市長黃敬。黃敬加入中共之後，於1933年介紹江青加入中共，但隨著黃敬不久被捕，江青失去了組織關係，逃往上海，開始了她的上海明星之路，以「藍蘋」的藝名曾轟動一時，但她的轟動，主要是她的一連串桃色新聞，先後與多名男人發生婚姻、同居和情感糾葛，最著名的是她跟當時名噪一時的影評家唐納的豔聞。從江青早期經歷來看，她是個好強爭勝、富有性格的女人，雖然並不十分漂亮，但對男人極有魅力和老到，似乎有著永遠不能滿足的欲望，並善於利用男人達到自己的目的，可以讓男人為她去一次次死。江青作為「藍蘋」期間在男人之間的縱橫捭闔，是一個操縱男人的訓練階段，這一階段為她積累了對付男人的豐富經驗，這一經驗結出的碩果就是讓她輕鬆俘虜到了毛澤東。

1937年，因為桃色新聞臭名昭著的江青已經很難在上海灘演藝界混下去，加以她本就思想激進等因素，便去了延安，經過黃敬證明後恢復了組織關係。有著俘虜男人本能的江青馬上在延安開始搜尋獵獲對象，最終把目標對準了毛澤東。毛澤東本有妻子賀子珍，但正處於婚姻痛苦當中，很快就為江青所吸引，神魂顛倒，不顧與賀子珍婚姻關係的存在，與江青結為了夫妻，並在跟江青婚姻關係早期一些年裏，毛澤東基本保持了看不到江青在身邊就會茶飯不思的狀態，江青則一反常態成了個賢妻良母。但是，這一婚姻的實現很不順利，從而為中共政治埋下了一個巨大的伏筆。有兩個原因形成了毛澤東、江青婚姻的障礙，一是毛澤東與賀子珍婚姻關係的存在，賀子珍作為井岡山時期的老革命備受人們尊敬，人們無法接受毛澤東拋棄賀子珍；二是江青本身含混不清的政治歷史背

景，以及她本就被中共意識形態嚴重歧視的「資產階級」明星身份。但是，一切的障礙都不能阻止毛澤東已經拜倒在江青石榴裙下的狂熱，毛澤東因此幾乎遭到了辭職的滑鐵盧，最終朱德對周恩來獲得權利的否定態度挽救了毛澤東，但色屬內荏的毛澤東也不得不作出痛苦的讓步，接受了中共中央的「約法三章」。按國軍佔領延安後查獲的王若飛日記本記錄，「約法三章」的內容為：第一，毛、賀的夫婦關係尚存在，而沒有正式解除時，江青同志不能以毛澤東夫人自居；第二，江青同志負責照料毛澤東同志的生活起居與健康，今後誰也無權向黨中央提出類似的要求；第三，江青同志只管毛澤東的私人生活與事務，二十年內禁止在黨內擔任任何職務，並不得干預過問黨內人事及參加政治生活。這樣的「約法三章」不僅是貶低了江青，只是把江青當作了「二十年」內的毛澤東的性工具，同樣，既然江青是毛澤東的妻子了，也就等於侮辱了毛澤東，讓毛澤東背上了一個沉重的婚姻包袱。

　　毛澤東、江青婚姻蘊涵著複雜的意義。中國自古以來，一般開國領袖或者說帝王無論後來如何美女如雲，但在原配糟糠之妻問題上則都不敢輕易採取拋棄態度，這不僅是一個倫理問題，而且更具有重要的政治意義，因為原配糟糠之妻一般都陪伴甚至參與了打天下，與政治集團元老們存在著微妙的共同利益，輕易拋棄一個這樣的妻子，也就意味著同樣可以輕易拋棄元老們。因此，毛澤東、江青的婚姻已經暗示著了中共將來政治的一種走向。中共中央「約法三章」是一個愚蠢的做法，既然不能阻止毛澤東、江青的婚姻，江青也就注定了將是毛澤東的正式夫人，對她進行貶低只能積累出江青強烈的仇恨，這種仇恨在獨裁制度下早晚會醞釀出瘋狂的復仇行動。更可笑的是，在延安整風初期時中共一些政治家們還想把江青從毛澤東身邊驅逐走，對她進行了審查，而且這種審查顯然有著捏造罪名的傾向，使得江青恨恨不已，毛澤東也有苦難言，更是強化了江青的復仇欲望，她當時即發牢騷：「有些人吃飽了

不幹事，整天琢磨著整人。運動一來就上勁。整麼，這次你整別人，下次別人也可以整你！」也由於江青不願意按照毛澤東的意思忍受挨整，毛澤東開始厭煩在政治上近乎白癡的江青，歎息「當初結婚沒搞好，草率了。唉，草率了」。但是，人們沒有看透的是，恰恰是由於毛澤東違背大家意志強行娶的江青，受到了「約法三章」的侮辱，毛澤東就不會走回頭路，也不能放下自己一貫正確的架子走回頭路，再拋棄江青，迎回賀子珍，因此，毛澤東對侍衛李銀橋說：「唉，江青是我老婆，要是我身邊工作人員，早把她趕走了。」又說：「沒辦法，跟她湊合著過吧。」在這樣的情況下，江青更是拿住了毛澤東的軟肋，越來越喜歡吵鬧、惹是生非，但對毛澤東來說有一條是將越來越有意義的，也即江青只有作為毛澤東夫人的時候才是有價值的，才是可以有所作為的，不然就什麼都不是，這就決定了江青是這個世界上對毛澤東最忠誠的人，而且這種忠誠是不會有任何水分的。正是江青的這種無可懷疑的絕對忠誠，當在毛澤東處於需要組建一個新的政治集團時，便成了毛澤東唯一可以真正信賴的分身和代言人。

　　一般認為，江青走上政治舞台與劉少奇夫人王光美以國家主席夫人即「第一夫人」身份出風頭有關係，但這只能認為是一種刺激性因素。中共夫人政治是由劉少奇、毛澤東兩人推動的，始作俑者還是毛澤東。就中共最高領袖層夫人的資歷來說，鄧穎超毫無疑問是最具備捲入核心圈漩渦的人物，但她至少在建國後就一直被周恩來堅決壓制著，鄧穎超晚年對此還有怨言，但她顯然一直沒有理解周恩來的良苦用心。康克清也具有相當資歷，但作為朱德夫人並是個被朱德一字一句教會看書、寫字的人，顯然深受朱德影響，對權利沒有多少欲望，也缺乏搞陰謀詭計的能力，是個被幾乎所有人喜歡並認為心地善良、為人樸實的頭腦簡單人物。建國前後，在毛澤東「顧全大局」要求下，賀子珍終於接受了已經不是毛澤東夫人的事實，相應地，毛澤東也就讓江青作為自己正式夫人開始活

動，但江青本人的職務較低，建國後掛了個中共中央宣傳部文藝處副處長虛職。但是，幾乎是同時，江青立即以極端的意識形態視角插足了中共政治，把矛頭對準了香港永華影業公司拍攝、在大陸上映的電影《清宮祕史》，並在毛澤東的支持下發動了對電影《武訓傳》的批判，開啟了中共在建國後向文藝亂舞大棒的歷史，同時，也開啟了中共夫人政治的歷史。「七千人大會」之後，中共夫人政治開始全面啟動。1962年9月，劉少奇把夫人政治提高了一個台階，王光美以「第一夫人」身份出現在了公眾面前，江青本來只是借助毛澤東的地位做了「職務性」事情，隨即也馬上以「第一夫人」身份出現在了公眾面前，彼此開始了「第一夫人」競賽。隨著毛澤東越來越年老和閉鎖深宮，自然也就需要江青作為代言人出面進行活動。中共「八屆十中」全會期間和之後，江青突然擺脫了職務限制，召見起了中宣部、文化部的正副部長們，並對他們進行「訓示」。之後隨著江青作為毛澤東代言人在政治舞台上越來越活躍，王光美也不只以「第一夫人」身份禮儀性出場，而是在劉少奇授意、支持下具體捲進了政治運動，著名的事例便是所謂的「桃園經驗」的鼓吹。在毛澤東、劉少奇大搞夫人政治之後，健康狀態本就處於半條命的林彪也把夫人葉群推為了自己十分強悍的代言人，以彌補和增強自己的活動能量。

　　要進行大「革命」，歸根結底還是要從階級理論出發。1962年10月，毛澤東在中共「八屆十中」全會上提出了「千萬不要忘記階級鬥爭」，這就等於肯定了中國不僅仍然存在敵對階級，而且存在著階級鬥爭，推翻了「八大」的基本調子。毛澤東這還屬於務虛言論，劉少奇則提出「對貪污、腐化、墮落的幹部，要大張旗鼓地處理」，就把階級鬥爭引進了中共黨內，並且予以了具體化。劉少奇已經上鉤，1963年5月2日至12日，毛澤東親自主持制定了〈中共中央關於目前農村工作中若干問題的決定（草案）〉，啟動了「四清」運動，同時，也啟動了以城市為主的「五反」運動。但是，執行這一運動依賴的

仍然是劉少奇控制的黨政系統，並由劉少奇親自抓，正式成立「四清」、「五反」指揮部，由劉少奇掛帥。《中共中央關於目前農村工作中若干問題的決定（草案）》中聲言要「團結95％以上的群眾，團結95％以上的幹部」，等於確定了要打擊5％的群眾和幹部，比例已經十分恐怖，但這僅僅是開始，1964年5～6月的中央工作會議上，毛澤東突然說：「我看我們這個國家有三分之一的權力不掌握在我們手裏，掌握在敵人手裏。」這就一下子擴大到了一個巨大的範圍，暴露出了毛澤東準備要打擊整個黨政權利體系的傾向，而劉少奇則更是積極，加以發揮說「三分之一打不住」，也就樹立的「敵人」更多了。而在實際的運動開展過程中，進行具體領導和指揮的劉少奇表現出了空前的熱情和激進，對所謂的「四不清」分子予以了擴大化的殘酷打擊。從表面看，似乎劉少奇不僅與毛澤東沒有方向性不同，而且也更極端、殘忍，是在進行自宮，但毛澤東並不能夠達到目的，因為，劉少奇所打擊的對象仍然是以傳統的所謂地主、富農以及資本家為目標，從而延伸到中共基層組織，儘管劉少奇強調要查上面的根子，但這畢竟仍然是在中共黨政系統的基層進行擴大化，遠不是毛澤東所想要打擊的中上層，而且，「四清」、「五反」運動的控制權實際也掌握在了劉少奇手上。本來，毛澤東的圈套是讓劉少奇自己摧毀自己的勢力，但劉少奇用地主、富農、資本家的悲慘命運和中共底層分子的厄運替換了中共中、上層的厄運，頑強地守護著自己的權力體系，這樣，就等於毛澤東策動「四清」、「五反」運動遭到了失敗

毛澤東的如意算盤落了空，終於憤怒了起來。1964年6月至8月，劉少奇聲言：「現在調查研究，按毛主席的辦法不行了。」這種公開否定毛澤東的語言，劉少奇以前是從來不敢講的。當時劉少奇正積極鼓吹在他授意下、由王光美搞出來的所謂「桃園經驗」，也就是一種在基層進行特務化、擴大化、殘酷化鬥爭的方法，同時也是一種所謂的「調查研究」方法，因

此，等於劉少奇已經啟動了否定和取代毛澤東的程序。毛澤東的權威仍然保持著，他開始尋機公開否定劉少奇。9月，劉少奇沒有什麼道理地逼迫江蘇省委書記江渭清給他寫檢討，原因僅僅是江蘇省有一個學習江渭清講話的通知，江渭清寫了檢討後，劉少奇寫了封信發揮道：「同不能把馬克思、列寧的學說當成教條一樣，也不能把毛澤東的著作和講話當成教條。」毛澤東隨即支持江渭清，當著劉少奇的面說：「少奇同志給你的一封信，是錯誤的，你的意見是對的，少奇的意見是錯的。」1964年12月15～19日劉少奇主持中央工作會議，不僅沒有請毛澤東在會議上露面，而且會議期間專門安排了聽王光美的「桃園經驗」報告錄音，並吹捧王光美「比我行」。19日會議結束後，人員散去，毛澤東問陶鑄：「你們的會開完了嗎？我還沒參加呢，就散會啦？有人就是往我的頭上拉屎尿！我雖退到二線，還是可以講些話的嘛！」他立即讓陶鑄把散去的人員重新召集起來，觀看江青抓的《紅燈記》。第二天在中央政治局常委會會議上，毛澤東與劉少奇就當前社會的主要矛盾問題進行了當面爭執。26日毛澤東生日，一反常態，特意請了四十多個人吃飯，毛澤東藉機聲言「有人搞獨立王國，尾巴翹得很高」。27日下午，中央工作會議接著召開，毛澤東親自主持，在會上說：「我們黨內至少有兩派，一個是社會主義派，一個是資本主義派。」並說：「從秦始皇開始，帝王就世襲了！北京有兩個獨立王國，我不說，你們去研究！」這就等於宣布了自己是不可取代的「帝王」，而有人要打破「世襲」，另外搞一個「獨立王國」，幾乎是隱晦地向劉少奇進行了宣戰。28日下午是一般的彙報會，劉少奇、鄧小平沒有通知毛澤東參加，毛澤東拿著〈憲法〉和《黨章》直闖會場，聲言有人要剝奪他參加會議和發言的權利，以「言論自由」的名義暗示自己的發言權不可剝奪。據劉少奇兒子劉源說，薄一波、安子文在「文革」後曾告訴他，那時毛澤東曾當面跟劉少奇說：「你有什麼了不起，我動一個小指頭就可以把

你打倒！」可見毛澤東已經無法抑制對劉少奇的憤怒，並且十分藐視這個自己曾經的長期傀儡。

「文化革命」

在對毛澤東個人崇拜的氛圍裏，毛澤東要打倒一個劉少奇並不難，而要打倒整個黨政系統則並不容易，事實上，毛澤東所策動出的「四清」、「五反」運動並沒有達到目的，實際上遭到了失敗，客觀上反而成了劉少奇藉機透過擴大化殘酷鬥爭樹立和鞏固自己權威的機會，這條路毛澤東已經無法走通。如果僅僅這樣容易失敗，毛澤東就不會從井岡山走到今天了，梟雄毛澤東的高明在於，他在策動「四清」、「五反」運動的同時，也作了另一手準備。「四清」、「五反」運動有一個大帽子，即社會主義教育運動，從這名稱可見毛澤東並沒有把側重點真正放在他可能無法全面控制的「四清」、「五反」運動上面，而是側重在思想、文化方面，也就是毛澤東也同時在策動著一場「文化革命」。毛澤東策動這場文化革命的幕前替身則是江青。1962年中共「八屆十中」全會後，開始正式走上政治舞台的江青馬上得到了康生和柯慶施的支持。康生當時是中共中央政治局候補委員，地位看上去並不高，也比較臭名昭著，但卻是個掌握著特工力量的實力派，有著延安整風時令中共無數人膽戰心驚的餘威。柯慶施當時是政治局委員、中共中央華東局第一書記、上海市市長，本是劉少奇系統的大將，但經常在毛、劉之間微妙地搖擺，圓滑而穩健，實際上柯慶施主要是給江青進行活動提供了上海這個空間，但自己並不過深地捲入，康生則盡了全力捲入，成了江青最大的支持者。江青走上政治舞台的基本手段是揮舞大棒，但僅僅如此並不夠，必須要證明什麼才是所謂的真正的革命文藝，要拿出革命文藝成果來，於是，正當1964年春夏之間毛澤東、劉少奇衝突開始激烈化時候，江青根據她看中的上海愛華滬劇團滬劇

《紅燈記》，在毛澤東的積極參與下，組織力量改編為現代京劇《紅燈記》，終於成形為第一部「樣板戲」。隨後，江青在上海又組織力量改編了《沙家濱》、《智取威虎山》。在毛澤東親自推動下，依靠強大的宣傳工具，江青實現了「京劇革命」，忽然成為了「旗手」。

有了《紅燈記》、《沙家濱》、《智取威虎山》、《奇襲白虎團》、《海港》等「京劇革命」以及芭蕾舞劇《紅色娘子軍》和《白毛女》等的成果，也就證明了「文化革命」是可行的，於是，毛澤東便加緊了「文化革命」步子，以擺脫在「四清」、「五反」運動中的困局。還是由江青借著「京劇革命」的東風充急先鋒，從揮舞大棒著手，毛澤東自己則運籌帷幄，進行總體調度，關鍵時候出場。在揮舞的大棒中，毛澤東、江青重點瞄準了京劇《海瑞罷官》，江青從1965年2月開始，組織張春橋、姚文元「保密了七、八個月，改了不知多少次」，以姚文元的名義在《文匯報》發表了長篇評論〈評新編歷史劇《海瑞罷官》〉，對《海瑞罷官》進行了欲加之罪，何患無詞的全面批判。張春橋，1917年生，山東巨野人，1930年代曾是在上海浪跡的激進文學青年，因狄克筆名被魯迅批評過而小有名氣，1938年投奔延安並參加中共，曾任《晉察冀日報》、《新石門日報》主編，建國後曾任《解放日報》社社長、中共上海市委常委、宣傳部部長、市委候補書記等職，在江青抓「樣板戲」時，由柯慶施安排全面配合江青，一時有「京劇書記」之稱。姚文元，1931年生，祖籍浙江諸暨，其父姚蓬子曾是中共在中國左翼作家聯盟中的黨組宣傳部長，後被捕脫黨，是上海灘著名的文化人士，姚文元則於1948年加入中共，建國後從事宣傳和文藝評論，其激進態度和立場為張春橋所注意和重視。

還在1964年7月，毛澤東就成立了由彭真為組長、陸定一為副組長，組員有康生、周揚、吳冷西的中央文化革命「五人

小組」，這一小組仍然是由劉少奇系統的人掌握著，但關鍵性的意義是使所謂的「文化革命」合法化了。

彭真，原名傅懋恭，1902年生，山西曲沃縣人，1923年加入中國社會主義青年團，同年加入中共，曾任中共太原支部委員、書記、共青團太原地委書記、中共天津地委第一、第二、第三部委（區委）書記、地委職工委員會書記、組織部長、中共順直省委常委、工人部部長、代理書記、唐山市委書記、順直省委組織部長、天津市委代理書記、書記，中共中央北方局組織部長，長期是劉少奇的嫡系分子，抗戰時期任中共中央北方局組織部長、晉察冀分局書記、中共中央黨校教育長、副校長、中央組織部部長、中央城工部部長等，在延安整風期間與康生合作，同為毛澤東整人的最得力工具。國共內戰時期任中共中央東北局書記、民主聯軍政委、中共中央組織部部長、政策研究室主任、中央書記處候補書記、中共北京市委書記、全國政協委員、中央人民政府委員。建國後任政務院政治法律委員會副主任、黨組書記、中央政法小組組長、北京市各界人民代表大會協商委員會主席，1951年2月始任北京市市長，並陸續兼任中央政法幹部學校校長、北京市人民政府都市計劃委員會主任、中央愛國衛生運動委員會委員、國家計劃委員會委員、政務院華北行政委員會委員、選舉法起草委員會委員、第一屆全國人大常委會副委員長、祕書長、全國政協副主席，1955年6月中共北京市委第一書記，1959年6月在中共八屆一中全會上被選為中央書記處書記，其實際地位已經次於鄧小平，經常參與和列席中共中央最核心的決策會議，是劉少奇最忠實的左右臂膀。

陸定一，1906年生，江蘇無錫人，曾就讀於上海南洋大學，1925年秋加入中國共產主義青年團，同年轉為中共黨員，1926年任共青團南洋大學支部書記及上海法南區團委書記，調團中央宣傳部編輯《中國青年》，1927年5月被選為團中央候補委員，任團中央宣傳部部長，以共青團代表身份參加

了「八七」會議，1928年初到廣東幫助廣東團省委工作，在共青團第五次全國代表大會上被選為團中央委員，仍擔任宣傳部部長，主編《中國青年》，1928年底赴莫斯科，任中國共產主義青年團駐少共國際代表、少共國際執委、中共駐共產國際代表團成員，1930年回國後繼續擔任團中央宣傳部部長，屬於瞿秋白派系的陸定一在1931年遭到打擊，被撤銷職務。長征遵義會議後得到重用，擔任紅軍總政治部宣傳部部長，主編《紅星》報，長征後曾任紅一方面軍政治部宣傳部部長、紅軍前敵總指揮部政治部宣傳部部長，終於確立了在中共的基本地位。抗日戰爭後歷任八路軍總政治部宣傳部部長、八路軍前方總部野戰政治部副主任，延安整風運動期間負責編輯《解放日報》的《學習》副刊，曾擔任《解放日報》總編輯，成為毛澤東、劉少奇得力的宣傳幹將，1945年任中共中央宣傳部部長，在中共「七大」上當選為中央委員，建國後任中共中央宣傳部部長、中央人民政府文教委員會副主任，在中共「八大」上當選為中共中央委員、政治局候補委員，進入中共最高層，1959年任國務院副總理，1962年任中央書記處書記，1965年兼任文化部部長。陸定一與毛澤東、劉少奇、周恩來、鄧小平都保持了比較同等的關係，但越來越傾向於劉少奇、鄧小平。

　　文化革命「五人小組」的成立標誌了「文化革命」的正式開始，但這一點在中共黨史研究中一直被淡化和忽視，這除了學術思維上的問題外，主要是受了中共官方解釋包括毛澤東自己的一些說法誤導。從1964年7月到1966年5月實際上是「文革」的第一階段，這一階段在中共法定的意義上直接受文化革命「五人小組」具體領導，實際也就是受劉少奇控制，毛澤東在這個階段是透過江青進行「造反」，把「文革」作為自己專利的毛澤東並不願意承認這一事實，而「文革」後鄧小平為代表的中共對「文革」持全面否定態度，也同樣不願意承認有這麼個「文革」階段，以撇清自己與「文革」的干係。正因為「文革」與「四清」、「五反」一樣受著劉少奇勢力的控

制，因此，毛澤東吸取了「大躍進」把經濟破壞到大饑荒而導致自己失敗的教訓，在這一階段把主要精力投放在了務虛的「文化革命」上，如果劉少奇在務實領域搞「四清」、「五反」導致「大饑荒」，則意味著劉少奇全面失敗，但劉少奇雖然殘酷鬥爭，卻在經濟問題上十分謹慎，並沒有導致經濟的大破壞，這樣，毛澤東就更必須要擴大「文化革命」了。在「文化革命」上掌握主動權，就必須要推翻「五人小組」。批《海瑞罷官》的奧妙正在這裏。《海瑞罷官》的意義並不在劇本本身，而在於它的作者吳晗微妙的身份。吳晗，原名吳春晗，字辰伯，1909年生，浙江義烏人，曾在清華大學、西南聯大任教，是著名的明史專家，也是個激進知識份子，深得中共賞識，建國前是北平民盟的主任委員，北平解放時中共給予了副軍代表身份參與接管北京大學、清華大學，並擔任清華大學校務委員會副主任、歷史系主任等職務，1949年後歷任北京市副市長、中國科學院哲學社會科學部委員、北京市歷史學會會長等，1957年3月加入中共，1959年後因為毛澤東故意顯示自己民主作風，提倡向皇帝提意見的海瑞精神，就像新中國大量失去獨立精神的知識份子那樣，吳晗便在毛澤東祕書胡喬木授意下緊跟撰寫關於海瑞的文章，並在1960年寫了新編歷史京劇《海瑞罷官》，江青當即就準備批判，但被毛澤東阻止，畢竟，《海瑞罷官》不過是吳晗響應毛澤東的作品，毛澤東這時候正需要這樣的響應，雖然吳晗把毛澤東客套的假話當作了真心話響應了。現在，毛澤東則是需要批判《海瑞罷官》了，因為，吳晗既不是非中共人士，也不是純粹的知識份子，而是中共的北京市副市長，這個職務等於就是北京市委第一書記、市長彭真的副手，可以透過打倒吳晗而打倒彭真，砍掉劉少奇的臂膀，最終繞到劉少奇身上，並在北京這個政治中心掀起「文化革命」的巨浪。

由於吳晗身份的特殊性，自然引起了一系列抵抗批判《海瑞罷官》的情緒和動作。當時姚文元只是個普通的文藝評論

家，在中共言論控制體系下他的身份是很次要的，關鍵是他文章的發表蘊涵著背後有強大的力量。「文革」後的研究者和回憶很多都把姚文元的文章發表看作是「文革」序幕，事實上當時即引起了劉少奇派系的格外緊張和重視。由於《文匯報》沒有北京航空版，不是同步發行，因此，在《文匯報》發表姚文元文章當天1965年11月10日，彭真就讓祕書設法馬上弄到了一份《文匯報》。柯慶施雖然已經於1965年4月去世，但陳丕顯還沒有及時接手控制上海和華東地區，不足以成為障礙，江青、張春橋仍然可以充分控制上海和華東地區，上海《解放日報》、浙江《浙江日報》、山東《大眾日報》、江蘇《新華日報》、福建《福建日報》、安徽《安徽日報》、江西《江西日報》很快轉載了姚文元文章，但中央和北京的報紙則毫無反應，頑強地抗拒著。毛澤東終於「生氣」了，聲言要在北京專門出姚文元文章小冊子打破封鎖，林彪控制的《解放軍報》準備進行全文轉載，這樣，劉少奇、彭真再也封鎖不住，《北京日報》、《人民日報》、《光明日報》都進行了轉載。這意味著毛澤東獲得了「文化革命」的關鍵性勝利，終於突破了劉少奇的言論控制壁壘。

整掉羅瑞卿

透過「文化革命」，毛澤東已經聚集了一幫其實想法差異很大但他認為可用的文人，包括陳伯達、周揚、艾思奇、胡繩、戚本禹、關鋒、田家英、張春橋、姚文元等，加以江青、康生，初步形成了一套自己的新的班子，可以進入全面取代劉少奇黨政系統實質性階段了。但是，僅僅這樣一批力量並沒有用，遠不足以從根本上實行對黨政系統進行清算，也遠不足以保證獲取「文化革命」勝利，歸根結底，有著「槍桿子裏面出政權」觀念的毛澤東還是要動用武力，而且，對同樣有著「槍桿子裏面出政權」固有觀念的中共來說，最終解決權利問

題的手段也只能是武力。因此，毛澤東需要把與林彪的同盟完全運轉起來。但是，在這個環節上，出乎毛澤東意外的是遇到了重大障礙，林彪跟毛澤東做起了令毛澤東十分痛苦的交易，砍掉了毛澤東在軍隊的另一個臂膀羅瑞卿。

　　林彪在1959年廬山會議與毛澤東結成明確的同盟後，就如他說粟裕只懂軍事不懂政治而他則懂政治那樣，開始全面捲進中共政治漩渦當中去。那麼，林彪的政治是什麼呢？就國家建設來說，林彪是個強國主義者，希望進行經濟建設，加強軍備，這一點在後來著名的〈五七一工程紀要〉裏有鮮明的表達，但林彪更重要的政治是個人權力，這一點他跟毛澤東具有共同性，也是他們結成同盟的人格基礎。政治有高尚、醜陋之分，高尚的政治家總是以國家、民族乃至人類長遠的利益為目標，以歷史精神和人民福祉為追求。凡政治總是離不開權力的爭奪，但醜陋的政治則以權力為基本的乃至唯一的目標，是為權力的政治。拿破崙的偉大在於他懂得自己的真正價值存在於「拿破崙法典」，但這樣的理念在中國近現代史的政治舞台上十分鮮見，中共政治舞台上更是充滿了醜陋，林彪則是這種醜陋的典型體現之一。林彪的基本目標是成為「當代偉大人物」，實際也就是權利至高無上的獨裁者，做第二個毛澤東，方法則是他所謂的「登龍術」，也就是中國傳統政治文化中最醜陋的東西。林彪所要達到目標的基本是「得一人而得天下」，也就是一人在下、萬人之上，他的私祕筆記記錄道：「何謂當代偉大人物？一號利益的代表者（應聲蟲）。」「一號人物」也就是毛澤東，透過做毛澤東的應聲蟲獲取權利，成為「偉大人物」，具體的手段則是「跟著轉，乃大竅門所在。要亦步亦趨」。按照林彪的這種政治，其基本的路徑自然就是維護毛澤東一個人的權力，在這一過程中排斥他人的權力並使自己站到毛澤東以外的所有人之上，但這恰恰又是跟毛澤東的政治相衝突的。毛澤東雖然需要自己的獨裁，但並不願意接受出現第二個可以威脅他獨裁地位的獨裁者，他需要的是

在自己獨裁之下的權利平衡。這一問題是解開後來毛澤東與林彪矛盾的關鍵性鑰匙，也是解開「文革」進程和諸多事件的關鍵性鑰匙。

　　林彪取代彭德懷掌握軍權後，很快就在軍隊系統把劉少奇鼓吹的毛澤東個人崇拜進一步推向極致。1960年12月，林彪在軍委擴大會議上提出「高舉毛澤東思想紅旗，把毛澤東思想真正學到手」，並作為「決議」要求軍隊貫徹執行。結果，從軍隊開始，全國範圍掀起持久而荒誕的「活學活用」熱潮。在推動毛澤東個人崇拜問題上，善於動腦筋的林彪弄出了一系列嚴重侮辱人類思維能力的名堂，比如「頂峰論」（「毛澤東思想是當代馬克思列寧主義的頂峰」）、「捷徑論」（學毛澤東著作「是學習馬克思列寧主義的捷徑」）「一本萬利論」（學毛澤東著作「是一本萬利的事情」）、「最高指示論」（「要把毛主席的書當做我們全軍各項工作的最高指示」），以及「活學活用」、「天天讀、天天用」、「老三篇」等等，後來被歸納為「三十字方針」：「帶著問題學，活學活用，學用結合，急用先學，立竿見影，在『用』字上下功夫。」最有代表性的是「頂峰論」和「紅寶書」。《解放軍報》按照林彪的指示，從1961年5月1日起在報眼刊登「毛主席語錄」，要求內容與當天報紙版面相吻合，以便全軍官兵「活學活用」，1964年1月5日進一步出版一個徵求意見稿《毛主席語錄二百條》，經過修訂後於5月1日出版了52開本的《毛主席語錄》，後來又隨著形勢的變化而進行了修訂再版，整個中國至少達到了每人一本以上，甚至是規定每個人都必須要有一本，由於一律是紅色封面，因此又稱為「紅寶書」。在中共基本已經取消作家稿費的情況下，在林彪等人的推動下，毛澤東頓時成了中國大陸最富有的人，1960年前後毛澤東的全部稿費存款大概在一百多萬元，到1967年10月時，據汪東興回憶，毛澤東的稿費總存款達到了當時幾乎屬於天文數字的五百七十萬元。

透過鼓吹和推動毛澤東個人崇拜，林彪既越來越得到了毛澤東賞識，鞏固了與毛澤東的同盟，也越來越構造了自己政治正確的地位和形象，努力推進自己在軍隊系統的獨裁。但是，毛澤東始終堅持對林彪權力進行限制和分解，重用賀龍等人，特別是用羅瑞卿大將控制著總參謀長這一關鍵性職務，同時，由於林彪客觀上只是軍隊內山頭之一，其他元帥對軍隊也有著自己重大的獨立影響。對於林彪來說，要真正控制軍隊，第一步的關鍵是掌握總參謀長這一職務，但羅瑞卿並不惟命是從，甚至抗拒林彪的控制。羅瑞卿，1906年生，四川南充人，1926年加入中國共產主義青年團，考入武漢中央軍事政治學校，1928年10月加入中共，1929年春被派往閩西，任閩西紅軍第五十九團參謀長，6月隨部隊編入紅四軍，任支隊黨代表，成為朱、毛的人，曾任縱隊政治部主任、政委、軍政委、紅一軍團政治保衛局局長等，主要來說屬於毛澤東親信之一，也長期是林彪得力的屬下和助手，但與周恩來也有著微妙的關係。1936年6月後曾任紅軍大學教育長、副校長等，1938年毛澤東曾親自授意和指導他寫成《抗日軍隊的政治工作》一書。1940年5月任八路軍野戰政治部主任，1945年6月被選為中共第七屆中央候補委員，國共內戰中歷任中共晉察冀中央局副書記、晉察冀軍區副政委兼政治部主任、晉察冀野戰軍政委、華北軍區政治部副主任兼兵團政委，是聶榮臻得力的下屬和助手，在石家莊戰役中深受朱德賞識，被朱德認為是可當大用之才，奠定了他向中共權利高層發展的關鍵性基礎。建國後任公安部部長、政治法律委員會副主任、公安軍司令員兼政委，1955年被授予大將軍銜，1959年4月任國務院副總理，在林彪的推薦下於9月任中央軍委祕書長、人民解放軍總參謀長、國防部副部長。可見羅瑞卿是個歷史背景十分複雜的人物，自身也是個實力人物，本身很激進，在整彭德懷時十分積極，但同時也有比較溫和的一面。羅瑞卿雖然被林彪看成是自己的人而被推薦，但他更是毛澤東的人，承擔著分割林彪軍權

的重任，同時，也由於資歷較淺，還不得不受喜歡干涉的賀龍等老帥的約束，不能輕易得罪人，與林彪試圖對他專權發生了嚴重的不一致。有一個情況激發了林彪與羅瑞卿發生分裂，由於林彪健康問題，軍隊的日常事務實際就由羅瑞卿在負責，但林彪向閉鎖深宮的毛澤東學習，試圖在葉群協助下全面控制軍隊事務，這就害苦了羅瑞卿，羅瑞卿一是不能接受葉群的指揮，認為一個國防部長和一個總參謀長之間夾著個女人實在尷尬；一是羅瑞卿要隨時去向不參與具體事務的林彪彙報，苦不堪言。有一次夜裏葉群把羅瑞卿叫去彙報，林彪由於身體原因已經睡了，結果就是等於向葉群彙報，而葉群則說深夜男女之間不方便，讓兩個孩子坐在邊上做證人避嫌。實在受不了的羅瑞卿終於在一次去向林彪彙報時叫了起來：「病號嘛，還管什麼事，病號應讓賢！不要干擾，不要擋路。」「文革」後羅瑞卿自己說：「林彪要拉我入夥，我不幹。」這徹底違背了林彪的意志，1965年秋，林彪跟陶鑄說：「1960年，羅瑞卿對我的合作是好的。但是從1961年起，就開始疏遠我、封鎖我，到1965年便正式反對我了。」因此，林彪要建立自己在軍隊內的獨裁，當務之急便是要整掉羅瑞卿。

　　1965年毛澤東在人事方面為把「文化文革」推到高潮做的一個重大準備工作是突然撤掉了楊尚昆的職務。楊尚昆建國後任中共中央辦公廳主任、中央副祕書長，兼任中央軍委祕書長、中直機關黨委書記。楊尚昆級別不算高，但掌握著中共中樞，是「二十八個半」中僅剩的一位身居要職的人，可見極不簡單，是個能在各派之間走鋼絲的人物。1950年代毛澤東個人崇拜空前，因此，毛澤東講的每句話也就自然成為「聖旨」，由於技術進步，對他講話也就從筆記向錄音演變，但毛澤東並不是習慣在宦官等眼皮底下活動的古代帝王，有著很不規矩的一面，更怕別人知道和掌握他太多，因此，雖然有時同意被錄音，但基本傾向是不願意被錄音，畢竟，被錄音既是一種權威的體現，但也是一種被監視。具體負責錄音的人是楊尚

昆，楊尚昆則必須要將獲悉的情況向劉少奇、周恩來乃至鄧小平等人彙報，從監視毛澤東的角度說，等於就是專門負責監視毛澤東的人。早在1956年，江青就已經因為子宮等健康問題不能同房，毛澤東後來弄了個年輕的叫張玉鳳的女人，1961年4月毛澤東在去長沙的專列上，張玉鳳從一位年輕工作人員詭祕的調侃中知道他們聽到了她跟毛澤東的談話，告訴毛澤東後，毛澤東大怒，逼迫楊尚昆等人像罪犯一樣以「違反指示，非法錄音」的字紙為背景拍照，處分了楊尚昆等一批人，鄧小平的中共中央書記處作了個〈關於錄音、記錄問題的決定〉，取消了對毛澤東的錄音。不管怎麼說，這件事已經過去，但1965年冬天毛澤東突然重新提出這件事情，強行撤掉了楊尚昆的職務。

楊尚昆因為幾年前已經處理過的事情被撤職是一個強烈的信號，意味著毛澤東開始正式從權利體系動手開刀，並正式擺脫「中共中央」對他的限制。林彪很清楚毛澤東要繼續走下去就必須依賴跟他的武力同盟，因此，馬上於11月30日寫了封長信，讓葉群乘專機從蘇州飛到近在咫尺的杭州，向毛澤東就羅瑞卿的問題進行專門彙報，讓自己夫人跟毛澤東進行談判。葉群的核心理由實際就是兩條，一是羅瑞卿既是總參謀長又掌握著公安系統，權力過大，非常危險；二是羅瑞卿反對林彪，想進一步奪取林彪的權力。毛澤東很痛苦，林彪實際上等於是要砍掉毛澤東的一個重要臂膀，試圖實現自己對軍隊的獨裁，但毛澤東實在虛弱，在猶豫了兩天後，終於不得不放棄羅瑞卿，12月2日，毛澤東批示：「那些不相信突出政治，對突出政治表示陽奉陰違，而自己另外散布一套折衷主義（即機會主義）的人們，大家應當有所警惕。」這是個十分溫和的批示，而且沒有直接點羅瑞卿的名，等於毛澤東不承認自己想整羅瑞卿，只是設計了一個普通的錯誤罪名給林彪去用。12月8日至16日，毛澤東在上海主持召開中共中央政治局常委擴大會議，參加會議的大多數人包括劉少奇、賀龍直到進入議程才知

道是專門批判羅瑞卿的會議，而羅瑞卿自己則是在會議第三天才被通知參加會議，卻一到上海就被軟禁了起來。這次會議雖然由毛澤東主持，實際卻是由林彪掌握並由只是林彪辦公室主任的葉群唱主角，毛澤東基本保持了沉默，結果由林彪宣布撤銷羅瑞卿的各項職務。12月16日，毛澤東特意請周恩來、鄧小平向被軟禁的羅瑞卿傳達自己的意思：「主席對林彪講，反對你，還沒有反對我呢。就是反對我到長江裏游泳，那是一片好意」，並說「主席說，如果沒有這三條（本書作者注：指批判羅瑞卿時林彪等提的三條錯誤），可以把問題先掛起來，中國有很多問題都是掛起來的，掛幾百年不行，還可以掛一萬年。有什麼就檢查什麼。還說，瑞卿的工作是有成績的。主席講，這個事，我們也有責任，沒有發現，及時教育。然後就說，告訴羅總長回北京，回北京再說吧。」也就是說，毛澤東是迫不得已，暗示羅瑞卿現在只是暫時拋棄他，一切等將來再說。但長期習慣於幫毛澤東整別人的羅瑞卿輪到自己被整時，充滿了絕望，不久就跳樓自殺，但沒有死掉。毛澤東聽說後，意味深長地說了聲「沒出息」，既是為羅瑞卿惋惜，也是對羅瑞卿不信任毛澤東暗示的痛恨，這樣，毛澤東就徹底拋棄他了。

成立「文化革命小組」

既然毛澤東滿足了林彪，林彪自然也就要滿足毛澤東。1966年1月21日正月初一，江青特地到蘇州給林彪拜年，用江青的話來說就是去請「尊神」。實際上，這並不是江青去請「尊神」，而是毛澤東去請「尊神」，要林彪全面報答自己。江青此行是要林彪答應安排幾個軍隊管文藝的負責人「談談部隊文藝工作問題」，這看上去似乎是件小事，但意義卻十分重大，不僅意味著軍隊從此正式支持江青，而且也意味著江青擁有了可以涉足軍隊的權力，把軍隊的大門向江青打

開。正因為這樣，因此，江青的這一「談談」，自然也有著非同尋常的內容。林彪滿足了毛澤東，但總政治部主任蕭華雖然被林彪特別點名參加「談談」，卻圓滑地推給副主任劉志堅，劉志堅沒法再推，只能硬著頭皮帶著總政文化部部長謝鐙忠、副部長陳亞丁、宣傳部部長李曼村、祕書劉景濤和《星火燎原》編輯部編輯黎明，於2月2日從北京飛到上海，隨後由江青陸陸續續地零碎地談到19日。江青本人並沒有能力組織起一篇像樣的談話，她的談話不過是形式，最終由一大幫筆桿子並經毛澤東三次親自修改定稿，由毛澤東特意在標題上加了「林彪同志委託」六個字，弄了一個〈林彪同志委託江青同志召集的部隊文藝工作座談會紀要〉。幾乎是同時，在北京的文化革命「五人小組」在康生保持沉默的情況下，由彭真、陸定一主持弄了一個〈五人小組彙報提綱〉，也即〈二月提綱〉。〈二月提綱〉是2月12日印發黨內的，江青的〈紀要〉則是在3月22日才由林彪分送中共軍委常委，因此，其文字組織完全是對著〈二月提綱〉，〈二月提綱〉要求的是一條溫和路線，要對「文化革命」進行一定程度的限制，而〈紀要〉則恰恰相反，明確要「堅決進行一場文化戰線上的社會主義大革命」，也就是「文化革命」推進為「文化大革命」，實際就是毛澤東借助林彪的槍桿子、由江青出面發布的一個宣戰書。

毛澤東、林彪槍桿子、筆桿子同盟的強大壓力下，儘管黨政系統努力抵抗，但幾乎沒有招架之力，彭真不得不檢討，鄧小平則召集政治局會議組織撤銷〈二月提綱〉。毛澤東親自組織了以陳伯達為組長的撤銷〈二月提綱〉的文件起草小組，並親自進行修改，4月25日在杭州舉行的中共中央政治局常委擴大會議透過了這一文件的草稿，也就是後來著名的〈五一六通知〉。5月4日，由劉少奇在北京主持中共中央政治局擴大會議，出席會議的有中共中央政治局委員以及有關負責人共七十六人，毛澤東沒有參加，但連中央委員也不是的江青、張春橋、關鋒、戚本禹出現在了會議上，這也是江青第一

次正式參加中共政治局會議。會議於5月16日正式透過了〈中國共產黨中央委員會通知〉（即〈五一六通知〉），把並不是一回事的彭真、羅瑞卿、陸定一、楊尚昆定為「彭羅陸楊反黨集團」，於5月23日正式撤銷他們的全部職務，撤銷原文化革命「五人小組」，決定成立名義上直屬政治局常委領導的「文化革命小組」，實際等於設立了第二個政治局。這也是一般關於「文革」歷史研究所認為的正式開始標誌，實際上，這不過是由「文革」向大「文革」的轉變。1966年5月28日，中共中央下達〈關於中央文化革命小組名單的通知〉，任命陳伯達為組長，康生為顧問，江青、王任重、劉志堅、張春橋為副組長，組員為謝鏜忠、尹達、王力、關鋒、戚本禹、穆欣、姚文元，這樣，毛澤東就完成了用自己新的班子取代原黨政系統的最重要一步，而江青則實際進入了中共核心領導層。

在這個由「文化革命」向「文化大革命」急劇推進的過程中，已經基本不對中共核心政治問題發言的朱德再次顯露出了他外柔內剛的品質。1965年12月在上海召開的針對羅瑞卿的政治局常委擴大會議上，人們基本保持了沉默，但朱德醒目地贊同羅瑞卿對「頂峰論」的懷疑，而這恰恰是羅瑞卿在名義上的最主要罪名。雖然朱德這次沒有像1959年維護彭德懷那樣頑強，但畢竟是幾乎唯一維護羅瑞卿的人，透露了朱德並不願意承認林彪擁有軍隊權威的心理。康克清回憶：「1965年12月，朱總參加上海會議回來後，說話比較少。吃飯時，我發現他常常停住筷子，沉思、搖頭。當時，我並不清楚發生了什麼事情。看他這個樣子，我也擔心，就問他：『老總啊，身體不舒服嗎？』他搖頭不說。飯後，他把我叫到他的辦公室，對我說：『你不要多問了。』然後，又自言自語地說：『如果這樣搞下去，面就寬了，要涉及到很多人，怎麼得了呀！』我聽了覺得很奇怪，到底發生了什麼事？直到後來中央關於羅瑞卿同志的通知下發後，我才知道朱總當時憂心忡忡的原因。」顯然，朱德已經從整羅瑞卿這件事上看到了嚴重性，只是他沒有

能力可以阻止形勢惡化。但是，朱德對羅瑞卿的維護所蘊涵的意義，則使他自己被推到了風口浪尖上，成為導致「文革」形勢演變的一個重要因素和事件。

四十七　看誰壽命長？

對朱德弔詭的批判

　　1966年5月4日劉少奇主持的中共中央政治局擴大會議毛澤東並沒有參加，在整羅瑞卿、彭真等人的過程中毛澤東幾乎沒有受到任何強烈的抵抗，除了朱德這個一貫的「老右派」裝糊塗表達了比較明確的反對立場外，極少數人比如鄧小平等採取了保留意見的態度，多數人採取了明確的贊同立場，儘管他們的贊同可能是違背本意的。如此順利使毛澤東能夠一邊推進和控制「革命」進程，一邊則騰出身來更冷靜地觀察、思考和調整進程。一方面，毛澤東還不能擺脫和取代劉少奇控制的黨政系統，另一方面，毛澤東則要迫使劉少奇等人全面投降，利用劉少奇等人推進對他們自己的「革命」。在打倒現有黨政系統的基本目標下，到底如何組建新的權力體系和進行派系平衡，是毛澤東必須要仔細考慮和研究的。

　　中共中央政治局擴大會議在毛澤東的遙望當中微妙地進行。〈五一六通知〉透過以後，毛澤東把「文化革命」推向高潮也就完全合法化，從法定的意義上毛澤東將獲得全面勝利，劉少奇代表的黨政系統將全面失敗。在這樣的情況下，林彪在5月18日以毛澤東最忠實的武力捍衛者角色，從未有過地在會議上作了個他一生中時間最長的講話，後來被稱之為林彪的「五一八講話」。在這個講話裏，林彪以軍人的粗魯方式赤裸裸提出「革命的根本問題是政權問題」，而「我想用自己習慣的語言，政權就是鎮壓之權」，他把中共政權眼前所面臨的問題集中到「政變」問題上，認為「政變，現在成為了

一種風氣，世界政變成風」，而中國「歷代開國後，十年、二十年、三十年、五十年，很短時間就發生政變」，這樣，中共政權在林彪嘴裏實際就成了鎮壓政變之權，講話中夾雜著「撤職」、「開除黨籍」、「關入監獄」、「殺頭」等威脅詞語，並向大家介紹「毛主席最近幾個月特別注意防止反革命政變，採取了很多措施……調兵譴將，防止反革命政變，防止他們佔領我們的要害部門、單位，廣播系統、軍隊和公安系統都作了布置。毛主席這幾個月就是作這個文章，這是沒有完全寫出來的文章，沒有印成文章的毛主席著作，我們就是要學這個沒有印出來的毛主席著作」，這樣，等於林彪就是毛澤東「政權」最可靠、最堅決的屠刀，是毛澤東的武力代言人了。林彪這一講話實際不過是說出了毛澤東和中共政權的本質，說的是老實話，但採用了粗野的誇張其詞的方法，既抬高了他自己的地位，又主動代表毛澤東對中共其他人進行了粗暴的威脅，當即就引起政治局常委們的驚訝，進行了反彈，劉少奇控制的中央政治局拒絕把林彪的這一講話下發，拖了五十多天後交給毛澤東自己去決斷。

　　會議期間毛澤東遠離會場的沉默實際上等於默認了林彪的講話，人們雖然十分不滿，但林彪「五一八講話」客觀起到了嚴厲的威懾作用，引起了一批人的嚴重恐慌。幾乎所有人的陣腳都亂了，他們揣測著毛澤東的動機，紛紛尋求自保。既然毛澤東這次來勢兇猛，而與以前完全不同的一個鮮明特徵是透過林彪赤裸裸地宣布了發生政變的威脅和鎮壓政變的決心，宣示了武力，那麼，毛澤東自然就是要進一步鞏固以林彪為領袖的武力體系，而要達到這個目標所存在的最大障礙沒有別人，只有朱德。雖然朱德已經引退，在權力方面屬於「招牌」，但他之所以能夠是一塊「招牌」，也正是朱德的實力所在，他仍然是彈壓軍隊的精神領袖，並且在政治上也仍然享有著崇高的威望，這種「招牌」性威望即使只是一種餘威，但從整個黨政軍來說，仍然是除了毛澤東以外沒有第二個人可媲

比的。特別是從林彪的角度來說，不管他掌握多大的軍隊實權，但只要朱德仍然存在著，林彪就只能屬於是一個後起之秀，處於朱德崇高威望的陰影之下。因此，為了獲得毛澤東的信任，為了緩和與林彪的關係，同時也為了維護朱德，一些人突然向朱德展開了十分微妙的批判。

　　1966年5月23日，劉少奇主持該天的政治局擴大會議，在鄧小平宣布了對彭、羅、陸、楊處理決定之前，一幫人忽然發動了一場對朱德的批判。直接的起因是就如朱德一貫的立場和態度表達方式那樣，朱德成為唯一以溫和而頑強的態度維護彭、羅、陸、楊的人，林彪立即對朱德發難，康生也指責朱德「想超過毛主席」。陳伯達後來回憶說：「到1965年12月，我才從毛主席的談話中知道，（整個）戰略部署的鬥爭是對劉少奇的。當時除了林彪、江青、總理、康生、謝富治、汪東興和我之外，幾乎沒有人知道。」彭、羅、陸、楊問題是整劉少奇的前哨戰，朱德的反對有可能導致僵局，使毛澤東的計劃停留和糾纏在彭、羅、陸、楊問題上，因此，林彪、康生便要立即向朱德發難，以期限制掉不同的聲音。出於各人不同的目的，朱德「因為對批判彭羅陸楊持消極態度而被責令作檢討」，從而出現了一場在宣布彭、羅、陸、楊處理決定前的對朱德的批判，並迫使朱德同意這一決定。

　　這場批判如果換個視角來看，恰恰證明了朱德在中共歷史上的特殊地位、作用和個性。林彪的批判認定朱德為一貫的右傾機會主義，而且是一直沒有改好，指責朱德一直不服毛澤東，有野心要自己當領袖，支持高崗輪流當主席的觀點，羅瑞卿事件發生後還反對「頂峰論」，支持赫魯雪夫的立場，認為朱德「一天都沒做過總司令」，暗示朱德是彭德懷背後的人，只是現在還沒有到對彭德懷一樣「徹底揭發鬥爭到底把他搞臭」的時候。林彪的這個批判，恰恰說明了朱德是中共唯一的一個一貫具有「右傾」溫和立場的領袖，而且是在各次黨內整人運動中唯一始終保持清醒頭腦的人，在中共內部最擁有

動搖毛澤東地位的強大力量，反對毛澤東個人崇拜。即使如此，林彪還是不得不承認，「以毛主席為首的黨中央」還不能像整彭德懷那樣整朱德，這顯然是朱德力量過於強大，還沒有時機。至於否定朱德作為中共軍隊唯一一個「總司令」的歷史，不過是林彪個人心病的再次衝動表現而已。

從遵義會議起逐步養成自我檢討風格的周恩來仍然作了番似乎痛心疾首的檢討。從1959年廬山會議之後，周恩來的檢討有一個非常微妙之處，也即總不會忘記提起「寧都會議」撤掉毛澤東紅軍總政委的故事，實際只是向人們暗示自己曾經是毛澤東上司的資歷，以說明自己的重要歷史地位。周恩來檢討好自己之後，突然話鋒一轉，把朱德跟自己比較，說「至於朱德同志的帳那就更多了」，這等於承認了朱德曾經有過比自己地位更重要的資歷和權力，這樣，所犯的歷史錯誤也就更大，周恩來的這個批判實際就是在林彪否定朱德為「總司令」的背景下，弔詭地肯定和承認了朱德的歷史地位。周恩來特別指出朱德在抗日戰爭時期，王明從蘇聯到延安前，朱德就反毛澤東，而且是「領導」，即使「王明路線」被清理後，朱德也仍然有著「殘餘」，周恩來的這個批判從今天來說，實際是透露出了朱德是中共積極抗日分子的最高領袖，而且是一貫堅持積極抗日立場的。周恩來強調朱德的問題「解放以後，那多了。毛主席常說，高饒彭黃的事，你都沾過邊嘛」。周恩來對建國後的朱德的批判，從今天來說，實際是為後人描述了一個在中共始終唯一頭腦清醒的領袖人物，而且，朱德的頭腦清醒給毛澤東和中共中央帶來了很大的麻煩和壓力，周恩來說：「你到處發表意見，是一個危險的事。……我們不放心，常委中有這樣一個定時炸彈，毛主席也擔心。毛主席說過，你就是跑龍套，可是你到處亂說話。」所謂朱德的「亂說話」，不過就是朱德的國家建設思想與毛澤東及劉少奇、周恩來等人都不同，遠遠走在了他們前面，由於朱德的地位和影響，使他們感覺到「危險」。朱德的「危險」周恩來使用了

「定時炸彈」比喻，非常地形象，也就是說，一當朱德爆發出來，對毛澤東等人來說，將是非常恐懼的，只不過就如整他的時機未到一樣，朱德的爆發也是時機未到。周恩來對朱德和會議人員說：「今天我把我對你（朱德）的不滿告訴大家，希望你們大家監督。」這樣，周恩來就把自己與朱德這顆「定時炸彈」劃清了界限。這是一個非常圓滑的態度，如果毛澤東要整朱德，則周恩來就與朱德脫離了干係，也告訴了朱德自己不會支持他；如果毛澤東不整朱德，則等於告訴了毛澤東，自己不會與朱德結盟，這樣，毛澤東就不必要擔心劉少奇勢力之外還會有更強大的勢力威脅毛澤東的「革命」計劃，但是，在周恩來對朱德整個批判裏，有深刻地蘊涵著承認朱德曾是中共兩大領袖的歷史性地位的意思，並告訴所有人朱德已經退了，大家不要把目標對著朱德，朱德雖然「危險」但並不是毛澤東要整的人。還在5月21日，周恩來便作了一個「完全同意林彪同志講話」的報告，拍起了毛澤東新寵戚本禹的馬屁，說「戚本禹同志寫文章批判過瞿秋白，不因為他死了就是烈士，我提議把瞿秋白從八寶山搬出來，把李秀成的蘇州忠王府也毀掉。這些人都是無恥的」，這種簡直無恥到極點了的態度不過是周恩來告訴毛澤東，自己將徹底站在毛澤東一邊反對劉少奇。這樣，再透過與朱德劃清界限，周恩來也就徹底向毛澤東進行了示弱，解除了毛澤東對他的防備。正是周恩來的這一態度，使周恩來成為了毛澤東依靠加利用的強大力量，周恩來的權術達到了爐火純青的地步，也進入到了他人生最輝煌的頂峰階段。

林彪、周恩來都是事先知道毛澤東要整劉少奇計劃的人，因此，他們兩人批判朱德有一個共同之處，也就是明確現在並不是針對朱德的，試圖阻止朱德「到處發表意見」，希望、威脅或迫使朱德不要成為障礙。林彪的批判咄咄逼人，但也透露了他作為朱德老下級的無可奈何。周恩來的批判看上去極其惡劣，實際則是十分圓滑。他們兩人的批判都蘊涵著承認朱德有著可以威脅毛澤東領袖地位的資格，因此，從內在角度

說也留了十分謹慎的餘地，暗示這次不是對朱德進行「徹底揭發鬥爭到底」。

陳毅在批判中質問朱德「你是不是要搞政變？」這是個非常刺激的質問。由於林彪在前兩天的會議期間大談「政變」問題，「政變」已經成為人們心目一個極其敏感的字眼，在林彪批判朱德的話語當中，林彪只指責朱德是「隱患」，有「野心」，並沒有直接認為朱德會搞「政變」，但也可以認為林彪暗示了朱德有「政變」可能，事實上，如果從進行「政變」來說，朱德是中共中最具有力量的，雖然他已經並不具體、直接插足軍隊，但在軍隊內的勢力一當組織起來，仍然是無人可比的。陳毅的質問是乾脆把問題挑明了，實際是要幫朱德乾脆擺脫干係。朱德當即回答自己政變既沒有力量，也沒有膽量，陳毅則隨即說「我看你是要黃袍加身，當皇帝。你還大力讚揚赫魯雪夫。你野心非常大」。朱德的回答更奇妙，他並沒有否認自己有「野心」，而是說自己已經年紀大了，心不足，力也不足，陳毅則是不僅認為朱德心足，而且力也足，只不過不會採取一般的「政變」方式，而是要「黃袍加身」，也就是要讓人們自動推舉朱德，請朱德當「皇帝」，以取代毛澤東。陳毅這一看上去比任何人都激進的批判，實際不過是為朱德解脫了「政變」問題，但指出了朱德有著強大的力量和崇高的威望，有著取代毛澤東的雄厚基礎，客觀上仍然不得不承認朱德的領袖地位，甚至等於是暗示所有的人包括毛澤東、林彪，不要去碰具有「黃袍加身」地位和力量的朱德。陳毅的批判也證明了朱德是中共唯一「大力讚揚赫魯雪夫」的人，也即是始終反對毛澤東個人崇拜和極權的人。烏蘭夫的插話更證明了這點，他說：「更奇怪的是他（指朱德）還說，人蓋棺了是不能定論的。我們講赫魯雪夫反對史達林是錯誤的，是修正主義的。他說，咱們同蘇聯還是要搞好，他也離不開我們。」烏蘭夫所遺漏的是朱德不僅主張中國要跟蘇聯搞好關係，而且也主張要跟美國、日本搞好關係做生意，只是朱德

的這種國際戰略思想遠不是當時的中共所能夠理解的，因此就被認作「奇怪」了。

在這次批判中，雖然劉少奇、鄧小平派系的人順應了「責令」朱德檢討，但在批判朱德中則基本保持了沉默，會議上的絕大多數人更是保持了沉默，即使毛澤東筆桿子班子的人也基本保持了沉默，因此，看上去發言的幾個人語言兇橫，其實卻非常冷清，實際不過主要是林彪、周恩來、陳毅、康生等少數幾個人藉機表演而已。薄一波既屬於劉少奇派系，自己本身也是在抗日戰爭中形成的山西犧牲救國同盟會首腦，是中共內的一個小派系，得到過朱德有力的扶植，他的插話很有意思，他說：「朱老總經常講蘭花。他說，自古以來，政治上不得意的人都要種蘭花。」批判中林彪、陳毅直呼朱德名字，周恩來則稱「朱德同志」，薄一波則仍然稱「朱老總」，既反映出劉少奇派系中的人不願意得罪朱德，也反映出像薄一波這樣中共小派系首腦人物雖然敢於站出來批判朱德，但在內心仍然充滿著對朱德的崇敬，有著難以擺脫的膽怯。薄一波的這個插話說明朱德在一定範圍內並沒有隱瞞自己的「野心」，表達了自己「政治上不得意」的情緒。那麼，朱德「政治上不得意」是權力問題嗎？從他從權力引退的主動性來說，即使有一個權力問題，顯然也不只是一個權力問題，實際上最主要是他的國家建設主張不能得到人們理解、贊同和擁護，只能從蘭花中尋求超脫，也說明了他對國家建設充滿了憂慮和憤懣。

在朱德的檢討中，看上去他採取了很軟弱的態度，但骨子裏卻依然一如既往地堅定和頑強。即使在這個時候，朱德仍然不承認毛澤東的絕對性，聲言「我也有時間讀書了，讀毛主席指定的三十二本書，非讀不可。準備花一二年的時間讀完，連下來讀就通了。毛澤東也是接受了馬克思列寧主義的理論」，這個聲言只是把毛澤東的思想歸在「馬克思列寧主義的理論」這個大範疇之下，最重要的是表明了自己對毛澤東的著作並沒有「通」，也就是明確了自己一直與毛澤東有著不同的

觀點。朱德這個立場是很明顯的，林彪指責朱德「不服毛主席」，康生則乾脆說朱德是「組織上入了黨，思想上還沒有入黨，還是黨外人士」，也就是中共不少人很清楚朱德有著跟毛澤東不同的「思想」，在思想上幾乎是個「黨外人士」，是毛澤東在背後指責的「老右派」。朱德說：「我八十歲了，爬坡也要人家拉，走路也不行，還說做事？」一方面這可以看作是朱德在示弱，但另一方面則透露著朱德的強硬，他是並不改變自己的立場和觀點，甚至有一種對林彪等人的藐視，似乎在說：「我現在是年紀老了，早引退了，在我年紀沒有老的時候，在當年，你們誰敢跟我這麼說話？」朱德表明自己並不想「黃袍加身」，更進一步說：「我對於我們這個班子總是愛護的，總是希望它永遠支持下去。」這等於承認了自己具有「黃袍加身」的力量，只是因為年紀老了，不能做事了，在權力上不願意作為，但自己的地位還在，他的「愛護」、「希望」明顯包含著居高臨下態度的成分。康克清回憶朱德在這次政治局擴大會議之後回到家裏時，對會議有著「不屑一提」、「鄙視」的態度，顯然，毛澤東是最能夠深切地體會到「意志堅如鋼」的朱德是不可能真地軟弱下來的，朱德不過是以似乎退讓的態度保守了自己的全部立場，以「愛護」、「希望」的角色和不願意「黃袍加身」的身份，表明了不願意加入眼前這批人的權爭漩渦。也就是說，朱德只是答應了毛澤東、林彪、周恩來等的不要「到處亂說話」要求，但並不改變自己的觀點和立場。

毛澤東給江青的信

　　1966年5月中共中央政治局擴大會議結束之後，「文化革命」全面演化為了「文化大革命」，但這個階段也即到8月上旬期間，「革命」是由劉少奇負責的中共中央和實際是由江青為主負責的「中央文化革命小組」即「中央文革」雙重領

導下進行的，由於「中央文革」是在政治局常委領導之下，因此，劉少奇仍然還佔據著主要的地位。一方面是「群眾」爆發起來了，一方面劉少奇則向各單位派出工作組領導「革命」，努力維持秩序，限制「群眾」向上運動的勢頭，這種上、下擠壓形成的強大能量被習慣性地引向了以所謂地主、富農、資本家為代表的社會階層，形成了瘋狂的針對所謂地主、富農、資本家的風暴，形成了持久的社會性大屠殺和社會恐怖。顯然，劉少奇試圖用所謂地主、富農、資本家的生命來引導「文革」，努力要把這一股禍水引向遠離黨政系統和自己的方向去。這不是毛澤東要達到的目的，毛澤東不會願意再次接受在「四清」運動中那樣的失敗，劉少奇不過是再次使用「四清」運動中的控制權謀而已，毛澤東已經作了充分準備，胸有成竹。毛澤東並不是在乎會死多少所謂的地主、富農、資本家，對整倒劉少奇更已經是胸有成竹，他現在是要把考慮林彪的問題提上日程了。

6月18日，毛澤東突然來到自己故鄉湖南韶山「滴水洞」「隱居」起來。在這裏，毛澤東起草了一封給江青的信，28日離開到武漢，在武漢毛澤東又把信作了修改於7月8日發給了江青。在這封信裏，毛澤東對「革命」發展方向定調為「天下大亂，達到天下大治。過七八年又來一次」，暗示劉少奇等目前的做法是「牛鬼蛇神自己跳出來。他們為自己的階級本性所決定，非跳出來不可」，指出「我的朋友」林彪5月18日在中共中央政治局擴大會議上的長篇講話「中央催著要發，我準備同意發下去，他是專講政變問題的。這個問題，像他這樣講法過去還沒有過。他的一些提法，我總感覺不安」，懷疑林彪對毛澤東個人崇拜的鼓吹，承認「在重大問題上，違心地同意別人，在我一生還是第一次。叫做不以人的意志為轉移吧」，認為自己「跌了幾跤」，坦白「我是自信又有些不自信」，「在我身上有些虎氣，是為主，也有些猴氣，是為次」，也就是自己雖然會被人當猴耍，但終究是老虎，不會輕易上當

和失敗的，指出對林彪「我猜他們的本意，為了打鬼，借助鍾馗」，也就是利用毛澤東達到自己目的，但毛澤東不怕，「我是準備跌得粉碎的」，指示「現在任務是要在全黨全國基本上（不可能全部）打倒右派，而且在七、八年以後還要有一次橫掃牛鬼蛇神的運動，以後還要有多次掃除」，即暫時的目標不是林彪，而是劉少奇。毛澤東在這封信裏既意識到了自己的缺陷、失敗，也堅信自己能夠最後獲得勝利。毛澤東認為對付劉少奇等黨政系統是一個需要「天下大亂」，並「七八年來一次」的長期運動，既是一種頑強的鬥志，也實際包涵著對江青等人的新的權力集團缺乏足夠信心，這種信心並不是在進行「革命」上，而是在掌握權力和建設國家的能力上，「革命」後不得不讓黨政官僚繼續掌握權力以求得「天下大治」，從而需要再進行「革命」，這實際也是毛澤東對自己建國後經驗的總結。顯然，毛澤東已經把不得不對掌握軍權的林彪的防備提上議事日程，不得不承認自己的無奈，但同樣充滿了自信，相信自己是老虎，而不只是被利用的猴子。

毛澤東這封寫給江青的信既是說明了他對江青的忠誠沒有任何懷疑，也是在提醒她防備被林彪利用。但這只是表面的用意。毛澤東在武漢把這封信給周恩來和王任重看了。王任重長期經營武漢，在武漢地區有著深厚的基礎，是中共重要的地方實力派，是毛澤東十分親信的人，當時是中南局第一書記，其前任則是同樣為毛澤東親信的陶鑄。毛澤東這個動作很弔詭，既是鞏固對王任重的信任以便把華中地區納為自己的戰略後方，也是顯示對周恩來的特殊信任，等於對周恩來表態了可以讓他取代劉少奇。毛澤東這封信顯著的內容是對林彪搞毛澤東個人崇拜和大談「政變論」擔心和不滿，把信給周恩來看就等於告訴周恩來準備阻止林彪在政治上的進一步發展，並希望得到周恩來支持，周恩來如果當真，就很可能成為毛澤東的槍桿子去跟林彪火拼，毛澤東則輕易火中取栗。既然毛澤東把

信給周恩來看，周恩來實際已經得到了自己應該得到的，也就是取代劉少奇、鄧小平控制黨政系統，但進一步要他去跟林彪火拼則不是他要的，周恩來圓滑地向毛澤東提出也應該把信給林彪看。從毛澤東後來把信的原件燒掉來說，周恩來這個似乎十分示弱的建議是毛澤東極不能滿意的，周恩來化解掉了毛澤東的陽謀，但毛澤東已經不便拒絕，只能答應周恩來把信也給林彪看，這樣，周恩來不僅化解了跟林彪發生火拼的危機，而且更是建立起了與林彪的同盟。林彪看到這信大吃一驚，立即向毛澤東表示悔悟，但這等於是周恩來幫了林彪一個大忙，讓林彪知道了毛澤東對他的強烈不滿，林彪自然要非常感謝周恩來，之後林彪與周恩來的關係至少在面子上達到了他們從來沒有過的親密。周恩來促使毛澤東把信給林彪看更重要的後果，是實際促成了林彪對毛澤東的敵視。林彪既然已經知道毛澤東對自己有著強烈的不滿，也就意味著自己已經命運莫測，毛澤東在有一天騰出手來後隨時會清除林彪，以林彪的個性是絕不願意束手待斃的，而這種仇恨對於把信也給王任重看了的毛澤東來說只能承受。

整掉賀龍

7月18日毛澤東突然回到北京，透過江青、陳伯達、康生等人很快把北京大學等單位的火進一步點了起來。8月5日中共八屆十一中全會期間，毛澤東用鉛筆在一張報紙的邊角上寫了〈炮打司令部——我的一張大字報〉，明確向劉少奇、鄧小平控制的黨政系統開戰，8月7日毛澤東在謄清稿上修訂後加標題，由當日會議印發，8月8日會議透過了〈關於無產階級文化革命的決定〉，「革命」進入到了由毛澤東操縱著的低層激進分子向上造反的高潮。在這一過程中，毛澤東得到了林彪、周恩來這一新同盟的強力支持，江青則作為毛澤東的代言人和化身四處點火，擺出了打倒一切的架勢。周恩來爆發出了他空前

旺盛的精力，一邊堅決地支持毛澤東的「革命」，一邊維持經濟和社會運轉，一邊又到處「救人」，並且擁有相當程度的調動軍隊及其裝備的權力，幾乎所有方面的事務都需要他來處理，似乎這個國家的繼續存在已經無法離開他，開始了他悄悄讓自己「神」化的道路。林彪則也加快了他的權力強化進程，突然向毛澤東進逼，要砍掉毛澤東在軍隊的又一條比羅瑞卿更重要也遠要強大的手臂賀龍，標誌著林彪建立自己對軍隊獨裁的計劃更上了一個台階。

長征結束後，本來是朱毛以外中共武裝兩大山頭之一的賀龍由於吃足了蘇聯幫的苦頭，成為了朱、毛最忠實的支持者。頭腦簡單而有著強烈的中國傳統「好漢」習性的賀龍一當認定了朱、毛，便義無反顧，在政治上則唯毛澤東是從，成為了毛澤東除林彪以外最可靠的大軍頭，但賀龍在於資歷老，既是中共僅次於朱德的軍閥出身軍人，又是南昌暴動的總指揮，因此，一方面賀龍豪爽的性格使他有著十分好的人緣，另一方面他又除了朱、毛外幾乎沒有什麼人真正能夠看得起，抗戰後期和國共內戰時期即使毛澤東用彭德懷直接控制賀龍，性格更加暴躁和驕狂的彭德懷也很難壓住賀龍，實際毛澤東也是讓他們互相罵娘達到牽制，南昌暴動時只是低級軍官的林彪自然是賀龍不放在眼睛裏的。延安整風時，賀龍妻子薛明與賀龍一樣對知識份子持十分激進的態度，借著有賀龍靠山，抓住屬於她領導的林彪妻子葉群曾在南京當過播音員的「辮子」整葉群，把葉群拉到當時的中共中央組織部部長王鶴壽那裏，逼迫葉群承認「特務」問題，憤怒的林彪騎著馬從前方特地回來，舞著馬鞭威脅整葉群的人們：「老子在前方賣命，你們在後方搞我老婆？」這樣林彪才保護住葉群。林彪深知自己資歷太淺，並沒有因此報復賀龍，但賀龍則仍然把林彪當後輩，不放眼睛裏，不僅建國前就向毛澤東打小報告說林彪的不是，而且即使廬山會議後林彪取代彭德懷掌握軍權了，也仍然不給

林彪什麼面子，特別是1963年9月由於林彪身體實在成問題，毛澤東讓賀龍主持軍委日常工作後，賀龍更是直接控制羅瑞卿，幾乎看不到林彪的存在，有什麼事情只是直接向毛澤東彙報，基本不跟林彪商量，大有取代林彪軍權的樣子。這樣，林彪便終於忍不住了，他與羅瑞卿矛盾的激化實際也就是與賀龍矛盾的激化，但賀龍不是羅瑞卿，林彪一時還沒有能力整掉他。1966年8月以後，毛澤東的「革命」更必須要有個前提，那就是黨政系統不能得到軍隊支持，如果軍隊向他們發生傾向，剛剛興起造反的「紅衛兵」們將可以輕易被鎮壓掉，混亂的社會局面就會成為毛澤東的罪狀，毛澤東的「決戰」就將慘敗，徹底引退或甚至不得不退位。這對林彪來說是解決賀龍的最佳時機，雖然已經明知毛澤東防備著自己，但林彪只能進不能退，必須要逼迫毛澤東在林彪和賀龍之間作選擇，而這時毛澤東除了選擇林彪實際已經沒有別的辦法。9月上旬，林彪將副總參謀長兼空軍司令員吳法憲、副總參謀長兼海軍政委李作鵬接受暗示寫的揭發賀龍的信印發並送呈毛澤東，林彪的這個動作完全是一種越權行為，幾乎具有不容否定的態勢。9月14日，還自信對林彪有著權威的毛澤東在中南海游泳池找賀龍談話，把林彪的告狀信給賀龍看，並明確「你不能找他們，不能承認上面的事情。我當你的保皇派」，似乎想鞏固賀龍對自己的忠誠以進一步利用賀龍牽制林彪。毛澤東甚至試圖調和賀龍與林彪的關係，讓賀龍親自登門拜訪林彪，結果賀龍上門時，葉群對這位土匪出身、有很強個人格鬥能力的元帥十分恐懼，在周圍埋伏了不少衛士，惟恐賀龍一時發怒把半條命的林彪當場殺死。林彪毫不退讓，更不買毛澤東的面子，利用造反勢力對毛澤東繼續施加壓力，毛澤東一個星期左右就終於不得不承認自己失敗，只能屈就林彪，放棄賀龍。1967年1月，賀龍被正式軟禁「保護」起來，9月賀龍被林彪徹底控制拘禁。

「為展開全國全面內戰乾杯」

現在，毛澤東已經陷入絕境，在軍隊方面賀龍這個臂膀已經被砍掉，強硬的林彪已經更加強化了他對軍隊的權力，黨政方面則幾乎被周恩來壟斷，這同樣不是毛澤東所希望的，在這樣的情況下，毛澤東別無出路，必須加快「革命」進程，進一步鋪開，藉以培養和擴大出一個新的龐大的集團，以取代包括林彪、周恩來在內的「老」的權力體系。1966年12月26日毛澤東等來了他的七十三歲生日，這樣，就如他跟英國蒙哥馬利元帥說的，過了這個生日就可以活到八十四歲了，已經不會死的毛澤東興奮地把「中央文革」大部分成員請來慶祝生日，宣布了他準備「全面奪權」的計劃，提議大家「為展開全國全面內戰乾杯」。隨即，回到上海的張春橋、姚文元在1967年1月6日操縱了「一月風暴」，全面奪取了以陳丕顯為書記的上海市委、市政府權力。上海「一月風暴」的模式迅速像瘟疫一樣向全國蔓延，形成了全國性的奪權運動。1月中旬，在江青的指揮下，中央文革小組成員、當時擔任中央辦公廳負責人的戚本禹在中南海裏發動了對劉少奇、鄧小平以及與江青不夠合作的「中央文革」顧問陶鑄的批鬥，並把當時幾乎唯一強硬地反對「文革」的朱德也作為了主要對象試圖進行批鬥。這時候，似乎一帆風順的毛澤東受到了表面看上去奴性十足、為毛澤東「鞠躬盡瘁、死而後已」的周恩來的巧妙阻擊。毛澤東雖然達到了在地方推進奪權的目的，但周恩來除屬於劉少奇嫡系的「北方系」要人外，在中央部委儘量保護了余秋里、王震等人的生命和人身自由，又以「養病」名義將李井泉、宋任窮、葉飛、江華等二、三十位大區書記和省委書記接到北京保護了起來。雖然這些人在黨政系統的權力被實際奪掉了，但他們只要還活著並擁有一定程度的人身自由，一當採取反抗行動，將是非常強大的，特別是要知道，他們中的大多數人都曾是中、高

級將領，有著複雜的軍隊背景，毛澤東鼓動奪權的紅衛兵、造反派在根本點上還不是「老革命」的對手，只懂得奪權而沒有做到解決消滅人身問題，而這並不是毛澤東有膽量明示的。周恩來的做法等於承認了毛澤東可以無限制地消滅劉少奇的「北方派」，而不能消滅其他派系，並使這些派系對周恩來空前地感恩戴德，使本已經特別虛弱的周恩來突然空前強大了起來。毛澤東不得不承認周恩來的這種「保護」行動，以緩和這些人對毛澤東的怨憤。對朱德的批鬥毛澤東同樣受到了挫折。

雖然朱德在1966年5月中共政治局擴大會議上受到林彪、周恩來、康生等人的嚴厲批判和圍攻，但他並沒有屈服，成了中共高層唯一一個有著反對「文化革命」明確態度的人。一方面，朱德私下對中共陷入到眼前如此糟糕的境地很悲哀，他的祕書回憶說：「1966年冬的一天，我去給朱總送文件時，看到他仰靠在沙發上，緊閉雙目，直到我走近前，他才睜開眼睛，他像是在對我說，又像是自言自語他說：『看來這次要打倒一大批人了，連老的也保不住了。』看他當時的表情，心事很重。」另一方面，八十歲的朱德卻仍然非常強硬，他在12月一次政治局擴大會議上指責：「現在有一個問題，就是把你也打成反革命，把他也打成反革命。我看，只要不是反革命，錯誤再嚴重，還是可以改正的。一打成反革命就沒有路可走了，這個問題要解決。」1967年1月上海「一月風暴」後，朱德在1月11日政治局擴大會議上批評：「現在『文化大革命』運動搞到破壞生產的程度，忘記了『抓革命，促生產』，這是新出現的問題，要注意解決。」朱德的這種態度是當時中共中沒有人敢表達的。朱德之所以敢這麼做，顯然是跟他自信自己的實力有關係。1月中旬，中南海裏突然出現了大量針對朱德的大字報，朱德既很悲傷，又很堅定，自己親自去看大字報以不示弱。北京大學造反派頭頭聶元梓設想：「清華大學揪出劉少奇，我們這次也要搞一個大的。」能跟劉少奇一樣「大的」，在中共也就朱德了。這個來勢把周恩來嚇住了，連忙親

自跑到朱德家裏安慰、許諾。雖然周恩來在1966年5月會議上批判朱德，但真的要採取整朱德的行動，周恩來是深知後果不堪設想的，萬一朱德一改忍耐態度，拍起桌子來，不僅毛澤東將很麻煩，周恩來自己也將連帶著失去人心，即使朱德被整掉，周恩來也可能被毛澤東作為替罪羊拋棄。當時康克清在中央婦聯已經受批鬥，十分害怕，朱德則要康克清堅持去婦聯上班，跟「群眾」在一起，也就是說，朱德是深知自己在中國人民中的威望的。朱德告訴康克清：「主席和恩來最瞭解我，有他們在，我擔心什麼？」這句話包涵了很多意思，朱德顯然不會糊塗到認為毛澤東、周恩來跟他的個人友誼有什麼用，而是很清楚毛澤東、周恩來沒有足夠的膽量真正來碰朱德這塊「招牌」，也只有毛澤東、周恩來最清楚朱德這塊「招牌」有著無可替代的作用。

中共軍隊是個派系錯綜、山頭林立的系統，在周恩來主持軍委日常工作的時候，由於朱德引而不退，積極組建現代兵種和推動國防軍進程，問題並沒有呈現出來。彭德懷取代周恩來以後，朱德不便於多說話，等於彭德懷要靠自己的比較虛弱的威望彈壓軍隊，解放軍從朝鮮戰爭後彭德懷掌握軍權後就開始出現了亂象。林彪取代彭德懷以後，更是虛弱，不過是一個大的山頭為主控制軍隊，軍隊便更是進入到了亂象叢生的階段。在這種情況下，只要朱德這個人還在，軍隊尚不至於陷入災難性的局面，對毛澤東、周恩來來說，只要朱德在必要的時候出面一彈壓，軍隊大局就可以穩定。現在的問題是毛澤東還處於不需要軍隊穩定的時期，因此，便發動了對朱德的批判探摸朱德真實想法的虛實，但如果動作過大，把朱德歸到劉少奇一幫來整，激起朱德憤怒，劉少奇的力量就可能發生逆轉，1966年8月總參謀部一位副部長寫的揭發劉少奇的信裏，劉少奇主要罪狀之一就是「1965年9月，朱德在會議上提出，將來打起仗來，『最高統帥是劉少奇同志』，根本不提毛主席。少奇同志和朱德坐在一起，不加反駁，還很得意，看來很聽得進

去，使人吃驚」，劉少奇這一罪狀實際也等於更是朱德的罪狀，是朱德國防軍思想的一個表達，包含了朱德從國家法定的角度說並不拒絕跟作為國家主席的劉少奇結成同盟，如果這一同盟真的建立了起來，毛澤東要達到「文化大革命」目的就將非常困難，甚至遭到完全失敗，這也是毛澤東一再屈就林彪並竭力扶植林彪的根源。僅僅從朱德的實力和作用來說，毛澤東是進退兩難，只能採取批而不鬥的策略。即使這樣，毛澤東也很快就受到了軍人強烈的反彈，使得複雜的形勢更加複雜起來。

還在1966年10月時，林彪在啟動了整掉賀龍的強硬動作之後，借助毛澤東搞全面奪權的東風，也在軍隊鼓動起了院校等系統的造反運動，試圖達到用自己派系全面奪取軍權的目的。毛澤東當然明白林彪的動機，1967年1月，透過江青等人試圖進一步推動軍隊系統的「革命」。這是林彪與毛澤東在互相利用，彼此也是鬥智鬥勇，林彪是要利用毛澤東達到自己對軍隊獨裁的目的，毛澤東則是要借助林彪的「革命」進一步推動，在軍隊建立起一個自己的新的權力體系，甚至架空或奪取林彪的軍權。軍隊已經有的「革命」受林彪控制，毛澤東只能讓江青從外部重新切入，首選的目標不能是敏感的軍事指揮系統，而只能是政治部門。江青把矛頭直接對準了總政治部副主任劉志堅，然後再引申到總政治部主任蕭華身上。雖然江青所要整的人對於林彪來說並不是不能整的人，但這卻是毛澤東以江青的名義插手進了林彪的領地，粗魯而強硬的林彪是不能忍受的。就像中共幾乎所有有資歷的人都看不起江青一樣，林彪不過只是因為礙於毛澤東才把江青當了回事，現在，這已經不是江青的問題，而是毛澤東的計謀，憤怒的林彪把江青叫到毛家灣家裏，把她痛罵了一頓，嚇住了還沒有經歷過這種情況的江青。林彪罵了江青還不夠，準備要去找毛澤東當面理論，反過來也嚇住了葉群，葉群跪在地上向林彪苦苦哀求，林彪才終於作罷。林彪之所以敢這樣，顯然是他非常清楚毛澤東的虛弱。但林彪同樣也是虛弱的。毛澤東、林彪對軍隊「革命」權

的爭奪導致軍隊出現了從未有過的混亂，加以對朱德的批判和大量軍隊高級將領受衝擊，1967年2月，以葉劍英、徐向前、陳毅、聶榮臻四個元帥和以譚震林為代表的有著深厚軍隊背景的黨政官僚，終於爆發出了怒火，這就是改變「文化大革命」進程的關節點「二月逆流」。

「二月逆流」

還在林彪把江青叫到毛家灣痛罵之前，為了江青要抓蕭華批鬥的事情，在京西賓館江青參加的軍委黨委碰頭會上，徐向前、葉劍英就向江青發難起來。當時徐向前剛擔任全軍文革小組組長，他首先發難，拍起了桌子，既表面上罵了躲藏起來的蕭華，又指責江青要把軍隊搞亂。葉劍英當時取代賀龍主持軍委日常工作，搞蕭華就會搞到他頭上，更是憤怒，既明確是自己把蕭華「窩藏」了起來的，又警告：「誰要想搞亂軍隊，決不會有好結果！」葉劍英也拍起桌子，結果把骨頭拍骨折了。會場當場大亂，嚇得一些人溜走，這就是「二月逆流」中的徐向前、葉劍英「大鬧京西賓館」。徐向前、葉劍英雖然跟林彪有矛盾，但這終究是軍隊內部派系的問題，江青插手到軍隊搞「革命」，這是他們都不能容忍的，這樣，在軍隊不能進一步亂下去問題上，徐向前、葉劍英等老帥與林彪空前一致起來，大家都站到了同一條戰壕了。當軍人們高度一致，對毛澤東來說也就失去了利用軍內派系矛盾進行平衡和制約林彪的手段，是一種致命危險。毛澤東立即被嚇住了，馬上安撫軍隊，批准了徐向前負責起草的旨在穩定軍隊的中央軍委〈八條命令〉，意識到如果繼續推進軍隊「文革」自己也將很不利地與徐向前、葉劍英等人對立起來，林彪也很高興，對毛澤東說：「你批了八條，真是萬歲、萬歲、萬萬歲！」毛澤東則是有苦說不出，在軍隊的「全面奪權」失敗，而且不得不實行相對穩定化的軍隊「支左」政策。2月10日在政治局擴大

會議上當場批評江青「眼裏只有一個人，眼高手低，志大才疏」，也就是肯定江青只懂對毛澤東忠誠，但責怪她缺乏手段和能力，這實際也是毛澤東晚年最無奈的軟肋之一。

2月11日，周恩來在中南海懷仁堂主持中央政治局常委碰頭會，實際這是個擴大的政治局會議，是當時黨政軍系統在主持工作的人和「中央文革」負責人討論「抓革命，促生產」的聯席會議。但是，會議很快轉了方向，變成了軍人責難「中央文革」的會議。葉劍英指責「中央文革」把黨、政府和工廠、農村搞亂了，還要搞亂軍隊。徐向前又憤怒地拍起了桌子，斥責「中央文革」亂搞人，要把軍隊搞亂，連八十歲的朱德都不放過要批判。第二天會議上，副總理譚震林繼續發牢騷，說到激動時乾脆夾起包離開會場，聲言：「讓你們這些人幹，我不幹了！砍腦袋，坐監牢，開除黨籍，也要鬥爭到底！」陳毅則結合延安整風發牢騷，說現在被整掉的劉少奇、鄧小平、彭真、薄一波、劉瀾濤、安子文這些人當時擁護毛澤東思想最起勁，挨整的是「我們這些人」，包括周恩來。陳毅這話等於說現在幫毛澤東整人的人將來都不會有好下場，自然已經不僅包括「中央文革」的人，而且包括了林彪甚至周恩來在內，並且，陳毅很明顯地提示了大家毛澤東這個人是非常不能信任的。會議成為了發怒會、牢騷會，而且最重要是葉劍英、徐向前、陳毅以及聶榮臻四個元帥，把周恩來嚇住了，周恩來在會議中間就打電話向毛澤東彙報，毛澤東特意派汪東興來旁聽。這就是「二月逆流」中的「大鬧懷仁堂」。「大鬧京西賓館」還只是反抗，「大鬧懷仁堂」則已經是進攻，軍隊中林彪以外山頭聯合了起來，並與有著深厚軍隊背景的黨政官僚結合，這一勢力極其強大，周恩來根本無法控制，而且他們的憤怒已經到了「鬥爭到底」的程度。譚震林，1902年生，湖南攸縣人，1926年加入中共，1927年秋即上井岡山，任中共茶陵縣委書記等職務，是支持毛澤東的重要地方黨負責人之一，1929年後任紅四軍第二縱隊黨代表、第四縱

隊政治部主任、司令員、政委、紅十二軍政委、福建軍區司令員等，抗日戰爭後任新四軍第三支隊副司令員、政委、江南人民抗日救國軍東路指揮部司令員兼政委、新四軍第六師師長兼政委、中共蘇南區黨委書記、新四軍第二師政委兼中共淮南區黨委書記，國共內戰時任中共中央華中分局副書記、華中軍區副政委、華中野戰軍政委、華東野戰軍副政委、山東兵團政委、濟南特別市軍事管制委員會主任、第三野戰軍第一副政委兼第七兵團政委，1949年5月後任中共浙江省委書記、省人民政府主席、省軍區政委、中共中央華東局企業工作委員會主任、華東局第三書記、華東軍政委員會副主席，1954年12月調任中共中央副祕書長，1956年9月中共八屆一中全會上選為中央書記處書記，1958年5月中共八屆五中全會上選為中央政治局委員，1959年4月任國務院副總理。其經歷說明了他是陳毅長期的臂膀和幹將，2月12日譚震林與陳毅的「大鬧懷仁堂」幾乎等於是原新四軍派系宣布了準備「造反」，既不同情原來長期壓制和整陳毅的劉少奇，也不滿意林彪在軍隊中的排擠，矛頭曲折地對向了毛澤東，並與一昧跟著毛澤東轉的周恩來拉開了距離。葉劍英雖然在軍隊中沒有自己明確的山頭，但他長期擔任中共武裝的總參謀長，在軍隊中擁有龐大的網絡。徐向前在長征後受到排擠，原紅四方面軍的勢力被支解，但抗戰後一直受到朱德特別扶植，名義上只是劉伯承的副手，但就如聶榮臻對於林彪一樣，有著相對獨立性，建國後徐向前更已經悄悄把原紅四方面軍勢力培植了起來，直接控制著不少軍隊，原紅四方面軍勢力已經成為中國正在崛起的一股十分強大的「新興」力量。聶榮臻的固有勢力則是京畿地區。這樣的勢力結成同盟，是足以與林彪進行一博的，所以，「二月逆流」所暗示出的力量對抗，對毛澤東、林彪乃至周恩來有著強大的威懾力。

「二月逆流」勢力強大但有著一個致命的弱點，那就是他們沒有一個具有絕對權威的領袖，難以形成達成默契的

「組織」。徐向前的話語裏實際已經暗示了他們心目中有一個領袖，那就是朱德，但朱德的弱點也恰恰是在於他已經八十歲了，因此，徐向前的話語也是蘊涵了悲憤和無奈。當然，就如陳毅批判朱德時所點明的，朱德有一個「黃袍加身」的問題。其實中共無論在建國前還是建國後，都有著很多為朱德「黃袍加身」的機會。朱德本人並沒有明顯的要當中共最高領袖的欲望，也一直受著軍閥出身和職業軍人的身份限制，但早在江西中央蘇區時期，朱德就有了「黃袍加身」的威望和地位，中共各種勢力的政治家們並不願意這麼做，而是更希望自己在權爭中獲取最高領袖的地位，彼此魚死網破，結果使多數人最不歡迎的毛澤東成為了贏者。即使毛澤東獲得了對中共的獨裁權力，但毛澤東其實一直到建國後都無法擺脫與朱德共享兩大領袖的局面。在朱德引退的情況下，毛澤東透過劉少奇、周恩來、彭德懷、林彪、鄧小平等棋子的擺佈，總體上成功地製造了他們之間權力的衝突，達到了鞏固自己個人獨裁的目標，這些棋子圍繞著向毛澤東爭寵分分合合，雖然形成了直接挑戰毛澤東的傾向，但其實並不具有真正足夠的實力和威望做到逼退或取代毛澤東，他們最終只能自相殘殺，而沒有選擇團結起來對朱德「黃袍加身」這一最有可能實現的策略。在某種意義上說，中共建國後朱德有些類似於美國獨立戰爭結束後退出權力的華盛頓，而且他的人格也跟華盛頓有著接近，但中共和中國各派勢力由於本身不存在「大陸議會」這一民主機制，便不會像美國建國選擇華盛頓那樣，選擇可以容納各種勢力和意見、使大家民主共處、專注建設國家的朱德。中共和中國既沒有美國那樣的機制，也沒有那樣的智慧選擇朱德，用朱德「黃袍加身」終結毛澤東的獨裁趨勢。但這也並不等於朱德不存在「黃袍加身」的實力和威望，只要他活著，這種傾向性始終是存在著的。困境在於，「黃袍加身」朱德本人並不能作為，而只能由毛澤東之外的人們去實施。朱德本人如果要有所作為，其途徑只能是「政變」，但這樣朱德就將失去很多人支

持，真正可靠的力量並不一定能夠佔據絕對優勢，時機也未必成熟，人們還需要一個足夠的醒悟時間，不然就將導致大規模的朱、毛內戰。

事實上朱德聚集力量和人們的醒悟是件很困難的事情。賀龍在死以前反覆強調總司令，應該說是醒悟了，但也已經晚了。彭德懷被軟禁後，朱德搬到離他較近的地方居住，去陪彭德懷下象棋，富有涵義地表示了對彭德懷的同情和支持，彭德懷應該是意識到了朱德的用意，卻憤怒地向朱德發火，拒絕了朱德的看望，也斷絕了與朱德的合作可能，彭德懷將死之時也應該是醒悟了過來，念叨著自己的總司令，但跟賀龍一樣，也是已經晚了。包括周恩來臨死前與朱德進行了一次神祕的會見，應該說也是醒悟了，但同樣是晚了。一方面，朱德對自己力量不夠有著清醒的認識，既堅持著自己一貫的強硬立場和態度，也採取了基本的忍耐策略，另一方面，他始終具有「黃袍加身」和「政變」的實力和威望也為人們所認識。「二月逆流」之後，毛澤東既受到了威嚇，不敢採取嚴厲手段整葉劍英、徐向前、陳毅、聶榮臻等人，但也不得不有限度地整他們，以緩解和壓制這股強大的勢力。1967年5月，毛澤東明確表態要保朱德，肯定朱德是「紅司令」，以緩解人們的不滿，同時，也展開了批判和整「二月逆流」的行動。還在春天時，武漢軍區司令陳再道就開始以強硬手段鎮壓造反。陳再道，1909年生，湖北麻城人，曾是紅四方面軍軍長，抗日戰爭時期任八路軍一二九師三八六旅副旅長、獨立旅旅長、東進縱隊司令員、冀南軍區司令員，國共內戰時期任晉冀魯豫野戰軍冀南縱隊司令員、第二縱隊司令員、中原野戰軍第二縱隊司令員、河南軍區司令員，建國後任中南軍區副司令員兼河南軍區司令員、武漢軍區司令員等，1955年上將，是徐向前的嫡系。1967年7月毛澤東到武漢要陳再道承認犯了路線錯誤，結果7月20日武漢軍區的軍人們把跟隨毛澤東來武漢鼓動造反的王力給抓了起來。這一在毛澤東眼皮底下發生的具有強烈挑

戰性的事件不過是「二月逆流」的餘波，後來在整陳再道時候，一些人把徐向前指為了陳再道的後台，康生甚至明確地把陳再道與紅四方面軍聯繫在了一起。雖然毛澤東繼續推動「全面奪權」，但經過「二月逆流」之後，已經只是強作姿態的虛張聲勢，不得不也啟動收斂「革命」的程序了。毛澤東整「二月逆流」所要付出的代價是使林彪在軍隊的勢力進一步擴張，進一步鞏固了林副主席的地位，趕走了虎，引來了狼，在毛、朱兩大領袖和毛、劉兩大主席的格局之後，又不得不形成了毛、林兩大統帥的格局。但毛、林兩大統帥的格局又是十分虛浮的，幾乎所有的事務處理都不得不依賴於周恩來一身，而朱德則又像無法擺脫的影子一樣暗示著林彪副統帥威望和實力的虛弱性。1968年10月13～31日在北京召開中共八屆十二中全會擴大會議上，朱德頑強地為「二月逆流」維護說：「譚震林，還有這些老帥，是否真正反毛主席？」他的發言不時被吳法憲、張春橋等人打斷，指責朱德「想黃袍加身」，謝富治指出「陳毅同志是朱德同志的參謀長」，認為「劉鄧、朱德、陳雲都是搞修正主義，『二月逆流』這些人不死心，還要為他們服務」，這等於說朱德就是「二月逆流」的總後台。這樣，朱德實際已經被明確出了一批追隨他的勢力。

朱德「中國（馬列）共產黨」

雖然朱德不得不進行檢討，但這不過是一種形式上的態度而已，他在中共八屆十二中全會擴大會議上的表現仍然是一種頑強態度。朱德的這種頑強雖然看上去非常孤立，但內涵著的卻是一種強大的力量，只不過這種強大的力量現在只是採取了保守策略，而沒有爆發而已。毛澤東、林彪已經難以容忍朱德這種態度繼續存在下去。對毛澤東來說，就像提起荒唐的「伍豪事件」警告周恩來一樣，也需要給朱德一個強烈的信號，請他徹底閉上嘴巴。對林彪來說，雖然已經是一人之

下、萬人之上的林副主席、副統帥，但朱德活著並仍然擁有中共領導層成員的名義，就實在是件非常難堪的事情，而朱德所象徵的勢力則更加可怕，如果不能夠清除掉朱德及其勢力，林彪不僅地位難以真正穩固，而且也並不能真正獨裁軍隊。八屆十二中全會結束不久，1968年12月，透過對中國科學院經濟研究所實習研究員周慈敖的誘逼，一個「中國（馬列）共產黨案」被製造了出來。這個案件指稱朱德祕密組織了一個「中國（馬列）共產黨」，成立了「中共（馬列）起義行動委員會」準備進行政變，朱德為中央書記，陳毅為中央副書記兼國防部長，李富春是「當總理的角色」，中央常委有陳毅、李富春、徐向前、葉劍英、賀龍等九人，委員有王震、蕭華、伍修權等十六人，其他主要成員還有董必武、劉伯承、聶榮臻、譚震林、余秋里、李先念等。「中國（馬列）共產黨」並不存在，但實際直到1969年中共「九大」後仍然被追查著。這個案件的微妙處在於名單上，除了當時林彪派系的人和毛澤東親信的人以及周恩來以外，幾乎包括了中共所有軍隊山頭的要員和軍隊背景深厚的黨政官員，其力量之強大如果真的明確凝聚起來的話，根本不是林彪所能對抗的，而必須要毛澤東、林彪、周恩來的同盟才能抵禦，而如此強大的軍隊勢力包括中共「一大」代表董必武在內，全被認為歸在了朱德的旗幟下。客觀上，在中共內部，即使彭德懷、劉少奇、鄧小平是自由身的話，除了朱德，並沒有第二個人有可能組織起來這樣龐大的勢力。也就是說，即使到了1968年這樣的時期，即使朱德已經引退了二十年左右，毛澤東、林彪等人仍然不得不意識到，如果朱德真地進行組織，將依然是極其強大的。當時狂妄的林彪派系的一些要員以為朱德等老帥不堪一擊，在背後隨便議論、嘲笑他們，曾是朱德警衛員出身的解放軍副總參謀長兼海軍政委李作鵬害怕了起來，他擔心「發展下去可能毀了我們」，可見李作鵬等人雖然是林彪的鐵桿，但實際是很心虛的，深知朱德他們實在是太強大了。

試圖透過一般的政治鬥爭清除朱德的這一龐大勢力，既做不到，也難以下真正的決心。1969年4月召開的中共「九大」上，毛澤東不得不仍然為朱德保留一個政治局委員的名分，朱德「中國（馬列）共產黨」的主要人員仍然基本保留在中共中央當中。既然已經走到了這一地步，也就是毛澤東已經把除林彪以外幾乎所有主要的軍隊勢力乃至一部分黨政勢力都壓迫到了明確的朱德勢力範圍之下，毛澤東就已經走進了死胡同，除了與林彪加強同盟別無出路。周恩來則一方面更加鞏固了非得他做事別無分店的地位，更悄悄提升了自己的「神」性，另一方面則損失慘重，原來屬於自己的很多嫡系比如陳毅被歸屬為了朱德的副手，實力大損，不得不更加以追隨毛澤東保證自己的利益，並與林彪、江青緊密合作。反過來，周恩來「神」性的提升又成為了林彪走向神壇的襯托，對林彪的個人崇拜直追毛澤東。1969年4月1～24日在北京召開中共「九大」，毛澤東仍為中央委員會主席，林彪為副主席，更重要的也是世界政治史上的「奇蹟」，是在中共黨章中明確林彪為「毛澤東同志的親密戰友和接班人」。中央政治局常委除毛、林外，還有陳伯達、周恩來、康生，陳伯達、康生都是毛澤東的親信，但實力很虛弱，尤其陳伯達實際很快就轉為林彪的附庸。中共中央政治局委員除常委外，還有葉群、葉劍英、劉伯承、江青、朱德、許世友、陳錫聯、李先念、李作鵬、吳法憲、張春橋、邱會作、姚文元、黃永勝、董必武、謝富治，候補委員有紀登奎、李雪峰、李德生、汪東興。非常顯眼的是毛澤東、林彪的夫人政治達到了無所顧忌的程度，江青、葉群一起進入了政治局。此外張春橋、姚文元系筆桿子出身，紀登奎、李雪峰為黨政系統出身，董必武系「一大」元老，除朱德和葉劍英、劉伯承外，許世友、陳錫聯、李先念、李作鵬、吳法憲、邱會作、黃永勝、謝富治、李德生、汪東興全是軍人出身和現職軍人，許世友、陳錫聯、李先念、謝富治、李德生、汪東興在毛、林之間更屬於毛澤東的人，李作

鵬、吳法憲、邱會作、黃永勝則屬於林彪的人，這些人的資歷、威望在軍隊遠不能與老帥們相比，雖然徐向前、陳毅、聶榮臻沒有被安排進政治局，但並沒有排擠出中央委員會，包括葉劍英、劉伯承，這些元帥都屬於朱德「中國（馬列）共產黨」，因此，在中共這一新的以軍人為基本的最高領導層中，朱德仍然擁有非常強大的勢力。這種局面無論對毛澤東還是林彪來說，都是極其尷尬的，一方面，毛、林同盟似乎達到了全面奪權的目的，另一方面則仍然不得不受所謂朱德「中國（馬列）共產黨」的強大牽制，在勢力上成為光桿司令的周恩來只是個似乎馴服了的辦事人或管家，已經沒有實質性威脅，只有清除掉朱德才能夠使中共和中國成為毛、林同盟真正共同瓜分了的黨國。雖然朱德是中共一貫堅持自己立場的人，有著最強硬的態度，是個「老右派」，但如果要從政治鬥爭著手達到清除朱德的目的並沒有根本的辦法，幾乎沒有徹底解決問題的著手點，唯一可以採用的手段，還是只能從軍事方面動腦筋。「九大」開幕前夕，中國與蘇聯軍隊在黑龍江省珍寶島地區邊境發生了出乎蘇聯意外的武裝衝突事件，這一事件被毛澤東、林彪作了無限放大，10月18日，總參謀長黃永勝緊急傳達了林彪的「第一個號令」，中國軍隊進入了準備與蘇聯進行全面戰爭的緊急戰備狀態。康克清回憶說：「戰備手令下達後，朱總對我說，現在毫無戰爭跡象，戰爭不是憑空就能打起來的，打仗之前會有很多預兆，不是小孩打架，現在看不到這種預兆、跡象。」這既是毛澤東、林彪採取的最後解決「全面奪權」策略，也是最終實際結束「造反」運動的手段，矛頭指向的則是朱德「中國（馬列）共產黨」，用戰備藉口將他們中的主要人物突然分散軟禁起來。陳雲去南昌被軟禁，陳毅去開封被軟禁，聶榮臻去邯鄲（後去鄭州）被軟禁，徐向前去石家莊被軟禁，葉劍英去長沙被軟禁。10月20中午，朱德和董必武、李富春、滕代遠、張鼎丞、張雲逸、陳奇

涵及康克清等分乘兩架飛機到達廣州，隨後住進從化溫泉賓館，被忠誠於林彪的廣州軍區司令丁盛軟禁。

就此，中共的權鬥格局發生了根本變化，強大的朱德派系成為了局外人，轉化為了潛在的威懾力量，毛澤東與林彪之間的衝突開始正式凸顯出來，成為中共政治的決定性焦點。這種格局的形成就朱德派系來說，總體上自「二月逆流」之後似乎是完全被動的，幾乎沒有什麼大的對抗，輕易就輸掉了。那麼，這些在「二月逆流」中拍桌子咆哮的軍頭，「九大」時仍然堅持一貫頑強態度的朱德，真的就是這麼無能嗎？如果說這個派系中的人們原來還是散沙的話，那麼，從「中國（馬列）共產黨」案以後就已經陣營鮮明了起來，默契著的凝聚力得到了強化。這些人以軍人為主體，並占了中共老資格高級將領數量中的多數，任何一個人如果採取武力發飆都可能是一場大地震，但是，他們中的任何個人包括葉劍英、劉伯承、徐向前、陳毅、聶榮臻都不足以與林彪單獨抗衡，而彼此之間如果沒有朱德明確牽頭也難以真正聯合起來，實際上，這些人以及死以前的彭德懷、賀龍處於束手就擒的狀態只是無奈，他們只能眼巴巴地看著朱德，如果朱德有了比較明確的示意，真要關住並弄死彭德懷、賀龍是很困難的，要輕易軟禁外面這些人更加不容易，一再指責朱德要「黃袍加身」也等於在為他造「黃袍加身」輿論，在似乎最失敗的時候，恰恰也是最容易進行「黃袍加身」的。但朱德不僅沒有要「黃袍加身」的明示乃至暗示，反而一再強調著要忍耐。就朱德所擁有的力量來說，「黃袍加身」並不是件難事，也不會輕易導致失敗，但一當發生了這樣的行動，後果則不堪設想。朱德現在所要面對的是毛澤東、林彪、周恩來的同盟，並沒有絕對優勢可言，由於政治發言權相對虛弱，「黃袍加身」除了動武沒有別的途徑可走，而由於毛澤東、林彪有著高度的警惕和防備，在北京進行政變很難有勝算，最合理的選擇只能是從週邊兵變，這樣，中國必然重新陷進內戰當中，而內戰是比「文化大革命」更加糟

糟的事情。如果朱德武力運用十分順利，解除了對劉少奇、鄧小平、彭真等人的禁錮，獲得了政治發言權優勢，周恩來如果再予以支持就更加強勢，但做盡了絕事的毛澤東、林彪並不會輕易投降，毛澤東一再提起準備跟林彪南下，重新上「井岡山」，也就是打內戰，這並不是朱德所希望出現的情況。朱德所能選擇的道路只能是忍耐。江渭清，1910年生，湖南平江人，曾是新四軍第十六旅政委、蘇浙軍區第一縱隊政委、華中野戰軍第六縱隊政委、第六師副政委、華東野戰軍第六縱隊政委、第三野戰軍八兵團副政委兼政治部主任、中共南京市委副書記、江蘇省委第二書記等，1956年後任江蘇省委第一書記兼江蘇軍區第一政委、南京軍區第三政委、代理第一政委、中共中央上海局書記、中共中央華東局書記處書記等，1967年2月是被周恩來保護在北京的地方大員之一。江渭清聽說朱德也受批判後壯著膽子特地去看望朱德，對朱德流著眼淚「把自己心中的疑慮一古腦兒地倒了出來」，從朱德要跟這位江蘇「最大的走資派」強調「停產鬧革命並不是主席的意見，也不是中央的意見」來看，江渭清的所謂「一古腦兒」顯然是他向朱德表達了對毛澤東的強烈不滿。江渭清原屬於彭德懷系統的人，後來成為陳毅派系的人，在軍內級別比較低，與朱德的關係隔了幾層，但顯然是自己總司令的熱烈崇拜者，在經濟建設方面比較聽朱德的話，挨過劉少奇整。江渭清這時候拜訪朱德並進行傾訴，是一種人心傾向的表現。朱德關照他：「渭清同志啊，你要能忍耐。忍得一時之氣，免得百日之憂，不忍不耐，小事成大啊！」也就是說，朱德已經看透了毛澤東這一套長久不了，按朱德習慣的說法就是不能經受住歷史考驗的，眼前的批判只是「小事」，是「一時之氣」，關鍵還是在於「百日之憂」。

　　既然只是「小事」，是「一時之氣」，那麼，解決「百日之憂」的最好辦法就是「忍耐」。這種忍耐不是完全被動的，而是朱德的一種權謀之術，是他自滇軍時期就深研其道的

「養力以待，後多成功」。現在這種「養力以待」的關鍵是什麼呢？那就是歷史考驗，是個時間問題，而時間問題的核心，在朱德來說就是壽命。朱德之所以是毛澤東、林彪等人極其頭疼的難題，便是他不死，而且健康地活著，使得中共一直有一個可以與毛澤東從實力到威望真正一比的「領袖」幽靈，這是個讓劉少奇喊「萬歲」、周恩來稱「救星」、人人喊「總司令」的人物，但也正因為朱德不僅引退，而且確實越來越老了，便給了一些人他活不了多久的希望，形成了對朱德進攻難下最終決心的尷尬，一些人可以欺負他年老藐視他、批判他、侮辱他、背叛他，但如果要真正與朱德來一次「追窮寇」決戰，卻是並沒有足夠的勇氣和力量。與毛澤東、林彪擔心死亡不同，朱德對自己還能夠活下去充滿了信心，他不僅自己反過來要跟毛澤東、林彪競賽健康、壽命，而且也要自己勢力的人健康地活下去。在從化溫泉，朱德把軟禁變作了療養。董必武喜歡練書法，朱德自己編了一套操鍛煉，顯然效果很好，他要教給董必武練，董必武則更喜歡練書法養身心，兩個人約定了看誰能夠活得壽命更長。這似乎只是朱德跟董必武競賽壽命，其實更是朱德在跟毛澤東、林彪競賽壽命。後來的歷史演變證明了，壽命這個因素有著非常關鍵而巨大的意義。

四十八　林彪之死

毛、林矛盾

　　1969年10月18日林彪「第一個號令」之後，林彪的權力和聲勢達到了頂峰，大有像當年朱德一樣與毛澤東並列的格局。但林彪終究難以與當年的朱德相比，朱德是從井岡山一開始就與毛澤東並列甚至權力經常比毛澤東更大的人，與毛澤東有著天然一體化的「朱毛」體品牌，直到建國前後，與毛澤東同為中共兩大領袖，只不過朱德作為總司令主要是軍隊統帥，一方面毛澤東的個人崇拜和獨裁還沒有絕對化，另一方面處於引退中且沒有取代毛澤東中共最高領袖的明顯傾向，同時朱德又擁有幾乎所有人的愛戴，林彪則被明確為了毛澤東的「接班人」，有著明顯的取代毛澤東中共最高領袖的傾向，但又不具備朱德的資歷和真正受人愛戴的牢固基礎，雖然朱德對毛澤東保持著自己頑固的獨立立場，而林彪則把毛澤東個人崇拜推到了荒誕的程度，但朱、毛之間並沒有比較明顯的陣營分野，林彪則與毛澤東有著比較明顯的陣營分野，特別是1966年7月8日毛澤東給江青的信更是已經為毛、林關係埋下了一顆危險的炸彈，因此，毛澤東與林彪之間衝突激烈化不過只是個時間問題。當毛、林同盟需要對付劉少奇、鄧小平黨政系統和朱德所謂的「中國（馬列）共產黨」時，面對強大的對手，這個同盟更需要團結，但當已經沒有強大的對手需要對付時，他們自身的矛盾也就很快呈現了出來。

　　一切獨裁的政權和違背國家建設常識的政權，其維持都是建立在樹立和製造敵人基礎上的，越是獨裁、荒唐就越是需

要依賴於樹立敵人，這種敵人有內部和外部的。對毛澤東來說，樹立敵人就是進行階級鬥爭，就是進行革命。但這是個巨大的困境。毛澤東在反對劉少奇搞「四清」、「五反」時，提出一個重要的理由，認為經過建國後歷次運動，所謂地主、富農已經被打擊得毫無氣候，向下搞階級鬥爭已經沒有什麼大的意義，而應該向上搞。現在，向下搞地主、富農自然更沒有什麼意義，但向上搞所謂的「走資派」，經過幾年「文化大革命」也同樣越來越失去意義，朱德嘲笑毛澤東他們，搞得人人都是「走資派」了，就誰都不是「走資派」了。「走資派」本就是一個用階級鬥爭名義掩蓋權力鬥爭的藉口，似乎可以找出一些理由說明其存在，但由於並不具備階級分析的嚴格社會學基礎，實際只是一種缺乏理性依據的虛浮主張，喜歡作階級分析的毛澤東要內心充實很難實現充分的自我安慰，只能敏感而心虛地堅持「文化革命」的正確性。能夠讓毛澤東比較踏實的是樹立國際敵人，這在冷戰時期是十分容易做到的。在冷戰環境裏，中國本就與西方資本主義國家處於敵對地位，史達林死後赫魯雪夫對史達林的批判給毛澤東提供了爭奪社會主義陣營精神領袖地位的機會，毛澤東無論從其理論素養、政策主張還是國家實力來說，都根本不具備實現這一野心的能力，最終的結果只能是失敗，與蘇聯的關係惡化，毛澤東又把中國弄成了蘇聯、東歐陣營的敵人。本來，中國參與了萬隆會議，為加入亞、非世界開了個良好的頭，但中國與印度對領導權的爭奪和中印領土爭端導致的中印關係惡化，使得中國並不能夠真正進入不結盟運動體系當中，而毛澤東愚蠢的輸出革命活動更使中國成為了東南亞地區主要國家的敵人。毛澤東的四處為敵政策到了中共「九大」，已經使中國成為了世界上最封閉、最孤立的一個國家，這是個世界上人口最多、最貧窮卻擁有原子彈和世界數量最龐大陸軍兵力的國家，中國幾乎與整個世界為敵但也沒有一個國家願意到中國領土上來進行戰爭，中國除了自己餓著肚子用金錢四處援助討好最貧窮國家爭取朋友別無出

路。這種格局對一個國家來說是極其悲哀和悲慘的，但對毛澤東來說則是為鞏固獨裁建立了國際基礎，並把自己打扮成了不服從任何權威進行「造反」——「革命」——的世界性精神象徵人物。

　　林彪「第一個號令」標誌了毛澤東的獨裁基礎實際已經動搖。雖然透過「文化革命」毛澤東的個人崇拜和獨裁達到了近乎荒誕的高度，但他這顆紅太陽身邊卻還冉冉升起了林彪這顆強烈膨脹著的小太陽，而周恩來又在一邊像個黑洞一樣悄悄吞噬著他們的光芒，朱德雖然被軟禁，但他的軟禁並無罪名，僅僅是尋找藉口的一種臨時措施，作為一個潛在威脅仍然一定程度地存在著。毛澤東是非常清楚這種局面的。中共「九大」期間，一天出席文藝晚會，毛澤東、林彪剛走進劇場，就響起了一片「毛主席萬歲」、「敬祝毛主席萬壽無疆」的喊聲，毛澤東微笑著對林彪說：「下面該輪到你了。」果然又是一片喧鬧而令林彪志滿意得的「祝林副主席身體健康！永遠健康！」毛澤東急於要擺脫這一局面，但這卻非常困難，也十分危險。林彪與劉少奇完全不同，雖然林彪長期是毛澤東心腹，但林彪只是被毛澤東利用，而不是像劉少奇那樣長期是毛澤東的傀儡和奴才，更有著一個天才軍人的獨立個性和強硬、粗魯風格，不僅名正言順地獲得了享受被人們個人崇拜的地位，更掌握著實際而強大的軍權，毛澤東試圖像整劉少奇那樣用步步緊逼的政治手段對付林彪，林彪並不會順著毛澤東的思路被動地等待失敗。如果採取激烈手段解決林彪，林彪強硬地不屈服，與毛澤東公開分道揚鑣，由於林彪已經獲得了毛澤東「親密戰友」的名義，即使毛澤東獲勝，所形成的分裂和公開對抗也將是毛澤東既有政策的全面失敗，何況毛澤東並不一定有把握輕鬆獲勝。作為獨裁基礎的國內政治，毛澤東已經一時無法調整，出路只能從國際關係上突破，透過擺脫孤立局面緩解中國的國際困境，以為將來爭取民心作準備，既然已經以進入針對蘇聯的全面戰爭緊急戰備狀態，出路也就只能

設法溝通與美國、歐洲、日本的關係，也就是說，毛澤東必須要設法透過一定的途徑既維持獨裁，也要降低獨裁的程度，以避免被林彪繼續利用這種獨裁鞏固和擴張權力。

毛澤東的痛苦在於，林彪可以給予毛澤東的時間不會很多。林彪本人的身體太差，很難說到底能活多久，這種根本不能預計「長壽」的心態所釀成的是越來越急躁的氣氛，如果毛澤東不能在林彪之前去世，林彪就不能在有生之年和平地實現做「偉大人物」的理想，也就是說，毛澤東必須要在林彪之前去世才能讓林彪真正滿意，這就意味著林彪身體越差，就必須要越加速毛澤東死亡。問題在於，林彪是十分可能做到這點的。

還在1968年3月時，毛澤東、林彪為了對付朱德他們走政變道路，控制京畿重地，突然採取行動，於3月22日宣布傅崇碧撤職，3月24日宣布楊成武撤職，余立金逮捕，這就是「楊、余、傅事件」。「楊、余、傅事件」實際沒有任何理由，完全就是一次防政變的京畿軍事力量控制突然行動。楊成武當時是代總參謀長，1914年生，福建長汀人，1930年隨閩西地方紅軍編入朱毛紅四軍第三縱隊，長征時任紅一軍團第二師四團政委，是林彪手下，抗日戰爭時擔任八路軍第一一五師獨立團團長、獨立第一師師長、晉察冀軍區第一軍分區司令員兼政委，冀中軍區司令員，是聶榮臻手下的得力戰將，石家莊戰役時任晉察冀野戰軍第二政委，實際就是前線政委，不久後任第三兵團司令員、第二十兵團司令員，楊成武是地位略低的將領中對朱德最忠誠的一員將領，建國前後主要防守京、津一帶，率兵赴朝鮮作戰前朱德還特意去看他和視察他的部隊，朝鮮戰爭後任華北軍區參謀長、副司令員、京津衛戍區司令員、北京軍區司令員、解放軍副總參謀長等，1966年代總參謀長。余立金，1912年生，湖北大冶人，原是賀龍手下，抗日戰爭後在陳毅手下，建國後任解放軍第三高級步兵學校校長兼政委、南京軍區空軍政委、空軍副政委兼南京軍區空軍政委、空軍政委。傅崇碧，1916年生，四川通江縣人，原為楊成武

部下，任晉察冀軍區第四縱隊十旅政委、華北野戰軍第十旅旅長、第十九兵團六十四軍副政委，建國後任第十九兵團軍長、志願軍第六十三軍軍長、北京軍區副司令員兼北京衛戍區司令員、北京軍區政委。空軍是林彪重點控制的兵種，這一兵種在政變和反政變中有著非常重要的作用，余立金作為空軍政委，作為賀龍和一向與林彪有矛盾的陳毅老部下，對林彪鐵桿空軍司令吳法憲是一個重大牽制，林彪是非搞掉他不可的。楊成武不僅作為代總參謀長直接牽制了林彪的軍權，而且與傅崇碧等於控制了京畿地區的武裝力量，楊成武不僅是一向與林彪有矛盾的聶榮臻嫡系部下，而且也是朱德的親信將領，聶榮臻又是元帥中對朱德最一貫忠誠的，因此，楊成武、傅崇碧是毛澤東、林彪共同要堅決搞掉的人物。

「楊、余、傅事件」之後，毛澤東、林彪讓黃永勝任總參謀長，溫玉成任北京衛戍區司令員，組建了一個由黃永勝任組長、吳法憲任副組長的軍委辦事處，實際取代了中共中央軍委負責日常工作，葉群、邱會作、李作鵬為組員。毛澤東現在成了林彪利用的一塊招牌，被林彪挾天子而令諸侯，在軍隊方面幾乎已經難以實質性具體插手，這一人事安排是毛澤東的全面失敗，完全就成了一個「林辦」。黃永勝，1910生，湖北咸寧人，1927年6月參加毛澤東的秋收暴動上井岡山，1929年後任排長、連長、副團長、團長、紅三十一師師長、紅六十六師師長、紅一師三團團長等，抗日戰爭時任八路軍晉察冀軍區第三軍分區副司令員、司令員、教導第二旅旅長，抗日戰爭後隨林彪進入東北，任熱河軍區司令員、冀熱遼軍區副司令員、熱遼軍區司令員、冀察熱遼軍區副司令員、東北民主聯軍第八縱隊司令員、東北野戰軍第六縱隊司令員、第四野戰軍第四十五軍軍長、第十四、第十三兵團副司令員，建國後任第十三兵團代司令員、司令員兼廣西軍區副司令員、第十五兵團司令員兼廣東軍區副司令員、兼廣州市警備司令員、華南軍區副司令員兼華南軍區防空部隊司令員、政委、中南軍區參謀長、志願軍

第十九兵團司令員、中南軍區副司令員兼參謀長、廣州軍區司令員、中共中央中南局書記處書記、廣東省革命委員會主任等。吳法憲，1915年生，江西永豐縣人，1930年參加紅軍，原為林彪遼西軍區副政委、東北民主聯軍第二縱隊副政委、第四野戰軍第三十九軍政委、第十四兵團副政委兼政治部主任，建國後任南寧市軍事管制委員會副主任、空軍副政委兼政治部主任、空軍政委、司令員、副總參謀長兼空軍司令員。邱會作，1914年生，江西興國縣人，1929年參加紅軍，曾任紅五軍團宣傳隊隊長、軍委總供給部政治指導員、軍委四局三科科長、西北供給部糧抹處處長，抗日戰爭時期曾任軍委供給部副部長、部長、豫皖蘇邊區財政委員會主任兼新四軍第四師供給部政委、新四軍第四師政治部組織部部長，抗日戰爭結束後任熱遼軍區政治部主任、東北野戰軍第八縱隊政委、第四野戰軍第四十五軍政委，建國後任第十五兵團副政委兼政治部主任、華南軍區政治部主任、中南軍區政治部副主任、解放軍總後勤部副部長、副政委兼後勤學院院長、總後勤部部長、黨委第一書記、國務院國防工業辦公室副主任，1968年任副總參謀長兼總後勤部部長、中央軍委國防工業領導小組組長。李作鵬，1914年生，江西吉安人，1930年參加紅軍，原為朱德警衛班士兵，抗日戰爭時期曾任抗日軍政大學參訓隊長、八路軍第一一五師偵察科科長、作戰科科長、山東縱隊參謀處處長，抗日戰爭後任東北民主聯軍參謀處處長、第一縱隊副司令員兼參謀長、東北野戰軍第六縱隊司令員、第四野戰軍第四十三軍軍長，建國後任第十五兵團參謀長、中南軍區軍政大學副校長、第一、第四高級步兵學校校長、解放軍訓練總監部陸軍訓練部部長、總參謀部軍訓部部長、海軍副司令員、副總參謀長兼海軍政委。這幾個人不管早期是什麼經歷，但都是林彪第四野戰軍將領出身，屬於林彪嫡系。林彪幾乎已經不顧最基本的軍隊講究資歷的傳統，讓葉群作為自己代言人擔任了軍委代表處成員，使這個對軍事一竅不通的女人獲得了中共歷史上女性

最高的軍事地位，透過精力遠比江青旺盛的葉群直接指揮黃永勝、溫玉成控制了京畿軍事和丁盛為司令的廣州軍區，透過葉群直接指揮黃永勝、吳法憲、邱會作、李作鵬，控制了解放軍總參謀部、總後勤部和空軍、海軍，這樣，林彪也就把軍隊最關鍵的部隊和兵種掌握在了自己的手裡。

　　毛澤東有苦難言，進困難，退不願。夾在毛澤東、林彪當中的周恩來更是給毛澤東火上澆油。晚年周恩來最為研究者所詬病的一個問題，是他這時候的奴性幾乎發揮到了極點，不僅積極推動對毛澤東的個人崇拜，而且更推動對林彪的個人崇拜，對江青也竭盡所能地進行吹捧，但這恰是周恩來的高明之處，其權術玩弄的爐火純青程度至今蒙蔽住了研究者。這時候的周恩來一方面就實力來說幾乎成為了孤家寡人，達到了他一生中勢力最虛弱的低谷，另一方面又透過超人的事務處理能力深得人心，使幾乎所有人都有求於他，離不開他。任何人都可以對他不敬，任何人都不得不敬重他。不管毛澤東怎麼一步步走向虛弱，連環著失誤，但這一切都是建立在毛澤東鞏固了自己個人崇拜基礎上的，是在他獨裁的壓力下形成的，其力量的強大終究還不是林彪所能比擬，毛澤東之所以這樣一步步走過來，是以他不願意放棄獨裁為目標的，他不可能自動退出歷史舞台讓渡給林彪，周恩來不可能不看清楚這根本。周恩來所能選擇的，只能是以徹底虛弱的奴性表現徹底消除毛澤東、林彪對他的防禦，並促成毛澤東與林彪進行決鬥。相比較而言，毛澤東雖然是個暴君，但林彪更是危險，林彪從1959年後清除異己的手段粗魯而殘忍。毛澤東更是政治家的殘暴，林彪則是軍人的殘暴。毛澤東是整人，林彪如果掌握絕對權力，更會習慣於搞槍斃、殺頭，中共將會變為軍黨，中國很可能演變為更黑暗的軍政府，特別是對中共來說，林彪由於自己和親信們的資歷問題，由於他僅僅是一個山頭的問題，很可能學習史達林式的大清洗，在黨內和軍隊內舉起屠刀。1969年6月9日被林彪監禁的賀龍之死，雖然不是使用刑罰處死的，但實際使用的手段

跟處死無異，利用賀龍的糖尿病採用導致其惡化的手段強行使賀龍死亡，這種變相處死的方法用在一個元帥身上，所蘊涵的暴力性是非常恐怖和大膽的。作為周恩來，他必須要借助毛澤東之手清除掉林彪這個極其危險的人物，手段則是不斷地刺激毛澤東最敏感和致命的地方，用對林彪的個人崇拜和權力擴張進逼毛澤東，迫使毛澤東不顧一切地進行反彈和進攻。由於毛澤東只能忍氣吞聲，愚蠢的江青以為林彪真的就是毛澤東的「親密戰友」了，周恩來幾乎像中國歷史上最成功的宦官對付後宮那樣，成功地把江青玩弄在股掌之間，誘使虛榮心十足的江青四處揮舞大棒得罪人，又拼命吹捧林彪的個人崇拜，以至一些人以為投靠林彪可以得到保護，比如時任廣州軍區司令的黃永勝在「二月逆流」得罪了江青，之後挨整，他本是林彪的人，便死心塌地地跟著林彪，反而高升了；陳伯達本是毛澤東的親信，名義上又是江青的頂頭上司，雖然陳伯達礙於江青的問題不願意以「中央文革」小組組長的名義出面，但周恩來卻一再突出他的組長身份，最終在起草中共「九大」文件過程中，陳伯達跟橫加干涉的江青鬧反，改為投靠林彪。江青的愚蠢還在於，一方面她鼓吹林彪的個人崇拜，一邊卻不斷打擊林彪的幹將黃永勝等人，試圖要他們聽自己的指揮。周恩來表面上當和事老，實際卻是縱橫捭闔，遊刃有餘，不斷促使毛澤東與林彪的矛盾滋長。

1970年「廬山會議」

還在「九大」後不久，江青就突然跳出來批評林彪在中共八屆十二中全會上的講話，從表面看，這似乎是江青胡作非為的一個心血來潮之作，實際上江青再怎麼愚蠢也不可能輕易做這一直接對著副統帥的事情，這即使不是得到毛澤東授意，也至少是她領會到了毛澤東對林彪的不滿才敢做的。看上去這只是一個由潑婦偶然弄出的小鬧劇，實際上則是毛澤東要

開始進攻林彪的強烈信號，也是毛澤東與林彪開始正式對立的開始。周恩來一方面向毛澤東彙報著幾乎所有的問題，並絕對遵守毛澤東的一切決定，另一方面則私下對林彪等人表示同情，表現得是在悄悄維護他們，不斷推動毛澤東與林彪的衝突。梟雄毛澤東的韜略遠非林彪所能對付，他很快找準了林彪的軟肋。林彪的軟肋恰恰是他最強大的地方，一是他作為接班人的地位，一是他掌握著的軍權和勢力。林彪作為接班人的地位雖然是他爭取到的，但根本上畢竟是他賦的，而賦予者終究是毛澤東，毛澤東不能取消賦予林彪的這一地位，但卻可以削弱林彪這一地位的有效性和權威性。林彪的軍權和勢力在本質上是用一個山頭取代其他山頭，但其他山頭的人還在，特別是朱德還活著，這終究是林彪的隱患。毛澤東使用顛三倒四的方法與林彪一會商談林彪之後的接班人問題，一會跟林彪商談設立國家主席的問題，使林彪不知道該如何進退。林彪接班人問題表面看是毛澤東在為林彪考慮林彪接了毛澤東班以後也去世了的問題，卻也似乎在暗示可以不等林彪接毛澤東班就用人替換掉他，甚至可以理解為毛澤東不相信林彪可以活長久，根本不能接毛澤東班，而是要考慮誰來接林彪死了後的副統帥位置，因此，是充滿了對林彪的威脅。國家主席的問題則又是個誘餌，雖然林彪是副統帥，但法定名義僅僅只是中共副主席，而不是國家元首，國家主席是法定的國家元首職位，自然對林彪有著強烈的誘惑，因而，似乎又是在進一步提高林彪的地位。兩個方面的的心理戰終於促使林彪產生了焦急情緒，把林彪引誘到了「接班人」這個本已經在「九大」解決了的議題上。

　　1970年8月23日至9月6日中共中央在廬山召開九屆二中全會，史稱1970年「廬山會議」。在這次會議上，毛澤東突然發飆，就設立國家主席問題大批人們已經明知其倒向了林彪的陳伯達，把完全是冤屈的陳伯達乾淨俐落地清除掉了。中共黨史的一般研究者都認為這次會議毛澤東的行為是針對林彪的，但

對毛澤東為什麼會在這次會議上利用完全是他一手製造的國家主席是否設立問題大做文章，則基本處於感覺難以理解的狀態。毛澤東在會議上對陳伯達的批判語言很明顯是對著林彪而發，林彪與毛澤東的情緒當即十分對立，這次「廬山會議」的實質就是毛澤東正式向林彪開始宣戰。毛澤東的高明之處，是用指責林彪想當國家主席而毛澤東拒絕設立國家主席職位，向人們宣布了林彪作為「接班人」並不具有絕對性，從側面否定了中共「九大」〈黨章〉的規定，而且，透過輕易打倒陳伯達，再次強調了毛澤東的絕對權力和權威，從聲勢上表現出林彪實際是個不堪一擊的人，林彪還遠沒有實力可以跟毛澤東對抗。毛澤東的這一對林彪的進攻是出乎林彪意料之外的，完全是一次突然行動。即使是突然行動，個性鮮明的林彪為什麼就幾乎沒有還手之力呢？毛澤東為什麼敢於在這次會議上忽然從根本點上進攻林彪呢？如果毛澤東僅僅依靠周恩來、江青等人的支持，並不能夠做到這點，根本的，還是在於軍人。雖然林彪在軍隊擴張自己的勢力，但毛澤東並沒有完全放棄自己的控制力，他也使用和拉攏了原紅四方面軍出身的人，除了仍然重用李先念做周恩來副手主持經濟工作外，最重要的是南京軍區司令許世友、瀋陽軍區司令陳錫聯和總政治部主任李德生。徐向前和原紅四方面軍的人雖然長期被壓制、排擠，但作為首腦的徐向前只是在「二月逆流」後隨朱德遭到並不嚴重的打擊，而紅四方面軍的人本就與紅一方面軍的人有宿怨，這種宿怨跟彭德懷、林彪有著密切關係，毛澤東重用和器重李先念、許世友、陳錫聯、李德生，他們自然格外感恩戴德，忠心耿耿。但是，毛澤東僅僅憑這樣的實力仍然不足夠，甚至可以說相比林彪還處於較大的劣勢。最重要的是，這次會議作為中共中央全會，被軟禁的朱德「中國（馬列）共產黨」們作為政治局委員、中央委員，自然也應該參加，這是個對他們解禁的難以察覺的時機。對毛澤東來說，雖然深知這些人對自己充滿了怨恨甚至仇恨，但現在情況已經不同，不再是進行「全面奪

權」的時期，已經轉入了平穩進行的「文化大革命」時期，只要毛澤東不再把朱德的所謂「中國（馬列）共產黨」作為敵人，而是挑明跟林彪的對立和衝突，那麼，朱德等人在毛澤東與林彪之間，必然會選擇支持毛澤東，而不會支持1959年「盧山會議」以來在軍內進行粗暴打擊甚至狂妄地動到朱德頭上的林彪，雖然朱德等人現在並不掌握軍權，但他們只要坐到那裏，一當得到毛澤東的政治支持，對那些現職掌握軍權的人所具有的威懾力將是十分巨大的，一般不是林彪鐵桿的軍人根本不會再有膽量站到林彪一邊去。同時，毛澤東也可以借此暗示朱德等人，自己願意改正以往的錯誤，彌補整了他們的過失。1970年「盧山會議」上，朱德「中國（馬列）共產黨」們雖然保持了沉默，但他們在會場上的存在所蘊涵的強大力量，已經使林彪只能完全被動地接受毛澤東的進攻，如果林彪當即反抗，與毛澤東的衝突激化起來，朱德「中國（馬列）共產黨」們明確站到毛澤東一邊一拍桌子，林彪的後果將更加不堪。

林彪出逃

　　1970年「盧山會議」被毛澤東突然襲擊的林彪既然毫無還手之力，也就奠定了他全面失敗的基礎。在政治上，既然陳伯達被定性為了錯誤，也就等於林彪也已經屬於錯誤，毛澤東已經把帽子給林彪蓋定了。在勢力上，朱德等人回到了北京，雖然毛澤東並不願意與他們結成同盟，但如果需要，這種同盟幾乎是隨時可以建立起來的，一當這種同盟建立起來，輕易就可以剝奪或限制掉林彪的軍權，這可以說是毛澤東萬不得已時可以採取的十分強有力的一招，所具有的威懾力是不言而喻的。但是，與朱德所謂「中國（馬列）共產黨」結盟是毛澤東最不願意的，他們與林彪不同，林彪與毛澤東的矛盾對毛澤東來說不過是純粹的權力問題，在對「文化大革命」的基本立

場上是一致的，朱德他們不僅是個權力問題，更在「文化大革命」的基本立場有著很大不同，因此，毛澤東還是更希望維持與林彪的同盟，但前提是林彪必須徹底馴服，不能構成對毛澤東獨裁權力的威脅。「廬山會議」後，毛澤東的健康出現比較嚴重的問題，這對毛澤東來說是十分恐懼的，認為「林彪大約希望我的肺爛了」，加緊了對林彪的進攻。毛澤東利用已經被認定為錯誤的陳伯達，推動「批陳整風」運動，仍然不把矛頭直接、公開指向林彪，而是對林彪的「五虎將」葉群、黃永勝、吳法憲、邱會作、李作鵬進行攻擊，迫使他們一再檢討，試圖脅迫林彪站出來主動投降，進行檢討，接受馴服。雖然毛澤東達到了使林彪一再退讓，被動地讓毛澤東「拋石頭」、「摻沙子」、「挖牆角」，毛澤東用李德生、紀登奎取代了北京軍區司令鄭維山、政委李雪峰，一下子抓住了京畿地區軍隊的最重要權力，但是，林彪並不屈服，堅持不向毛澤東檢討。在這種僵持、對立中，毛、林矛盾不斷尖銳化，咄咄逼人的毛澤東沒有台階可下，只能越來越向林彪本人進攻，下定清除林彪的決心，當林彪試圖與毛澤東當面一談時毛澤東已經不可能給他緩和機會，林彪只能繼續強硬下去。林彪要堅持強硬立場就必須進行反擊，但政治上林彪在由他自己推動的毛澤東個人崇拜陰影下，根本沒有任何可以反擊的機會，唯一可以實施的管道只有武力，而武力的動用則意味著不得不走向政變的道路。

當要實際進行政變，林彪的虛弱便徹底顯示了出來，雖然他掌握主要的軍權，但他並不具有足夠的威望和可靠的實力，進行政變他不僅要對付毛澤東，也必須要把朱德等人納入消滅人身的計劃當中，而京畿地區林彪並沒有擁有絕對的力量，特別是當毛澤東離開北京南下後，林彪要同時解決「游擊」中的毛澤東和在北京、秦皇島的朱德乃至周恩來等一大幫人，根本沒有任何可能。如果林彪殺了朱德等而不能殺掉毛澤東，林彪既不能達到對付毛澤東的目的，也等於給毛澤東提供

了藉口，無疑是自取滅亡。如果林彪殺掉毛澤東而沒有殺掉朱德，周恩來、陳毅、徐向前、葉劍英、聶榮臻、劉伯承、董必武等幾乎所有人自然就為朱德「黃袍加身」，甚至江青、康生、張春橋等為了復仇和自保也會加入這一為朱德「黃袍加身」的陣營，林彪必然因「弒君」之罪身敗名裂，更是徹底覆滅。幾乎所有研究林彪問題的人，對林彪在1970、1971年猶疑不決的表現覺得難以理解，思維上是因為僅僅只考慮到了林彪與毛澤東的衝突，而忽視了朱德螳螂在後的存在，不知道林彪如果進行政變並不只是要殺掉一個毛澤東，而是必須要殺掉朱德乃至周恩來等一大批人，不然，這一政變就只會是為他人作嫁衣裳的衝動，只會是出於憤怒和求生的孤注一擲。在這樣一種幾乎毫無前途的政變背景下，從來習慣於不打無準備之仗和不輕易進行決戰的林彪自然要非常猶疑。毛澤東十分明白林彪的境遇，並以為看透了林彪，1971年8月15日，毛澤東離開北京南下，主要就是向地方大員特別是那些掌握著軍隊的軍區首腦點明他與林彪的矛盾，拉攏他們，讓他們表態支持自己，甚至找了林彪嫡系廣州軍區司令丁盛，親自指揮丁盛等人唱〈三大紀律，八項注意〉，把丁盛攏絡得激動萬分，表示堅決支持毛澤東。毛澤東這樣做，既是孤立林彪，也是斷絕了林彪發動內戰的可能，這樣，被斷絕了這一後路的林彪也就失去了討價還價的實力，以把林彪限制在他注定要失敗的政治領域解決問題。但是，毛澤東看錯林彪了。

　　林彪由於健康原因，其實早已經不是戰爭年代的那個林彪，既沒有體力支撐連續的工作，也沒有精力進行四處活動，不過只是半條命而已。這種情況決定了林彪實際沒有能力策動和指揮內戰，連進行小規模暴動和暗殺的行動也不能直接指揮。林彪既不得不要依賴毒品維持身體，更不得不依賴葉群作為自己代言人和替身進行工作和活動，是中共核心層唯一由自己妻子擔任所謂辦公室主任的人，這一點雖然被毛澤東和其他人所接受和理解，但也暴露出了林彪本身致命的弱點。葉群

是個富有野心但缺乏經驗和在關鍵時刻膽小、慌亂的女人，「二月逆流」時林彪把江青叫到毛家灣痛斥，葉群跪下央求林彪，正是這樣的一種表現，其實當時毛澤東不得不依賴的林彪找毛澤東當面理論，即使發生衝突，對林彪未尚不是好事。如果林彪僅僅「重用」葉群問題還不大，更嚴重的是由於同樣的情況進一步「重用」起了兒子林立果，連女兒林立衡甚至也一定程度地捲進了林彪－葉群這一權力漩渦中，林立果的「妃子」張寧也能夠像局內人一樣瞭解很多情況，形成了一個家庭政治作坊，這似乎彌補和增強了林彪的能力，其實卻是嚴重影響和削弱了林彪的影響力，最嚴重的後果是林彪幾乎因此很難獲得嫡系將領的傾力支持。林彪出逃前，葉群哭著央求「聯合艦隊」參謀長周宇馳：「我一家老小都交給你了，你要救救我們一家。」這既反映了林彪的家庭作坊式政治，也說明了關鍵時候林彪的孤家寡人本質，而且，周恩來在對林彪出逃進行應變前幾天當中，直接指揮的恰恰是吳法憲等林彪的「金剛」，說明了這些「金剛」在林彪這種家庭作坊前，並不會不顧一切地為他獻身，而這也是被毛澤東、周恩來所看透的。在這種情況下，林彪幾乎沒有絕對可用的大將，而只能使用耽於女色、少年意氣而沒有經驗的兒子林立果，可用的可靠力量非常小，只能由林立果組建所謂的「聯合艦隊」進行暗殺式的政變。這幾乎是沒有勝算的事情，即使殺掉了毛澤東，由於朱德的存在，林彪最終也是慘敗，因此，即使毛澤東南下後，林立果開始實施對毛澤東的暗殺計劃，林彪也依然猶豫難決，林彪、葉群、林立果表現得慌亂而異常，林立果在最關鍵的時刻既不親臨南方指揮，而且甚至在北京抱著「妃子」呼呼大睡。毛澤東很快察覺到了可能有暗殺行動，採用「游擊」方法輕易跑出了「賊窩」。林立果暗殺不能實現，林立衡又向中央通風報信，周恩來輕易放林彪逃亡，林彪家庭政治作坊只能倉皇登上飛機，走向死亡。這一結果是毛澤東所沒有估計到的，一是沒有估計到林彪在必然失敗時會採取同樣將失敗的暗

殺式政變行動，二是沒有估計到林彪和葉群、林立果不願意束手就擒。林彪毫無疑問是一敗塗地，但他的沒有屈服和死亡則同樣導致了毛澤東的慘敗。這是毛澤東沒有能夠真正看清楚林彪及其家庭政治作坊特點的結果，是完全出乎毛澤東意料之外的。

　　林彪之死對毛澤東來說是個沉重打擊，毛澤東要清除林彪並不是他的本意，毛澤東本意不過是想透過壓迫馴服林彪，只是由於林彪的不願屈服而把毛澤東「逼」著逐步升級，最終不得不進入要清除林彪的程序，即使如此，也不等於毛澤東要把林彪置於死地，即使要把他置於死地，從毛澤東來說也需要以所謂的「路線」鬥爭有一個緩衝過程，而不是突然的以死相抗的決裂。林彪之死的突然性使毛澤東的全盤計劃同時突然破產，幾乎所有派系的老幹部特別是軍隊將領們額手相慶、奔走痛飲，毛澤東來不及組織自己的力量替換林彪留下的真空，而毛澤東與林彪結盟的「錯誤」幾乎無需分辨，毛澤東的威望和實力瞬息間跌到了他在中共掌權以來的最低谷。周恩來為林彪之死號啕大哭，其心情與毛澤東一樣複雜，甚至比毛澤東更加難堪。雖然周恩來放林彪順利出逃，但這不過已經是無奈之舉，林彪的全部問題出在對毛澤東實行暗殺這一政變行動上，如果林彪被攔截留下，則毛澤東有了時間可以進行「路線」鬥爭，毛澤東一定會進行瘋狂的報復，江青等人更會亂舞大棒，周恩來原來私下對林彪等人的同情和幫助就很可能成為罪行，被連帶著一起受到打擊，這樣，周恩來就會跟著林彪一起遭殃，毛澤東趁機進一步進行「全面奪權」，權力清一色被江青、康生、張春橋他們奪去，而周恩來則由於積極協助毛澤東、林彪推動「文化大革命」，可能比劉少奇、鄧小平他們更糟糕，朱德他們連同情也不會有，因此，周恩來需要林彪成功叛逃蘇聯，死亡則是更理想的收穫，但這一事件的突然性也使周恩來處於極其痛苦的境地，現在，中共最強大的勢力毫無疑問是朱德「中國（馬列）共產黨」，劉少奇雖然已經

於1969年11月12日死了，但鄧小平仍然活著，毛澤東甚至一直對鄧小平進行了起碼的保護，勢力的潛在力量也不能等閒視之，現在，周恩來已經事實上取代林彪成為了毛澤東、江青的對手，但周恩來很難一下獲取這兩股勢力特別是朱德勢力的理解和支持，幾乎抵抗不了毛澤東的任何進攻。鄧小平「文革」後曾說周恩來：「在『文化大革命』中，他所處的地位十分困難，也說了好多違心的話，做了好多違心的事。」雖然鄧小平強調「人民原諒他。因為他不做這些事，不說這些話，他自己也保不住，也不能在其中起中和作用，起減少損失的作用。他保護了相當一批人」，但依然認為周恩來在「文革」中犯了「錯誤」則是無法忘懷的怨憤。林彪之死最為漁翁得利的是朱德「中國（馬列）共產黨」，由於林彪的突然消失，特別在軍隊勢力方面，他們幾乎已經沒有真正強勁的對手，雖然毛澤東扶植了許世友、陳錫聯、李德生乃至黨務出身的紀登奎，以及還有李先念，即使這些人全力支持毛澤東，但資歷和威望根本無法跟元帥們相比，並不足以控制軍隊。中共的政治格局和勢力平衡體系突然打破了，呈現出的基本形勢已經是朱德「中國（馬列）共產黨」成為中流砥柱。

四十九　永遠的總司令

林彪〈五七一工程紀要〉

　　由於林彪沒有像彭德懷、賀龍那樣俯首就擒，林彪事件的發生就成了突然事件。在這一突然的發生中，毛澤東沒有機會完成把林彪從一個「副統帥」、「接班人」轉化為錯誤「路線」代表的輿論過渡，這是毛澤東最痛苦的。依賴於精神控制實現獨裁的毛澤東必須要對此作出解釋。由於林彪的暗殺、政變行動是中途收兵，事實上沒有實現，毛澤東必須拿出足夠強硬的證據證明林彪的罪行，而這又是毛澤東向全黨、全中國唯一可以進行解釋的方向。透過對林彪物品的搜查，發現了一個按照林彪指示，由林立果組織商討形成的〈五七一工程紀要〉。〈五七一工程紀要〉並不是一個最終文件，而只是個在1971年3月22～24日草就的政變、謀殺的粗糙計劃，或者可以說只是個簡單的設想，但這是份強硬的證據，可以充分證明林彪進行政變和暗殺的行為。毛澤東別無它法，只能把這個文件拋出來證明林彪是個陰謀家、野心家，雖然毛澤東要維持自己一貫正確、英明的形象，說明自己早就看出了林彪的詭計，但實際還是不得不要解釋自己是被林彪蒙蔽了。同樣的心態，周恩來、江青等人也積極推動將〈五七一工程紀要〉大面積傳達和下發，以解除自己被林彪蒙蔽的責任。由於毛澤東用以證明自己早就英明識破林彪陰謀的主要依據是1966年7月8日從武漢給江青的信，因此，江青也藉以了強調毛澤東對自己的絕對信任。周恩來則由於〈五七一工程紀要〉而突然扭轉了自己虛弱而危險的局面，因為〈五七一工程紀要〉除了計劃設想

以外，林彪必須也要構思有別於毛澤東的實現政變以後的國家建設原則和策略，以獲取人心，因此，也構勒了對毛澤東進行批判的提綱，而這部分內容的公佈，將極大地限制毛澤東以後的獨裁行為，在一定的時期裏將使毛澤東收斂起整人的「革命」衝動，可以使周恩來一下變得比較安全起來，十分有利於周恩來獲得鞏固自己地位的時間。

如果說赫魯雪夫在蘇共二十大上的祕密報告是揭開了史達林獨裁蓋子的話，林彪這一〈五七一工程紀要〉則是揭開了毛澤東獨裁的蓋子，而且，恰恰因為林彪這個〈紀要〉是草擬的政變、暗殺計劃文件，雖然使用了一些比較隱晦的詞語，但總體語言卻不需要像赫魯雪夫報告那樣使用精致的政治術語，加上軍人的粗暴和直率，就格外地不加遮蓋，直指了毛澤東及其統治的醜惡和黑暗，遠比赫魯雪夫報告要尖銳、直白地多。這並不等於林彪本就是個與毛澤東有著不同政見的人，對一個歷史人物政見的考察，必須主要根據其執政或參與爭執中的客觀行為及其主張進行，從這一點說，中共內部與毛澤東政見具有最大差別的是朱德，周恩來則小心翼翼地在與毛澤東的異同之間徘徊，劉少奇則是與毛澤東漸行漸遠，而林彪則是毛澤東最忠實的支持者。林彪在〈五七一工程紀要〉中表達的政見僅僅只是出於實行暗殺和政變後爭取人心的需要，是不得不要提出能夠為人們所接受而與毛澤東明顯差異的政見，屬於權術制宜，混亂而互相矛盾，更與他一貫的行為和主張所對立。正是因為屬於權術制宜，林彪在〈五七一工程紀要〉裏最主要的篇幅和言論是對毛澤東進行無情批判，使〈五七一工程紀要〉實際成為了針對毛澤東獨裁的檄文，在毛澤東個人崇拜達到人類史上最荒謬的背景下，突然打破了毛澤東的神話，說出了政治學、社會學常識，使中國從反面得到了一次巨大的精神解放，開端了中國當代史的啟蒙運動。林彪以其不屈服結束了自己的生命，卻用他的虛弱和失敗把毛澤東、周恩來、江青等逼到了懸崖上，使他們不得不把林彪推上輝煌的歷史高峰以

避免自己毀滅，反而奠定了林彪真正的歷史地位，使一個卑鄙的小人成為了一個崇高的英雄。

〈五七一工程紀要〉判斷中國形勢「十多年來，國民經濟停滯不前，群眾和基層幹部、部隊中下幹部實際生活水平下降，不滿情緒日益增長。敢怒不敢言。甚至不敢怒不敢言。統治集團內部上層很腐敗、昏庸無能、眾叛親離」，一廂情願地認為「在全國，只有我們這支力量正在崛起，蒸蒸日上，朝氣勃勃」，狂妄地認為「革命領導權歷史地落在我們艦隊頭上」。毛澤東被代號為美國最具有毀滅性的B-52轟炸機，林彪看透了毛澤東對死亡的恐懼，實際也表現出了自己對健康的無信心，要跟毛澤東互相爭奪時間，「B-52好景不長，急不可待地要在近幾年內安排後事。對我們不放心。如其束手被擒，不如破釜沉舟。在政治上後發制人，軍事行動上先發制人」，把毛澤東－江青集團稱為「筆桿子托派集團」，指出他們「正在任意篡改、歪曲馬列主義，為他們私利服務。他們用假革命的詞藻代替馬列主義，用來欺騙和蒙蔽中國人民的思想。當前他們的繼續革命論實質是托洛茨基的不斷革命論，他們的革命對象實際是中國人民，而首當其衝的是軍隊和與他們持不同意見的人，他們的社會主義實質是社會法西斯主義。他們把中國的國家機器變成一種互相殘殺，互相傾軋的絞肉機式的，把黨內和國家政治生活變成封建專制獨裁式家長制生活」，指責毛澤東「濫用中國人民給其信人（任）和地位，歷史地走向反面，實際上他已成了當代的秦始皇，為了向中國人民負責，向中國歷史負責，我們的等待和忍耐是有限度的！他不是一個真正的馬列主義者，而是一個行孔孟之道借馬列主義之皮、執秦始皇之法的中國歷史上最大的封建暴君」。〈紀要〉分析列出「國內政治矛盾激化，危機四伏」的表現為：獨裁者越來越不得人心；統治集團內部很不穩定，爭權奪利、勾心鬥角、幾乎白熱化；軍隊受壓，軍心不穩，高級中上層幹部不服、不滿，並且握有兵權；一小撮秀才仗勢橫行霸道，四面樹敵

頭腦發脹，對自己估計過高；黨內長期鬥爭和文化大革命中被排斥和打擊的高級幹部敢怒不敢言；農民生活缺吃少穿；青年知識份子上山下鄉，等於變相勞改；紅衛兵初期受騙被利用，已經充當炮灰，後期被壓制變成了替罪羔羊；機關幹部被精簡，上五七幹校等於變相失業；工人（特別是青年工人）工資凍結，等於變相受剝削。〈紀要〉具體分析毛澤東的策略是「所謂打擊一小撮保護不過是每次集中火力打擊一派（批），各個擊破。他們一批今天利用這個打擊那個；明天利用那個打擊這個。今天一小撮，明天一小撮，加起來就是一大批」，「他利用封建帝王的統治權術，不僅挑動幹部鬥幹部、群眾鬥群眾，而且挑動軍隊鬥軍隊、黨員鬥黨員，是中國武鬥的最大倡導者，他們製造矛盾，製造分裂，以達到他們分而治之、各個擊破，鞏固維持他們的統治地位的目的。他知道同時向所有人進攻，那就等於自取滅亡，所以他今天拉……每個時期都拉一股力量打另一股力量。今天拉那個打這個，明天拉這個打那個；今天甜言密（蜜）語那些拉的人，明天就加以莫須有的罪名置於死地；今天是他的座上賓，明天就成了他階下囚；從幾十年的歷史看，究竟有哪一個人開始被他捧起來的人，不被（是）到後來不曾被判處政治上死刑？有哪一股政治力量能與他共事始終。他過去的祕書，自殺的自殺、關壓（押）的關壓（押），他為數不多的親密戰友和身邊親信也被他送進大牢，甚至連他的親生兒子也被他逼瘋。他是一個懷疑狂、瘧（虐）待狂，他的整人哲學是一不做、二不休，他每整一個人都要把這個人置於死地而方休，一旦得罪就得罪到底、而且把全部壞事嫁禍於別人。戳穿了說，在他手下一個個像走馬燈式垮台的人物，其實都是他的替罪羊」。〈五七一工程紀要〉這樣的內容被廣泛傳達，無疑是平地一聲春雷，說出了中共和中國無數人想說而不敢說的話和甚至不敢想的話。林彪在〈五七一工程紀要〉中羅列了一些政變後的政策，其中有「用民富國強代替他『國富』民窮」、「使人民豐衣足食、安

居樂業，政治上、經濟上組織上得到真正解放」的語句，這正是全中國人民急切渴望的，對人心的刺激有著地震般的效應。

〈五七一工程紀要〉是對毛澤東的全盤否定，傳達後在中國引起了巨大震撼，但是，並不足以從思想上真正動搖毛澤東的獨裁，這正是毛澤東還是能夠下決心傳達〈紀要〉的原因。也就是說，一方面，毛澤東為了解釋林彪事件別無更強硬的證據和理由，另一方面，雖然〈紀要〉是對毛澤東極其沉重的打擊，但並不能夠導致毛澤東獨裁統治破產。林彪在〈五七一工程紀要〉裏堅持和主張的仍然是一種他認為的馬克思主義和社會主義，仍然堅持和主張中共對國家的獨裁統治，所提出的一系列混亂的主張和策略基本精神還是中共的專制，是一種傾向於蘇聯模式並比較開明的制度，同時又有著軍人政治的嚴重暴力化傾向，本質上與毛澤東只是中共內部的立場之爭，並且由於林彪有著強烈的權爭意識而使其批判和主張顯得十分虛偽。林彪就像中共絕大多數人那樣，在〈紀要〉中仍然認為「我們不否定他在統一中國的歷史作用，正因為如此，我們革命者在歷史上曾給過他應有的地位和支持」，甚至沒有揀起中共曾經最權威的「朱毛」品牌，也就是說，中共曾有過是靠朱、毛兩大領袖的領導才贏得新中國的意識，當「朱毛」演變為毛澤東一個人時，就成了中共的政權是由毛澤東一個人的領導才得到，而這正是毛澤東賴以推進自己個人崇拜和獨裁的核心資源，林彪不願意給朱德「黃袍加身」，而想自己直接取代毛澤東，就不能消解毛澤東這一資源，從而也就無法真正破除毛澤東獨裁的歷史性依據。實際上，中共至今無法重新評價毛澤東的困境根本，也正在這裏，而為了強化和提高毛澤東的獨特地位和歷史作用，也就不得不嚴重「忽視」朱德這個人。這是朱德研究的最大奧妙之一，也是整個中共黨史研究的主要癥結之一。但是，林彪只能這樣做，如果他利用了「朱毛」品牌，對朱德「黃袍加身」，即使政變成功，林彪深知對他來說也是災難，朱德絕不會容忍林彪，一定會堅決地

清除掉他，當毛澤東已經死亡，「黃袍加身」的朱德清除林彪，林彪同樣是難以抵抗的。有了這些，毛澤東對〈紀要〉在根本上就沒有顧慮，而林彪在〈紀要〉中又有兩個問題是當時幾乎所有中國人所不能容忍的：一，〈紀要〉表現出了強烈的親蘇傾向，林彪逃亡的方向又是蘇聯，林彪和毛澤東共同製造的中、蘇敵對到了臨戰狀態現在成了林彪自己的陷阱，他已經不是一般的流亡外國，而是成了標準的叛國投敵；二，〈紀要〉是個「利用特種手段如毒氣、細菌武器、轟炸、543（本書作者注：一種導彈編號）、車禍、暗殺、綁架、城市遊記（擊）小分隊」的計劃，並且矛頭直對毛澤東，林彪最積極推動的毛澤東個人崇拜到荒謬程度實際強化了中國自古以來的忠君意識，這現在成了林彪自己的陷阱，林彪的行為已經成為忠君意識不能接受的「弒君」滔天罪惡。正因為如此，毛澤東按照慣例自然要仍然組織對林彪的批判，但所有對林彪的批判實際避開了政治批判，而是著重於叛國、陰謀和所謂的「天才論」上，主要是一種道德批判。

「現在反周會天下大亂」

1971年9月13日林彪出逃死亡，9月24日葉劍英取代黃永勝擔任總參謀長，執掌軍權。葉劍英出任總參謀長是毛澤東的無奈之舉，毛澤東用來制衡林彪的許世友等人遠不具備號令軍隊各山頭的資歷和威望，不得不把戰爭時期老資格的總參謀長葉劍英重新請出山控制軍隊，實際上等於毛澤東承認了自己不得不依賴於朱德「中國（馬列）共產黨」們。還在9月13日當天，毛澤東、周恩來就請了葉劍英到北京西郊玉泉山九號樓，準備指揮萬一的軍事行動。14日，毛澤東為了防備可以發布命令的總參謀部發生變亂，請了徐向前、聶榮臻、陳毅等人到總參謀部「開會」，讓黃永生傳達關於林彪事件的文件，這些人一到總參謀部就顯示出了強大的震懾作用，黃永生馬上誠

惶誠恐，畢恭畢敬。葉劍英的出山已經宣布了中共新的權力分配和勢力對比格局，周恩來積極穿針引線以攏絡人心，重新聚集自己的力量。毛澤東則仍然要維持自己的面子，堅守自己的獨裁地位，提出溫和的「要搞馬列主義，不搞修正主義；要團結，不要分裂；要光明正大，不要陰謀詭計」主張，組織「老同志」座談會，希望人們主動表態，既可以得到台階，也可以觀察每個人的心態。10月10日，陳毅給毛澤東寫了封言辭激烈的信，並送呈了一個比較長的揭發林彪紅軍時期問題的材料，稱林彪是個在南昌暴動後的「逃跑分子」。10月22日，朱德寫了封給毛澤東、黨中央的短信，基本都是套話，談不上有什麼揭發。11月28日，聶榮臻給毛澤東、黨中央寫了封態度比較溫和的信，但送呈了一個比較長的紅軍時期擔任林彪政委時林彪問題的揭發材料，指責林彪「在這一段期間，特別是在長征中，幾個關鍵時刻，林賊先是夥同教條宗派集團和彭德懷，後是與張國燾默契，反對毛主席」。劉伯承則在1972年3月2日有一個揭發林彪問題的談話，從紅軍時期談到建國初期。在這段時間裏，實際是幾乎所有人都必須要揭發林彪進行表態。對林彪的所有揭發中，基本都局限在1959年廬山會議之前的歷史問題上，避開了之後必然連帶到毛澤東的問題，除了朱德基本屬於套話外，陳毅、聶榮臻、劉伯承的揭發都很明顯包含著對林彪的憤怒，上綱上線，似乎有著對毛澤東不會看人、使用壞人的怨恨，有些人揭發的林彪的所謂問題只是無中生有的猜疑，比如蔡暢揭發的所謂林彪、葉群裏通外國的三個線索，幾乎可以說是一種神經質的說法，但由此可見林彪的不得人心確實到了令人仇恨的程度。朱德的套話中也有著一定的對「林彪及其一夥」的憤恨，口氣中又帶著藐視，但總體上是比較平和的，並沒有對林彪的歷史進行實質性指責，這既與他的地位有關，也跟他對林彪長期來既恨又讚賞的雙重心態有關，事實上，林彪一直是朱德最器重的一個手下將領，他並不願意全面否定林彪，把林彪否定到不敢打仗、不會打仗的程

度對朱德並無好處。但其他人則有所不同，比如劉伯承指責「進關後渡江南下，當時我們並沒有請求增援，但我們的部隊到了那裏，林賊也派部隊到那裏。我們佔領了廣州，他就跟到了廣州，我們到了雷州半島，林彪部隊就佔領了海南島，我們到了廣西，林部也隨著到了廣西」，藉機突出自己的戰績，貶低林彪的戰績，也含著對毛澤東助林彪擴張力量的不滿。在某種程度上說，毛澤東與朱德不願意全面否定林彪有著相同的心理，因此，毛澤東自己並沒有指責林彪的歷史問題。這種對林彪充滿仇恨的批判、揭發中，對毛澤東來說，雖然人們避開了毛澤東最敏感、忌諱的1959年後，但可以感到人們藉林彪而對毛澤東的強烈不滿，不過這種不滿不管如何，仍然蘊涵著繼續或重新向毛澤東邀寵的熱情，這正是毛澤東所真正急需的東西。1972年1月6日夜陳毅去世，1月10日陳毅追悼會，這天午飯後毛澤東照例午睡，顯然，毛澤東意識到了現在該是他進行明確表態的時候了，而這正是個他不用明確使用話語以保留面子的最佳時機，毛澤東突然決定打破不參加這種儀式的慣例動身去參加追悼會。得到通知的周恩來馬上意識到了這是毛澤東與朱德「中國（馬列）共產黨」以及更多「老同志」們和好的正式轉折，連忙決定「凡是提出參加陳毅同志追悼會要求的，都能去參加」。

　　如果以為這是毛澤東心甘情願的，就等於認為了毛澤東已經服輸。這絕不是毛澤東的真實品格。正因為毛澤東並不願意服輸，便陷入了極度的痛苦當中，在陳毅追悼會後不久，毛澤東就病倒了，一度昏迷，一下蒼老了許多，無精打采，躺在床上幾乎不願意起來。但這種狀態也正是毛澤東新的「革命」計劃誕生的時刻，他將要擺脫眼前的困境。毛澤東必須要進一步緩和跟實力派們的關係以穩定局勢，在幾個元帥當中他無法物色出第二個林彪可以利用，葉劍英、劉伯承、徐向前、聶榮臻都是對朱德十分忠誠的人，跟周恩來的關係也已經非同一般，十分複雜，在沒有第二個林彪的情況下，毛澤東只

能利用周恩來調和與這些人的關係，爭取擴張江青等人的權力。毛澤東至今還沒有對朱德表態，避免跟他見面，這是個不管事而唯一可以取代毛澤東的人物，毛澤東還必須要繼續壓制他，用周恩來分解人們對朱德的崇拜，分化朱德的勢力，避免出現人們對朱德「黃袍加身」的危險。但周恩來的「神」性正在行情暴漲，這一點尤其在1972年2月美國總統尼克森訪華後更甚，周恩來不僅在國內，而且也在全世界名聲大振，達到了他人生的最高峰，大有可以取代毛澤東的態勢。毛澤東又陷入到了一個新的窘境當中，不僅面臨著朱德這個長期的取代自己的對手，而且在沒有安排新的接班人情況下，周恩來也突然從事務性的管家具備了上升為當家人的條件。

中共在紅軍長征之後，很快形成了毛澤東、朱德兩大領袖的格局，這一格局大致來說一直維持到了建國初期，在這一格局中劉少奇、周恩來是輔佐之相，但隨著建國前後朱德因為「年紀」問題引退，相應的最高領袖接班矛盾也就畢現出來。毛澤東一人取代「朱毛」意味著同樣形成了一人取代毛澤東繼承獨裁的態勢，在這一態勢中周恩來被排斥，毛澤東選擇了劉少奇，又為劉少奇選擇了第三代的繼承者鄧小平，周恩來始終只是處於輔佐之相的地位。由於毛澤東對接班人的安排並不是他的真實意思，他並不願意跟朱德一樣引退，所有的接班人安排都只是一種毛澤東故意為之的做戲，當人們特別是劉少奇把這當真時就引出了災難性的衝突。至少在名義上，接班人的接班並沒有明確宣布為是毛澤東死之後的事情，在「文革」前甚至非常明確為是毛澤東活著時引退的事情，這樣，毛澤東就不得不透過「革命」更換接班人，打倒了劉少奇、鄧小平之後明確宣布為了林彪，在這個過程中，周恩來雖然避免了劉少奇、鄧小平、林彪那樣的災難，但這恰恰是因為周恩來不是「接班人」，不具有獲取中共最高領袖地位的「資格」。林彪死後，情況發生了重要的變化，毛澤東「接班人」突然出現了真空，重新獲得人們支持的周恩來以其「實力」實際成為

了人們心目中的毛澤東繼任者，而周恩來幾乎沒有領域限制的事務處理格局則成為了他空前膨脹著的權力，在這樣的情況下，如果毛澤東死亡，周恩來將成為毛澤東事實上的接班人；如果毛澤東活著，但毛澤東失去了說話的能力，則意味著周恩來實際壟斷掉了獨裁權力。這樣兩種情況都不是毛澤東所願意看見的。毛澤東賴以應變周恩來接班態勢的手段是進一步使自己神祕化，越來越少出現在公眾場合，只是偶然一露面以宣示自己仍然「健康」地活著。毛澤東就如歷代垂老或垂死的帝王那樣，越來越使自己的權威內宮化，主要只是透過身邊幾個親隨和身份含混不清的男女傳達自己的旨意，與中共最高權力機構和中共最高領導人階層之間基本採用文件、信件、紙條乃至口信進行溝通，重走了中國古代內宮政治的道路，以控制最高話語權。但僅僅這樣並不足以終結周恩來「接班」的傾向，周恩來的聲望已經升到了他人生的最高點，儘管毛澤東繼續侮辱著周恩來的人格，隨意批評這個人們心目中的「完人」，周恩來的隱忍功夫已經達到了在中國漫長的皇朝史上也少見的程度，似乎完全就是個標準的君要臣死臣即赴死的宰輔，在毛澤東方面徹底奴才化，但這僅僅只是表象，重要的是周恩來在中共和國家已經完全是不斷露著面，處理著國內外各種事務的實際上的最高權威，在人們的心目中，這個國家已經完全是由周恩來在具體負著最高責任。事實上，儘管中共最高領袖層從建黨後像走馬燈似地轉換了很多的領袖級人物，但是，現在最終剩下的只有毛澤東、朱德、周恩來三人仍然擁有著穩固的權力、名義和地位，他們三人已經成為人們心目中中共無可懷疑的象徵和核心，在人們的崇拜熱情中周恩來跟毛澤東、朱德一樣擁有了不可挑戰的威望，在不瞭解中共內情的人們眼睛裏，「朱毛」品牌代表著建國史，而毛澤東、朱德、周恩來「三巨頭」則是正在發生著的歷史，周恩來與毛澤東、朱德一樣已經是中共的品牌。對毛澤東來說，問題的嚴重性在於周恩來是正在做著事情的人物，如果清除周恩來不僅涉及到人

心問題，也涉及到事情誰來做的問題，最重要的是周恩來現在的實力已經突然之間完全不同，周恩來已經得到了朱德的支持，在沒有了劉少奇、林彪等人之後周恩來與朱德的聯合幾乎囊括了所有人身自由的「老革命」、實力派，所具有的力量遠不是「文革」前的劉少奇可比，一再挫折了後的毛澤東已經沒有足夠的力量清除這一強大的勢力傾向。

　　林彪死亡後毛澤東的周恩來窘局江青自然十分清楚，江青與毛澤東作為自然男女關係的夫妻關係已經並不存在，毛澤東的日常生活已經完全靠身邊的年輕女性「祕書」侍候，江青徹底成為毛澤東的政治妻子，毫無疑問地是毛澤東最忠實的信徒和公開替身，她越來越把「文化大革命」的矛頭對準了周恩來，開始組織一輪輪的政治進攻。就像至今多數研究者被周恩來的軟弱蒙蔽一樣，作為當事人的江青更是不知道周恩來隱忍表象下的強大力量，以至於對周恩來的政治進攻越來越激烈，使得毛澤東不得不警告江青，希望她鋒芒不要過於畢露。毛澤東曾跟身份含混不清的特殊女性之一王海容說：「周不是不反，是時候未到，全國人民覺悟不高，對周還缺少認識，現在反周會天下大亂。」早在1971年5月，周恩來就被檢查出了膀胱癌，政治局負責周恩來治療工作問題的人後來名義上是王洪文、張春橋、葉劍英、汪東興四人，實際始終是由毛澤東透過汪東興一手進行控制。汪東興，1916年生，江西弋陽人，1932年加入中共並參加紅軍，1936年任紅軍第二野戰醫院政委，曾任八路軍兩延（延川、延長）河防司令部組織科科長、八路軍衛生部政治部副主任兼組織科科長、白求恩國際和平總醫院政委、中共中央社會部第三室副主任、第二室主任、中央直屬隊司令部副參謀長、中共中央書記處辦公處副處長兼警衛處處長等職，建國後歷任政務院祕書廳副主任兼警衛處處長、國務院公安部第八局副局長、第九局局長、公安部副部長，江西省副省長等職，1968年後進入他人生最「輝煌」的時期，擔任中共中央辦公廳主任兼中央警衛局局長、總參謀部

警衛局局長，直接主管中央警衛部隊並負責毛澤東的安全保衛工作，是中共「文革」期間的大內總監。汪東興名義上的地位並不很高，但身居要職，是毛澤東晚年最親信和器重的親隨，實際是什麼事情都可以插手發言，掌握著毛澤東的核心機密和祕密力量，中共文革期間的核心人物和部門一系列神祕的政治事件包括本書所涉及的朱德的突然死亡都可能與此人有關。周恩來被診斷後，醫療組認為屬於膀胱癌早期，及時動手術治癒率很高，晚了就很危險了。毛澤東透過汪東興指示醫療組對周恩來、鄧穎超「保密」並「不開刀」，這樣，就等於把周恩來送上了死亡之路。1973年2月，被蒙在鼓裏的周恩來突然嚴重血尿，他的病情已經無法繼續「保密」，汪東興才隨同張春橋、葉劍英找周恩來、鄧穎超彙報，說出膀胱癌實情。但即使這樣，由於中共中央最高層人物疾病治療問題必須由毛澤東指示和批准，根據毛澤東的指示，汪東興仍然堅決阻止了醫療組對周恩來的治療，喝斥：「七老八十，做什麼檢查，不要慌麼！」直到1974年5月上旬，周恩來出現了「膀胱乳頭狀組織塊」，也即病情進入了癌細胞擴散轉移的晚期階段，周恩來的死亡被基本注定了。雖然周恩來1971年就被發現了癌症，在「保密」並「不開刀」下注定了將踏上死亡之路，但周恩來到底什麼時候死畢竟難以準確估計，他病情的惡化過程在時間上具有難以可測性，也就是說，即使周恩來被人為地注定了死亡，但他的死亡之路到底需要多少時間是個懸疑。如果研究中共黨史人物經常被忽略極其重要的健康、病情、壽命、生死因素的的話，但研究中共「文革」最後幾年的歷史，無論如何不能拋棄這樣的因素，因為，這樣的因素在這個階段尤其有著決定性的意義。雖然周恩來注定了死亡，但另一方面難以樂觀的問題，是毛澤東自己的健康也越來越糟糕，而且毛澤東有著一個七十三、八十四情結，也就是他跟英國蒙哥馬利元帥說的「七十三，八十四，閻王不叫自己去」，按這一說法，毛澤東是在度過七十三歲時候正式把「文化革命」發動為「文化大革

命」的，出生於1993年的毛澤東八十四歲是1976年，也即按照毛澤東的這一情結，他自己很可能難以活過1976年，現在周恩來注定了死亡，但並不等於注定了一定在毛澤東自以為的八十四歲難關前死亡，如果周恩來按照現有的權力和權威，哪怕活過了毛澤東死亡之後幾個月，也將意味著毛澤東的政治努力可能在身後被周恩來輕易摧毀。因此，不管周恩來還能活多久，從毛澤東的角度來說，即使不能整掉周恩來，也必須打擊和限制周恩來如日中天的勢頭，但對毛澤東來說，這是極其困難的，是他透過政治手段難以做到的事情，中共老牌的領袖級人物裏，毛澤東至今沒有真正做到清除的只有朱德和周恩來兩個人，毛澤東精力旺盛時候不能做到，現在更是難有大作為了。

鄧小平復出

有一個人敏銳地看透了毛澤東在林彪死亡後的窘局，這個人就是鄧小平。在清除劉少奇的過程中，毛澤東對鄧小平始終留了一手，採取了有別於劉少奇的特殊懲罰方式，沒有把鄧小平清除出中共，一切的處理都有一個保持鄧小平人身安全的底線，也就是說，鄧小平必須作為一名中共黨員健康地活著，毛澤東是把鄧小平作為一張可能需要使用的牌留著。鄧小平與劉少奇、林彪一樣，是毛澤東予以特別重用並納為嫡系的三個最重要人物，但他與劉少奇、林彪不同之處是沒有任何可能問鼎毛澤東本人的權力，也沒有實力向毛澤東叫板，毛澤東將他打倒過程中的特別「開恩」所蘊涵的意義鄧小平是十分清楚的，鄧小平後來回憶說，當時「我相信毛主席瞭解我」。林彪死亡的時候，鄧小平正下放在江西新建縣拖拉機配件廠做鉗工，像其他工人一樣每天上下班，他一聽說林彪死亡時，憤恨地說林彪「天理難容」，經過幾天思考，鄧小平估計出了虛弱的毛澤東將需要能夠「做事情」的人而不是不能「做事情」的江青等人真正牽制周恩來，他復出的機會來了。鄧小平隨即寫

了封信給毛澤東，提出了自己家庭成員的工作、生活問題，這實際上是從側面向毛澤東暗示彼此的感情問題，此外更重要的，是鄧小平以流行的奴性語言表達了不會因為挨整而反對毛澤東的「文革」，也就是「永不翻案」，在這個前提下強調了自己強烈的「工作」願望。情感、「永不翻案」、工作正是毛澤東需要鄧小平最關鍵的三個要素，毛澤東接信後很快讓汪東興解決了鄧小平家庭成員的問題，這就告訴了鄧小平，毛澤東並沒有忘記他是自己最親信的人，對鄧小平特殊的「情感」沒有變化。1972年8月14日，毛澤東在鄧小平的信上批示，明確「鄧小平同志所犯的錯誤是嚴重的。但應與劉少奇加以區別」。1973年3月9日，毛澤東批准中共中央〈關於恢復鄧小平同志的黨的組織生活和國務院副總理的職務的決定〉，3月29日下午，毛澤東在中南海住地召見鄧小平，鄧小平正式復出。鄧小平這次復出除了恢復被打倒前的職務外，特別富有深意的是在1975年1月取代了葉劍英兼任的解放軍總參謀長一職，也就是說，鄧小平的「工作」橫跨了黨、政、軍三大板塊，他的「做事」在法定意義上超過了當時的周恩來，也是鄧小平本人人生從未有過的權力高峰。由於周恩來的疾病，雖然周恩來仍然頑強地堅持工作，但實際已經不得不處於引退狀態，這樣，毛澤東就成功地用鄧小平分解掉了周恩來的權力。

但是，毛澤東再次失算了。鄧小平作為中共總書記的時候，實際上等於劉少奇的副手，他與毛澤東、周恩來、朱德三個人之間的關係有著依附於劉少奇的特徵，可以迂迴，也就是可以具有間接空間，現在鄧小平已經沒有劉少奇的間隔，不得不直接與周恩來發生全面的關係，儘管鄧小平在派系上早就不屬於周恩來的人，但當他與周恩來直接發生關係並成為周恩來直接的副手時，鄧小平在早年作為周恩來派系的人不得不服從這個自己最早的「領袖」，他不僅沒有足夠能力向周恩來的權威挑戰，而且更希望周恩來是毛澤東與自己之間的中間人，避免出現直接威脅毛澤東權力的可能，並得到周恩來的庇護。鄧

小平有著極其剛愎的個性，政治權謀遠沒有達到周恩來、朱德那樣爐火純青的程度，但鄧小平是個非常聰明的人，他深知自己的弱點，他在復出的時候明確自己經過「文革」對所謂劉、鄧路線的批判已經被搞「臭」，也一再坦率地強調自己是維吾爾族姑娘，頭上辮子多，也就是說，鄧小平非常清楚自己只能是個做事的人，難以成為政治正確的領袖人物，這樣，鄧小平就必須進行依附，或者跟江青等人混在一起，或者依附周恩來，前者是政治正確，後者則是獲取實力，既然鄧小平本人已經難以政治正確，就只能向實力靠攏。鄧小平的這一選擇是極其明智和現實的，雖然周恩來的病情越來越糟糕，生命可以預期的時間越來越短，但毛澤東的健康同樣也越來越糟糕，很難說誰死在誰前面，格外重要的是朱德的身體從一個老人來說，卻十分令人意外地健康，幾乎難以用死亡來看待他的生命，在毛澤東、周恩來、朱德三個人的生命競賽中，周恩來、朱德中只要有一個人活到毛澤東死亡之後，毛澤東安排的任何人包括江青等人就不會再有真正的話語權，最後的至高權威就一定是周恩來、朱德或他們中的任何一個活下來的人。問題還不在於毛澤東、周恩來、朱德三人生命競賽中作為實力派的周恩來、朱德贏率非常之大，更重要的是他們所代表的實力之強大，他們強大的實力在毛澤東在世時尚受政治正確的限制，表面上看難以作為，但毛澤東一當去世，所謂的政治正確失去了毛澤東的定調，完全可以重新予以解釋，實際最終的所謂政治正確還是不得不由實力決定。毛澤東讓鄧小平復出，很重要的因素是器重他是個「人才」，但鄧小平正因為是個人才，而不是只知道做奴才的庸才，便不會跟著人心已經盡失的毛澤東或站在前台的江青轉，就像毛澤東早年在江西中央根據地遭到政治失敗後更懂得了必須獲取人心和軍隊這個實力一樣，以六十多歲年齡經過三年鉗工生活煎熬的鄧小平也選擇了人心和實力。

既然選擇了人心和實力，以「工作」為使命復出的鄧小平以其周恩來副手的職位就必須要有所作為，透過自己的作為解除周恩來、朱德等人對他的疑慮，也就是說，鄧小平必須一改作為劉少奇副手時的風格，既是劉少奇的人又試圖在各派別之間調和，並盡力逃避核心衝突，而必須旗幟鮮明起來，作為先鋒說周恩來、朱德所不能說的話，做周恩來、朱德所不能做的事，也就是把自己明確為周恩來、朱德的前台幹將。經過1973年的觀望，1974年鄧小平便開始露出鋒芒，但基本屬於做而少說，這時候還很難說鄧小平屬於哪一方，1975年1月中旬全國第四屆人民代表大會明確以實現現代化為目標後，鄧小平便又做又說，態度和立場徹底鮮明了起來，隨即與江青等人的政治衝突也全面爆發，鄧小平強硬和實幹的作風突然像一股颶風一樣在全國人民的心中捲起了巨大的波瀾，完全得到了站在後台的周恩來、朱德的讚賞。周恩來在病床上謙虛地對鄧小平說：看來，你比我行。朱德同樣也對鄧小平很讚賞，認為現在鄧小平幹得很好。這樣，鄧小平突然奠定了自己的人心和實力基礎，雖然政治並不正確。

朱德這面旗幟

在人心和實力方面，周恩來、朱德依然是無人可比的。周恩來、朱德的聲望與劉少奇、林彪有一個很大的不同，他們幾乎不含由毛澤東主動推動的鼓吹成分，具有非常大的實在性。林彪死後周恩來的「鞠躬盡瘁」終於結出了碩果，這位政治界的「美男子」作為「丞相」或「宰相」，甚至達到了與中國民間傳說中的三國時代諸葛亮一樣的神化程度，1974年9月30日，周恩來組織並參加了例行的規模十分龐大的國慶招待會，周恩來在會場剛一出現，就響起了一片「周總理！周總理！」的歡呼，全場掌聲雷起，經久不息，更有很多人蜂擁而上，以能與周恩來握上手為榮耀，還有一些人則站到椅子上揮

舞帽子，這種情景在一向拘謹、嚴肅的中共幾乎是難以見到的自發現象。周恩來的這種聲望並不只是一種名譽，而是一種實力的表現。十分謬誤的是，至今多數的中共黨史研究者在談論朱德的時候，竟然會把朱德的聲望僅僅只是看作聲望，而不知道這同樣是實力。雖然朱德的聲望在他長期引退下已經有了很大衰落，但他的聲望在持久性上僅次於毛澤東，就像筆者少年時代經常聽到人們議論到朱德的地位時就說「這個人不用說了」那樣，具有無可置疑性，但正因為是無可置疑的，加以他的引退、養老，便容易為很多人特別是後人忽視朱德穩固的聲望下的實力內涵。朱德作為「朱毛」時代的兩大領袖之一，在老人政治和元老政治的背景下，不管他說不說話、做不做事，只要他活著，就總是不可取代的領袖，他作為實力派特別是軍人們的旗幟，當他引退時似乎不能顯示出來，但是，如果時機得當或他認為需要的時候，隨時都可能「出山」，或者，人們為朱德「黃袍加身」，而這方面朱德的領袖資格比周恩來更具有當然性，同時，由於毛澤東的不願意引退也導致了朱德實際處於引而不退的狀態，雖然朱德甚至已經連中共政治局的會議也不參加，甚至有時也不能看最高級別的文件和進行批示，但在法定的意義上，朱德擔任著全國人民代表大會委員長的職務，也就是說，當中國已經沒有國家主席而沒有明確為總理制的狀態下時，朱德實際上是最高國家元首，國家最高政策和法律的合法化必須要得到朱德的認可。中國作為中共一黨專制的國家，在不設國家主席的畸形政治形態下，在法定的意義上，國家最高權力實際上已經悄悄回復到了「朱毛」時代，為毛澤東和朱德所掌握著，同時，由於國家主席職位的取消，中國已經演化為實際上的總理制，周恩來掌握著「內閣」，事實地取得了相當於國家元首或副元首的地位，也就是說，中國的最高權力是由毛澤東、朱德、周恩來所瓜分的，只不過這當中由於朱德的引退而使人們發生了蒙蔽。

朱德的引退並不是意味著他沒有了權力，而是他有權不用，就如1966年5月23日劉少奇主持的該天政治局擴大會議上周恩來批判朱德時說的「你到處發表意見，是一個危險的事」，朱德並不是沒有權力「到處發表意見」，他發表了意見連毛澤東也只能背後罵「老糊塗，老右派」，無可奈何，但正因為「是一個危險的事」，朱德1966年後便不再發表意見。即使如此，林彪死亡後朱德也發生了微妙的變化，雖然幾乎不出現在公眾場合和說話，卻已經不是絕對不活動和不說話。事實上，朱德要不活動、不說話也已經完全不可能，他依然是人們心目中唯一的「總司令」，是「老幹部」們靈魂中的一面旗幟，那些老資格的官員特別是軍隊背景的老將軍們希望知道朱德的態度以決定自己的行為。朱德本人是非常清楚自己的特殊地位的。周桓，原彭德懷紅五軍團出身，抗日戰爭時曾以八路軍野戰政治部敵工部部長、總司令部祕書長、野戰政治部組織部部長兼軍法處處長的身份擔任過朱德的侍衛，是朱德的親信之一，抗戰結束時進軍東北，他是朱德最早派遣到東北去負責的中共要員，建國後擔任過東北軍區副政委、瀋陽軍區政委、中共遼寧省委書記，1955年被授予上將軍銜，在東北黨、政、軍中有著深厚的勢力基礎，1975年底周桓拜見朱德時，朱德對這位地方實力派的親信要員很直白地說：「他們要打倒我，這不是我個人的事，我是黨樹起來的，要打倒我，就得先打倒共產黨。」「要打倒我，就得先打倒共產黨」，這樣把「我」與「共產黨」完全同一起來的話語，在中共除了毛澤東沒有第二個人敢這麼說，朱德能對自己的親信這麼說，說明他內心始終沒有承認毛澤東是中共唯一的絕對代表，認為自己同樣擁有著絕對權威性，同時也清楚周桓這樣的人認可著他的這種權威。朱德的這種權威毛澤東同樣十分清楚，這也是毛澤東對朱德在根本上始終無可奈何的原因之一。1973年12月21日毛澤東在自己住所會見參加中央軍委會議的人員，毛澤東已經不能繼續避開大量「解放」了的老幹部們的旗幟朱德，藉機邀

請朱德一起參加，由已經是毛澤東最寵幸的張玉鳳迎送朱德到會議室，毛澤東一見到朱德就說：「紅司令，紅司令你可好嗎？」然後，毛澤東又環顧周圍人重複著強調：「有人說你是黑司令，我不高興。我說是紅司令，紅司令。」毛澤東又說：「沒有朱，哪有毛，朱毛，朱毛，朱在先嘛。」毛澤東不僅深知朱德的權威性，而且也非常清楚朱德的權威對毛澤東來說是難以擺脫的套，早幾年毛澤東在不得不結束對朱德的批判時，曾無奈地說過：「朱德是黑司令，我這個政委紅得了嗎？」靠「朱毛」品牌起家的毛澤東要整掉朱德，遠不是自斷手臂的問題，而是近於自殺的徹底自宮。朱德的這種特殊權威性正是他「黃袍加身」傾向的歷史性根據所在，如果人們就像井岡山時期那樣製造一個站在朱德一邊還是站在毛澤東一邊的運動，在「老幹部」們已經紛紛「解放」了的背景下，對毛澤東來說後果是很難預料的，而這是中共任何人包括聲望如日中天的周恩來所不具有的「合法」性。

　　朱德這面旗幟所具有的微妙作用正在被人們逐步意識，或者說覺悟。無論是彭德懷還是賀龍，在監獄中都不斷念叨著自己的總司令，很難想像，如果朱、毛之間再起公開、直接的糾葛，監獄的門能真鎖得住彭德懷、賀龍這樣中共最狂野的猛張飛？1959年廬山會議之後，朱德特意搬到靠近彭德懷軟禁地的地方居住，經常去陪彭德懷下象棋，這樣的行為本身已經等於宣示了朱德在彭德懷問題上的強硬態度，而且也等於朱德是在無聲地抗議和對抗毛澤東、劉少奇等人，在中共也只有朱德有這樣的實力和膽量做這樣的事情。這本已經是一種態度十分明朗的特殊行為，朱德自然要談到對彭德懷的支持，但彭德懷這時還遠遠沒有醒悟，還抱有毛澤東能原諒他在廬山會議上對抗的幻想，希望人們能夠「幫助」自己檢討，因此，彭德懷認為朱德的支持是在把他往懸崖推，或者認為朱德是企圖利用他與毛澤東對抗，於是掀翻棋盤，勃然大怒，朱德也惱怒地離開，再沒有去看望彭德懷，雖然他仍然是中共唯一堅持要為彭

德懷平反的人。1974年11月彭德懷臨死前，一再請求能夠見上朱德一面，彭德懷此時應該是大徹大悟了，他是捲入朱、毛之爭最早也最重要的人物之一，朱、毛的矛盾遠沒有因為周恩來的「九月來信」結束，實際上直到抗日戰爭時期中共特別是軍人們仍然存在著只選擇朱德一個領袖而不是以毛澤東為主的「朱毛」機會，特別是林彪受傷不再掌握八路軍第一一五師之後，這種機會更是隨時可以發生，掌握著紅三軍團和作為八路軍副總司令的彭德懷如果在朱、毛之間採取選擇朱德的鮮明態度和立場，從紅軍時代開始，改寫歷史的機會是有很多的，其後果遠不是那些跟毛澤東爭執的政治「文人」所可比，實際上彭德懷自身的野心一直被毛澤東利用來了牽制朱德，是毛澤東對付朱德的最重要的一枚棋子。彭德懷臨死前請求見朱德一面遠不只是一種友誼行為，所蘊涵的政治覺悟意義是十分深刻的。彭德懷死後朱德知道了彭德懷這一請求，頓時老淚縱橫，朱德的眼淚同樣也不能被認為只是一種友誼，而是包含著許多難以直白的歷史恩怨和政治涵義。

　　被關押的人無法見朱德，但「解放」了的人可以見朱德，朱德成了獲得自由後的高級官員赴京參見的當然人物。蕭華，1916年生，江西興國人，1930年參加紅軍，長征前是著名的少共國際師政委，抗日戰爭時擔任過八路軍第一一五師政治部副主任、第三四三旅政委、八路軍東進抗日挺進縱隊司令員兼政委、魯西軍區政委、第一一五師政治部主任兼山東軍區政治部主任，國共戰爭時任遼東軍區司令員兼政委、中共遼東省委書記、南滿軍區副司令員兼副政委、東北野戰軍第一兵團政委、第四野戰軍特種兵司令員，建國後任解放軍空軍政委、總政治部副主任、軍委總幹部部副部長、部長、總政治部主任等，1955年上將。蕭華長期是林彪的直接下屬，他的被整不僅與林彪無關，而且是林彪把江青叫到自己毛家灣住地痛罵的主要誘因，同時也是引起「二月逆流」的主要導火索，也就是說，作為解放軍總政治部主任的蕭華是毛澤東讓江青把全面奪

權的火燒到軍隊裏去所選擇的主要對象，因此，蕭華很明確是毛澤東所一手要整的人。本書在前面已經一再指出過，雖然毛澤東用林彪等人牽制朱德，但朱德並不在意，反過來化所有人為自己的人，對朱德來說，林彪的人也就是自己的人，這些人也這樣認可著，甚至毛澤東的很多侍衛也衷心認可著朱德是自己的總司令，對朱德充滿著崇敬和忠誠，蕭華同樣也是這樣對朱德懷著忠誠。蕭華的被整結果是一下子拘禁了七年半，他一自由後，按他自己的說法，是「懷著迫不及待的心情去看望朱總他老人家」，見到朱德後，「我滿肚子的話在嗓眼裏哽著，一句也說不上來，只有悲憤，只有熱淚」。蕭華的這種心態，與人們見到周恩來時充滿感激和感動非常不同，類似於被別人欺負了的兒子見了父親充滿了委屈和復仇情緒，是要朱德指示該怎麼辦？也就是說，周恩來更是「恩人」，而朱德更是父親、家長、領袖。伍修權是一位非常特殊的人物，長征後擔任紅三軍團副參謀長等軍職，建國前是東北軍區參謀長兼軍工部政委、瀋陽衛戍區司令員，長期以軍隊情報和外交為特長，是標準的軍人外交家，由於建國後身份主要是外交人員，1955年沒有參加評軍銜，但1975年4月又擔任了解放軍副總參謀長兼情報部部長，是中共最重要的沒有軍銜的將軍。伍修權與蕭華一樣同是所謂朱德「中國（馬列）共產黨」委員之一，伍修權就像許多中共要員一樣，始終觀望著「總司令」朱德的言行以決定自己的態度，他說：「當時，也有一個專門揪我的『兵團』。我聽說朱老總面對那些惡毒攻擊，一直像泰山一樣巍然不動，不屑理會，我的心裏也就踏實多了，使我受到很大鼓舞，經受住了這場特殊戰鬥的考驗。」他說：「我從『牛棚』裏被『解放』出來以後，第一個去拜訪看望的就是朱總司令。」伍修權這種「第一個去拜訪看望」的行為所蘊涵的心態，與蕭華「懷著迫不及待的心情去看望朱總他老人家」是一樣的類型，都屬於一種當然的政治選擇態度。

王洪文登門拜訪朱德

朱德的權威遠不是體現在他的公開職務上的，甚至也不是體現在他具體做了多少事情上，他作為一面旗幟活著，就是中共唯一真正可以與毛澤東比肩的領袖，有著他人難以挑戰的勢力。尤其重要的是，人們無法迴避的毛澤東、周恩來、朱德三個人的生命競賽，這一競賽在人們不能設想「意外」發生的情況下，對中共不遠後的政治和權力格局是決定性的，而在這一生命競賽中，雖然朱德年齡最長，1973年中共「十大」召開時，朱德已經接近九十歲，但他頭腦依然非常清晰，身體只是有些小病，比毛澤東更有活下去的優勢，朱德的生命優勢所具有的政治號召力和威懾力之大，幾乎是難以想像的，不僅對「老幹部」們來說是堅持等待和忍耐的強大精神支柱，而且對江青等人來說也是一種無法形容的恐懼，事實上林彪死亡之後，江青等人仍然敢於對包括周恩來在內的人們揮舞大棒，但唯獨已經對朱德不敢有微詞，不僅不敢有什麼不敬，而且在表面上隨時表現出特別的敬重和奉承。有一件事很有意思。1974年風頭正在最高峰時的王洪文登門拜訪朱德，朱德竟然不予理睬，讓王洪文在門口站了很久，把康克清嚇壞了，淳樸的康克清惟恐得罪這位大有毛澤東新選擇的接班人態勢的人物，央求朱德讓王洪文進門。在康克清的央求下，朱德才讓王洪文進了門。進門後的王洪文對朱德一口一聲「前輩」、「老總」，察言觀色，惟恐有什麼差錯，對朱德敬重有加。王洪文顯然做得很地道，他離開後給康克清留下了不錯的印象，跟朱德說這個人看起來不錯，朱德則回答康克清說要經得起歷史考驗。朱德讓王洪文在門口站著對朱德一向善待來客的為人來說幾乎是特例，事實上朱德的家是中南海裏待客最隨和也最熱鬧的一個家，朱德對王洪文的這一態度遠不是表示對王洪文這樣的造反派人物的不滿和輕視，而是在向王洪文暗示著一種絕對權

威，是告訴王洪文：決定王洪文命運的不僅只有毛澤東，而且還有我朱德，是「歷史的考驗」。

　　王洪文，1935年生，吉林長春人，1950年參軍，參加過朝鮮戰爭，1951年加入中共，作為士兵復員後分配到上海第十七棉紡織廠當工人，「文革」前已經屬於幹部身份，任廠保衛科幹事，1966年組織「上海工人革命造反總司令部」，自任司令，1966年11月上海「安亭事件」，在上海掀起武鬥浪潮，名聲大振，隨即張春橋與王洪文建立起同盟，王洪文的造反派作為基本力量製造了1967年初的上海「一月風暴」，對上海市委全面奪權，耀眼地進入了毛澤東的視野中，毛澤東以此作為了全國進行全面奪權的經驗。全面奪權後，王洪文擔任上海市革命委員會副主任，1968年重新成立中共上海市委後任第三書記，1969年4月在中共「九大」成為中央委員，1971年林彪事件中，毛澤東從上海突然北上回北京，王洪文是毛澤東用來牽制林彪在上海軍隊親信的得力人物，為毛澤東立了大功，之後進一步飛黃騰達，在1973年8月中共「十大」被毛澤東欽定為了中共中央政治局委員及常務委員會委員、中共中央副主席、中共中央軍委常務委員，在名義上的地位僅次於周恩來，被人們私下稱為「直升飛機」幹部，風頭十足，被普遍認為是毛澤東繼劉少奇、鄧小平、林彪之後選擇的新的「接班人」。中共「十大」中共主席為毛澤東，副主席周恩來、王洪文、康生、葉劍英、李德生，政治局常委為毛澤東、王洪文、葉劍英、朱德、李德生、張春橋、周恩來、康生、董必武上，朱德名義上的地位遠低於王洪文，在這樣的情況下朱德對王洪文前來拜見的態度，顯然是朱德根本沒有把這種毛澤東圈定的名分當回事，而王洪文誠惶誠恐的態度也說明他知道面對朱德時，自己的名分是沒有多少意義的。

　　朱德的全部權威最簡單說來就是「總司令」。毛澤東是「主席」，朱德則是「總司令」，這是毛澤東和朱德兩人歷史地形成的絕對權威，是劉少奇、周恩來、彭德懷、林彪、鄧小

平等人所無法具有的。毛澤東的「主席」本是紅軍時代蘇維埃政府主席，是一個行政性質的領袖身份，隨著歷史的演變而為黨、政、軍一統的主席，朱德的「總司令」本是一個軍事性質的領袖身份，作為職業軍人的朱德雖然在周恩來「九月來信」後儘量對核心政治避讓，但歷史的演變不僅使朱德捲進核心政治，而且完全超越了自己的職業軍人本位，成為了黨、政、軍僅次於毛澤東的副主席和「議會」首腦，因此，朱德的「總司令」所蘊涵的意義是極其深奧的，意味著中共「皇統」中僅次於毛澤東的領袖身份，這種身份是已經有的歷史所形成的，具有絕對性，這也正是林彪耿耿著試圖篡改歷史，想否定朱德「總司令」身份的根本原因所在。也就是說，承認或不承認朱德的「總司令」身份，或者是否把朱德視作「總司令」，不只是一種歷史，而是對現實政治有著深刻的影響，是一個是否確認在中共除毛澤東之外還有一個絕對領袖的問題，這個絕對領袖在毛澤東在世時屬於養老不管事的「二皇帝」，當毛澤東去世後就是自然的最終發言者和決策者。對朱德當面直呼其名，不叫他「總司令」的現象，出現在1959年盧山會議後林彪在軍委會議攻擊朱德之後，但是在小範圍的時候，林彪還是不得不稱呼朱德為總司令，一貫對朱德十分尊敬。林彪死後，政治形勢大變，所有人包括毛澤東都當面稱呼朱德為總司令了。但是，這種稱呼也可以僅僅看作是一種習慣性的禮儀，而且，當稱呼朱德為「朱總」、「朱老總」、「老總」時候，由於其他元帥也有這樣的稱呼，未必就意味著一定仍然是視朱德為「總司令」。到底如何，還是要看實質，由於「總司令」在表面形式上是個軍事性質的語詞，因此，軍人是否仍然認可朱德為「總司令」就是關鍵性的，而這也正是朱德龐大勢力的基礎所在。

　　1974年8月，也就是中共「十大」的一年後，鄧小平生產領域的整頓正在鋪開，表面看形勢發展的勢頭越來越好，但矛盾也越來越尖銳化，江青對周恩來的影射性批判也正越來越激

烈，形勢隨時有逆轉的可能。這時候朱德有給周恩來、鄧小平撐一把腰的必要。朱德並沒有從正面出擊，而是用顯示自己實力的方式向毛澤東發出了強大的警告，迫使毛澤東、江青要有所收斂。朱德顯示實力的行動之一，就是突然決定視察海軍。朱德不涉足軍營已經很多年，甚至可以說是「長期」連軍隊和軍事的問題也儘量不談論了，應該說朱德是在盡力拉開自己與軍隊的距離以避嫌，因此，1974年8月朱德的視察海軍並不是一個簡單的行動，而是富有政治目的的一個重大行動。朱德視察的是海軍秦皇島基地，由海軍司令蕭勁光、副司令劉道生陪同。接受檢閱的海軍官兵從準備工作的陣勢上知道來的將是個非同一般的人物，他們不瞭解中共高層內情，按照習慣猜可能是毛澤東或周恩來來視察，猜到朱德則又覺得非常不可能，當正式通知說是「朱德總司令要來視察我們軍艦了」時，官兵上下一片激動和興奮，紛紛談論著自己的「總司令」，在軍人的心目中，能親眼見到自己的「總司令」可以說是無上的榮耀了。在視察的過程中，人們一口一聲「總司令」，朱德忽然說：「我不是你們的總司令了。」蕭勁光惟恐朱德因為年紀大聽不清，貼著朱德耳朵說：「海軍初建時，您就穿著海軍服來過海軍。您也是我們海軍的總司令。」劉道生則更是乾脆：「您過去是我們的總司令，現在還是我們的總司令！」蕭勁光在江西中央根據地期間被李德深惡痛絕，認為是個被毛澤東庇護、不會打仗的人，應該槍斃，蕭勁光雖然沒被槍斃，但作為「羅明路線」在軍隊的代表由紅七軍團政委貶為紅軍大學教員，也就是說，蕭勁光在紅軍時期就被認為是毛澤東的嫡系親信。由於蕭勁光對毛澤東的特殊忠誠，抗日戰爭時期沒有隨朱德上前線，而是留在延安毛澤東身邊擔任了八路軍後方總留守處主任、留守兵團司令員。1950年1月海軍正式組建時，任海軍第一任司令。蕭勁光曾是林彪下屬，但林彪不滿意他更是毛澤東的人，1967年剝奪了他指揮海軍的權力，1971年林彪死亡後蕭勁光重新掌管海軍。蕭勁光作為毛澤東的親信

大將，朱德選擇海軍進行視察，反過來等於告訴毛澤東：你的人也是我的人，對我同樣忠誠，我還是他們的總司令。從單純軍事角度看，朱德這次視察海軍主要是看中國自己製造的核潛艇，這同樣有一定用意，因為這是聶榮臻在「文革」中冒著「戴上手銬」風險堅持搞出來的，朱德也是給自己這位忠實元帥的成就以特殊嘉獎，以告訴人們自己對軍隊一直是關注著的。

五十 朱德死亡之謎

朱德顯示實力進行威懾

朱德從廣州軟禁狀態解脫是在1970年夏「廬山會議」時，在名義上也跟他參加在北京召開的全國人大常委會議有關，朱德作為全國人大委員長必須要參加會議，不然，會議在合法性上就要大打折扣。這樣，毛澤東就等於放虎歸山了，但也是對林彪的一個嚴重威懾，在林彪的「政變」設想中，殺掉朱德也是他想做到的。朱德回到北京之後，總體上雖然保持了沉默，但強硬的政治態度並沒有因為經過軟禁而收斂。康克清回憶，朱德回北京後抓緊時間到首都鋼鐵廠和農村去進行了視察，顯然，朱德試圖掌握社會的真實情況。在視察中，朱德對基層幹部說：「別聽有些人『革命』口號喊得比誰都響，可是實際上他們是在破壞革命，破壞生產。不勞動，不生產，能行嗎？糧食、鋼材不會從天上掉下來。沒有糧食，讓他們去喝西北風！」這樣的話在大「文革」期間幾乎沒有第二個人講過，也沒有人敢講，即使鄧小平在大整頓時說的硬話，也不像朱德這樣敢於具有強烈的政治批判性。由此可見，朱德即使在他政治生涯的最低潮時期，也依然保持著自己的立場，並沒有向毛澤東奴化，只不過他作為引退者儘量少說、少做而已。

1974年8月朱德突然跑到軍隊，視察蕭勁光的海軍，是一個對毛澤東、江青等人強烈的實力顯示行動，應該說是「文革」後期中共很重要的事件，對毛澤東在後期總體上比較收斂有著很大的影響。對毛澤東來說，他本人已經幾乎難以移步，而朱德卻有著能夠行動的比較健康的身體，在這樣的健康

狀態對比下，如果朱德與毛澤東爭奪軍隊，毛澤東的手令與朱德直接到軍隊發號司令相比，完全可能處於下風，那時，在朱、毛之間無所適從的軍隊高級將領們就很可能要求再來一次紅四軍「七大」那樣把毛澤東拋棄的「民主」會議。實際上朱德一當與毛澤東對抗，對中共其他人來說都是極其難堪的選擇，紅四軍「七大」時陳毅說朱、毛兩個大國衝突把他夾在當中不好辦，這種困境其實一直伴隨著中共之後的歷史，「大躍進」後期毛澤東不得不改變政策，即使劉少奇這樣表面上已經一人之下、萬人之上的人物，當朱德提出要為彭德懷平反時，也是一種夾在「主席」、「總司令」兩個大國當中不好辦的心態，只能懇求「總司令」謙讓。

朱德視察海軍少見地炫耀實力與周恩來的處境有密切關係。1973年2月周恩來尿血後被告知了實際的病情，但毛澤東一方面以周恩來是「黨、政、軍、內政的總管，他的工作別人無法代替」的理由不同意給周恩來做手術，另一方面則由江青出面以「批林批孔」、「評法批儒」的名義影射性地開始組織對周恩來的攻擊，而這種影射隨著批判的發展，所針對的是周恩來在中共的中、高層幾乎盡人皆知了。1974年3月上旬之後，周恩來病情進一步惡化，每天尿血達一百多毫升，不得不住院治療，但對他的批判更加強烈。1974年6月1日，周恩來再次進醫院，這次毛澤東終於批准動了第一次手術，但實際對周恩來的疾病已經不能從根本解決問題。康克清回憶，她參加了1974年1月25日在北京首都體育館召開的中直機關、中央機關「批林批孔」動員大會回家後，告訴了朱德會議的內容，特別是會上江青的講話，說：「聽了江青的講話，一個突出的印象就是她把手伸到軍隊裏去了。」朱德跟康克清說：「你不要害怕，軍隊的大多數是好的，地方幹部大多數是好的，群眾也是好的。」朱德跟康克清說：江青這個人有多大本事，你還不知道？1976年10月葉劍英抓捕江青等人前，與康克清特地見了次面，希望聽一下朱德有什麼遺言，康克清就把朱德這一回答她

的話作為遺言轉告了葉劍英，葉劍英當即感歎：「噢，朱老總還有這樣的分析。」朱德這話的實質到底是什麼？康克清為什麼會如此重視，把它作為「遺言」告訴葉劍英？朱德這話說穿了就是：軍隊、地方、人民是跟我們走的。就軍隊來說，朱德這話的意思，就是：軍隊屬於我們的，是聽我們的。中共政治在遵義會議之後，雖然站在前台進行爭鬥的是政治家們，但最終到底誰贏誰輸，說穿了就是獲得軍隊支持的一派，毛澤東過去的政治歷程是這樣，在其作最後政治安排的時候將同樣如此，只是風雲變幻，形勢已經發生根本變化，由於林彪的死亡，毛澤東已經失去對軍隊的真正控制，對朱德來說，由於已經沒有了林彪這樣的障礙，軍隊實際已經基本控制在了他和其他幾個老帥手上，已經完全被他們的威望所籠罩，以後中共政治的走向已經不存在發生規模化內戰的可能，他們所要等的僅僅只是毛澤東的去世。朱德突然去視察海軍，而且選擇的恰恰是毛澤東最親信的蕭勁光幾乎一直指揮著的「領地」，不過是要毛澤東知道，即使蕭勁光這樣的人一當站到朱德面前，也是「總司令」的親信，是同樣絕對忠誠於「總司令」的，朱德仍然可以指揮蕭勁光，蕭勁光這樣聽命，解放軍其他各部將領當面對「總司令」時，就更不用懷疑其聽命了。朱德這種實力顯示是具有根本意義的，對毛澤東有著非同一般的壓力。當毛澤東已經沒有林彪這樣的人物控制和分解軍隊力量時，其政治上的「革命」也就不得不採取全然不同的方式，雖然江青試圖把周恩來作為中共第十一次路線鬥爭，但毛澤東在批判周恩來問題上與以前的整人特別是整劉少奇的風格完全不同，基本一直處於影射程度，猶疑不決，時熱時冷，忽高調忽低調，不敢貿然行事。

1975年1月召開的第四屆全國人民代表大會從表面形式看是周恩來政治生涯最後的華章，實際則標誌著朱德與周恩來的政治同盟正式形成。朱德視察海軍的幾個月後，1975年1月13-17日，中共召開了第四屆全國人大第一次會議，這次會議

由朱德主持開幕式，周恩來作主報告〈政府工作報告〉，張春橋作修改〈憲法〉的報告。這次會議與兩年多前的中共「十大」有一個微妙的差別，中共「十大」基本上還是受毛澤東一手控制，但這次會議由於委員長是朱德，毛澤東很難與朱德進行全面溝通，事實上毛澤東與朱德之間並沒有就如此重大的會議進行直接的對話，毛澤東似乎故意避開著這位最難弄的「老頑固」，以避免矛盾激化和公開化，因此，會議就實際地形成了一種各自表述的情況，〈憲法〉的修改充分滿足了毛澤東的意願，而〈政府工作報告〉則滿足了周恩來、朱德的意願。〈憲法〉修改進一步挑明和明確了中共對國家的專制統治，規定「中華人民共和國是工人階級領導的以工農聯盟為基礎的無產階級專政的社會主義國家」，「中國共產黨是全中國人民的領導核心」，同時規定「馬克思主義、列寧主義、毛澤東思想是我國指導思想的理論基礎」，也就是說，中共專制的靈魂是「毛澤東思想」。毛澤東顯然意識到了朱德在武裝實力上的嚴峻挑戰，在明確不設國家主席的前提下，在不得不承認「全國人民代表大會是在中國共產黨領導下的最高國家權力機關」同時，又規定「中國共產黨中央委員會主席統率全國武裝力量」，也就是說，雖然朱德掛帥的全國人大是國家最高權力機關，但軍隊指揮權則從全國人大特殊地剝離了出來，歸屬於了作為中共主席的毛澤東。毛澤東對〈憲法〉的這一修改有著深遠意義，進一步強化了國家專制的程度，但就當時來說，這些基本都不過是國家實際社會狀態的條文化和明確化，實質性的內容說穿了就是兩條，一是把毛澤東思想寫進〈憲法〉，一是把軍隊統帥權明確歸屬到中共中央軍委主席毛澤東手上，前者實際是毛澤東已經考慮到了身後事，以保證身後的任何人無法從根本上否定他，後者不過是毛澤東一廂情願，因為朱德並不是以職務，而是以「總司令」的歷史性地位和威望保持著軍人們的聽命。〈政府工作報告〉依然在政治上充滿了套話，核心的靈魂則是周恩來、朱德同盟的重大成就，集中表達為

「用二十多年的時間，一定能夠在本世紀內把我國建設成為社會主義的現代化強國」，也就是中國不管怎麼搞「階級鬥爭」，但基本的目標是要實現現代化，內在的涵義就是以經濟發展為國家以後發展的核心。全國四屆人大的各自表述簡單說來，就是階級鬥爭與實現現代化的兩極化，其內在的矛盾影響深遠，波及至今演化而為政治保守與經濟發展之間的不協調發展，在當時則很快就導致了中共陣營進一步發生明確分野，一個陣營是毛澤東在後台，江青則充當著堅持推動「文革」的前台代表，一個陣營朱德在後台，周恩來由於疾病也很快轉到後台，前台則是鄧小平大力進行整頓，試圖發展經濟。

兩個陣營在第四屆全國人大會議之後，衝突很快就趨於了激烈化。江青除了繼續組織對周恩來的批判之外，越來越與鄧小平進行直接衝突，對鄧小平進行直接攻擊，而鄧小平則同樣強悍，與江青似乎水火不容地對立。在江青與鄧小平的對立中，鄧小平徹底倒向了周恩來，周恩來雖然躺在病床上，但鄧小平、葉劍英等人還是不斷到周恩來的病床前聽取指示，接受周恩來的調度和安排。即使如此，由於政治不「正確」，周恩來、鄧小平越來越處於了下風，處境越來越困難，大有要被作為中共第十一次路線鬥爭清除的趨勢。在這樣的背景下，朱德再次發威，顯示了他的實力和強悍。

朱德的家是中共領袖家庭中最好客的，特別對孩子們來說是個快樂的園地，朱德本人並不喜歡看電影，而且嚴謹的軍人作風依然，每晚十點一定要上床睡覺，但他每個星期還是在家放一次小範圍的電影供孩子們觀看。1975年夏天，朱德忽然讓自己的祕書找中聯部招待所負責人齊吉樹，說：總司令很久沒有看電影了，想在你們招待所禮堂安排幾場電影，一方面和一些老同志見見面，另一方面讓大家輕鬆輕鬆，不知你們能否安排。對齊吉樹來說，這就是朱德的命令，立即「滿口答應」。朱德祕書對齊吉樹規定了三條：「一是，保證首長們的安全，做好保密工作。二是，招待所不要搞招待，煙和茶水自

帶。三是，參加看電影的人由朱總辦公室通知。」齊吉樹自然完全服從。這三條規定核心的其實是第三條，也就是由朱德安排什麼人來看電影，這內涵的意義，是一次以朱德為旗幟的「老幹部」陣營在京實力的集中顯示。齊吉樹回憶第一次看電影時，「我就把朱老總和康大姐帶進禮堂，這時，王震、耿飈、蕭勁光、陳幕華等首長也陸續地來了。還有一些首長的家屬也來了。朱老總高興地和每個同志握手問好，有的首長見到歷盡劫波的總司令還想著他，竟激動得流下了眼淚，這種場面很使人感動」。齊吉樹並不知道的是，王震、耿飈、蕭勁光、陳幕華這些人在林彪死亡後並不是第一次見到朱德，「有的首長見到歷盡劫波的總司令還想著他，竟激動得流下了眼淚」，顯然，這些人是充分意識到了朱德組織「看電影」所具有的政治意義的，對他們來說，尤其意味著即使周恩來將不久於人世，但他們的領袖朱德仍然健在，並且比毛澤東更健康地活著，而朱德並沒有拋棄他們，僅僅這一點，就給了他們對未來的無限希望。朱德本人對電影毫無興趣，他只是在放電影時陪大家坐一下，隨即就回家了。在看電影的人中以孩子為多數，包括鄧小平的子女也都參加了。從這次看電影的安排來說，朱德保持著極其清晰的頭腦，北京有很多個禮堂可供朱德選擇，他選擇齊吉樹是一種微妙的政治技巧，齊吉樹在延安時期是毛澤東的勤務人員，朱德顯然很清楚他是毛澤東的親信，朱德既要告訴毛澤東他的親信也同樣聽朱德的命，更是故意要讓毛澤東知道「看電影」這一非同尋常的行動，讓毛澤東知道強大的朱德還在，並且越來越強硬了。事實上朱德這一行動很快就引起了震動，江青主動給朱德打電話，說自己身邊有很多好電影，朱德如果要看電影應該跟她說，由她安排，她要送電影拷貝來給朱德，但朱德給予了回絕，這一回絕等於向江青宣布了不合作立場，彼此到了涇渭分明的程度。

對朱德自從引退後少見而十分醒目的視察海軍、「看電影」這兩次實力顯示和威懾行動，毛澤東保持了沉默，對毛澤

東來說，林彪死亡後他在中共幾乎唯一要避開的衝突對象只有朱德，與朱德進行直接的公開衝突是極其不明智的，毛澤東自然地選擇了「忽視」的辦法對待朱德。但是，「看電影」中江青口氣殷勤的電話已經證明了毛澤東根本無法「忽視」朱德的威懾，作為中共第二副主席的王洪文拜見朱德時戰戰兢兢的態度也證明了沒有任何人可以「忽視」朱德。問題在於，朱德並不罷休。1972年夏天江青曾接受過一位叫洛克珊・維特克的美國女歷史學家的採訪，在北京和廣州前後談了六十多個小時，大大鼓吹了自己的早年生涯，這一誇大其詞的談話記錄被毛澤東指令封存了起來，1975年夏天，朱德得知香港出版了一本可能獲得江青這一談話部分內容的名叫《紅都女皇》的暢銷書，於7月23日專門書面向毛澤東告了一狀。朱德這一告狀已經不是實力顯示，而是直接的進攻，所抓的把柄無論江青還是毛澤東都是有口難辯的。毛澤東終於無法保持沉默，惱火了起來，但矛頭無法對著朱德，而只能對著江青，批示指責江青「孤陋寡聞，愚昧無知，三十年來惡習不改，立刻攆出政治局，分道揚鑣」，似乎要跟江青離婚了。從保守觀念角度說，江青早年生活特別是所謂的「明星」生涯，對毛澤東來說是一種十分羞恥的事情，毛澤東由政治問題而要與江青「分道揚鑣」，顯然是《紅都女皇》這本書經朱德一告狀，刺激出了毛澤東的羞慚之心，處境難堪，不得不以對江青激烈的態度安撫朱德。一時之間，江青灰頭灰臉，在對周恩來、鄧小平的政治進攻上不敢造次。

評《水滸》運動

朱德的進攻從《紅都女皇》這本書著手，而不是從政治觀點本身著手，不過是一次有限的行動，其目的是促使毛澤東、江青有所收斂。周恩來深諳其道，把毛澤東與江青「分道揚鑣」的批示壓了下來，並不進入執行的程序，而毛澤東也不

催促執行，朱德也並不跟人提起此事。這充分說明了朱德、毛澤東、周恩來這三個人之間在政治權謀上都達到了同樣爐火純青境界，彼此心照不宣。但鄧小平則不同，火候還次了一層，除了之前曾藉「經驗主義」問題逼迫毛澤東讓江青寫了檢查外，其強硬的進行「全面整頓」的態度並沒有因為政治上的暫時有利而緩和。鄧小平的強硬態度使周恩來十分被動，這是立場一致而策略不同的困境。就朱德來說，他與毛澤東進行的是一種十分嚴峻的生命競賽，他並不正面捲入當前政治，只是因為目前形勢發展勢頭較好，他希望保持這種勢頭，希望毛澤東、江青比較收斂些，真正的問題在毛澤東在世時並不能夠解決。就維持現狀和勢頭來說，周恩來與朱德是一致的態度，但他本人深深地捲入在漩渦的中心，不能像朱德那樣超脫，也超脫不了，必須要進行控制，他自己的生命來日無多，同樣，周恩來也跟鄧小平、葉劍英指出毛澤東也是來日無多，周恩來是希望在毛澤東去世前和自己在世時儘量保存力量，避免遭到毛澤東的重大打擊。

為了避免毛澤東的重大打擊，1975年6月16日，周恩來甚至給毛澤東寫了封言辭奴性到極點的信，說「從遵義會議到今天整整四十年，得主席諄諄善誘，而仍不斷犯錯，甚至犯罪，真愧悔無極。現在病中，反覆回憶反省，不僅要保持晚節，還願寫出個像樣的意見總結出來」，同時附了封信給毛澤東的「祕書」張玉鳳，懇求她一定要在毛澤東精神好、吃得好、睡得好的時候，把信念給毛澤東聽，再三叮囑不要在毛澤東疲倦時念。7月，重病的周恩來兩次從醫院出來主持政治局常委會議，研究毛澤東白內障治療方案，關心到了每一個細節，甚至讓醫生先在他自己的眼睛上試驗藥水的副作用，毛澤東手術時又比孝子還孝子地等候在外面，直到手術完畢才離開。即使如此，周恩來並沒有能夠蒙蔽毛澤東，毛澤東始終保持著清晰的政治判斷力，毛澤東對「文革」派親信說：他現在是買我面子，他是不贊同我思想的，文革他反對，反對得很精

明，他在黨、政、軍中有基礎，百姓也很尊重他，他和劉少奇、鄧小平基本上是同路人。但客觀上來說，周恩來近乎極端化的「奴性」對毛澤東來說是個非常大的麻煩，毛澤東很難從正面公開挑起與周恩來的「決戰」，雖然周恩來日漸走向死亡，但毛澤東同樣也在耗費著自己時日無多的生命，無法製造出他所習慣的新的「革命」。鄧小平與朱德、周恩來不同，就政治涵養上來說他跟朱德、周恩來比還屬於「少壯」人士，既沒有周恩來那樣的圓滑，也沒有朱德那樣的海量，鄧小平只能按照自己的個性選擇自己的策略。鄧小平作為劉、鄧大軍政委，只是軍隊一個比較大山頭的領袖，作為劉少奇的人在「老幹部」實力派中也只是山頭之一，基礎不僅相對朱德、周恩來來說單薄得多，而且經過劉、鄧路線的批判也「臭名昭著」，威信大受影響，他必須以激烈的行動成為朱德、周恩來的前台先鋒，雖然朱德、周恩來可能並不滿意鄧小平的過於激進，但鄧小平被他們完全信賴為自己的人而得到前台領銜的領袖地位則是做到了，幾乎所有的「老幹部」實力派都因為鄧小平的激進而認同了他接替周恩來的領袖資格。葉劍英在毛澤東批鄧後私下說：鄧這個人歷來如此，自以為是，聽不進別人意見，喜歡一個人打天下，不撞南牆是不會回頭的。雖然如此，鄧小平畢竟透過自己激進的「全面整頓」獲得了人心，被人們視作了周恩來第二，是個好管家，包括葉劍英本人也同樣如此認為，這正是鄧小平在「文革」後能夠東山再起的資源。如果鄧小平在這期間遵循周恩來的意見，採取同樣忍耐的態度，「文革」後在他與陳雲乃至葉劍英之間就很難說誰是更說了算的人了。鄧小平女兒鄧榕在《我的父親鄧小平文革歲月》中說，鄧小平當時認為「時間、機會，對於他來說，都太珍貴了」，這在鄧小平獲取實力資源來說確實如此，《晚年周恩來》作者高文謙先生對鄧榕說法的不表認可是僅僅只看到了之後的「批鄧」，而沒有看到當時毛澤東也是不久於人世的人，「批鄧」在根本上不過是毛澤東的一次迴光返照，是一個

歷史小插曲，也就是說，當周恩來、毛澤東死亡之後，如果朱德活著，即使鄧小平被打倒了，取代毛澤東的朱德重新起用鄧小平擔當周恩來的責任也是必然，如果鄧小平當時不抓住「時間、機會」，則是未必必然。就周恩來對鄧小平的憂心來說，根本上跟他作為將死之人還要竭盡奴顏以「保持晚節」是一回事情，無論是周恩來還是鄧小平，都不是自己本人，不是他們自己一個人，周恩來必須要擔心毛澤東萬一瘋了，來一次臨死前的大清洗，後果將是十分嚴重的。

當然，歷史的實際發展遠要比當事人自己的想法複雜得多，或者說歷史的「動機」並不決定於某個人的動機，而是所有人的動機的平衡態和結果。僅僅到了1975年8月，毛澤東便開始啟動了評故事在中國幾乎盡人皆知的古典小說《水滸》的運動。8月14日，毛澤東向深夜為他陪讀的人談了兩句話：「《水滸》這部書，好就好在投降，做反面教材，使人民都知道投降派。」「宋江投降，搞修正主義，把晁蓋的聚義廳改為忠義堂，讓人招安了。」這兩句話作為毛澤東的「最高最新指示」向全國傳達和發布，一場在後人來看幾乎會令人啼笑皆非的人類史上最大的連文盲也必須參加的「書評」活動展開了起來。這個所謂評《水滸》的運動，簡單來說就是在全國反覆喊叫「投降」兩字，那麼，「投降」的奧妙到底在哪裏呢？這是個一箭雙雕的隱語。首先暗指周恩來，周恩來因為歷史上有一個「伍豪啟示」，在大「文革」初期曾被江青故意撿出來攻擊周恩來有過叛徒行為，當初在江西根據地曾聲明過這個啟示是國民黨偽造的毛澤東最終不得不出面澄清，但就如早期與朱德衝突時毛澤東一直強調「舊軍人」出身問題以貶抑朱德一樣，毛澤東也用「投降」問題暗示周恩來的不可靠歷史，比如毛澤東在1972年8月14日為重新起用鄧小平批示說了三個肯定其歷史的理由，其中第二條是「他沒歷史問題。即沒有投降過敵人」，似乎在突出鄧小平比之周恩來的歷史優點。其次，投降是暗指鄧小平，是毛澤東對鄧小平進行強烈警告，暗示認為

他復出後沒有站在毛澤東一邊，而是「投降」到了周恩來、朱德他們一邊去了。毛澤東這個行動對江青來說意味著擺脫了毛澤東與她離婚的「分道揚鑣」困局，立即予以了高度熱情推動，進行政治反攻。

「反擊右傾翻案風」

1975年9月，毛澤東起用了一個新的忠誠的政治幫手毛遠新。毛遠新，毛澤東之弟、中共要員毛澤民的兒子，1942年2月出生於新疆，1943年9月毛澤民被盛世才殺死，遺孀朱丹華於1945年7月攜子到延安，後改嫁中共著名的紅軍領袖方志敏之弟方志純，1951年朱丹華從江西攜毛遠新到北京，留毛遠新在毛澤東身邊讀書，由於毛澤東精心培植的兒子毛岸英已於1950年底在朝鮮死亡，另一個兒子毛岸青是精神病患者，毛遠新作為毛澤東的親侄子等於是毛澤東唯一正常的男性子弟，毛澤東寵愛有加，視如己出，江青也十分珍愛這個孩子，1965年毛遠新從哈爾濱軍事工廠學院畢業後分到部隊當士兵，大「文革」開始後回學校成為了紅衛兵頭腦，1968年當上了遼寧省革命委員會副主任，之後擔任瀋陽軍區政委、政治部副主任等職務，1975年9月時的身份是遼寧省委書記、省革命委員會主任、瀋陽軍區政委，因為去新疆參加會議經過北京時與毛澤東見了面，毛澤東與他交談後大喜過望，覺得他經過鍛煉成熟了，終於可以託付重任了，此外，毛澤東對江青的缺乏工作能力也一直不滿意，有了毛遠新，眼前似乎出現了一片光明。毛澤東馬上把毛遠新留在了身邊，既加繼續特殊培養，也讓他擔任自己與政治局之間的聯絡人，也就是代表毛澤東出席政治局會議。毛遠新的出現對毛澤東來說似乎如虎添翼，加速了對周恩來、鄧小平的政治進攻。但是，評《水滸》這樣弔詭的運動無論如何熱鬧，這種令絕大多數中國人丈二和尚摸不著頭腦的隱喻性批判本身已經充分暴露了毛澤東從未有過的虛弱，他再

也沒有實力像以前整人那樣強硬和氣勢洶洶了。事實上，毛澤東已經完全處於安排自己死亡之前的最終後事狀態。不管毛澤東對毛遠新怎麼滿意，但他已經沒有時間「培養」他在毛澤東死亡之前完成「接班人」轉型，江青仍然是毛澤東主要的扶植人選。毛澤東在再次打倒鄧小平後曾說：江青鬥爭性強，階級立場堅定，這點我倆是一致的。她不會搞兩面派，但不懂策略，不會團結人，所以吃了虧。她身邊如果有個好參謀，她是可以挑大旗的。

毛澤東的困境在於，雖然周恩來的生命很顯然已經不會長久，但朱德則不僅活著，而且在政治上穩如泰山，毛澤東自己的健康狀況越來越糟糕，似乎已經沒有時間尋找機會清除「老幹部」實力派。本來，他希望形成一個由鄧小平取代周恩來，他自己的政治領導權則由江青或毛遠新乃至王洪文之類「文革」派繼承的局面，但江青「不懂策略，不會團結人」，還在鄧小平政治立場不明朗時就與鄧小平尖銳對立起來，鄧小平則「投降」向了周恩來、朱德陣營。對毛澤東來說，只要鄧小平能夠與江青建立起同盟，「文革」派團結一幫「老幹部」實力派，對周恩來、朱德釜底抽薪，自己去世後就不會有大的問題，但這只是毛澤東一廂情願，即使江青也難以接受，江青以為靠著毛澤東的「威望」，靠著政治正確，那些「老幹部」實力派是虛弱的，他們不應該分享毛澤東身後的權力，權力應該由她的人壟斷，因此，江青不斷地想排擠掉「老幹部」，把中共中央變成她的天下，毛澤東既無法接受江青這種傾向也難以在生前做到，畢竟，毛澤東深知所謂的政治正確在他身後還是要決定於實力，要由實力為基礎，如果在他活著的時候由江青的人掌控了權力，事情做到了極端化，失去餘地，在他身後很可能將是一場徹底拋棄他「毛澤東」的「革命」，而面對這種「革命」，江青是根本沒有能力彈壓的。毛澤東只能尋找一條折衷的道路。王洪文在批判「經驗主義」時的幼稚已經被毛澤東否定了「接班人」地位，已經與江

青尖銳對立並「投降」向周恩來的鄧小平是必須要清除的。
1975年11月2日，毛澤東讓毛遠新代表自己召集汪東興、陳錫聯開了個「幫助」鄧小平的小型會議，這是毛遠新主持的第一次「幫助」鄧小平的會議。之後毛澤東又讓毛遠新主持了幾次「幫助」鄧小平的會議，規模一次次擴大，讓鄧小平寫了兩次書面檢查，鄧小平則提出了辭職，毛澤東則又要鄧小平主持政治局會議弄一個肯定「文化大革命」的文件出來，鄧小平自然不能做，一做就等於他以強硬態度抓住「時間、機會」的一切都白費了心血，前功盡棄，自然予以了抗拒。這樣，毛澤東人生最後一個運動或者說「革命」，所謂的「反擊右傾翻案風」就全面開展起來了。實際上，鄧小平即使滿足了毛澤東的要求，主持政治局會議弄了個肯定「文化大革命」的文件出來，也仍然難以擺脫被批判的命運，還在毛澤東要鄧小平搞這樣文件之前，毛澤東就已經跟毛遠新談過，說：「社會主義社會有沒有階級鬥爭？什麼『三項指示為綱』，安定團結不是不要階級鬥爭，階級鬥爭是綱，其餘都是目。史達林在這個問題上犯了大錯誤。列寧則不然，他說小生產每日每時都產生資本主義。列寧說建設沒有資本家的資產階級國家，為了保障資產階級法權。我們自己是建設了這樣一個國家，跟舊社會差不多，分等級，有八級工資，按勞分配，等價交換。要拿錢買米、買煤、買油、買菜。八級工資，不管你人多人少。他（鄧小平）的問題是自己屬於小資產階級，思想容易右，自己代表資產階級，卻說階級矛盾看不清楚了。一些同志，主要是一些老同志思想還停留在資產階級民主革命階段，對社會主義不理解，有抵觸，甚至反對。對文化大革命兩種態度：一是不滿意，二是要算帳。他（鄧小平）做了大官了，要保護大官們的利益。他們有了好房子，有汽車，薪水高，還有服務員，比資本家還厲害，社會主義革命革到自己頭上了，合作化時黨內就有人反對，批資產階級法權他們有反感。搞社會主義革命，不知道資產階級在哪裏，就在共產黨內，黨內走資本主義

道路的當權派。走資派還在走。」毛澤東強調：「對『文化大革命』，總的看法：基本正確，有所不足。現在要研究的是在有所不足方面。三七開，七分成績三分錯誤，看法不見得一致。『文化大革命』犯了兩個錯誤：打倒一切和全面內戰。打倒一切其中一部分打對了，如劉、林集團。一部分打錯了，如許多老同志，這些人也有錯誤，批一下也可以。（我們）無戰爭經驗已經十多年了，全面內戰，搶了槍，大多數是發的，打一下，也是個鍛煉。鄧小平這個人是不抓階級鬥爭的，歷來不提這個綱。還是『白貓、黑貓』啊，不管是帝國主義還是馬克思主義。」對鄧小平本人則認為還是要批的，但不應一棍子打死，「還是人民內部矛盾，引導得好，可以不走到對抗方面去」。也就是說，對鄧小平毛澤東還是要給予沉重打擊的，但不是像之前那樣比較徹底地把他打倒。

毛澤東對鄧小平還想留一手有諸多原因，其中很重要的是他新選擇的華國鋒各種工作還沒有接上手。華國鋒，1921年生，山西交城縣人，原名蘇鑄，1940年任交城縣各屆抗日聯合會主任，後任中共交城縣委書記，1949年後在湖南湘潭任縣委書記、地委專員等，1975年毛澤東將他調北京任副總理時為中共湖南省委第一書記。早在大「文革」前，毛澤東就注意到了在自己家鄉擔任父母官的華國鋒，華國鋒對毛澤東十分忠誠，但毛澤東對重用華國鋒則一時難以下決心，這是個「老實人」，能力方面則值得擔心，但現在毛澤東已經沒有更可靠、能當家的人可用，只能勉為其難，使用華國鋒。毛澤東希望能給華國鋒以更多的時間過渡，只能對鄧小平留一手，希望鄧小平能夠繼續做事，但是，鄧小平的毫不退讓逼迫毛澤東失去了迴旋餘地，1975年11月26日，中共中央正式下發在全國開展「反擊右傾翻案風」的文件，使用的依據正是毛澤東跟毛遠新談話的主要部分，鄧小平則被軟禁了起來。恰在這時，或者說毛澤東正是選擇了這個時機正式展開「反擊右傾翻案風」，1976年1月8日，周恩來終於病逝。周恩來去世數個月後

的4月5日，也就是按照中國傳統風俗十分重要的亡者去世第一個清明節，在天安門廣場，爆發了人民自發的紀念活動，很多廣場言論直指毛澤東的獨裁統治和江青等人，也包含了不少擁護鄧小平進行「全面整頓」的聲音，這是毛澤東自從紅軍時期「富田事變」以來從未遇到過的矛頭直指他的「群眾」反抗運動，其暴怒可知，隨即，毛澤東認為這是鄧小平從1974年至1975年長期準備的結果，並認為這是鄧小平策劃的，決定撤銷鄧小平黨內外一切職務，保留黨籍，以觀後效。可見，即使如此，毛澤東仍然是十分手軟的，不得不為鄧小平拖了個保留黨籍，以觀後效的尾巴。周恩來死亡後，華國鋒代理了總理職務，不久正式轉正。

朱德意外死亡

　　1976年，周恩來、朱德、毛澤東的生命競賽終於有了結果，毛澤東最終獲得了勝利，活到了最後，盡可能按照自己的意願作了身後的政治安排。1976年9月9日，毛澤東去世，而在他之前兩個月的7月6日，朱德去世。中共歷史上最強悍的「三巨頭」在同一年裏一起離開了這個世界。但是，他們的死亡畢竟不是同一天，彼此間有著一定時間的間隔，而這些間隔對於政治安排來說，則有著非同尋常的意義。周恩來癌症擴散後，在不能得到正常治療並仍然必須進行繁重工作的情況下，竟然頑強地拖延到了1976年這個毛澤東最忌諱的「八十四歲」難關。毛澤東儘管沒有任何外在的人為因素直接破壞他的生命，終於還是無法挨過這個「八十四歲」難關。蹊蹺的是朱德的死亡，幾乎可以說完全是一種意外。朱德的意外死亡改變了「老革命」實力派的政治期望，其意義是十分微妙的。

　　朱德的身體一直非常健康，只是偶有一些一般來說不足以導致死亡的小毛病，事實上關於朱德的死亡中共官方版本所

解釋的直接原因也只是「感冒」。在1993年出版的中共中央文獻研究室金沖及主編的《朱德傳》裏，是這樣敘述朱德死亡過程的：6月21日上午，朱德前往人民大會堂會見澳大利亞聯邦總理馬爾科姆‧弗雷澤。由於會見的時間推遲，而朱德事先沒有得到通知，在放有冷氣的房間裏等了近一個小時。回到家中，他便感到身體不舒服，經醫生診斷，是患了感冒。25日晚，朱德因病情加重，被送入北京醫院治療。幾天後，朱德的病情稍有緩解。但進入7月後，他的病情又再次加重，多種病症併發。7月5日，朱德的病情急劇惡化。很快，朱德就進入昏迷狀態，再也沒有睜開眼睛。1976年7月6日下午三時一分，朱德的心臟永遠停止了跳動，享年九十歲。並且敘述：「剛從生命垂危中被搶救過來的毛澤東，靜臥在病榻上。這時主持中央日常工作的華國鋒趕來向他報告了朱德逝世的消息，毛澤東聽完華國鋒的報告，用微弱、低啞的聲音問：『朱老總得的什麼病？怎麼這麼快就？』他囑咐華國鋒一定要妥善料理朱德的喪事。」在2000年出版的《朱德傳》（修訂本）裏也是同樣敘述。康克清回憶：「1976年6月21日，但他堅持會見澳大利亞總理馬爾科姆‧弗雷澤，由於這次會見的時間有變動，朱老總在有空調的房間裏等得太久，他的病情更加重了，經醫生會診後，立即住院治療。」這個回憶是說朱德原來已經有病，因為空調問題而導致病重，但基本沒有什麼出入，歸根結底朱德死亡的原因還是跟接見澳大利亞聯邦總理馬爾科姆‧弗雷澤時的空調有關。所謂空調問題，則是一個「意外」，朱德按約定的時間按時來到人民大會堂會見廳等候，但時間到了馬爾科姆‧弗雷澤還沒到，外交部也沒有具體消息，朱德只好在休息室裏等候，而空調則被調得格外冷，工作人員四處打聽才知道會見時間推遲了，朱德只能繼續等，在正式完成會見後即出現了感冒症狀。當時西方國家首腦來中國訪問是非常少的，屬於極其重大的外交活動，如此重大的活動竟然會出現這樣的「意外」十分難以理解，特別要注意到當時的外交部屬於毛澤

東、江青一系的人所控制的部門，即使按照朱德死亡的這一中共官方版本，也不得不懷疑是否是在製造朱德的「感冒」？

按照這一中共官方版本相應的各種細節敘述，即使朱德感冒了也並沒有當即發生病情惡化的傾向，朱德只是到了6月25日才發現咳出的痰裏帶著血絲，渾身無力，而朱德本人沒有當回事情，還準備著第二天接見外賓。第二天經過醫生會診，朱德被送進了醫院，康克清也不相信朱德會一下子病重。當時為朱德專門成立了醫療組，組長是中央軍委副祕書長蘇振華，副組長是李素文，成員有姚連蔚、吳桂賢、劉湘屏等。劉湘屏是當時的衛生部長，是江青的親信，實際是她在具體管著朱德的治療問題。朱德的病房在四樓，劉湘屏則住在三樓，每天都要上樓看一次朱德。康克清詢問朱德病情，被告知朱德「心臟衰竭」、「糖尿病嚴重，心肌也有問題」，會診後使用會導致腎臟損壞的卡達黴素，結果輸進藥液1000至2000毫升，朱德排尿只有100毫升，把質樸的康克清急壞了，要求換藥。令康克清生氣的是，她無意間聽到劉湘屏問醫生：「還能拖多久？」經過治療後，朱德在進入7月份後反而病情急劇惡化起來。朱德這一治療過程是十分值得推敲的。特別要注意的是劉湘屏不僅是衛生部長，而且，她也是長期受毛澤東、江青之命查朱德所謂「中國（馬列）共產黨」的公安部長謝富治的妻子，謝富治死於1972年，即使如此，「文革」後也還是跟劉湘屏一起被列為了「四人幫」集團的重要成員，劉湘屏則被開除了中共黨籍，也就是說，具體負責朱德治療的人恰恰是十分希望甚至需要朱德死亡的人。

朱德這一死亡原因和過程的中共官方版本可懷疑的地方不少，難以使人充分相信，雖然這一版本有康克清等家屬的證明。筆者1980年代中期在軍隊服務時，跟身邊一些同事議論起朱德死亡問題，印象中幾乎所有軍官都一定程度懷疑朱德為「非正常死亡」，並不充分相信這一官方版本。至於社會上，則有著多種朱德「非正常死亡」的謠傳。

　　有一個與中共官方版本不同的說法很有意思。曾志在《一個革命的倖存者——曾志回憶錄》裏寫道：「7月6日，一個不幸的消息又傳來，我們愛戴的總司令朱德也逝世了。我的胸口一陣揪心的疼痛。據說他得病是因吃了不潔淨的生黃瓜，腹漲還嘔吐，接著發高燒，並發性肺炎，最後心腎衰竭而去世。如果不是誤吃了不乾淨的食品，他老人家那樣健康的身體活一百歲是完全可以的。」曾志是本書曾提及的朱毛井岡山時期的人物，1911年生，湖南宜章縣人，1926年加入中共，1928年隨朱德上了井岡山，是朱德與康克清婚姻的介紹人，第一任丈夫是在湘南暴動中準備火燒郴州城時被憤怒的老百姓殺死的夏明震，不久後嫁給了蔡協民，之後與陶鑄結為夫妻一直到晚年，建國後曾志曾任武漢市軍管會物資接管部副部長、中南軍政委員會委員、中南局工業部副部長兼廣州電業局局長、黨委書記、廣州市委書記、廣東省委委員、常委、中共中央書記處候補書記等職，大「文革」期間與陶鑄一起挨整，「文革」後於1977年底恢復工作，擔任了中共中央組織部副部長這一「文革」後極其重要的職務。以曾志的資歷和地位，以及她與毛澤東、朱德的特殊關係，對朱德的死亡原因說法不會是無緣無故的。她聽說的朱德因吃生黃瓜導致死亡，大概是當時中共相當程度範圍的一種傳說，曾志不可能不知道中共官方關於朱德死亡原因的解釋，而她的回憶錄完成於1998年，將這種傳說作為朱德的死因，至少說明了她並不認可中共官方的解釋，而是認為有著其他原因。曾志的說法裏，說到朱德「最後心腎衰竭而去世」，根據以上官方版本的細節，朱德腎的問題卻是用藥導致的，曾志似乎在強烈地暗示著什麼。非常有意思的是，曾志強調朱德「他老人家那樣健康的身體活一百歲是完全可以的」，這應該是幾乎所有中共要員的共識，在這樣的共識下，要接受朱德恰巧在毛澤東去世兩個月前突然死亡，很難符合人們的經驗判斷。曾志這一說法最重要的意義，這是中共

高層人士出現的區別於中共官方版本的朱德死因說法，至少證明了朱德的死亡在中共高層確實有著不同的猜疑和傳說。

朱德與毛澤東身後事

問題的關鍵並不在於朱德到底是如何死的，而在於朱德的死亡到底具有什麼樣的意義，他不死將是什麼情景？他死了意味著什麼？

如果說毛澤東在安排劉少奇為接班人時不考慮朱德因素是合理的的話，那麼，當後來毛澤東在安排其他人為接班人時不考慮朱德因素則是毫無道理。朱德對於接班人的問題，也就是朱德對接班人接班後可能的干涉乃至支配。劉少奇如果接班，雖然朱德與劉少奇有程度不小的政見不同，但朱德基本上是認可劉少奇的，以朱德的容忍風格並不會對劉少奇進行干涉。不僅如此，由於朱德在建國後是以自己的引退對毛澤東施加壓力，導致毛澤東越來越難堪，不得不一再聲言自己也引退，可證明朱德不僅不反對劉少奇接班，而且特別支持劉少奇接班。如果毛澤東真正引退，朱德更是沒有理由干涉接班了的劉少奇。問題是毛澤東並不引退，他把所謂「退」轉化為了一種分工制度，把劉少奇也列為屬於「半退」的人，這樣，朱德處於了引而不退的狀態，雖然管的事情越來越少，但至少名義上仍然擔任著國家最高級別的職務。在毛澤東根本不退的情況下，朱德對接班人的干涉成為了一個假問題，變得毫無意義。在這種情況下，朱德引退對毛澤東的壓力也漸漸失去了意義，這一點在大「文革」開始後更是徹底失去了意義。大「文革」意味著毛澤東徹底解除了自己在活著的時候交權的可能，使自己達到了終身獨裁，這樣，所謂接班人接班問題也就演化為了是在毛澤東身後接班，這一演化是理解中共大「文革」前後政治差異的關鍵性鑰匙之一。毛澤東終生獨裁的主要推動者林彪作為被中共「九大」法定的毛澤東接班人，自己也

正是在這一點上吃足了苦頭，由於毛澤東的終身獨裁，中共政治在毛澤東生前已經被決定為了由毛澤東一人所控制，任何的改變意圖都只能在毛澤東死後才可能，林彪的困境是年輕而健康狀況惡劣，並沒有足夠的希望活到毛澤東死後，林彪試圖真的「接班」成為獨裁者，就必須在毛澤東活著時候做到，這一悖論最終被毛澤東利用並導致了林彪走向政變和死亡之路。與林彪的策略不同，朱德雖然年紀垂老，但他從來就對自己身體的強健非常自信，更是採取了忍讓、退避的態度，進一步遠離事務，種花、練操、寫字、散步，與毛澤東悄悄進行起了生命競賽。朱德活到毛澤東死後的策略，在林彪這個「接班人」垮台後，對於毛澤東來說幾乎是致命的，這意味著毛澤東生前的一切政治安排，都將被仍然活著的朱德所支配，毛澤東一切都將白費心血。對毛澤東來說可怕的是這很現實，朱德雖然有小恙，但並無大病，就如曾志所認為的：「他老人家那樣健康的身體活一百歲是完全可以的。」這幾乎是所有人對朱德健康和長壽的感受，毛澤東應該也不例外。事實上，周恩來死亡之後，朱德作為具有威望和廣泛影響的相當於國家元首級人物的地位更形突出了出來，重大的國事接訪不得不要由朱德出面，朱德已經轉向「接管」的程序，開始正常化「工作」了，因此，當朱德突然死亡後，即使社會最底層的老百姓也普遍感到非常驚訝，這一點，筆者那時雖然只是讀小學的年齡，卻還是有著深刻的印象。

朱德被人們普遍估計為可以活到毛澤東死後的健康身體的意義是十分重大的。如果毛澤東先去世，而周恩來活著，即使如此，由於朱德曾經兩大領袖的資歷和「朱毛」的神性，接受毛澤東中共主席職位的也更應該是朱德，由於長期過於奴性的策略而在江青等人面前有著一定弱點的周恩來最理想的辦法是為朱德「黃袍加身」，朱德則反過來授予周恩來全面主持工作的權力，這是應付毛澤東遺留局面最恰當的辦法。周恩來、毛澤東都去世而朱德活著，無論從資歷、地位還是威

望、實力來說，中共沒有任何人可以與朱德相媲比，哪怕毛澤東去世前明確華國鋒或者其他什麼人接任中共主席，也仍然是朱德自然地成為絕對權威，如果接任中共主席的華國鋒或其他什麼人聽從朱德的政治主張，則有可能繼續在位置上坐下去，如果不聽從，下台將是幾乎沒有什麼障礙可言的。朱德這種無可置疑的毛澤東死後的地位無論誰都不能忽視，也是大家所心照不宣的。值得注意的是周恩來與朱德的最後一次見面，這是一次神祕的見面。1975年7月11日，周恩來與朱德非常鄭重地見了他們最後一次面，談了半小時左右話。之前朱德曾要來看望躺在病床上的周恩來，周恩來以擔心累著朱德的理由謝絕了，實際更應該是思考該如何與朱德見面，7月11日這天，周恩來下床運動一下之後感覺狀況良好，他仍然非常清楚中共各方面的細節，知道再過幾天朱德要去北戴河消暑，就請衛士高晉普打電話詢問朱德這天能否見面，朱德在傍晚五時五十分時到達。與周恩來在病床邊會見其他人完全不同，周恩來雖然極其困難，但還是堅持換上了正式的衣服，在會客廳迎接朱德，兩人落座後周恩來又惟恐朱德坐低矮的沙發起坐吃力，但朱德覺得沙發可以，隨即，周恩來讓隨從都離開，並關上了會客廳門，兩個人祕密談了約半小時話。周恩來與朱德在這半小時到底談了些什麼，恐怕永遠不會有人知道了。四十年前在遵義會議時，朱德與周恩來也是進行了個別談話，從而改變了中共歷史，從這次會談時周恩來在一系列細節上的特別鄭重來看，應該也是一次非同尋常的談話。筆者認為，這次談話最大的可能應該是周恩來向朱德交代真正的後事，不僅是周恩來自己去世的後事，而且更是毛澤東去世的後事，這樣的後事周恩來在中共沒有任何人可以直白說，唯一只能跟朱德直白說出自己的想法，希望活到毛澤東死後的朱德能知道他的真實意見，而這樣的意見交代面對朱德這樣的人並不需要多說，兩個人談半小時足夠了。周恩來去世後，朱德開始參加一些政治局會議，有一次在會議上，朱德大概對糾纏於毛澤東死後權力的

江青實在不耐煩了，說：主席過世了，我還在，輪不上你說話！顯然，朱德對毛澤東去世後該如何，心裏一本帳是非常清晰的。

如果說周恩來在自己死以前跟朱德進行祕密會談是交代後事，那麼，繫於朱德沒有任何人可以挑戰的絕對權威，毛澤東就更應該跟朱德交代後事。但是，非常奇怪的是，不僅毛澤東在考慮後事時沒有向朱德有所交代，而且極其不正常的是林彪死亡之後，或者說周恩來已經明確走上死亡道路之後，毛澤東甚至從來沒有把朱德作為活到毛澤東死後作為一種因素談論過，也就是說，當毛澤東在考慮自己「接班人」和其他身後事務時，似乎朱德這個在中共唯一最可能並擁有相應權威改變毛澤東全部「既定方針」的人並不存在，也就是說，毛澤東一切的安排都是極其不正常的，這種不正常性是以朱德在毛澤東之前死亡為基本前提的。如果說朱德突然死亡的最大疑點在哪裏，那麼，最大的疑點正是在毛澤東始終沒有把朱德作為身後因素考慮上面。

政治解決與武力解決江青

綜觀朱德在大「文革」暴發之後的公開和私下言論，可以說朱德對大「文革」的否定是中共最高層人物中態度最鮮明和最強硬的。朱德對劉少奇積極主持的「文化革命」本就不滿，而「文化大革命」的爆發則更是出乎朱德意料，但是這位中共唯一始終保持清醒頭腦的人物很快就作出了自己的評估。他惱怒但同時也非常清楚自己被批判卻很安全，認為毛澤東、周恩來知道他的分量，毛澤東不會有足夠膽量採取激烈的行動打倒他，「主席、恩來瞭解我」。朱德很快看出了毛澤東將走向失敗，在大「文革」初期朱德反對把「老幹部」打成「反革命」，當毛澤東把「老幹部」全面打成「走資派」時，又嘲笑毛澤東，認為這樣反而好了，人人都是「走資

派」，就誰都不是「走資派」了，朱德這一嘲笑實際是指出了毛澤東與所有人為敵的瘋狂狀態，在這樣的狀態下，毛澤東的失敗將是不可避免的。朱德認為，現狀並不能維持下去，他反覆直白或暗示地告訴那些拜見他的實力派人物，跟他們指出眼前的狀況只能是暫時的。朱德要人們忍耐，反覆強調不要跟毛澤東對抗，要人們養好身體，準備「工作」，朱德不願意出現與毛澤東直接對抗的局面，因為這樣的局面很容易轉變為內戰，但卻要人們與毛澤東展開生命競賽。雖然不與毛澤東進行直接對抗，但是，特別是當林彪死亡之後，朱德不斷推動著「老幹部」與江青等人的陣營分野，反覆強調「老幹部」尤其「老紅軍」是「寶貝」，他把江青等人稱為「他們」，態度則近乎於敵對。朱德晚年反覆強調「革命到底」，在「文革」的意識形態背景下他只說「革命」，這是很微妙的，在私下，朱德把「他們」說成是革命的「同路人」，因此，朱德的「革命」實際就是在毛澤東死亡後對「他們」進行革命。朱德這樣一個至關重要人物的政治態度，極其敏感的毛澤東不可能不予以充分注意，這樣一個人如果活著，毛澤東所耿耿於懷的「文革」遺產是根本不可能得到維護的。

在毛澤東啟動「反擊右傾翻案風」再次打倒鄧小平後，毛澤東完全已經成為強弩之末，他既做不到清除「老幹部」勢力，也做不到把江青等人扶到名義上掌控中共權力的最高地位，只能找一個「老實人」華國鋒平衡兩派勢力。對毛澤東來說，他死後如果「老幹部」們有比較多愚忠的一面，那麼，即使「文革」隨之結束，也可能做到形式上肯定「文革」，但前提是朱德不能活著，如果朱德活著，毛澤東所希望的這種平衡也就根本不能存在，沒有了毛澤東肯定政治正確的江青等人沒有任何能力對抗朱德的權威。也就是說，毛澤東的權力平衡是不能包括朱德活著這一因素的。

更深刻的問題在於，當朱德不活著，即使「老幹部」們動用江青等人難以抵抗的武力，江青等人被清除，「文革」很

可能被否定，但是，只要朱德不活著，其他「老幹部」們有一樣最重要的東西還是無法否定，那就是「毛澤東思想」，也就是清除江青的人們可以做到否定「文革」，卻做不到否定「毛澤東思想」，從這點來說，一向只考慮自己利益的毛澤東在最根本的問題上，並不在乎自己死後江青等人是否會是什麼結局。如果朱德活著，則情況很可能發生徹底的變化。在中共最高政治領導人當中，雖然劉少奇被看作富有理論修養，但劉少奇並沒有特別突出的思想材料積累，至於周恩來較之劉少奇則更是貧乏，他們兩人都不足以弄出一個可以取代「毛澤東思想」的「思想」體系出來。但朱德則不同，朱德在建國前就作為中共兩大領袖之一甚至作為名氣比毛澤東更具有「群眾性」影響的人物，他的著作在中共黨內外與毛澤東的著作一樣被廣泛發行和傳播，建國後朱德的「亂說話」也並不是真的「老糊塗」，而是一貫有的放矢的，加以朱德參加南昌暴動後在中共的特殊經歷、資歷和地位，如果毛澤東死了而朱德活著，善於改造歷史和進行微言大義闡述、整理的中共御用文人輕易就可以弄出個與「毛澤東思想」差別明顯而體系完備的「朱德思想」出來。毛澤東不會想到中共御用文人後來弄出了一個「鄧小平理論」出來，即使如此，鄧小平在建國前的地位決定了「鄧小平理論」在根本上並不能取代「毛澤東思想」，仍然只能作為「毛澤東思想」的發展，但弄一個「朱德思想」出來則不同，作為「朱毛」的朱的「思想」不是「毛澤東思想」的繼承和發揮。「鄧小平理論」的主要點實際上不過來源於朱德的「亂說話」，而朱德的「亂說話」就其要點來說比「鄧小平理論」包含著更多內容，是中共至今沒有發現和發揮的，至於朱德建國前的著作和思想特別是軍事方面的內容，更不是鄧小平所能夠有的，而且也比毛澤東精彩得多，是一個真正的軍人才能夠寫出來的，在這樣的材料情況下，「朱德思想」的完備程度完全可以用來取代「毛澤東思想」。僅僅為了這點，對毛澤東來說，朱德活著將是毛澤東最

難接受的。就如毛澤東對王明說的：「一個領導人如果沒有自己的『主義』，他在生前就可以被別人推翻，而在死後他甚至會受到攻擊。如果有了『主義』，情況就不同了。」毛澤東已經做到了生前「毛澤東思想」不被推翻，他現在是能夠維護住「文革」就維護，維護不了則必須要維護住「毛澤東思想」，只要中共仍然不得不承認「毛澤東思想」，他死後「情況也就不同了」，不會被真正「攻擊」，這是理解毛澤東最終權力安排的關鍵所在。

那麼，毛澤東死後如果朱德活著，朱德和中共有沒有可能弄一個「朱德思想」出來呢？也就是說，即使有足夠的資源，朱德和中共並不等於會弄一個「朱德思想」出來，到底會不會，還是要看諸種因素。就朱德本人來說，他在新中國成立前後關於國家建設的一系列想法與毛澤東、劉少奇及中共其他領導人有著明顯差別，1950年代中期特別是蘇共「二十大」之後，朱德作為中共唯一支持和主張回應赫魯雪夫的人越來越孤單，毛澤東反覆強調防止中國的赫魯雪夫，直到大「文革」爆發後人們才意識到是指劉少奇，這其實並不準確，毛澤東至多是在1960年代之後才可能把劉少奇納入中國的赫魯雪夫所指範圍，之前毛澤東指的人物最大可能的只有朱德，只不過毛澤東難以直白出來，朱德的主張雖然孤立，但朱德的為人並不孤立，加以朱德的引退和年齡問題，誰都不會想到朱德會是活到毛澤東之後的赫魯雪夫。朱德主張的孤立和為人的被廣泛接受和勢力龐大是一個矛盾，朱德所付出的代價是只能越來越少說話，即使如此，仍然被周恩來批判為了到處「亂說話」，是個「危險」人物，大「文革」之後，朱德不得不進一步降低自己關於國家建設的標準，僅僅集中為了「老幹部」們都能夠接受的「生產」上，也就是只要抓經濟就行，其他都可以忍受和接受，朱德終身堅持也是與毛澤東衝突最尖銳的「民主」問題朱德再也不提。這些都是毛澤東活著時候的無奈，毛澤東一當死亡，無論是中共還是中國人民都已經處於極其容易被滿足的極

度「饑餓」狀態，按照朱德忍耐到了時機鐵腕出擊的一貫風格，朱德自然會利用自己幾乎沒有牽制的絕對權威鐵腕抓經濟，他甚至沒有鄧小平、胡耀邦「兩個凡是」障礙，輕易就可以把自己的威望再度強化。在這個過程中，朱德用各種方式再次全面闡述自己的國家建設主張將是自然的，事實上朱德根本就不願意承認毛澤東那一套，1976年5月18日，老資格的翻譯家成仿吾把經過重新校訂出版的《共產黨宣言》送呈朱德，21日早晨成仿吾就接到朱德祕書電話，朱德竟然要為此親自登門拜訪成仿吾，見了成仿吾後，朱德說：「現在很多問題講來講去，總是要請教馬克思、恩格斯。」在關於毛澤東思想問題上，朱德開始是堅持兩個原則，一是毛澤東只是代表，二是毛澤東思想只是馬列主義在中國的發展，前一個原則在劉少奇等人鼓吹個人崇拜背景下朱德越來越難以堅持，但後一個原則是朱德始終頑強地堅持著的，1976年5月21日朱德拜訪成仿吾，根本不提什麼毛澤東思想，等於否定了毛澤東那一套。從中共來說，當朱德在毛澤東死亡後重新恢復了經濟，穩定了社會，朱德事實上就無可置疑地成為了比毛澤東更「偉大」並且近於完美的人物，習慣於對權威進行奉承和投機的中共禦用文人弄一個「朱德思想」出來是自然的和必然的選擇，而就中國社會發展的需要來說，中共自身用「朱德思想」取代和批判「毛澤東思想」也是一個最恰當、最可行的選擇。

朱德的死亡對於毛澤東安排後事來說，中共沒有了具有絕對地位的權威人物，因此不得不繼續掙扎在毛澤東的權威陰影下，但是，毛澤東沒有想到的是江青會幾乎沒有抵抗機會就被清除。朱德一死，毛澤東死後對於「老幹部」實力派來說，等於沒有了政治解決江青等人的途徑，唯一的出路就是動用武力。江青自然也意識到了武力威脅，王洪文在上海的所謂「上海民兵」聚集了起來，這幾乎是江青等人唯一忠誠的「武力」，但十分可笑。筆者在軍隊服務時曾專門詢問親歷上海警備區應變「上海民兵」的同事，他們說當時民兵有幾十

萬，完成了對常德路警備區司令部的包圍，警備區調動了警備團在司令部和週邊應變，軍人們摩拳擦掌，毫不把「民兵」放在眼裏，隨時準備一聲令下就突到營房外面去「割草」，——軍人們覺得「民兵」一當處於作戰狀態時等於烏合之眾，殺「民兵」就跟「割草」一樣容易。毛澤東在再次打倒鄧小平解除他解放軍總參謀長職務之後，同時也以生「病」的名義解除了主持中共中央軍委工作的葉劍英的權力，把軍權交給了陳錫聯。陳錫聯原是瀋陽軍區司令，紅四方面軍出身，毛澤東試圖要他扶植毛遠新，而毛遠新實際與江青的關係十分微妙，一個是「太子」，一個是「夫人」，彼此爭奪著毛澤東接班人的地位，最重要的問題並不在這裏，就如本書一再說明的，中共軍隊山頭的「領袖」根本不能按照職務界定，在職位上的人並不等於擁有「領袖」地位，陳錫聯資歷相對較淺，毛澤東晚年重用原紅四方面軍系將領，卻打擊了徐向前，陳錫聯、許世友等人實際等於失去了自己的頭領，處於四分五裂的狀態，徐向前不出山領頭，這些人就難以糾合起來，陳錫聯本人更無法做到掌控軍隊，軍隊實際還是受控於葉劍英和聶榮臻、徐向前幾個老帥。葉劍英本人並沒有自己的嫡系「山頭」，但他資歷特殊，就其任職時間和次數來說，是中共武裝歷史上的「第一」總參謀長，由他調度對江青等人動武是最恰當的。還在毛澤東死亡之前，一些人就已經運動葉劍英，準備對江青等人武力解決，在葉劍英與鄧小平、陳雲之間擔任「聯絡」的王震將軍直接跟葉劍英說：「為什麼讓他們這樣猖狂？把他們弄起來不就解決問題了嗎？」葉劍英只能豎起右手大拇指向上晃晃，然後再倒過來按一按，打個啞謎。葉劍英實際是很痛苦猶豫的，朱德一死就沒有了進行政治解決的權威人物，江青占著政治正確的有利地位，而毛澤東弔詭的是在自己死亡之前實際並沒有明確接班人，華國鋒只是中共第一副主席和總理，中共主席職務空著，但江青等人並不願意華國鋒繼位，華國鋒是鎮壓「四五」天安門廣場事件的主要指揮者，在政治上唯毛澤東

指示為標準，更傾向於江青等人，「老革命」們對他極其不滿意，在沒有朱德這樣的絕對權威下如果按照政治正確方式解決中共主席職位，江青、毛遠新乃至王洪文都是人選，而「老幹部」們則沒有任何可能，實際上朱德一死，毛澤東是故意出了個題目給人們，讓江青自己利用政治正確的優勢排擠掉華國鋒和更弱勢的王洪文，或者自己當主席，或者把毛遠新推舉上去當主席，這樣，毛澤東實際就是在自己身後實現了「家天下」的目的而不必要承擔相應的歷史責任。在這個過程中，毛澤東看透了葉劍英等很多「老革命」骨子裏有著強烈的忠君意識一面，其中葉劍英則是個很重要的人物，毛澤東臨死之前政治局委員們都守侯著，毛澤東忽然要跟葉劍英說話卻說不出，毛澤東這個特別對待的情節令葉劍英非常感動，骨子裏的忠君意識大大被激發了出來，可以說這是毛澤東一生中最後一個「計謀」了。毛澤東的這種小動作，不過就是要葉劍英這些「老革命」實力派繼續安分，甚至讓他們把江青或毛遠新扶上台，實現「家天下」，這樣，不僅守住「毛澤東思想」，而且也能夠維護住「文化大革命」的七個指頭。

在朱德不活著的前提下，毛澤東差一點達到了他的目的。但是，毛澤東再一次犯了錯誤，雖然沒有朱德這樣的絕對權威人物可以對江青等人進行政治解決，但反過來也一樣，這意味著沒有朱德這樣絕對權威人物可以控制形勢，即使葉劍英沒有動武之心，當「老革命」實力派普遍決心武力解決時，同樣也沒有人可以予以限制，葉劍英根本做不到這點。葉劍英的角色決定了他組織、指揮對江青武力解決是最穩妥的，因此，在毛澤東死的前後，一系列的實力人物都找上了葉劍英，鄧小平、陳雲、譚震林、李先念、鄧穎超、康克清等都找葉劍英談過「後事」問題。在這樣的情況下，葉劍英根本沒有退路，他只能儘量把事情做得完美一些，但同樣，從葉劍英進行組織、指揮的過程看，他也是十分猶豫的。毛澤東死後，聶榮臻主張武力解決的態度最為強硬，他原來與葉劍英一起住在

西山時就一再叮囑他動武，9月21日，已經不住西山的聶榮臻特意派自己的嫡系將領楊成武專門上山找葉劍英，囑咐說：採用黨內鬥爭的正常途徑來解決他們的問題，是無濟於事的，只有我們先下手，採取果斷措施，才能防止意外。必須要清楚，如果葉劍英遲緩不動手，聶榮臻「山頭」分布在京畿地區，同樣也有能力自行採取行動，只不過有可能要引起一點戰火而已。葉劍英對江青等人動武始終瞞著在文革期間作為毛澤東嫡系重用的原紅四方面軍將領，但紅四方面軍仍然在軍隊系統任職的主要將領實際是知道葉劍英要動武了，他們基本保持了沉默，徐向前本人也有動武的意向，而原紅四方面軍將領控制的軍隊就解決江青等人來說，也是有著足夠力量的，只不過既然葉劍英動武了，徐向前只要默認就可以，很難想像，如果徐向前紅四方面軍系將領不默認葉劍英動武，葉劍英可以不放一槍一彈？也就是說，對江青等人武力解決是「老幹部」特別是軍隊「老幹部」們普遍的想法，在這樣的情況下，已經沒有任何人可以阻止武力解決了。

葉劍英本人也是要動武的，只不過他更希望尋找到一條中庸途徑，並能夠更「和平」些。葉劍英選擇了華國鋒為毛澤東的接班人，希望透過華國鋒繼續維持毛澤東的道統。華國鋒本就受江青排擠，無論他對毛澤東如何忠誠，但他客觀上已經是江青準備清除的敵人，在他與葉劍英之間幾次互相試探後，明確了彼此的同盟立場，葉劍英透過把華國鋒製造成毛澤東親自選定的接班人獲取武力解決的合法性。在這樣的情況下，毛澤東生前的片言隻語和身邊的無數神祕材料就有了絕對權威，毛澤東終於捍衛住了自己的「毛澤東思想」，江青與毛澤東「祕書」張玉鳳之間展開了一場爭奪這些東西的衝突。毛澤東一死，張玉鳳作為毛澤東的「女人」來說名不正、言不順，唯一的保護人是當初把她找到毛澤東身邊的汪東興，如果江青達到掌權目的，與江青有矛盾的汪東興必然是江青重點清除的人物，張玉鳳的命運更將是慘不忍睹。汪東興本人也有動

武的想法，只不過以他的警衛部隊抓人容易，如果得不到葉劍英等「老幹部」的支持，本就做了無數令「老幹部」痛恨事情的汪東興必將被他們藉機輕易消滅。如果汪東興與江青站到一邊去，那麼，葉劍英、聶榮臻以及徐向前動起武來，汪東興並沒有足夠的兵力予以抵抗，週邊的強大軍隊輕易就可以進入北京佔領中南海，汪東興只能死路一條，而要他為自己恨之入骨的江青這樣賣命，根本是不可能的。汪東興十分清楚自己的命運，正找不到機會，立即將江青向張玉鳳索要資料的事情向葉劍英報告，藉機明確了自己的立場，也保護了自己。

這樣，雖然毛澤東沒有想到會是這個結果，但他終於還是維持住了自己在死後的權威，特別是他的「毛澤東思想」，把所有針對他的仇恨和行動轉嫁到了最忠誠於他的所謂「四人幫」頭上。但這一切都必須有一個基本的前提，那就是朱德不能活著。從這個角度說，朱、毛從1928年在井岡山會師開始衝突之後，最終以毛澤東的勝利而告終了。但是，朱德真地就輸給毛澤東了嗎？至少從鄧小平重新上台後所被歸納為的「鄧小平理論」來說，不過就是朱德「亂說話」的引申和發揮，從這個角度說，朱德同樣也是最後的贏家，因為，中國改革開放的主要精神，正是朱德國家建設主張中的一部分，中共最終還是按照朱德的部分想法走上了新的歷史道路。就二十一世紀的中國來說，毛派勢力依然十分強大，但是，中共如果要繼續向前順利走下去，特別是進行政治改革時，終究還是不得不要從朱德的思想中尋找出路，比如朱德關於中共領導下的民主主張、關於國防軍的觀點等。

主要參考書籍

朱德：《朱德選集》，中共中央文獻研究室編輯委員會編輯，人民出版社1983年。

朱德：《朱德軍事文選》，解放軍出版社1997年。

朱德：《朱德早年讀史批語選》，《文獻和研究》1985年第4期。

朱德：《朱德自述》，中央文獻研究室編，解放軍文藝出版社2003年。

毛澤東：《毛澤東選集》（1-4卷），人民出版社1991年。

毛澤東：《毛澤東軍事文集》，中共中央文獻研究室、中國人民解放軍軍事科學院編，軍事科學出版社、中央文獻出版社，1993年。

毛澤東：《毛澤東早期文稿：1912.6-1920.11》，中共中央文獻研室、中共湖南省委《毛澤東早期文稿》編輯組編，湖南出版社1995年。

周恩來：《周恩來選集》，中共中央文獻研究室編，人民出版社1981年。

周恩來：《周恩來軍事文選》，中共中央文獻研究室編，人民出版社1997年。

劉少奇：《劉少奇選集》，中共中央文獻編輯委員會編，人民出版社2004年。

鄧小平：《鄧小平文選》（1938-1965年），人民出版社1989年。

陳雲：《陳雲文選》（1926-1949年），中共中央書記處研究室編，人民出版社1984年。

張聞天：《張聞天文集》（1-4集），中共黨史出版社1993-1995年。

中國第二歷史檔案館、雲南省檔案清編：《護國運動》，江蘇古籍出版社1988年。

《南昌起義》，中共黨史資料出版社1987年。

韋顯文、支紹曾、耿成寬、李惠編寫：《國民革命軍發展序列》，解放軍出版社1987年。

中共中央書記處編：《六大以來——黨內祕密文件》，人民出版社1980年。

中央統戰部、中央檔案館編：《中共中央抗日民族統一戰線文件選編》，檔案出版社1984-1986年。

中央檔案館編：《中共中央文件選集》（第1-15冊），中共中央黨校出版社1989-1992年。

《朱德元帥豐碑永存——中國人民革命軍事博物館陳列文獻資料選》，
　　上海人民出版社1986年。

陳伯鈞：《陳伯鈞日記・文選》，中國財政經濟出版社2002年。

中共中央文獻研究室編：《朱德年譜》，人民出版社1986年。

中共中央文獻研究室編：《毛澤東年譜》（1893-1949）》，中央文獻出
　　版社1993年。

中共中央文獻研究室編：《周恩來年譜》（1998-1949）》，中央文獻出
　　版社、人民出版社1990年。

中共中央文獻研究室編：《周恩來年譜（1949-1976）》，中央文獻出版
　　社1997年。

中共中央文獻研究室編：《劉少奇年譜（1898-1969）》，中央文獻出版
　　社1996年。

艾格妮絲・史沫特萊（美）：《偉大的道路——朱德的生平和時代》，
　　生活・讀書・新知三聯書店1979年。

中共中央文獻研究室編：《朱德傳》，金沖及主編，龔希光副主編，中
　　央文獻出版社1993年。

中共中央文獻研究室編：《朱德傳》（修訂本），金沖及主編，龔希光
　　副主編，中央文獻出版社2000年。

中央文獻研究室第二編研部編：《話說朱德——知情者訪談錄》。中央
　　文獻出版社2000年。

《回憶朱德》，中央文獻出版社1992年。

劉白羽：《大海——記朱德同志》，中國青年出版社1985年。

《我們的總司令》，湖南人民出版社1980年。

鄒洋、蕭遙編：《領袖交往實錄系列——朱德》，四川人民出版社
　　1992年。

《赤幟高擎貫始終——憶朱德同志》，人民出版社1979年。

王亞麗：《生活中的朱德》。解放軍出版社1999年。

《馳騁南粵卷巨瀾——朱德同志在廣東的革命活動》，廣東省武裝鬥爭
　　史編寫辦公室編，廣東人民出版社1985年。

謝儲生：《青年朱德》。廣東教育出版社，1995年8月。

劉學民、王法安、蕭思科：《紅軍之父》。解放軍出版社2000年。

朱敏：《我的父親朱德》，遼寧人民出版社1996年。

朱和平：《永久的記憶：和爺爺朱德、奶奶康克清一起生活的日子》，
　　當代中國出版社2004年。

尼姆・威爾斯（美）：《續西行漫記》，陶宜、徐復譯，生活・讀書・
　　新知三聯書店1991年。

羅歐：《求索——一九二二年前的朱德》，雲南出版社1985年。

謝儲生：《青年朱德》，廣東教育出版社，1995年。

郭軍寧：《朱德與范石生》，華文出版社2001年。

奧托‧布勞恩（德）：《中國紀事》，現代史料編刊社1980年。

弗拉基米洛夫（蘇）：《延安日記》，周新譯，台北聯經出版事業公司
　　　1976年。

張國燾：《我的回憶》，東方出版社1998年。

王明：《中共五十年》，現代史料編刊社1981年。

彭德懷：《彭德懷自述》，人民出版社1981年。

龔楚：《龔楚將軍回憶錄》，香港明報月刊社1978年。

張申府：《所憶——張申府憶舊文選》，中國文史出版社1993年。

舒衡哲（美）：《張申府訪談錄》，李紹明譯，北京圖書館出版社
　　　2001年。

鄭超麟：《鄭超麟回憶錄》，東方出版社2004年。

黃克誠：《黃克誠回憶錄》（上），解放軍出版社1989年。

黃克誠：《黃克誠自述》，人民出版社1994年。

聶榮臻：《聶榮臻回憶錄》，戰士出版社1983年。

康克清：《康克清回憶錄》，解放軍出版社1993年。

周士第：《周士第回憶錄》，人民出版社1979年。

粟裕：《粟裕戰爭回憶錄》，解放軍出版社1988年。

何長工：《何長工回憶錄》，解放軍出版社1987年。

何長工：《難忘的歲月》，人民出版社1982年。

蕭華：《艱苦歲月》，上海文藝出版社1983年。

蕭克：《蕭克回憶錄》，解放軍出版社1997年。

伍修權：《我的歷程（1908-1949）》，解放軍出版社1984年。

伍修權：《回憶與懷念》，中共中央黨校出版社1991年。

李志綏：《毛澤東私人醫生回憶錄》，戴鴻超、李志綏譯，台灣時報文
　　化出版企業有限公司1994年。

曾志：《一個革命的幸存者》，廣東人民出版社1998年。

盛岳（美）：《莫斯科中山大學和中國革命》，奚博銓、丁則勤譯，現
　　代史料編刊社1980年12月印刷。

李銳：《李銳往事瑣憶》，江蘇人民出版社1995年。

李銳：《廬山會議實錄》，春秋出版社、湖南教育出版社，1989年。

白崇禧：《白崇禧回憶錄》，蘇志榮、範銀飛、胡必林等編輯，解放軍
　　出版社1987年。

文強口述、劉延民撰寫：《文強口述自傳》，中國社會科學出版社2003年。

李銀橋：《走向神壇的毛澤東》，中外文化出版公司1989年版。

中共中央文獻研究室編：《毛澤東傳（1893-1949）》，中央文獻出版社
　　1996年。

中共中央文獻研究室編：《劉少奇傳》，中央文獻出版社1998年。

中共中央文獻研究室編：《周恩來傳（1898-1949）》，中央文獻出版
　　社、人民出版社1990年。

迪克·威爾遜（英）：《周恩來傳》，封長虹譯，解放軍出版社1990年。

高文謙著：《晚年周恩來》，香港明鏡出版社2003年。

中共中央文獻研究室編：《任弼時傳》，中央文獻出版社、人民出版社
　　1994年。

程中原：《張聞天傳》，當代中國出版社1993年。

曹仲彬、戴茂林：《王明傳》，吉林文史出版社1991年。

徐則浩：《王稼祥傳》，當代中國出版社1996年。

李志英：《博古傳》，當代中國出版社1994年。

王輔一：《項英傳》，中共黨史出版社1995年。

《當代中國人物傳記》叢書編輯部編：《彭德懷傳》，當代中國出版社
　　1993年。

《當代中國人物傳記》叢書編輯部編：《陳毅傳》，當代中國出版社
　　1991年。

《當代中國人物傳記》叢書編輯部編：《徐向前傳》，當代中國出版社
　　1992年。

《當代中國人物傳記》叢書編輯部編：《劉伯承傳》，當代中國出版社
　　1992年。

《當代中國人物傳記》叢書編輯部編：《聶榮臻傳》，當代中國出版社
　　1994年。

《當代中國人物傳記》叢書編輯部編：《賀龍傳》，當代中國出版社
　　1993年。

《當代中國人物傳記》叢書編輯部編：《葉劍英傳》，當代中國出版社
　　1995年。

《當代中國人物傳記》叢書編輯部編：《羅瑞卿傳》，當代中國出版社
　　1996年。

索爾茲伯里（美）：《長征：前所未聞的故事》，過家鼎等譯，解放軍
　　出版社2001年。

張素華：《變局：七千人大會始末（1962年1月11日-2月7日）》，中國
　　青年出版社2006年版。

趙生暉：《中國共產黨組織史綱要》，安徽人民出版社1987年。

費雲東主編：《中共保密工作簡史（1921-1949）》。金城出版社1994年。

石志夫、周文琪編：《李德與中國革命》，中共黨史資料出版社1987年。

高華：《紅太陽是怎樣升起的——延安整風的來龍去脈》，香港中文大學出版社2000年。

張戎、喬·哈里戴（英）：《毛澤東：鮮為人知的故事》，張戎譯，香港開放出版社2005年。

戴向青：《中央革命根據地研究》，江西人民出版社1985年。

戴向青、羅惠蘭：《A8團與富田事變始末》。河南人民出版社1994年。

盧弘：《解謎李德與長征》，解放軍文藝出版社2006年。

金紫光、靳思彤主編：《偉大的長征》，陝西人民出版社1991年。

未來：今日的重大問題

國家圖書館出版品預行編目

永遠的共軍總司令：朱德 / 顧則徐著. -- 一版. -
- 臺北市：秀威資訊科技, 2010. 02
　　面；　公分. --（史地傳記類；PC0107）
BOD版
參考書目：面
ISBN 978-986-221-389-6（平裝）

1. 朱德　2. 傳記　3. 中國

782.887　　　　　　　　　　　　98024970

BOD Books on Demand　　史地傳記類　PC0107

永遠的共軍總司令：朱德

作　　　　者 / 顧則徐
主　　　　編 / 蔡登山
發　行　人 / 宋政坤
執 行 編 輯 / 黃姣潔
圖 文 排 版 / 鄭維心
封 面 設 計 / 陳佩蓉
數 位 轉 譯 / 徐真玉　沈裕閔
圖 書 銷 售 / 林怡君
法 律 顧 問 / 毛國樑　律師
出 版 印 製 / 秀威資訊科技股份有限公司
　　　　　　台北市內湖區瑞光路583巷25號1樓
　　　　　　電話：02-2657-9211　傳真：02-2657-9106
　　　　　　E-mail：service@showwe.com.tw
經　銷　商 / 紅螞蟻圖書有限公司
　　　　　　台北市內湖區舊宗路二段121巷28、32號4樓
　　　　　　電話：02-2795-3656　傳真：02-2795-4100
　　　　　　http://www.e-redant.com

2010 年 2 月　BOD 一版
定價：1000 元

讀 者 回 函 卡

感謝您購買本書，為提升服務品質，煩請填寫以下問卷，收到您的寶貴意見後，我們會仔細收藏記錄並回贈紀念品，謝謝！

1. 您購買的書名：＿＿＿＿＿＿＿＿＿＿＿＿＿＿＿＿＿

2. 您從何得知本書的消息？

　　□網路書店　□部落格　□資料庫搜尋　□書訊　□電子報　□書店

　　□平面媒體　□ 朋友推薦　□網站推薦 □其他＿＿＿＿＿＿

3. 您對本書的評價：(請填代號　1.非常滿意 2.滿意 3.尚可 4.再改進)

　　封面設計＿＿＿　版面編排＿＿＿　內容＿＿＿　文/譯筆＿＿＿　價格＿＿＿

4. 讀完書後您覺得：

　　□很有收獲　□有收獲　□收獲不多　□沒收獲

5. 您會推薦本書給朋友嗎？

　　□會　□不會，為什麼？＿＿＿＿＿＿＿＿＿＿＿＿＿＿＿＿＿＿

6. 其他寶貴的意見：＿＿＿＿＿＿＿＿＿＿＿＿＿＿＿＿＿＿＿＿

　　＿＿＿＿＿＿＿＿＿＿＿＿＿＿＿＿＿＿＿＿＿＿＿＿＿＿＿＿＿＿

　　＿＿＿＿＿＿＿＿＿＿＿＿＿＿＿＿＿＿＿＿＿＿＿＿＿＿＿＿＿＿

　　＿＿＿＿＿＿＿＿＿＿＿＿＿＿＿＿＿＿＿＿＿＿＿＿＿＿＿＿＿＿

讀者基本資料

姓名：＿＿＿＿＿＿＿＿＿＿　年齡：＿＿＿＿　性別：□女 □男

聯絡電話：＿＿＿＿＿＿＿＿　E-mail：＿＿＿＿＿＿＿＿＿＿

地址：＿＿＿＿＿＿＿＿＿＿＿＿＿＿＿＿＿＿＿＿＿＿＿＿

學歷：□高中(含)以下　　□高中　　□專科學校　　□大學

　　　□研究所(含)以上 □其他＿＿＿＿＿＿＿＿

職業：□製造業 □金融業 □資訊業 □軍警 □傳播業 □自由業

　　　□服務業 □公務員 □教職　 □學生 □其他＿＿＿＿＿＿

（請沿線對摺寄回,謝謝!）

秀威與 BOD

BOD（Books On Demand）是數位出版的大趨勢，秀威資訊率先運用 POD 數位印刷設備來生產書籍，並提供作者全程數位出版服務，致使書籍產銷零庫存，知識傳承不絕版，目前已開闢以下書系：

一、BOD 學術著作—專業論述的閱讀延伸
二、BOD 個人著作—分享生命的心路歷程
三、BOD 旅遊著作—個人深度旅遊文學創作
四、BOD 大陸學者—大陸專業學者學術出版
五、POD 獨家經銷—數位產製的代發行書籍

BOD 秀威網路書店：www.showwe.com.tw
政府出版品網路書店：www.govbooks.com.tw

永不絕版的故事・自己寫・永不休止的音符・自己唱